LE SONGE DE POLIPHILE
OU
HYPNÉROTOMACHIE

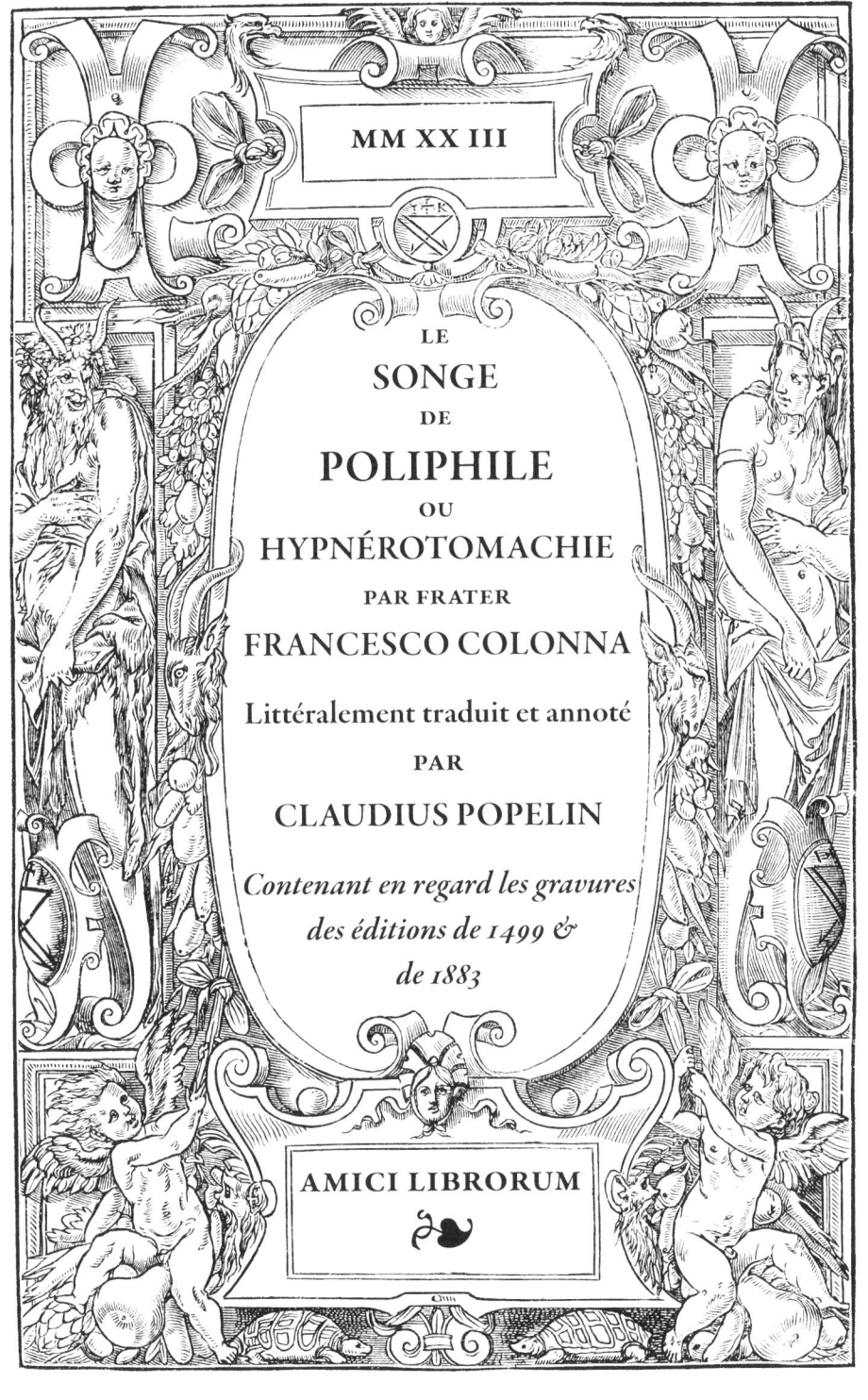

MM XX III

LE
SONGE
DE
POLIPHILE
OU
HYPNÉROTOMACHIE
PAR FRATER
FRANCESCO COLONNA

Littéralement traduit et annoté
PAR
CLAUDIUS POPELIN

*Contenant en regard les gravures
des éditions de 1499 &
de 1883*

AMICI LIBRORUM

© 2023 • STEPHAN HOEBEECK — TOUS DROITS RÉSERVÉS
AMICI LIBRORUM 83
ISBN 9798868305764
D/2023/7902/0013

CLAVDIVS POPELIN
Gravure d'Alfred PRUNAIRE, d'après une peinture d'Eugène GIRAUD

INTRODUCTION ÉDITORIALE

ES GRAVURES de l'*Hypnérotomachie*[1] ou le *Songe de Poliphile* font de cet ouvrage un joyau de l'édition illustrée ancienne ; certains n'hésitent pas à affirmer qu'il s'agit du plus beau livre jamais édité. Les amateurs connaissent pourtant assez mal tant le texte que les illustrations de ce livre. L'édition originale date de 1499 et fut imprimée en italien par Alde Manuce. S'il existe des réimpressions[2], l'original est excessivement rare et très onéreux (plusieurs dizaines de milliers d'euros). Le texte fut traduit en français par Jean Martin et publié en 1546[3], suivi de rééditions en 1554 et en 1561, similaires mais pas identiques à l'originale. Cette édition fut réimprimée avec une nouvelle mise en page par Bertrand Guégan en 1926 (Payot) et par Gilles Polizzi en 1994 (Imprimerie Nationale), mais aussi en fac-similé par Albert-Marie Schmidt en 1963 dans un format fortement réduit (Club des Libraires de France). François Beroalde de Virville proposa, en 1600, une nouvelle traduction du Poliphile sous le titre de *Le Tableau des riches inventions couvertes du voile des feintes amoureuses, qui sont représentées dans le Songe de Poliphile*. La première traduction complète est celle faite par Claudius Popelin et publiée par Isidore Liseux en 1883 à 410 exemplaires (2 sur parchemin, 8 sur japon et 400 sur hollande).

---

1. Mot composé à partir de trois mots grecs ὕπνος, « sommeil ou songe », ἔρως, l'« amour », d'ailleurs physique et μάχη, le combat ; ce titre signifierait le *Combat de l'amour en Songe*.
2. Dont une par nos soins, à paraître en 2024.
3. Dont une par nos soins, à paraître en 2024.

Chacune de ces traductions a ses avantages et inconvénients. Celle de Jean Martin est abrégée, celle de Beroalde est plus que libre et, bien que celle de Claudius Popelin soit complète, elle ne traduit pas les textes grecs et latins des gravures. Au niveau des illustrations, les différentes éditions françaises copient celles de l'édition de 1546, parfois à l'identique. Si toutes les illustrations de l'édition aldine ont été refaites, elles sont souvent plus maniérées et gagnent en grâce. Enfin, les éditions françaises ajoutent un frontispice qui en a assuré la renommée, mais aussi quelques illustrations. Une seule illustration de l'édition de 1561 diffère singulièrement de celle de 1546, et elle est ici reproduite.

Toutes ces différences nous ont amené à poser certains choix éditoriaux. Il me semblait que seule la traduction de Claudius Popelin devait être retenue pour sa précision et sa complétude ; les textes grecs et latins non traduits l'ont été par nos soins. J'ai estimé qu'il serait injuste de rééditer seulement les illustrations de l'édition française, ignorant l'œuvre de l'anonyme graveur de l'édition aldine. J'ai donc choisi de présenter côte à côte les illustrations des éditions aldine et française. Pour la présente édition, ce sont les gravures de Claudius Popelin qui ont été retenues ; elles imitent, même dans le détail, celles de l'édition de 1546. Possédant l'exemplaire n° 126 de l'édition Liseux, j'ai numérisé en très haute résolution les gravures pour leur donner une qualité éditoriale supérieure. Dans l'édition de Gilles Polizzi, la reproduction des gravures de 1546 est décevante, de nombreux détails étant effacés et reproduits grossièrement, ne rendant pas justice à l'édition originale française.

Les typographes de l'édition aldine ont choisi de faire correspondre les images aux textes qu'elles illustraient. Les images ont été gravées à l'avance, ce sont donc les compositeurs qui ont dû faire les ajustements. Ceux-ci furent réalisés en utilisant des culs-de-lampe (des ornements placés en fin de page) disposés en formes de « X » ou de « V » et visaient à maintenir cette proximité entre le texte et l'image correspondante. Ce choix de mise en page a également été adopté pour l'édition de 1546 et nous avons décidé de conserver cette manière de faire dans notre édition.

L'édition originale reproduit différentes pierres tombales antiques avec le texte latin qui les accompagnait. Dans son édition, Jean Martin a conservé ces textes latins, tout en changeant sa typographie, qui passe généralement de majuscules droites à des minuscules italiques, et les également traduits à la suite des gravures. J'ai conservé le texte latin dans la reproduction des gravures de l'édition aldine. En revanche, pour celles de Popelin, j'ai remplacé le texte latin par ma traduction.

Les chapitres de l'édition aldine ne sont pas numérotés, mais les lettrines de chaque début de chapitre forment un acrostiche qui indique le nom de l'auteur et son amour pour Polia : POLIAM FRATER FRANCISCVS COLUMNA PERAMAVIT, ce qui signifie « Frère François Colomna aime intensément Polia. » Cet acrostiche fut assez rapidement décrypté, et tant Jean Martin que Claudius Popelin l'ont conservé dans leurs traductions. Les initiales du premier mot de chaque chapitre sont donc identiques dans ces trois éditions. Les lettrines de Popelin imitent à l'identique celles de l'édition de 1546, mais diffèrent de celles de l'édition aldine, qui sont celles que j'ai retenues pour cette édition.

Claudius Popelin faisait usage dans sa traduction de formes orthographiques rares, d'interversions du masculin et du féminin, d'utilisations de traits d'union qui ne correspondent pas aux standards modernes, celles-ci ont été laissées telles quelles, même si elles peuvent être déroutantes pour le lecteur moderne. Seules les rares coquilles certaines ont été corrigées. Enfin, les deux errata qui suivent son introduction ont été directement intégrés aux textes ou aux notes auxquelles les corrections se rapportent.

Le système avec des doubles illustrations qui mettent en parallèle celles des éditions originale et française, a considérablement augmenté la longueur du livre. La préface de Popelin fait 140 pages, ses notes 80, et son index moins d'une vingtaine de pages. Cela portait le total à plus de 860 pages, ce qui est bien trop long. J'ai donc choisi de ne pas publier la préface de Claudius Popelin, seulement ses notes à la fin du présent volume. Même si de nombreux passages de cette préface ne sont plus d'actualité, celle-ci sera intégrée à un volume en préparation qui contiendra plusieurs études sur notre *Songe*, dont le *Franciscus Columna* de Charles Nodier, qui a remis en honneur le *Songe de Poliphile* et attiré l'attention des amateurs sur ce chef-d'œuvre de l'édition. Il devrait aussi contenir une traduction de la *Préface* de Jacques Gohory, la *Préface stéganographique* de François Beroalde de Virville, ainsi que les deux articles de Claude Sosthène Grasset d'Orcet (1828-1900) en lien avec le *Songe*. Il est important de préciser que la *Préface stéganographique* est un véritable casse-tête. En examinant plusieurs exemplaires, j'ai découvert que chacun est différent des autres : bien que les mots soient identiques ou presque, la mise en page, les lettrines et les en-têtes varient d'un exemplaire à l'autre.

L'auteur du *Poliphile* s'appelait François Colomna, comme le révèle l'acrostiche. Mais quel François Colomna? L'histoire en a retenu deux : le premier, un obscur moine dominicain de Venise (1433-1527), et le second, un membre de la célèbre famille romaine de ce nom (1453-1538) qui fut Prince de Palestrina. En faveur du premier, on note le caractère dialectal propre à l'italien de Venise, et en faveur du second, la connaissance des Antiquités romaines que seul le prince de Palestrina était réputé posséder. Je penche pour ce dernier comme auteur du *Songe*. Au XV⁵ et au XVI⁵ siècle, la typographie était encore dans l'enfance, et les typographes avaient la fâcheuse habitude d'adapter le texte qu'ils composaient à leur idiome local. Un même texte imprimé à Paris ou à Lyon aurait connu des variantes régionales dues aux typographes qui adaptaient *machinalement* le texte à leur façon de parler. En Belgique, un même livre composé à Gand, Anvers, Louvain ou Hasselt risquerait de ne pas être identique, en raison des particularités dialectales propres à chacune de ces régions, pourtant espacées seulement de quelques dizaines de kilomètres. Enfin, bien que certains chercheurs aient tenté d'attribuer une interprétation chrétienne au paganisme présent dans le *Poliphile*, cette perspective ne semble pas soutenue par une analyse approfondie. Le roman, avec ses éléments de magie, son éloge de l'Antiquité païenne et ses êtres mystérieux, divins et démoniaques, correspond davantage au Prince de Palestrina, membre de l'Académie de Rome de Giulio Pomponio Leto (1428-1497), qui fut suspectée de vouloir recréer le paganisme antique. Rappelons que la Renaissance italienne fut profondément influencée par Georges Gémiste Pléthon (1355-1452), dont le paganisme était certain, comme en témoignent les fragments de son *Traité des Lois* visant à reconstituer politiquement et religieusement le paganisme hellénique de l'Antiquité dans sa forme néoplatonicienne.

Avant de terminer, rappelons que si le sens de Polia demeure incertain, faut-il le faire dériver du grec πολύς, « plusieurs », πολιός, « gris, cheveux gris » (en tant que symbole de l'Antiquité), πόλις, « ville », ou encore πόλος, « pivot sur lequel tourne une chose, pôle, axe du monde », *Poliphile* signifie plus probablement *l'amant ou l'ami de Polia*, que *l'ami de plusieurs*. À moins, bien sûr, que ce ne soit *l'ami de plusieurs* Dievx...

— Stephan Hoebeeck

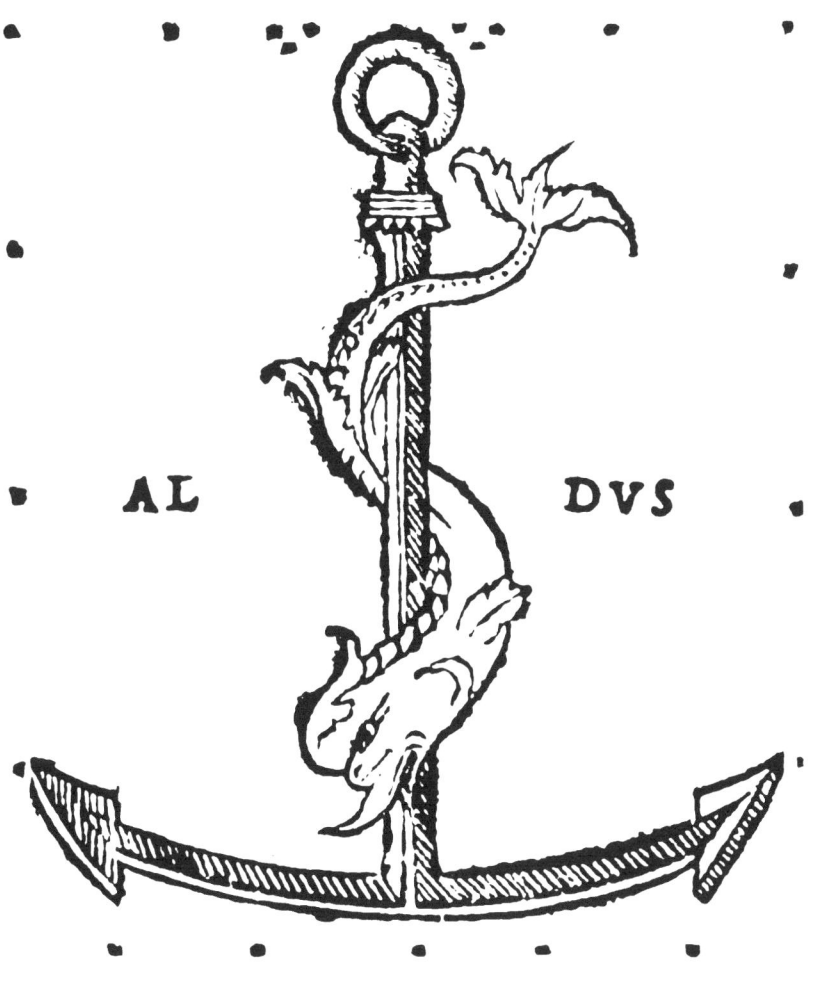

Marque d'Alde Manuce en 1502,
néanmoins absente de l'*Hypnerotomachia Poliphili* (1499)

HYPNÉROTOMACHIE

ou

LE SONGE DE POLIPHILE

LÉONARD CRASSO A GUIDO

ILLUSTRISSIME DUC D'URBIN, S. P. D.

 Je vous ai honoré, je vous ai respecté de tous temps, Duc invincible, et pour vos singuliers mérites et pour l'illustration de votre nom ; mais, surtout, parce que mon frère, qui servait sous vos ordres au siège de Bibiena, fut comblé de vos bienfaits, bienfaits considérables, ainsi que lui-même le rappelle souvent en mentionnant votre bonté, votre humanité à son égard. Nous pensons que cela nous est en commun et que ce qui concerne l'un des nôtres nous concerne tous. Aussi ne lui concédons-nous pas qu'il soit plus que nous des vôtres. Mes frères attendent l'occasion d'exposer pour votre cause, non-seulement leurs biens, mais leur existence. Quant à moi, je pense, pour ma part, et j'y penserai jusqu'à ce que j'y parvienne, à me révéler à vous en quelque façon. Je sais que les biens de la fortune ne vous sont pas, comme on dit communément, plus désirables que de l'eau pour la mer. Vous n'êtes sensible qu'aux bonnes lettres, qu'aux talents, et c'est par là que j'ai tenté de découvrir un gué qui m'offrît vers vous un passage. Naguère, le récent et admirable ouvrage de Poliphile (tel est le nom du livre) m'est tombé entre les mains. Pour qu'il ne gise pas plus longtemps aux ténèbres, et pour qu'il profite pleinement aux mortels, j'ai pris soin de le faire imprimer et publier à mes frais. Dans la crainte que, privé de son père, il demeurât tel qu'un pupille sans tutelle, et désirant de le faire paraître sous un patronage auguste, nous vous avons choisi pour parrain présent, afin qu'il se produise vaillamment. En même temps qu'il sera le ministre, le messager de mon amour et de mon respect pour votre personne, vous pourrez le prendre pour associé de vos études et de vos bonnes doctrines, tant vous trouverez en lui de science, mais de science abondante, à ce point que vous ne sauriez découvrir, dans tous les livres des anciens, plus de secrets de nature que n'en renferme celui-ci. C'est chose unique et tout à fait admirable que la façon dont il parle la langue de notre pays. Il est besoin, pour bien l'entendre, du Grec, du Latin, du Toscan et du langage vulgaire. L'auteur, ce très-savant homme, pensa qu'en s'exprimant de la sorte il tenait la voie et raison pour que ceux qui ne le pourraient comprendre, n'arguassent pas de sa négligence ; il fit de telle façon que quiconque est docte pût seul pénétrer dans le sanctuaire, et que quiconque ne l'est point, n'en perdît pas, toutefois, l'espérance. Il en résulte que s'il se rencontre quelques difficultés en cet ouvrage, elles sont exposées, cependant, avec une certaine grâce, comme en un verger plein de fleurs variées, énoncées dans un suave discours, exprimées par des figures et présentées aux yeux sous forme d'images. Ce qui s'y trouve, d'ailleurs, n'est pas fait pour le vulgaire, ni pour être récité dans les carrefours ; mais bien extrait de nourriture philosophique, puisé aux sources des Muses, avec une nouveauté de langage plein d'embellissements, et qui mérite la gratitude des hommes d'esprit. Recevez donc notre Poliphile, Prince très-instruit, avec l'accueil que vous réservez aux doctes. Recevez-le de telle façon que cet humble présent d'un cœur reconnaissant vous découvrant votre Léonard Crasso, vous le lisiez avec plus de plaisir. Si vous le faites, comme je l'espère, il ne redoutera plus aucune censure après la vôtre, et, lu par vous, il le sera d'autant plus par ceux qui en seront informés. J'aurai réalisé une partie de mon espoir. Portez-vous bien et mettez-moi, avec tous les miens, au nombre des vôtres.

Vers de Jean-Baptiste Scytha

AU TRÈS-FAMEUX LÉONARD CRASSO,
CONSEILLER PONTIFICAL ÈS-ARTS ET ÈS-LOIS

Cet admirable et nouveau petit livre,
Équipolant ceux de nos bons aïeux,
En sa substance et sa forme nous livre
Tout ce qui vit de noble sous les deux.
À toi, Crasso, la grâce en soit rendue,
Le moins autant qu'à Poliphile on doit,
Car d'icelui si cette œuvre est issue,
Extraite l'as d'un mortifère endroit.
Or, du Lethé lui tollant crainte aucune,
Lui baillas vie au lieu d'exition,
À grand labeur et non moindre pécune
La faisant lire à toute nation.
Bien l'enfantas par action virile.
Si deux fois né fut-il comme Liber,
Ce livre-ci pour père a Poliphile,
Mais il détient Crasso pour Jupiter.

Élégie d'un anonyme au Lecteur

Lecteur honnête, écoute bien le songe
Que narre ici Poliphile endormi.
C'est tout profit, je le dis sans mensonge,
Et te plaira, je crois, plus qu'à demi,
Car il enserre un infini de choses.
Que si ton front se ride tristement
En dédaignant le plaisir et ses roses,
Contemple au moins ce bel arrangement.
Tu ne le veux ? Admire au moins la langue
Toute nouvelle et le style nouveau
Et la sagesse et la grave harangue.
Possible est que tu ne le trouves beau.
Du moins regarde et l'art géométrique
Et les anciens hiéroglyphes du Nil,
Colosses, bains, maint obélisque antique,
Tous détenant leur primitif profil.
Mainte colonne et mainte pyramide,
Socles, travée et frise et piédestaux,
Bases, frontons, arc hémicycloïde,
Grande corniche et nobles chapiteaux.
Regarde aussi les demeures royales.
Connais aussi les succulents repas,
Cultes divers des nymphes virginales,
Fontaines où vont laver leurs appas.
De gardes, là, c'est un chœur bicolore.
Au labyrinthe exprimant le Destin
C'est l'existence humaine. Et puis, encore,
Vois ce qu'il dit du triple Esprit divin.
Vois ce qu'il fit entre les triples portes ;
De sa Polie admire la beauté,
Hautes vertus, grâces de toutes sortes,
Respects rendus en toute honnêteté.

Admire aussi comme elle est triomphante,
Et de Jupin vois le quadruple Éther.
Il conte après la puissance émouvante
Du Dieu d'amour qui baille un joug de fer,
Et puis après, à narrer s'ingénie
Comment Vertumne et Pomone se vont
À Priapus faire cérémonie.
On voit ici temple vaste et profond,
Tout empli d'art et mystères antiques.
Un autre temple auprès se laisse voir
Qu'a mis le Temps sous sa dent famélique.
Tu verras là, de même, sans falloir,
Inscriptions et demeure vifernale.
Que sais-je bien ? Mêmement un bateau
Qui de Vénus tient l'enfant en sa cale
Et le promène au royaume de l'eau
Où, comme gens de son obédience,
Les dieux marins, Néréides, Tritons,
Lui font hommage en toute révérence.
Voilà Cythère, île aux riches festons,
Avec jardins et noble amphithéâtre ;
Là grand triomphe est au divin enfant,
Là de Paphos est la reine folâtre
En belle image et galbe triomphant,
Là sa fontaine et d'Adonis la tombe
Où par Vénus l'anniversaire deuil
Est célébré sous forme d'hécatombe
Pour honorer son mignon au cercueil.
C'en est assez pour la prime partie.
Mais de rechef Poliphile en sommeil
Songe à Polie et, toute en modestie,
Elle lui conte, en parler non pareil,
Et sa naissance et sa race et ses pères ;
Lui dit par qui Trévise la cité
Prit origine en terres bocagères.
Et long amour est ici récité.

Puis, à la fin, s'ensuit un appendice
Qui, nettement, met terme au manuscrit,
Très-congrûment fait à bel artifice
Pour le plaisir de quiconque le lit.
Qu'à lire tout un chacun ne rechigne ;
Pour moi n'en veux parler plus longuement.
Reçois les fruits que sa corne condigne
À grand' copie épanche abondamment.
Tels sont, lecteur, tous les biens que te livre
Ce très-plaisant et très-utile écrit :
Sera ta faute, et non celle du livre,
Si, le pouvant, tu n'en fais ton profit.

FIN

HYPNÉROTOMACHIE DE POLIPHILE OÙ IL EST
MONTRÉ QUE TOUTES CHOSES HUMAI-
NES NE SONT QU'UN RÊVE ET QUI
ÉVOQUE, EN PASSANT, BIEN
DES CHOSES QUI SONT
DIGNES D'ÊTRE
CONNUES[1]

POLIPHILVS POLIÆ S.P.D.

MOULTES FOIS j'ai pensé, Polia, que les anciens auteurs dédiant leurs œuvres aux princes et hommes magnanimes l'ont fait, qui en vue d'un salaire, qui pour obtenir leur faveur, qui pour en recevoir des louanges. Aucun de ces motifs ne me déterminant, si ce n'est le second, et ne sachant princesse plus digne que je lui dédiasse cette mienne Hypnérotomachie, c'est à toi que je l'offre, ô ma haute Impératrice! à toi dont la condition illustre, l'incroyable beauté, les vénérables et grandes vertus, les mœurs excellentes, qui te donnent le pas sur toutes les nymphes de notre âge, m'ont enflammé à l'excès pour ta personne d'un amour insigne qui me brûle et me consume. Reçois donc ce mien présent, ô splendeur de beauté qui rayonne, réceptacle de tous les charmes, célèbre par ton aspect brillant! C'est toi qui l'as fait industrieusement, qui l'as marqué à ton effigie angélique, avec des flèches dorées, dans le cœur amoureux de celui qui s'y trouve dépeint: aussi bien en es-tu singulièrement Maîtresse! Je soumets donc l'œuvre suivante à ton intelligent et ingénieux jugement, — renonçant au style primitif pour le traduire, à ton instance, en celui-ci. — Maintenant s'il s'y trouve quelque défaut, si tu y rencontres quelque partie stérile et sèche, indigne de ton élégante noblesse, toi seule en encourras le reproche, opératrice excellente, unique porte-clef de mon entendement et de mon cœur. Mais j'estime que le los et récompense du plus grand talent, c'est tout particulièrement ton gracieux amour et ta bénigne faveur.
SALUT.

Poliphile commence le récit [du Premier Livre]¹ de son Hypnérotomachie. Il décrit le temps & l'heure où, dans un songe, il lui sembla d'être sur une plage tranquille, silencieuse et inculte ; puis, de là, comment, sans y prendre garde, mais non sans une grande terreur, il se trouva dans une impénétrable et obscure forêt ⁂ Chapitre Premier²

DESCRIPTION DE L'AURORE³

PHŒBUS, à l'heure où resplendit le front de Matuta Leucothée⁴, était déjà sorti des eaux de l'Océan ; il ne laissait pas apercevoir encore les roues suspendues et mobiles de son char, mais diligent, apparaissant à peine avec ses chevaux ailés Pyrois et Éous, il s'apprêtait à teindre en rose vermeil le quadrige blanchissant de sa fille que, rapide, il suivait. Déjà sa chevelure scintillante bouclait sur l'azur des flots mouvants. Il était à ce point du ciel où Cynthie⁵, la non cornue, disparaissait en pressant ses deux chevaux, l'un blanc et l'autre noir, qui, ensemble avec le mulet de son véhicule, l'entraînaient à l'extrême horizon séparant les deux hémisphères où, mise en fuite, elle cédait le pas à la tremblante étoile messagère du jour.

Alors les monts Riphées⁶ étaient paisibles. Le glacial Eurus⁷ ne venait plus, en gémissant sur leurs flancs, avec un souffle aussi âpre qu'en hiver, sous les cornes du Taureau lascif, secouer avec autant de violence les jeunes branches, ni tourmenter les joncs mobiles et pointus, non plus que les faibles cyprès, ni courber les osiers flexibles, ni agiter les saules languissants, ni incliner les sapins frêles. Orion lui-même, le hardi, ne poursuivait plus les sept Hyades⁸ en pleurs. Alors les fleurs multicolores ne redoutaient pas la chaleur nuisible du fils d'Hypérion⁹ qui s'avançait, mais, baignées des fraîches larmes de l'Aurore elles étaient tout humides de rosée ainsi que les prés verts. Les alcyons, sur les ondes unies et calmes de la mer apaisée, venaient construire leurs nids dans les sables du rivage.

À l'heure donc où la plaintive Héro soupirait ardemment, parmi ces plages, après le départ douloureux du nageur Léander, moi, Poliphile, j'étais couché sur mon lit, secourable ami du corps fatigué ; personne des miens n'était dans ma chambre, si ce n'est ma chère et vigilante Agrypnie[10], laquelle, après m'avoir tenu des propos consolateurs — car je lui avais révélé la cause de mes profonds soupirs — me persuada de modérer mon trouble, et, s'avisant que l'heure de dormir était venue pour moi, prit congé. Demeuré seul, livré aux méditations intimes d'un amour unique, consumant sans sommeil la nuit longue et fastidieuse, inconsolable de ma Fortune ingrate, de mon étoile ennemie, pleurant sur ma passion malheureuse, j'examinais en tous points ce qu'est un amour sans réciprocité, cherchant comment il se peut faire qu'on aime précisément qui ne vous aime, et par quelle puissance l'âme abandonnée, assaillie par des attaques multiples, en proie à des combats violents, peut résister, faible comme elle est, surtout dans une lutte intérieure où elle demeure prise dans les mailles de pensées pressantes, instables et diverses. Je fus longtemps à me lamenter sur le fait de mon misérable état. L'esprit fatigué de vaines imaginations, repu d'un plaisir factice et décevant, je m'en prenais à un objet qui n'est pas mortel, qui est au contraire tout divin, à Polia dont l'idée vénérable m'occupe tout entier, vit en moi, y est profondément empreinte et gravée intimement. Déjà la lumière splendide des étoiles tremblotantes commençait à pâlir, lorsque ma langue cessa d'appeler cet ennemi désiré d'où procédait la grande bataille sans trêve, cet oppresseur du cœur blessé qu'évoque toutefois celui-ci comme un remède efficace et profitable. Je réfléchissais sur la condition des amants malheureux résolus de mourir avec joie pour plaire à autrui et de vivre misérablement pour se complaire à eux-mêmes, ne nourrissant jamais leur vivant désir que d'une imagination vaine et pleine de soupirs.

Cependant, ni plus ni moins qu'un homme brisé par les labeurs de la journée, ma plainte à peine apaisée, mes larmes taries à peine, tout pâle de la langueur d'amour, je me pris à souhaiter un repos opportun et naturel. Mes paupières rougies se fermèrent sur mes yeux humides et, sans être au juste ni dans une mort cruelle, ni dans une existence délectable, cette partie qui n'est pas unie aux esprits vigilants et amoureux et qui n'a que faire avec une opération aussi haute que la leur, se trouva envahie, dominée, vaincue par un long sommeil.

Ô Jupiter altitonnant, heureux, admirable ! dirai-je cette vision inouïe, terrible, au point qu'en y pensant il n'est atome en tout mon être qui ne brûle et qui ne tremble ? Il me sembla d'être en une large plaine verdoyante, émaillée de mille fleurs et toute parée. Un silence absolu y régnait dans un air exquis. L'oreille la plus fine n'y percevait aucun bruit, aucun son de voix. La température y était adoucie par les rayons d'un soleil bienfaisant.

Ici, me disais-je à part moi, tout rempli d'un étonnement craintif, aucune trace d'humanité n'apparaît à l'intuitif désir ; on n'y trouve aucune bête sauvage, aucun animal féroce ou domestique ; il n'y a pas une habitation rurale, il n'y a pas une hutte champêtre, pas un toit pastoral, pas une cabane[11]. Dans ces sites herbins, on n'aperçoit aucun berger, on ne rencontre aucun banquet[12]. Là, pas un pâtre de bœufs ou de cavales ; on n'y voit pas errer de troupeaux de moutons ou de gros bétail, accompagnés du flageolet rustique à deux trous, ou de la flûte sonore enveloppée d'écorce. Rempli de confiance par le calme de la plaine, par l'aménité du lieu, j'avançais rassuré, considérant de ci de là les jeunes frondaisons immobiles dans leur repos, ne discernant rien autre chose. Ainsi je dirigeai droit mes pas vers une épaisse forêt où, à peine entré, je m'avisai que, sans savoir comment, j'avais, sans prudence, perdu mon chemin. Voilà donc qu'une terreur subite envahit mon cœur en suspens et se répandit dans mes membres blêmes. Car il ne m'était pas donné

FIGURE 1
(1499)
Poliphile marchant dans la forêt.

FIGURE 2
(1883)
Poliphile marchant dans la forêt.

de découvrir un moyen de sortie. Mais dans la forêt toute pleine de ronces et de broussailles, on ne voyait que scions touffus, qu'épines offensantes, que frênes sauvages hostiles aux vipères ; c'étaient des ormes rugueux amis des vignes fécondes, des lièges à la grosse écorce, qui tous s'enchevêtraient ; c'étaient des cerres massifs, des rouvres vigoureux, des chênes glandifères et des yeuses, aux rameaux si denses qu'ils ne laissaient pas filtrer jusque sur le sol humide les rayons du clair soleil, et que le dôme épais qu'ils formaient interceptait la lumière vivifiante. C'est ainsi que je me trouvai dans un air moite sous le couvert épais. Je commençais à pressentir et même à croire avec certitude que j'étais parvenu dans la vaste forêt Hercynienne[13]. On n'y rencontrait que tanières de bêtes féroces, antres d'animaux malfaisants et de fauves de la pire espèce. Aussi j'appréhendais, avec terreur, d'être, à l'improviste et sans défense, mis en pièces, comme Charydème[14], par la dent de quelque sanglier aux soies hérissées, ou par quelque auroch en furie, ou par quelque serpent sibilant, ou par des loups hurlants, que je voyais déjà me démembrer en dévorant mes chairs. Rempli de crainte, je me décidai, — secouant toute paresse, — à ne pas demeurer plus longtemps, à fuir le péril imminent, à presser mes pas incertains et désordonnés ; buttant à chaque instant contre les grosses racines à fleur du sol, allant à droite, allant à gauche, reculant, avançant, ne sachant où me diriger, et parvenant enfin dans un fourré inculte, lieu malsain et plein d'épines, où j'étais égratigné par les ronces et les pointes des prunelliers qui me déchiraient le visage. Les chardons aigus laceraient mon vêtement et retardaient ma fuite en le retenant. En outre, je n'apercevais aucune piste, aucun sentier battu. Plein de défiance et d'inquiétude, je pressais mes pas d'autant, si bien que l'accélération de ma marche, le vent du sud et les mouvements de mon corps m'échauffèrent tellement, que ma poitrine glacée fut bientôt couverte d'une sueur abondante. Ne sachant plus que faire, mon esprit était tendu aux plus pénibles pensées. L'écho seul répondait à ma voix plaintive, et mes bruyants soupirs s'allaient perdre avec le cri rauque des cigales éprises de l'aurore et des grillons stridents. Enfin, dans ce bosquet impraticable et dangereux, je n'avais pour toute ressource que d'implorer la pitié secourable de la Crétoise Aryadne, qui, alors qu'elle consentit au meurtre du monstre fraternel[15], tendit le fil conducteur à l'enjôleur Thésée pour qu'il pût sortir de l'inextricable Labyrinthe. Et voilà où j'en étais réduit pour m'échapper de l'obscure forêt.

Poliphile, redoutant le danger de ce bois sombre, invoqua l'aide de Diespiter. Il en sortit plein de crainte et accablé de soif. Voulant se restaurer avec de l'eau, il entendit un chant très-suave derrière lui et, en ayant oublié de boire, il retomba dans une angoisse plus grande ❧ *Chapitre II*

R, mon esprit était obscurci, mes sens étaient voilés au point que je ne savais quelle décision prendre. Devais-je aller au-devant de l'odieuse mort, devais-je lutter pour mon salut dans ce bois épais et plein d'ombre ? Tout en hésitant, je faisais néanmoins les plus grands efforts pour trouver une issue. Mais plus je m'enfonçais au hasard dans ce bois, plus il devenait obscur. Paralysé par l'émotion, j'attendais, tout uniment, que quelque bête fauve m'assaillît et me dévorât, ou, qu'aveuglé, je tombasse en trébuchant dans quelque fosse, dans quelque abîme profond, dans quelque large fissure de la terre, et que je fusse voué, dès lors, comme Amphiaraus[1] et Curtius, au gouffre méphytique, ou que je fusse précipité de plus haut que ne tomba le désolé Pyrénée[2]. Aussi allais-je désespéré, l'esprit troublé, dévoyé, sans but, cherchant toutefois une issue. Le fait est que plus tremblant que les feuilles secouées par le furieux Aquilon pendant la saison d'automne qui préside au moût dont je n'avais la succulente boisson pour me réconforter, je me pris à murmurer cette prière : ô Diespiter[3], très-grand, très-bon, très-puissant et secourable ! Si par une juste prière, l'humanité peut mériter le secours de la volonté divine et se trouver exaucée, même en l'invoquant dans le malheur le plus léger, je t'implore, ô Père suprême, recteur éternel des êtres supérieurs, moyens et inférieurs ; au nom de ta toute-puissance, daigne me délivrer de ces périls mortels et de cette catastrophe imminente, veuille assigner une fin meilleure à mon existence incertaine, car je suis comme cet Achéménides[4] qui, rempli d'horreur par les menaces de l'épouvantable Cyclope, appelait en suppliant Énée, préférant périr de la main des hommes ennemis que de la mort affreuse qui le menaçait ! Telle fut ma prière. À peine l'eus-je terminée, en y mettant tout mon cœur attristé, en pleurant, en espérant fermement dans le secours divin, que, subitement, sans savoir comment, je me trouvai hors de ce bois resserré, affreux et humide.

Mes yeux emplis d'ombre ne pouvaient supporter l'aimable clarté. Tout étourdi, tout abattu, tout angoissé, il ne me semblait pas que j'eusse revu la lumière. J'étais pareil à l'homme qu'on vient de retirer d'une obscure prison, à peine délivré de ses chaînes lourdes et blessantes, pareil à l'homme sorti des opaques ténèbres. J'avais une soif ardente ; j'étais en lambeaux ; mes mains, mon visage ensanglantés étaient couverts d'échauboulures causées par les orties. Me sentant si faible, je ne pouvais imaginer que la douce lumière me fût rendue. Ma soif était telle, que l'air ne suffisait pas à rafraîchir ma gorge desséchée. Je tentais avec avidité d'avaler une salive que je n'avais plus. Enfin, lorsque j'eus retrouvé quelque assurance et pris courage, la poitrine enflammée par mes continuels soupirs, par l'anxiété de mon âme et les fatigues de mon corps, je résolus, n'importe comment, d'assouvir ma soif ardente. Aussi explorai-je attentivement les plaines pour voir si je n'y trouverais pas de l'eau. J'étais à bout de recherches lorsque, par bonheur, s'offrit à ma vue une source délicieuse qui surgissait en une large veine d'eau vive. En cet endroit poussaient des acores marécageux, la barbarée, la lysimachie en fleurs et l'angélique musquée. De cette source naissait un cours d'eau transparent qui, s'écoulant en babillant dans son lit tortueux à travers la forêt, allait s'élargissant toujours par l'apport de canaux divers. Les ondes sonores et rapides sautaient en se heurtant contre les pierres et les troncs brisés ; elles se gonflaient considérablement par les torrents impétueux et bruyants que la fonte des neiges Alpestres faisait ruisseler sur le versant glacé des monts peu reculés dans le froid miracle de Pan[5]. J'avais atteint là plus d'une fois dans ma fuite épouvantée. J'y trouvai la lumière quelque peu obscurcie par les grands arbres dont les cimes s'écartaient au-dessus du fleuve limoneux et laissaient paraître le ciel qui semblait déchiré par l'entrecroisement des rameaux feuillus. C'était un endroit effrayant pour un homme seul, impossible à traverser. Les rives opposées paraissaient encore plus sombres et plus impraticables. J'étais épouvanté d'entendre la chute retentissante des troncs, la crépitation redoublée des branches qui volaient en morceaux avec un bruit horrible et grandement prolongé par la densité des arbres et l'espace resserré. Voulant donc, moi l'affligé, le craintif Poliphile, sorti de tant d'horreur, atteindre l'eau sur la verte rive, je pliai les genoux et, serrant les doigts en creusant la paume de la main, j'en fis un vase commode pour boire que je plongeai dans l'onde,

Figure 3
(1499)
Poliphile se désaltérant.

Figure 4
(1883)
Poliphile se désaltérant.

puis je le portai à ma bouche irritée et haletante, afin de calmer l'ardeur de mon sein embrasé. Jamais la reconnaissance des Indiens envers les fraîches rives de l'Hypasis et du Gange, ou celle des Arméniens pour les rives du Tigre et de l'Euphrate, n'égala celle que je ressentis. Le Nil, au moment où il imbibe de ses eaux la glèbe durcie, ne fut jamais plus cher aux Égyptiens et aux nations Éthiopiques. L'Éridan ne fut pas plus précieux aux peuples de la Ligurie, et le père Liber ne trouva pas avec une telle gratitude la source que lui montra le bélier[6] mis en fuite. Comme j'étais sur le point de porter à mes lèvres l'eau contenue dans le creux de ma main, mes oreilles attentives furent subitement pénétrées par un chant Dorien mélodieux à ce point que je ne puis me persuader que le Thrace Thamyras[7] n'en soit l'auteur. Il emplit mon cœur inquiet de douceur et de suavité. C'était une voix qui n'était pas terrestre ; elle avait une harmonie, une sonorité incroyables, une si rare cadence qu'on ne peut s'en faire une idée et qu'on est impuissant à la décrire. J'éprouvais une douce sensation qui dominait par son charme celui même de boire, si bien que, perdant tout sens, distrait, l'appétit suspendu, sans force pour me retenir, je desserrai les jointures de mes doigts et l'eau que j'avais emprisonnée en fermant leurs intervalles se répandit sur le sol humide.

De même qu'un animal alléché par la proie qui le tente songe peu au piège caché, de même, oubliant mon besoin pressant, je me mis à suivre sans retard cette mélodie non humaine et je brûlai le chemin. À peine étais-je parvenu là où je pensais bien la trouver, que je l'entendais ailleurs, et, à mesure que la voix changeait d'endroit, elle devenait aussi plus suave, plus délicieuse, ayant des accords plus divins. De sorte qu'après cette vaine fatigue, après avoir couru tout altéré, je m'affaiblis au point de ne pouvoir porter mon corps exténué. Et comme mes esprits troublés n'étaient plus à même de le soutenir, soit à cause de ma terreur, soit à cause de ma soif ardente ou de ma course vagabonde, soit à cause aussi de mon angoisse et de l'heure plus chaude, abandonné de ma vertu propre, je n'avais plus qu'à désirer et qu'à réclamer pour mes membres lassés un peu de repos et de paix. Tout émerveillé du hasard de cette voix melliflue, ma surprise fut encore plus vive de me retrouver dans une région inculte et inconnue, dans quelque paysage aimable. En outre, j'étais désolé d'avoir perdu de vue la source vive que j'avais découverte au prix de tant de fatigues et de laborieuses recherches. Tout cela me laissa fort embarrassé, rempli de doute et tout songeur. Vaincu enfin par une lassitude excessive, j'en vins à m'étendre sur l'herbe imprégnée

de rosée, sous le couvert d'un chêne antique et raboteux chargé de ses fruits ciselés en forme de pains que dédaigne la fertile Chaonie⁸, au milieu d'un pré spacieux et vert, dans l'ombre fraîche que donnaient le large feuillage, les rameaux étendus et le tronc fendillé. Couché sur le côté gauche et l'esprit engourdi, j'aspirais l'air frais avec mes lèvres crispées plus abondamment que ne respire le cerf rendu, alors que, ne pouvant plus faire tête, il se jette mourant sur ses genoux agiles, mordu aux flancs par les chiens féroces, le poitrail percé d'un trait, appuyant sur son échine sans force l'appareil rameux de sa tête alourdie. Dans une agonie toute semblable mon âme repassait les événements compliqués de ma mauvaise fortune ; elle se demandait si les incantations de Circé la magicienne ne l'avaient pas ensorcelée et si celle-ci n'avait pas fait usage contre moi de son rhombe magique⁹. En présence de mes extrêmes terreurs, elle se demandait si je pourrais trouver parmi tant de plantes diverses l'herbe Moly¹⁰ dédiée à Mercure, afin de me faire un remède avec sa racine noire. Puis elle se disait que ce serait reculer misérablement une mort désirable. En proie à cette agitation pernicieuse, mes forces diminuant toujours, je n'avais de chance de salut qu'en aspirant fréquemment les brises rafraîchies et les exhalant, réchauffées dans ma poitrine où palpitait encore un reste de vie, par ma gorge desséchée. À demi mort, ma seule ressource pour me désaltérer consistait à ramasser les feuilles humides de rosée entassées sous le chêne touffu, à les porter à mes lèvres pâles et irritées, en les suçant et les léchant avec une avidité gloutonne. C'est alors que je souhaitai qu'Hypsiphile¹¹ me montrât quelque source comme elle découvrit aux Grecs la fontaine Langia¹² ; car j'avais quelque soupçon d'avoir été mordu par le serpent Dipsas¹³, tant ma soif était insupportable. C'est pourquoi, renonçant à ma triste existence, je l'abandonnai à tout événement. Plein de pénibles pensées, privé de sentiment, presque fou, j'étais de nouveau
chancelant sous le couvert du chêne ; mais dans l'ombre
douce des larges ramées je fus pris d'un sommeil
invincible, et, un bienfaisant assoupis-
sement s'étant répandu dans mes
membres, il me sembla
de nouveau que je
dormais.

꽝

Poliphile raconte qu'il lui sembla de dormir encore et de rêver qu'il se trouvait dans une vallée fermée par une superbe clôture, portant une imposante pyramide sur laquelle était un obélisque élevé ; ce qu'il considéra soigneusement et en détail avec le plus grand plaisir ⁂ Chapitre III

LE doux sommeil, qui s'était infiltré dans mes membres las et rompus, m'avait tiré de l'épouvantable forêt, du fourré et des autres premiers lieux. Je me retrouvai dans un site beaucoup plus plaisant que le précédent. Il n'était point entouré de rochers éclatés, ni coupé de torrents marécageux, mais bien composé d'agréables collines de hauteur moyenne, toutes plantées de jeunes chênes, de rouvres, de frênes, de charmes, de hêtres touffus, d'yeuses, de tendres noyers, d'aulnes, de tilleuls, de peupliers et d'oliviers sauvages disposés au mieux de l'aspect des collines boisées. Au bas, dans la plaine, on voyait des touffes gracieuses d'arbrisseaux, de genêts en fleurs, de maintes plantes vertes ; on voyait le cytise, le carex, le mélinet commun, la panacée musquée, la renoncule fleurie, le percefeuilles ou herbe aux cerfs, la sertulaire avec beaucoup d'autres herbes médicinales et végétations inconnues répandues dans les prés. Cette aimable région était parée d'une abondante verdure. Un peu au-delà du milieu je rencontrai une partie sablonneuse ou, pour mieux dire, un espace caillouteux entrecoupé de buissons. Là mes yeux aperçurent un charmant bois de palmiers dont les feuilles, semblables à des lames, étaient d'un si grand prix pour les antiques Égyptiens[1]. Ces palmiers étaient abondamment pourvus de leurs fruits délicieux. Il y en avait quelques-uns d'assez petits ; d'autres plus hauts et droits s'élançaient, symbolisant la victoire par la résistance que ces arbres opposent au poids qui les oppresse. Dans ces lieux, également, ne se trouvaient ni habitants, ni animaux. En me promenant solitaire sous ces palmiers plantés avec un écartement assez grand, je pensais que ceux d'Archelais[2], de la Phasélide[3] et de la vallée de Livias[4] n'étaient point à leur comparer. Quand soudain un loup féroce et affamé m'apparut la gueule pleine. Mes cheveux se dressèrent sur ma

FIGURE 5
(1499)
*Poliphile
s'endormant.*

FIGURE 6
(1883)
*Poliphile
s'endormant.*

tête. Je voulus crier, je ne pus donner de la voix. Mais il s'enfuit aussitôt. M'étant un peu remis, comme je regardais du côté où les collines boisées paraissaient se réunir, je vis, en un bas-fond, une forme incroyablement haute, en manière de tour ou d'observatoire élevé, tout près d'un grand édifice que je distinguais imparfaitement et qui semblait être une construction d'œuvre antique. J'admirai les élégantes collines s'élevant toujours plus du côté de cet édifice qu'elles semblaient rejoindre, de sorte qu'il paraissait enfermé entre l'un et l'autre mont, ainsi que dans un retranchement. Je pensai d'instinct que c'était chose digne d'être considérée, aussi pressai-je d'autant, en cette direction, ma marche déjà précipitée. Plus j'approchais, plus cette œuvre magnifique me paraissait immense, plus augmentait aussi mon désir de l'examiner. Déjà cela ne me semblait plus être un gigantesque observatoire, mais bien un très-haut obélisque fondé sur une énorme base en pierre. Sa hauteur dépassait de beaucoup celle des monts qui le flanquaient, eussent-ils été l'Olympe, le Caucase ou le Cyllène[5]. Parvenu à cet endroit désert, je fis une pause, inondé du plaisir inimaginable d'admirer à loisir un édifice d'un art aussi audacieux, d'une structure aussi colossale, d'une hauteur si prodigieuse. Émerveillé, j'examinais cette construction à demi ruinée, en marbre blanc de Paros, aux assises jointes sans l'aide du ciment, installées carrément et également, polies, alésées, aux bords teints en rouge avec un art qu'on ne saurait plus atteindre, à ce point qu'entre les jointures on n'eût

FIGURE 7
(1499)
Poliphile face au loup et aux ruines antiques.

FIGURE 8
(1883)
Poliphile face au loup et aux ruines antiques.

pu introduire une aiguille tant mince qu'elle fût. Là je trouvai une colonnade si noble par la forme, le dessin et la matière, qu'il est impossible de se la figurer. Une partie en était brisée, une partie ruinée demeurait en place, une autre était intacte avec les architraves[6] et les chapiteaux d'une invention supérieure et d'une sculpture superbe. Corniches, frises[7], travées en arcade, énormes statues brisées dont les débris révélaient l'exacte proportion des membres, bassins, conques et vases en marbre de Numidie[8], en porphyre[9] ou en différents marbres ornés, grandes vasques, aqueducs et autres fragments immenses, d'une belle allure sculpturale quoique méconnaissables et presque réduits à leur état rudimentaire, tout cela gisait çà et là épars sur le sol. Des plantes sauvages poussaient leurs jets et rampaient parmi ces ruines, principalement l'anagyse[10], difficile à rompre, avec ses gousses à facettes, l'un et l'autre lentisque, le pied d'ours[11], le chiendent, l'assa-fœtida, le liseron rustique, la centaurée et tant d'autres plantes qui germent près des ruines. Les murs abrupts étaient couverts de pariétaires, de cymbalaires pendantes et de créquiers épineux. Parmi ces plantes, sur ces murailles couvertes de végétations, rampaient certains lézards qui, souvent, en ces lieux déserts et silencieux, venaient, d'un premier mouvement, jusqu'à moi, ce dont je demeurais tout saisi et en grande peur. Il y avait là de larges cylindres à demi frustes, en serpentin[12] et en porphyre de couleur de corail et d'autres tons fort agréables. On y trouvait des fragments divers historiés, en taille ou en demi-taille, des morceaux de sculpture en ronde bosse ou en bas-relief, le tout témoignant d'une excellence telle, que, sans manquer à notre époque et sans la déprécier, on peut dire que la perfection d'un tel art s'est totalement évanouie. M'étant donc avancé jusque vers le milieu du front de ce superbe édifice, j'aperçus une porte entière, magnifique et considérable, proportionnée à tout l'édifice. Quant à la façade de la construction, je vis qu'elle s'étendait d'une montagne à l'autre, interposée entre leurs sections à pic, et je pus conjecturer à vue d'œil que sa dimension atteignait six stades[13] plus vingt pas. Ces montagnes étaient taillées perpendiculairement de la cime jusqu'au sol. Aussi je me demandais avec quels instruments de fer, avec quel emploi et quelle quantité de mains d'hommes une si grande entreprise avait pu être conduite à bien, sans compter ce qu'il avait fallu de temps et de persévérance.

Ainsi donc ce surprenant édifice adhérait à l'un et à l'autre mont, formant une telle clôture qu'on ne pouvait pénétrer dans le vallon ou en sortir qu'en passant par la haute porte mentionnée ci-dessus. Or, en cette œuvre immense qui, dans toute sa hauteur, depuis son couronnement jusqu'à sa base, pouvait mesurer cinq stades, était dressée une magnifique pyramide telle qu'une pointe de diamant. Je jugeai qu'on n'avait pu entreprendre et mener à bien un semblable travail sans une dépense incommensurable d'argent, de temps et d'hommes. Je pensais à l'effort qu'on avait dû faire pour exécuter un si colossal ouvrage, puisque, même en le considérant, on n'en croyait pas ses yeux et que l'examen seul en fatiguait la vue et confondait le sens. C'est pourquoi je veux, à cette heure, en décrire quelques parties, si tant est que la capacité de mon esprit y soit suffisante.

Chaque face quadrangulaire de la plinthe d'où partaient les rangées de degrés qui constituaient l'admirable pyramide, mesurait en longueur six stades qui, multipliées par quatre dans tout le pourtour, formaient une base équilatérale n'ayant pas moins de vingt-quatre stades. En tirant des lignes obliques des angles de la plate-bande jusqu'à leur rencontre au point central, on constituait une pyramide d'une forme parfaite ; une ligne perpendiculaire abaissée de ce point central sur le centre même du plan, à l'intersection des diagonales, mesurait les cinq sixièmes des lignes obliques. Cette immense et formidable pyramide, qui s'élevait en pointe de diamant, graduée avec une merveilleuse symétrie, contenait mille quatre cent dix marches saillantes, dont les dix dernières se fondaient en un cube compact d'une épaisseur extraordinaire et d'une solidité telle, qu'il était impossible de croire qu'on eût jamais pu le transporter d'en bas jusque-là. Ce cube était, comme les gradins, en marbre de Paros ; il servait de base et de support à l'obélisque que je vais décrire. Ce monolithe, que Tityus[14] lui-même n'eût pu soulever, mesurait six parties sur chaque face déclive de côté, deux sur la base et une au sommet. Le plan de la base avait quatre pas de largeur ; aux quatre coins de cette base faisaient saillie quatre jambes de Harpies velues et armées de griffes : elles étaient en métal fondu, fermement appliquées et soudées au monolithe, sur les angles, au droit des lignes diagonales. Leur hauteur était de deux pas, leur épaisseur en proportion. Elles avançaient gracieusement, se terminant, par le haut, en un admirable enroulement de feuillage rempli de fleurs et de fruits d'une mesure convenable, qui embrassait la base du grand obélisque fermement posé dessus. Celui-ci, fait de pierre pyropœcile[15] de Thèbes,

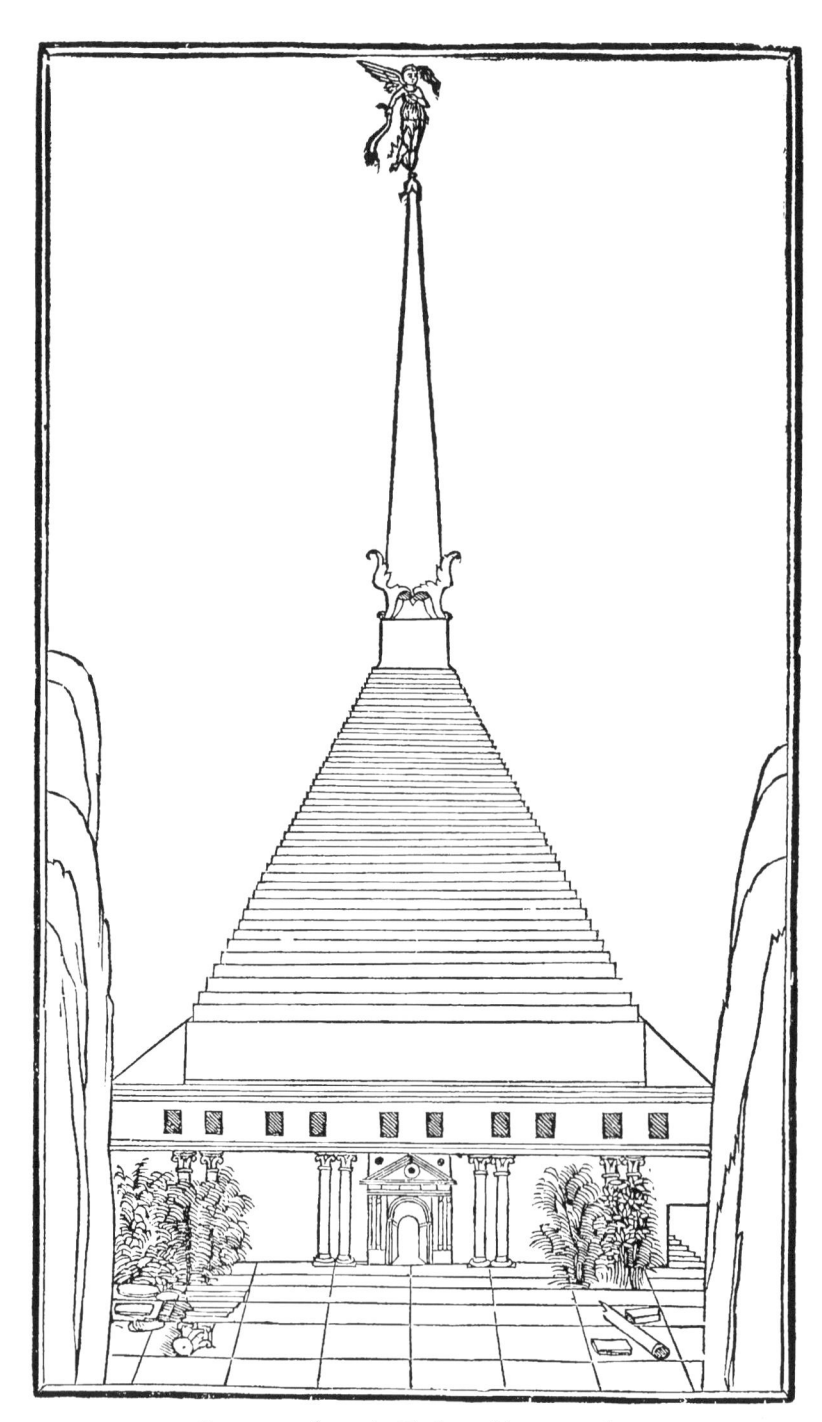

FIGURE 9 (1499). *L'admirable pyramide.*

FIGURE 10 (1883). *Idem.*

comptait deux pas de largeur à la base et sept de hauteur ; il se terminait élégamment en pointe. Sur ses faces, lisses et polies comme un miroir, des hiéroglyphes Égyptiens étaient entaillés à perfection.

Sur le faîte de l'obélisque on avait établi, avec beaucoup de soin et beaucoup d'art, une base solide en orichalque[16], sur laquelle était installé tout un appareil tournant en forme de pivot qui retenait une figure de nymphe, œuvre très-élégante en même matière, faite pour stupéfier quiconque la regardait avec une attention soutenue. Elle était de proportion telle que, malgré sa grande élévation, elle semblait être, vue d'en bas, de grandeur naturelle. Mais ce qui était plus surprenant encore que sa stature colossale, c'était l'audace avec laquelle on avait pu la dresser en l'air à une pareille hauteur. Son vêtement flottant découvrait ses cuisses charnues ; deux ailes éployées, placées sur ses épaules, faisaient croire qu'elle allait s'envoler. Son visage fort beau, d'un aspect bienveillant, était un peu retourné du côté des ailes. Les tresses de sa chevelure flottaient librement en avant sur son front, l'occiput était chauve et dénudé. De la main droite, qu'elle regardait, elle tenait, inclinée vers la terre, une corne d'abondance travaillée avec art, et appuyait son autre main sur son sein nu. Cette statue tournait facilement à tous les vents, avec un tel grincement de la machine en métal qui frottait à l'endroit où les pieds de la figure posaient sur le socle, qu'on n'entendit jamais un pareil bruit dans le trésor de Rome, et que le tintinnabulum[17] des thermes magnifiques d'Adrien ne produisit jamais une pareille sonnerie, non plus que celui qui était sur la plate-forme des cinq pyramides du monument carré[18]. Aucun obélisque ne pouvait, à mon sens, être comparé à celui-ci : ni l'obélisque du Vatican, ni celui d'Alexandrie, ni ceux de Babylone. C'était un tel comble de merveille, qu'on en demeurait stupéfié. Ce qui me remplissait encore plus d'admiration que l'immensité de l'œuvre, c'étaient la souplesse du génie fécond et subtil de l'architecte, son goût exquis, sa diligence. Avec quel art inventif, quelle audace, quel courage, avec quelle force humaine, quelle méthode, quelle dépense incroyable, avec quelle émulation céleste avait-on pu porter un poids semblable en l'air ? Avec quels instruments, quelles poulies, quels cabestans, quelles chèvres, quelles autres machines de traction et armatures ! Devant chose telle, il faut que toute construction colossale s'impose silence.

Revenons à l'immense pyramide sous laquelle était placée une grande plinthe massive et carrée comptant sur chaque face quatorze pas de hauteur et six stades de largeur. Cette plinthe formait le soubassement du premier degré de la pyramide. Je pensai qu'une masse semblable, réduite en cette forme au prix de tant de fatigue humaine, n'avait pas été apportée là d'autre part, mais qu'on l'avait taillée à même la montagne. Les degrés avaient été faits avec des quartiers de marbre assemblés. Cet énorme carré n'adhérait pas aux coupes de la montagne, il en était séparé de chaque côté par un espace de dix pas. Droit devant moi, au milieu de la plinthe, était sculptée, en perfection et audacieusement, la tête vipérienne de l'épouvantable Méduse furieuse d'aspect, vociférante et rechignée, avec des yeux terribles enfoncés sous les sourcils, le front ridé, la bouche grande ouverte qui, percée, donnait accès à un passage droit et voûté pénétrant jusqu'au centre, c'est-à-dire jusqu'à la rencontre de la ligne médiane perpendiculaire, abaissée du sommet de la pyramide. On parvenait à l'ouverture de la bouche par quelques enroulements des cheveux. Ces cheveux étaient disposés et rendus par l'artiste avec une indicible souplesse d'intelligence, avec un art si bien réglé, si bien mesuré, qu'on y pouvait monter par des degrés jusque dans la bouche ouverte. En guise de cheveux capricieux, enroulés en spirales vivantes et immenses, j'admirai avec stupéfaction des vipères et autres serpents entortillés qui se nouaient autour de la tête monstrueuse et s'embrouillaient confusément en replis tortueux. Ce visage, cette mêlée de serpents écailleux faisaient, par le fait de leur exécution, une illusion telle, que j'en fus tout rempli d'horreur et de crainte. Dans les yeux des serpents étaient enchâssées des pierres brillantes, et, si je n'avais été convaincu que tout cela n'était que marbre, je ne sais si j'aurais eu l'audace de m'en approcher.

 Le passage dont j'ai parlé, taillé dans la pierre vive, menait dans un espace central et circulaire où se trouvait un escalier tournant par où l'on montait jusqu'à la cime de la pyramide, sur la plate-forme du cube qui supportait l'obélisque élevé. Ce que j'admirais par-dessus tout, dans ces travaux étonnants, c'était la clarté parfaite qui régnait dans la vis de l'escalier. C'est que l'architecte ingénieux et subtil avait, le plus intelligemment du monde, ménagé, avec une exquise recherche d'intelligence, quelques conduits dissimulés de lumière, qui, selon le cours du soleil, correspondaient directement à la partie basse, moyenne et haute. La partie basse était éclairée par les soupiraux d'en haut, la partie haute par ceux d'en bas qui, par réflexion, l'illuminaient suffisamment. Car l'habile mathématicien avait si bien calculé les règles de la parfaite disposition du bâtiment, selon les trois faces orientale, méridionale et occidentale, qu'à toute heure du jour l'escalier tortueux était éclairé au moyen de ces soupiraux distribués et dispersés symétriquement en divers endroits de la grande pyramide. Sur la façade où était cette tête de Méduse, il y avait un escalier droit et élevé qui se trouvait à la base de l'édifice, du côté droit, et qui était creusé à même le roc, dans l'espace de dix pas compris entre la pyramide et la montagne. J'y montai avec plus de curiosité qu'il n'était permis, peut-être ; étant parvenu, par l'entablement, jusque devant la bouche, je gravis les marches tournantes, atteignant, non sans fatigue et non sans vertige, à une hauteur incroyable. Mes yeux ne pouvaient voir jusqu'en bas, tant les objets qui s'y trouvaient me semblaient effacés par la distance, et je n'osais bouger du milieu de la plate-forme. Autour de l'issue de l'escalier tournant étaient des balustres en métal, façonnés en forme de fuseaux, disposés en cercle et proprement scellés. De l'axe de l'un à celui de l'autre on mesurait un pied d'écartement ; la hauteur de chacun était d'un demi-pas. Ils étaient reliés entre eux, au sommet, par une main d'appui de même substance qui courait dessus en forme ondulée. Cette balustrade enfermait l'ouverture de la vis, excepté du côté par où l'on sortait sur le terre-plein, afin qu'on n'allât pas, ainsi que je le présume, se précipiter dans ce puits profond, car une telle hauteur donnait le vertige. Au-dessous du plan inférieur de l'obélisque était scellée au plomb, tout à plat, une tablette d'airain portant une inscription en caractères Latins, Grecs et Arabes, par laquelle je compris que le monument avait été dédié au divin Soleil. On y voyait notée la description de sa structure et de ses mesures intégrales. Le nom de l'architecte était ainsi marqué sur l'obélisque, en lettres Grecques :

ΛΙΧΑΣ Ο ΛΙΒΙΚΟΣ ΛΙΘΟΔΟΜΟΣ ΩΡΘΟΣΕΝΕ
LICHAS LIBYCVS ARCHITECTVS EREXIT ME.
[*Ce qui signifie :* LICHAS LE LYBIEN M'A ÉRIGÉ.]

Revenant à la face antérieure de la plinthe sur laquelle était fondée la pyramide, j'y remarquai une élégante et magnifique sculpture d'une Gigantomachie cruelle où ne manquait que la vie. Elle était admirablement travaillée et figurée avec tous les mouvements et l'agitation des corps énormes. C'était une imitation de la nature si parfaitement rendue, que les regards ainsi que les pieds semblaient s'efforcer violemment d'aller de côté et d'autre. Les chevaux, aussi, paraissaient vivants. Les uns étaient abattus, les autres couraient en masses ; quelques-uns, blessés, gisaient et semblaient rendre le dernier souffle de la bonne existence ; plusieurs foulaient pesamment de leurs sabots les corps étendus, et s'arrêtaient furieux, effrénés. Les Géants, confondant leurs armures, se tenaient fermement enlacés. Tels étaient emportés, les pieds retenus dans l'étrier ; tels étaient suffoqués sous le poids des cadavres ; tels se précipitaient en avant avec leurs chevaux blessés ; tels, jetés à terre, se protégeaient avec leurs targes tout en combattant ; d'aucuns avaient des ceinturons, qui des glaives à des baudriers, qui d'antiques épées Persanes et maint instrument d'aspect mortel. La plupart, en troupe confuse, combattaient à pied armés de traits et de boucliers. Il y en avait de cuirassés, avec des casques surmontés de cimiers aux emblèmes variés ; il y en avait de complètement nus qui semblaient insulter d'un cœur hautain à la mort ; d'autres avaient des colliers et étaient décorés de nobles et divers insignes militaires ; d'autres paraissaient pousser des cris formidables, d'autres faire des gestes obstinés et furieux. Combien en comptait-on de mourants, qui exprimaient l'effet d'un silence semblable à celui de la nature même ? On en voyait qui, au milieu d'instruments de guerre funèbres et inconnus, montraient leurs membres robustes, leurs muscles saillants, étalaient aux yeux le jeu de leurs os et les cavités où se trahissaient leurs nerfs contractés. Cette mêlée semblait si épouvantable, qu'on eût dit que Mars lui-même se fût joint pour combattre à Porphyrion et à Alcyonée[19], si bien qu'en sollicitant sa mémoire on pouvait se retracer la déroute que leur infligea le rauque braiment de l'âne[20].

Toutes ces images, qui dépassaient la grandeur naturelle, étaient parfaitement sculptées en demi-bosse tout en marbre très-pur et très-éclatant, dont la blancheur ressortait sur le fond en pierre noire, ce qui donnait à l'œuvre un grand relief. Là donc on voyait des corps énormes, des efforts extrêmes, des actions voulues, des vêtements guerriers, des morts diverses et une victoire incertaine. Hélas ! mon esprit lassé, mon intelligence troublée par une telle variété, mes sens en désordre ne me permettent pas de décrire apertement le tout, ni même seulement une partie d'une représentation aussi parfaite.

D'où put naître une telle audace, une si ardente passion d'assembler un tel monceau, un tel fardeau, une telle accumulation de pierres ? Avec quelles voitures, avec quelles grues, quels chariots, quels rouleaux, a-t-on pu remuer un tel amoncellement de matériaux ? Sur quel appui a-t-on pu les asseoir et les conjoindre ? Quelle masse de ciment n'a-t-il pas fallu pour fonder l'édifice de cet obélisque si élevé, de cette immense pyramide ? Le projet colossal que Dinocrates proposa pour le mont Athos à Alexandre ne fut pas de beaucoup si téméraire. Car cette immense construction excédait, sans aucun doute, l'audace des Égyptiens. Demeurez cois, travaux de Lemnos[21]; soyez muets, théâtres antiques ! Le tombeau de Mausole n'atteint pas à cette œuvre qui, certainement, ne fut pas connue de celui qui décrivit les sept merveilles ou spectacles du monde. On n'en vit, on n'en conçut jamais de pareille en aucun siècle. L'admirable sépulcre de Ninus, lui-même, est réduit au silence. Enfin, je considérais quelle résistance obstinée des voûtes, quels piliers hexagonaux et tétragonaux, quel appareil de colonnes dans les fondations, pouvaient supporter une masse aussi pesante. Je conclus, par le raisonnement, que le dessous était le roc même, ou qu'il était fait de ciment et de pierre en manière de blocage formant une masse compacte. Je vis que l'intérieur de cet édifice était creux et plongé dans l'obscurité. Quant à la porte, je dirai, au chapitre suivant, comme elle était d'une construction magnifique, superbe, digne de ce monument éternel, et combien elle était excellemment disposée.

Poliphile, après avoir parlé d'une partie de l'immense construction avec la pyramide colossale et l'admirable obélisque, décrit, dans le chapitre suivant, des œuvres grandes et merveilleuses, principalement un cheval, un colosse couché, un éléphant et surtout une porte très-élégante ?
Chapitre IV

Il serait juste qu'on me permît d'affirmer que jamais, dans tout l'univers, il n'a dû exister des œuvres d'une telle magnificence, et que jamais l'intuition humaine n'en a conçu ni même entrevu de pareilles. J'en conclurai presque, avec assurance, que tout le savoir humain au plus grand talent ne saurait atteindre à une telle audace dans l'art de bâtir, ni en rassembler les moyens, ni en perpétrer l'invention. Mes sensations, suspendues entre un vif plaisir et la stupeur, étaient captivées par un examen attentif et persévérant, au point que nul souvenir joyeux ou triste ne traversait plus ma mémoire. Mais, en admirant avec application et curiosité ces parfaites et nobles statues de pierre représentant des vierges, je ne pus, dans l'agitation qui s'empara de moi, que soupirer en sanglotant. Toutefois mes soupirs amoureux et sonores en ces lieux solitaires, abandonnés, et à l'atmosphère épaissie, me rappelaient ma divine Polia, immodérément désirée. Hélas ! je ne la pouvais oublier longtemps, celle dont le simulacre est dans mon esprit, celle qui est la compagne diligente de mon voyage. C'est en elle que mon âme établit solidement un nid pour s'y coucher heureuse et sûre, comme dans un retranchement protecteur, dans un asile où rien n'est à craindre.

Étant donc parvenu à cet endroit où mes yeux ravis ne cessaient de contempler une œuvre antique si considérable et si rare, j'admirai, au-delà de tout, une porte tellement étonnante, d'un art si incroyable, d'une élégance générale de lignes telle, qu'on ne saurait en fabriquer une autre avec cette perfection. Je ne me sens vraiment pas une science suffisante pour la décrire parfaitement et complètement, d'autant plus que, de notre temps, les termes vulgaires, les mots propres, les expressions consacrées et particulières de l'art architectural demeurent oubliés et ensevelis avec les hommes supérieurs. Ô exécrable et sacrilège barbarie ! Comment as-tu pu, spoliatrice, envahir la plus noble partie du trésor et du sanctuaire Latin ! avilir, offenser mortellement l'art, jadis si honoré, par cette ignorance maudite qui, jointe à l'âpre, à l'inassouvie et perfide avarice, a offusqué cette grande, cette excellente région qui fit de Rome la sublime impératrice universelle !

Je dois dire que devant cette porte extraordinaire était ménagée en plein air une place carrée de trente pas de diamètre. Elle était remarquablement pavée de dalles en marbre séparées les unes des autres par un interstice d'un pied rempli d'un travail en mosaïque représentant des entrelacs et des guirlandes diversement colorés, travail brisé en partie et interrompu par les ruines de pierre. Au fond de la place, tant à droite qu'à gauche, vers les monts, se déroulaient, à niveau du pavé, deux rangées de colonnes, d'un écartement parfait, avec des architraves allant de l'une à l'autre en toute convenance. Le cours de ces colonnes commençait de chaque côté, à la ligne extrême du dallage, en partant de la métope ou front de la grande porte, et, entre chaque colonnade, il y avait l'espace de quinze pas. Ces colonnes, pour la

FIGURE 11 (1499).

plupart, se voyaient encore debout et entières, avec leur chapiteau Dorique ou pulviné¹, décoré de leurs volutes en colimaçon se renversant de côté au-dessus du quart de rond² et des astragales placées dessous, formant ainsi une saillie excédant d'un tiers la largeur du chapiteau, dont la hauteur était égale au demi-diamètre de la colonne. Par-dessus régnait l'épistyle ou travée continue, généralement brisée et interrompue. Beaucoup de colonnes étaient privées de leurs chapiteaux, dont plusieurs étaient enfouis dans les ruines, jusqu'à l'astragale, jusqu'à l'hypotrachelium³, jusqu'à l'Apothèse⁴. Là auprès demeuraient encore quelques vieux platanes, quelques lauriers sauvages, des cyprès conifères, des ronces odorantes. J'en conclus que ç'avait dû être un hippodrome ou un xyste, ou un cirque, ou un promenoir, ou un hypêthre⁵, ou quelque euripe temporaire.

Sur cette place, à dix pas devant la porte, je vis un prodigieux cheval, un coursier ailé de bronze, au vol abaissé, d'une grandeur immense, dont le sabot couvrait, sur le plan de la base, une circonférence de cinq pieds. Du point extrême du sabot de devant jusque sous le poitrail, on comptait neuf pieds. Il me sembla très-haut. Il avait la tête libre, sans frein, avec deux petites oreilles, l'une projetée en avant, l'autre en arrière. Sa crinière ondulée tombait sur le

FIGURE 12 (1883).

côté droit du cou. Un grand nombre d'enfants s'efforçaient de se maintenir sur le dos de ce cheval, mais aucun ne pouvait y parvenir, soit à cause de la rapidité, soit à cause de la dureté de son allure. Les uns tombaient ou étaient jetés à terre, debout ou couchés; d'autres s'accrochaient; quelques-uns, renversés, se retenaient vainement avec les mains serrées aux longs crins; quelques autres, dans leur chute, faisaient mine de se relever sous le corps du cheval qui les avait secoués. Sur la superficie de la base était scellée au plomb une plaque en même métal que la statue, à laquelle adhéraient les sabots du cheval et les enfants tombés[6]. Toute cette grande composition avait été coulée toute d'une pièce, avec un art de fondre admirable. On pouvait reconnaître qu'aucun des enfants n'avait eu la satisfaction de chevaucher le colosse, car leurs statues semblaient chagrines, et si elles ne se lamentaient point, c'était uniquement qu'elles étaient sans vie, tant elles imitaient parfaitement la vraie nature. Que l'esprit subtil de Pérille[7], du Juif Hiram[8] ou de n'importe quel fondeur, cède le pas !

Ce cheval semblait vouloir introduire par la grande porte les enfants qu'il mettait à mal. Le socle qui servait de base à l'œuvre était fait de marbre solide, proportionné en épaisseur, hauteur et largeur au soutien de l'appareil qui s'y trouvait fixé. Ce marbre était couvert de veines multicolores et de teintes variées fort agréables à la vue, mêlées et confusément disposées. Sur le front de ce socle, du côté de la grande porte, j'aperçus une couronne de marbre vert simulant des feuilles d'ache amère[9] entremêlées de feuilles de peucédane[10], et, dans cette couronne, une pierre circulaire blanche sur laquelle était gravée cette légende en majuscules Latines: DEIS AMBIGVIS DEDICATVS [*Ce qui signifie:* DÉDIÉ AVX DIEVX AMBIGVS]. Sur la face opposée était pareillement une couronne d'aconit mortifère avec ces mots: EQVVS INFÆLICITATIS [*Ce qui signifie:* CHEVAL D'INFÉLICITÉ].

Au côté droit était sculpté un chœur d'hommes et de demoiselles ayant deux visages, dont celui de devant riait et celui de derrière pleurait. Ces figures dansaient en rond, se tenant par les mains, homme avec homme, femme avec femme, un bras de l'homme passant par-dessus celui d'une femme, et l'autre par-dessous. Ils allaient ainsi l'un après l'autre, de façon que toujours un visage joyeux était tourné vers le visage attristé qui le précédait. Il y avait sept personnes de chaque sexe, si parfaitement bien sculptées, avec des mouvements si vivants, et de si belles draperies flottantes qui, cependant, ne les découvraient pas, qu'on ne pouvait reprocher rien à l'ouvrier, si ce n'est

FIGURE 13 (1499).

Dédié aux Dieux ambigus   *Le cheval d'infélicité*

FIGURE 14 (1883).

qu'on n'entendait pas leurs voix et qu'on ne voyait pas couler leurs larmes. Ce chœur était exécuté dans un ovale encadré. Sous cette image je lus cette parole inscrite : TEMPUS [*Ce qui signifie :* LE TEMPS].

De l'autre côté, j'observai, dans une image de la même forme que la première — œuvre parfaite du même ouvrier, bien mouvementée, encadrée comme l'autre dans une belle feuillure — j'observai, dis-je beaucoup de jeunes garçons occupés à cueillir des fleurs parmi les herbes et les arbustes, en compagnie d'un grand nombre de nymphes gracieuses qui badinaient allègrement et les leur ravissaient en folâtrant. De la même façon, ci-dessus décrite, des majuscules gravées exprimaient cette seule parole : AMISSIO [*Ce qui signifie :* PERTE]. Ces lettres étaient d'une proportion parfaitement

FIGURE 15
(1499).
Tempus.

FIGURE 16
(1883).
Tempus.

FIGURE 17
(1499).
Amissio.

FIGURE 18
(1883).
Amissio.

exacte et leur épaisseur ne dépassait que de fort peu la neuvième partie de leur quadrature.

Stupéfait, rêveur, je contemplais, avec un plaisir et une curiosité extrêmes, cette machine extraordinaire fondue en forme d'animal, invention très-digne du génie humain, d'une proportion, d'une harmonie exquise dans tous ses membres. Cela me rappela le néfaste cheval Sejanus[11]. J'étais comme halluciné par ce mystérieux objet d'art, quand un grand éléphant m'offrit un non moins merveilleux spectacle, et je m'élançai vers lui avec plaisir. Mais voilà que j'entendis un gémissement d'homme malade. Je m'arrêtai les cheveux hérissés et, sans délibérer autrement, je m'en fus du côté d'où était partie cette plainte, par un champ plein de ruines, escaladant des quartiers et des débris de marbre. Je m'avançais avec précaution, lorsque je vis un énorme et admirable colosse avec les pieds nus et perforés, avec les jambes toutes creuses. Je fus du côté de la tête, elle était horrible à voir ; je conjecturai que l'air, en s'introduisant par la plante des pieds, causait, par une invention divine, le sourd gémissement exprimé. Ce colosse gisait sur le dos ; il était fondu avec un art admirable. Il paraissait d'âge moyen, sa tête était quelque peu relevée par un coussin. Il avait l'apparence d'un malade. La bouche avait l'air de soupirer et de gémir, elle était entre-bâillée de neuf pas de large. Par les cheveux on pouvait monter sur la poitrine, et l'on parvenait dans la bouche lamentable par les crins tourmentés de la barbe épaisse. Cette bouche entr'ouverte était creuse. J'y entrai, poussé par une curieuse envie de voir, et pénétrai, sans réflexion, par des degrés qui étaient dans la gorge, jusques au fond de l'estomac. Ô conception surprenante ! J'admirai toutes les parties qui sont à l'intérieur du corps humain ; sur chacune d'elles je remarquai, gravés en trois idiomes, Chaldéen, Grec et Latin, les noms de tout ce qui constitue ses différents organes : intestins, nerfs, os, veines, muscles et chairs[12], aussi bien que les noms des maladies qui s'y engendrent, avec leur cause, leur cure et leur guérison. Car, à tous ces viscères agglomérés, il était une petite entrée commode qui permettait d'y pénétrer, ainsi que des soupiraux, distribués en divers points du corps, éclairant à souhait les parties.

Nulle de ces parties ne le cédait à la nature. Lorsque je portai mon attention sur le cœur, j'y pus lire comme quoi les soupirs s'engendrent d'Amour et voir le point où celui-ci fait de si cruelles blessures. Là, tout ému, je poussai un long gémissement en invoquant Polia, si bien que j'entendis, avec horreur, toute cette machine en retentir. Quelle prodigieuse invention d'un art incomparable, grâce à laquelle, sans connaissance anatomique, un homme quelconque se pouvait faire valoir ! Ô illustres génies du passé ! Ô véritable âge d'or, pendant lequel la Vertu s'alliait à la Fortune, tu n'as laissé pour héritage à ce siècle-ci que l'Ignorance et son émule l'Avarice ! Mais, sortant par une issue ménagée dans l'épaisseur du Colosse, j'aperçus, en un autre endroit, le front d'une tête de femme presque ensevelie dans la masse des débris. J'estimai que c'était quelque œuvre analogue ; toutefois, empêché de l'examiner par l'amas des ruines pêle-mêle accumulées, je me privai de l'aller admirer et retournai à mon premier poste. Là, non loin du grand cheval, au même niveau, s'offrait aux regards un énorme éléphant de pierre plus noire qu'obsidienne[13], toute scintillante de paillettes d'or et d'argent, en manière de poudre insufflée à la surface, ce qui la rendait on ne peut plus brillante. Le poli en dénotait l'extrême dureté. Les objets environnants s'y réfléchissaient au naturel de tous côtés, sauf là où les parties en métal avaient laissé couler leur rouille verdâtre.

En effet, sur le large dos de l'animal était une merveilleuse housse en airain que retenaient deux courroies ceignant son vaste
corps. Entre ces courroies, attachées par des fibules, adhérait un bloc équarri correspondant à l'épaisseur d'un
obélisque posé sur l'éléphant et fait de la même
pierre que lui[14]. Car aucun poids ne doit
porter d'aplomb sur le vide, rien ne
peut être solide et durable
au-dessus d'une solu-
tion de conti-
nuité.
Trois faces
du bloc sousjacent
offraient des caractères Égyptiens excellemment tracés. Quant au mons-
tre à l'énorme dos, il était supérieurement et très-fidèle-
ment rendu selon les règles de la statuaire qui président à l'imitation.
Sur la housse dont j'ai parlé, toute ornée de cachets, de boutons, de petits sujets et de symboles, était fermement fondé l'obélisque en pierre Lacédémonienne verdâtre[15]. La hauteur des côtes était égale à la longueur de la base — soit un pied — multipliée sept fois. L'obélisque allait en s'effilant jusqu'au sommet qui se terminait en pointe. Là était fixée une boule très-

ronde d'une substance transparente et polie. La grande bête sauvage, d'une si noble exécution, posait parfaitement équilibrée sur le plan bien nivelé d'un large soubassement en porphyre le plus dur et du dessin le plus parfait. Deux longues dents, appliquées et appareillées, en pierre blanche et luisante, venaient en avant, et, de la housse d'airain, pendait, attaché par des boucles, un pectoral de bronze couvert d'ornements variés, au milieu duquel on lisait en idiome Latin : CEREBRVM EST IN CAPITE [*Ce qui signifie :* LE CERVEAV EST DANS LA TÊTE]. Pareillement, autour de cette partie du cou qui avoisine la tête, courait un lien fait de main de maître d'où pendait, sur le large front, un ornement extraordinaire, sorte de tenture d'airain tout à fait remarquable, de la forme d'un carré double, et, sur-le-champ duquel, bordé d'un feuillage ondulé, je vis des lettres Ioniques et Arabes qui disaient : ΠΟΝΟΣ ΚΑΙ ΕΥΦΥΙΑ [*Ce qui signifie :* LABEVR ET INDVSTRIE].

FIGURE 19 (1499) et 20 (1883). *Tenture.*

FIGURE 19 (1499)

FIGURE 20 (1883)

Pour l'heure, le proboscide[16] vorace ne pendait pas au-dessus du plan du soubassement, mais il était relevé immobile et incliné vers le front. Les oreilles ridées de l'Éléphant étaient écartées et penchées. Sur le circuit oblong du soubassement on avait gravé des hiéroglyphes ou caractères Égyptiens. Le tout, on ne peut mieux poli, avait, dans le bas, la plinthe voulue, le listel[17], la gorge[18], le tore[19], l'orle[20], avec les astragales[21] ou nervures, avec la cymaise[22] renversée ; en haut, non moins bien, la cymaise droite, avec les modillons[23] et les astragales, l'ensemble d'une symétrie exquise et en rapport avec l'épaisseur. La longueur de ce soubassement mesurait douze pas, la largeur cinq et la hauteur trois. Les extrémités étaient en forme d'hémicycle. Dans la partie semi-circulaire postérieure, je trouvai entaillé un petit escalier fait de sept marches et servant à monter sur la superficie plane. Je m'y engageai avec ardeur. Parvenu à un espace réservé et de forme carrée, placé juste sous l'aplomb du bord de la housse, j'aperçus une petite porte creusée dans la masse, chose admirable, vraiment, vu la dureté de la matière.

Là se présentait une partie évidée, disposée de telle sorte que des barreaux en métal, fixés dans la pierre en guise de gradins, offraient un accès commode et engageaient à pénétrer dans cette machine éléphantique privée de ses viscères. Aussi, furieusement incité par la curiosité, je montai et trouvai l'énorme et prodigieux monstre absolument creux, vide comme une caverne, si ce n'est que le bloc servant de support traversait l'intérieur d'outre en outre, tel qu'il se comportait en dessous, et ménageait un passage, allant de la tête à la partie postérieure, très-suffisant pour un homme. À la voûte dorsale était suspendue, par des cordes d'airain, une lampe allumée brûlant perpétuellement et répandant une clarté de prison, Grâce a elle je pus admirer, dans la partie de derrière, un sépulcre antique faisant corps avec la pierre même de l'éléphant.

FIGURE 21
(1499).
L'Éléphant.

FIGURE 22 (1883). *Idem.*

FIGURE 23
(1499)

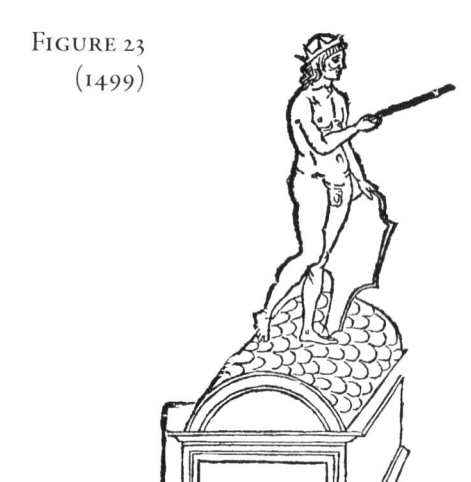

FIGURE 24
(1883).

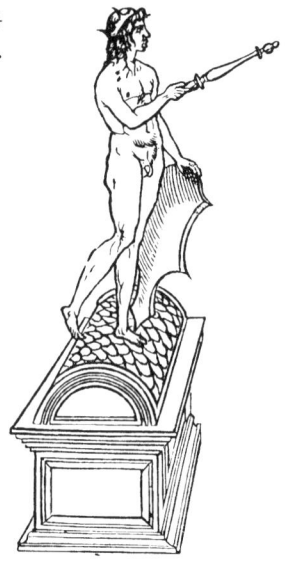

Ce sépulcre était surmonté d'une parfaite image d'homme nu, de grandeur moyenne, portant couronne et faite de pierre très-noire. Les dents, les yeux et les ongles étaient revêtus d'argent brillant. Cette statue, dressée sur le couvercle bombé, imbriqué d'écaillés, aux moulures exquises, avançait le bras droit et tenait un sceptre en cuivre doré. La main gauche appuyait sur un charmant écu fait exactement dans la forme d'un os de tête de cheval. On y lisait cette sentence inscrite en petits caractères dans les trois idiomes Hébreu, Attique et Latin :

אם לא כי הבהמה כסתה את בשרי אזי הייתי ערום . חפש ותמצא הניחני

ΓΥΜΝΟΣ ΗΝ, ΕΙ ΜΗ ΑΝ ΘΗΡΙΟΝ ΕΜΕ ΚΑΛΥΨΕΝ : ΖΗΤΕΙ ΕΥΡΗΣΗ ΔΕ. ΕΑΣΟΝ ΜΕ.

NVDVS ESSEM, BESTIA NI ME TEXISSET. QUÆRE ET INVENIES, ME SINITO

[*Ce qui signifie :* J'ÉTAIS NU, SI LA BÊTE NE M'AVAIT COUVERT. CHERCHE ET TU TROUVERAS. LAISSE-MOI.]

Une rencontre aussi extraordinaire me laissa stupide et craintif, tellement que, sans trop différer, je m'apprêtais à revenir sur mes pas, lorsque j'aperçus, à l'opposé, la même clarté produite par une lampe exactement semblable à la première. Je franchis la cage de l'escalier et me dirigeai vers la tête de l'animal. Là je trouvai une sépulture antique du même travail que l'autre et surmontée d'une statue pareille en tout, sauf que c'était celle d'une reine. Elle soulevait le bras droit, et, de l'index, désignait l'espace situé derrière ses épaules. L'autre main serrée tenait un tableau posé sur le couvercle de la tombe. Cette épigramme y était tracée en trois idiomes :

FIGURE 25 (1499).

היה מי שתייה קח מן האוצר הזה כאות נפשך אבל הזהיר אותך הסר הראש ואל תגע בגופי

ΟΣΤΙΣ ΕΙ, ΛΑΒΕ ΕΚ ΤΟΥΔΕ ΤΟΥ ΘΗΣΑΥΡΟΥ ΟΖΟΝ ΑΝΑΡΕΣΚΟΙ. ΠΑΡΑΙΝΩ ΔΕ ΩΣ ΛΑΒΗΙΣ ΤΗΝ ΚΕΦΑΛΗΝ. ΜΗ ΑΠΤΟΥ ΣΩΜΑΤΟΣ.

QVISQVIS ES QVANTVMCYNQVE LIBVERIT, HVIVS THESAVRI SVME. ATMONEO, AVFER CAPVT, CORPVS NE TANGITO.

[*Ce qui signifie :* QUI QUE TU SOIS, PRENDS DE CE TRÉSOR AUTANT QU'IL TE PLAIRA ; MAIS, JE T'AVERTIS, PRENDS LA TÊTE, NE TOUCHE PAS AU CORPS.]

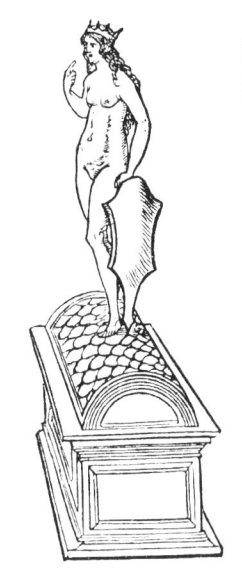

FIGURE 26 (1883).

En présence de telles nouveautés, qui mériteraient d'être contées à merveille, devant ces énigmes que je lisais et relisais, je demeurai tout ignorant de leur sens fort ambigu. Tant est-il que je n'osai rien entreprendre ; mais, frappé de crainte en ce lieu sombre mal éclairé par la lueur des lampes, stimulé, d'ailleurs, du désir d'aller admirer la porte triomphale, j'eus plus d'une bonne raison pour ne pas demeurer là, et je m'en fus vers la sortie du

FIGURE 27 (1499).

FIGURE 28 (1883)

FIGURE 27 (1499) et 28 (1883). *Hiéroglyphes.*

plus vite qu'il me fut possible, sans autre projet que celui de revenir, de toute façon, après avoir examiné la porte, afin de contempler tout à loisir cette œuvre merveilleuse d'hommes de génie. Descendant l'escalier, je sortis du monstre sans viscères, invention inimaginable, excès de l'esprit d'entreprise et de l'audace humaine. On ne peut se figurer quels trépans ont percé une pierre aussi dure et aussi compacte, quels outils ont creusé une matière aussi résistante ; d'autant plus que le dedans concordait exactement avec le dehors. Enfin, étant parvenu de nouveau sur la place, je vis, sculptés parfaitement sur le pourtour du soubassement en porphyre, les hiéroglyphes suivants : d'abord un crâne de bœuf portant deux instruments aratoires pendus aux cornes, un autel, appuyé sur des pieds de bouc, avec une flamme ardente, puis un bassin, puis une aiguière, puis un peloton de fils enroulé après un fuseau, un vase antique avec l'orifice bouché, une semelle avec un œil et deux branches entre-croisées, l'une d'olivier, l'autre de palmier, une ancre, une oie, une lampe ancienne, un timon antique garni d'un rameau d'olivier chargé de fruits, enfin deux hameçons, un dauphin et un coffre clos. Ces hiéroglyphes étaient on ne peut mieux sculptés. C'est ainsi qu'après y avoir pensé, j'interprétai cette vieille écriture sacrée :

    EX LABORE DEO NATVRÆ SACRIFICA LIBERALITER, PAVLATIM REDVCES ANIMVM DEO SVBJECTVM. FIRMAM CVSTODIAM VITÆ TVÆ MISERICORDITER GVBERNANDO TENEBIT, INCOLVMEMQVE SALVABIT.

    [*Ce qui signifie :* SACRIFIE LIBÉRALEMENT TON LABEVR AV DIEV DE NATURE, PEU À PEU TV RENDRAS TON ÂME SOUMISE À LA DIVINITÉ QUI, MISÉRICORDIEUSEMENT, SERA LA GARDIENNE DE TA VIE, QUI LA GOUVERNERA ET LA MAINTIENDRA SAINE ET SAUVE.]

Ayant laissé cette excellente, cette mystérieuse, cette inimaginable figure, je fus examiner de nouveau le prodigieux cheval. Sa tête était osseuse et maigre, petite en proportion. Il avait tout à fait l'air de ne pouvoir tenir en place et démontrait l'impatience de tout retard. On croyait voir frémir ses chairs, et il semblait être plutôt la vie même que son imitation. Sur son front était gravé ce mot Grec : ΓΕΝΕΑ [*ce qui signifie :* NAISSANCE, ORIGINE].

J'observai ensuite un grand nombre de débris et fragments de toutes formes entassés en monceaux de ruines. Parmi cela, le temps vorace et fugitif n'avait fait grâce qu'à la porte, au cheval, au colosse et à l'éléphant.

Ô nos pères sacrés les ouvriers anciens ! quelle barbarie a donc envahi votre vertu, au point que de tant de richesses emportées par vous dans la tombe, il ne nous en soit demeuré que la déshérence !

J'arrivai enfin devant cette porte très-ancienne, d'un travail fort à considérer, construite merveilleusement, selon les règles d'un art exquis, tout ornée de sculptures remarquables et d'un dessin des plus variés. Aussi, jaloux d'étudier, enflammé du désir de comprendre, de pénétrer le profond génie de l'architecte perspicace, je m'y pris ainsi qu'il suit pour scruter la dimension, le dessin et l'exécution de son œuvre.

D'abord je mesurai, avec le plus grand soin, le carré sis au-dessous des doubles colonnes placées de chaque côté de la porte, et, par cette mensuration, je compris bientôt son admirable symétrie. C'est ce que je vais, ici, expliquer brièvement. Si on élève un carré ABCD et qu'on le divise par trois lignes équidistantes horizontales et par trois autres semblables perpendiculaires, on obtiendra seize carrés ; superposant à ce carré une figure qui n'en soit que la moitié, puis y traçant des divisions égales aux premières, on obtiendra en tout vingt-quatre carrés. L'emploi de fines cordelettes offre un moyen rapide, facile et commode pour tracer toute espèce de segment dans un travail délicat[24] ou dans une peinture. En tirant ensuite deux diagonales dans la première figure, on forme ainsi quatre triangles ; si l'on mène deux perpendiculaires de leur sommet sur leur base, on divise en quatre carrés égaux l'espace compris en ABCD. On marque quatre points sur le milieu des côtés égaux[25] de la figure annexée, et, en conduisant des lignes de l'un à l'autre de ces points, on construit un rhombe[26].

Quand j'eus tracé de cette façon les susdites figures, je me demandai comment les modernes peuvent-ils bien, dans leur aveuglement, s'estimer habiles en l'art de bâtir, alors qu'ils ne savent même pas ce que c'est, tant ils conduisent en dehors de toutes règles leurs misérables édifices sacrés ou profanes, publics ou privés, et, négligeant les enseignements de la nature même, ne tiennent aucun compte des parties moyennes. C'est une parole d'or, une parole céleste, que celle du poète quand il affirme que là seulement gisent la vertu et le bonheur[27]. C'est en négligeant cette partie centrale qu'on tombe nécessairement dans le désordre, et que toute chose sonne faux. Car toute partie qui n'est pas congruente à son principe est ridicule, et, si vous écartez l'ordre et la règle, quelle œuvre paraîtra donc commode, agréable et digne ? Or la cause d'une erreur aussi inconvenante procède d'une ignorance obstinée et provient de l'absence de lettres.

Néanmoins, bien que la perfection d'un art très-élevé ne doive s'écarter de son canon, l'habile et ingénieux architecte peut, par des adjonctions ou des ablations, donner à son œuvre le fini et la rendre plaisante à la vue. Mais il importe, par-dessus tout, qu'il conserve le massif intact et le concilie avec le tout. J'appelle massif l'ensemble de l'édifice conçu tout d'abord, la véritable invention, la pensée même, la symétrie de l'architecte, étudiée et conduite sans accessoire aucun.

Voilà ce qui montre — si je ne me trompe — la souplesse de son génie. En effet, orner devient après chose aisée. La disposition a une importance capitale, attendu qu'il ne s'agit pas d'aller placer le couronnement aux pieds quand il faut le mettre à la tête, et que toutes choses, oves, modillons, etc., doivent être posées à leur place. L'ordonnance générale est le principal de l'invention, c'est le propre des hommes rares. Bien des ignorants, bien des hommes ordinaires réussissent dans l'ornementation. Or, les ouvriers d'un art manuel sont les serviteurs de l'architecte, lequel, par-dessus tout, se gardera de choir dans la perfide et maudite avarice. En plus de sa doctrine, il doit avoir la bonté, il doit n'être pas bavard, être bénin, bienveillant, doux, patient, enjoué, prodigue, requéreur curieux de toutes choses et prudent. Je dis qu'il doit être prudent, afin qu'il ne se laisse pas entraîner dans l'imperfection, et j'entends qu'il le soit beaucoup.

Pour finir, en réunissant en une seule les trois figures obtenues, y compris la partie superposée à celle que nous avons déjà divisée en seize carrés, on obtient une figure totale dont on enlève le rhombe et les diagonales en laissant subsister les trois verticales et les trois horizontales, sauf les parties de la ligne médiane qui sont coupées par les perpendiculaires. On obtient ainsi un espace composé de deux carrés superposés, divisés chacun en quatre autres carrés. En menant une diagonale dans le carré du bas, de façon que, se redressant en perpendiculaire, elle vienne en la rencontre de la ligne AB, cette diagonale donne juste à l'endroit de son défaut la mesure de l'épaisseur du cintre y compris les antes. C'est sur la ligne AB que courra l'architrave. Le point milieu de la grande ligne médiane sera celui d'où l'on pourra tracer, en demi-cercle, l'archivolte dont la corniche devra mesurer une saillie égale à la moitié de sa largeur. Faire autrement, c'est faire mal (je ne puis le dire bien fait). Car c'est ainsi que l'observèrent bellement, supérieurement,

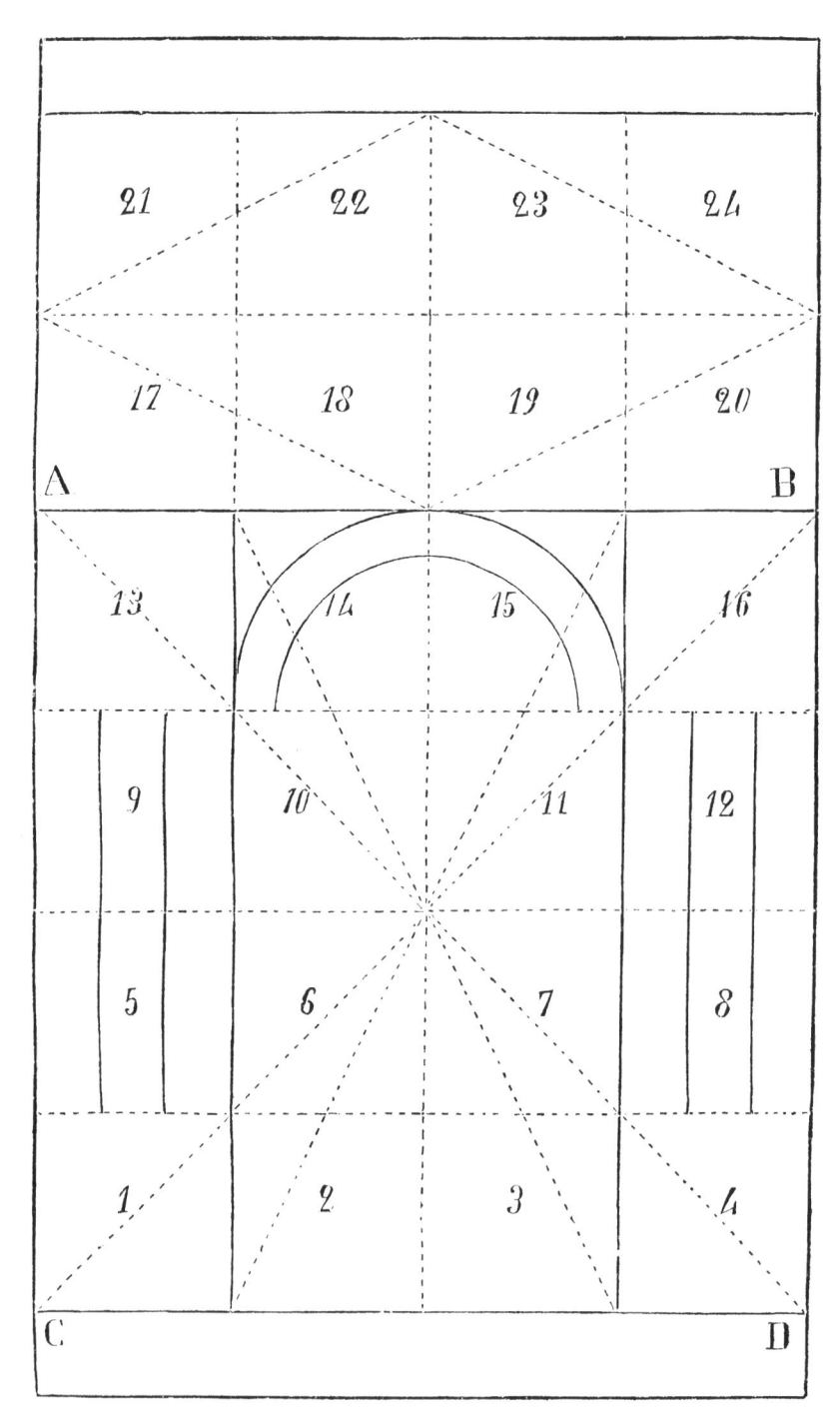

FIGURE 29 (1883). *Porte ancienne.*

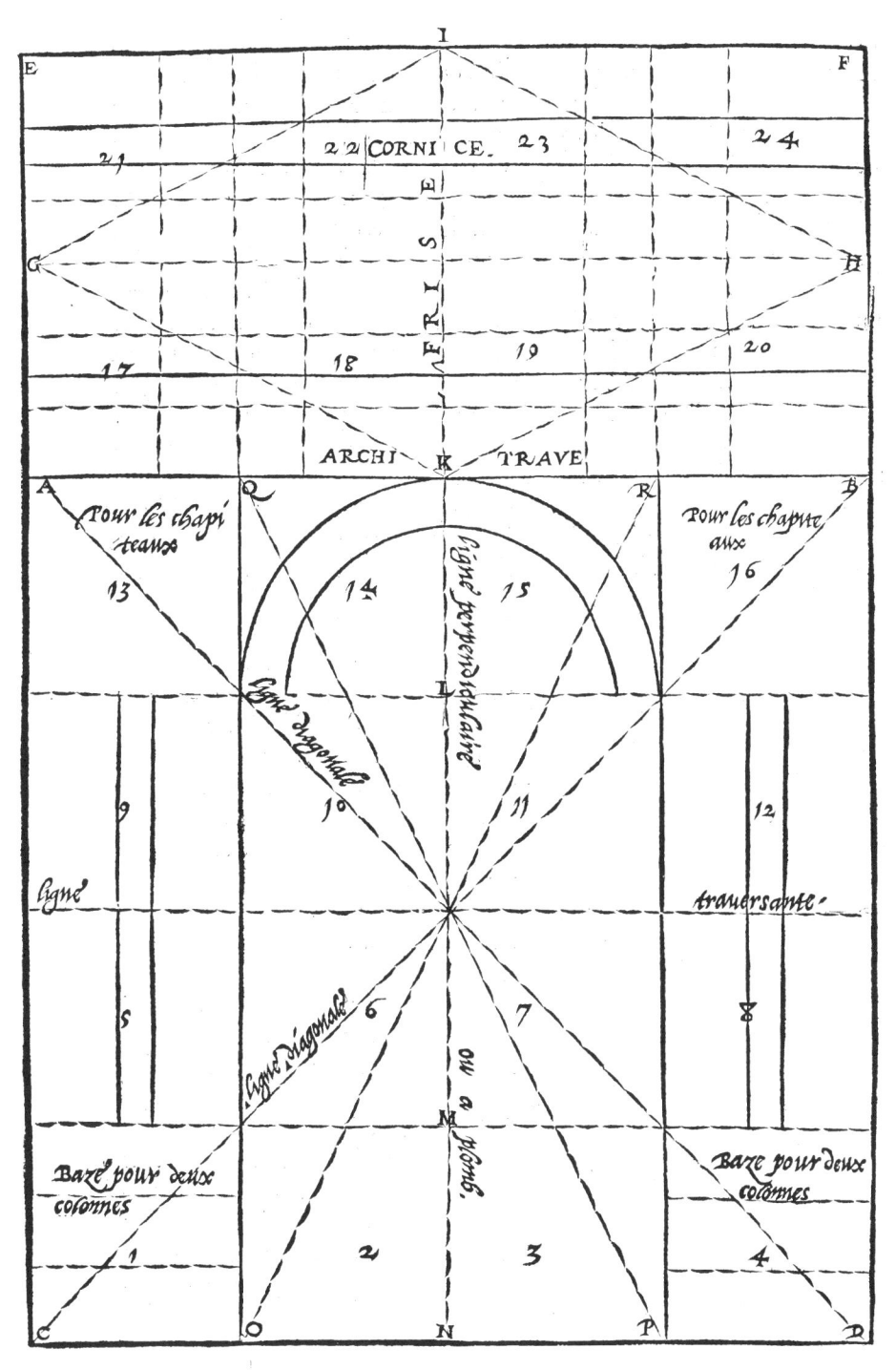

FIGURE 30 (1546). *Porte ancienne.*

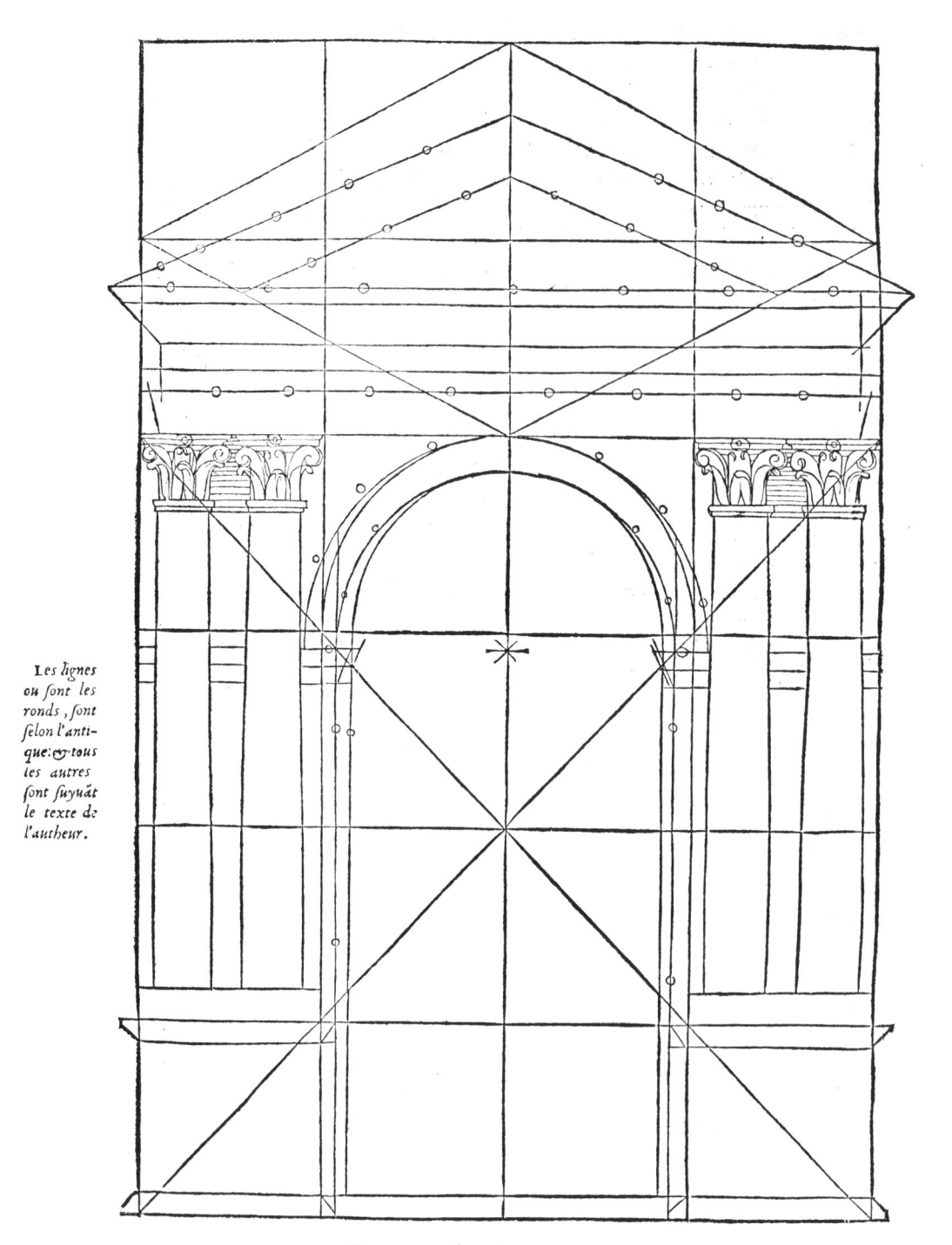

Les lignes ou sont les ronds, sont selon l'antique: & tous les autres sont suyuāt le texte de l'autheur.

FIGURE 31 (1561). *Porte ancienne.*

soigneusement les excellents vieux maîtres, dans la manière de faire leurs voussures, afin de donner à leurs arcs l'élégance et la solidité désirées, et pour éviter d'obstruer la projection des tailloirs.

Sous les doubles colonnes, d'un côté et de l'autre, le soubassement partait du niveau du sol sablé, commençant par une plinthe qui courait tout le long de l'édifice. De cette plinthe les gueules renversées, les tores, les gouttières et les astragales montaient graduellement sur le piédestal et formaient aussi, avec l'alignement requis, le socle des antes. La corniche se dressait pareillement, avec sa gueule droite et ses autres lignes concurrentes, au sommet du piédestal.

Entre la ligne AB et la ligne supérieure de toute la figure, je trouvai que l'espace était divisé par trois transversales en quatre parties. Trois se pouvaient attribuer à l'architrave, à la frise, à la corniche. Cette corniche comptait une division de plus que l'architrave et que la frise, c'est-à-dire que si l'on assignait cinq divisions à l'une et à l'autre, la corniche en devrait contenir six semblables. Cette corniche avait d'autant mieux cet excédent de mesure que le sage et habile ouvrier avait donné une inclinaison au plan de la cymaise, et cela non sans motif, mais bien afin que le bas des sculptures exécutées au-dessus ne fût pas masqué par la saillie de ladite corniche, encore qu'il eût pu agrandir les parties chargées d'ornements telle qu'est la frise, et ne pas s'en tenir, pour cette raison, à la symétrie imposée.

Un carré parfait régnait sur cette première corniche ; il avait ses côtés égaux à la longueur du versant que faisait celle-ci au-dessus de l'aplomb des colonnes. En le divisant en deux parties égales, chacune de ces parties avait la largeur de la corniche supérieure. Ce carré était répété de l'autre côté du monument. L'espace intermédiaire, situé exactement au-dessus de l'ouverture de la porte, comprenait sept parties, dont celle du milieu formait une niche dans laquelle était installée une statue de nymphe.

Il était facile de déterminer la saillie de la corniche supérieure. En construisant un carré dont le côté était égal à la largeur de cette corniche, et en menant une diagonale, celle-ci donnait la mesure de la saillie. Maintenant, en prenant dans son ensemble toute la figure composée des vingt-quatre carrés, dans laquelle est comprise celle du demi-carré superposé, il est évident qu'elle donne un carré et demi. En traçant dans le demi-carré cinq lignes droites horizontales équidistantes, on obtiendra six divisions égales. Au point milieu de la cinquième ligne supérieure, le faîte du fronton se montre régulièrement. De ce point, menant une ligne oblique au point où se trouve coupée celle qui détermine la corniche, on aura l'inclinaison voulue des lignes du fronton, dont les bords s'ajustent exactement avec la cymaise de la corniche rampante. Enfin, le fronton concordait parfaitement avec les moulures de l'élégante corniche, dont le premier rang était en relief sur le plan rectangulaire, et dont le dernier, denticulé, enfermait le plan triangulaire.

La susdite porte était bâtie, avec le plus grand soin, en pierres équarries parfaitement polies, et dans la masse desquelles les figures saillantes ne trahissaient pas les joints. Le tout d'une belle convenance et d'une matière brillante et plaisante. De chaque côté de la porte, et pour son bon air, à la distance de deux pas, se tenaient encore debout deux grandes et superbes colonnes dont le socle était enfoui sous les ruines. Écartant de mon mieux tous ces débris, je découvris et mis à nu les bases en airain, matière qui était celle aussi des chapiteaux excellemment exécutés. Je me donnai le plaisir de mesurer l'épaisseur d'une base, et je vis qu'en la doublant, j'obtenais le diamètre exact de la partie inférieure de la colonne, dont je trouvai que la longueur totale égalait vingt-huit coudées.

Ces deux colonnes voisines de la porte étaient de très-fin porphyre et de très-gracieux serpentin. Deux autres colonnes étaient des cariatides striées ou cannelées et très-bien faites. En outre de ces colonnes, il y en avait encore d'autres à gauche et à droite, modérément espacées, en marbre de Laconie extrêmement dur. Le demi-diamètre de la circonférence du plan inférieur de la colonne donnait l'épaisseur de sa base qui se composait des tores, de la scotie ou trochile, et de la plinthe. En divisant ce demi-diamètre en trois parties, on en devait attribuer une à la hauteur de la plinthe dont la largeur mesurait un diamètre et demi. En divisant en quatre parties les deux autres tiers du demi-diamètre, le tore supérieur en prenait une ; en divisant en deux parties égales les trois autres réunies, une était pour la scotie ou trochile, l'autre pour le tore inférieur. Les filets avaient chacun le septième de l'ensemble. Telle était la mesure que je trouvai suivie avec goût par les habiles ouvriers.

Sur les chapiteaux réguliers des susdites colonnes courait une élégante architrave ou épistyle dont la face inférieure était ornée de billettes ou patenôtres, la seconde d'un filet de fuserolles tronquées séparées par deux billettes, la troisième était décorée, avec beaucoup de goût, d'oreilles de singes façonnées agréablement en manière de feuilles et de caulicoles. Au-dessus de l'architrave était la frise décorée de festons enroulés, de feuillages, de fleurs et de beaux pampres, le tout profondément fouillé, avec des masses d'oiseaux nichant dans les interstices. Au sommet de la frise régnait un rang de modillons exquis, à intervalles mesurés, sur lesquels naissait la graduation renversée d'une longue corniche brisée, au-dessus de laquelle la partie démolie et ruinée offrait à la vue des vestiges de fausses fenêtres grandes et doubles, dont les ornements effacés laissaient apercevoir à peine ce qu'avait été l'édifice dans son intégrité. Sous l'architrave ainsi décrite se trouvait la cime ou comble de la porte, et la partie comprise entre son architrave et son arcature affectait la forme d'un triangle scalène, c'est-à-dire à côtés inégaux. L'intervalle situé entre les colonnes était soutenu par des modillons espacés avec art. Dans la figure triangulaire susdite, dans l'espace fourni par la partie la plus large, étaient sculptés deux ronds en forme de plats, entourés d'une moulure avec gorge et scotie, où, du milieu des lignes, apparaissait un tore en marbre rouge magnifiquement recouvert de feuilles de chêne assemblées l'une sur l'autre, avec leurs fruits intercalés, et ceintes circulairement de rubans froncés. Du milieu venaient en saillie deux vénérables images sortant de la surface concave à partir du diaphragme jusqu'en haut. Leur poitrine était couverte d'un pallium noué à l'antique sur l'épaule gauche ; elles avaient la barbe inculte, le front lauré, l'aspect digne et majestueux. Sur la partie de la frise avançant au-dessus des colonnes était une sculpture. C'était un aigle au vol ouvert, dont les serres posaient sur un faisceau de feuillages et de fruits qui pendait vers le milieu et dont les extrémités légères, dirigées également des deux côtés, étaient soutenues par des liens ondulés.

Donc cette porte splendide, élevée sur le plan de l'espace compris entre les colonnades, construite en marbres bien appliqués, était on ne peut mieux située. C'est pourquoi, maintenant que j'en ai fait la démonstration aussi bien que possible, il me paraît opportun de décrire, dans le chapitre suivant, ses ornements magnifiques. Au valeureux architecte importe plus l'être que le bien-être. C'est dire qu'il lui faut, avant tout, savoir disposer excellemment le massif, et posséder dans son esprit, ainsi que je l'ai dit, plutôt la conception de l'ensemble que celle des ornements, qui ne sont qu'accessoires par rapport au principal. La première opération réclame donc l'habileté féconde d'un homme unique. Quant à la seconde, elle est le propre de beaucoup d'ouvriers et d'artisans simples d'esprit — ceux que les Grecs nommaient Ergati — lesquels, ainsi que je l'ai dit, sont les instruments passifs de l'architecte.

Poliphile, ayant mesuré suffisamment la grande porte et fait la démonstration de sa symétrie, poursuit, du mieux qu'il peut, la description du fini de son ornementation bien travaillée et dit comme quoi elle était admirablement composée ?❧ Chapitre V

LA noble foule des zélateurs du plaisant amour, j'adresse la prière qu'ils n'aient pas à regretter l'insistance que j'ai mise au discours ci-dessus. Il se peut, d'aventure, qu'il leur ait paru médiocrement attrayant, vu leur curiosité de pénétrer dans le sujet que je dois traiter — sujet dont ils se repaissent, pour si âpre qu'il soit, avec un cœur joyeux et une âme patiente. Or l'affection humaine est changeante, de son naturel ; aussi n'insultons pas au pain, si désagréable qu'il puisse paraître au palais blasé, alors qu'il plaît au palais qui ne l'est point, mais qu'on en gratifie avec bonté ceux qui, l'ayant goûté, le trouvent délectable. C'est pourquoi j'ai parlé en maint endroit de l'objectif de l'architecte, de son but principal qui est l'établissement de l'édifice d'une façon harmonique. L'architecte, en effet, le peut résoudre en menues divisions, ni plus ni moins que ne fait le musicien lorsque, ayant trouvé l'intonation, il mesure le temps sur une longue et le proportionne alors en divisions chromatiques qu'il reporte sur la note solide. Par analogie, la règle première et particulière de l'architecte consiste, après que l'invention est trouvée, dans la quadrature qui, divisée en carrés moindres, offre l'ensemble avec ses modulations et ses accessoires subordonnés au principal. Voilà en vertu de quoi cette porte était admirablement trouvée et composée, avec une si suprême élégance, avec une distribution si choisie, que dans le plus petit recoin il n'y avait motif à correction. Aussi j'estime qu'il y a lieu d'en décrire, à cette heure, le parfait ensemble.

Tout d'abord, du côté droit, apparaissait un stylobate[1] ou piédestal régnant sous les bases des colonnes. C'était un carré parfait que couronnait, à sa partie supérieure, une petite corniche de proportion exacte, et dont la partie inférieure était garnie de moulures moyennes. L'espace libre formait un dé rectangulaire un peu plus large que haut.

Je me vois contraint d'employer ici des expressions qui, pour être fort en usage, n'appartiennent pas au langage vulgaire. Car nous sommes dégénérés et absolument privés de cette richesse de termes qui, seule, pourrait permettre de bien rendre les particularités d'une telle œuvre.

Le dé, dont je viens de parler, formait un retrait avec des gorges ornées de feuillages et une rangée moyenne de gravures délicates, au milieu desquelles se trouvait encastrée une pierre d'alabastrite, dont les reliefs proportionnés étaient protégés par la saillie du bandeau rectangulaire qui l'encadrait de toutes parts. Dans cet alabastrite était sculpté un homme dépassant quelque peu l'âge viril, d'une rusticité sauvage, ayant une barbe épaisse aux poils durs et hérissée comme si elle sortait péniblement du menton. Il était assis sur une pierre et recouvert d'une peau de bouc dont la partie inférieure mégissée se nouait à ses flancs qu'elle ceignait, et dont la partie du cou pendait, la toison en dedans, sur ses jambes variqueuses. Devant lui, entre ses mollets gonflés, se voyait une enclume fixée dans un billot noueux fait d'un tronc d'arbre raboteux et sur laquelle il fabriquait une paire d'ailerons incandescents, à l'aide d'un marteau qu'il soulevait pour battre son œuvre. En face de l'homme se tenait une très-noble matrone qui portait, attachées à ses épaules délicates, deux ailes emplumées. Elle soutenait son fils, un enfant nu dont les fesses mignonnes reposaient sur les cuisses blanches et charnues que la Déesse sa mère soulevait un peu, attendu que son pied portait sur un caillou contigu à la base de l'amas de pierres sur lequel était assis le forgeron pour jouer du marteau. À tout cela il faut ajouter un petit fourneau rempli de charbon allumé dans une cavité. Quant à la matrone, elle portait des tresses ramenées sur son front large et contournant sa tête bien ornée, rendue avec une délicatesse si grande, que je ne puis concevoir comment les autres statues entaillées là comme elle ne s'en énamouraient point.

Il y avait encore un homme armé à l'apparence furieuse, couvert d'une cuirasse à l'antique en forme d'égide avec l'épouvantable tête de Méduse sur la poitrine et autres ornements exquis sur le thorax. Ce guerrier, dont un baudrier traversait le large sein, soulevait une lance d'un bras musculeux. Il était coiffé d'un casque à la crête aiguë. Son second bras ne se voyait pas, masqué qu'il était par les autres figures. On apercevait encore, derrière la tête penchée du forgeron, le buste d'un jeune homme vêtu d'une étoffe légère.

L'ouvrier avait rapporté tout ce sujet, avec soin, sur un fond en marbre de couleur de corail, qu'il avait inséré dans les moulures du dé sus-mentionné. Ce ton du fond se réfléchissait sur les contours de l'alabastrite transparent et communiquait aux corps et aux membres une coloration d'incarnat.

L'ensemble de ce dessous de colonnes se répétait exactement de l'autre côté, sauf que le sujet différait. On voyait également, dans le stylobate de gauche, un homme nu sculpté. Il était d'âge viril, d'un air gracieux, et témoignait d'une extrême vélocité. Comme l'autre, assis, mais sur un siège carré, couvert d'une gravure d'ancien style, il était chaussé de cothurnes fendus de la cheville au mollet. À ses pieds étaient des talonnières ailées. La même matrone que celle de l'autre côté était là représentée toute nue. Sur sa poitrine pointaient de petits tétons rondelets que leur dureté rendait immobiles. Elle était figurée avec de larges flancs et, en tout, tellement semblable à la première, que l'une et l'autre faites dans un même moule n'eussent point été plus pareilles. Elle présentait ce même enfant, son fils, à l'homme, pour que celui-ci l'éducât. Ce dernier montrait, avec bonhomie, trois flèches à l'enfant qui se penchait vers lui soulevé sur ses petits pieds. Une telle action laissait penser qu'il lui démontrait la manière d'en user à l'occasion. La mère tenait le carquois vide et l'arc débandé. Au pied du maître gisait un caducée après lequel s'enroulaient des vipères. Là se trouvait le même guerrier dont il est question plus haut, ainsi qu'une femme soulevant le trophée d'une cuirasse très-antique appendue à une lance portant à son extrémité un globe garni de deux ailes entre lesquels était écrit : NIHIL FIRMUM [*ce qui signifie* : RIEN N'EST SOLIDE]. Elle était vêtue d'une chlamyde flottante qui découvrait le haut de sa poitrine.

Les doubles colonnes Doriques mesuraient en hauteur sept diamètres ; elles surgissaient au-dessus des carrés décrits, toutes luisantes et polies, d'un beau rouge Phénicien, grivelées de taches plus claires irrégulièrement parsemées. Ces colonnes étaient cannelées chacune de vingt-quatre stries, allant exactement d'une ceinture à l'autre. Dans le tiers inférieur elles avaient des rudentures. Quant à la raison qui voulait que les cannelures fussent telles et que les rudentures n'occupassent que le tiers, je pensai qu'elle venait de ce que cette très-excellente fabrique ou temple était rituellement dédiée à l'un et à l'autre sexe ; c'est-à-dire à un Dieu et à une Déesse, comme, par exemple, à la mère et au fils, au mari et à la femme, au père et à la fille. Or nos bons aïeux experts attribuaient au sexe féminin la cannelure, bien plus grande que la rudenture qu'ils attribuaient au sexe mâle, parce que la lubricité naturelle du premier dépasse de beaucoup celle du second en lasciveté.

Ce qui occasionna l'emploi des cannelures, ce fut le besoin d'indiquer un temple de Déesse, les stries imitant le vêtement plissé des femmes. Quant aux chapiteaux placés au sommet des colonnes, avec leurs volutes saillantes, ils figuraient la coiffure contournée et l'accoutrement féminin. Les cariatides, qui ont pour chapiteau une tête de femme coiffée, furent placées dans les temples de ce peuple rebelle[2] qui, ayant été soumis, se vit imposer de telles colonnes afin qu'elles témoignassent perpétuellement de son manque de foi féminin.

Ces remarquables colonnes appuyaient sur les plinthes leurs bases en airain aux tores décorés de feuilles de chêne montrant leurs glands et liées de rubans strictement enroulés autour. Les chapiteaux qui les surmontaient, de la même matière que les bases, étaient travaillés avec l'harmonie et la convenance requises en tous les points. Ils étaient tels que Callimaque, dit le Catatechnique[3], ne vit pas, sur le tombeau de la vierge de Corinthe, l'acanthe double former sur la corbeille un plus bel ornement, et n'en fit pas de semblables. Ces chapiteaux étaient recouverts de leurs tailloirs sinueux, échancrés et recourbés, décorés d'un lis dans le milieu. Le vase était garni, à perfection, de deux rangs de huit feuilles d'acanthe. Au dehors des feuilles sortaient des volutes qui, se rassemblant vers le milieu du vase, composaient un lis posé entre les arcs des tailloirs, sous l'avance desquels s'enroulaient les caulicoles. C'est avec raison qu'Agrippa mit de tels chapiteaux au portique de l'admirable Panthéon, attribuant à chacun, en hauteur, un diamètre entier du plan inférieur de la colonne, avec une symétrie bien observée de chaque partie et des accessoires.

Le seuil de la porte était fait d'une grande pierre verte très-dure, semée de petites taches grises et jaunâtres, ainsi que de diverses maculatures inégales. Sur ce seuil s'élevaient des antes droites. Elles apparaissaient élégantes et lustrées dans l'ouverture, dépassant d'un pas la largeur du seuil, sans montrer vestige de gonds sur les bords et vers le haut, ni apparence de ferrements ou crampons dans les contreforts. Au-dessus de l'archivolte faite en arc ou en hémicycle, venait l'architrave avec ses côtés proportionnés et les moulures requises, à savoir : des billettes ou baies, aux fusarolles intercalées de dix en dix ou bien en forme de chapelets, des oreilles de chien, des rinceaux s'enroulant à l'antique, des rubans liant des caulicoles. Le coin, ou plutôt la clef de l'arc, était digne d'admiration et tout à fait remarquable, autant par sa très-ingénieuse et audacieuse facture, que par l'élégance et le fini de son exécution.

J'admirai, avec étonnement, pris dans la masse d'une pierre dure et plus que noire, un aigle saillant aux ailes étendues, qui, pour cause d'amour, avait enlevé par ses vêtements un jeune et tendre adolescent, s'efforçant, avec toute la précaution possible, de ne pas offenser de ses serres recourbées les chairs délicates[4]. Ainsi, l'emportant par un bout de sa draperie, il avait les pattes au-dessus de la poitrine gonflée et charmante de l'enfant suspendu, qu'il dénudait à partir du nombril et dont les fesses mignonnes étaient tournées vers les cuisses empennées de l'oiseau. Ce très-bel enfant, digne qu'un Dieu l'ait ravi pour en jouir, exprimait, par son gentil visage, la crainte qu'il avait de choir. Aussi, écartant ses petits bras, se cramponnait-il fermement, avec ses mains potelées, après l'os rémige des ailes étendues, — os mobile qui s'attache au corps, — et, retraitant un peu ses jambes rondelettes, s'appuyait-il de ses pieds mignons sur la queue écartée. Cette queue, fort belle, débordait sur la clef de l'arc. L'enfant, par un art très-grand, était pris dans la veine blanche d'une agate-onyx, l'aigle dans celle d'une sardoine fixée à la première. Ce travail exquis me laissa stupéfait, cherchant à comprendre comment l'habile ouvrier avait pu faire servir une telle pierre au but qu'il s'était proposé, et cela si convenablement. C'est au point qu'avec raison je conjecturai, en considérant la plume hérissée à l'entour du bec dans lequel se laissait voir une langue haletante, que l'aigle était envahi tout entier par la volupté. Il donnait à son dos le tour de la clef de la voûte et y ployait celui de l'enfant suspendu.

Le restant de l'archivolte, dans son soffite, était disposé en petits carrés saillants fort bien tracés, du milieu desquels pendaient des rosaces en relief et régulières. Ces carrés avaient la largeur des antes et s'étendaient au-dessus de leurs petits chapiteaux sur la surface infléchie de la voûte à partir de l'entrée de la porte.

Dans chacun des triangles formés par l'arc était une Pastophore[5] d'une sculpture très-noble faite de cette manière que le vulgaire appelle camée. Les draperies trahissaient le corps virginal ; elles volaient en découvrant une partie des belles jambes, la poitrine, le haut du bras de ces figures qui, les cheveux flottants et les pieds nus, inclinaient, vers la clef de l'arc, un trophée de victoire. Elles occupaient convenablement le champ noir du fond, qui donnait un air de vérité aux parties imitant le métal et faisait ressortir les nymphes plus blanches que du lait. Derrière les colonnes on apercevait une feuille de beau marbre blanc. La frise reposait sur l'architrave et offrait, scellée dans sa partie du milieu, une tablette en métal doré sur laquelle une inscription, en élégantes majuscules Grecques faites d'argent fin, disait :

ΘΕΟΙΣ
ΑΦΡΟΔΙΤΗΚΑΙ ΤΩ
ΓΙΩ ΕΡΟΤΙ ΔΙΟΝΥΣΟΣ
ΚΑΙ ΔΗΜΗΤΡΑ
ΕΚ ΤΩΝ ΙΔΙΩΝ
ΜΗΤΡΙ ΣΥΜΠΑΘΕΣΤΑΤΗ

Diis Veneri, filio Amori, Bacchus et Ceres de propriis, matri pietissimæ.
[*Ce qui signifie :* À LA TRÈS-PIEVSE MÈRE VÉNVS, ET À SON FILS L'AMOVR, BACCHVS ET CÉRÈS ONT DONNÉ CECI DE LEVR PROPRE.]

À l'une et à l'autre extrémité de la table de bronze étaient deux enfants qui la retenaient. C'étaient deux génies ailés de formes si parfaites, que l'habile statuaire, auteur des enfants qui supportent la vis de l'escalier de Ravenne[6], n'en eut jamais de tels pour modèles. Leurs mains potelées soudées au métal tenaient la plaque à merveille. Ils étaient posés fort à propos sur une pierre bleue qui resplendissait d'un lustre vitreux, par le fait même de sa couleur, mieux encore que les pastilles pétries et moulées de l'azur le plus épuré. Sur les faces de la frise, qui saillaient droit au-dessus des colonnes, étaient des dépouilles, cuirasses, cottes de mailles, boucliers, casques, faisceaux, haches, flambeaux, carquois, javelots et autres engins guerriers, tant aériens que maritimes ou terrestres, exécutés en perfection, et qui, de chaque côté, symbolisaient, sans doute, les victoires, la puissance et les triomphes qui avaient contraint Jupiter l'Altitonnant à modifier sa propre personne, et fait mourir de joie des mortelles.

Ensuite venait l'imposante corniche, suivant l'ordre prescrit, et dont les lignes concourraient élégamment en conformité avec l'Œuvre. Car de même que, dans le corps humain, si une qualité est en désaccord avec une autre, la maladie survient, — puisque la convenance n'existe que par l'affinité des composants, et que la mauvaise répartition des parties en leurs lieux amène la difformité, — de même aussi, ni plus ni moins, un monument est discordant et infirme s'il ne possède l'harmonie voulue et la modulation commandée.

C'est ce qu'embrouillent les modernes naïfs, ignorant l'art de localiser la distribution. Voilà pourquoi notre savant maître conforme l'édifice aux bonnes proportions du corps et au revêtement qui le pare.

Au-dessus de la frise, après une corniche renversée, étaient établies quatre parties carrées ; deux au droit des saillies avançant sur les colonnes et deux contenues dans la portion mitoyenne, entre lesquelles était une nymphe en aurichalque d'un excellent bas-relief. Cette nymphe tenait deux torches, dont une, éteinte, penchait vers la terre, et dont l'autre, élevée, était dirigée vers le soleil. La torche ardente était tenue de la main droite, la torche éteinte de la main gauche.

Or donc, dans le carré du côté droit, je vis Clymène[7] la jalouse, dont les cheveux se métamorphosaient en feuillages immobiles. Tout en larmes, elle suivait, dédaignée, Phœbus qui lui tenait rigueur. Le Dieu, hâtant sa fuite, excitait d'autant les quatre coursiers rapides de son char ailé, tant et plus qu'un homme qui précipiterait ses pas en se sentant poursuivi par un ennemi mortel.

Le carré au-dessus des colonnes, à gauche, contenait, sculptée d'une façon hors ligne, l'histoire de l'inconsolable Cyparisse[8], élevant au ciel ses bras délicats, à cause de sa biche percée d'une flèche. Apollon, près de lui, versait des pleurs cruels.

Le troisième carré, placé auprès de celui qui surmontait les colonnes, présentait cette très-belle sculpture : Leucothoé[9], mise à mort par un père impie, changeait ses chairs blanches de pucelle en tendre écorce, en mobile feuillage, en rameaux inclinés.

Dans le quatrième carré se montrait l'infortunée Daphné[10] qui, presque vaincue par les brûlants désirs du Dieu chevelu de Délos, transmuait, pleine de douleur, sous les cieux ardents, son corps virginal en éternelle verdure.

Maintenant, dans un ordre successif, au-dessus de la ligne supérieure ou cymaise, enfermant ces histoires, surplombait tout du long une corniche denticulée, décorée d'oves séparés l'un de l'autre par des foudres ou des dards, ornée de feuilles, de gouttes, de verticilles, de noisettes et autres reliefs ou menus ouvrages rendus sans aucun défaut d'exécution, ainsi que des modillons, des astragales et des têtes d'acanthes intercalées de feuilles très-joliment. Tout était d'un si parfait travail de sculpture, que ces œuvres, bien que creusées très-péniblement, ne laissaient voir aucune trace du trépan rongeur.

Figure 32 (1499).

FIGURE 33 (1883).

Mais revenons, comme il est dû, au faîte ou fronton autour duquel concouraient, dans le plan perpendiculaire, toutes les moulures des corniches de l'ensemble, sauf la nacelle qu'on leur refuse dans cette partie.

Il nous convient, présentement, de traiter du plan trigone du tympan, dans lequel on ne pouvait contempler, sans admiration, une couronne qui s'étendait aussi loin que la surface qu'elle occupait le pouvait permettre. Elle était faite d'un assemblage de feuilles, de fruits et de rameaux soigneusement exécutés en pierre très-verte, et liés en quatre endroits par des rubans dont les nœuds se repliaient sous les masses. Deux Scylles à demi humaines, à la partie inférieure terminée en queue de poisson, la retenaient en l'embrassant exactement par-dessus et par-dessous. Elles allongeaient, dans l'un et l'autre des angles placés au-dessus de la cymaise de la corniche, leurs queues emmêlées dans de nombreux enroulements et dont l'extrémité squameuse se terminait en forme d'ailerons. Elles avaient l'aspect de vierges. Leurs cheveux divisés s'enroulaient sur le front et s'arrangeaient autour de la tête à la mode des femmes, en laissant pendre leurs extrémités bouclées sur leurs tempes aplaties. D'entre leurs épaules sortaient des ailes de harpies éployées et dirigées vers les anneaux de leur queue entortillée. Des nageoires de phoque contournaient leurs flancs monstrueux. À partir de l'endroit où les écailles commençaient à diminuer graduellement pour s'anéantir tout à fait, des pieds de veau marin — cet animal qui réprime la colère céleste[11] — venaient s'appuyer sur la corniche.

Dans le contour de la couronne, j'admirai une chèvre velue et mère qui allaitait, assis sous elle, un petit enfant tenant une jambe étendue et l'autre repliée. Les bras levés, il se cramponnait aux poils pendants et rudes ; son visage témoignait d'une grande attention à sucer les mamelles gonflées. Entre plusieurs nymphes, on en voyait une qui se penchait d'un air caressant et, de la main gauche, tenait soulevé un pied de la chèvre, tandis que, de la droite, elle dirigeait les larges mamelles pleines sur la bouche de l'enfant. Au-dessous était écrit : AMALTHEA. Une seconde nymphe, placée devant la bête, lui entourait fort à propos le col avec un bras, tandis que, de la main restée libre, elle la contenait gracieusement par les cornes.

Au milieu, une troisième portait un rameau d'une main et de l'autre une coupe très-antique ornée de petites anses exquises. À ses pieds était écrit : MELISSA[12]. Entre ces trois-là, deux autres dansaient, agiles, avec des instruments de corybantes. Leurs vêtements de nymphes laissaient voir absolument sur chacune d'elles les formes de leurs membres en mouvement. Cette sculpture, sans défauts, ni Polyclète le tailleur de pierre, ni Phidias, ni Lysippe ne l'eussent faite, et Scopas, Bryaxis, Timothée, Léocharès[13] et Théon[14] n'eussent pu s'employer à un travail relevé en bosse aussi admirable pour la pieuse Artémise, reine de Carie. En effet, cette œuvre, au-dessus du génie humain, était faite avec une habileté à défier n'importe quelle sculpture.

Finalement, dans le tympan du fronton, au-dessous de la corniche supérieure, sur la partie plane, ces deux mots étaient gravés en parfaites majuscules Attiques : ΔΙΟΣ ΑΙΓΟΧΟΥ [*ce qui signifie : De Jupiter qui porte une égide, une peau de chèvre*].

Telle était l'admirable composition, telle était la disposition excellente qui se voyait dans cette porte brillante et superbe. Si je n'ai pu traiter, en particulier, de tous ses détails, c'est dans la crainte d'être prolixe et, aussi, par manque de termes appropriés à la description générale. Et, comme le temps rongeur n'avait laissé d'entier que ce monument, je ne pouvais passer sans en toucher quelques mots, ni sans le décrire.

Le demeurant de la clôture sus-mentionnée, tant d'un côté que de l'autre, démontrait grandement un travail stupéfiant, et des morceaux demeurés intacts, par-ci par-là, le laissaient voir de reste. Dans les parties basses, des colonnes dites primitives[15] résistaient au poids excessif ; les autres étaient Corinthiennes, d'une élégance inconnue, d'une grosseur et d'un poli modérés, ainsi que le requérait la symétrie, que l'exigeaient l'équilibre et l'ornementation, en rapport exact avec la ressemblance humaine. Car, puisque l'homme ayant à soutenir un pesant fardeau doit avoir de larges pieds sous de robustes jambes, il faut, dans une construction bien réglée, attribuer les colonnes primitives au soutènement et réserver les colonnes Corinthiennes et Ioniques, plus grêles, à la parure de l'édifice. Ainsi donc, toutes les parties, selon que le réclamait l'harmonie de la construction, conservaient une élégance normale. Les couleurs des marbres y étaient réparties avec art, et différenciées heureusement pour le mieux du but proposé, par le porphyre, l'ophite, le marbre de Numidie, l'alabastrite, le pyropœcile, le Laconien : le tout entrecoupé de beau blanc veiné, de marbre noir maculé de taches blanches, et autres couleurs nombreuses, confusément mêlées. Je mesurai la hauteur de ces colonnes par leur circonférence, en me servant d'une autre règle que celle qui procède du diamètre de leur plan inférieur.

Je trouvai aussi une forme rare de bases pulvinées[16] ayant, au-dessus de la plinthe, deux trochiles séparés par un hypertrochile et une astragale, avec un tore supérieur. Bien des parties étaient obstruées par un lierre épais et pendant, dont le bois, qui façonné en coupe divisa Bacchus et Thétis, sortait de terre en serpentant. Ses corymbes épais et féconds montraient leurs baies noires et leurs spires tournantes. Il occupait, par-ci par-là, nombre d'endroits de l'édifice antique, avec quantité d'arbustes qui viennent aux murailles. Dans les crevasses croissait la grande joubarbe vivace, ailleurs pendait le nombril de Vénus, et l'érogène, qui est agréable à celui dont il porte le nom[17], tombait à demi détaché dans les gouttières. Par d'autres fissures passaient la pariétaire, le mouron diurétique, le polypode, la capillaire, la citronnelle dentelée avec son revers plein de rides, la lunaire mineure recourbée, ainsi que maintes plantes vivaces aimant la vétusté des murailles et les pierres, comme encore le politrique et le troène verdoyant qui se plaisent aux ruines. Telles étaient les plantes vertes qui, entre autres, envahissaient et recouvraient de nombreux travaux dignes d'admiration.

On voyait là un écroulement de colonnes coniques incroyable et qui ressemblait plutôt à un amas de bois brisés gisant confusément à terre. Il y avait également, parmi ces ruines, de superbes statues dénotant des actions diverses. Beaucoup étaient nues ; quelques-unes étaient drapées d'étoffes comme ridées ou formant de gros plis qui adhéraient à la forme et se pliaient aux membres. Il y en avait qui portaient sur le pied gauche, d'autres sur le droit, la tête au-dessus de la perpendiculaire tombant au milieu du talon, le second pied libre et ne soutenant rien. Le pied de ces statues était la sixième partie de la hauteur totale, qui équivalait à quatre coudées. Les unes, encore entières, se maintenaient debout sur leur base, les autres, avec une contenance rassise, siégeaient sur des trônes. Je vis encore d'innombrables trophées, des dépouilles opimes, des ornements infinis, des têtes de bœufs et de chevaux placés avec l'écartement voulu, des cornes, des restes de feuillages avec des fruits sur des tiges, coquilles et festons que chevauchaient des enfants joyeux. Tout cela permettait d'apprécier directement la portée d'esprit de l'architecte qui avait dû joindre tant de recherches diverses à tant de soin, d'étude et d'industrie ; cela permettait d'estimer la grande vigilance que manifestait son intellect fécond, la volupté avec laquelle il avait mis en évidence le but qu'il s'était proposé. Cela démontrait l'eurythmie qui régnait dans le travail de la pierre, et l'habileté de cet art statuaire qui semblait laisser croire, vu l'aisance de son exécution, que la matière qui s'y prêtait ne fût que craie friable et molle argile : sans parler de la précision avec laquelle les blocs étaient ajustés et disposés en toute régularité et en tout équilibre.

Voilà le véritable art qui découvre notre épaisse ignorance, notre détestable présomption, notre erreur générale et très-damnable. C'est la clarté lumineuse qui nous invite doucement à sa contemplation afin de désiller nos yeux enténébrés ; car nul avec des yeux sains ne demeure aveuglé, si ce n'est celui qui se dérobe à son éclat. C'est elle qui accuse l'indicible, la rapace avarice, destructive de toute vertu, ce ver qui ronge continuellement le cœur de ceux qu'elle réduit en servitude. Obstacle maudit, extinction des esprits bien doués, ennemie mortelle de la bonne architecture ! Idole exécrable du siècle présent, si indigne et pourtant si criminellement vénérée ! Ô poison mortifère qui rend misérables ceux que tu touches ! Combien d'œuvres magnifiques n'as-tu pas ruinées et anéanties[18] !

Ravi dans un incroyable bonheur, tout plein d'affection pour la sainte et vénérable antiquité, sous le charme, tout entier à ma contemplation, je demeurai les regards vagues, errants, inassouvis. J'étais en extase, mon esprit débordait d'admiration, et, tout à l'examen de ces sujets sculptés, je discourais sur leur signification avec un plaisir excessif, les yeux fixés dessus, dominé par un attrait sans mesure, les lèvres entr'ouvertes ; je ne pouvais satisfaire mes regards avides ni mon insatiable appétit d'admirer et d'admirer encore les excellentes œuvres antiques. Privé et comme séquestré de toute autre pensée, ma mémoire empêchée n'était secourue parfois que par l'aide gracieuse de ma chère Polia. Aussi je ne la recouvrais, de temps en temps, qu'avec peine et en poussant un bruyant soupir. Je restai donc tout confit en admiration devant ces antiquités les bienvenues.

Poliphile s'étant engagé sous la porte ci-dessus décrite, considérait encore, avec un grand plaisir, l'admirable décor de son entrée, et, comme il s'en voulait retourner, il vit un dragon monstrueux. Épouvanté au-delà du croyable, il s'enfuit par un souterrain qui se trouvait là. Ayant enfin découvert une issue, fort souhaitée, il parvint en un lieu très-plaisant ? **Chapitre VI**

MAINTENANT, sans doute, ce serait chose importante et louable que de parler tout à l'aise, de disserter tout à point, sur la façon incroyable, sur la grandeur d'un tel monument et d'une aussi superbe porte, établis on ne peut plus avantageusement dans un endroit disposé à merveille et très-favorablement exposé. La joie d'une telle contemplation surpassait encore ma surprise. J'attribuais cet édifice à Jupiter, sachant que rien n'est impossible aux Dieux supérieurs ; car je ne pouvais supposer qu'un ouvrier, qu'un art humain quelconque fût capable de composer une si énorme fabrique, de réaliser une aussi vaste conception, d'inventer une telle nouveauté, d'orner avec une telle élégance, de disposer avec tant d'ordre et de symétrie, de concevoir, sans addition ni correction aucune, l'incompréhensible et splendide effet d'une construction semblable.

Aussi ne douté-je point que l'historien de la Nature[1], s'il eût pu l'admirer et la comprendre, n'eût dédaigné quelque peu l'Égypte, l'industrie, le génie singulier de ses ouvriers qui, demeurant en des régions différentes, ayant à sculpter des parties limitées d'un tout, savaient, cependant, procéder avec une telle méthode et conduire leur morceau avec une telle régularité, qu'ils arrivaient, chacun pour sa part, à le colloquer dans l'ensemble d'un colosse prodigieux, avec une telle exactitude, qu'on eût dit l'œuvre d'un seul et même homme. Probablement que l'historien eût fait peu de cas de l'ingénieuse habileté de l'architecte Satyros[2] et de tant d'autres renommés ; peu de cas, sans doute, de l'œuvre surprenante du superbe Memnon[3] et des trois statues monolithes du grand Jupiter[4], dont celle assise avait la plante des pieds longue de sept coudées. La statue de la magnanime Sémiramis, cette stupéfiante merveille, taillée à même le mont Bagistan[5], d'une hauteur de vingt-sept stades, eût, sans conteste, cédé le pas à notre édifice. Pour le décrire, les auteurs eussent passé sous silence l'élévation imposante de la pyramide de Memphis[6]; ils eussent négligé de mentionner les théâtres fameux, les amphithéâtres, les thermes, les édifices sacrés ou profanes, les aqueducs, les colosses, et le merveilleux et majestueux Apollon transporté par Lucullus[7], et le Jupiter dédié par Claude César[8], et celui de Lysippe à Tarente[9], et le surprenant colosse de Rhodes[10], œuvre de Lachès de Lindos, et ceux de Zénodore en Gaule et à Rome[11], et celui de Serapis[12], œuvre incroyable en une seule émeraude de neuf coudées. Ils eussent laissé de côté la robuste statue de l'Hercule Tyrien[13], et, accommodant leur éloquence à un tel sujet, ils eussent exalté notre monument comme la plus admirable chose qui fût, encore que l'obélisque élevé de quarante coudées, ayant de front en un endroit quatre coudées et deux en l'autre, fait de quatre morceaux[14], offrît dans le sanctuaire du grand Jupiter un spectacle indescriptible.

Tandis que je ne pouvais me rassasier d'examiner tantôt ceci, tantôt cela de cette belle œuvre immense, je me disais tout bas : si les débris de la Sainte Antiquité, si des fragments ou des ruines et jusqu'aux moindres parcelles, provoquent une admiration si surprenante et causent un tel plaisir à contempler, que serait-ce donc si tout était dans sa pleine intégrité ?

Cependant, je pensais en moi-même que dans l'intérieur était peut-être l'autel vénérable des mystères et du feu divins; ou bien la statue de Vénus, ou son sacro-sanctuaire, ainsi que celui de son fils porteur d'un arc et de flèches. Ayant mis le pied droit, très-respectueusement, sur le seuil sacré, je vis s'enfuir devant moi, dans la partie obscure, une petite souris blanche. Plein de curiosité, sans penser à rien autre chose, je rentrai par la baie ouverte et éclairée, scrutant du regard les objets dignes du plus grand respect qui se présentaient à mes yeux. Là, tant à droite qu'à gauche, les murs étaient revêtus de plaques de marbre du plus beau poli, dans la partie centrale desquelles était appliquée une couronne de feuillages verdoyants excellemment sculptée, et dans l'espace circonscrit, d'un côté comme de l'autre, était une pierre noire, résistant à la morsure du fer, brillante comme un miroir, qui, me réfléchissant au passage, m'emplit d'une frayeur subite à l'aspect de ma propre image.

Ce nonobstant je me remis bientôt par le plaisir inespéré que me causa la vue des sujets qui s'y voyaient distinctement peints en mosaïques. Au-dessous, de chaque côté, étaient placés, en long, des bancs de pierre.

Le pavé était poli, net de toute poussière, exécuté en une imbrication charmante et comme toute neuve. Le soffite colorié était également exempt de toiles d'araignées, à cause d'un air très-frais qui soufflait là. Les parois revêtues en marbre s'étendaient jusque sous le bandeau qui était d'une conception délicate et se prolongeait, à partir des chapiteaux des pilastres droits, jusqu'à l'extrémité du passage qu'à vue de nez je jugeai long de douze pas. Au-dessus du bandeau poli, le soffite commençait à s'infléchir en arc, épousant la forme que décrivait la porte. Ce bandeau paraissait plaisant au possible, grâce à la féconde imagination de ses sculptures en relief. Il était on ne peut plus convenablement rempli de petits monstres aquatiques se jouant dans les eaux bien rendues, avec des demi-hommes et des demi-femmes aux queues de poisson en spirales dans des ondes modérées. Sur le dos de ceux-là quelques-unes de celles-ci, toutes nues, étaient assises embrassant les monstres dans une mutuelle étreinte. Quelques-uns jouaient de la flûte ou de quelque autre instrument fantastique. Il y en avait d'assis dans des biges et tirés par des dauphins entiers ; ils étaient couronnés des fleurs du nénuphar glacial, ou en avaient les reins entourés. Quelques autres portaient des vases emplis de fruits et des cornucopies débordantes ; un certain nombre, tenant en main des faisceaux d'acores et de barbarées s'en frappaient réciproquement. Tels étaient ceints de macres[15] ; tels, montés sur des hippopotames et autres bêtes diverses enfouies dans les herbes, luttaient entre eux. Là quelques-uns fournissaient matière à lasciveté. Là c'étaient des jeux variés et des fêtes, avec des semblants d'efforts vivaces et des mouvements rendus et sculptés en perfection. Cette décoration ornait complètement l'un et l'autre côté.

Dans la voussure de la porte je vis un travail très-soigné d'une mosaïque de verre doré et des couleurs les plus agréables. Et, tout d'abord, se présentait une frise de la largeur de deux pieds ; cet ornement côtoyait les bords de tout l'espace incurvé à partir des bandeaux décrits ci-dessus et courait en double tout le long du faîte de la voûte, avec une coloration aussi vive que si elle venait d'être faite, offrant des feuillages naturels vert émeraude avec des revers rouge punique, avec des fleurs bleu céleste et pourprées, le tout enroulé et noué gracieusement. Dans les espaces que cette frise entourait, j'admirai les sujets antiques suivants :

Europe, toute jeune fille, s'enfuyant en Crète, à la nage, sur le taureau charmeur. L'ordre donné par le roi Agénor à ses fils Cadmus, Phœnix et Cilix, d'avoir à recouvrer leur sœur égarée. Ceux-ci n'y parvenant pas, tuant bravement le dragon écailleux de la source jaillissante. Puis, consultant l'oracle, se déterminant sur l'ordre d'Apollon, à fonder une ville là où s'était arrêtée la bête beuglante, d'où, jusqu'à présent et de temps immémorial, ce pays est nommé Béotie. Cadmus édifiant Athènes ; son second frère donnant son nom à la Phénicie, et Cilix à la Cilicie. Toute cette mosaïque était disposée, expédiée dans le bel ordre de la fable, en une peinture imitant le naturel, ainsi que le commandaient et les gestes et les lieux et l'opportune expression du sujet.

Dans la partie opposée, d'une exécution semblable, j'admirai l'effrontée Pasiphaé, qu'embrasait un amour infâme, enfermée dans la machine en bois, et le robuste taureau se livrant, lascif, à un accouplement inconscient. J'admirai le Minotaure, à la forme monstrueuse, clos et emprisonné dans l'inextricable Labyrinthe. Et puis le sagace Dédale, après s'être enfui de sa prison, construisant ingénieusement des ailes pour Icare et pour lui. Je vis ce malheureux, ne suivant pas les avis et l'itinéraire paternels, précipité dans la mer à laquelle il donna son nom. Je vis enfin le père, demeuré sain et sauf, suspendant au temple d'Apollon tout son appareil ailé pour accomplir un vœu religieux.

J'étais là, regardant attentivement, la bouche béante et les yeux fixes, l'esprit ravi, suspendu à ces sujets si bien peints, si bien disposés, composés avec tant d'art, rendus avec tant d'élégance, nullement dégradés, tant le ciment qui retenait les cubes de verre avait de résistance, à ce point qu'il les maintenait serrés l'un contre l'autre avec une cohésion telle, que jusqu'ici ils étaient demeurés intacts et qu'aucun n'était tombé. Car l'excellent ouvrier avait apporté les soins les plus absolus à ce remarquable travail. Là, posant un pied devant l'autre, examinant pertinemment avec quelle belle méthode de peinture il s'était appliqué à distribuer d'une façon réfléchie des figures placées à leurs justes plans, comment les lignes des fabriques tendaient bien au point de vue, comment certains objets allaient en se perdant presque et comment les choses indécises arrivaient peu à peu à la perfection, ainsi que le requiert la vision.

Je considérais les détails exquis : les eaux, les fontaines, les monts, les collines, les bois, les animaux, dont le coloris se dégradait avec la distance, et les oppositions de lumière, et les reflets dans les plis des vêtements, et tant d'autres qualités qui pouvaient rivaliser avec celles de la nature. Dans mon admiration, j'étais absorbé au point d'être comme absent de moi-même.

Je venais d'atteindre l'extrémité de l'entrée où se terminaient les gracieux sujets ; mais il faisait si noir, plus avant, que je ne me risquai pas à y pénétrer. Comme je me disposais à tourner en arrière, j'ouïs tout à coup, parmi les ruines, ainsi qu'un bruit d'ossements et un craquement de branches. Je m'arrêtai aussitôt ; toute ma joie s'évanouit ! Je perçus, encore plus près de moi, comme le frottement d'un grand cadavre de bœuf sur un sol raboteux, sur un champ hérissé de ruines, avec un son qui se rapprochait sans cesse et venait du côté de la porte. J'entendis le sifflement aigu d'un énorme serpent. Stupéfié, sans voix, je levai les talons et m'enfuis peu rassuré, en m'engageant dans les sombres ténèbres.

Ô malheureux ! Ô infortuné ! Voilà que, tout à coup, j'aperçois sur le seuil de la porte, non pas le lion boiteux tel qu'il apparut dans son antre à Androclès, mais un épouvantable, un horrible dragon dardant sa triple langue vibrante, faisant grincer les dents de fer aiguës qui, semblables à des peignes, garnissaient sa mâchoire. Son corps était couvert d'une peau écailleuse. Il s'avançait en rampant sur le pavé imbriqué. Battant de ses ailes son dos rugueux, il traînait sa longue queue de serpent qu'il enroulait en nœuds serrés. Ô mort de moi ! c'était à épouvanter Mars lui-même, le belliqueux cuirassé, c'était à faire trembler Hercule le terrible et le tutélaire[16], avec sa massue noueuse qu'il tenait de Molorchus[17], c'était à détourner Thésée de son entreprise et de sa téméraire expédition. C'était fait pour effrayer le géant Typhon[18], plus encore qu'il n'effraya lui-même les Dieux supérieurs ; fait pour anéantir n'importe quel courage si farouche, si persévérant, si indomptable qu'il soit. Hélas ! c'était à faire quitter son poste à Atlas lui-même, le porte-ciel. Que devait-ce donc être pour un homme tout jeune, à l'âme faible, seul et sans défense dans des lieux inconnus, avec la conscience du danger. Or, m'étant aperçu que le monstre vomissait de la fumée, que son souffle noir était mortel, ainsi que je le supposai immédiatement, sans espoir d'échapper, d'éviter le péril menaçant, tremblant, terrifié, j'invoquai dévotement, du fond de mon pauvre cœur, chaque Divinité puissante.

Sans perdre un instant je tournai le dos et me mis à fuir rapidement, pressant mes pas hâtifs pour échapper plus vite à l'aide d'une extrême célérité, et, inconscient, je pénétrai dans la partie intérieure de ce ténébreux endroit.

LIVRE PREMIER ❦ CHAPITRE VI 79

FIGURE 34 (1499). *Le Dragon du seuil.*

FIGURE 35 (1883). *Le Dragon du seuil.*

Coureur excellent, je fuyais par les détours et les méandres divers qui me donnaient à penser que je fusse arrivé dans l'inextricable construction du sagace Dédale, ou dans le labyrinthe de Porsenna[19], tant celui où je me trouvais avait d'innombrables couloirs et ouvertures occasionnant un va-et-vient qui vous faisait oublier l'issue et retomber sans cesse dans la même erreur. C'était à se croire dans la caverne aux nombreuses chambres du terrible Cyclope[20] ou dans l'antre sombre du voleur Cacus[21].

Bien que ma vue se fût faite aux ténèbres, je ne pouvais rien apercevoir, infortuné que j'étais ! En courant je portais mes bras au-devant de mon visage, afin de ne pas donner du front contre quelque pilier. Tel va le colimaçon, allongeant ou raccourcissant ses petites cornes molles pour se gouverner, les tendant ou les rentrant le long de son parcours, au contact du moindre obstacle. J'allais ainsi en rencontrant les fondations de la montagne et de la pyramide, me retournant maintes fois dans la direction de la porte, afin de voir si le cruel et formidable dragon ne me suivait pas. Toute lumière avait disparu.

Je me trouvai donc dans les entrailles obscures, dans les méandres noirs des cavernes sombres, en proie à une plus mortelle terreur que celle qu'éprouva Mercure lorsqu'il fut changé en ibis, ou Apollon alors qu'il fut changé en grue, ou Diane lorsqu'elle fut muée en un oiselet sautillant, ou le dieu Pan lorsqu'il revêtit deux formes. J'eus une frayeur plus grande que ne fut jamais celle d'Œdipe, de Cyrus, de Crésus ou de Persée, une épouvante plus mortelle que celle du brigand Thrasyleon[22] revêtu de la peau de l'ours. Je courais un danger plus menaçant que Lucius[23] métamorphosé en âne, alors qu'il entendait les voleurs mettre sa mort en délibération. Il m'était impossible de prendre un parti, je ne savais que faire, j'étais désespéré. Cet état s'augmentait encore de la frayeur que me causait le vol des nombreuses chouettes, ennemies du jour, tourbillonnant autour de ma tête. Par instants, leurs cris me faisaient même croire que j'allais être directement saisi par les crocs aigus du dragon venimeux et serré dans sa gueule ainsi qu'entre les dents de fer d'une scie. Loin de diminuer, le danger croissait avec ma terreur. Je me pris à penser au loup que j'avais précédemment aperçu et me demandai si, par aventure, il n'avait pas été un présage funeste et l'annonce de mon misérable sort. Errant en tous sens, je courais semblable à la fourmi pourvoyeuse qui a perdu la trace de son chemin battu. J'allais les oreilles au guet, écoutant attentivement pour savoir si le monstre horrible ne fondait pas sur moi, pauvre infortuné ! s'il n'arrivait pas avec son venin plus subtil que celui de l'hydre de Lerne, avec son triple dard, avec son épouvantable appétit. À chaque sensation nouvelle, je m'imaginais avoir affaire à lui.

Nu, sans secours, en proie à une mortelle angoisse, anéanti par la douleur, il me semblait que la mort, pour si odieuse qu'elle me fût naturellement, me devînt un bien à cette heure. Je la souhaitais ; il n'y avait pas, d'ailleurs, à ne la vouloir point. Aussi je m'efforçais d'avoir la constance de l'attendre, tant mon existence était incertaine, malheureuse et agitée. Mais, hélas ! dans le trouble de mon esprit, je renonçais tout à coup à ses avantages et je repoussais sa maudite venue. C'est que j'étais dévoré de regrets en pensant que je dusse, infortuné ! périr sans avoir récolté le fruit de l'immense amour qui me consume si doucement et dont je n'ai encore rien obtenu. Ah ! si cette joie m'eût été donnée aussitôt, comme j'eusse alors bravé la mort ! Mais retournant à mon idée fixe, à l'habitude de mon cœur, je pleurai sur la perte de ces deux inestimables trésors, mon existence précieuse et Polia que j'invoquais avec une voix retentissante pleine de soupirs et de sanglots, à travers l'air épais enfermé sous ces voûtes immenses. N'ayant d'autre société que la mienne, en ces lieux ténébreux, je me disais : Si je meurs ainsi, misérable, dolent, inconsolé, qui sera digne de recueillir la succession d'un aussi précieux joyau ? Qui héritera de la clarté d'un ciel aussi pur ? Oh malheureux Poliphile ! où vas-tu, homme absolument perdu ! Où comptes-tu diriger ta fuite ! Où espères-tu revoir encore un bien qui t'est cher ! Voici les charmants plaisirs, qu'un doux amour enracinait dans ton esprit, à tout jamais dispersés. Voici tes hautes et amoureuses pensées, en un moment, brisées, anéanties ! Hélas ! quel sort inique, quelle fatale étoile t'ont donc ainsi funestement conduit dans ces ténèbres invincibles, livré cruellement aux nombreuses et mortelles langueurs, destiné à devenir la proie de la voracité cruelle, imminente de ce terrible dragon ? Faudra-t-il donc que je pourrisse tout entier dans ses infectes, nauséabondes et stercoraires entrailles ? Faudra-t-il que je sois rejeté par une issue à laquelle je ne veux point penser ? Ô mort déplorable ! Mort inouïe ! Oh misérable terme de ma vie ! Est-il des yeux si stériles, si desséchés, si brûlés, si dénués de larmes qui ne se fondent tout en eau là devant ! Mais à demi-mort que je suis, je sens déjà la bête sur mes épaules ! Vit-on jamais un retour de fortune plus atroce et plus monstrueux !

La voici, cette mort déplorable, cette mort violente ! Voici l'heure suprême, l'instant maudit où mon corps, ma chair vont rassasier cet épouvantable animal ! Quelle cruauté ! quelle rage ! Est-il plus grande misère que le refus aux vivants de la lumière aimée et de la terre aux morts ? Mais combien plus infernal encore est le malheur, combien plus énorme est la calamité de perdre d'une si affreuse façon sa Polia tant désirée, non obtenue ! Adieu ! adieu donc ! éclatante lumière de vertu, lustre de toute réelle beauté ! Adieu ! Envahi par une telle affliction, suffoqué par un trouble pareil, mon âme s'exaspérait amèrement. Je pensais avant tout à échapper au redoutable danger, à sauver ma pauvre vie si courte, si menacée, ou bien, alors, à expirer sur-le-champ, dans les convulsions d'une mort violente. Je ne savais que faire, tant j'étais troublé, sans guide, égaré en des lieux inconnus, aux nombreux détours. Mes jambes étaient dans un état de torpeur absolue, ma force corporelle était anéantie, j'étais languissant, inanimé, comme de cire molle et presque réduit à l'état d'un fantôme.

Entraîné dans cette passe à faire verser des larmes, j'invoquai suppliant, en dernier espoir, les Dieux tout puissants et souverains, priant du fond du cœur mon Génie tutélaire, pensant qu'ils consentiraient, avec leur prévoyante et éternelle pitié, à s'occuper de moi dans la misérable condition où je me trouvais. Je commençai alors à découvrir un tant soit peu de clarté. Je m'y élançai avec toute l'ardeur, avec toute la vélocité possibles, et vis une lampe suspendue brûlant perpétuellement devant un autel sacré qui, autant que j'en pus juger en un pareil moment, avait cinq pieds de haut et le double en largeur, avec trois images d'or assises. Là, déçu par la nature même de cette lumière, je fus saisi d'une crainte toute religieuse au milieu de cette pénombre sainte. J'avais toujours les oreilles tendues, ma terreur ne m'avait pas quitté. On voyait apparaître çà et là de sombres statues, et tout autour, régnaient de vastes et obscurs couloirs, ainsi que les souterrains effrayants qui s'engageaient dans les pieds de la montagne, soutenus de côtés et d'autres par des piliers colossaux distribués en d'innombrables endroits, les uns carrés, les autres de forme hexagonale ou octogonale, que la faible lumière permettait de discerner à peine et qui avaient été mis là pour supporter la masse énorme de la grande pyramide élevée au-dessus. Ayant prié quelques instants en cet endroit, je ne pensai plus qu'à fuir incontinent et sans savoir où. Aussi, rendu, courant avec une vitesse extrême, j'avais à peine dépassé le très-saint autel que j'aperçus encore un faible rayon de la lumière si ardemment souhaitée qui pénétrait par un soupirail dont la forme ressemblait à celle d'un petit entonnoir.

Oh ! avec quelle joie, avec quel plaisir pour mon cœur débordant d'allégresse je la vis ! avec quel bonheur je me précipitai vers elle, sans penser à rien que ce soit d'autre ! cela avec une célérité comparable à celle de Callysto[24] et de Philonis[25]. Je l'eus à peine entrevue que, rempli d'un désir effréné et d'une ivresse sans mesure, je révoquai bien volontiers le renoncement fait, tout d'abord, à l'ingrate et dure existence. Mon âme incertaine se rasséréna, je me remis, me rétablis presque. Mon cœur, déjà mort et privé d'amour, reprenant quelque peu possession de lui-même, se laissa tout entier envahir par la végétation d'une tendresse qui l'emplissait, et rétablit dans son premier état la pensée qu'il en avait proscrite.

C'est alors qu'attaché de nouveau à mon aimable Polia, je resserrai davantage encore les liens qui m'unissaient à elle. Je me persuadai, avec un ferme, avec un flatteur espoir, d'adorer désormais, tout amoureusement, celle que j'avais craint, si douloureusement, de perdre par une mort anticipée. Oh que cela me crucifiait ! Mon cœur, encore meurtri, ne refusa plus accès à un amour bouillonnant et renouvelé, mais, voyant l'obstacle disparaître et le danger du trépas s'évanouir, il lui donna entrée toute grande en s'ouvrant à lui largement.

Étant donc un peu réconforté par la divine lumière, ayant ressaisi mes esprits chagrins et découragés, ayant rétabli bel et bien mes forces, je m'exhortai de nouveau à fuir par le difficile chemin. Mais, plus j'approchais du but, plus il semblait s'éloigner. Toutefois, aidé par la volonté céleste, aidé par ma chère Polia qui régnait en souveraine sur mon cœur épris, j'arrivai tout agité. Alors, bénissant, comme de raison, les Dieux, la Fortune secourable et ma Polia aux cheveux d'or, je me trouvai en présence d'une large voie que je franchis promptement, tout en modérant quelque peu ma course. Les bras, que j'avais tenus étendus afin d'éviter de me blesser aux énormes piliers, me faisaient l'office de rames pour régler ma fuite.

Ayant fait effort, j'atteignis une région délicieuse. Cependant, sous le coup de l'effroi que m'avait causé l'épouvantable monstre, je craignais de m'arrêter, ainsi que mon désir m'en pressait, et tremblais de me fixer, tant j'avais cet affreux souvenir imprimé dans l'esprit. C'est au point que je croyais sans cesse le sentir sur mes épaules. Aussi je ne pouvais, tout d'un coup, m'arracher cette terreur. Je pensais, vraisemblablement, qu'il me suivait. J'étais d'ailleurs stimulé par plus d'un motif pour entrer dans cette belle région. Ses agréments m'y incitaient, le trouble de mon cœur me poussait à fuir prestement, et puis, surtout, je m'y sentais entraîné par la vive curiosité de voir si, par aventure, je n'y découvrirais pas des choses inconnues aux mortels. Ces raisons diverses m'engagèrent également toutes ensemble à y pénétrer, à aller de l'avant et à m'éloigner de l'entrée le plus possible, afin de pouvoir parvenir en quelque lieu où je pusse me tranquilliser, calmer mes esprits, effacer de ma mémoire la frayeur que j'avais ressentie. Cependant je conservai le souvenir de la souris blanche qui m'était apparue. J'y vis un motif de reprendre courage, une exhortation à me rassurer, car ce fut toujours, dans les auspices, un présage heureux et de bon augure.

Je me persuadai, avec raison, qu'il y avait lieu de m'abandonner à la bénignité de la Fortune qui, dans sa munificence, me fit, parfois, une généreuse dispensation de prospérités et de biens. Or donc, sollicité de tant de côtés, je secouai toute paresse sur mon parcours et m'en allai, retardé seulement par la fatigue de mes jambes affaiblies. Cependant je tremblais encore de ne pas arriver à propos dans cet endroit. Je redoutais que mon entrée dans cette patrie inconnue ne fût illicite, et parût de nouveau bien plus le fait d'une audacieuse et coupable confiance que lorsque je m'engageai sous la porte. Le cœur battant constamment, l'âme perplexe, je me disais : Y a-t-il quoi que ce soit qui puisse me déterminer à retourner en arrière ? La fuite n'est-elle pas, ici, beaucoup plus facile et plus libre ? Je pense qu'il vaut encore mieux exposer ma vie dans cette claire lumière, en plein air, que de périr dans ces aveugles ténèbres. Je ne saurais, d'ailleurs, retrouver la première entrée. Au même instant je poussai un soupir pénible en rappelant, dans ma mémoire fidèle, tout ce que mes sens avaient perdu là de plaisir et de joie en présence de cette œuvre remplie de merveilles faites pour stupéfier, et en me souvenant de la façon dont j'en avais été si pitoyablement privé ; ce qui me faisait songer aux lionceaux d'airain dans le temple du très-sage Hébreu, qui précipitaient les hommes dans l'oubli en les épouvantant[26].

Je redoutais que le dragon ne m'eût produit un pareil effet ; car, si tant est que j'eusse admiré des œuvres si merveilleuses et si élégantes, des conceptions si surprenantes qu'elles ne pouvaient être du fait de l'homme, toujours est-il que je les sentais s'évanouir dans ma mémoire desséchée, et que, pour cette cause, je ne les aurais su nettement raconter. J'avais beau me dire : cela n'est point ; cependant je ne me sentais pas en léthargie. Tout cela était bel et bien imprimé dans mon souvenir très-récemment, et y était empreint ineffaçablement. Cette bête féroce était réellement vivante, ce n'était pas une illusion, elle était épouvantable au point que personne d'entre les humains n'en a jamais vu de semblable, pas même Régulus[27]. À me la rappeler, mes cheveux se hérissaient, et de nouveau j'accélérai ma marche. Peu après, réfléchissant, je me disais que, sans doute, à conjecturer par la beauté du site, il ne devait pas être habité par des humains, mais bien plutôt par des esprits divins, par des héros tutélaires, par les divers groupes des nymphes et des Dieux antiques. Le désir me persuadait d'avancer et pressait mes pas tardifs de poursuivre le voyage entrepris. Captivé par ces excitations continues, je pris résolûment le parti de me laisser aller où me mènerait la Fortune folâtre, dussè-je succomber. Considérant donc ce beau, ce charmant pays, avec ses champs fertiles, ses plaines fécondes, en présence du plaisir qu'il m'offrait, je rejetai bien loin derrière moi toute appréhension timide, toute crainte morose, et je m'y aventurai. Mais, d'abord, j'invoquai la lumière divine et les génies bienfaisants, afin qu'ils m'accompagnassent, me servissent de guides dans cette région où j'étais étranger et me prissent sous leur sainte garde.

ɞ

Poliphile décrit l'aménité de la région qu'il découvrit, dans laquelle il pénétra, et où, tout en errant, il rencontra une fontaine exquise de la plus grande beauté. Il dit comme quoi il vit venir à lui cinq gentilles demoiselles qui se montrèrent fort surprises de son arrivée en ces lieux, et qui, après l'avoir rassuré charitablement, le convièrent à partager leurs ébats ❧ Chapitre VII

FORT heureusement sorti de cet horrible gouffre, de ces ténèbres souterraines, de cet endroit maudit, — encore que le sanctuaire sacrosaint d'Aphrodite s'y trouvât — parvenu en la pleine lumière si désirée, au plein air si agréable, je me retournai pour apercevoir l'issue de l'endroit dont j'étais sorti et où ma vie m'avait semblé n'être pas la vie, tant elle y était insupportable et périclitante. J'avisai une montagne peu raide, d'une déclivité modérée, couverte d'arbres aux feuillages verts et plaisants. C'étaient des ronces glandifères, des hêtres, des chênes, l'esculus, l'yeuse, le cerre, le liège, le houx aux deux espèces dont l'une est le smilax[1], dont l'autre comporte l'aquifolium et l'aculeatum[2]. En approchant de la plaine, le versant était planté de cornouillers, de coudriers, de troënes odorants et chargés de fleurs qui se présentaient roses du côté du septentrion et blanches du côté du midi. On y voyait aussi des charmes, des frênes et autres arbres de même nature, sans compter les arbustes qui croissaient là. Ces arbres étaient enveloppés de chèvrefeuille verdoyant et retombant, ainsi que de houblon flexible, ce qui donnait une ombre épaisse et fraîche sous laquelle croissaient le cyclame nuisible à Lucine[3], le polypode lascinié[4], la scolopendre[5] tridentée ou Asplénon[6], les deux mélampodes[7] qui tirent leur nom du berger[8], le trèfle, le seneçon et autres herbes ou plantes amies de l'ombre. Quelques-unes portaient des fleurs, quelques autres non. Ce site était abrupt, inaccessible, grandement fourré d'arbres.

L'ouverture par laquelle j'étais sorti de ces épaisses ténèbres se trouvait à une certaine hauteur de cette montagne boisée, et située, suivant toute conjecture, à l'opposé de la grande construction susdite. Cette issue avait dû être pareillement une œuvre magnifique, faite artificiellement à une époque fort ancienne; mais le temps jaloux l'avait rendue inaccessible en l'embroussaillant particulièrement de lierre et autres plantes grimpantes. C'est au point qu'on n'y pouvait voir une ouverture, un trou quelconque. La sortie en paraissait d'une extrême difficulté, il semblait qu'il fût plus aisé d'y rentrer. Cela venait de ce que je l'apercevais tout entourée d'un feuillage épais qui s'opposait précisément à son accès. Cette ouverture était située dans la gorge d'un vallon parmi des roches; elle était masquée en permanence par d'épaisses vapeurs dont le sombre éclat m'apparaissait plus imposant que la nue qui voila l'enfantement divin à Délos[9]. Étant donc parti de cette issue toute obturée par une végétation touffue, j'atteignis, en descendant la côte, un hallier épais de châtaigniers sis au pied de la montagne, séjour probable du dieu Pan ou de Silvanus[10], à l'herbe verte, à l'ombre fraîche sous laquelle je cheminai agréablement, jusqu'à la rencontre d'un pont tout en marbre très-antique, fait d'une seule arche fort élevée. Le long de ses parapets, de chaque côté, des bancs étaient construits on ne peut plus commodément. Encore qu'ils s'offrissent comme un soulagement bien opportun à ma lassitude, néanmoins je n'y pris pas garde, tant mon désir d'avancer l'emportait sur tout. Au milieu de ces parapets, juste au-dessus du sommet de l'angle de l'arche sous-jacente, s'élevait, d'un côté, un dé de porphyre orné d'une excellente cymaise aux moulures bien polies, et de l'autre, un tout semblable, mais en pierre d'ophite. Sur celui qui était à droite je vis des hiéroglyphes Égyptiens très-purs, qui représentaient: un casque extrêmement ancien crêté d'un masque de chien, une tête de bœuf dépouillée avec deux branches, au feuillage menu, enlacées après les cornes, enfin une lampe antique. Si ce n'est que je ne pus discerner si ces rameaux étaient de pin, de larix ou de génévrier, j'interprétai ainsi ces hiéroglyphes :

PATIENTIA EST ORNAMENTVM, CVSTODIA
ET PROTECTIO IO VIT.

[*Ce qui signifie :* LA PATIENCE EMBELLIT, GARDE
ET PROTÈGE LA VIE.]

FIGURE 36 (1499).

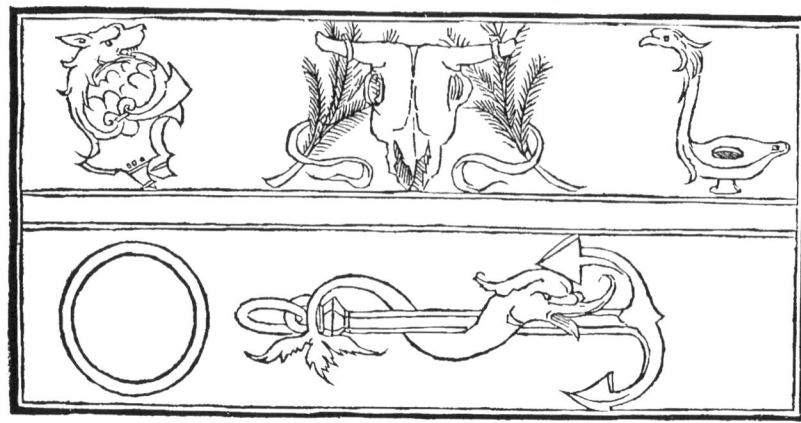

FIGURES 37 & 38 (1883).

Du côté opposé, j'admirai une sculpture fort élégante qui représentait un cercle, puis une ancre sur la barre de laquelle s'enroulait un dauphin. Ce que je traduisis de la sorte :

ΑΕΙ ΣΠΕΥΔΕ ΒΡΑΔΕΟΣ

SEMPER FESTINA TARDE.

TOVJOVRS HÂTE-TOI LENTEMENT.[11]

Sous ce pont antique, solidement et parfaitement construit, jaillissait une large veine d'eau claire et vive qui, se divisant, formait deux bras s'écoulant à droite et à gauche. Leurs ondes fraîches couraient dans leur lit ravagé à travers des rives rongées toutes couvertes de pierres et ombragées d'arbres. Le long de ces berges, apparaissaient, mises à nu, diverses racines parmi lesquelles se reconnaissaient la trichomane[12] et l'adianthe[13], la cymbalaire[14] et autres plantes tant potagères que forestières, formant comme une chevelure aux rives qu'elles aiment. Ce bocage frais et touffu était d'un agréable aspect et invitait à se promener. Son joyeux feuillage était peuplé d'oiselets sylvains et montagnards. Il s'étendait encore au-delà du pont, dans une plaine charmante qui retentissait d'un doux ramage. Là bondissaient les remuants écureuils et les loirs somnolents[15], ainsi que bien d'autres animaux inoffensifs.

Ainsi donc, toute cette contrée couverte d'arbres, entourée de montagnes boisées, offrait aux yeux une vue plaisante, et la plaine se montrait toute couverte de plantes variées.

Les limpides ruisseaux murmuraient en courant au pied des montagnes déclives, dans la vallée qu'ornaient le fleurissant et amer laurier rose, et les joncs, et le tussilage[16], et la lysimachie[17], qu'ombrageaient les peupliers noirs et blancs, les aunes amoureux des rives, ainsi que les ormes. Sur les monts on apercevait les sapins élevés au tronc tout d'une venue, les mélèzes pleureurs et mainte autre espèce de végétation semblable.

C'est pourquoi, considérant l'aménité du lieu, véritablement fait pour être le rendez-vous des bergers, invitant certainement aux chansons bucoliques, je demeurai tout surpris, l'âme en suspens, à la vue d'une région si bénigne, mais inculte et privée d'habitants. Puis, dirigeant mes yeux vers la plaine, et parcourant l'espace du regard, je remarquai une construction de marbre apparaissant à travers les arbres, et laissant apercevoir son faîte au-dessus de leurs cimes délicates. J'en conclus, tout joyeux, qu'il y avait là des habitations, et que j'y trouverais quelque abri. Je me hâtai de m'y rendre.

Je me trouvai en présence d'un édifice à huit pans et d'une admirable fontaine de toute beauté qui m'invita, bien à propos, à étancher la soif ardente que j'avais, jusque-là, gardée sans pouvoir la satisfaire.

Cette construction était surmontée d'un comble octogonal recouvert en plomb. Sur un des côtés était appliqué un rectangle en marbre blanc et poli dont la hauteur égalait une fois et demie la largeur qui me sembla mesurer six pieds. Dans ce bloc étaient entaillées deux petites colonnes cannelées munies de leurs bases au-dessus d'une large cymaise, avec gueule, denticules et filets. Les chapiteaux supportaient une travée, une frise et une corniche. Au-dessus de celle-ci était ajouté un quart de tout le rectangle pour en former le fronton. Toutes les lignes en étaient simples et l'ornement en marbre nu, si ce n'est que dans l'aréole triangulaire du fronton, ou tympan, je vis une couronne en laquelle étaient représentées deux colombes buvant dans un vase. Quant à tout l'espace enfermé entre les colonnes, la gorge et la travée, dans l'intervalle en retrait, se trouvait sculptée une nymphe élégante. Sous la cymaise, une partie faisant le quart du rectangle, formait la base ornée de tores, festons, scotie et plinthe.

Cette très-belle nymphe gisait, endormie, dans une attitude aisée, sur une draperie repliée qui formait coussin sous sa tête à la chevelure abondante et bien arrangée. Une partie de la draperie était accommodée de façon à recouvrir décemment ce qui doit demeurer caché. Étendue sur le côté droit, le bras retiré, la joue dans sa main ouverte, elle soutenait paresseusement sa tête. Son autre bras était libre et s'allongeait le long de son flanc gauche, posant sa main étendue sur le milieu de sa cuisse charnue. Par les boutons — pareils à ceux des vierges — de ses petites mamelles, jaillissait un filet d'eau très-fraîche de la droite, tandis qu'il en sortait un d'eau chaude de la gauche. Chacun de ces jets tombait dans un vase de porphyre, contenant deux récipients réunis en un seul, établi avec art au-devant de cette fontaine sur une pierre de silex à six pieds de distance de la nymphe. À l'un et l'autre récipient aboutissait un conduit dans lequel les eaux se rencontraient et s'échappaient par son extrémité enserrée entre les deux bassins. Ainsi mélangées, elles s'écoulaient par un orifice en un petit ruisseau et, modérées l'une par l'autre, allaient faire germer toute végétation. L'eau chaude saillissait si haut, qu'elle ne pouvait gêner ni offenser quiconque, appliquant ses lèvres à la mamelle droite, venait là boire l'eau froide et téter la nymphe.

Cette admirable sculpture était rendue en perfection, avec un si grand art qu'elle donnait à penser que Praxitèle avait exécuté de la sorte cette Vénus que le roi Nicomède acheta aux Cnidiens un tel prix[18] — ainsi que la renommée le rapporte — qu'il y dépensa l'avoir de son peuple, et qui, d'ailleurs, était d'une telle beauté que des hommes enflammés d'une concupiscence sacrilège, se laissèrent aller à la souiller d'un embrassement impur[19]. Mais, quelque estime qu'on dût lui accorder, je ne crois pas qu'elle fût d'un goût aussi parfait que cette image qui faisait l'effet de la nature elle-même métamorphosée en pierre.

Elle avait les lèvres entrouvertes comme pour respirer, au point qu'on lui voyait presque le fond de la gorge. Les tresses dénouées de sa tête couvraient la draperie sur laquelle elle reposait et inondaient les plis amoncelés avec lesquels les fins cheveux se confondaient. Les cuisses étaient convenablement grasses, les genoux potelés étaient un peu retirés en arrière, de façon à montrer la plante des petits pieds qui invitaient la main à les toucher, à les palper, à les serrer. Quant au demeurant de ce superbe corps, il était fait pour provoquer quiconque eût même été de pierre comme lui.

Derrière cette figure, se trouvait un arbousier touffu aux feuilles persistantes chargé de ses fruits tendres et arrondis, sur lequel des oiselets paraissaient chanter et induire la belle en doux sommeil. À côté d'elle, tout envahi par un prurit lascif, se tenait debout, sur ses pieds fourchus, un satyre au museau pointu fort près d'un nez camus, au menton garni d'une barbe divisée en deux touffes tordues à la manière des chèvres, aux flancs couverts de poils. Sa tête, couronnée de feuillages, portait des oreilles velues et réunissait le type humain à celui du bouc. Je pensai que, dans son génie subtil, le tailleur de pierre, avec son immense talent, avait eu l'œuvre de la nature elle-même présente à la pensée.

Ce satyre tenait l'arbousier par ses rameaux, avec la main gauche, et, le tirant violemment, l'infléchissait au-dessus de la nymphe assoupie, avec l'intention évidente de lui faire une ombre agréable. De la main droite, il soulevait l'extrémité d'une courtine attachée par l'autre bout aux branches voisines du tronc. Entre l'arbre feuillu et le satyre se trouvaient deux satyreaux enfants. L'un tenait un vase, l'autre des serpents qui s'enroulaient autour de ses mains.

On ne saurait exprimer suffisamment le degré de délicatesse, d'élégance, de perfection qui se voyait en cette œuvre et auquel s'ajoutait la beauté du marbre plus brillant que de l'ivoire poli. J'admirai sans mesure l'art prodigieux avec lequel le trépan avait fouillé ces branches, ces feuilles légères, ainsi que la précision et l'exactitude avec lesquelles étaient rendus les petits pieds des oiselets, ainsi que la figure du satyre. Au-dessous de cette merveilleuse sculpture, entre les gorges et les moulures, sur le bandeau uni, je vis cette mystérieuse légende gravée en caractères Attiques :

FIGURE 39
(1499)
Temple.

ΠΑΝΤΩΝ ΤΟΚΑΔΙ

À LA MÈRE DE TOUT.

Je ne saurais dire si je fus incité à boire par la soif ardente dont j'avais souffert tout le jour et la veille, plutôt que par la beauté de cette fontaine, dont la fraîcheur me découvrit le mensonge de la pierre. Aux alentours de ce lieu

Figure 40
(1883)
Temple.

ΠΑΝΤΩΝ ΤΟΚΑΔΙ

paisible, tout le long des ruisseaux murmurants, fleurissaient les pâquerettes, le muguet, la lysimachie épanouie, les roseaux plaintifs, la citronelle, l'ache, la patience d'eau, maintes herbes chères aux oiseaux et maintes nobles fleurs. Le petit canal qui coulait de la fontaine pénétrait, en l'arrosant, dans un massif peu élevé de nombreux rosiers convenablement disposés et régulièrement plantés, tout couverts de roses odorantes. De là, il se répandait et se perdait dans une culture de figuiers du Paradis ou Musa[20], aux larges feuilles lacérées par le vent, dont les doux fruits pendaient en régimes abondants, ainsi que de nombreux et différents arbres fruitiers. Là se trouvait l'artichaut cher à Vénus[21], la verdoyante colocasie[22] aux feuilles en forme d'écussons, et différentes autres plantes cultivées. Jetant un regard sur la plaine, je la vis de partout verdoyante, parsemée de fleurs diverses, peinte et décorée par les jaunes de la renoncule, de l'œil-de-bœuf[23], par les violets de l'orchis[24], de la petite centaurée, du mélilot coronnaire et de l'euphraise[25] menue, par les ors du scandix[26], des naveaux en fleurs, par l'azur de la scarolle[27], par le glayeul qui croît parmi les blés, par les fraises fleuries et fructifiées, par la petite achillée[28] avec ses mouchetures blanches, par la sariette, le pain de coucou[29], par infiniment d'autres floraisons très-belles. Aussi, perdu dans cet aspect enchanteur, je me sentais tout consolé. De ci, de là, à distance régulière, à intervalle mesuré, en lignes, espacés élégamment, étaient de verts orangers, citronniers et pommiers d'Adam aux rameaux égalisés partant à un demi-pied de terre, au feuillage touffu, d'un beau vert hyalin, s'élevant en cônes, c'est-à-dire effilés par le haut, arrondis par la base, tout chargés de fleurs et de fruits exhalant le plus doux parfum. Mon cœur serré s'en emplissait à l'excès, envahi qu'il était encore par l'odeur pestilentielle et le souffle empuanti du dragon.

Cela était cause que je demeurais pensif, hésitant et rempli d'une stupeur qu'augmentait encore la sensation de me retrouver au milieu de tant de choses qui m'étaient délectables au possible, lorsque je considérais avec attention la merveilleuse fontaine, la variété des herbes, le coloris des fleurs, les plants d'arbres, la noble, la plaisante disposition du site, la suave et incessante chanson des oiseaux, l'hygiénique température de l'atmosphère. Tout cela faisait que ma satisfaction eût été complète si j'eusse trouvé là quelque habitation. Aussi étais-je aiguillonné du désir d'aller de l'avant, d'autant que l'endroit s'offrait à moi toujours plus délicieux. Mais, parce que la terreur passée ne s'était pas totalement effacée de ma mémoire tenace, je ne cessais de regarder de côté et d'autre et ne savais où aller ni dans quelle direction m'engager.

La pensée du terrible dragon tenait mon esprit en suspens, j'ignorais ce qu'était l'endroit où j'avais pénétré et, comme je me rappelais les hiéroglyphes inscrits au côté gauche du pont, j'avais quelque appréhension d'aller au-devant d'un accident malencontreux, car ce n'était pas sans motif qu'on avait mis là pour les passants cette inscription digne d'être écrite en or :

SEMPER FESTINA TARDE[30] [*Ce qui signifie:* HÂTE-TOI TOUJOURS LENTEMENT].

Voici que, tout à coup, j'entendis derrière moi un grand mouvement avec une rumeur semblable au battement des ailes osseuses du dragon, en même temps que, dans le sens opposé, retentit le son d'une trompe. Aussitôt, malheureux! je me retournai pâmé, et je vis de ce côté-là un grand nombre de caroubiers aux fruits oblongs, pendants et mûrs, faciles à détacher, que le vent faisait se heurter les uns contre les autres. Revenu à moi, je me pris à rire d'une telle aventure et me remis en marche.

Alors j'invoquai religieusement les divinités bénignes, le dieu Jugatinus[31], les déesses Collatina[32] et Vallonia[33], afin qu'elles me fussent propices pendant que je parcourais les lieux qui leur étaient consacrés. Cependant le son de la trompe me fit presque croire à la présence de quelque troupe guerrière; toutefois, en y réfléchissant, je pensai que le son était plutôt celui de la trompe d'écorce des pastoureaux. Loin d'entrer en méfiance, je me rassurai. Il ne s'écoula guère de temps sans que j'entendisse chanter une compagnie que je supposai formée de demoiselles gracieuses et belles — car la voix dénotait qu'elles étaient d'un âge tendre et florissant — s'ébattant parmi les herbes fleuries, sous de plaisants et frais ombrages, folâtrant libres de toute appréhension qui les retînt, et se promenant au milieu des plus jolies fleurs, tout en joie. Ces voix harmonieuses, d'une incroyable douceur, transportées par les brises fraîches et tempérées, soutenues et accompagnées par les sons de la lyre, emplissaient ces lieux de délices.

En présence d'une telle nouveauté, je me penchai sous les ramées basses, pour bien m'en rendre compte, et je vis ces jeunes filles venir à moi d'un pas cadencé. Leurs têtes virginales étaient entourées de superbes rubans de fils d'or, et couronnées de myrthe fleuri noué et entremêlé de fleurs nombreuses. Sur leurs fronts candides papillotaient leurs boucles blondes et frisées, sur leurs blanches épaules flottaient leurs longues et belles tresses disposées et composées avec la plus grande élégance, à la façon des nymphes. Elles étaient vêtues d'un accoutrement à la mode de l'île de Carpathos[34], en soie, extrêmement orné, fait de tissus de couleurs variées. C'étaient trois tuniques distinctes, l'une plus courte que l'autre, celle de dessous était pourpre, puis venait une en soie d'un beau vert tramé d'or. Celle de dessus était en toile de coton très-fine, crêpelée et de couleur safranée. Ces demoiselles étaient ceintes d'un carcan d'or juste au-dessous de leurs tetons rondelets. Leurs bras

Figure 41
(1499)
Nymphes.

étaient recouverts par la dernière tunique, et la toile de coton les revêtait entièrement, laissant transparaître le ton des chairs à travers le tissu. Tout contre leurs mains potelées, les manches étaient serrées par des cordelettes de soie et des bouclettes d'or faites avec un art délicieux.

Il y en avait, entre elles, qui portaient des sandales à doubles semelles dont les nombreux rubans d'or et de soie cramoisie entouraient leurs petits pieds le mieux du monde. D'autres avaient des brodequins en drap écarlate et vert clair, d'autres, sur leur chair nue portaient une chaussure en beau cuir souple et blanc, ou bien en peau de chamois feinte de couleurs brillantes et ne laissant pas voir les doigts.

Ces chaussures, dorées sur les bords, arrivaient jusqu'aux jarrets blancs comme neige et formaient là une échancrure arrondie ; elles étaient strictement jointes avec des lacets en cuir passés dans des œillets d'or, ou bien avec des boucles faites en torsades de même métal, formant des nœuds tournés d'une façon exquise. Le bord inférieur de la tunique, frangée et ornée d'un merveilleux galon, laissait, soulevé par les légers souffles d'air, apercevoir souventes fois les jambes rondes et ivoirines.

Figure 42
(1883)
Nymphes.

Ces nymphes, m'apercevant, arrêtèrent leur marche, suspendirent leurs chants, toutes surprises, comme d'une bizarre nouveauté, de me voir aventuré en ces lieux. Elles s'émerveillaient à l'envi et, curieusement, m'observaient en silence, trouvant téméraire et singulier qu'un homme étranger et du dehors se fût introduit dans cette noble patrie. Aussi, s'arrêtant à murmurer un instant entre elles, elles m'examinèrent attentivement, se penchant sur moi comme si j'eusse été un fantôme. Je me sentais remué jusqu'au fond des entrailles, ainsi que les roseaux agités par les vents impétueux. J'étais à peine remis de l'épouvante dont j'ai fréquemment parlé, que, de nouveau, je redoutais, par ce qui se passait et qui me semblait surhumain, d'avoir quelque vision semblable à celle qui apparut à Semelé et la fit réduire en cendres, lorsqu'elle fut trompée par la forme simulée de Beroë d'Épidaure[35]. Hélas ! je me repris à trembler, plus intimidé que les faons craintifs en présence de la lionne rugissant de faim. Je délibérai en moi-même pour savoir si je devais tomber, suppliant, les genoux en terre, ou m'enfuir, ou bien, encore, demeurer calme et aller de l'avant, rassuré ; car ces jeunes filles d'un aspect clément, semblaient tenir plus du ciel que de l'humanité. Je résolus de courir les risques et de suivre l'aventure, espérant bien, toutefois, qu'il n'y avait à redouter, de semblables personnes, ni inhumanité ni sévices. D'ailleurs l'innocent porte avec lui sa propre protection. Je surexcitai mon tiède courage, tout interdit par une honte gênante à l'idée d'avoir pénétré en un lieu consacré à des nymphes très-délicates et célestes. Ma conscience était inquiète, en pensant que, téméraire, coupable peut-être, je m'étais introduit dans une patrie prohibée. Comme j'agitais en moi toutes ces raisons, une des nymphes plus confiante ou plus audacieuse que les autres me dit : « Eh bien ! qui es-tu ? » Alors tout troublé, partagé entre la peur naturelle et la honte subite qui m'avait envahi, je ne sus quoi dire, je ne sus quoi répondre. La parole me manqua tout à coup, la pensée avec. J'étais comme à demi-mort, je demeurais tel qu'une statue. Mais ces honnêtes pucelles reconnaissant que j'étais un être humain et réel, seulement stupéfait et craintif, s'approchèrent toutes en me disant : « Ô jeune homme ! qui que tu sois, crois bien que notre vue ne devrait pas t'effrayer, ne redoute rien. Ici tu ne saurais subir aucun sévice ni rencontrer aucun déplaisir. Donc qui es-tu ? parle sans crainte. »

Après cette déclaration, la voix me revint, sollicitée par l'aspect charmant de ces vierges, réveillée par leur doux parler, et, tout à fait remis, je leur dis : « Ô nymphes divines ! je suis le plus disgracié, le plus infortuné des amants qui se puisse jamais trouver au monde. J'aime, et j'ignore où se trouve l'objet de mon ardent amour, le désir de mon cœur ; j'ignore où je suis moi-même ! J'ai été conduit en ces lieux, j'y suis parvenu à travers le plus mortel danger qui se puisse imaginer. » Comme je voyais des pleurs de pitié briller déjà dans leurs yeux, je me jetai à leurs pieds et me courbai à terre devant elles, suppliant et soupirant, en leur criant : « Pitié de par le grand Dieu ! » Aussitôt leur tendre cœur fut touché de miséricorde et pris d'une douce compassion ; émues jusqu'aux larmes à la vue des miennes, secourables, elles me prirent à l'envi par les bras ; m'attirant à elles et me soulevant, elles me dirent toutes gracieuses, avec un langage caressant et charmeur : « Nous pensons, malheureux ! que bien peu réussiraient à pénétrer ici par la voie qui t'y a conduit, ô pauvret ! Aussi, par-dessus toutes choses, rends en grâces principalement à la divine Providence, comme aussi à la bénignité de ton étoile. Car tu viens d'échapper à un péril extrême. Mais, à cette heure, tu n'as plus à craindre ni catastrophe ni vexation fâcheuse. Il se peut même que, par cette voie, tu sois parvenu au bonheur. Donc apaise, tranquillise, réconforte ton âme. C'est ici, comme tu peux le voir, un lieu de plaisir et de dilection, non point un lieu de douleur et d'effroi. L'âge y demeure stationnaire, l'assiette en est sûre et invariable, le

temps n'y est pas fugitif, tout s'y accommode à la joie, la compagnie y est toute gracieuse et sociable ; tout cela nous invite et nous autorise, d'une façon irrésistible, à y jouir d'un perpétuel loisir. Et figure-toi bien que si l'une d'entre nous est aimable, l'autre s'efforce de se montrer telle encore davantage ; car notre délectable et mutuelle concorde est fortement consolidée par un ciment indestructible. » Une autre, surenchérissant, dit ainsi :
« La seconde se prête avec une extrême douceur à son plaisir
et s'y soumet. Ici, enfin, est une campagne salubre, d'une
vaste étendue, riche en toutes variétés d'herbages et
de plantes, charmante d'aspect, fertile en fruits
de toute espèce, couverte de coteaux fameux, peuplée d'animaux inoffensifs,
entièrement remplie de toutes les
voluptés, abondante jusqu'à
l'exubérance en produc-
tions universelles,
garnie de sour-
ces d'eau
pure.
On y trou-
ve, dès l'abord,
une hospitalité assu-
rée et solide. Ce territoire
fortuné est plus fertile que le
mont Taurus dans sa partie septentrionale. Car on dit, si la renommée n'est
point menteuse, que la grappe du raisin y atteint jusqu'à deux coudées et qu'un seul figuier y
produit jusqu'à soixante et dix modius de ses fruits,
bonne mesure[36]. Cette plaine sacrée excède en fertilité l'île
hyperboréenne qui gît dans l'Océan Indien[37]. La fertilité de la
Lusitanie n'en approche pas, non plus que celle de Talgé[38] sur le
mont Caspien. » Plus chaleureuse et plus affirmative, une quatrième nymphe se prit à dire : « C'est en vain qu'en comparaison de la fécondité de notre pays on vante celle de l'Égypte appelée cependant le grenier public du monde. » Aussitôt une autre à l'aspect réjouissant, toute délicieuse à voir,

poursuivit avec une élégante prononciation : « Dans cette patrie nourricière on ne saurait trouver un endroit marécageux capable d'empester l'air. Elle ne renferme aucune montagne abrupte, mais des collines on ne peut mieux parées, tandis qu'à ses frontières elle est fortifiée par une circonvallation de précipices périlleux et inaccessibles. Ainsi donc, pour tant de raisons, rejette toute tristesse. En ces lieux est tout ce qui peut charmer le désir. C'est le refuge des Dieux, c'est là que l'âme trouve une heureuse sécurité. En outre de tout ce que nous t'avons dit, nous sommes de la suite d'une Reine illustre et insigne, toute magnifique, généreuse à l'excès. Elle se nomme Éleuthérilide[39], sa clémence est admirable, sa piété fort grande ; elle gouverne ici avec un ferme savoir, règne avec une autorité suprême, commande avec un bonheur et une gloire immenses. Ce lui sera très-agréable quand nous te conduirons en son auguste présence, devant Sa Majesté. Mais si le hasard amenait de ses autres sujettes, nos compagnes qui font partie de sa cour, elles accourraient en foule contempler en toi une personne comme il s'en est présenté ici bien rarement. Or donc chasse, repousse toute fâcheuse tristesse, dispose ton cœur à te consoler joyeusement
avec nous et, refoulant toute terreur, abandonne-toi aux
ébats ainsi qu'au
plaisir. »

☙

Poliphile, captivé et rassuré par les cinq demoiselles, s'en vint, en leur compagnie, aux étuves où fut menée grande risée, tant pour la nouveauté de la fontaine que pour l'inondation qui s'en suivit. Mené, ensuite, par devers la Reine Éleuthérilide, il vit, le long du chemin comme au palais, des choses excellentes, ainsi qu'une autre fontaine d'un travail précieux ❧ Chapitre VIII

REÇU AVEC AFFABILITÉ, complètement rassuré par ces jeunes filles caressantes, ayant recouvré sensiblement mes esprits, je me montrai librement familier, tout dévoué, très-décidé à leur complaire en tous leurs désirs. Comme elles tenaient entre leurs mains mignonnes des urnes d'albâtre emplies d'essences parfumées, des bassins demi-sphériques en or garnis de pierres précieuses, des miroirs brillants, des poinçons pour les cheveux, ainsi que des voiles de soie blanche pliés et des chemises pour le bain, j'offris d'en être le porteur, offre qu'elles déclinèrent, disant que leur arrivée en ce lieu avait pour cause qu'elles allaient aux bains, et immédiatement elles ajoutèrent : « Nous voulons que tu viennes avec nous. C'est là, en face, d'où s'échappe l'eau d'une fontaine. Ne l'as-tu pas aperçue ? » Je leur répondis révérencieusement : « Nymphes très-belles, je disposerais de mille langages tous différents que je ne saurais vous remercier pour tant de faveurs imméritées, ni vous rendre grâces convenablement pour une si particulière bienveillance. Car vous m'avez fort à propos rappelé à la vie. Donc, ne point accepter une aussi charmante invitation de jeunes filles telles que vous se devrait considérer comme une rusticité vilaine. Or, je m'estimerais bien plus heureux d'être esclave chez vous que maître souverain ailleurs. C'est que je vous tiens pour le réceptacle de tout bien. Sachez-le, j'ai vu cette merveilleuse fontaine, et je dois confesser, après l'avoir examinée avec une attention soutenue, qu'œuvre plus admirable ne frappa jamais mes regards. J'y donnai complètement mon esprit séduit, je la contemplai de toutes parts, j'y bus avec une telle ardeur, j'y étanchai avec une telle avidité la soif brûlante qui m'avait tourmenté pendant le jour entier, que je n'allai pas au-delà chercher le repos. »

Une d'entre elles, fort gentille, me répondit avec douceur, disant : « Donne-moi la main. À présent, te voici sain et sauf, te voici le bienvenu. Nous sommes, comme tu vois, cinq compagnes unies, et je me nomme Aphéa [de ἀφή, le toucher] ; celle qui porte les boîtes, ainsi que les linges blancs, s'appelle Osphrasia [De ὄσφραία, l'odorat] ; cette autre, qui porte le resplendissant miroir — nos délices — c'est Orasia [de ὅρασις, la vue] ; celle qui tient la lyre sonore est dite Achoé [de ἀκοή, l'ouïe] ; la dernière, enfin, celle qui est chargée de ce vase empli d'une très-précieuse liqueur, a nom Geusia [de γεῦσις, le goût]. Or, nous allons ensemble à ces étuves tempérées, par amusement et par soulas. Bref, toi-même — puisque le sort propice t'en est échu, — y viendras aussi, gaiement, avec nous. Après, nous nous en retournerons de compagnie, et tout en joie, au grand palais de notre Reine insigne. Elle est la clémence même, la libéralité la plus large ; tu en pourras tirer bon parti dans l'intérêt de tes amours et de tes ardents désirs, si tu sais habilement t'y prendre. Allons, courage, et marchons. »

Avec des poses voluptueuses, avec des allures virginales, avec des manières engageantes, avec des grâces juvéniles, avec des regards provocants, avec de douces paroles, pressantes et caressantes, elles me conduisirent. J'étais de tout cela bien satisfait, si ce n'est que ma Polia aux cheveux d'or n'était point là pour mettre le comble à mon bonheur et constituer, elle sixième avec ces autres, le nombre parfait. D'autre part, j'étais mécontent que mon vêtement ne répondît pas à leur si délicieuse compagnie. Cependant, je m'apprivoisai bientôt au point de me laisser aller à danser aussi. Elles en rirent doucement ; moi de même. Ainsi arrivâmes-nous à l'endroit voulu.

Là j'admirai des thermes formant un édifice octogonal merveilleux, sur chaque angle extrême duquel étaient accolés deux pilastres dont les soubassements conjoints partaient du sol. Ces pilastres formaient, sur la muraille, une saillie d'un tiers de leur largeur. Ils avaient des chapiteaux placés sous une travée droite que surmontait une frise ainsi qu'une corniche faisant tout le tour de l'édifice. La frise était ornée d'une remarquable sculpture : c'étaient des bambins nus, d'une exécution parfaite, posés à égale distance les uns des autres. Leurs mains tenaient, par des liens, d'épais festons de rameaux feuillus, tressés et entourés de rubans. Au-dessus de la susdite corniche s'élevait, en manière de voûte élégante, un comble octogonal correspondant à la forme de l'édifice qu'il surmontait et dont les pans étaient, d'angle en angle, percés merveilleusement de découpures à jour de mille inventions et configurations, et remplies de lamelles en pur cristal, ce que j'avais pris de loin pour du plomb. Le faîtage, qui y était annexé, reposait sur une pointe dépassant de quelque peu le sommet de la coupole segmentée. Immédiatement au-dessus, se voyait une sphère dont sortait, par son point central supérieur, une tige fixe dans laquelle s'insérait une autre tige mobile et tournante jouant librement. Une aile y était attachée qui, de quelque côté que vînt à souffler le vent, tournait avec la tige en même temps qu'une boule posée au sommet de celle-ci, et trois fois moindre que celle de dessous. Sur cette boule un enfant nu s'appuyait sur la jambe droite, tandis que la gauche était pendante. L'occiput de l'enfant était creusé en la forme d'un entonnoir dont l'orifice arrivait jusqu'à la bouche à laquelle était scellée une trompette s'y adaptant, et que le bambin tenait d'une main près de l'embouchure, de l'autre, près de l'extrémité opposée, dans le même plan que l'aile. Tout cela était de bronze très-fin, parfaitement fondu et brillamment doré. Cette aile contraignait aisément l'enfant — dont le jeu du visage dénotait bien l'action de sonner — à présenter l'occiput perforé au souffle du vent qui, en y pénétrant, faisait retentir la trompette[1]. C'est ce que j'avais entendu en même temps que le craquement des caroubiers d'Égypte qui s'entre-choquaient. Ce pourquoi je songeai, en riant, qu'un homme déjà sous le coup de la peur, qui se trouve seul en un lieu inconnu, est facilement terrifié par le plus léger bruit.

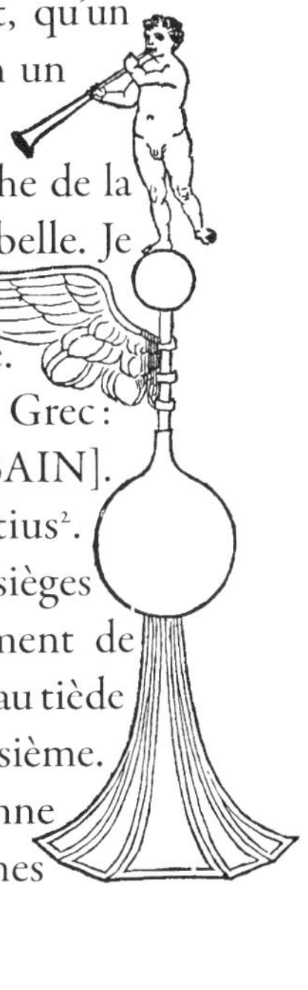

En la face opposée à celle où était la charmante nymphe de la fontaine, je vis l'entrée munie d'une porte extrêmement belle. Je pensai que ce travail était tout entier dû au remarquable tailleur de pierre qui avait sculpté la femme endormie. Sur la frise était cette inscription en caractère Grec: ΑΣΑΜΙΝΘΟΣ [*Ce qui signifie*: CVVE POVR LE BAIN]. Donc, de tels bains auraient pu contenir l'ampleur de Tytius[2].

À l'intérieur couraient, tout autour, quatre rangées de sièges en pierre joints sans discontinuité, formés minutieusement de segments de jaspe et de calcédoine de toutes les couleurs. L'eau tiède recouvrait deux des degrés jusqu'au ras de la superficie du troisième. Dans chaque angle s'élevait une colonnette Corinthienne ronde et dégagée, de couleurs variées, en jaspe, aux veines

Figure 43 (1499). *Le bambin au sommet du bain.*

ondées, aussi gracieux qu'il est donné de l'être à ce marbre qui semble artificiel. Les bases de ces colonnettes étaient convenables, et leurs chapiteaux, excellemment composés, soutenaient une travée au-dessus de laquelle se voyait une frise où des enfants nus, se jouant dans les eaux avec de petits monstres marins, se livraient à une palestre, à des luttes enfantines, témoignant d'efforts et de mouvements convenant à leur âge, avec une turbulence vivace et joyeuse. Cette frise courait tout autour, surmontée d'une corniche. Au-dessus de l'ordre et de la projection des colonnettes, perpendiculairement à chacune, s'élevait, le long de la coupole jusqu'au sommet, un tortil moyen de feuilles de chênes appuyées régulièrement à plat l'une sur l'autre, dentelées et sinueuses, en jaspe très-vert, enserrées de rubans dorés. Ces tortils, en montant, se prolongeaient dans le ciel convexe de la coupole, et aboutissaient à une rotonde que remplissait un mufle de lion aux crins hérissés, tenant entre ses dents un anneau après lequel pendaient des chaînes en orichalque admirablement tressées et retenant un très-beau vase à large orifice, peu profond, fait de cette même matière fort éclatante. Ce vase était suspendu à deux coudées au-dessus de la surface de l'eau. Le demeurant de la voûte, où n'étaient point les perforations garnies de cristal, se trouvait peint en bleu d'arménium[3] tout parsemé de bulles d'or riches et brillantes.

À peu de distance, il y avait une fissure en terre qui vomissait continuellement une matière enflammée. Les nymphes en avaient pris et en avaient rempli la conque du vase ; puis, mettant dessus quelque peu de résines et de bois odoriférants, il s'en dégagea une exquise vapeur dont le parfum égalait celui des meilleurs oiseaux de Chypre[4].

Les nymphes avaient fermé les deux ventaux de la porte en métal ajouré, garnis de cristal transparent qui leur faisait rendre une joyeuse lumière colorée et répercutée. Par ces ouvertures, aux configurations diverses, les portes emplissaient de clarté ces thermes parfumés, y maintenant l'odeur enfermée et empêchant la chaleur d'en sortir. La paroi bien polie, interposée entre chaque colonne, était faite d'une pierre noire et brillante, aussi dure que du métal. Au milieu était incrustée une plate-bande de forme carrée en jaspe couleur de corail, ornée de moulures faites de doubles gorges et de boudins. Au milieu de chaque paroi était placée une élégante statue de nymphe nue. Chacune de ces statues était variée d'attitude et d'attributs, exécutée en pierre galactite[5] d'une blancheur d'ivoire, fermement établie sur un soubassement convenable dont les moulures étaient en harmonie avec les bases des colonnes.

FIGURE 44 (1883). *Le Bain (extérieur).*

Oh ! comme j'admirais l'exquise sculpture de ces susdites images ! C'est au point que, plus d'une fois, mes yeux se détournaient des figures réelles pour se reporter sur les feintes.

Le sol pavé laissait voir, au fond de l'eau, en mosaïque de pierres dures, des emblèmes variés merveilleusement dessinés et diversement colorés ; car l'eau, fort limpide, n'était point sulfureuse, mais odorante et d'une chaleur tempérée. Elle était pure au-delà du croyable, n'interposant aucun obstacle entre l'objet et la vue. Aussi les petits poissons variés, artistement rendus en mosaïque, imitant les écailles et luttant avec le naturel, semblaient vivre et nager tout le long des contre-marches et au fond du bain. C'étaient des trigles[6], des mulets, des mustelles[7], des lamproies, et grand nombre d'autres dont on avait moins considéré l'espèce que la beauté des formes. Sur la pierre très-noire encadrant les parois était incrustée et soigneusement exécutée une composition représentant un arrangement de feuillages liés, à l'antique, et de brillantes conques de Vénus[8] : composition agréable aux yeux autant qu'il était possible.

Au-dessus de la porte, dans un interstice, je vis un dauphin en pierre galactite rampant dans des eaux paisibles. Un adolescent tenant une lyre sonore était assis sur lui. À l'opposé, au-dessus de la fontaine faite pour le rire[9], nageait un dauphin semblable que chevauchait Poseïdon armé de son trident pointu. Ces petits sujets, faits tous deux de la même pierre, avaient été reportés sur le fond très-noir. Ce dont je louerai l'admirable architecte non moins que le statuaire.

D'autre part, je faisais grand cas de la grâce noble des belles et plaisantes jeunes filles. Je ne pouvais établir de comparaison entre ma crainte passée et l'excès d'un bonheur inimaginable et inopiné. Mais, sans aucun doute, je me sentais au sein d'un plaisir et d'un contentement extrêmes, dans cette senteur exquise telle que n'en produit pas l'Arabie. Les nymphes, sur ces bancs de pierre servant d'apodytoire [ou de vestiaire des bains][10], se dépouillaient de leurs vêtements de soie et enfermaient leurs très-belles tresses blondes dans des escoffions en filets tissus d'or et tressés admirablement. Elles laissaient voir, elles laissaient considérer attentivement — l'honnêteté sauvegardée, toutefois — leur belle et délicate personne, leur carnation du rose le plus pur joint à la blancheur des neiges.

Oh ! comme je sentais mon cœur agité, mon cœur bondissant s'ouvrir et s'emplir tout entier d'une joie voluptueuse ! Je m'estimais heureux rien qu'à la contemplation de telles délices. Certes il m'était impossible de me garantir des flammes ardentes qui mettaient en péril et molestaient mon cœur pareil à une fournaise. Aussi, pour y mieux échapper, m'arrivait-il de n'oser même admirer les charmes incendiaires accumulés sur ces beaux corps divins. Mais les nymphes, s'en apercevant, riaient de mes allures naïves et y prenaient une récréation juvénile. Mon âme en était sincèrement heureuse par l'envie que j'avais de leur complaire en tout, et, dévoré par tant d'ardeurs, je fis preuve d'une patience non médiocre. Toutefois, je demeurai dans une réserve pudique et dans un maintien modeste, me reconnaissant indigne d'une si belle compagnie.

FIGURE 45
(1883).
*Le Bain
(intérieur).*

Quelque résistance que j'opposasse à leur invitation, il me fallut, malgré tout, entrer dans le bain. J'étais là tel qu'une corneille entre des colombes ; aussi me tenais-je à l'écart, rougissant, dévorant de mes regards inquiets des objets si beaux et d'une si grande séduction.

Alors Osphrasia s'adressant à ma personne avec son verbiage badin : « Dis-moi, jeune homme, quel est ton nom ? » Je lui répondis, en toute révérence : « Poliphile, Madame. — Il me plaît assez », fit-elle, « si l'effet correspond au nom. » Sans délayer elle ajouta : « Et comment se nomme

ta chère amoureuse ? » Moi, tout complaisamment, je répondis : « Polia. »
Elle reprit : « Eh mais, je pensais que ton nom signifiait : qui aime beaucoup ;
je m'aperçois à présent qu'il veut dire : l'ami de Polia. » Puis elle me dit :

FIGURE 46 (1499). *La Fontaine qui fait rire.*

ΓΕΛΟΙΑΣΤΟΣ

« Si tu la retrouvais ici, que lui ferais-tu ? — Madame », répondis-je, « ce qui conviendrait à sa pudeur et qui fût digne de votre présence. — Dis-moi, Poliphile, lui portes-tu grand amour ? — Oh ! Madame, plus grand qu'à ma propre vie », fis-je en soupirant. « Par-dessus toutes les délices, par-dessus toutes les richesses du plus précieux trésor du monde, je conserve cet amour dans mon cœur brûlant et incendié. » Mais elle : « Où as-tu laissé un objet aussi cher ? — Je ne puis comprendre ni savoir moi-même où je suis ! — Alors », dit-elle, « si quelqu'un te la retrouvait, quel prix lui donnerais-tu ?

FIGURE 47 (1883). *La Fontaine qui fait rire.*

Allons, garde un cœur joyeux et livre-toi au plaisir, car tu la retrouveras, ta chère Polia. » C'est avec de tels propos, très-gracieux, que ces charmantes pucelles se lavèrent, ainsi que moi, tout en folâtrant.

Dans l'intérieur du bain, sur la cloison contre laquelle était adossée la belle fontaine à la nymphe endormie, s'en trouvait une autre ornée de statues en métal de prix, artistement travaillées, éclatantes de dorure. Elles étaient fixées après un marbre taillé en carré, terminé par un fronton, muni de deux demi-colonnes dites hémicycloïques, une par côté, avec une petite travée, une petite frise, une petite corniche, le tout pris dans un même bloc de pierre. Cette composition admirable était en parfaite harmonie avec l'œuvre tout entière, cela par un art supérieur et par une merveille absolue d'invention. Dans l'espace réservé au milieu de ladite pierre, se trouvaient deux nymphes parfaites, un peu moins grandes que nature, montrant leurs cuisses nues par la fente de leur tunique que faisait voltiger leur mouvement. Elles avaient les bras nus pareillement, excepté depuis les coudes jusqu'aux épaules. Sur celui de leurs bras qui supportait l'enfant, le vêtement était retroussé et rejeté en arrière. Les petits pieds du bambin posaient, à jambes écartées, l'un sur un main[11], l'autre sur l'autre. Tous les visages étaient riants. Les nymphes, de leur main demeurée libre, soulevaient la draperie de l'enfançon jusqu'à la ceinture, au-dessus de l'ombilic. Lui tenait à deux mains son petit membre qui pissait une eau très-froide dans les eaux chaudes afin de les attiédir. En cet endroit délicieux et charmant, j'étais tout abandonné au plaisir et au contentement. Toutefois, je me sentais vexé, au sein même de ma joie, par la pensée qu'au milieu de ces tentations, près de ces femmes d'une blancheur pareille à la rosée condensée en givre, je ressemblais à un Égyptien, à un Moricaud.

Or donc, une des nymphes toute souriante, la nommée Achoé, me dit avec affabilité : « Mon Poliphile, prends ce vase en cristal et apporte-moi un peu de cette eau fraîche. » Moi, sans y mettre le moindre retard, uniquement préoccupé d'être aimable, prêt non-seulement à me montrer obséquieux, mais encore, pour lui complaire, à me faire son valet pourvoyeur[12], j'obéis. Je n'eus pas mis plutôt le pied sur un des degrés pour recueillir l'eau qui tombait, que le pisseur, relevant son petit priape, me lança en plein sur mon visage échauffé, un filet d'eau si froide, que je me rejetai en arrière sur les genoux. Alors un rire féminin retentit sous la coupole fermée avec un tel éclat, que, revenu de ma surprise, je me pris à rire aussi moi-même de plus belle.

Je compris bientôt la subtilité de cette invention très-habilement trouvée. Elle consistait en cela que, posant un poids quelconque sur le degré du bas qui était mobile, on l'abaissait et lui faisait tirer en haut l'instrument enfantin. Ayant examiné, avec une scrupuleuse attention, la machine et le curieux engin, cela me fut très-agréable. Or, sur la frise de cette fontaine était inscrit ce titre en lettres Attiques : ΓΕΛΟΙΑΣΤΟΣ [*Ce qui signifie :* Qui fait rire ; γελοιαστής, *bouffon*].

Après avoir ri joyeusement, après nous être baignés et lavés en tenant mille propos d'amour doux et plaisants, en nous livrant à mille badinages juvéniles et menues caresses, nous sortîmes des eaux thermales, et les nymphes, sautant à la hâte sur les degrés, s'oignirent de baumes odorants et se frottèrent avec une liqueur médicinale. Elles m'offrirent une boîte ; je m'oignis comme elles. Cette lénitive onction me fut fort opportune et cette lotion très-salutaire, car non-seulement cela me parut très-suave, mais cela profita grandement encore à mes membres fatigués par ma course passée si périlleuse. Après que les nymphes furent revêtues et qu'elles se furent attardées quelque peu, dans leur toilette virginale, à se serrer, à s'accoutrer, elles se mirent promptement et familièrement à ouvrir les vases remplis de leurs délicates confitures dont elles firent avec moi, fort à propos, un goûter suivi d'une bienfaisante boisson. Rassasiées, elles retournèrent à leurs miroirs, examinant scrupuleusement la parure de leur divine personne, leurs boucles blondes ombrageant leur front éclatant, et leurs cheveux, encore humides, enroulés dans leurs voiles diaphanes. Enfin elles me dirent : « Allons, Poliphile, à cette heure, et d'un cœur joyeux, par devers notre illustre et sublime Reine Éleuthérilide, auprès de laquelle tu trouveras un divertissement plus grand encore. » Puis, en manière de badinage, elles ajoutèrent : « Hé ! l'eau fraîche t'a cinglé le visage ! » Mais elles se reprirent à rire sans aucune mesure, s'égayant vivement à mes dépens, se surpassant à l'envi par la façon lascive de cligner des yeux, lançant des regards capricants et de travers. Nous fîmes alors, moi au milieu de ces festoyantes jeunes filles, un fort agréable départ. Marchant doucement, elles se prirent à chanter, d'une manière rythmée sur le mode Phrygien, une facétieuse métamorphose. Il s'agissait d'un amoureux qui, voulant se changer en oiseau par le moyen d'un onguent, se trompait de boite et se trouvait transformé en un âne bourru[13]. D'où cette conclusion que d'aucuns pensent obtenir certain effet d'une onction alors qu'il en résulte un tout différent. Je suspectai fort l'allusion de me viser, à voir les mines railleuses : mais, pour l'instant, je n'y arrêtai pas autrement ma pensée.

J'avais cru, raisonnablement, que l'onction que je m'étais faite aurait pour résultat de délasser mes membres fatigués, voilà que, tout d'un coup, je ressentis un tel prurit lascif et une telle excitation libidineuse, que j'en fus tout retourné et torturé. Or, ces malicieuses filles riaient sans mesure, sachant à quoi s'en tenir sur mon accident. Cependant la sensation irritante augmentait de moment en moment, stimulée davantage. Si bien que je me sentais sollicité par je ne sais quelle morsure, par je ne sais quel aiguillon, au point que j'étais disposé à me ruer sur les nymphes avec une violence comparable à celle d'un aigle furieux et affamé qui, rapace et sans cesse, fond, du haut des airs, sur une volée de perdrix. Ainsi étais-je énergiquement incité à les forcer. Je sentais, à chaque instant, croître ma fureur lubrique et cette démangeaison qui me crucifiait. L'excès de ma concupiscence vénérienne s'enflammait d'autant plus, que tout semblait s'accorder à ce mal pernicieux et offrir une occasion propice à la brûlure inconnue qui m'émouvait vivement.

Alors une de ces nymphes incendiaires nommée Aphea me dit en plaisantant : « Qu'as-tu donc, Poliphile ? tout à l'heure tu batifolais gaiement, et voilà que tu es maintenant tout défait et tout changé ! » Je lui répondis : « Pardonnez-moi si je m'agite plus qu'une tige de saule, mais excusez-moi, je meurs d'ardeur érotique. » À ces mots, se tordant d'un rire effréné, elles me dirent : « Oh, eh ! si ta Polia désirée était ici, que lui ferais-tu, hein ? — Hélas ! » m'écriai-je, « par la divinité que vous servez en vous prosternant, je vous en conjure, n'ajoutez pas des fagots à mon incroyable incendie, n'y accumulez pas des pommes de pin ni de la résine ! Ne piquez plus mon cœur incandescent, ne me faites pas éclater, je vous en supplie ! » À cette dolente et lamentable prière, leurs bouches de corail s'emplirent d'une clameur joyeuse et leur excitation en vint à un tel excès, qu'elles ne purent, non plus que moi, continuer leur marche. Alors elles se prirent à courir parmi les fleurs odorantes, à se rouler sur le sol herbin, suffoquant d'un rire si extravagant, qu'elles durent, pour ne point étouffer, dénouer et desserrer la ceinture qui leur étreignait le corps. Elles étaient là, toutes à demi pâmées, étendues à l'ombre des arbres feuillus, gisant dans l'opacité profonde des rameaux. Je leur dis, avec une intime confiance : « Ô femmes qui me brûlez, qui m'accablez de vos maléfices, c'est maintenant que s'offre à moi l'occasion licite de me jeter sur vous et de vous faire une violence bien excusable ! » Courant sur elles, je fis mine de les vouloir saisir, feignant audacieusement d'entreprendre ce que je n'eusse osé jamais exécuter. Elles, avec de nouvelles risées, s'appelaient mutuellement au secours, abandonnant par ci, par là, dans leur fuite, et leurs chaussures dorées, et leurs voiles, et les rubans qu'emportaient les fraîches brises. Abandonnant leurs vases, elles couraient parmi les fleurs ; moi je courais derrière elles. C'est au point que je ne sais comment elles ne rendirent pas l'âme, ainsi que moi qui, sans retenue aucune, me précipitais dans un débordement de luxure rendu plus impatient par l'extrême tension de mes nerfs.

Après que ce plaisant jeu, cet ébat divertissant eut cessé, après que j'eus donné pleinement carrière à mon agitation, les nymphes recouvrèrent leurs chaussures ainsi que les autres objets épars. Puis elles parvinrent sur les bords verdoyants et humides d'une rivière courante. Elles calmèrent leurs rires charmants, et, pleines de tendresse, eurent pitié de moi. Là, sur les rives décorées par d'humbles et flexibles roseaux, par la petite valériane, par des liserons rampants, dans le voisinage de plantes aquatiques copieuses et vivaces, celle d'entre elles qui se nommait Geusia eut la complaisance de se baisser pour arracher du nénuphar dédié à Hercule, une racine de gouet serpentaire[14] ainsi que de l'amella vulnéraire[15], plantes qui germaient à côté l'une de l'autre. Alors elle me les offrit en riant, m'invitant à choisir celle qui devait servir à ma délivrance. En conséquence, je refusai le nénuphar, je condamnai le gouet serpentaire à cause de sa causticité, j'agréai la vulnéraire. Après que celle-ci fut bien nettoyée, je fus sollicité d'en goûter. Or, il ne s'écoula pas beaucoup de temps sans que je visse s'évanouir cette concupiscence vénérienne, cette ardeur incendiaire, et que l'intempérance libidineuse vînt à s'éteindre en moi. Ayant donc ainsi réfréné les séductions de la chair, les aimables demoiselles, causantes et joyeuses, se rassérénèrent, et nous atteignîmes, sans nous en apercevoir, un endroit peuplé et des plus agréables.

Là se trouvait une avenue de cyprès élevés, droits, alignés, plantés à distance convenable l'un de l'autre, avec leurs cônes aigus et de même hauteur. Ils avaient le feuillage aussi dense que le comporte la nature de ces arbres, et ils étaient disposés régulièrement. Le sol égalisé était couvert partout de très-vertes pervenches aux abondantes fleurs d'azur. Cette voie, ainsi décorée, d'une largeur convenable, et qui se dirigeait directement sur une haie verte dont l'ouverture correspondait à l'écartement des cyprès, avait une longueur de quatre stades. Lorsque, tout joyeux, nous parvînmes à cette clôture, je m'avisai qu'elle était équilatérale, faite à trois pans, dans la forme d'un mur droit, aussi élevée que les grands cyprès de l'avenue. Elle était façonnée avec de beaux orangers, citronniers et cédratiers à l'agréable feuillage, serrés dru, d'une cohésion habilement obtenue et bien enchevêtrés. J'en évaluai l'épaisseur à six pieds. Au milieu était une porte cintrée faite de ce même travail d'arbres régulièrement conduit, par une diligente industrie de l'artiste, autant qu'on le pouvait faire ou dire. Au-dessus, à l'endroit voulu, se trouvait une rangée de fenêtres. Aucune branche, aucune souche ne dépassait la surface de cette haie qui ne montrait que la réjouissante et agréable verdure de la frondaison étalant, au travers de ses feuilles touffues et vivaces, sa parure d'abondantes fleurs blanches dont émanait la suave odeur de l'oranger. C'étaient aussi, pour les yeux affriandés, maints fruits mûrs ou verts des plus délectables. Enfin, dans l'épaisseur des intervalles, j'admirai — non saris en être émerveillé — l'assemblage des rameaux, agencés de telle sorte, qu'on pouvait aisément monter par eux en tout endroit de cette haie sans que, grace à l'étai des branches enchevêtrées, on pût être aperçu.

Lorsque nous eûmes pénétré dans ce vert et agréable enclos, supérieurement beau pour les yeux, digne d'être prisé par l'esprit, je vis qu'il formait un cloître élégant sur le front d'un admirable et immense palais d'une symétrie architecturale inestimable et grandement magnifique. Ce palais formait le quatrième pan de l'enclos de feuillage et avait soixante pas de large. Ce promenoir était un hypètre ou carré découvert.

Au milieu de cette place remarquable, je vis une superbe fontaine dont une eau limpide jaillissait par de très-étroits ajutoirs peu au-dessous du sommet de la haie, puis retombait dans une large conque en fine améthyste dont le diamètre mesurait trois pas. L'épaisseur de cette conque était d'une juste proportion. Elle allait en diminuant vers les bords et arrivait presque à rien. Tout autour apparaissaient des ciselures merveilleusement traitées, en fonte excellente représentant de petits monstres marins. Jamais les antiques inventeurs n'atteignirent au degré d'art avec lequel était travaillée cette dure matière. C'était une œuvre digne de Dédale, vous remplissant d'admiration. Pausanias n'eût pu se vanter d'avoir consacré un pareil cratère[16] sur les bords de l'Hypanis[17]. Cette œuvre, habilement fondue, reposait sur un beau pied en jaspe aux veines mêlées se modifiant l'une par l'autre, et joint, par un noble travail, à la transparente calcédoine d'une couleur d'aigue-marine trouble. Ce pied était formé par deux vases à gorge posés l'un sur l'autre et séparés par un nœud étroit ; il était érigé et fixé sur le centre d'une plinthe ronde en ophite verdâtre qui s'élevait au-dessus du pavé bien égalisé et arrangé en quinconce [ou en échiquier] ; laquelle plinthe était entourée d'une bordure en porphyre poli, aux moulures curieusement dessi nées. Tout autour de ce pied, soutenant la conque, étaient placées quatre harpies d'or aux griffes acérées, reposant sur la superficie de la plinthe d'ophite. Leurs parties postérieures étaient appuyées contre le pied, l'une opposée directement à l'autre. Leurs ailes éployées supportaient le bord violet de la conque. Elles avaient des visages de vierge. Leurs épaules étaient couvertes de leurs cheveux défaits sur leurs têtes qui ne joignaient pas le dessous de la vasque ; leurs queues de serpent, s'enroulant ensemble et se terminant à leur extrémité en feuillage à l'antique, formaient, avec le vase à long col de la partie supérieure du pied, un bon et amical enlacement, une très-heureuse réunion. Du point milieu de ce vase, au droit du pied, sur la vasque d'améthyste, s'élevait un calice allongé, posé sens dessus dessous, qui dépassait le niveau des bords de la vasque d'une quantité égale à la profondeur de cette dernière. Ce calice était surmonté d'un piedouche artistement fait et qui supportait les trois Grâces nues, en or très-fin, de stature égale et appuyées l'une contre l'autre. Des boutons de leurs seins l'eau jaillissante s'échappait en filets minces affectant l'apparence de baguettes en argent de coupelle, polies et striées. Cette eau coulait aussi claire que si elle eût été filtrée au travers de la très-blanche pierre ponce de Tarragone. Chacune des Grâces tenait de la main droite une corne d'abondance qui dépassait un peu sa tête. Les trois orifices se réunissaient gracieusement en formant une seule ouverture. Des fruits, des feuillages abondants débordaient au-delà de ces orifices.

Entre les fruits et les feuillages, sortaient quelque peu des ajutoirs bien disposés d'où l'eau s'échappait en jets très-minces. L'artiste, en habile fondeur, avait donné à ces statues, pour qu'elles ne s'embarrassassent point l'une par l'autre avec leurs coudes, un maintien pudique en leur faisant couvrir de la main gauche la partie qui veut être cachée. Sur les bords de la conque saillante — dont la circonférence débordait de plus d'un pied au-delà de la plinthe d'ophite — se tenaient, la tête dressée, posés sur leurs pieds de reptiles, convenablement espacés, six petits dragons écailleux tout brillants d'or. Ils étaient disposés avec un art tel, que l'eau, s'échappant des mamelles, tombait directement dans leurs crânes évidés et perforés. Ces dragons, aux ailes étendues, prêts à mordre, rejetaient ou plutôt vomissaient cette eau, tombant au-delà de la plinthe d'ophite, dans l'entourage en porphyre qui, ainsi qu'il a été dit plus haut, s'élevait également au-dessus du niveau du pavé. Un petit canal était ménagé entre ce cercle de porphyre et la plinthe en ophite. Il avait un pied en largeur et deux pieds en profondeur. Quant au porphyre, il mesurait trois pieds de superficie et était orné de petites moulures immédiatement au-dessus du pavé.

Les parties postérieures des dragons, rampant sur le fond de la vasque peu creusée, réunissaient leurs queues terminées par un feuillage à la mode antique, pour former, à hauteur voulue, la gracieuse attache du socle ou

FIGURE 48 (1499). *La Fontaine gracieuse.*

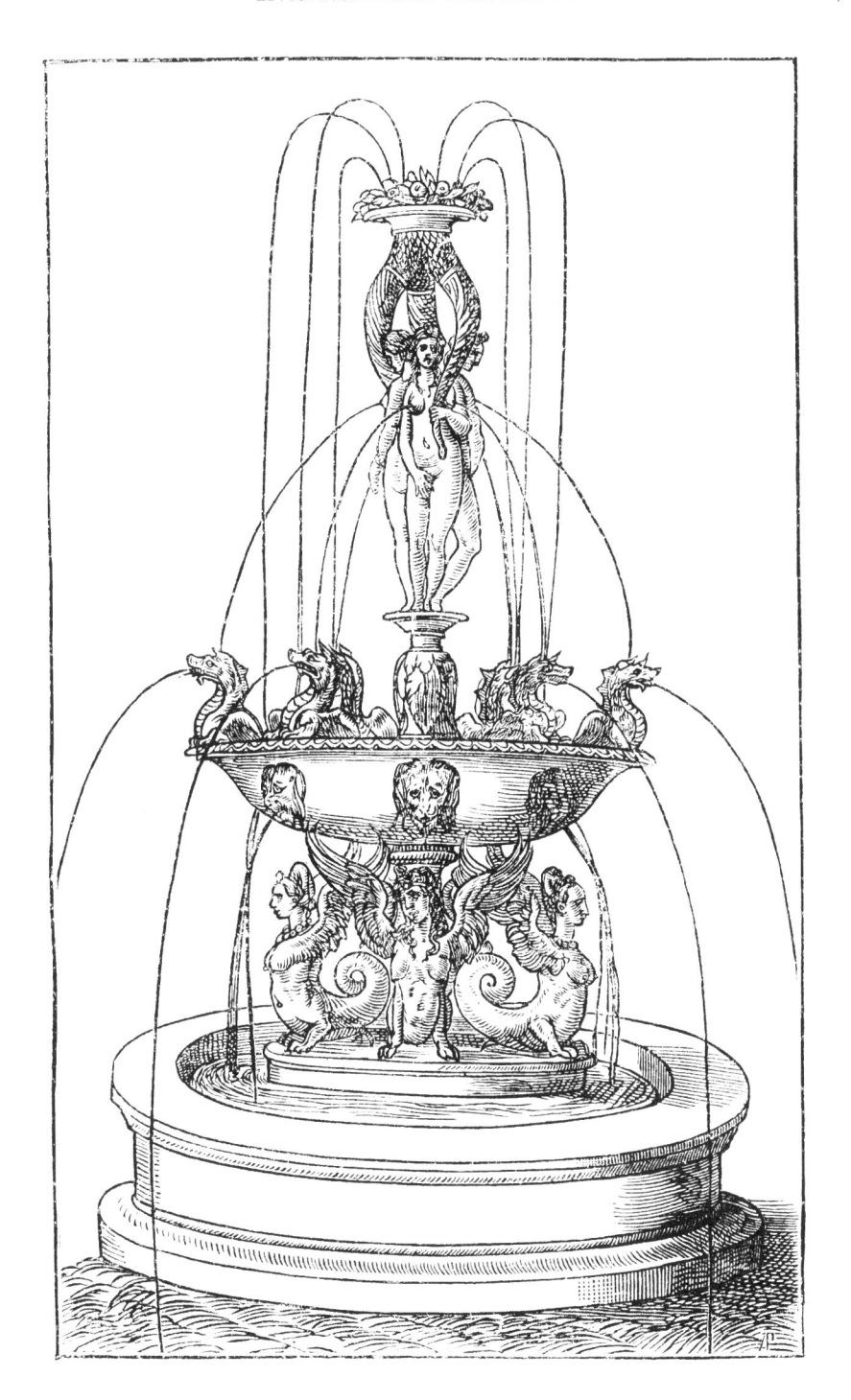

FIGURE 49 (1883). *La Fontaine gracieuse.*

support sur lequel étaient placées les trois figures ; cela sans déformer le creux de la conque précieuse. La verdoyante haie d'orangers se réfléchissant dans la matière polie et dans les eaux transparentes, projetait sur le superbe et noble vase une très-gracieuse coloration semblable à celle que produit Iris dans l'intérieur des nuées. Entre chaque dragon, sur la panse renflée de la vasque, à distance égale, sortaient en saillie, de l'admirable fonte, des têtes de lions à tous crins qui lançaient avec grâce, en la vomissant par un petit tuyau, l'eau tombant des six ajutoirs établis dans les belles cornucopies.

Cette eau, par le fait d'une impulsion contenue, jaillissait en faisant un tel saut, que, retombant entre chaque dragon dans l'ample vasque sonore, elle produisait, par le fait d'une chute partant d'un point si élevé, un tintement délicieux par l'ouverture du vaisseau. Ce qu'était ce vaisseau extraordinaire, ce qu'étaient ces quatre parfaites harpies, et l'élégance de ce socle supportant les trois figures resplendissantes d'or, et l'art et le fini qui régnaient dans leur exécution, je ne saurais l'exprimer succinctement, ni le faire comprendre avec clarté, encore moins en décrire convenablement l'ensemble. Cela n'appartient pas au génie humain. Toutefois, je puis certifier légitimement, — j'en atteste les Dieux ! — que, de notre siècle, on ne vit, on n'imagina jamais toreutique [ou art de la ciselure][18], non pas de meilleure grâce ni de plus belle forme, mais pareille ou seulement en approchant. Dans ma stupéfaction, je considérais encore la dureté de cette pierre si résistante dont était fait le soutien de la vasque, c'est-à-dire ce pied formé par les deux vases à long col superposés. Le tout était travaillé avec une facilité, une aisance aussi grande que si la matière en eût été de cire très-malléable ; auquel cas on n'eût pas mieux mené ces moulures, ni découpé plus nettement et rendu plus parfaitement ces triglyphes ; cela sans endommager rien par l'atteinte des limes les plus dures, tout en communiquant à l'ensemble un éclat d'un brillant particulier à l'aide de ciseaux appropriés et de burins d'une trempe parfaite ignorée de nos modernes artisans.

Toute la superficie du sol sur lequel s'élevait le chef-d'œuvre de la célèbre et somptueuse fontaine, était pavée de dalles carrées en marbre aux veines et aux couleurs variées, dans le contenu desquelles étaient insérés le mieux du monde des ronds en jaspe gracieux bien égalisés et de colorations distinctes. Les angles restants étaient emplis d'enroulements de feuillages et de lis joliment agencés. Puis j'admirai entre les carrés de larges bandes de mosaïques excellentes et d'un très-agréable coloris, faites de petits morceaux de pierre. C'étaient, parmi des feuilles vertes, des fleurs vermeilles, bleues, pourprées et jaunes. Ces pierres tenaient entre elles par une ferme cohésion. C'est au point que je ne puis exprimer la beauté, le brillant, le poli de cette superbe composition. La couleur en était plus belle que celle du cristal alors qu'il répercute les différentes teintes des rayons du soleil, attendu que tous les tons circonvoisins se réfléchissaient et se mariaient sur ces dalles polies. Il n'y avait pas une seule de ces menues pierres taillées en triangles, en ronds ou en carrés, qui accusât la moindre saillie ; le tout était égalisé et d'une surface très-plane.

J'en étais halluciné et stupéfié. À part moi, je considérais attentivement ce travail extraordinaire et insigne, tel que je n'étais pas accoutumé à en voir. Volontiers je me fusse arrêté là quelque peu, et il eût été nécessaire de s'y attarder à examiner, avec plus de soin, une œuvre aussi digne ; mais je ne le pus, car il convenait que je suivisse avec empressement les éloquentes compagnes qui me conduisaient.

Or donc, l'aspect de ce somptueux, de ce magnifique et superbe palais, sa situation, son assiette irréprochable, sa merveilleuse composition me convièrent tout d'abord à une douce gaieté, à une bonne grâce toute charmante, qu'augmentait la vue de la belle exécution à mesure que je la contemplais davantage. J'en conclus, avec raison, que l'habile architecte l'emportait sur quiconque s'était jamais mêlé de bâtir. En effet, quel échafaudage de travées et d'étançons ! quelle distribution bien composée de chambres, de galeries, d'offices ! quelles parois revêtues de menuiseries et de marqueteries ! quel admirable système d'ornementation ! quelle peinture d'éternelle durée appliquée aux murs ! quel ordre, quelle disposition de colonnades ! Et que la voie Prænestine ne prétende pas l'emporter à cause de sa villa Gordienne[19]. Mais que ses deux cents colonnes divisées en quatre rangées d'un nombre égal en Numidique, Claudien[20], Synnadique[21] et Carystien[22], cèdent le pas devant cette superbe colonnade. Et puis, quels marbres, quelles sculptures représentant, à mon admiration, les travaux d'Hercule supérieurement taillés en demi-bosse dans du marbre Lucullien[23], avec des dépouilles, des statues, des titres, des trophées merveilleusement travaillés ! quel propylée ou vestibule ! quel portique d'honneur ! Certes il faut que les travaux de Titus Cæsar[24] baissent pavillon en présence de cette œuvre avec ses marbres rouges d'un si bel aspect, si polis et à tel point qu'un esprit faible et borné se perdrait à vouloir l'exprimer. Joignons-y la noblesse du fenêtrage, de l'admirable porte et du perron superbe. C'était la plus haute expression de l'art d'édifier. Quant au soffite merveilleux, il n'était pas inférieur avec ses beaux lambris enfermant sept rangées de caissons ornés de feuillage, alternativement ronds ou carrés, ornés de filets exquis en or pur, avec le fond peint en bleu et doré très-élégamment. Le plus admirable des édifices ne pourrait tenir auprès de celui-ci.

Étant enfin parvenus à l'ouverture de la magnifique porte, nous la trouvâmes fermée par une merveilleuse et gaie tenture toute tramée d'or et de soie, dont le tissu offrait deux fort belles compositions. La première, en bordure, représentait toute espèce d'instruments de travail. La seconde était une figure dont le visage virginal levé considérait le ciel attentivement. La beauté en était telle, que je sentais que nul pinceau — si ce n'est celui de l'illustre Apelle — n'eût jamais pu y atteindre.

Là mes éloquentes, mes très-belles et charmantes compagnes alignèrent avec bonté leur jambe droite avec la mienne[25], dans l'intention de m'introduire, me disant avec bienveillance : « Poliphile, tel est l'ordre qu'il convient d'observer pour parvenir en la présence vénérable de notre Reine et paraître devant Sa Majesté sublime. Il n'est permis à personne d'outre-passer cette principale et première tapisserie, sans être reçu tout d'abord par une honnête et vigilante demoiselle gardienne appelée Cynosie.[26] » Or, celle-ci ayant entendu que nous arrivions, se présenta tout aussitôt, et, poliment, souleva la portière. Nous entrâmes. Là se trouvait un espace interposé et fermé par une autre tapisserie étalant une composition d'un art parfait, d'un coloris varié, qui représentait des plantes et des animaux exécutés en broderie rare. En cet endroit, une dame s'enquérant de nous et nommée Indalomena[27], se présenta. Puis, ayant retendu son rideau, elle nous introduisit. Un nouvel espace se présenta entre la seconde et une troisième tapisserie, excellemment et admirablement tissée, avec des devises, avec des cordes, des instruments de pêche, harpons, hameçons et filets représentés au mieux. Aussitôt, une dame hospitalière se présenta devant nous pleine de douceur et nous reçut de la meilleure grâce. Son nom était Mnémosyne [Mémoire] ; comme les autres, elle nous introduisit et nous donna accès.

Enfin, là, mes compagnes me présentèrent à la
vénérable Majesté de la reine
Éleuthérilide.

Poliphile raconte pour le mieux l'insigne Majesté de la Reine, la condition de sa résidence, sa pompe admirable. Il décrit quelque peu son bienveillant et affable accueil, la magnificence et la splendeur du festin qui dépassa l'humaine compréhension, ainsi que l'incomparable endroit où il fut dressé ❧ Chapitre IX

À NOTRE ARRIVÉE devant la première gardienne, comme elle ne me regardait pas sans surprise, je la saluai poliment et lui fis dûment ma révérence, me familiarisant avec elle afin d'en obtenir le droit d'entrée, ainsi qu'une humaine hospitalité. J'en agis de même avec celles qui vinrent après. J'aperçus un portique élevé, long comme toute la façade du palais. La voûte en était dorée et couverte de rameaux verdoyants garnis de fleurs saillantes, de feuillages entrelacés, d'oiseaux voletants exécutés parfaitement en travail de mosaïque. Le pavage en était aussi propre que celui de la cour extérieure. Les parois étaient de pierres somptueuses artistement disposées et incrustées. Dès mon arrivée à la dernière tapisserie, cette dame Mnémosyne me persuada de ne rien redouter, mais bien de suivre strictement les avis royaux et les conseils salutaires de la Reine, en m'y conformant avec persévérance, attendu que j'en devais certainement recueillir un résultat heureux. Puis après elle m'accorda l'accès dont elle disposait. Aussitôt des choses plus divines qu'humaines s'offrirent à ma vue. C'était un apparat extraordinaire, dans une cour surprenante et spacieuse contiguë à la face du palais opposée à la première. Elle était parfaitement carrée. Je vis que son superbe et précieux pavage, enfermé dans une bordure de mosaïque, occupait un espace composé de soixante-quatre carreaux mesurant chacun trois pieds de côté. Ils étaient, alternativement, de jaspe couleur de corail et de jaspe sanguin très-vert. Leurs joints, ainsi que ceux d'un échiquier, étaient presque invisibles. La bordure avait en largeur un bon pas. C'était une mosaïque admirablement composée, d'un dessin fait de pierres encastrées, subtil et de formes délicates rendues à merveille, offrant une belle peinture obtenue au moyen de pierres précieuses également taillées et assemblées méthodiquement. On n'en pouvait distinguer les joints. La surface en était si polie, si bien égalisée, qu'un corps sphérique posé dessus n'aurait pu demeurer stable. Au-delà de cette bordure, et l'enfermant, régnait, sur une largeur de trois pas, un fort noble entrelacs de jaspes, prases, calcédoines, agates et autres manières de pierres fines éclatantes. Le long des murs de cette cour j'aperçus un certain nombre de sièges, en bois de santal rouge[1] et citrin[2], fort bien faits et revêtus d'un velours d'un beau vert. Ils étaient rembourrés, en forme de coussins modérément bombés, avec de la laine ou autre matière molle cédant aisément alors qu'on venait à s'asseoir dessus. Le même velours de soie était fixé à la banquette par des clous à tête dorée sur un galon d'argent tressé ou cordelière plate.

J'admirai la surface splendide de la paroi toute revêtue de lames d'or très-pur et très-brillant ornées de sculptures bien adaptées à cette riche matière et en parfaite concordance avec elle. Le plan très-égalisé, très-poli de ces plaques, était divisé, par de petits pilastres, en un certain nombre de carrés d'une dimension convenable, au milieu desquels se trouvait une couronne, large en proportion de l'étendue du fond ; cette couronne était faite de gemmes rondes agglomérées de manière à former un ensemble de feuilles dentelées empiétant l'une sur l'autre et strictement superposées, avec une saillie dans le genre de celle d'un tore de base de colonne, et rattachées par des rubans dont les bouts ondulés faisaient autour des gemmes un ornement parfait. Parmi ces feuilles étaient habilement distribués des fruits en joyaux brillants et divers, admirablement façonnés et d'un dessin varié.

Dans ces espaces enfermés par ces joyaux j'admirai, avec un plaisir très-vif, des peintures en émail d'une beauté parfaite représentant les sept planètes avec leurs propriétés innées. Quant à la partie du fond laissée en dehors de la couronne de pierreries, elle était remplie par les ramages élégants et infinis d'un travail en argent que je m'émerveillai de voir tout parsemé d'innombrables gemmes d'un prix inestimable. La paroi du côté gauche était revêtue semblablement. C'étaient les mêmes intervalles, les mêmes gemmes affectant une forme identique à la description ci-dessus, tant pour l'ornementation que pour le nombre. C'est à savoir : sept ronds représentant les sept triomphes de ceux qui sont soumis aux sept planètes ; cela très-habilement exécuté, dans le même genre de peinture qu'il a été déjà dit. Sur la partie de droite, je vis

FIGURE 50
(1499) *Trône planétaire.*

FIGURE 51
(1883) *Trône planétaire.*

les sept harmonies des planètes et le passage de l'âme accédant au corps, avec sa réception qualitative dans les orbes circulaires, ainsi qu'une incroyable représentation des opérations célestes.

La quatrième paroi, attenant au corps du palais, avait la même disposition, si ce n'est que la porte occupait le milieu de l'espace ; mais les six intervalles correspondaient et s'harmonisaient parfaitement avec ceux qui leur faisaient face. Dans les couronnes de pierreries symétriquement opposées à celles où étaient représentées les sept planètes, on voyait les vertueuses opérations qui en dépendent, rendues sous la forme de nymphes élégantes, avec les titres et les signes de leurs effets. L'espace du milieu, correspondant au septième intervalle, était occupé par le fronton ou faîte de la porte et se trouvait faire face à la septième couronne de gemmes qui contenait la planète Soleil. Celle-ci était plus élevée que les autres, à cause de l'emplacement du trône de la Reine. Ainsi donc, tout s'accordait très-soigneusement, tant par la matière que par le nombre et la forme. Tout était fait également, dans la plus petite partie, dans le plus petit endroit, d'un côté comme de l'autre, de ci comme de là, tout arrivait à correspondre d'une façon exquise. Chaque paroi de cette arène superbe avait une longueur de vingt-huit pas.

Cette cour subdiale était aussi munie d'une couverture dorée qui était une œuvre admirable et indescriptible.

Les pilastres ou colonnes semi-quadrangulaires, écartées l'une de l'autre de quatre pas, formant une égale division septénaire — nombre auquel Nature se complaît — étaient en lapis-lazuli oriental très-fin, étalant sa gracieuse couleur relevée par un beau semis de menues parcelles d'or. Au front de ces pilastres, entre leurs moulures, étaient merveilleusement sculptés, mêlés à un bel assemblage de feuilles, des candélabres, des petits monstres, des têtes coiffées de feuillage, des enfants terminés en sirènes, des cornes d'abondance, des vases en balustres, tout cela d'une ciselure en relief formant une extrême saillie sur le fond, à partir de la base, avec un rapport exact entre la largeur et la hauteur. Donc, ces pilastres s'associant convenablement et agréablement aux lames dorées, formaient la séparation bien ordonnée des surfaces carrées. Leurs chapiteaux étaient faits dans une forme congruente aux autres œuvres. Au-dessus courait la travée droite avec ses moulures exquises ornées de petits cylindres ou billettes ayant, de deux en deux, une fuzerolle intercalée. Elle était surmontée de la frise décorée dont les ornements se suivaient en se répétant alternativement. C'étaient des têtes de bœuf ayant les cornes enlacées de rameaux de myrthe liés sur elles par des bandes de toile flottantes ; puis c'étaient des dauphins aux branchies faites de feuillage, ainsi que les nageoires de la partie inférieure du corps. Dans les enroulements qu'ils formaient et qui s'épanouissaient en fleur antique, des petits enfants se cramponnaient avec les mains. La tête des dauphins ouvrait une gueule dont une partie se retournait

FIGURE 52 (1499) *Chapiteaux.*

FIGURE 53 (1883) *Chapiteaux*

devers les enfants et dont l'autre s'infléchissait contre un vase en se terminant par une tête de cigogne, le bec placé au-dessus de la bouche d'un masque au visage accentué et y laissant tomber des billes. Ces masques d'hommes avaient des feuilles en guise de cheveux. Ils étaient en regard l'un de l'autre et formaient comme une garniture de feuillage à l'orifice du vase. Des bords de celui-ci pendait jusqu'au bas une petite draperie dont les extrémités sortaient libres des nœuds. Là, tout ornement était parfaitement en rapport avec la place qu'il occupait et avec la matière employée. Au-dessus des enroulements des dauphins, entre deux, planait une tête ailée d'enfant.

C'est ainsi, avec de telles images, que se développait la frise. Une corniche convenable, composée en très-bel artifice, la surmontait. Tout le long de cette corniche et sur sa partie droite, dans l'aplomb des pilastres, à des distances parfaitement ordonnées, se trouvaient des vases de formes très-antiques, hauts de plus de trois pieds, en calcédoine, en agate, en améthyste vermeille, en grenat, en jaspe, alternant de couleur, d'un travail insigne et varié, très-délicatement sculptés, avec la panse ornée principalement de canaux obliques ou droits, décorés d'anses magistrales et parfaites. En droite ligne au-dessus de chaque couronne de pierreries, sur la corniche même, se dressaient des poutrelles carrées, hautes de sept pieds, brillantes de dorure, creuses, ayant, au-dessus, des poutrelles semblables allant ainsi tout autour de l'édifice. Par le travers courait une manière de treillage divisé tout à fait régulièrement. De chacun des vases, situés aux quatre angles, s'élevait une poutrelle avec un plan de vigne qui l'accompagnait ; mais, contre celles qui sortaient des autres vases, croissaient alternativement une vigne et un convolvulus d'or d'espèces différentes. Ces plantes rampaient le long des poutrelles transversales en étendant au large leurs rameaux libres et, se nouant dans un gracieux enlacement, formaient un superbe assemblage qui recouvrait toute cette cour, en forme de plafond magnifique d'une richesse inestimable, de feuilles diverses faites de splendides émeraudes Scythiques[3] d'un effet plus charmant que n'eut jamais celle dans laquelle était imprimée la figure d'Amymone[4]. Quant aux fleurs, de toutes les saisons, elles étaient de saphirs ainsi que de béryls distribués çà et là. Par une heureuse disposition et un bel artifice, au milieu de feuillages verdoyants, d'autres gemmes précieuses et massives figuraient des fruits de formes diverses, et des pierres agglomérées imitaient des grappes pendantes de couleurs naturelles.

Ces très-excellentes choses qui avaient dû nécessiter une dépense incomparable, incroyable, presque inimaginable, fulguraient de tous côtés, et leur prix ne venait pas seulement de leur noble et admirable matière, mais aussi, vraiment, de la grande et exquise façon dont elles étaient travaillées. Devant ces merveilles je me tenais rêveur, examinant attentivement et en détail cette extension vagabonde de rameaux entremêlés et d'une épaisseur proportionnée, cherchant à me rendre compte de l'habileté d'art, de l'audace téméraire, du vouloir obstiné qui les avaient assemblés et joints entre eux, soit en les soudant, soit en les clouant, soit en les fondant. Car il me paraissait impossible qu'une couverture si grande et si bien enchevêtrée eût été fabriquée aussi parfaitement à l'aide de ces trois méthodes de travailler et de façonner le métal.   Au beau milieu de la partie située en face de l'endroit par où nous entrâmes, au-dessus de quelques marches, sur un trône magnifiquement décoré de maint ornement en gemmes étincelantes, et d'une forme si merveilleuse que le siège en pierre Eusèbe⁵, sis au temple d'Hercule Tyrien, ne lui saurait être comparé, était assise la Reine elle-même, dans sa majesté vénérable et impériale. C'était une déesse d'une magnanimité admirable, apparaissant vêtue somptueusement d'une étoffe tramée de fils d'or épais. Sa tête majestueuse, accoutrée fastueusement, était ornée d'une mitre patricienne et royale en soie pourpre, décorée d'un monceau de perles légères et brillantes qui allaient au-dessus du large front, d'un côté à l'autre de la mitre, le long de ses bords. Ses cheveux, très-noirs, plus lustrés que l'ambre de l'Inde, descendaient en un beau désordre, tout ondulés, sur ses tempes blanches comme neige qu'ils recouvraient. À partir de l'occiput, son exubérante chevelure était séparée en deux nattes compactes, réparties une de ci l'autre de là, et qui passaient au-dessus de ses petites oreilles qu'elles ombrageaient. Elles étaient attachées d'une mirifique façon, par un nœud ou floquet de grosses perles très-rondes, telles que n'en produit pas le promontoire Indique de Perimulæ⁶. Le bout de sa longue chevelure flottante sortait au dehors du nœud. Un voile très-fin, retenu auprès du floquet de perles par un poinçon d'or, couvrait ses épaules délicates et tombait jusques en bas. Au milieu de la mitre, à l'endroit de la séparation sur le sommet du crâne se voyait, en saillie, un fermail de haut prix. Son col arrondi, d'une blancheur de neige, était entouré d'un inestimable collier qui laissait pendre, à la séparation des seins couleur de lait, un incomparable diamant taillé en ovale, d'une grosseur extraordinaire, éblouissant et serti dans de l'or émaillé. À ses oreilles percées étincelaient encore deux pendeloques faites de deux grosses et pures escarboucles hors de prix. En outre elle avait les pieds chaussés de soie verte, avec de petites semelles, aux œillets d'or câblé, aux courroies garnies d'un grand nombre de pierreries. Ses pieds reposaient sur un tabouret au coussin moelleux, bourré de plumes et recouvert de velours cramoisi, avec une bordure en broderie de perles orientales si belles qu'on ne saurait trouver les semblables en Arabie au golfe Persique. Quatre glands pendaient aux quatre coins, la tête garnie de gemmes éclatantes, les brins aux fils d'or et de soie entremêlés.

À droite comme à gauche, sur les bancs de santal, se tenaient, modestement assises, les dames de la cour dans un maintien honnête et grave, sans affectation. Leur habillement était de drap d'or et d'une richesse que je n'ai jamais vue. Quant à l'illustre Reine et Dame souveraine, elle siégeait juste au

FIGURE 54 (1499). *La déesse.*

milieu, avec une pompe, un éclat, un apparat hors de croyance. Les bords de son superbe vêtement étaient couverts de pierreries aux couleurs alternantes ; cela en telle abondance que vous eussiez cru que Nature y eût grêlé toutes ses fines matières de gemmes brillantes avec un luxe désordonné.

Devant cet aspect impérial et sublime, je fus pénétré de vénération et tombai à genoux. Aussitôt, les dames d'atours et curiales, d'assises qu'elles étaient, se levèrent toutes. Mises en éveil par une telle nouveauté, par un pareil spectacle, elles s'émerveillaient à l'excès de me voir parvenu en un tel lieu. Quant à moi, je sentais mon pauvre cœur inquiet se gonfler plein d'angoisse ; je repassais, en moi-même, les faits antérieurs et les faits présents ; plein d'embarras, plein de stupeur, j'étais envahi par une crainte respectueuse et une honnête vergogne. En présence de cette étrangeté, les dames curieuses interrogeaient mes compagnes à l'oreille, leur demandant, à voix basse, qui

Figure 55 (1883). *La déesse.*

j'étais, les questionnant sur mon aventure extraordinaire et inattendue, ce qui faisait que tous les yeux excités étaient dirigés et braqués sur moi.

Or donc, me trouvant tout humble en présence d'un spectacle tellement beau, je demeurai plein d'étonnement, presque sans respiration et fort intimidé. Mais la Reine ayant demandé à mes compagnes comment et de quelle façon j'étais arrivé en ces lieux et j'y avais pénétré, celles-ci s'empressèrent de le lui raconter pleinement. À ce récit, la douce Reine émue me fit lever et, m'ayant entendu nommer, se prit à me parler, avec affabilité, en ces termes : « Aie courage, Poliphile, mais explique-moi comme quoi tu as pu aborder ici sain et sauf ? J'ai entendu clairement, depuis le commencement jusqu'à la fin, comment tu as pu échapper au funeste et horrible dragon ! de quelle manière tu trouvas l'issue de ces odieuses ténèbres et de ces cavernes aveugles ! Mais je n'en suis pas médiocrement émerveillée. Car ils sont rares, bien rares ceux qui peuvent s'aventurer par de telles voies. Maintenant, puisque la Fortune chevelue t'a permis de parvenir sauf en ces lieux, j'estime, avec raison, que, malgré tout, je ne dois pas te refuser mes bonnes grâces, mais bien t'accorder une hospitalité généreuse et bienveillante. »

Devant une si libérale invitation, en présence de cette royale réponse et de cet accueil meilleur encore que je ne le pensais alors, la remerciant extrêmement en parler respectueux et soumis, je lui narrai succinctement, de point en point, ma fuite devant le monstre formidable, ainsi que les efforts laborieux qu'il me fallut faire pour arriver en ces lieux tout en courant — ce dont la Reine s'émerveilla fort, ainsi que ces vénérables dames — puis comment les cinq compagnes m'avaient trouvé tout craintif et errant. J'étais là, appliquant mon esprit, on ne peut plus voluptueusement, à contempler cette superbe magnificence, lorsque la Reine me dit avec un beau sourire : « C'est chose digne de remarque combien souventes fois un mauvais commencement détermine un heureux succès. Avant que tu ne te livres à la poursuite de ton amoureux, de ton ferme propos et de ton brûlant désir, je veux qu'en allégement de tes angoisses discrètes tu prennes part à l'amical commerce d'un banquet en cette noble compagnie. Puisque les Dieux, par leurs justes suffrages, t'ont indiqué notre pieuse et munifique hospitalité et conduit à notre triomphante demeure, assieds-toi, mon Poliphile, ici sans crainte, tout à ton aise. Car tu verras avec grand plaisir une partie de l'étalage de notre luxe de table, l'abondance variée de mes délices plus que royales, le princier décor de mon élégant service, la splendeur domestique, l'inestimable prix de mes immenses richesses et le large effet de ma bienfaisance. »

Lorsqu'elle eut terminé son éloquent et bienveillant discours, je m'inclinai humblement en esclave soumis, devant son franc et saint commandement ; puis, avec une assurance intimidée, avec une témérité bien mince, j'obéis immédiatement et fus m'asseoir sur ce délicieux banc, du côté droit, vêtu de ma robe de laine encore souillée d'herbes, froissée et couverte de feuilles attachées aux déchirures, parmi les cinq compagnes, le second à partir de la Reine, entre Osphrasia et Acoé. Il y avait six autres compagnes en face, assez distantes les unes des autres pour qu'elles occupassent régulièrement tout l'espace. Quant à la Reine, étant descendue de son trône élevé, elle s'était assise sur la dernière marche avec une auguste dignité.

Figures 56 (1499) & 57 (1883). *Dieu solaire.*

La couronne sise au-dessus de son trône offrait une belle peinture faite au feu. Elle contenait la représentation d'une figure imberbe coiffée d'une chevelure blonde et montrant une petite partie du buste couvert d'une draperie étroite. Cette figure, reposant sur les ailes éployées d'un aigle qui, la tête levée, semblait la regarder fixement, était nimbée d'un diadème d'azur à sept rayons. Aux pieds de l'aigle se trouvait un rameau de laurier vert passant de côté et d'autre. Je vis, peint de la sorte dans chaque couronne, le symbole approprié à chaque planète.

Le hasard fit que derrière mes épaules se trouvait située la couronne de gemmes contenant l'histoire de Mercure aux pieds ailés. Je vis bien, en me retournant, combien sa bénignité était dépravée alors qu'il se trouvait dans la queue malfaisante du scorpion venimeux. Tout en me replaçant droit, je pourpensais à la laideur de mon vêtement qui, parmi les somptueuses parures dont j'étais entouré, me donnait l'air de cette bête difforme, vile et mortifère entre les nobles lignes du Zodiaque.

Les dames, cependant, étaient assises en bel ordre sur les bancs magnifiques établis tout le long des parois. Tant sur le côté droit que sur le côté gauche de la cour elles se montraient le plus richement parées, avec des accoutrements de tête les plus étranges et les plus élégants, avec des inventions féminines les plus belles du monde, leur chevelure arrangée en toutes sortes de nœuds et de tresses. Les unes avaient la tête blonde, et leurs cheveux pomponnés et crêpés avec goût retombaient en ondulations modérées sur leur front pur et rosé et sur leurs tempes unies. D'autres avaient des chevelures aussi noires que l'obsidienne ; non pas celle du Latium ou de l'Espagne, mais bien celle de l'Inde. Leurs blanches épaules étaient parées de belles perles claires et de carcans fort ouvragés d'un prix incroyable.

Ces dames se tenaient dans un maintien si respectueux, elles étaient si attentives, que, lorsque les servantes préposées aux tables firent leur révérence en pliant le genou, elles se levèrent toutes d'un même temps de leur siège voluptueux et exécutèrent le même mouvement. Chacune de ces servantes était vêtue d'étoffes d'or très-luisant, admirablement tissues et ouvragées. Elles ne se mirent point à table.

L'ouverture fermée par la troisième tapisserie faisait face à la triomphante Reine. C'était une large et superbe porte, non pas en marbre, mais en très-beau et très-dur jaspe oriental, travaillé à l'antique, noble et remarquable. De

FIGURES 58 (1499) & 59 (1883).

chaque côté de cette porte magnifique, magnifique, loin des dames attablées, se tenait un groupe de sept jeunes musiciennes, aux vêtements de nymphes très-précieux et très-élégants. Elles faisaient entendre, à chaque nouveau service de la table pontificale, des sons variés à l'aide d'instruments divers et, tandis qu'on banquetait, d'autres musiciennes chantaient suavement avec des accords d'anges et de sirènes.

Or, en un instant, des trépieds d'ébène, munis de tables mobiles, furent installés sans tumulte ni fracas. Mais chacune des servantes, bien exercée à l'office qui lui incombait, montrait la plus grande attention, la plus grande émulation, la perspicacité la plus grande dans l'emploi qui lui était imposé ou confié. Et d'abord, devant la Reine, fut dressé un trépied fait ainsi : sur une base ronde de superbe jaspe aux admirables moulures étaient fixés trois montants. Le bas de chacun de ces montants se terminait, vers la base, en une ravissante griffe de lion en or, se continuant en une feuille exquise qui enserrait le montant garni d'un très-beau feuillage, et portant, à sa partie moyenne, une petite tête d'enfant tenue entre deux ailes éployées. De l'une à l'autre de ces têtes pendait un feston de feuillages pressés, renflé au milieu et garni de fruits divers. Ces montants, à leur sommet, se terminaient de façon à retenir un rond de table destiné à la Reine. Ce trépied ne bougeait de place, mais les tables rondes étaient faciles à changer et variaient en même temps que la matière des vases, à chaque changement de table. Bientôt, une table ronde en or, très-unie, de trois pieds de diamètre, d'un pouce d'épaisseur, fut, en un clin d'œil, posée sur le trépied. Telles étaient la forme et la dimension de toutes celles qui suivirent. Sur chaque table d'ivoire[7] on posa une nappe parfumée, d'armoisin[8] vert, parfaitement étendue, large et longue assez pour qu'elle touchât presque au pavé, frangée, tout le long de ses bords, par son propre tissu effilé, mêlé de fils d'or et d'argent. Cette frange pendait au-dessous d'une bordure en broderie très-subtilement tissée, solidifiée par des perles abondantes et dont la largeur égalait le sixième de toute la nappe. Ces franges décrivaient un cercle suspendu également au-dessus du pavé, à la hauteur d'une palme. Toutes les nappes employées pour cette besogne étaient bordées et ornées richement à leurs extrémités.

Bientôt apparut une belle et leste enfant portant une large corbeille dorée emplie jusqu'au comble de fleurs de violiers[9] pourpres, jaunes et blanches, telles que les donne le printemps embaumé. Elle se prit à les semer sur toutes les tables, excepté sur celle de la Reine qui en demeura nette.

Sa Majesté sacrée s'était dépouillée de son pompeux manteau royal comme la Romaine Lollia Paulina[10] jamais n'en vit un pareil. Elle demeura dans un vêtement orné de dessins d'animaux, en velours pourpre cramoisi, tout couvert d'une quantité de petits oiseaux et autres bestioles, de feuillages et de fleurs des mieux entremêlés et combinés avec des reliefs en perles on ne peut plus brillantes. Par-dessus ce vêtement, elle portait une tunique très-mince rayée finement de soie jaune, laissant apercevoir au travers de son tissu transparent les parties qu'elle recouvrait et le vêtement cramoisi. C'était un costume des plus légers, des plus charmants et tout à fait impérial.

La Reine divine se lava les mains. La jeune fille qui portait le bassin d'or y reçut l'eau, afin que celle-ci ne remontât pas dans la fontaine, et la nymphe qui

FIGURES 60 (1499) & 61 (1883). *Fontaine.*

tenait l'aiguière puisa dans cette dernière autant de liquide parfumé qu'elle en avait versé ; car cette fontaine, par une admirable combinaison, ne se vidait jamais. La troisième jeune fille, pleine d'empressement, essuya les mains de la Reine.

Le bassin large et développé de cette fontaine était habilement établi sur quatre petites roues et se pouvait conduire avec rapidité sur les tables afin de laver commodément les mains de toutes les personnes assises. Ce bassin, dans son milieu, avait une protubérance qui dépassait le niveau de ses bords dont les lèvres étaient ornées de bulles garnies de pierres précieuses, et qui était faite à godrons ainsi que la partie creuse du bassin dans toute son étendue circulaire, avec de semblables ornements. Sur cette partie proéminente était posé un vase d'une forme très-noble qui en supportait un autre d'un galbe différent. Tous deux étaient reliés par de petites anses des plus élégantes, des mieux ornées et des plus précieuses. Parmi les inestimables joyaux qui couvraient ces vases, à l'extrémité de celui de dessus, terminé par une fleur, était fixé, par sa partie effilée, un diamant taillé en poire, étincelant, d'une grosseur qu'on n'a jamais vue ni conçue. D'après l'indication de mon odorat, je pensai que cet appareil contenait de l'eau de rose mélangée de suc d'écorce de limon, un peu d'ambre et de benjoin, cela dans une savante proportion et dégageant une suave et agréable odeur.

Au beau milieu de cette surprenante cour, on exposa un vase à fumigations, merveilleux, non seulement par sa noble et parfaite matière qui était d'excellent or pur, mais encore par sa brillante et ancienne façon. Le soutènement reposait sur trois pieds onglés de la hideuse harpie, lesquels étaient reliés par des feuillages à la base triangulaire ornée richement de petits

FIGURES 62 (1499) & 63 (1883). *Vase à fumigations.*

sujets, tels que les requérait le métal. Au-dessus des angles saillants se tenaient trois petits génies nus, établis en belle ordonnance, hauts de deux coudées, placés l'un contre l'autre et se tournant le dos. Ils foulaient l'angle de la base avec le pied droit ; le pied gauche libre et abandonné était dirigé vers le pied fixé de l'enfant voisin. Chacun d'eux, levant les coudes, tenait, dans l'une et l'autre main, une tige en forme de balustre très-mince du bas et terminée, à la partie supérieure, par une petite conque dilatée d'ouverture, peu profonde et à larges bords. Il y avait six conques semblables, faisant entre elles un circuit bien formé et adhérant l'une à l'autre. Au milieu de l'espace libre entre les enfants ailés, du point central de la base triangulaire, s'élevait une tige affectant la forme parfaite d'un candélabre antique dont l'extrémité amincie supportait une conque semblable aux susdites, assez largement ouverte pour qu'elle pût garnir le vide laissé entre les six autres. Ces conques, les servantes les avaient remplies de noyaux de prunes ardents recouverts de cendre, et sur cette cendre bouillait, par chacune des conques, une cassolette pleine d'une liqueur composée, dans laquelle avaient infusé pendant tout un jour des matières odorantes. Ces cassolettes, ainsi que je le supposai, contenaient des liquides divers, comme eau de rose, eau d'oranger, eau de myrte, de petites feuilles de laurier, des fleurs de sureau et autres substances connues, avec une matière odorante variée et combinée. En bouillant, le tout répandait dans l'espace une odeur très-suave et fort extraordinaire.

En présence de la très-magnifique Reine, trois filles de service se tenaient respectueusement, parées des plus beaux vêtements tissus d'or et de soie d'une admirable façon et dont la couleur changeait plaisamment avec celle des tapis, de sorte que, lorsque ceux-ci étaient remplacés, les nymphes servantes apparaissaient vêtues d'habits de la même teinte. Un très-beau parti de draperie s'échappait de leur ceinture serrée et, contournant les blanches épaules charnues, tombait sur la poitrine en plis fournis, mais sans excès, afin de laisser apparaître la belle vallée des mamelles, ce qui prêtait à la volupté et donnait aux spectateurs un aliment très-désiré sans les rassasier. Le tout était enrichi de mille torsades et cordelettes en or et en soie. Ce costume, dans lequel l'art féminin s'était montré fort habile, excitait les regards libres et amoureux par une douce saveur qui surpassait encore celle des mets les plus appétissants et les plus agréables. Ces filles portaient des chaussures d'or toutes pareilles, ouvertes en forme de lune sur le pied nu, délicieusement attachées avec des lacets d'or. Leurs chevelures dénouées, blondes et fournies leur tombaient jusque sur les mollets. Leurs fronts candides étaient couronnés de guirlandes de grosses perles uniformes. Toutes les trois, en singulière et dévote révérence, se tenaient, fort accortes, attentives à leur office, disposées à leur particulier ministère et ne servaient qu'une seule table[11]. À chaque changement de service d'autres survenaient, et celles-là demeuraient alors debout joignant les avant-bras et dans une attitude respectueuse. De nouvelles en même nombre se succédaient constamment.

Des trois servantes, attachées à chaque convive, celle du milieu offrait les mets, celle de droite interposait dessous un petit plat afin que rien ne s'en pût répandre, la troisième, à gauche, essuyait adroitement les lèvres du convive à l'aide d'un linge blanc très-fin et très-propre. Après chacune de ces actions la révérence était faite. La serviette ne s'employait plus ; elle était jetée à terre par la demoiselle et tout aussitôt ramassée et emportée. Autant de morceaux devait-on prendre, autant les demoiselles se munissaient-elles de serviettes de rechange, pliées, en soie, odorantes, admirablement tissues.

Tel était l'ordre de la table, ordre attentivement suivi pour tous les convives. Nul d'entre eux ne touchait à quoi que ce fût, mais tout était offert opportunément par les servantes, si ce n'est la boisson.

Nous nous lavâmes tous, dès le premier service, à la susdite fontaine d'une si ingénieuse invention et dont l'eau, recueillie sans cesse, remontait par la force de l'air qui s'y trouvait reçu ou plutôt enfermé. Il me vint à l'idée qu'un effet aussi exquis était obtenu par le moyen d'un double tuyau dont les bouts étaient d'inégale grandeur — le vase étant séparé par une cloison perforée dans son milieu — et que l'eau pressée remontait par sa propre force. Ce qu'il me fut très-agréable d'avoir découvert par une subtile investigation.

Après cette ablution générale, il fut offert, d'abord à la Reine, puis à chacun de nous, une pomme ronde en or, parfaitement bien faite, renfermant une pâte composée d'une mixtion excessivement parfumée, dans le but d'occuper les mains inactives, à l'aide de cette boule enrichie de pierres précieuses, par une action quelconque, et de captiver en même temps la vue et l'odorat.

Au changement des mets, deux demoiselles, faisant le service de la bouche, traînèrent bellement, au milieu de la cour royale, un admirable buffet posé sur quatre roues mobiles. Il affectait par-devant la forme d'un naustibule ou d'une barque, et se terminait, par-derrière, en char triomphal d'or très-pur. Il était tout orne de Scylles nombreuses, de petits monstres aquatiques, de maints sujets exquis merveilleusement ciselés, tout couvert de riches pierreries élégamment réparties et formant une décoration charmante dont le scintillement resplendissait par tout l'espace environnant. Ces feux, en se rencontrant avec ceux des autres joyaux posés de tous côtés, produisaient une telle fulguration que vous eussiez dit, non sans raison, Phœbus, en ce lieu, secouant sa splendide chevelure. Sur ce char était assise une nymphe dont les yeux brillants embellissaient encore le visage. On ne pouvait donc rien ajouter à l'éclat continuel, à la splendeur de tant d'œuvres ineffables, on ne pouvait rien trouver à leur comparer, quand même c'eût été le temple de Babylone avec ses trois statues d'or[12].

L'intérieur de ce chariot était rempli de toutes les préparations en fait de condiments et de ragoûts qu'exigeait la variété de la table. Il y avait des nappes, des fleurs, des serviettes, des vases, des fourchettes, des boissons, des mets et des assaisonnements. La nymphe voiturière répartissait sans réserve ces préparations entre les autres nymphes chargées de les distribuer.

Lorsqu'on levait la table pour un autre service, toutes les choses ci-dessus énumérées étaient remises dans le chariot pourvoyeur. Quand il partait, les jeunes filles soufflaient dans les trompettes à donner le signal telles que ne les ont pas inventées Pisæus le Tyrrhénien[13] ni Maleus, roi d'Étrurie[14], en même temps que les flûteuses se mettaient à jouer.

Ainsi agissaient-elles chaque fois que le chariot partait ou revenait ; hors de là elles cessaient. À chaque changement de table elles variaient les airs de leurs instruments, mais quand elles ne jouaient plus, les cantatrices chantaient avec une extrême douceur à faire soupirer les sirènes, sur un rhythme Saphique accompagné de la flûte simple et de la flûte double, comme n'en trouva jamais Dardanus de Trézène[15].

Grâce à une pareille organisation, on ne cessait d'entendre la plus agréable musique, d'écouter les plus beaux concerts, de percevoir une mélodie délectable, pendant que s'exhalait une odeur fort plaisante et que la plus délicate satisfaction était offerte à l'appétit. Tout concourait donc, de la façon la plus réjouissante, au divertissement et au plaisir.

À ce premier et splendide service, tous les ustensiles ou instruments étaient en or fin, ainsi que le dessus de table circulaire posé devant la Reine. Alors on prépara un cordial qui, autant que j'en pus juger, était une mixtion efficace et excellente de raclure de corne d'unicorne[16], de poudre des deux santaux[17], de perles pilées, cuites au feu dans de l'eau-de-vie et éteintes jusqu'à complète réduction, de manne, de pignolats[18], d'eau de rose, de musc, d'or moulu, le tout très-parfaitement composé et pesé, avec du sucre très-fin et de l'amidon en morceaux. On nous donna deux prises de ce philtre, à intervalles égaux, cela sans boire. C'était un aliment propre à chasser toute fièvre nuisible comme à guérir n'importe quelle lassitude morose.

Cela fait, en moins d'un instant, tout fut enlevé et changé de place. Les odorantes fleurs de violier furent jetées à terre, les tables furent débarrassées. À peine eut-on fait que la table fut revêtue d'une nappe couleur vert de mer, d'une étoffe dont étaient pareillement revêtues les servantes. Comme la première fois elles semèrent sur chaque table des fleurs de cédrat, d'oranger et de citronnier on ne peut plus odorantes. Puis, dans des vases de beryl, pierre dont était fait le rond de table de la Reine, — les fourchettes seules étaient d'or — elles présentèrent cinq fouaces ou beignets faits d'une pâte couleur de safran, d'eau de rose bouillante, de sucre concassé, et qui, une fois refroidis, recevaient une fine aspersion de cette eau musquée, puis étaient saupoudrés de sucre. Ces pâtes, très-savoureuses et de formes variées, avaient été cuites soigneusement de ces diverses façons : la première en huile de fleurs d'oranger, la seconde en huile de girofle, la troisième en huile de fleur de jasmin, la quatrième en huile de benjoin très-fin, la dernière en huile obtenue par la pression du musc et de l'ambre. Après que nous eûmes goûté de ce délicieux aliment, et que nous l'eûmes savouré avec gourmandise et avec un extrême appétit, les nymphes nous offrirent un calice solennel de la même pierre que ci-dessus, muni d'un couvercle et voilé d'une légère bande d'étoffe écarlate à ramages, tissue d'or et de soie, qui, rejetée sur l'épaule des porteuses, leur pendait le long du dos. Celles-ci présentaient ainsi, complètement couverts, tous les vases contenant les boissons ou les mets. Dans ce grand flacon à boire elles avaient transvasé un vin précieux ; et je ne crois pas me tromper en pensant que le Dieu lui-même, vendangeant dans les Champs-Élyséens, avait infusé sa Divinité dans une aussi suave liqueur, devant laquelle n'eût pu tenir le vin Thasien[19] ou tout autre breuvage de prix. Après que cette très-agréable boisson eut été offerte, la magnifique table fut desservie sans délai, et les fleurs odorantes furent jetées sur le pavé brillant. Les servantes étendirent alors une nappe de drap de soie pourpre sur laquelle elles semèrent pêle-mêle des roses d'un pur incarnat ou mauves, des blanches, des moussues, des vermeilles, des roses de Damas, des roses à quatre rangs de pétales et des roses pompon. Cependant de nouvelles servantes, vêtues d'étoffes de la même couleur que celle de la nappe, déposèrent lestement devant les convives, recouvertes d'un voile d'étoffe, six portions arrosées de leur graisse, aspergées d'eau de rose safranée mélangée de suc d'orange et supérieurement rôties. La sauce était faite de jus de limon, de sucre fin mesuré, de pignolats, de foie pilé, avec addition d'eau de rose, de musc, de safran et de cannelle choisie, plus six tranches accommodées de pain Mnestorien[20] doré et blanc comme neige. Toutes les sauces étaient ainsi composées dans une proportion parfaite, exquise, bien combinées et assaisonnées excellemment. Les vases de ce service étaient tous en topaze, ainsi que le rond de la table.

Cette troisième table, abondante et magnifique, ayant été desservie, comme il a été dit ci-dessus, une autre fut dressée à nouveau et recouverte d'une nappe en satin jaune. Les servantes étaient vêtues de la même étoffe. Elles jetèrent sur la table des fleurs odorantes de lis des vallées[21] et de narcisses épanouis. Aussitôt le mets suivant fut présenté : sept morceaux de chair de perdrix rôties avec un jus relevé, autant d'autres petites bouchées de pain au lait très-levé. Quant à la sauce, elle était faite de verjus, amandes broyées avec sucre trois fois cuit, amidon, santal citrin, musc et eau de rose. Les vases et le rond de la table étaient en chrysolithe. En dernier on servit le précieux breuvage, et ainsi fit-on pour les services suivants.

Après avoir enlevé cette quatrième et opulente table, on revêtit la cinquième d'un drap de soie rouge éclatant, semblable à l'habit des nymphes. Les fleurs furent jaunes, blanches et couleur d'améthyste. Le plat de morceaux de chair de faisan, très-bien servis, découpés et arrosés de jus, avec autant de bouchées d'un pain léger et très-blanc. Telle fut la sauce : jaunes d'œufs frais avec pignolats, eau de fleur d'oranger, suc de grenade, sucre concassé et cinnamome[22]. Les vases étaient en émeraude, ainsi que le dessus de table de la sublime Reine.

Après qu'on eut enlevé ce solennel chargement, une nappe de couleur violette fut étendue immédiatement. Le costume des nymphes était pareil. Quant aux fleurs c'étaient trois espèces de jasmin, du rouge, du blanc et du jaune. Pour mets, on eut un morceau de poitrine de paon mouillée dans son jus, grasse et bien grillée. La sauce était très-verte, acidulée, faite de pistaches pilées, sucre de Chypre[23], amidon, musc, thym, serpolet, origan blanc[24] et poivre. Les vases étaient en saphir bleu ainsi que la table royale.

Après ce septième service magnifique, les nymphes apportèrent une table de l'ivoire le plus blanc, dans laquelle était délicatement encastrée une seconde table en précieux bois d'aloës, rapportée et collée de manière à ne faire qu'une seule pièce. Elle était ornée sur toute sa surface de festons de feuillages, de fleurs, de vases, de petits monstres et d'oiselets rendus par une gravure en creux, remplie d'une pâte noire, composée d'une mixtion de musc et d'ambre. Je trouvai, avec raison, que c'était un objet fort élégant et somptueux, d'une odeur délectable à sentir. La nappe, des plus blanches et des plus légères, était d'un tissu damassé en fin Byssus[25]. Les vêtements ornés des jeunes filles étaient de cette même étoffe. Les fleurs répandues étaient des cyclamens et des œillets de toute espèce excessivement odorants. Je n'ose dire à quel point étaient doux aux sens des parfums si suaves et si variés, provenant de fleurs renouvelées sans cesse. Après cela vint un excellent plat de gâteaux faits avec de la pulpe de dattes, des pistaches broyées dans de l'eau de rose, du sucre des îles et du musc, le tout déguisé sous de l'or en poudre très-précieux qui laissait croire que le mets était en ce métal. Chaque convive eut trois gâteaux. La vaisselle, ainsi que le dessus de table circulaire étaient d'hyacinthe, ce qui convenait à la belle disposition et à la magnificence de cette table divine qui n'était point soumise à la loi Licinia[26].

Lorsqu'on eut enlevé cet admirable service et jeté les fleurs à terre, on apporta, presque aussitôt, une conque d'or d'une magnificence royale, remplie de noyaux de prunes embrasés. Alors les servantes placèrent dessus et la nappe et les serviettes de Byssus, qu'elles laissèrent au feu assez longtemps pour qu'elles y rougissent, et qui, lorsqu'elles les en retirèrent, parurent au refroidissement, nettes et propres comme devant[27]. Ce fut encore un spectacle remarquable et curieux. Bientôt tables et trépieds furent démontés et emportés.

Plus je considérais, tout pensif, ce très-excellent appareil, plus je demeurais confondu et stupéfait ; mais, ce qu'il y a de certain, c'est que, tout plongé que j'étais dans une admiration profonde, je trouvais un extrême amusement à contempler de si grandes, de si triomphantes, de si excessives somptuosités, d'une dépense si incroyable, d'une magnificence telle qu'il vaut mieux s'en taire que d'en dire trop peu. Toutefois, on peut affirmer que les festins Siciliens, le luxe Attalique, les vases de Corinthe, les délices de Chypre et les repas Saliens[28] étaient fort au-dessous. Cependant un si grand et si suprême plaisir me fut amoindri et presque gâté par l'amour immense et l'extrême volupté que m'inspira une de ces nymphes qui, trois par trois, à tour de rôle, venaient à chaque changement de plat servi devant moi. Elle avait la belle ressemblance, le doux aspect extérieur de Polia, et ses gestes excitants et ses regards captivants et ravisseurs. Cela ne laissa pas que d'accroître en saveur la grande et supérieure douceur des condiments délicieux et rassasiants de la très-abondante réfection. Mais de plus en plus, et sans trêve, elle empêchait mes yeux ravis d'admirer les gemmes si précieuses, partout disséminées à profusion et brillant d'un éclat fulgurant, ainsi que cette grande diversité de beautés telles que je n'en avais pas encore vues, et ces merveilleuses décorations. Elle avait presque remplacé en moi cette admiration par le désir immodéré de considérer la ressemblance d'une aussi belle personne avec Polia. Enfin, après qu'on eut levé les tables dans l'ordre précité, les servantes me firent signe de ne bouger de l'endroit où je me trouvais, attendu qu'il allait arriver des gâteaux ainsi que d'abondantes et très-douces friandises.

Alors, devant la Reine vénérable et divine, puis devant nous, se présentèrent, en un même temps et ensemble, cinq charmantes servantes d'une prestance rare, vêtues de soie bleue tissue de trames d'or très-belles. Celle du milieu portait un arbuste extraordinaire de corail du plus beau rouge, tel qu'on n'en eût pas trouvé le pareil aux îles Orcades[29]. Il était haut d'une coudée et fiché sur l'extrême sommité d'un monticule d'émeraudes. Ce monticule reposait sur l'orifice d'un vase antique en or très-fin affectant la forme d'un calice, et d'une hauteur égale à celle du monceau. Quant au corail il représentait un appareil de branches comme on n'en vit jamais de notre temps. La partie grêle du pied de ce vase s'attachait au calice par un pommeau d'une inestimable façon. Sa base et sa coupe portaient une admirable ciselure de feuillages, de monstres menus et de petites Scylles à double forme, le tout si merveilleusement traité que jamais ouvrage ciselé n'offrit une ceinture de proportions plus belles. L'entourage dentelé du monticule était bossué d'incomparables pierreries comme, d'ailleurs, tout le restant de la base et toute partie où cela était séyant. Quelques fleurettes en forme de roses à cinq pétales étaient appliquées artistement à cet arbuste, et jetaient un vif éclat à travers ses rameaux. Les unes étaient de saphir brillant, les autres d'hyacinthe splendide ou de béryl. Dans l'intérieur de cinq de ces fleurs étaient placées cinq petites pommes, ou, pour mieux dire, cinq graines de sorbier retenues chacune par un aiguillon d'abeille fiché au centre de la fleur.

Cette jeune fille, le genou droit respectueusement en terre, retenait élégamment, sur le gauche demeuré levé, ce corail remarquable qui, outre ses rameaux après lesquels étaient attachées ces fleurs précieuses, en avait d'autres encore à l'extrémité desquels étaient fixées des perles énormes.

LIVRE PREMIER CHAPITRE IX 143

FIGURES 64 (1499) & 65 (1883). *Vase antique.*

Une autre de ces jeunes filles tenait un vase rempli d'une liqueur de prix telle que Cléopâtre n'en offrit pas au capitaine Romain[30]. Les trois autres s'acquittaient de l'office dont il a été parlé plus haut[31]. Ayant donc cueilli l'un après l'autre, avec une pince d'or, les petits fruits qui m'étaient inconnus et que je n'avais jamais vus, elles nous les offrirent afin que nous les savourassions. L'incroyable sapidité que je leur trouvai me parut telle, que les moindres parcelles semblaient contenir toute la substance du fruit dans son intégrité. À ce moment nous restituâmes les pommes d'or dont il a été parlé ci-dessus.

Aussitôt apparut un merveilleux objet d'art. C'était une autre fontaine qui coulait perpétuellement, grâce à une ingénieuse invention. Elle était faite

FIGURE 66 (1499). *La Fontaine gracieuse.*

de la même matière que la précédente, mais sa forme était autre, ainsi que sa façon. Elle se mouvait avec une extrême facilité, établie qu'elle était sur un essieu autour duquel tournaient des roues mobiles. Sur cet essieu était posée une table rectangulaire longue de trois pieds, large de deux et haute du tiers de sa largeur. À chacun de ses angles reposait une harpie, les ailes dressées contre la panse d'un vase surélevé au beau milieu de la table quadrangulaire, orné de gorges, de moulures et d'une couronne de feuilles qui courait à merveille sur ses bords. Chacun des panneaux de face de cette table était divisé en trois

FIGURE 67 (1883). *La Fontaine gracieuse.*

parties. Celle du milieu, enfermée entre de petites moulures, contenait une sculpture en demi relief représentant un triomphe de satyres et de nymphes, ainsi que des trophées et des ornements exquis. Quant au panneau antérieur et au panneau postérieur, ils étaient modérément sinueux, et leurs moulures, au lieu d'être droites, affectaient une forme curviligne. Sur ces surfaces était merveilleusement sculpté un petit sacrifice devant un autel fort antique, et, sur l'une comme sur l'autre, il y avait un assez grand nombre de figures et de sujets. Les extrémités de ces panneaux, demeurées vides, étaient couvertes par les queues bifurquées des harpies, semblables à celles d'oiseaux de proie et très-convenablement terminées en enroulements de feuillages. Sur le beau milieu du plan rectangulaire de cette table s'élançait, échappant d'un feuillage antique, un vase de forme ancienne fort beau, dont la circonférence ne débordait pas sur le plan du rectangle placé dessous. Ce vase, par sa proportion recherchée, par sa hauteur, par sa largeur, son diamètre, ses moulures convenables, était fort habilement travaillé à la lime, du plus beau fini, d'une forme accomplie, d'un poli parfait. De son orifice obturé naissait une conque arrondie et labiée d'où s'élevait, sur une base, un vase orné de canaux dans tout son pourtour, grandement ouvert et à larges bords ; vase tel que jamais marteau ne martela ciselure pareille.

Du point central de ce vase montait un second d'incroyable facture, tout admirable. La tierce partie de son fond était décorée à l'extérieur de bardeaux protubérants ; puis venait, après, une ceinture ornée d'une garniture de gemmes enchâssées, de couleurs alternantes jetant le plus vif éclat. Sur cette garniture était appliquée une tête d'homme monstrueuse dont la chevelure, en forme de feuillage exquis, investissant tout l'espace jusqu'à la rencontre d'une tête semblable de l'autre côté, décorait gracieusement le corps du vase élancé.

Sous la projection de sa lèvre, en ligne droite au-dessus de la tête, se trouvait un anneau d'où pendait, de côté et d'autre, un petit enfant, ainsi que des festons de feuilles, de fleurs et de fruits, renflés dans leur partie basse, et allant, avec une belle attache, rejoindre l'anneau du côté opposé. Au-dessus du point milieu de la courbure de ces festons, sous la projection de la lèvre, était fixée une tête de petit vieillard dont le menton se terminait en feuillage et qui mordait un menu tuyau par lequel sortait, sans interruption, l'eau de la fontaine, grâce à un appareil établi dans la conque sous-jacente.

De l'ouverture de ce vase sortait, en saillie, un monticule très-précieux, fait admirablement d'une accumulation d'innombrables gemmes très-serrées les unes contre les autres, inégales de forme et brutes[32], ce qui donnait un aspect rocailleux au monticule d'une hauteur proportionnée et d'un bel éclat de couleurs variées. Sur le sommet aigu de ce monticule naissait un petit arbre de grenadier dont le tronc, les rameaux, tout l'ensemble, enfin, était d'or brillant. Les feuilles attachées aux branches étaient de scintillantes émeraudes. Les fruits, de grandeur naturelle, posés çà et là, avaient une écorce d'or largement fendue, et, au lieu de grains, laissaient voir de splendides rubis d'un éclat incomparable et gros comme des fèves. Ensuite l'ingénieux orfèvre, qui composa cette œuvre inestimable de la plus copieuse façon, avait, à la place de la pellicule, séparé les grains par une très-étroite feuille d'argent. En outre il avait rendu quelques grenades craquelées où il avait figuré les grains, avec un art exquis d'imitation, par d'épaisses unions[33] orientales d'une grande blancheur. Il avait encore imité très-habilement, avec du corail parfait, des fleurs de grenadier au calice empli d'abeilles d'or.

De l'extrémité supérieure du tronc de l'arbre sortait une tige tournante et libre, terminée au bas par un pivot girant dans une douille établie au centre même de l'axe. Cette tige traversait l'intérieur du tronc dressé. En haut de cette tige était solidement fixé un superbe vase en topaze, dont la panse corpulente et large était entourée de godrons peu saillants qui s'épanouissaient en une petite ceinture bordée d'un filet en haut comme en bas. Dans l'espace compris entre ces deux filets, à quatre points équidistants, étaient appliquées quatre têtes ailées d'enfants, ayant chacune un tuyau entre les lèvres. Le demeurant du vase, d'une hauteur double de la largeur, se terminait en une partie mince dont l'orifice était fermé par un feuillage renversé. À l'extrémité de cette partie mince était superposé un autre petit vase d'une forme presque ronde et recouvert de feuilles très-délicates, avec une petite couronne et un orifice fait très-artistement. Sur le fond de ce vase naissaient, appuyées quelque peu encore contre la partie grêle, des queues de dauphins dont la tête descendait contre la ceinture où étaient placés les masques d'enfants. Par le galbe modéré de leur tête et par la cambrure de leur queue, ils formaient des anses élégantes. Ce détail, légèrement penché, témoignait d'un fini parfait et d'un dessin excellent.

Le vase, posé au sommet, avait été fabriqué dans une telle perfection que, lorsque le char était mis en mouvement, la tige ainsi que le vase qu'elle portait se prenaient à tourner, et l'eau contenue dans l'intérieur de l'arbre se répandait au-dehors ; mais, dès que les roues s'arrêtaient, le tournoiement cessait. Cela me fit supposer qu'une poulie, recevant son mouvement d'une des roues, rencontrait un autre engrenage vers la tige tournante, ce qui la faisait mouvoir avec le vase fixé dessus. Quant aux roues du char, elles étaient recouvertes par un tablier en forme d'ailes éployées de part et d'autre, et orné de Scylles. Cette admirable machine mouillait les mains et le visage des personnes devant lesquelles on la faisait rouler, d'une rosée incroyablement parfumée ; et lorsque nous nous en frottions les mains, il se dégageait une odeur si bonne que je n'en sentis jamais de pareille. Les jeunes filles nous la dispensaient libéralement et fort à propos. Or donc, après que nous fûmes aspergés de cette eau si odorante, les servantes de la maison, avec une singulière bonne grâce, nous présentèrent une coupe d'or dans laquelle la souveraine Princesse, après nous avoir tous salués avec une affabilité particulière, but le doux nectar, puis, tous en ordre, l'un avec l'autre, après des politesses, des révérences courtoises et mutuelles, nous bûmes solennellement. Ce fut la clôture parfaite, le cachet final de toutes les grâces reçues et du festin exquis.   Enfin toutes les fleurs odoriférantes furent soigneusement balayées et ramassées, tous les reliefs furent emportés. Le pavé demeura propre et luisant autant que la surface d'un miroir très-poli, entre toutes ces belles choses environnantes faisant concurrence aux brillantes pierreries. Alors la nymphe à la fontaine s'en fut. Aussitôt la magnanime et haute Reine commanda qu'un chœur de ballet inusité fût donné sur les carrés en jaspe, polis et finis avec un art suprême et d'un éclat tel qu'on ne vit et qu'on n'imagina jamais rien de semblable chez les mortels.

Poliphile poursuit le récit du ballet élégant donné après le grand festin et exécuté en manière de jeu. Il raconte comme quoi la Reine le confia à deux belles jeunes filles lui appartenant ; lesquelles le menèrent admirer des choses délicieuses autant que grandes, et, lui parlant d'une façon intelligible, l'instruisirent libéralement sur le fait de quelques matières obscures. Enfin il raconte comment étant parvenu, avec les jeunes filles, aux trois portes, il demeura en dedans de celle du milieu, parmi les nymphes amoureuses ›› Chapitre X

TANT de gloire excessive et sans pareille, tant de triomphes, l'incroyable trésor, les fruits délicieux, les pompes si grandes, le repas solennel, le banquet si magnifique, si somptueux de cette très-heureuse et très-opulente Reine, j'ai tout énuméré ; mais si je n'en ai pas exprimé complètement la rare et singulière noblesse, que le public curieux n'en soit point surpris, car il n'est homme au monde, pour si aiguisé que soit son esprit, pour si disert, si maître du langage le plus riche et le plus fertile, si apte à tout débrouiller qu'il soit lui-même, qui puisse y parvenir à souhait. J'en étais d'autant plus incapable que, séparé de ma Dame Polia, je souffrais au plus secret de mon cœur embrasé par le fait du combat sans fin qui avait confisqué ma vertu, la ravageait et l'opprimait. En sus des nombreuses merveilles si diverses, d'une précellence ineffable, bien des choses inouies, très-différentes les unes des autres, hors de prix, surhumaines m'hallucinaient et confondaient mes sens. J'étais distrait par leur belle variété, par leur excessive contemplation, au point que je ne les saurais décrire, ni même en parler convenablement. Qui pourrait concevoir jamais la richesse des accoutrements, la recherche des parures, la superbe, la parfaite beauté, sans aucun défaut, couverte de bijoux, la suprême sagesse, l'éloquence Æmilienne[1], la munificence plus que royale, la disposition splendide de l'architecture, la symétrie absolue, la noblesse des travaux en marbre, l'arrangement des colonnes, la perfection des statues, la décoration des parois, la variété des pierres, le royal vestibule, l'immense péristyle, les dallages artistement faits ! Qui pourrait croire à l'existence d'œuvres si luxueuses, ornées à si grands frais, recouvertes de si précieuses couvertures ! À ces hauts et spacieux atriums, à ces triclyniums aux lits superbes, à ces salles, à ces bains, à ces bibliothèques, à ces galeries de tableaux, majestueusement décorés et distribués conformément à leur usage !

Là je vis des conceptions d'architecture d'une étendue et d'un art admirables, ayant coûté des sommes immenses, faisant le plus grand honneur au très-illustre artiste tant par leur bonne division que par l'élégante association de leurs lignes parfaites. Bientôt j'admirai, avec un plaisir particulier, une charpente lambrissée, ornée avec un goût extrême. Elle s'étendait sur une surface aplanie hors de toute comparaison, et formait un plafond superbe divisé en compartiments de configurations nombreuses, de dimension bien régulière et bien nivelée, obtenus au moyen de solives apparentes et saillantes, ménageant de petits espaces entre leurs intersections, dûment ornées de moulures et corniches, garnies de menus bandeaux, de gorges, d'oves, de baies ou fruits du rosier enfilés également. Des feuilles d'acanthe recouvraient les angles droits des caissons munis de rosaces en saillie, à deux rangées de feuilles convenablement séparées, bien ouvertes et sinueuses, celles de la rangée intérieure plus petites que celles de la rangée extérieure. Tout cela était revêtu d'or pur on ne peut plus brillant, ainsi que d'une coloration d'un bleu choisi, très-fin, sans compter d'autres configurations d'une ornementation et d'une forme d'égale valeur. Il faut que la charpente de Salauces[2], roi de Colchide, baisse pavillon là-devant.

Joignez-y l'aménité des arbres verts chargés de fruits, des jardins arrosés, des sources vives, des ruisseaux coulant enclos soigneusement dans des rigoles de marbre d'une facture incroyable. Joignez-y l'herbe humide de rosée, toujours fraîche, toujours fleurie, et les haleines estivales, et les zéphyrs printaniers, et le concert varié des oiseaux, ainsi que la sérénité, l'immuable température du ciel toujours dégagé, toujours pur, grâce aux brises salubres. Là pas d'endroits rocailleux ni pierreux essuyés par les vents glacés ou brûlés par la rigueur d'un soleil éclatant ; mais cet astre, au contraire, échauffait modérément les joyeuses campagnes dont la fertilité produisait tous les biens sans culture, ainsi que les collines exposées à ses rayons, ainsi que les bosquets touffus et frais pleins d'une ombre agréable.

Que dire de l'inestimable mobilier, du pompeux domestique aux fonctions multiples et gracieuses, de ces diverses jeunes filles à la fleur de leur âge, de la charmante présence des demoiselles consacrées tant au vestibule, qu'au palais, qu'à la chambre ! Que dire de tant de servantes royales ! Que dire de l'aspect majestueux et vénérable, que dire du vêtement magnifiquement orné de la Reine, et de sa délicieuse beauté physique ! C'est au point que personne ne pourrait entendre parler de rien qui fût semblable à cela, ni même s'en faire une idée.

En présence de ces richesses infinies, de ces suprêmes délices, de cet immense trésor, que le pontife Hircan[3] n'ait pas de superbe, ni Darius, ni Crésus, non plus que n'importe quelle grande opulence ou condition humaine. Cependant au milieu de toutes ces choses je me sentais débordé et je n'en puis rien dire de plus, pour conclure, si ce n'est que je me semblais insensé, stupide et privé de raison. Je m'abandonnai à une extrême volupté, sans fatigue ni satiété des douceurs présentes ; mais, outre les pensées que je viens d'émettre, je ruminais encore, tout distrait, les circonstances fatales qui m'avaient conduit en ces lieux fortunés. Toutefois, puisque je me retrouvais ainsi dans un tel excès de gloire, dans une région sacrée, dans une patrie heureuse, joint que j'étais au sein d'un plaisant divertissement, assis à un festin abondant et pompeux comme n'en fit point Clodius[4] l'acteur tragique, exempt de la loi Licinia, repu que j'étais, mais sans excès, de plus assuré, non vainement, sur le fait de mes souhaits amoureux, par les royales garanties, je repris confiance, examinant avec attention tant ce qui m'était advenu que ce qui se présentait à moi, et, tout joyeux, je rendis grâces à la Fortune.

Toujours dans l'intention de déployer sa grande pompe, voulant, en outre de ce que nous avons conté, montrer l'excessive suprématie de l'universalité de toutes ses excellentes et très-rares magnificences, elle ordonna que par l'entrée fermée de tapisseries pénétrassent trente-deux jeunes filles, dont seize, vêtues de drap d'or, avaient une d'entre elles portant un habit de Roi, une autre mise en Reine, deux en gardes du Roc ou de la Tour, deux Muets ou Secrétaires, deux Cavaliers, et les huit autres costumées uniformément. Huit semblables étaient vêtues de drap d'argent, ainsi que huit autres faisant les grandes pièces. Toutes ces personnes, selon le rôle qui leur incombait, se disposèrent et se placèrent sur les carreaux du dallage, c'est à savoir : les seize en or d'un côté et les seize en argent de l'autre faisant face.

Les musiciennes commencèrent à jouer de trois instruments d'une invention singulière, bien d'accord, bien d'ensemble, en douce consonnance et intonation mélodieuse. Au temps marqué par la musique, les danseuses, sur les carreaux qu'elles occupaient, se remuaient ainsi que des dauphins pétauristes[5], à l'ordre du Roi qu'elles honoraient, en même temps que la Reine, par une révérence très-décente, et sautaient sur un autre carreau en prenant une belle attitude.

Le son des instruments se faisant entendre de nouveau, le Roi d'argent commanda à celle qui se tenait devant la Reine de faire un pas en avant. Avec les mêmes gestes respectueux que dessus, elle prit sa contenance et se fixa. De la même façon, en suivant la mesure du ton musical, les danseuses changeaient de place, ou bien, demeurant, ne cessaient de danser sur leur carreau, à moins que, poussées ou prises, elles le quittassent ; toujours en se conformant aux ordres du Roi. Lorsque le son marquait un temps, ces huit demoiselles uniformément vêtues employaient la durée de ce temps à passer d'un carreau sur l'autre. Elles n'avaient pas le droit de rétrograder si ce n'est lorsqu'elles l'avaient mérité en parvenant sans accident sur la ligne où le Roi faisait sa résidence. Elles ne pouvaient prendre qu'en ligne diagonale.

Un secrétaire et un cavalier franchissaient trois carreaux en un même temps, le secrétaire en ligne diagonale, le cavalier par deux carreaux en ligne droite et par un carreau en ligne oblique. Ils pouvaient manœuvrer de tous côtés. Les gardiennes de la Tour pouvaient parcourir un grand nombre de carreaux en ligne droite, elles en pouvaient franchir trois, quatre cinq, mais en gardant la mesure et en hâtant le pas. Le Roi pouvait pénétrer dans tout carreau voisin qui n'était pas gardé c'est-à-dire occupé légitimement ; même il pouvait prendre. Cependant, tout carreau sur lequel pouvait sauter une autre pièce lui était interdit, et, bien plus, si cela lui était opportun, il devait être averti préalablement de s'éloigner. Quant à la Reine, elle pouvait courir sur tous les carreaux de la couleur de celui sur lequel elle avait d'abord pris place. Toutefois il était bien qu'elle suivît son mari toujours et partout.

Chaque fois que les officiers de l'un et de l'autre Roi trouvaient des adversaires sans gardes et sans escorte, ils les faisaient prisonniers ; les deux pièces s'entre-baisaient alors, et le vaincu sortait. C'est ainsi qu'une fameuse partie fut livrée sous la forme d'un ballet très-élégant, en la dansant et la jouant gaîment en mesure avec la musique, de façon que le Roi d'argent demeura vainqueur, à la vive allégresse et aux applaudissements de tous. Cette fête solennelle dura, tant à cause des assauts, des fuites, des défenses, l'espace d'une heure, avec un va-et-vient, des révérences, des pauses si bien mesurées, des attitudes si modestes, que je fus envahi par un plaisir à me croire, non sans raison, ravi au sein des délices suprêmes du haut Olympe, dans une félicité inconnue.

La première partie, en forme de ballet, terminée, toutes les nymphes retournèrent à leurs carreaux dans leur position première et se rangèrent de la même façon que tout d'abord, en leur même place. Les musiciennes pressant la mesure, les mouvements et les gestes des séduisantes danseuses furent menés plus vivement, mais bien d'accord avec la musique, d'une manière si adaptée, avec des gestes si convenables, avec tant d'art, qu'il n'y eut à redire à quoi que ce fût. Les habiles demoiselles, dont les tresses copieuses, tombant sur leurs épaules, pendaient agitées sur leur dos suivant le rhythme des mouvements, avaient la tête couronnée de violettes odorantes. Quant une d'elles était prise elles levaient toutes les bras et frappaient les paumes de leurs mains l'une contre l'autre. Or, jouant et ballant ainsi, la première bande demeura victorieuse pour la seconde fois.

Toutes les danseuses s'étant placées et distribuées de nouveau pour le troisième ballet, les musiciennes, pressant davantage la mesure, prirent l'intonation de l'excitant mode Phrygien, ainsi que n'eût su le faire Marsyas[6], Phrygien lui-même. Alors le Roi aux vêtements dorés fit mouvoir la jeune fille qui se tenait devant la Reine et la fit se placer, du premier coup, sur le troisième carreau en droite ligne. Il en résulta un engagement, un tournoi des plus charmants d'une rapidité excessive, les danseuses s'inclinant jusqu'à terre et, faisant, immédiatement après, un saut contorsionné avec deux révolutions en l'air et opposées, puis, sans retard, retombant sur le pied droit, tournant trois fois sur elles-mêmes, comme l'axe d'un tour[7], pour, aussitôt après, le faire en sens inverse sur l'autre pied. Elles accomplissaient ce tour avec une adresse, avec une agilité dont rien n'approchait, faisant leur profonde inclinaison, leurs sauts compliqués, vertigineux et aisés avec de si beaux gestes, que rien de semblable ne se vit jamais, et ne se peut espérer d'être jamais fait ni tenté. Elles ne s'embarrassèrent pas une seule fois l'une l'autre, mais celle qui était prise donnait à son adversaire un succulent baiser et se retirait du jeu. Moins elles demeuraient nombreuses, mieux on voyait leur gracieuse habileté à se tromper mutuellement. Un très-bel ordre, une très-belle méthode furent observés par chacune ; d'autant mieux que la mesure pressée des savantes et remarquables musiciennes y aidait, incitant non moins à de tels mouvements l'assistance entière, par le fait du rapport qui existe entre l'harmonie et l'âme, car c'est là que gît la suprême concordance, l'accord voluptueux des êtres. Aussi je compris bien la puissance de Timothée[8], le très-habile musicien qui, par son chant, enflammant l'armée du grand Macédonien, la contraignit à saisir ses armes, puis, baissant la voix et le ton, les lui fit mettre à bas, la provoquant au repos. Le roi vêtu en or gagna glorieusement cette troisième partie.

La joyeuse fête s'étant terminée au milieu de la gaîté, au milieu du plaisir général, toutes les nymphes s'assirent. On me fit alors lever, et, après que j'eus fait devant le trône vénérable de sa divine Majesté une profonde révérence ainsi qu'une respectueuse génuflexion, elle me parla en ces termes : « Désormais, Poliphile, mets en oubli tes déconvenues antérieures, tes pensées chagrines et tes malheurs passés. Je suis certaine que, présentement, tu te trouves rétabli. Or donc, puisque tu es résolu de poursuivre, avec intrépidité, ton ardent amour pour Polia, je juge qu'il est convenable, pour que tu la récupères, de t'en aller en présence des trois portes où est la demeure de la Reine Telosia [*dont le nom signifie :* de τελέω, je termine, j'accomplis]. Arrivé là, tu verras, au-dessus de chacune un titre indiqué et inscrit. Choisis-le avec soin ; mais pour ta bonne gouverne et pour ta protection, je te donnerai deux de mes nombreuses et joyeuses suivantes qui, fort expérimentées, te mèneront sûrement et t'accompagneront, sans jamais se séparer. Ce pourquoi, va donc avec l'esprit serein et bonne chance. »

Aussitôt, avec une générosité royale, retirant de son doigt annulaire une bague ornée d'une pierre anachite[9], elle me l'offrit en disant : « Prends ceci, porte-le gaillardement en souvenir de mon amicale munificence. » Un pareil encouragement, un don aussi précieux me laissèrent muet, ne sachant que dire qui fût à propos, ni remercier convenablement. Bienveillante elle s'en avisa. En grande Dame, avec une supériorité naturelle, avec une gravité majestueuse, elle se tourna vers deux belles et nobles pucelles, qui se tenaient aux côtés de son trône, puis, elle dit à celle qui était à droite, sur le ton du commandement :

« Logistique [*dont le nom signifie* habile à raisonner][10], tu seras de celles qui accompagneront Poliphile mon hôte. » Et, d'un mouvement saint, religieux, vénérable, elle se tourna vers le côté gauche, disant : « Thelemia [*dont le nom signifie* voulant, qui a de la volonté] [11], tu iras pareillement avec lui. Toutes deux faites-lui bien entendre, par une claire explication, devant quelle porte il se doit arrêter. Ainsi donc, Poliphile, elles te présenteront à une autre Reine, toute splendide et vénérable. Si elle se montre pour toi bienveillante et généreuse, tu seras heureux ; si c'est le contraire, tu seras malheureux. Cependant personne, d'après son visage, ne la peut comprendre, attendu qu'elle se présente, parfois, d'une urbanité naturelle, d'une jovialité charmante et que, parfois aussi, elle effraye par son attitude, se montrant méchante, dédaigneuse, pleine de violence et d'inégale humeur. C'est elle qui termine toute chose. Cette mystérieuse condition l'a fait nommer légitimement Télosia. Elle ne réside pas dans un palais aussi fastueux, aussi opulent que celui que tu me vois habiter ; car, sache-le bien, le grand Créateur lui-même, la Nature si ordonnée n'eussent pu te gratifier d'un plus grand trésor que de t'autoriser à parvenir en ma divine présence et à sentir ma munificence. La Nature, si artiste qu'elle soit, ne pourrait, en accumulant les plus grandes richesses, rien faire qui égalât l'obtention de ma gracieuse bienveillance et la participation à tant de biens. D'où s'ensuit, comme il t'est bien facile de t'en rendre compte, que jamais on ne saurait trouver au monde si grand trésor qui fût comparable au talent céleste, bien que départi à des mortels, qui se trouve en moi, vraiment. Mais la Reine Télosie demeure, elle, dans un lieu obscurci de ténèbres, et son habitation a des issues cachées, parce qu'elle ne consent, en aucun cas, à se laisser voir aux hommes, malgré que sa beauté soit grande. Car il n'est pas permis qu'une forme divine apparaisse à des corps destinés à mourir ; aussi, sa venue est-elle dissimulée et, par une étonnante précaution, cette Reine désirée se transmue, change d'extérieur, prend maint aspect différent, ne se voulant point montrer. Cependant, une fois que les portes très-antiques te seront ouvertes, en chacune elle sera sur le point de se présenter devant tes yeux ; tu ne la connaîtras pourtant pas : elle ne se montre que sous forme d'énigmes, à une prudence réfléchie, qui, d'un jugement droit et sûr, l'envisage et la considère rapidement, vu sa complexion changeante et son aspect ambigu. Ce mauvais vouloir équivoque est la cause que, souvent, l'homme demeure déçu dans son attente, sans qu'on soit en droit de le lui reprocher. C'est, ô Poliphile ! ce que ces deux enfants miennes, que j'attache à ta personne et que j'accrédite auprès de toi, te persuaderont justement, en te suggérant le choix de la porte devant laquelle tu devras t'arrêter et par laquelle tu devras entrer. Tu pourras, grâce à l'excellent présent gratuit que je te fais, grâce à l'octroi libéral de ma garantie, suivre l'avis de celle de tes compagnes qu'il te plaira le plus d'entendre ; car l'une et l'autre ont de tout cela quelque notion. » Ayant dit, elle fit un signe de tête à Logistique aussi bien qu'à Thélémia qui, sans différer, se soumirent en très-humbles servantes. Pour moi, me mettant en mouvement, mais n'osant ni ne sachant parler en sa présence tellement sublime, je la remerciai pour son grand bienfait.

Promptement et familièrement, avec des gestes virginaux les deux compagnes déléguées me saisirent, l'une la main droite, l'autre la main gauche. Ayant, alors, selon mon devoir, pris congé de la Reine d'abord, puis des autres personnes, je sortis par les mêmes issues garnies des mêmes rideaux. Encore avide, insatiable d'examiner, je me retournai devant l'admirable porte afin de contempler le palais superbe dans son ensemble, d'une architecture admirable et très-finie. Nul mortel, quel que soit son génie créateur, ne saurait imiter la délicatesse de cette œuvre. Je soupçonnai, avec raison, que l'architecte, d'une nature sagace, avait mis là, pour être admirées, dans les parties cachées de son œuvre, toutes les délices adaptées à la commodité, à l'usage, a la grâce, à l'ornement, à la ferme et constante durée.

Aussi Me serais-je bien arrêté quelque peu ; mais, forcé de suivre les compagnes qui m'avaient été données pour guides, je ne le pus. Toutefois est-il que, par un très-rapide coup d'œil jeté sur cette porte, je vis, notée dans la frise, cette inscription :

Ο ΤΗΣ ΦΥΣΕΩΣ ΟΛΒΟΣ

[*ce qui signifie :* LA RICHESSE DE NATVRE].

Autant que mes sens purent en saisir aussi rapidement, j'y pris un plaisir extrême et à ne pas le croire si on le disait. Ô trop heureux celui à qui l'on concéderait d'être le maître ou l'habitant d'une pareille demeure !

Parvenus que nous fûmes dans l'enclos formé par des orangers taillés, Thélémia me dit avec une affabilité singulière : « En sus des très-excellentes et merveilleuses choses que tu as admirées, Poliphile, il t'en reste à voir encore quatre. » Mes compagnes me conduisirent alors sur le côté gauche de l'incomparable palais, dans un fort beau verger qui avait dû nécessiter une immense dépense en argent, en temps, en art, et d'une délicatesse inimaginable. Il contenait en circuit un espace égal à celui qu'occupait la majestueuse résidence. Tout autour, contre les murailles, avançaient des caisses de jardin, dans lesquelles, au lieu de verdure naturelle, étaient des plantes en verre très-pur. Cette matière était coulée en forme de buis taillés montés sur des tiges en or et rendus au-delà de ce qu'on peut dire ou imaginer. Avec ces caisses alternaient des cyprès dont la hauteur n'excédait point deux pas et ne dépassait les buis que d'un seul. Elles étaient bordées d'un admirable

Figure 68 (1883).

agencement de fleurs multiformes merveilleusement découpées d'après nature, avec une variété sans prix de dessin et de coloris. Les bords aplanis de l'ouverture carrée de ces caisses étaient garnis d'une petite corniche d'or ayant des moulures fort délicates, polies et ornées. Les faces étaient faites de plaques de verre dorées à l'intérieur, couvertes d'un magnifique dessin d'une très-curieuse composition. Elles étaient fort belles et encadrées d'oves en or qui se reproduisaient tout autour du socle égalant en hauteur un sixième de la caisse. La clôture qui enfermait ce verger était garnie de colonnes ventrues en cette même matière susdite, espacées convenablement et enroulées de convolvulus fleuris de toutes formes. De chaque côté de ces colonnes étaient appliqués des rectangles striés d'or et, de l'un à l'autre de ces rectangles, s'ouvrait une arcade avec les travées requises, ainsi que les frises et corniches formant une projection convenable au-dessus du chapiteau en verre de chaque colonne ronde. Le fût de cette colonne, entouré de volubilis, était en imitation de jaspe aux nombreuses et splendides colorations. Ces fleurs se détachaient en saillie sur la masse dans une excellente proportion. L'épaisseur de la voûte de l'arc était garnie de losanges en verre très-pur, d'un tiers plus épais que larges, enfermés dans des carreaux et des poutrelles et couverts de peintures en émail, on ne peut plus agréables à voir.

Toute l'aire était pavée en ronds et autres configurations de verre, on ne peut plus convenablement ni plus gracieusement, d'un ajustage parfait, d'une cohésion durable, d'un éclat particulier de pierres précieuses, sans le moindre ornement de feuillage. Des fleurs imitées[12] émanait un parfum singulier dû à un liniment dont elles étaient enduites et arrosées.

Logistique au doux parler tint là fort habilement un bref discours dans lequel, pleine de connaissances en physique, elle loua la taille, la richesse de la matière employée, l'art et l'invention qu'on n'eût pas rencontrés à Murano[13] et même qui faisaient tort à la fabrication de cet endroit. Puis, elle me dit : « Montons, Poliphile, sur cette tour qui est là près du jardin. » Alors, laissant Thélémie au bas, nous parvînmes gaîment, par un escalier tournant, sur la plate-forme bien dressée. Là, ma compagne divinement éloquente me fit contempler un jardin au large circuit, tracé en forme de labyrinthe on ne peut plus compliqué et dont les voies circulaires n'étaient point faites pour la marche, mais pour la navigation. En effet, de petits cours d'eau allaient en guise de rues viables. Cet endroit mystérieux présentait un champ salubre, un sol heureux, agréable et fertile, abondant en toutes variétés de fruits les plus suaves, orné d'une quantité exubérante de fontaines, égayé par une verdure toute fleurissante, empli de toutes les satisfactions et des divertissements les plus grands. Et Logistique de me dire : « Je pense, quant à moi, Poliphile, que tu ne comprends rien à la destination de cet admirable endroit ? Écoute donc : Quiconque pénètre là ne peut rétrograder. Mais, ainsi que tu le vois, entre ces tours disséminées par-ci par-là, courent sept circonvolutions également distantes l'une de l'autre. L'extrême danger qui menace tous ceux qui entrent gît en cela qu'au sommet de la tour centrale demeure un dragon vorace que l'on n'aperçoit pas. Or il est très-dangereux, car il se tient tantôt dans une partie, tantôt dans l'autre ; il est invisible, et, terrible extrémité, on ne peut pas l'éviter. Soit qu'il vole tout d'abord à l'entrée, soit qu'il rencontre les arrivants sur un point quelconque du parcours où il s'établit, il les dévore. Toutefois si entre une tour et l'autre il ne parvient à les tuer, ils peuvent franchir avec sécurité les sept circuits jusqu'à la tour la plus proche. Donc, ceux qui pénètrent par la première tour — admire l'inscription Grecque qui s'y montre aux yeux et réfléchis-y sérieusement : ΔΟΞΑ ΚΟΣΜΙΚΗ ΩΣ ΠΟΜΦΟΛΥΣ [*ce qui signifie :* LA GLOIRE DU MONDE EST COMME UNE BULLE D'EAU] — s'en vont sur leur nacelle à pleine voile, sans nuls soucis ni fatigue. Les fruits, les fleurs tombent dans leur barque ; ils se vont en grand plaisir et grande joie, par les sept révolutions, jusqu'à la deuxième tour. Maintenant considère, ô Poliphile, combien la clarté de l'air va croissant jusqu'à la tour du milieu, et combien, à partir de là, elle décroît en sombres ténèbres jusqu'à la nuit complète. Dans la première tour habite et préside éternellement une très-piétable matrone, toute bénigne et généreuse. Devant elle se tient, solidement établie, une urne fort antique, propre à tirer des sorts, espèce de promptuaire orné, comme tu le vois, de sept lettres Grecques, ainsi disposées : ΘΕΣΠΙΟΝ [*ce qui signifie :* QUI PROPHÉTISE][14], tout rempli, jusqu'au comble, de sorts fatidiques[15]. À chacun de ceux qui entrent, très-gracieuse et très-munifique, elle donne un de ces sorts, sans tenir compte de la condition des gens, mais ne regardant qu'à l'occurrence de l'éventuelle disposition. Ainsi munis, les arrivants sortent de la tour et commencent à naviguer par le labyrinthe dont les passages sont bordés de roses et d'arbres fruitiers. Ayant parcouru le premier et grand circuit du labyrinthe, partis comme du commencement d'une corne de bélier jusqu'à l'extrémité, et parvenus à la seconde tour, ils rencontrent là des vierges nombreuses de conditions diverses. Celles-ci demandent à chacun de montrer son sort, après quoi, fort expérimentées, elles connaissent son destin particulier. Alors elles l'embrassent, l'agréent pour leur hôte et l'invitent à les suivre. Là, celui qui veut persévérer avec sa compagne n'en est plus jamais abandonné ; mais il se trouve certaines demoiselles plus voluptueuses que les premières choisies, pour lesquelles on répudie celles-ci et auxquelles on s'attache. En quittant cette seconde tour, afin d'aller à la troisième, on trouve l'eau quelque peu contraire et l'on doit employer les rames. Approchant de la troisième tour, puis l'ayant jointe, on la quitte pour se diriger vers la quatrième et l'on trouve l'eau plus résistante encore. Tant est-il que, dans ces différentes courses obliques, on rencontre une faveur très-grande, très-variable et très-inconstante. Parvenu qu'on est à la quatrième tour, on y rencontre d'autres jeunes filles athlétiques et guerrières, qui, ayant examiné les sorts, admettent ceux qui agréent leurs exercices et repoussent ceux qui y sont antipathiques. Dans ces parages la résistance de l'eau est encore plus rude ; il faut faire un plus grand effort, se fatiguer à ramer avec plus d'accablement. Abordant la cinquième tour, on la trouve belle et l'on y contemple la beauté de son semblable, ce qui est un divertissement des plus joyeux et des plus souhaitables. On y passe avec un succès laborieux, dans une grande surexcitation d'esprit. En cet endroit on commente clairement cette sentence : MEDIVM TENVERE BEATI [*ce qui signifie* : HEUREUX CEUX QUI ATTEIGNENT LE MILIEU]. Ce bonheur n'est pas continu, il n'est pas fixe, mais il est passager en ce transit.

FIGURE 69 (1883).

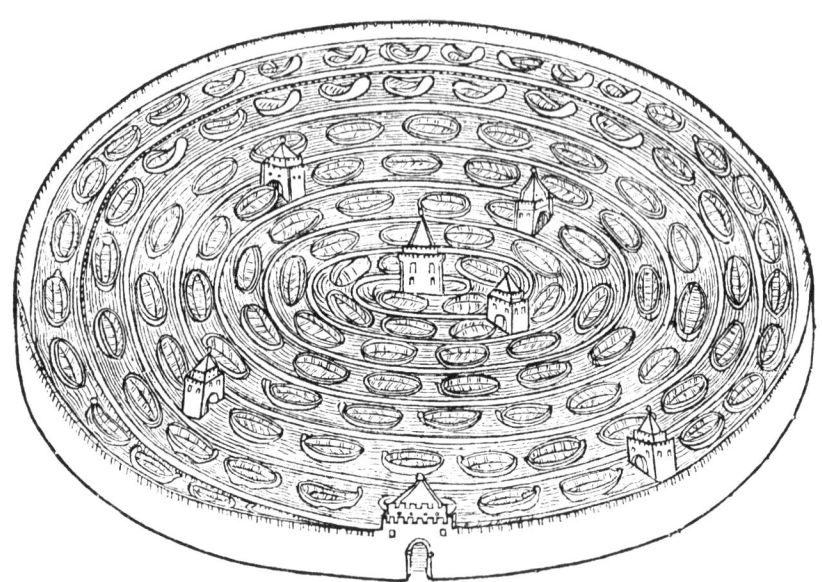

Tout bien considéré, on s'aperçoit que ce passage est le milieu de notre cours où l'on réunit le bienfait de l'intelligence à la fortune. Ce sont là des biens qui, si on ne les a pas là, ne se peuvent plus guère acquérir dans les passages suivants. De là continuant d'avancer, les eaux, dans les circuits anfractueux, facilitent, par leur cours funeste, l'arrivée au milieu final, et l'on est conduit à la sixième tour. On y trouve de belles matrones aux chastes et pudiques regards, toutes tendues vers le culte religieux ; si bien, qu'épris de leur aspect divin, les arrivants, condamnant leur ancien amour, le prennent en dégoût et, faisant avec elles un commerce tranquille, passent paisiblement par la septième révolution. Une fois ces six passées, le reste du trajet se fait dans un air assombri, avec beaucoup d'incommodités. C'est un voyage pénible et fort rapide, attendu qu'à mesure qu'une révolution est plus proche du point central, elle est, par le fait, aussi plus courte, et d'autant va-t-on, lancé avec une célérité de plus en plus invincible, entre les bords sinueux, dans le gouffre de la tour du centre. Or, c'est avec une suprême affliction de l'âme, avec le souvenir des beaux endroits et de la société qu'on a laissée ; cela d'autant qu'on reconnaît n'y pouvoir plus revenir et qu'on ne peut retourner la carène, attendu que toutes les proues sont appuyées contre la poupe des autres embarcations. Aussi approche-t-on avec une grande peine de ce titre effrayant placé au-dessus de l'entrée de la tour du milieu portant cette inscription Attique : ΘΕΩΝ ΛΥΚΟΣ ΔΥΣΑΛΓΗΤΟΣ [*ce qui signifie :* LE LOUP DES DIEUX EST INSENSIBLE][16]. En présence de ce titre déplaisant, on est presque chagriné d'avoir pénétré dans ce labyrinthe rempli de fruits, rempli de tant de délices, mais soumis à une si misérable, à une si inévitable nécessité. » Alors, souriant, Logistique ajouta d'un air inspiré : « Ô Poliphile, dans ce gouffre vorace siège une sévère spectatrice qui porte des balances ; justicière des arrivants, elle pèse leurs actions avec impartialité, librement et scupuleusement. Par elle ils peuvent obtenir un sort meilleur ou pire. Mais, comme il serait trop long de tout te dire, c'est assez conté pour l'heure ; descendons vers notre compagne Thélémia. » Celle-ci, s'inquiétant de la cause de notre retard, Logistique lui dit : « Ce n'était pas assez de voir pour votre curieux Poliphile, il a fallu encore que je lui rendisse compte de ce que ses sens ne pouvaient pénétrer, afin que, mon interprétation l'éclairant, il le pût comprendre. » À peine eût-elle parlé que Thélémia me dit : « Allons-nous promener dans cet autre jardin, non moins charmant et délectable, que borne le jardin de verre du côté droit du grand et superbe Palais Royal. »

Nous y entrâmes ; je fus halluciné, je demeurai tout émerveillé en apercevant une œuvre à laquelle il est aussi difficile de croire qu'il est malaisé d'en parler. Ce jardin était égal en étendue à celui des vitrifications. Des caisses y étaient disposées semblablement avec des bords ornés de corniches, avec des socles d'or. Le travail des parois, la matière employée différaient seuls ; car tout y était de soie, d'un très-excellent artifice. Les buis et les cyprès étaient faits en soie, leurs troncs et leurs rameaux étaient d'or ; le tout sursemé de pierreries, fort à propos. Les hautes caisses étaient remplies de simples à faire envie à la mère Nature, et portaient une floraison des plus agréables, tout à souhait, de la plus exquise coloration, parfumée de la même manière que celle qui était faite de verre. Les parois circulaires de ce jardin étaient revêtues par un admirable et dispendieux travail tout en perles. C'est-à-dire que j'en vis toutes les surfaces couvertes de perles très-brillantes et médiocrement grosses, serrées et assemblées en un même revêtement. Par-dessus, sortant des caisses écartées dans lesquelles ils poussaient, couraient des lierres très-verts

Figure 70 (1883).

dont le feuillage pendait par-ci par-là, détaché qu'il était du fond de perles sur lequel les troncs, les radicelles d'or, d'un poli exquis, serpentaient très-artistement et portaient des baies de joyaux fixées à leurs corymbes. Un bel ordre de pilastres carrés, aux chapiteaux dorés, avec leur majestueux ensemble de travées, socles et corniches en or, courait tout autour.

Les faces des caisses brodées en point de tapisserie d'or, d'argent et de soie, représentaient des histoires d'amour et de chasse, imitant si bien la peinture qu'il n'y avait rien de comparable. Le sol de l'arène, bien égalisé, était gracieusement tendu d'un velours de soie vert semblable à un très-beau pré. Au milieu de l'espace était une cabane arrondie, à la coupole légère faite de baguettes dorées, recouverte d'une quantité de rosiers fleuris. Je dirai que cette imitation était peut-être plus agréable encore que le naturel. À l'intérieur, tout autour, étaient des bancs de jaspe rouge, et le pavé de l'espace circulaire était fait d'une seule dalle ronde en jaspe jaune tacheté de différentes couleurs qui se mêlaient et se confondaient en une belle harmonie. Elle était si brillante que tout objet s'y reproduisait.

Sous ce berceau nous nous assîmes quelque peu pour nous reposer. L'aimable Thélémia saisit la lyre qu'elle portait, et, avec une céleste mélodie, avec une douceur inouïe, avec une voix harmonieuse, se prit à chanter l'origine de tant de délices, à célébrer l'empire de la Reine, ainsi que l'honneur à recueillir de la société de sa compagne Logistique.

Je m'étonne qu'Apollon ne soit pas venu là pour l'écouter, tant l'harmonie de sa musique était extrême. En ce moment la chose la plus désirée m'eût paru sans nulle valeur auprès de ce divin poème.

Aussitôt après, Logistique, chère à la Divinité, me prenant par la main, me mena hors de ce lieu en disant : « Poliphile, je veux que tu saches que les choses objectives sont un divertissement meilleur encore pour l'intellect que pour les sens. C'est pourquoi pénétrons en cet autre endroit, dans le but de contenter ces deux modes de perception. »

En compagnie de son illustre associée, elle m'introduisit dans un bosquet voisin où j'admirai un aréostyle en arcades mesurant, en hauteur, depuis le sol jusqu'à l'inflexion supérieure, cinq pas, et en largeur, trois pas d'ouverture, le tout de briques fait symétriquement en rond et complètement recouvert de lierre verdoyant et touffu qui ne laissait rien apercevoir de la maçonnerie. Il y avait là cent arcades formant la bordure de ce bosquet fleuri. Dans chacune de ces arcades ouvertes était établi un socle de porphyre rouge, aux parfaites moulures, sur lequel était posée une statue de nymphe, en or, d'une forme divine, à rajustement varié, à la coiffure élégante. Chacune de ces statues était respectueusement tournée vers le centre du bosquet.

Là était posée solidement une base en calcédoine de forme cubique, sur le carré supérieur de laquelle reposait un cylindre de jaspe très-rouge, haut de deux pieds, et d'un diamètre d'un pied et demi. Sur ce cylindre se dressait un prisme triangulaire aussi large que le cylindre sous-jacent, haut d'un pas et demi, en pierre noire, et dont les angles joignaient la circonférence du cube qu'il surmontait. Sur chacune des surfaces polies et nivelées de ce prisme était une très-belle figure sculptée, à l'aspect divin, grave et vénérable, dont les pieds détachés reposaient sur la partie restée libre du cylindre, et dont la hauteur était celle de la pierre noire à laquelle elle adhérait par le dos. Ces statues avaient les bras levés, tant à gauche qu'à droite, vers les angles abattus contre lesquels elles appuyaient une cornucopie en or, haute d'un pied et d'un sixième, exactement placées sur l'angle. Les cornes, les liens possédaient un vif éclat, ainsi que les statues dont les mains étaient enveloppées de rubans

FIGURE 71
(1499)
Prisme triangulaire.

flottants et sinueux. Elles semblaient voler au milieu de la surface de pierre et, sous leurs vêtements de nymphes, elles constituaient une œuvre qui n'avait rien d'humain, mais qui était toute divine, à laquelle le doit céder de beaucoup le tombeau de Zarina, reine des Saces[17].

Sur chaque face plane et carrée de la figure intérieure étaient gravées trois, une, deux, puis trois lettres Grecques, dans cette disposition : ΔΥΣ. Α. ΛΩ. ΤΟΣ [DUS.A.LÔ.TOZ][18]. Sur la partie cylindrique j'admirai trois caractères hiéroglyphiques placés perpendiculairement sous les pieds de chaque figure. On voyait, sous la première, tracée la forme du Soleil ; puis, sous la deuxième, un gouvernail antique ; enfin, sous la dernière apparaissait une coupe contenant une flamme.

Sur le plat des angles du sommet de la pierre noire je vis, en examinant l'édifice, de monstrueux quadrupèdes Égyptiens en or luisant. Un d'eux avait une face humaine, l'autre une face moitié humaine et moitié bestiale ; le troisième une face toute bestiale. Une bandelette leur ceignait le front ; deux lemnisques[19]

FIGURE 72
(1883)
Prisme triangulaire avec l'Aérostyle en arcade.

pendant sur leurs oreilles et courant autour du cou, leur tombaient sur la poitrine, à chacun de la même façon, tandis qu'un autre leur courait le long du dos. Ils avaient un corps de lionne et le visage levé.

Sur le dos de ces trois monstres pesait une massive pyramide en or, très-effilée et mesurant, en hauteur, cinq fois l'un des côtés de sa base. Sur chacune de ses faces était sculpté un simple cercle et, au-dessus du premier la lettre Grecque O, au-dessus du second la lettre Ω, au-dessus du troisième la lettre N.

Logistique, digne d'être qualifiée de déesse, se prit à louer ce monument et dit : « La céleste harmonie est en ces figures qui, sois en bien assuré, ô Poliphile ! ont entre elles une affinité, une conjonction perpétuelles et sont des monuments antiques et hiéroglyphiques des Égyptiens, qui te disent, en te l'insinuant : DIVINÆ INFINITÆQVE TRINITATI VNIVS ESSENTIÆ [*ce qui signifie :* À LA DIVINE ET INFINIE TRINITÉ EN UNE SEULE ESSENCE]. La figure inférieure est consacrée à la Divinité parce qu'elle est le produit de l'Unité — chacun de ses côtés étant formé par une figure primitive — parce qu'elle est ferme en sa base et qu'elle est durable. La figure cylindrique placée au-dessus n'a ni commencement ni fin. Sur sa superficie arrondie ces trois dessins sont contenus, directement en regard de chaque image, suivant sa propriété particulière. Le Soleil, par sa joyeuse lumière, peut tout et s'attribue à la Divinité. Le second dessin est le timon de navire qui exprime le gouvernement providentiel de l'Univers avec une sagesse infinie. Le troisième est le vase igné ; il nous donne à entendre une participation d'amour. Encore que ces trois dessins soient distincts, ils sont, toutefois, étroitement unis dans une sempiternelle connexion et leurs grâces nous sont déversées avec bonté, ainsi qu'on peut l'entendre par les cornucopies placées le long des angles du prisme. » Et la prophétisante Logistique, poursuivant son discours, dit en conséquence : « Note cette parole Grecque mise sous l'image du Soleil : ΑΔΙΗΓΗΤΟΣ [*ce qui signifie :* INDICIBLE], sous celle du gouvernail remarque cette autre parole en même idiome : ΑΔΙΑΧΩΡΙΣΤΟΣ [*ce qui signifie :* INSÉPARABLE], et celle qui est sous la coupe ignée : ΑΔΙΕΡΕΥΝΗΣ [*ce qui signifie :* INSCRUTABLE]. C'est pour ces tels effets que les trois animaux sont placés sous l'obélisque qui les domine, et qu'ils représentent sous ces trois formes, trois grandes et célèbres opinions. De même que la figure humaine l'emporte de beaucoup sur les deux autres, de même l'emporte ni plus ni moins sur les trois l'illustre figure de la pyramide. Celle-ci a trois surfaces planes sur lesquelles sont tracés trois cercles, un pour chaque division du temps et signifiant le Passé, le Présent et l'Avenir. Nulle figure ne peut contenir ces trois cercles, si ce n'est cette pyramide invariable, et nul mortel ne peut la contempler de façon à voir à la fois deux de ses côtés : mais on n'en peut apercevoir pleinement qu'un seul qui est le Présent. C'est pourquoi l'on a sagement tracé ces trois lettres ΟΩΝ. À propos de tout cela, ô Poliphile ! ne m'accuse pas de prolixité. Je te fais très-brièvement cette exposition. Sache que la première figure cubique n'est entièrement connue que d'elle-même et bien qu'elle apparaisse diaphane au genre humain, nous n'en avons pas une entière et claire notion. Mais celui qui est doué de génie s'élève à la figure au-dessus et considère sa coloration. Scrutant toujours davantage, il parvient à la troisième dont la couleur est obscure et qui est entourée de trois images d'or. Enfin, s'élevant encore plus, il examine la figure pyramidale et atteint à son sommet très-effilé. Là, si savant qu'on soit, on n'acquière plus aucune notion ; on peut bien voir que la chose existe, mais ce qu'elle est, on l'ignore, infirme et faible qu'on demeure. »

Logistique, grâce à sa connaissance absolue, cueillant là les préceptes les mieux prouvés, et les extrayant, avec une habile sagacité, du sein très-généreux de nature, je me pris incontinent à goûter, en pensée, une jouissance supérieure à la plus agréable qu'ait jamais pu me procurer, à l'aide de mes yeux, la plus admirable œuvre du monde, rien que par la contemplation de ce mystérieux obélisque, d'un équilibre indicible, d'une durée, d'une perpétuité certaine, solide, éternel, égal en toutes les parties, incassable, incorruptible, établi dans un endroit où soufflait du ciel un air délicieux et des brises toujours douces, en un pré entouré de fleurs, au milieu d'un large espace circulaire, rempli, en permanence, d'arbres chargés de toute espèce de fruits d'une saveur exquise et salutaire, perpétuellement verts, disposés d'une façon décorative suivant les lois de la beauté et de la grâce, produits par la nature visant à la perfection, lustrés sans cesse d'un or précieux.

Logistique ayant fait silence, mes deux compagnes me prirent les mains et nous sortîmes par l'ouverture d'une des arches de l'enclos circulaire tout revêtu de lierre. Nous allâmes de l'avant, moi complètement satisfait de me trouver entre elles deux. Alors Thélémia me dit : « Gagnons dès à présent les portes ainsi qu'il nous est commandé. » Par une plaine agréable, par une charmante contrée, nous avançâmes d'un pas égal et rapide. Tout en tenant les propos les plus doux et les plus joyeux, j'admirai un ciel que n'assombrissait aucun nuage.

J'étais insatiable de connaître les inestimables richesses, les délices comme on n'en sait pas d'autres, les trésors sans pareils de la Reine très-sacrée, trésors devant lesquels doit s'incliner Osiris, édificateur de deux temples en or, l'un dédié à Jupiter, l'autre au roi son père[20]. Aussi adressai-je à mes compagnes cette petite question : « Dites-moi, bien-heureuses jeunes filles, si toutefois vous excusez ma curiosité, entre toutes les pierreries que j'ai pu contempler à mon aise, parmi les mieux travaillées et les plus précieuses, il en est une que j'ai remarquée pour sa beauté et son prix incomparables. Je la mets bien au-dessus du jaspe dans lequel fut entaillée l'image de Néron[21] ; telle ne fut pas, non plus, la fulgurante topaze Arabique dont fut faite la statue de la reine Arsinoë[22]. La pierre, à cause de laquelle fut proscrit le sénateur Nonius[23], n'avait pas une pareille valeur. Je veux parler du splendide et incomparable diamant d'une beauté et d'une grandeur inconnues qui, du très-riche collier de notre Reine divine, pendait sur sa poitrine de neige. Quelle intaille[24] portait-il donc ? Ses feux, la distance où j'en étais, m'empêchèrent de la voir parfaitement. Aussi mon esprit demeure-t-il suspendu au désir de connaître seulement encore cela. »

Logistique, reconnaissant l'honnêteté de ma question, répondit aussitôt : « Sache, Poliphile, que sur cette pierre est entaillée l'image de Jupiter, le Dieu suprême, assis, couronné, sur son trône. Les géants, qui voulaient escalader

FIGURES 73 (1499) & 74 (1883). *Image de Jupiter.*

son seuil et lui ravir le sceptre, en s'égalant à lui, gisent anéantis sous son majestueux et saint escabeau. Le Dieu les foudroya. Dans sa main gauche il tient une flamme ardente, dans la droite une corne emplie jusqu'aux bords de tous les biens, et il écarte les bras. Voilà ce que contient le très-précieux joyau. — Alors », fis-je, « que veulent signifier les deux choses si peu d'accord entre elles qu'il tient de chaque main ? » Thélémia, la charmante, répondit : « Dans son infinie bonté, l'immortel Jupiter indique aux enfants de la terre qu'ils sont libres de choisir, entre les deux choses qu'il tient en mains, celle qui leur agrée davantage. »

Tout aussitôt je repris : « Puisque notre plaisante conversation a pris ce tour, mes très-gracieuses compagnes, mon ardent désir d'apprendre n'étant pas encore calmé — et vraiment, ne vous fâchez pas de mon audace — expliquez-moi, je vous en prie, ceci : avant l'horrible frayeur que j'éprouvai, je vis un monstre en pierre d'une grandeur et d'un art audacieux. Pénétrant dans son ventre creux, j'y trouvai deux sépulcres, avec une inscription m'indiquant en termes ambigus que je pouvais découvrir là un trésor à la condition de dédaigner le corps et d'emporter la tête. » Logistique, sans hésiter, reprit aussitôt : « Poliphile, je sais pleinement tout ce dont tu t'enquières ; je voudrais, seulement, que tu comprisses et que tu admirasses le génie humain, l'ardente étude, l'admirable diligence qu'il a fallu pour élever cette machine. Sache que sur l'ornement qui pend de son front est inscrite la réponse traduite en langage maternel et plébéien par ces mots : LABEVR ET INDVSTRIE. Quiconque, en ce bas monde, veut posséder un trésor, doit rompre avec la corruptible oisiveté représentée par le corps et ne s'attacher qu'à la tête ornée de cette inscription. Ainsi possédera-t-il un trésor, s'il agit avec industrie. »

À peine eut-elle proféré ces douces et efficaces paroles que, parfaitement instruit de tout ce que je souhaitais d'apprendre, je la remerciai pour son affable bienveillance.

Cependant, encore très-désireux de rechercher tout ce que j'avais mal compris dans le principe, m'enhardissant et me familiarisant avec mes compagnes j'adressai encore à l'une d'elles cette troisième requête : « Nymphe très-savante, comme je sortais des cavernes souterraines, je rencontrai un pont ancien et élégant sur les parapets duquel je vis certains hiéroglyphes gravés, d'un côté sur une pierre de porphyre, de l'autre sur une pierre d'ophite. Je parvins à les inter-prêter, sauf que j'ignorai, ne les reconnaissant pas, la nature des deux rameaux attachés à des cornes. Et puis, ici, pourquoi cette pierre de porphyre et non d'ophite comme de l'autre côté ? »

Aussitôt, sans longue réflexion, la nymphe me répondit gracieusement : « De ces rameaux l'un est du sapin, l'autre du larix[25], deux bois dont la nature est telle que ce dernier ne fait pas un commerce facile avec le feu et que l'autre, mis en charpente, n'est pas sujet à ployer. C'est là l'emblème de la patience que n'enflamme point la colère et que les adversités ne ploient jamais. La pierre de porphyre a été mise ici comme ayant, par sa nature, un rapport symbolique avec cette image. On affirme qu'elle est telle que non seulement cette pierre ne cuit pas dans la fournaise, mais quelle préserve de toute coction les pierres qui l'avoisinent. Telle se montre la vraie patience qui, ne s'allumant pas, éteint encore les choses allumées. La pierre d'ophite possède une propriété très-connue qui est en rapport avec la sentence tracée dessus[26]. Je te tiens en estime, Poliphile, de ce que tu es avide de t'enquérir ainsi : car tout examiner, tout supputer, tout mesurer, c'est chose digne d'éloge. »

Je rendis à la science de la très-éloquente dame le plus grand hommage et des grâces infinies. C'est ainsi, qu'en très-honnêtes et très-louables colloques, nous atteignîmes gaîment un fleuve charmant sur les rives duquel je vis un jeune et gracieux platane, ainsi que d'autres arbustes très-verts, avec des plantes aquatiques entremêlées de lotus. Un pont superbe, en pierre, traversait ce fleuve sur trois arches. Ses têtes étaient appuyées aux rives sur des culées on ne peut plus fermes. Ses piles étaient faites, de part et d'autre, en forme de carène, afin d'augmenter la solidité de la construction, et ses parapets offraient une noble apparence.

FIGURES 75 (1499) & 76 (1883). *Matrone ceinte d'un serpent.*

Au milieu de ceux-ci, droit sur l'angle formé par les rampes, au-dessus de l'arche médiane, d'un côté comme de l'autre, faisait saillie un carré de porphyre surmonté d'un tympan. Il contenait une sculpture hiéroglyphique

FIGURES 77 (1499) & 78 (1883). *Matrone ceinte d'un serpent.*

en bas-relief. Je vis, à la droite de notre paysage, une matrone ceinte d'un serpent, assise sur une seule fesse, étendant la jambe de la partie opposée, comme si elle allait se lever. Avec la main du côté sur lequel elle était assise, elle tenait une paire d'ailes ; de l'autre elle soulevait une tortue. La sculpture d'en face était un cercle dans lequel deux petits génies tenaient une pomme entre les mains ; leurs dos mignons étaient tournés vers la circonférence.

Cependant, ici, Logistique me dit : « Je sais, Poliphile, que tu ne comprends pas ces hiéroglyphes ; mais ils intéressent très-fort ceux qui font le pèlerinage aux trois portes et sont, pour les passants, un avertissement très-opportun. La figure circulaire veut dire : MEDIVM TENVERE BEATI [*ce qui signifie :* LES BIENHEUREUX ONT TENU LE MILIEU *ou* ONT GARDÉ LA MESURE][27] ; l'autre signifie : VELOCITATEM SEDENDO, TARDITATEM TEMPERA SVRGENDO [*ce qui signifie :* TEMPÈRE LA RAPIDITÉ EN DEMEURANT ASSIS, LA LENTEUR EN TE LEVANT]. Maintenant réfléchis à cela et que ton esprit le rumine. »   Le pont en question offrait une pente modérée, ce qui faisait apparaître la recherche habile, l'art, le génie du très-expert artiste qui l'avait inventée, en même temps qu'elle témoignait d'une solidité éternelle

que ne connaissent plus guère les modernes aveugles, ces pseudo-architectes illettrés, ignorants de la mesure, étrangers à l'art, qui surchargent leur œuvre de peintures et de moulures, gâtant, de toute façon, le monument mal arrangé et difforme. Ce pont était tout entier de marbre blanc de l'Hymette[28] fort beau.   Comme nous eûmes franchi le pont, nous marchâmes sous des ombrages variés retentissant du chant des petits oiseaux, et nous parvînmes à un endroit pierreux et caillouteux où se dressaient de hautes montagnes ardues, proche d'un pic abrupte, im-
praticable et rocailleux, ravagé, plein de roches hérissées,
s'élevant jusqu'au ciel, abîmé, dénudé, sans aucune
verdure jusqu'à son sommet, et tout environné
d'autres monts. C'est là qu'étaient creusées les trois portes, sans aucun ornement, entaillées rudement dans
la pierre vive, œuvre ancienne, d'une antiquité dé-
passant toute croyan-
ce, exposée dans
un site d'une
grande sau-
vagerie.
✿
Au-
dessus
de chacune
de ces portes, j'a-
perçus les titres en caractères Ioniens, Romains, Hébreux et
Arabes que la Reine Eleuthérilide m'avait
annoncés d'avance et prédit que je rencontrerais.
Au-dessus de la porte, à droite, était gravé ce mot, ΘΕΟΔΟΞΙΑ
[*ce qui signifie*: GLOIRE DE DIEU], sur celle de gauche: ΚΟΣΜΟΔΟΞΙΑ
[*ce qui signifie*: GLOIRE DU MONDE], enfin, sur celle du milieu:
ΕΡΩΤΟΤΡΟΦΟΣ [*ce qui signifie*: QUI NOURRIT L'AMOUR].
Après que nous y fûmes, les demoiselles, mes compagnes, interprétèrent savamment, aussitôt, ces inscriptions remarquables ; puis elles heurtèrent aux

portes en métal sonore tout taché d'une verte rouillure ; celles-ci s'ouvrirent immédiatement.

FIGURE 79
(1499)
Les Trois Portes.

[Figure: Les Trois Portes — three arched doors in a rocky setting with inscriptions in Arabic, Hebrew, Greek and Latin: ΘΕΟΔΟΞΙΑ / GLORI DEI, ΕΡΩΤΟΤΡΟΦΟΣ / MATER AMORIS, ΚΟΣΜΟΔΟΞΙΑ / GLORIA MVNDI]

Or, voici qu'une dame très-âgée, à l'aspect de célibataire, se présenta devant nous. Elle sortait d'une cabane en claies, à la toiture et aux parois enfumées, par une petite porte au-dessus de laquelle était écrit : ΠΥΛΟΥΡΑΝΙΑ [*ce qui signifie :* PORTE DU CIEL]. Elle s'avançait avec un air de matrone pudique. Sa maisonnette était posée en un lieu solitaire sur une roche épaisse et vermoulue faite d'une pierre nue et friable. Elle était déchirée, sordide, maigre et pauvre, les yeux fixés en terre. Theudé[29] était son nom [*et qui*

FIGURE 80 (1883) *Les Trois Portes.*

signifie pieuse]. Elle avait avec elle six compagnes. C'étaient six jeunes esclaves domestiques fort piteusement vêtues et balourdes. La première d'entre elles se nommait Parthenia [*ce qui signifie* VIRGINAL][30], la seconde Eudoxia [*ce qui signifie* BONNE RÉPUTATION][31], la troisième Hypocholinia [*ce qui signifie :* JE BOÎTE, JE CLOCHE][32], la quatrième Pinotidia [*ce qui signifie :* SALETÉ][33], la cinquième Tapinosia [*ce qui signifie :* HUMILITÉ][34], la sixième, enfin, Ptochina [*ce qui signifie :* PAUVRETÉ][35]. Cette vénérable matrone indiquait, de son bras droit, le haut Olympe.

Elle résidait à l'entrée d'une route rocailleuse, d'une pratique difficile, obstruée d'épines et de ronces. L'endroit apparaissait scabreux, déplaisant, exposé à un ciel pluvieux et troublé, obscurci de sombres nuages. Ce n'était qu'un étroit sentier.

Logistique, s'avisant que mon premier instinct m'inspirait l'horreur de tout cela, me dit, presque affligée : « Poliphile, on ne connaît ce sentier qu'en le parcourant parcourant bout. » Mais la vénérable et sainte madame Thélémia, remplie de finesse, me dit aussitôt : « Ô Poliphile, pour l'instant ton amour ne tend pas à une femme aussi sévère. » M'étant rangé volontiers à l'avis de Thélémia, nous sortîmes. La porte se referma sur nous et nous heurtâmes à celle de gauche.

Elle s'ouvrit sans hâte. Dès que nous fûmes entrés, une matrone au glaive d'or[36], aux yeux sévères, à l'aspect décidé, brandissant l'épée levée et luisante qu'elle tenait en main et dans laquelle était passée une couronnne d'or traversée par une palme penchée, nous apparut. Elle avait des bras Herculéens propres à la fatigue. Ses gestes étaient hautains, ses flancs étroits. Elle avait la bouche petite, les épaules robustes, un air qui dénotait qu'elle était incapable de s'effrayer de quelque entreprise si ardue et si difficile qu'elle fût. Son nom était Euclia [*ce qui signifie :* SALETÉ][37]. Six jeunes filles nobles lui étaient soumises et l'accompagnaient avec respect. La première se nommait Mérimnasia [*ce qui signifie :* PRÉOCCUPATION, SOUCI][38], la seconde Epitidia [*ce qui signifie :* NÉCESSAIRE][39], la troisième Ergasilea [*ce qui signifie :* TRAVAIL][40], la quatrième Anectea [*ce qui signifie :* J'ENDURE, JE SUPPORTE][41], la cinquième Statia [*ce qui signifie :* STABILITÉ, CONSTANCE][42], et la dernière Olastra [*ce qui signifie :* SENTIER, SILLON][43].

Cet endroit me parut pénible. Logistique s'en aperçut ; aussi se prit-elle à chanter sur le mode et le ton Doriens et, sonnant suavement de la lyre qu'elle avait prise des mains de Thélémia, elle dit : « Ô Poliphile, ne redoute pas de combattre virilement en ces lieux, car la fatigue passée, le bien demeure. »

La véhémence de son chant fut telle que je fus sur le point de consentir à demeurer avec ces jeunes filles, malgré qu'un rude labeur y parût imposé. Aussitôt, Thélémia, toute courtoise et caressante, me dit avec une douce mine : « Il me semble raisonnable de toute manière, mon petit Poliphile que

FIGURE 81 (1499) *La porte se referma sur nous et nous heurtâmes à celle de gauche.*

FIGURE 82 (1883) *La porte se referma sur nous et nous heurtâmes à celle de gauche.*

FIGURE 83
(1499) *La matrone au glaive d'or.*

FIGURE 84
(1883) *La matrone au glaive d'or.*

je chéris à l'égal de mes yeux, avant de te fixer ici, que tu visites la troisième porte. » Quittant donc celle où je me trouvais, les ventaux d'airain se refermèrent derrière moi et Thélémia frappa à la troisième sise au milieu. Le verrou tiré, cette porte s'ouvrit sans retard. Une fois entrés, nous vîmes paraître en notre présence une Dame insigne dont le nom était Philtronia [*ce qui signifie :* MOYEN DE FAIRE AIMER, PHILTRE][44]. Ses regards enjoués et animés, son aspect dénotant la gaîté, dès la première impression m'incitèrent violemment à l'aimer. Le lieu de son séjour était voluptueux. Le sol était revêtu de plantes embaumées et de fleurs odorantes. C'était un endroit plein de gracieux et plaisants loisirs ; il abondait en cascades de très-limpides fontaines, de ruisseaux qui, s'échappant avec un bruit sonore, couraient en arrosant de leurs eaux toutes fraîches sous les froides ombres des feuilles, les champs ensoleillés. Cette Dame avait pareillement, avec elle, six très-belles jeunes filles de maison, toutes du même âge, aux regards charmants, aux luxueuses parures, faites pour l'amour, et portant des colliers d'une excessive beauté. La première demoiselle s'appelait Rastonelia [*ce qui signifie :* FACILITÉ, COMPLAISANCE][45], la seconde Chortasina [*ce qui signifie :* NOURRITURE][46], la troisième Idonésia [*ce qui signifie :* JE PARAIS, JE ME FAIS VOIR][47], la quatrième Tryphelia [*ce qui signifie :* JE MÈNE UNE VIE MOLLE][48], la cinquième Etiana [*ce qui signifie :* COMPAGNON, AMI][49], la sixième Adia [*ce qui signifie :* LA MORT, LE TOMBEAU][50].

La présence de ces personnes, devant mes regards attentifs, me fut on ne peut plus agréable et plaisante. Aussi, la sincère Logistique me voyant tellement disposé, tellement enclin à les aimer d'un amour servile, me dit d'une voix triste : « Ô Poliphile ! La beauté de ces Dames est fardée, simulée, mensongère, insipide et vaine ! Si tu voulais bien les regarder à l'envers, tu en aurais du dégoût. Tu comprendrais, peut-être, ce qu'il y a là d'indécence, combien c'est méprisable, infect, répugnant, abominable, pire qu'un monceau d'ordures ; c'est une volupté sans consistance, qui fuit sans cesse, qui passe en ne vous laissant que repentir ; c'est un vain espoir, une courte ardeur, suivis de pleurs perpétuels, de soupirs angoissés, qui rendent le reste de la vie à tout jamais misérable. Ô douceur frelatée par le malheur, n'ayant qu'une amertume semblable à celle du miel distillé par la feuille du Colchique[51] ! Ô mort la pire de toutes ! mort honteuse ! Comment se fait-il que tu sois douée de délices empoisonnées, et que tu procures tant de périls mortels, tant de soucis aux amants aveuglés ! Tu te tiens là, en leur présence, devant leurs yeux, et ils ne

FIGURE 85
(1499) *Avec
les nymphes.*

FIGURE 86
(1883) *Avec
les nymphes.*

FIGURE 87
(1499) *Avec les nymphes (suite)*.

FIGURE 88
(1883) *Avec les nymphes (suite)*.

te voient pas ! Sais-tu de combien de douleurs, de chagrins amers, de tortures tu es cause ! Ô appétit dépravé et impie ! Ô folie exécrable ! Ô égarement des sens ! qui ruinez les pauvres mortels avec le lubrique plaisir bestial ! Ô sordide amour ! Ô absurde fureur ! Ô concupiscence désordonnée et vaine, qui servez d'asile aux cœurs frappés de tant d'erreurs et de tourments, et qui les harcelez ! Ô monstre inhumain, es-tu assez habile, assez rusé pour couvrir d'un nuage les yeux de tes misérables amants ! Ô tristes cœurs maudits qui vous engluez en tant de maux, qui vous laissez prendre à un plaisir si mince et empoisonné, à un bonheur factice ! »

Logistique, violemment agitée, la rougeur au front, indignée, jeta sa lyre à terre en proférant ces paroles et la brisa. Mais Thélémia, fort alerte, sans se laisser épouvanter par cette apostrophe, me fit signe, en riant, de ne point écouter Logistique. C'est pourquoi celle-ci, voyant ma vicieuse inclination, pleine de mépris, tourna les épaules en soupirant et sortit à la hâte en courant. Je demeurai avec ma chère et victorieuse Thélémia, qui me dit gaîment, d'un ton flatteur : « C'est ici l'endroit, ô Poliphile, où tu trouveras ce que tu aimes le plus, ce qui est ton bien, ce qui est la chose du monde à laquelle ton cœur s'acharne à penser sans cesse, l'objet de sa préférence. » Or, en y réfléchissant, je trouvai qu'il n'y avait dans mon cœur affligé rien autre à quoi je pensasse autant et que je désirasse plus que ma Polia semblable au Soleil. Aussi, mis en joie par ces soulageantes, ces très-agréables et divines paroles, j'y puisai un extrême reconfort.

Thélémia s'étant donc aperçu que cette matrone et ses suivantes, que cet endroit et sa condition me plaisaient et me contentaient, s'avisant aussi de la bienveillance de cette dame, me donna un baiser de colombe en me serrant dans ses bras, puis me demanda congé.

Les portes de métal furent closes. Je restai seul, enfermé avec ces nymphes excellentes qui, gracieuses et quelque peu lascives, commencèrent sans trop de détours à badiner avec moi, à me provoquer, enhardi que j'étais par leur troupe voluptueuse, aux concupiscences pleines d'attraits, de charme et de persuasion.

Je commençai à ressentir un tel prurit, occasionné par le feu dévorant d'amour qu'allumaient en moi leurs pétulants regards, que si le froid et scrupuleux Xénocrate[52] eût subi de la part de Phryné un pareil assaut amoureux, il en eût été réchauffé et entraîné à la luxure. Certes, elle ne l'eût pas traité de statue si elle eût été quelqu'une de ces nymphes aux visages lascifs, aux poitrines

provoquantes, aux yeux caressants et éveillés sous des fronts de rose, aux formes exquises, aux vêtements engageants, aux mouvements juvéniles, aux regards mordants, aux parures brillantes, sans rien de feint, sans rien qui ne fût tout naturel en perfection, sans rien de difforme, mais bien tout en harmonie charmante, avec leurs cheveux blonds et comme ensoleillés, tressés, mignotés, compliqués à merveille de cordelettes et nœuds de soie, de fils d'or tordus, dépassant toute façon humaine, s'enroulant autour de la tête en un excellent arrangement, retenus par des épingles en forme de cigales, ombrageant le front en boucles capricieuses et flottant avec une liberté provoquante. Joignez à cela un costume élégant aux inventions nombreuses faites pour plaire ; de plus ces nymphes étaient parfumées, musquées, répandant une odeur inconnue, douées d'un parler ravissant, propre à vaincre toute résistance, toute fierté d'un cœur pour si sauvage et si mal diposé qu'il soit, capable de dépraver toute sainteté, d'enchaîner toute indépendance, d'adoucir toute inepte rusticité, de mettre en poudre les cailloux les plus durs. C'est pourquoi, de nouveau, mon âme fut enflammée de désirs et chassée en plein incendie de la concupiscence. Comme je me sentais entièrement excité à l'amour par mon appétit lubrique et sans retenue, plongé en pleine luxure, envahi, infesté par une brûlante contagion dont la flamme, sans cesse croissante, me dévo
rait, il advint que, sans m'en être
aperçu, les aimables demoiselles me laissèrent tout
seul, ainsi consumé,
dans une plaine
très-agréa-
ble.

Une nymphe fort élégante vint au-devant de Poliphile laissé seul en cet endroit, abandonné par les demoiselles lascives. Poliphile décrit amoureusement sa beauté et ses atours ❧ Chapitre XI

EXCESSIVEMENT frappé, atteint jusqu'au fond de mon faible cœur par les piqûres d'Amour, je ne sais si j'avais le délire, mais je demeurai stupéfait de l'étrange façon dont la très-aimable compagnie avait disparu, s'était évanouie devant mes yeux. J'étais comme ravi à moi-même, et, demeuré seul, haussant quelque peu mes regards, j'aperçus devant moi, faite avec art et couverte de jasmins fleuris, une treille dont le berceau voûté se prolongeait tout décoré des jolies fleurettes sur lesquelles se mariaient trois couleurs. Je pénétrai sous cette treille, encore très-anxieux par le fait de cette disparition inattendue, pensant et repensant à la succession de mes diverses et surprenantes aventures passées, mais surtout à la haute et solide espérance, que je fondais fermement sur les promesses royales et sacrées, de retrouver ma Polia aux cheveux semblables a de l'or. Hélas ! ma Polia ! m'écriai-je, en soupirant ; et mes soupirs amoureux engendrés en mon cœur enflammé qui en était rempli, retentissaient sous cette verdure. Si bien qu'en proie à une telle agonie, et de la sorte absorbé, j'atteignis, sans m'en apercevoir, l'extrémité de ce berceau fleuri. Mes regards s'arrêtèrent sur un groupe de jeunes gens des deux sexes, solennisant quelque fête. Leurs voix sonores s'unissaient aux mélodies d'instruments divers ; ils se divertissaient en troupe, au milieu d'une vaste plaine, avec force transports joyeux, dans l'allégresse la plus vive. Envahi par l'étonnement qu'une aussi gracieuse nouveauté me causa, j'hésitai, plein d'admiration, à m'avancer davantage et me tins immobile. Mais voici qu'une personne ayant l'apparence d'une nymphe insigne et souriante, une torche ardente à la main, quitta le groupe et dirigea vers moi ses pas virginaux. M'apercevant qu'elle était une

FIGURE 89 (1499) *Un groupe de jeunes gens des deux sexes.*

FIGURE 90 (1883) *Un groupe de jeunes gens des deux sexes.*

pucelle en réalité, je ne bougeai et l'attendis. Alors, avec la vivacité d'une jeune fille, avec un abord modeste, avec un visage rayonnant, souriante elle vint à moi qu'elle n'avait point encore approché. Sa belle tenue, sa prestance étaient telles que jamais, d'aventure, l'amoureuse Idalie[1] n'apparut ainsi au belliqueux Mars, ni Ganymède au grand Jupiter enflammé d'amour, ni Psyché la belle à l'ardent Cupidon.

C'est pourquoi, si cette vierge m'était apparue quatrième avec les trois Déesses, et que le grand Jupiter m'en eût constitué le juge, ainsi qu'il advint au berger Phrygien dans les forêts ombreuses hantées par les Mimallones[2], j'eusse, sans aucun doute, et sans hésitation, déclaré qu'elle était incomparablement la plus belle de formes, digne de la pomme et de son inscription. Au premier aspect, j'eus comme la certitude que c'était Polia ; mais le vêtement inusité, l'endroit insolite me dissuadèrent. Cette réflexion judicieuse fit que, vu mon incertitude, je dus surseoir et que je gardai une respectueuse réserve.

Cette nymphe semblable au Soleil avait revêtu son virginal et divin petit corps d'une robe en très-léger drap de soie vert lamé d'or — ce qui lui donnait la gracieuse coloration des plumes du cou du canard — par-dessus une tunique blanche en crêpe de soie qui couvrait sa chair délicate, sa peau couleur de lait. Jamais Pamphilée, fille de Latoüs, qui inventa les tissus transparents dans l'île de Cos[3], n'en eût su tisser une pareille. Cette tunique couvrait, pour la forme, les très-blanches et très-roses carnations. Le vêtement de dessus était élégamment façonné en très-petits plis et adhérait exactement au corps. Au-dessus des larges hanches, contre les seins mignons, une cordelette d'or strictement nouée, retenait les plis de la très-mince étoffe serrée sur la poitrine délicatement gonflée. Par-dessus cette première ceinture était soulevé l'excédent du long vêtement dont l'extrémité bordée fût tombée également jusqu'aux talons charnus. Mais il était soulevé encore une fois, au-dessous de la première cordelette d'or et gracieusement retenu par le Ceste[4] sacré de la sainte Cythérée.

Cette étoffe soulevée formait un gracieux et onduleux arrangement autour du bassin, et bombait agréablement par-dessus les fesses souples et fermes, par-dessus le ventre rondelet. Le reste du vêtement qui tombait jusqu'aux jarrets de lait, flottait librement en menus plis au souffle de l'air agité et par le fait des mouvements du corps. Parfois, aux brises tempérées, ce vêtement léger trahissait la pudique et belle forme mignonne, ce dont la jeune fille paraissait ne se point soucier. J'en conclus qu'elle n'était pas formée d'une essence humaine. Ses bras pendants avaient des mains longues, aux doigts fins et arrondis, aux ongles bien taillés, rosés et transparents, tels qu'on n'en dédia jamais à la Minerve Agéleia⁵. Ces bras, par la transparence des manches, apparaissaient à peu près comme nus. À la naissance de chacun, prés des blanches épaules, était une belle bordure en broderie d'or fin, décorée d'abondants et brillants joyaux.

Toutes les bordures du vêtement étaient ainsi, avec de petites houppettes de clinquant d'or mobiles et pendantes, disposées en maint endroit. Ce vêtement était fendu sur l'un et l'autre flanc et rattaché, par des brides de soie bleue, à trois boutons faits de trois grosses perles comme Cléopâtre n'en avait point à faire dissoudre en un breuvage. Telle était la façon de rattacher cette ouverture en laissant apercevoir la tunique de dessous entre une perle et l'autre.

Autour de son cou droit, blanc comme du lait, courait une superbe garniture d'or frisé dont l'écartement se rétrécissait jusqu'au point de rencontre. Elle était tissue dans le goût d'une mosaïque et ornée de nombreuses pierres précieuses. Ce vêtement de dessus recouvrait, comme il a été dit plus haut, la fine tunique crépelée en soie blanche minutieusement ouvrée, qui revêtait cette délicieuse carnation, pareille à la pourpre des roses, à l'endroit de la séparation de cette exquise poitrine développée, à mes yeux plus agréable que ne sont les fraîches rives au cerf fatigué par la fuite, plus délectable que n'était à Endymion la barque marinière de Cynthie⁶, que n'était la suave cythare à Orphée.

Les manches de cette tunique, convenablement larges, étaient attachées à l'entour des poignets par une bordure d'or et boutonnées par deux grosses unions du plus bel orient. Tout cela donnait impérieusement motif à fixer, avec des regards persévérants de convoitise, ces seins provoquants et gonflés, supportant impatiemment la pression du léger vêtement. Il me sembla, non sans raison, que l'auteur d'une œuvre si noble et si belle ne l'avait dû former que pour lui-même et en vue de son extrême plaisir, qu'il avait dû façonner ces superbes seins avec une application toute particulière et y avoir employé toute la force de son amour. Sans doute les quatre oiseaux liés d'or à la basilique royale de Babylone, et nommés langue des Dieux, ne furent pas plus contraints à concilier leurs esprits au désir du Roi⁷ que je ne le sentais être moi-même envers ces beaux seins. Oh ! ils eussent à peine empli le creux de ma main ! Quant à leur intervalle, il était plus beau que pas un que Nature ait jamais de la vie su créer.

Un collier de prix entourait sa gorge plus blanche que la neige de Scythie. Tel ne fut pas celui du cerf de César[8]. Tel je doute fort que fut celui qui souilla la scélérate Ériphyle, lorsqu'elle l'obtint en récompense d'avoir livré Amphiaraüs dans sa cachette[9]. Il était fait d'une enfilade de pierreries et de perles très-rondes disposées dans un ordre exquis. Au pendant, sur la fourche de la belle poitrine, était enfilé un rubis éclatant et très-rond, entre deux grosses perles. Au-dessus, et à côté des perles, venaient deux fulgurants saphirs, puis encore deux perles orientales et deux très-brillantes hyacinthes. Toutes ces pierreries, exactement sphériques et grosses comme des baies, étaient assemblées d'une façon excellente et sympathique.

La tête fort blonde, à la libre chevelure, dénouée, éparse sur le cou gracieux, apparaissait couverte de frisons brillants absolument semblables à des fils d'or subtils à la mouvante lueur. Le dessus de la tête, modérément touffu, était garni d'une guirlande de violettes couleur d'améthyste, pendant quelque peu sur le front charmant et formant une couronne sans régularité, presque triangulaire, telle qu'on n'en voua jamais pareille à aucun Génie. De dessous la couronne s'échappaient, sans désordre, les cheveux bouclés dont une partie voltigeait en ombrageant les belles tempes sans cacher les petites oreilles, boucles plus belles que si elles eussent dû être dédiées à la Mémoire[10]. Puis, le reste de la belle chevelure, se répandant, derrière le cou, sur les épaules arrondies, tombait épars et mouvant le long du joli dos, jusque au-delà des jarrets, et, modérément ondulé, flottait au vent avec une beauté que n'étale pas l'oiseau de Junon quand il déploie ses plumes ocellées. Bérénice ne voua pas des cheveux pareils à son Ptolémée dans le temple de Vénus, et Conon le mathématicien n'en aperçut pas de semblables placés dans le triangle[11].

Sous son front joyeux, au-dessous de deux minces et très-noirs sourcils arqués et séparés, tels qu'on n'en vit jamais aux Abyssines de l'Éthiopie, tels que n'étaient pas ceux qu'avait Junon en sa puissance[12], luisaient deux yeux souriants et radieux, capables de fondre Jupiter en pluie d'or, remplis d'une limpide lumière, semblables à des grains de raisin noir et recouverts de leur cornée lactée. Auprès d'eux venaient les joues empourprées, décorées avec une extrême beauté, avec une grâce extrême, de deux fossettes arrondies par le sourire. C'était comme une moisson de roses fraîches, dérobées à l'aurore naissante et mises dans de beaux vases de crystal de Chypre. C'était leur transparence, c'était leur diaphanéité vermeille et leur éclat. Au-dessous du nez droit une très-jolie petite vallée arrivait jusqu'à la bouche d'une forme charmante, aux lèvres non épaisses, mais moyennes et colorées de la teinture du Murex[13]. Elle recouvrait la rangée uniforme des dents petites et ivoirines, dont aucune ne dépassait l'autre, mais qui étaient disposées régulièrement. Amour y entretenait sans cesse un souffle embaumé. Il me sembla qu'entre ces lèvres gracieuses il n'y avait que perles en guise de dents, que musc chaud en guise d'haleine parfumée, et que, pour la voix suave, c'étaient Thespis et les neuf filles[14].

Toutes ces choses me charmant à l'excès, il surgit bientôt entre mes sentiments enflammés et l'appétit désordonné suscité en moi, une si grande sédition, une lutte si rigoureuse que je ne ressentis rien de tel, au milieu des événements que j'ai déjà racontés, au sein des excessives richesses variées qu'il m'a été donné de voir. Car, si mes yeux coquins et larrons me signalaient une partie comme l'emportant considérablement en beauté, mon appétit, sollicité par quelque autre endroit de ce divin petit corps, faisait que ma préférence allait d'un charme à l'autre. Mes yeux inassouvis et envahis furent la mauvaise cause première d'un si grand trouble et d'une lutte si émouvante. Je sentais que c'étaient eux qui avaient déposé le germe d'une lutte aussi nuisible en mon triste cœur et l'y avaient développé. Leur audace fut, en ce moment, la cause de ma ruine, et cependant, sans eux, je n'eusse pu avoir la moindre satisfaction. D'un autre côté, mon appétit frémissant préférait, sans comparaison, la délicieuse poitrine soulevée. Les yeux prompts au plaisir y consentaient en disant : Que ne pouvons-nous la découvrir tout entière ! Mais, violemment attirés par sa superbe prestance, ils plaçaient là le siège de la volupté. L'appétit croissant était absolument en désaccord et murmurait tout bas : On ne me persuadera pas qu'il y ait jamais eu un chef aussi bien garni d'une chevelure naturelle, mieux et plus délicieusement arrangée, mieux tressée, ni jamais, autour d'un front aussi beau et aussi rayonnant, boucles et frisons semblables, tels que des copeaux de sapin tortillés en vrilles arrondies.   Hespérie[15], les cheveux épars, n'apparut pas à Æsaque aussi belle que cette nymphe dont les yeux clairs et sagittaires ressemblaient aux étoiles du matin dans le ciel pur et lumineux, dont le front, dont la tête étaient ornés plus bellement qu'on ne vit jamais l'être le belliqueux Nécon[16], alors que les Accitaniens[17] le revêtaient de rayons splendides ; et mon cœur était fait pour en être blessé comme par une flèche lancée de la main de Cupidon irrité.   Pour conclure, donc,

j'oserai presque dire que depuis le commencement du monde, jamais il n'exista
pour les mortels des lumières aussi gracieuses, aussi brillantes, aussi belles que
les deux yeux fixés sous ce front divin ; céleste chef-d'œuvre, yeux éblouissants
et pleins d'amour ! C'est pourquoi mon pauvre cœur demeurait fatigué
de tant de débats, de tant de luttes et de controverses, entre mes désirs différents, comme si au milieu d'eux eût été planté un rameau du laurier
qui croît sur la tombe du roi des Bébryciens[18], et que la rixe ne
dût cesser qu'en l'arrachant. Ainsi pensais-je que jamais une
telle émeute ne pourrait s'apaiser, si je n'ôtais de ce cœur
le plaisir que me causait cette nymphe. Chose impossible. Aussi il n'y avait pas moyen d'accorder
cette voluptueuse et insatiable convoitise
de mes sentiments et de mes yeux. Tel
un homme qui se meurt de faim
devant des mets nombreux et
variés, les désire tous, et ne
satisfaisant avec aucun
son ardent appétit,
reste en proie
à sa bou-
limie.

La très-belle nymphe étant parvenue jusqu'auprès de Poliphile, comme elle tenait une torche de la main gauche, le prit de sa main libre en l'invitant à venir avec elle. Là, Poliphile, de plus en plus échauffé par un doux amour pour cette élégante demoiselle, voit ses sentiments s'enflammer davantage ❧ Chapitre XII

REGARDANT face à face l'objet réel, compréhensible d'une si belle image, d'une si noble apparition, douée d'un aspect tellement divin, accumulation considérable, réunion universelle de beauté inouïe, d'élégance surhumaine, je trouvais chétives et mesquines, indignes de comparaison, auprès de cette merveille, toutes les délices sans prix, toutes les richesses, toutes les hautes magnificences que j'avais vues antérieurement. Oh! bienheureux donc celui qui possédera tranquillement un si grand trésor d'amour! Non seulement je proclame heureux ce possesseur, mais heureux vraiment encore celui qui, se soumettant humblement à ses désirs comme à ses ordres, sera par elle possédé. Ô Jupiter très-haut! la marque de ta divine image est imprimée sur cette créature du Ciel! Certes, si Zeuxis n'eût eu qu'elle à contempler, il l'eût mise bien au-dessus de toutes les filles d'Agrigente[1] et de tout le globe terrestre, il l'eût fort à propos choisie comme l'unique modèle de la plus grande et de l'absolue perfection.

Mais voilà, maintenant, que cette charmante et céleste nymphe, joyeuse et leste, s'approchant de moi, me montre tout à coup ses très-rares beautés, aperçues déjà de loin, me les laissant contempler plus manifestement, ce dont je demeure stupéfié et saisi.

Or l'amoureux aspect, l'objet charmant présent ne fut pas plus tôt introduit dans les parties intimes de mon être, par le ministère des yeux, que ma mémoire fidèle et vigilante surexcita mon cœur pénétré. Là, lui présentant, lui montrant celle qui l'avait empli d'un si grand labeur, il la reconnut elle qui avait fait de lui le carquois tout bourré de ses flèches aiguës, le domicile familial et protecteur de sa douce image, il la reconnut elle qui avait longuement consumé mes tendres années par ses chaudes, ses premières, ses puissantes amours. Il en était déjà tout disloqué ; je le sentais, pareil à un rauque tambour, battre sans trève, assidûment mon sein blessé. C'en est fait ! Dans ce bel et charmant aspect, dans ces jolies tresses blondes, dans ce front sur lequel se jouent capricieusement ces boucles flottantes et frisées, j'ai reconnu cette Polia aux cheveux d'or, cette personne passionnément aimée, des flammes incendiaires de laquelle n'a jamais pu se retirer ma vie dont les fluctuations n'ont pas modifié mon amour. Toutefois ce costume de nymphe inusité, cet endroit inconnu me laissèrent fort en suspens, rempli de doute et d'hésitation.

Avec un bras blanc comme neige elle tenait, de la main gauche appuyée contre sa poitrine aussi blanche, une torche enflammée et brillante qui dépassait son chef doré. L'extrémité amincie de cette torche était retenue par son poing serré. Elle avançait courtoisement son bras resté libre, d'une blancheur que n'eut pas celui de Pélops[2], laissant apercevoir la veine céphalique et l'artère maîtresse semblable à une fine ligne rouge de santal tirée sur un papyrus immaculé.

Comme elle eut de sa droite mignonne pris mollement la mienne, le front ouvert et rayonnant, la bouche souriante et embaumée, aux menues fossettes, elle me dit plaisamment, toute caressante, en un fort beau langage : « Ô Poliphile ! mon semblable, approche en toute sécurité, sans hésitation aucune. » Je demeurai stupéfait et m'émerveillai fort de ce qu'elle connût ainsi mon nom. Je me sentis tout troublé au fin fond de moi-même, rempli d'une flamme ardente. Ma voix s'arrêta paralysée entre la crainte et une honnête pudeur. Elle dut malheureusement ignorer ce que j'eusse souhaité de lui exprimer convenablement, et je ne sus marquer autrement mon respect à cette jeune et divine vierge qu'en lui tendant aussitôt une main indigne et mal séante.

Mise ainsi dans la sienne, je la sentais serrée comme dans une chaude neige, entre du lait coagulé. Il me sembla que je touchais quelque chose qui n'était pas de condition humaine. Ayant ainsi fait, je demeurai fort agité, vivement secoué, en grande méfiance, ne comprenant rien à des événements qui ne se produisent pas pour des mortels, ne sachant ce qui devait s'en suivre, me trouvant, avec mon vêtement plébéien de drap grossier, avec mes manières

FIGURE 91 (1499).

FIGURE 92 (1883).

vulgaires et sottes, difforme à ses yeux, tout à fait déplacé, tout à fait indigne d'une telle compagnie, et sentant qu'il ne convenait pas qu'un mortel habitant de la terre goutât de telles délices. Cela me faisait monter le rouge au visage ; j'étais rempli d'admiration ; et bien que je me lamentasse en moi-même de ma triste apparence, je me fis son disciple[3].

Enfin, sans avoir entièrement rappelé mon courage, je remis mes esprits épeurés et troublés, pensant qu'auprès d'un si bel et si divin objet, en un lieu pareil, tout ne devait que finir bien. Le noble esprit de cette nymphe eût eu certainement la puissante vertu de tirer les âmes perdues hors des flammes éternelles et de réunir, dans les tombes, la partie immatérielle des corps à leur partie matérielle. Bacchus, pour la contempler sans cesse, eût renoncé à la fameuse ivresse du Gauran, du Faustien, du Falerne[4] et du Pucin[5]. J'allais derrière elle, je la suivais le cœur palpitant d'un amour inquiet, plus agité que l'oiselet pris dans les toiles, tout semblable à la brebis timide qu'un loup ravisseur emporte entre les dents.

Alors je me sentis atteint d'ardeurs plaisantes qui, s'augmentant en moi, se mirent à fondre ma peur glacée, à ranimer ma chaleur au feu d'un sincère amour qui prenait possession de moi. Déjà presque dominé, presque vaincu par l'incendie immodéré de mon désir intérieur, j'allais silencieux, soulevant en moi une discussion contradictoire. Oh ! bienheureux pardessus tous les amants celui qui sera uni à cette personne par un amour partagé, sinon totalement, du moins en partie ! Puis, réprouvant mes appétits déshonnêtes, je les contrecarrais, me demandant s'il m'était permis de penser que des nymphes comme celle-ci pussent se soucier jamais d'êtres terrestres si peu leurs égaux, si peu leurs semblables en rien. Nullement, sans doute. Elle est digne d'être serrée dans les bras des Dieux supérieurs ; elle est digne que pour elle ils se dépouillent de leur forme divine et s'incarnent, attirés, du haut du ciel, à son cher amour. D'un autre côté, j'avais ce consolant espoir que, lui offrant, bien que déesse, mon âme enamourée, n'ayant présent plus digne à lui faire, elle ne me repousserait pas. Artaxerxès, roi des Perses, s'inclina bien pour boire de l'eau puisée dans la main ! Aussi, plein de tièdes soupirs, je sentais le fond de mon cœur s'agiter grandement et s'émouvoir. Il s'apprêtait, il s'abandonnait à s'enflammer plus aisément que le petit roseau sec auquel on communique l'étincelle sous le souffle d'Eurus, qui s'emploie impétueusement tout d'abord et peu après multiplie l'incendie.

J'éprouvai largement cet effet et vis comment une petite flamme douce et intime se développe dans un sujet préparé. C'est ainsi que ses amoureux regards m'accablèrent bientôt de mortelles secousses. Tel le tonnerre éclatant au tronc creux des chênes les fend sous son choc subit. Je n'osais déjà plus regarder ses yeux brillants, car, chaque fois que je le faisais, poussé par l'incroyable beauté de son gracieux aspect, chaque fois que, radieux, ils rencontraient les miens, tout m'apparaissait double. Il fallait quelques instants pour que je pusse calmer leurs clignements répétés et retrouver la clarté première.

Tout cela faisait que, captif, dépouillé, totalement vaincu, je me sentais contraint d'arracher une poignée d'herbes fraîches pour la lui présenter et, suppliant, lui crier : *Herbam do !* [*ce qui signifie :* CÉDER LA PALME !][6] Encore qu'en esprit et tout bas je le lui affirmasse et que je lui donnasse libre accès par l'ample blessure de mon âme rendue à merci. Mon cœur brûlant s'était subitement entr'ouvert comme un fruit mûr et vermeil qui, sous la première atteinte de la corruption, se déchire toujours davantage et vient, enfin, à crever entièrement. Il éprouvait, par intervalles, l'effet de bouillonnements accoutumés et intérieurs ; il reconnut aussitôt, à cet aspect virginal dont l'élégance excessive dépassait la pensée, sa divinité familière avec sa flamme et son foyer pénétrants, coutumiers du fait, dans ses entrailles inflammables. Déjà, dès la première brûlure de ces amoureux incendies, cet aspect s'était doucement introduit dans ma pensée, comme à Troie le cheval tout rempli et farci d'embûches, il avait livré, tout d'abord, dans mon cœur fidèle et naïf, un furieux combat qui devait devoir s'y livrer éternellement. Ce cœur, facilement séduit par un très-doux semblant, ne tarda pas à se fondre inconsidérément, à s'ouvrir tout grand aux amoureuses approches, aux conflagrations, et à me soumettre moi-même à un pareil boute-feu.

Une surexcitation qui m'était familière se fortifiait encore de toutes ces ardeurs intimes et pressantes. Je la jugeais être, dans cette occurrence, le plus grand secours que je dusse attendre, secours singulièrement plus opportun que ne fut, aux vaisseaux creux traversant la mer aux ondes rapides et agitées par un gros temps, Tiphys[7] avec son large et très-utile gouvernail, que ne fut l'étoile de Castor[8] ; secours plus agréé encore que celui qu'Adonis frappé reçut de Mylitta[9], que celui qu'offrit à Aphrodite la charmante nymphe Péristera[10], mieux accueilli que le dictame aux fleurs pourprées du mont Ida[11], mis par Dionée[12] sur la blessure du pieux Énée. Mais je sentais dans mon sein, déjà meurtri par les âpretés intérieures, s'amonceler, s'accumuler les pensées revêches, et s'accroître, en même temps que mon pénible amour, son incurable plaie. Rassemblant alors mes chétifs et débiles esprits, j'eus presque l'assurance de lui exprimer mes pensées tendues, ferventes et amoureuses. Aussi ne pouvais-je plus résister aux assauts envahissants, ni me tenir, dans la brûlante ébullition où je me trouvais, de lui crier d'une voix animée et pleine : « Ô délicieuse et divine demoiselle ! qui que tu sois, n'emploie pas des torches aussi puissantes à brûler, à consumer mon triste cœur. Me voici dévoré par un incessant et actif incendie. Mon âme, je le sens, est pénétrée d'une pointe, transpercé d'un dard très-aigu et enflammé. » En lui parlant ainsi, je la priais de vouloir bien mettre à l'air le feu caché, et de diminuer l'exacerbation dont je pâtissais d'autant plus vivement que cette conflagration faisait rage en demeurant secrète. Mais je pris patience, je réprimai toutes ces brûlantes et douloureuses agitations, toutes ces pensées téméraires, tous ces appétits violents et lascifs, considérant combien j'étais sordide sous ma robe qui retenait encore, fixés après elle, les harpons des mordantes lampourdes[13] récoltées à travers les forêts. J'étais pareil au paon qui, à la vue de ses pieds difformes et vulgaires, abaisse la roue de sa queue. Aussi refrénai-je mes incitations voluptueuses, mes désirs obstinés, mes vaines pensées, en me rendant compte du peu de convenance qui se trouvait entre moi et un objet aussi divin.

J'étais, pour ces motifs, fermement disposé à refouler, à emmurer cet appétit vagabond qui se déchaînait en moi, à vaincre mon esprit chancelant, à surmonter mon immodeste vouloir, jugeant que, désormais, il n'en pouvait être autrement. Enfin, réfléchissant, je me pris à penser, dans le plus secret de mon cœur embrasé, qu'assurément je pouvais comparer la continuité de ma peine présente à celle du malheureux Tantale qui, alors que les eaux fraîches et pures s'offraient toutes désirables et bienfaisantes à ses lèvres desséchées par la soif, alors que, dans son appétit frémissant, les fruits suaves se présentaient délicieusement à sa bouche grande ouverte, demeurait, en fin de compte, eux présents, à jeun et abstème.

Hélas ! une très-belle nymphe de forme insigne, à la fleur de l'âge, aux manières angéliques, d'une distinction inexprimable, se présentait à mes yeux toute bienveillante ! Sa venue dépassait le contentement humain le plus exquis et le plus délectable, et j'étais près d'elle ! Et, toute pleine de ce qui convie gaiement à l'amour, de ce qui provoque le désir, de ce qui, arrachant l'esprit à toute autre pensée, le confisque pour lui seul, elle ne venait pas en aide à mon désir haletant et voluptueux !

C'est ainsi que, sans parvenir à éteindre mon ardente concupiscence, j'apaisais, autant qu'il était en mon pouvoir, mon cœur langoureux, enflammé à l'excès, le modérant par une espérance amoureuse consolante. Je lui disais qu'il n'y a charbon tellement éteint qu'il ne s'allume auprès de celui qui est ardent. Mais les yeux sans frein embrasaient de plus en plus ce cœur sans défense et débile, d'un désir toujours plus téméraire de ces nobles et divines beautés, me montrant, avec un surprenant accroissement de plaisir, cette nymphe évidemment toujours plus belle, plus charmante, plus désirable, admirablement faite et tout à point pour être aimée.

Cependant je pensais, fort sérieusement, que, par aventure, les Dieux supérieurs se pourraient bien aviser de mes désirs, soupçonner mes vœux criminels, mes affections prohibées, en un lieu sacré peut-être, pour une personne à laquelle, raisonnablement, il ne m'était pas permis de prétendre. Est-ce qu'alors il ne pourrait pas m'arriver, à moi profane, comme à tant d'autres, d'encourir leurs froides et rigides colères, ainsi qu'il advint à l'audacieux et trop confiant Ixion[14] ? Pareillement le Thrace n'eût pas été trouver les profondes demeures de Neptune, s'il n'eût, téméraire, mélangé, le premier, en les adultérant, le pur et savoureux Bacchus avec la liquide Thétys[15], s'entremettant ainsi, sans en être digne, de leurs états divins. Galanthis[16], la servante royale, n'eût pas porté son faix dans la bouche, si, mensongère, elle n'eût trompé Lucine. Certes, une nymphe aussi divine doit être réservée à son propre Génie, à quelque héros, et, quand je vais tentant un pareil sacrilège, qui sait si, indignée, elle ne se laissera pas justement émouvoir contre moi ? Raisonnant de la sorte, je pensai, fort à propos, que, qui légèrement s'assure, légèrement aussi peut périr, car l'erreur et le falloir ne lui sauraient manquer. Aux audacieux la trompeuse et folâtre Fortune ne se donne pas tout entière, comme on le dit. D'ailleurs il est malaisé de connaître le cœur d'autrui. C'est pourquoi, de même que Calisto, se sentant enfler le ventre, évita la présence de la chaste Diane, de même aussi, rempli de pudeur, je résistai à mon impulsion, refrénant mes voluptueux et émouvants désirs. Mais sans nulle retenue, d'un œil de Lynceus[17], et sans cesse, je contemplais avec un plaisir extrême et une tendre admiration la nymphe très-belle, me disposant tout entier à son très-gracieux amour, avec un cœur infaillible, obstiné et très-ferme.

Encore inconnue à son amant, Polia, toute gracieuse, rassure Poliphile rempli d'amour pour ses admirables beautés. Tous deux se joignent à des triomphes où Poliphile voit, avec un extrême plaisir, d'innombrables adolescents et jeunes filles tout en fête ❧ Chapitre XIII

FORTEMENT et adroitement établi en tyran dans mon cœur captivé, Cupidon le sagittaire m'avait lié des solides chaînes d'amour. Déjà soumis au bon plaisir de ses rigides mais douces lois, je sentais l'étreinte violente d'une vive et brûlante morsure. Empli d'une double affection, je soupirais outre mesure, me fondant et me dissolvant. Alors, sans plus tarder, la nymphe superbe, d'une beauté pleine d'élégance et de recherche, avec de fermes et attrayantes paroles caressantes, me rassura de sa bouche purpurine et mellifue; bannissant, expulsant de mon esprit toutes les pensées craintives, elle me reconforta par son aspect Olympien, et, rafraîchissant, par sa brillante éloquence, mon âme embrasée de nouveau, elle me dit, avec un vif regard rempli d'amour : « Je veux que tu le saches, Poliphile, l'amour véritable et honnête n'a point égard aux choses extérieures ; aussi bien ton vêtement ne saurait diminuer ni déparer ton cœur magnanime et noble peut-être, digne alors, en toute justice, d'apprécier ces contrées merveilleuses et sacrées. C'est pourquoi faut-il que nulle crainte ne se permette d'occuper ton esprit ; mais admire attentivement ces régions que possèdent ceux que la sainte Vénus a couronnés. Ce sont ceux qui sont morts virilement pour son culte, qui ont servi avec constance ses amoureux autels, ses feux sacrés, acquérant ainsi légitimement sa bonne grâce sans réserve. » Après cette accorte et suave confultation[1], nous nous remîmes ensemble en marche, sans hâte et sans lenteur, mais à pas mesurés. Quant à moi, réfléchissant très-attentivement, je me disais : Ô très-courageux Persée ! tu aurais très-certainement combattu plus énergiquement contre le monstre horrible, pour une femme pareille, pour obtenir son très-doux amour, que tu ne le fis pour ton Andromède.

Ô Jason ! si l'on t'eût proposé son légitime hymen, je le jure par Jupiter, tu eusses bravé un bien plus grand péril que celui de conquérir la Toison d'or : J'estime avec raison que, remettant un pareil exploit, tu eusses livré pour elle de plus rudes combats, la plaçant au-dessus de tous les joyaux, de tous les riches trésors de ce vaste monde, la tenant d'un prix et d'un talent incomparablement supérieurs à ceux de l'opulente reine Eleuthérilide elle-même.

Elle m'apparaissait toujours et toujours plus belle, plus charmante sous sa noble parure. Tel l'or abondant ne se montrait pas à Hippodamie[2] et n'est pas plus agréable aux avares anxieux et rapaces. Tels ne s'offrent pas au navire battu par la tempête de l'hiver, l'entrée du port tranquille et sûr, ni l'amarre ni le poteau après lequel on l'attache. La pluie n'était pas plus souhaitable, pas plus opportune au bûcher de Crésus, que ne se présentait à mon besoin d'aimer la très-ravissante nymphe. Elle m'était plus délicieuse et plus chère que n'est au furieux Mars la sanguinaire mêlée, que ne sont à Dionysos les prémices du vin nouveau de la grande Crète[3], que n'est au chevelu Apollon sa résonnante cithare ; bien plus agréable encore que ne sont la glèbe fructifère, et les riches épis, et les prémices sacrées de la moisson, et les Thesmophories[4] à Déméter[5].

Et j'avançais, mis tout en joie par elle, à travers les plaines herbeuses et fleuries couvertes de leur verdoyante chevelure. Parfois mes yeux scrutateurs et quelque peu curieux se dirigeaient complaisamment et empressés, tantôt sur ses pieds mignons et fins chaussés de cuir vermeil, avec des liens enroulés retenant à plaisir la chaussure, tantôt sur ses jambes blanches et agiles que les brises suaves découvraient en relevant un peu ses vêtements de soie flottant contre ses formes viginales dont ils révélaient les beaux contours exquis ; j'aurais affirmé, en toute sincérité, que ces belles jambes étaient teintes de fines graines comme il ne s'en récolte pas au Péloponèse[6], mêlées à une concrétion de lait blanc et de musc odorant conjointement coagulés.

Pour toutes ces causes délectables je me trouvais enserré dans les liens compliqués et inextricables d'un amour véhément, liens plus difficiles à délier que le nœud d'Hercule[7] et que celui dont Alexandre le Grand n'eut raison qu'avec l'épée. Saisi dans des rêts amoureusement emmêlés, le cœur captif, lié par le tourment d'ardentes pensées, de fervents désirs qui l'étreignaient rendu à leur merci, je sentais, dans ce cœur aimant, plus de pointes et d'aspérités que n'en subit le loyal Régulus[8], en Afrique, dans un coffre hérissé de clous.

Rien ne venait rafraîchir mes tristes esprits exaspérés par les incendies amoureux, par les tortures raffinées qui brûlaient ma poitrine où grondait le tonnerre. Je ne pouvais que refouler mes sanglots pressés, gémissant comme un jeune daim fugitif. Ainsi donc, plongé tout au fond de cette angoisse poignante, me sentant affolé par mon violent amour pour cette nymphe, je me disais en moi-même : Ô Poliphile, comment peux-tu renoncer à l'amour indéfectible qu'alluma ta douce Polia, en faveur de n'importe quelle femme ! Cependant ma vertu garrottée par ce lien serré, plus étroitement qu'en un étau, qu'entre les pinces du tenace Pagure[9], me rendait impossible toute délivrance. Il en résultait qu'il m'en fâchait d'autant plus, et mon âme était torturée davantage en se sentant enlacée par l'amour de cette nymphe qui offrait toute la ressemblance, tant par ses formes que par ses gestes superbes, de ma tendre Polia. Et devant ma très-chère Polia comment reculer ? Incontinent des larmes brûlantes jaillirent de mes yeux humides au sentiment que, méprisable et dur, je semblais remplacer mon cœur affligé par un autre cœur nouveau, inconnu, impie, et secouer mon ancien maître. Puis je me consolais disant : serait-ce elle, par hasard ? Oui, si j'en crois le divin oracle et la garantie véridique de la reine Eleuthérilide. Mais elle ne se découvre pas ; il me semble que c'est elle infailliblement. Tout en faisant cet amoureux et rapide raisonnement, cette supposition persuasive, n'ayant plus d'autre désir, j'appliquai de nouveau mon cœur et mon esprit à la pensée de cette nymphe insigne. Étroitement saisi d'amour pour elle, j'osai, plein d'une admiration extraordinaire, contempler assidûment sa beauté inouïe. Mes yeux se faisaient les syphons absorbants et remplis de ses charmes virginaux et incomparables. Après qu'ils se furent ainsi excités à épuiser avidement la suprême douceur d'une aussi charmante et belle personne, ils se fortifièrent dans la résolution durable, vu l'accord de tous mes autres sentiments vaincus à s'employer au même office, de ne demander qu'à elle seule le doux apaisement de mes flammes incendiaires. Donc, tandis que j'étais torturé par cet amour exaspérant, que j'étais affligé, troublé, nous parvînmes en une partie sise au côté droit de la plaine.

Là, tout à l'entour du lieu, des arbres disposés en belle ordonnance, touffus, couverts de fleurs et de fruits, variés d'espèce et toujours verts, réjouissaient l'esprit des visiteurs.

La nymphe, plus belle qu'Aphrodite, s'arrêta et demeura là ; moi de même. Je regardai par l'aimable plaine, avec une puissance visuelle diminuée de moitié, attendu que je ne pouvais me détourner complètement de l'amoureux objet ; j'aperçus près de moi un chœur nombreux formé d'une foule d'adolescents, d'éphèbes délicats, recherchés, tout en fête et dansant. Ils sautaient, les cheveux longs, bouclés et frisés naturellement, arrangés sans apprêt, couronnés voluptueusement de guirlandes et de chapeaux de fleurs nombreuses, roses vermeilles, myrte touffu, amaranthe pourprée unie au mélilot[10]. Quantité de très-charmantes pucelles les accompagnaient, plus délicates et plus belles que les vierges de Sparte. L'un et l'autre sexe étaient vêtus de superbes étoffes, non pas de laine Milésienne[11], mais bien de soie. Tels étaient couverts de tabis[12] ondé non soumis à la loi Oppia[13], tels de tissus versicolores et changeants au point de tromper sur leur véritable couleur, de tissus teints avec la pourpre choisie du Murex, de tissus de lin très-fins, blancs et crépés ainsi que n'en n'eût pas produit l'Egypte, de draps fort délicatement fabriqués, jaunes, de maintes couleurs différentes : bleu céleste, rouge vif, vert de tons variés, rouge foncé, garance, bleu sombre. Il y en avait d'une teinture de safran telle que n'en produisaient ni le mont Corycus[14], ni Centuripa[15]. Tous ces vêtements étaient extrêmement gracieux à contempler, tramés qu'ils étaient de fils d'or, ornés de gemmes brillantes dans leurs bordures et de galons d'or très-pur autour des poignets. Quelques-uns de ces jeunes gens portaient des bandelettes sacrées appartenant à un culte divin et pontifical. D'autres avaient des costumes de chasseurs.

Quant aux excellentes nymphes, pour la plupart, elles avaient leurs blonds cheveux accommodés en torsades exquises, nattés en trois et noués d'une façon charmante ; d'autres les laissaient pendre librement et épars ainsi qu'en tresses flottantes et agitées, derrière leur cou blanc comme du lait. D'autres encore avaient leurs cheveux épais enroulés de voiles très-minces, le front découvert ombragé de mèches frisées. C'est ainsi que la maîtresse Nature et non l'art y apportait une grâce point médiocre. Par là-dessus des rubans tissus de fil d'or, brodés de perles brillantes. Quelques-unes avaient leur tête chevelue décorée de bandeaux riches et luxueux. À leur cou droit étaient de somptueux colliers et des carcans de prix. Elles avaient des anneaux et des spinthères[16]. Leurs petites oreilles portaient en pendeloques des joyaux variés. Leur coiffure pleine de noblesse brillait du plus bel ornement : leur front était entouré de grosses perles très-rondes. Tout cela s'ajoutait à l'élégance de leur personne.

La blanche poitrine, découverte jusqu'aux mamelles arrondies, dévalait voluptueusement. Leur corps délicat et virginal était supporté par des jambes droites sur des pieds mignons. Quelques-uns de ces pieds demeuraient nus sur des sandales à l'antique retenues à l'aide de cordelettes d'or passées entre le gros orteil, le moyen et le plus petit, contournant le talon et se réunissant très-proprement sur le cou de pied en une attache de courroies artistement faite. Quelques-unes de ces nymphes portaient d'étroites chaussures bouclées et agrafées d'or ; d'autres des bottines à semelle de pourpre ou de diverses couleurs plaisantes, comme jamais n'en porta Caïus Caligula qui le premier en fit usage[17]. Telles avaient des cothurnes fendus entourant leurs mollets blancs et charnus ; telles de petits souliers garnis de bouclettes d'or et de soie. Beaucoup étaient chaussées à la mode antique de Sicyone[18], quelques autres de très-beaux socques de soie avec des courroies d'or garnies de pierres précieuses.

Il y en avait dont la tête bien parée était ceinte, au-dessus d'un front dégagé, de voiles flottants qui semblaient un tissu auquel se serait appliquée une araignée, avec cela des yeux piquants et allègres sous des sourcils fins et arqués, des petits nez entre les joues rondes comme des pommes, rougissantes ainsi que ces fruits en automne, ornées des mignonnes concavités accoutumées ou riantes fossettes. Joignez-y des dents incisives et brillantes, bien rangées les unes près des autres, blanches comme argent de coupelle, placées entre des lèvres rouges ressemblant au plus fin corail.   Un grand nombre de ces jeunes gens portaient des engins musicaux comme on n'en trouverait pas en Ausonie[19], comme Orphée n'en tint pas entre ses mains. Ils en savaient tirer, par les prés fleuris et les plaines bien égalisées, les sons les plus doux accompagnant les voix très-suaves, tout en dansant et se livrant entre eux, avec une grande émulation, à des joutes amoureuses. C'est ainsi que, se récréant avec d'agréables façons et d'aimables jeux, ils allaient, festoyante escorte de quatre triomphes superbes et divins dignes de sincères et précieux applaudissements, et tels que des yeux de mortels n'en virent jamais de semblables.

❦ ❦
❦

Poliphile, à l'endroit ci-dessus décrit, voit les chars triomphaux aux attelages de six, entièrement faits de pierres variées et de précieux joyaux, mêlé qu'il est à la foule des heureux jeunes gens louant et vénérant le grand Jupiter ❧ Chapitre XIV

RIEN, comme je le crois avec raison, n'est difficile pour les Dieux supérieurs ; j'estime au contraire qu'ils peuvent tout faire, et que chaque effet se prête à leur vouloir, partout et en toute chose créée. C'est pourquoi sont-ils justement qualifiés d'omnipotents. Peut-être seras-tu surpris à l'excès des merveilleuses, des étonnantes, que dis-je ! des divines œuvres dont je te vais parler. L'art, émule de la Nature, s'efforce, autant qu'il est en lui, d'imiter ses productions ; mais il ne parvient pas à copier ou à rendre les opérations divines faites sans travail, par le souffle du génie et de l'intellect. Aussi nul ne doit se laisser surprendre ; mais il doit admettre tranquillement, dans son esprit, par la réflexion, que tout ce que nous n'avons pas accoutumé de pouvoir produire est possible aux Dieux supérieurs. Ainsi m'en avisai-je.

Le premier des quatre chars triomphaux admirables et divins, avait ses quatre roues faites de très-fine pierre d'émeraude Scythique de première qualité, tout étincelante de parcelles couleur de cuivre. J'admirai, saisi d'étonnement, le demeurant du chariot dont les parois étaient, non de sidérite[1] d'Arabie ou de Chypre, mais de diamant scintillant de l'Inde, bravant l'émeri et l'acier, sortant vainqueur et inaltéré de l'ardeur du feu et qui ne peut être dompté que par le sang chaud d'un bouc, grâce à

FIGURE 93
(1499).

FIGURE 94
(1883).

l'art magique². Ses ais, divinement gravés et sculptés sur toute leur surface, étaient merveilleusement refendus et incrustés d'or très-pur.

Sur le panneau de droite, j'admirai, représentée, une noble et royale nymphe, en un pré, parmi de nombreuses jeunes filles de son âge, couronnant de festons et de fleurs des taureaux victorieux. Un de ces animaux, apprivoisé, s'attachait tout particulièrement à l'une d'entre elles. Le deuxième panneau montrait cette nymphe confiante assise sur le doux et blanc taureau qui faisait traverser la mer gonflée à la craintive jeune fille³.

FIGURE 95
(1499).

FIGURE 96
(1883).

Au front antérieur du char, je vis Cupidon accompagné d'une foule innombrable de gens blessés, tout étonnés de ce qu'il tirât de l'arc contre le haut Olympe. Sur la face postérieure, j'admirai Mars, devant le trône du grand Jupiter, se plaignant de ce que l'enfant déchiré son mpénétrable cuirasse, et le maître bénin lui montrant d'une main son sein percé, tandis que de l'autre il tenait, en élevant le bras, cette inscription : NEMO [*ce qui signifie :* PERSONNE, AUCUNE PERSONNE].

Figure 97 (1499).

Figure 98 (1883).

La configuration du char était quadrangulaire, formée de deux carrés parfaits. Il mesurait six pieds en longueur, trois en largeur ainsi qu'en hauteur. Sans compter toutefois l'indispensable corniche du haut, ainsi que la plinthe du bas. Au-dessus de la corniche, et tout autour, courait une bande haute de deux pieds et demi, longue de cinq et demi, qui allait en s'infléchissant au départ de la corniche et qui était couverte d'écailles en pierres précieuses rangées dans un ordre alternant de couleurs variées. Aux quatre angles de cette annexe étaient fixées des cornucopies renversées, l'orifice en bas, au droit de la saillie de l'angle de la corniche, toutes pleines de fruits et de fleurs rendus par de grosses et nombreuses gemmes, au milieu de divers feuillages en or.

Ces cornucopies, couvertes de canaux tors, m'apparurent remarquablement enveloppées de feuilles de pavot déchiquetées, se terminant au sommet de la bande par une élégante volute, qui finissait en un feuillage à l'antique découpé retombant sur le dos des cornucopies faites de la matière susdite[4].

À chaque angle de la plinthe du char, jusqu'à la projection de la corniche, était assujetti un pied de harpie, à la courbe légère, se terminant joliment, de côté et d'autre, en feuilles d'acanthe.

Les roues pénétraient à l'intérieur du char et ne se laissaient voir qu'à moitié. Quant à la plinthe, c'est-à-dire le bas de cette machine, elle se soulevait gracieusement à sa partie antérieure, près des jambes de harpie et
allait s'amoindrissant en la forme d'une spirale de colimaçon.
C'est là que s'attachaient les liens ou courroies destinés
à la traction. À l'endroit de la plinthe où pivotait l'essieu, pendait une pointe dont la
ligne d'attache était large deux
fois autant que l'espace
compris entre le moyeu
tournant et le sommet de cette avance
où naissaient deux
jets de feuillage
qui se séparaient en s'étendant jusque sous la plinthe.

Or, sur la plate-forme de l'annexe dont il a été parlé plus haut, était couché un taureau sacré, tout blanc et fort doux, orné de maintes fleurs et paré pompeusement comme un bœuf destiné au sacrifice. Sur lui reposait, assise, une vierge royale. Du haut des larges reins de l'animal elle allongeait ses bras nus, et, comme avec des pinces de crabe, embrassait les fanons pendants. Elle était délicieusement revêtue d'un costume de nymphe en étoffes légères merveilleusement tissues de soie verte et d'or. Elle était couverte d'un voile dont les bouts confinaient aux petits tétons, ornée d'une abondance de joyaux variés, et portait une couronne qui reposait sur son élégante chevelure éclatante et lustrée.

Figure 99 (1499).

Figure 100 (1883).

Ce char triomphal était traîné par six centaures lascifs issus du germe caduque de l'audacieux Ixion⁵. À leurs flancs robustes et chevalins étaient de

FIGURE 101 (1499).

FIGURE 102 (1883).

petites chaînes plates en or dont les anneaux, admirablement agencés l'un avec l'autre, s'attachaient par des maillons également d'or. Elles couraient à travers des anneaux, afin que les six centaures tirassent tous également. Erichtonius ne sut pas atteler aussi bien des chevaux fringants à des chars ailés[6]. Chacun de ces centaures était chevauché par une nymphe insigne qui tournait le dos à sa compagne. Ainsi, trois nymphes montraient leur beau visage à droite, trois à gauche. Elles portaient des instruments de musique s'accordant en une harmonie céleste. Leur abondante chevelure blonde flottait le long de leur beau cou. Elles avaient la tête ornée de toutes sortes de choses. Les deux plus proches du char triomphal étaient vêtues de soie d'un bleu pareil à la resplendissante coloration des fines plumes d'un col de paon. Celles du milieu portaient des vêtements d'un éclatant vermillon, celles de l'avant d'un satin couleur de verte émeraude. Joignez-y des affiquets et parures de nymphes. Elles chantaient, leur petite bouche ronde ouverte, et jouaient de leurs instruments avec une douceur et une mélodie à conserver à jeun une âme toujours vivante. Les centaures étaient couronnés de branches de chêne. Ceux qui étaient le plus près du char portaient des vases de forme antique en topaze d'Arabie, à l'éclatante couleur d'or, pierre chère à Lucine et capable d'apaiser les vagues[7]. Ils les tenaient d'une main par le sommet et les soutenaient de l'autre en les embrassant. Ces vases, grêles par le bas, allaient se renflant peu à peu jusqu'à leur milieu fort ample, puis, à partir de là, ils se terminaient par un goulot. Ils avaient deux pieds de haut, étaient sans anses, faits avec un art admirable. Il s'en échappait un nuage de fumée répandant un parfum inestimable. Ceux qui venaient après, sonnaient d'une trompette d'or de laquelle pendait un pennon en soie fine tissu d'or, attaché par un triple lien au tube de la trompette. Les deux autres centaures soufflaient dans des cors très-antiques[8]. Tous tenaient bien l'accord avec les instruments des nymphes qui les chevauchaient. Sous les chars triomphaux attelés ainsi de six, passaient les essieux dans les moyeux desquels étaient fixés les rayons des roues faits en balustres, s'amincissant à l'extrémité et terminés par un pommeau contre la circonférence de la roue. Le pôle de l'essieu était d'un or de poids et très-fin, inattaquable par la rouille corrodante et par l'incendiaire Vulcain, mais poison mortel de la paix et de la vertu. Tous les assistants célébraient la fête avec vivacité, sautant avec de petites révolutions soudaines, applaudissant solennellement. Leurs vêtements étaient ceints d'écharpes flottantes, aussi bien que ceux des nymphes chevauchant les centaures attelés.

Ils louaient amoureusement et avec transports la sainte Raison et les divins mystères, en voix consonnantes et en chansons rythmées.

Le char qui suivait était non moins merveilleux que le premier, attendu que ses quatre roues mobiles, leurs rayons et les moyeux étaient d'agate brune gracieusement veinée de blanc. Telle n'était certainement pas l'agate du roi Pyrrhus sur laquelle se trouvaient naturellement empreintes les neuf Muses et, au milieu d'elles, Apollon qui les conduisait[9]. Les essieux de ce char, ainsi que sa forme, étaient comme dans le premier ; mais les parois étaient faites de saphir oriental bleu, parsemé d'étincelles d'or, pierre propice à l'art magique et très-agréable à Cupidon lorsqu'on la porte à la main gauche.   Sur le panneau du côté droit, je vis, avec admiration, couchée sur un lit royal, dans un superbe palais, une matrone insigne qui avait pondu deux œufs, à

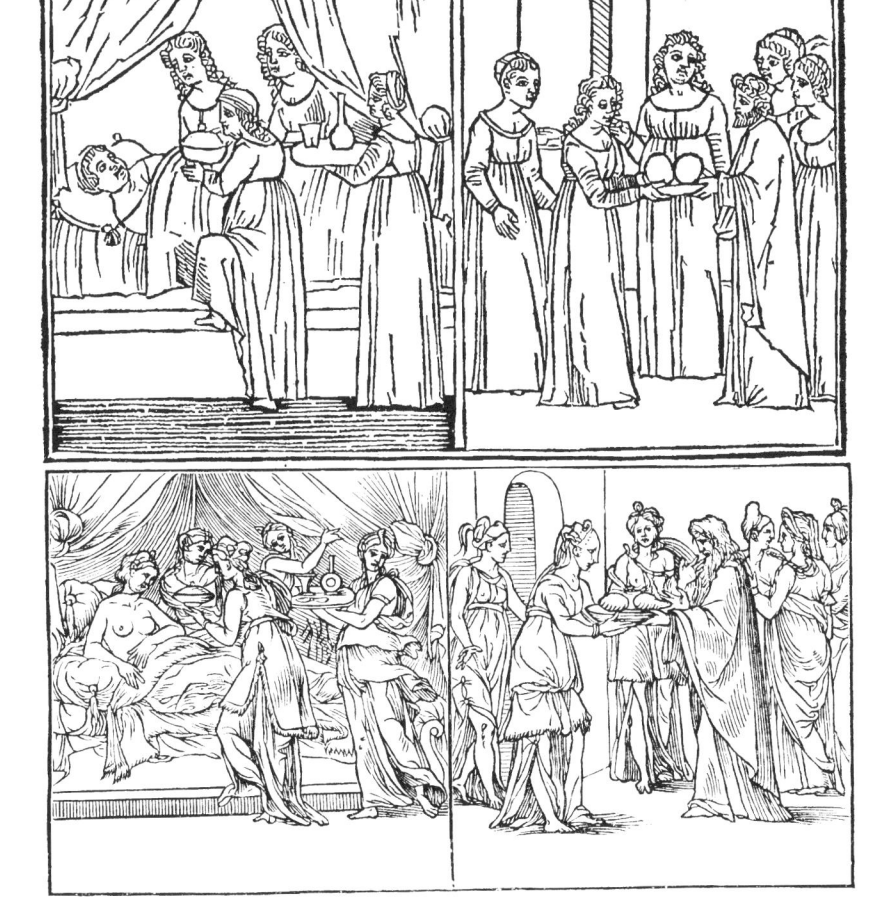

FIGURE 103 (1499).

FIGURE 104 (1883).

la grande stupéfaction de l'accoucheuse. De nombreuses matrones et des nymphes étaient auprès d'elle. De l'un de ces œufs sortait une flamme, de l'autre deux très-belles étoiles[10].

Sur le panneau de gauche, les parents intrigués, ne comprenant pas ce prodige nouveau, interrogeaient pieusement l'oracle, aux pieds de la divine statue, afin d'en connaître la cause.

La Divinité bienveillante leur faisait cette réponse équivoque :

VNI GRATVM MARE, ALTERVM GRATVM MARI
[*ce qui signifie* : À L'VN LA MER EST AGRÉABLE,
L'AVTRE EST AGRÉABLE À LA MER].

Figure 105 (1499).

Figure 106 (1883).

Par suite de cette réponse ambiguë, les œufs furent conservés par les parents.

Sur le panneau antérieur se voyait le bel enfant Cupidon enlevé dans le ciel et qui, à l'aide du dard tranchant d'une flèche d'or, traçait vivement, dans le ciel étoilé, des animaux quadrupèdes, reptiles et oiseaux. À terre se tenaient des humains tout surpris qu'une aussi petite sagette pût produire un aussi grand effet. Sur le panneau postérieur, le grand Jupiter réveillait un pasteur intelligent endormi auprès d'une agréable fontaine, l'instituait arbitre en sa place, lui donnant à juger trois fort belles déesses nues. Ce berger, séduit par le très-actif Cupidon, adjugeait la pomme à l'aimable mère de ce dieu.

Figure 107 (1499).

Figure 108 (1883).

Six éléphants blancs accouplés, tels qu'on n'en trouverait pas en leur pays dévasté par les chèvres[11], non plus qu'aux bords du Gange, tels qu'on n'en vit pas sous le même joug au triomphe du grand Pompée, retour d'Afrique, ni à celui du puissant père Liber[12], vainqueur l'Inde, avec leur proboscide protégé par leurs menaçantes dents d'ivoire, baritant doucement, traînaient avec facilité ce char triomphal. Ils étaient attelés de cordons de soie très fine teinte en bleu, gracieusement tordus avec des fils d'or et d'argent conjoints, faits en points serrés et saillants, tissus en carré semblablement aux épis du mont Garganus[13]. Ces animaux portaient des pectoraux d'or couverts d'un semis d'innombrables gemmes éclatantes, attachés avec des boucles d'or par lesquelles couraient les traits des six éléphants. Six tendres fillettes les montaient, à la manière des premières susdites. Elles tenaient des instruments différents, aux sons concordant excellemment, et se comportaient en tout comme les précédentes. Deux d'entre elles étaient vêtues de rouge, deux de jaune extrêmement brillant comme l'intérieur de la renoncule[14], et deux de pourpre violette. Les éléphants attelés étaient pompeusement parés de caparaçons brodés de grosses perles et autres pierreries. Leur cou était entouré de joyaux ronds et épais. Sur leur ample front pendait une pomme mobile faite d'admirables perles, avec un long floquet de soie aux tons variés, mélangée de fils d'or et que le mouvement mettait en branle. Sur ce véhicule superbe et triomphal, je vis un cygne très-blanc livré aux amoureux embrassements d'une nymphe fille de Thésée¹⁵, d'une incroyable beauté. De son bec divin

FIGURE 109 (1499).

FIGURE 110 (1883).

FIGURE 111
(1499).

FIGURE 112
(1883).

il répondait à ses baisers ; ses ailes abaissées voilaient les parties dénudées de la noble dame, et tous deux livrés aux divins et voluptueux plaisirs, très-joyeux s'unissaient délectablement. Le cygne divin était couché entre les jambes blanches et délicates de la dame qui reposait commodément sur deux coussins en drap d'or, mollement rembourrés de laine soyeuse et ornés de tous les accessoires nécessaires. Elle était vêtue d'un léger costume de nymphe en soie blanche tramée d'or brillant, élégamment orné de pierres précieuses aux endroits où c'était prescrit, sans qu'il y manquât rien de ce qui pouvait concourir à augmenter le plaisir. Cette nymphe appairaissait aux spectateurs on ne peut plus superbe et délectable, pourvue de tout ce que nous avons décrit plus haut, accompagnée de louanges et d'applaudissements. Le troisième triomphe céleste avait les quatre roues tournantes de son char en chrysolithe d'Éthiopie flamboyante d'étincelles d'or, pierre qui, traversée par un crin d'âne, met en fuite les malins démons et procure le bonheur, portée à la main gauche. Tout le restant qui avait trait aux roues était fait ainsi qu'il a été dit plus haut. Les panneaux du char, établis comme ceux que nous avons déjà décrits, étaient en vert héliotrope de Chypre[16], ponctué de gouttes de sang, pierre qui a pouvoir sur les lumières astrales, rend invisible celui qui la porte et lui confère le don de divination. Le panneau de droite présentait ce sujet sculpté : un homme insigne, d'une majesté royale[17], priait au-devant de la statue divine en un temple sacré, consultant sur le fait des destinées de sa très-belle fille, et apprenant qu'elle devait être cause qu'il serait chassé de son royaume. Voulant éviter qu'on l'engrossât, il élevait une construction munie d'une haute tour et l'y enfermait sous bonne garde. Là, oisive, la jeune fille voyait avec un extrême plaisir des gouttes d'or pleuvoir en son giron[18].   Sur l'autre panneau était représenté un noble jeune homme recevant très dévotement une targe protectrice en cristal. Valeureux, il décapitait de son glaive recourbé et tranchant une femme à l'aspect terrifiant, et soulevait superbement la tête coupée en signe de victoire[19].

Figure 113 (1499).

Figure 114 (1499).

Du sang qui s'en échappait naissait un cheval ailé[20] qui, s'envolant sur le sommet d'un mont, en faisait jaillir, d'un coup de son sabot, une source mystérieuse[21]. Sur la face antérieure du char on voyait le puissant Cupidon qui, lançant une flèche contre le ciel étoilé, en faisait pleuvoir amoureusement des gouttes d'or. Des gens de toutes les conditions se tenaient là blessés, en foule innombrable, stupéfaits d'une telle action.

Figure 115 (1883).

Figure 116 (1883).

Sur la face opposée j'aperçus Vénus irritée, sortie d'un filet néfaste, en compagnie d'un homme armé. Elle tenait, dans sa colère, son fils par les ailes,

Figure 117 (1499).

Figure 118 (1883).

cherchant, pour se venger, à lui arracher les plumes. Elle en avait déjà une pleine poignée et l'enfant pleurait. Le grand Jupiter, assis sur un trône d'or, lui envoyait un messager aux talonnières ailées qui, après l'avoir soustrait nu mais intact aux violences maternelles, le lui présentait ; et le secourable Jupiter lui disait ces mots gravés en caractères Attiques au-devant de sa bouche divine :
ΣΥ ΟΪ ΓΛΥΚΥΣ ΤΕ ΚΑΙ ΠΙΚΤΟΣ
[*ce qui signifie :* TU M'ES DOUX ET AMER]
— tout en le couvrant de sa chlamyde céleste.

Ce char était traîné en grande pompe par six unicornes terribles au front cornu de cerf, pleins de révérence pour Diane la froide. Enchaînés, par leur vigoureux poitrail chevalin, d'un ornement chargé d'or et couvert de très-précieux joyaux, attelés de petites cordes faites de fils d'argent et de soie jaune

FIGURE 119 (1499).

FIGURE 120 (1883).

tordus ensemble avec beaucoup d'art, formant de très-jolis nœuds, avec les beaux accessoires ci-dessus décrits, ils étaient montés par six jeunes vierges de la même manière que faisaient les autres. Ces nymphes portaient des vêtements de drap d'or tramé de très-fine soie bleue formant dans le tissu des fleurs et des feuillages variés. Toutes six, elles tenaient d'admirables et très-antiques instruments à vent bien accordés et joués avec un souffle incroyable. Sur la plate-forme du char, au milieu, se trouvait un siège précieux en jaspe verdâtre, pierre qui procure de l'argent, facilite l'accouchement et incite à pudicité. Le pied de ce siège était hexagonal et montait, en s'amincissant fort à propos, sous une large coquille plate. Le dessous de cette coquille était profondément strié jusqu'à la moitié, puis ondulé et lisse jusqu'à la huitième partie, près des bords à nervures. Le creux en était peu profond, fait à la commodité de la personne assise, avec de remarquables moulures gravées.

Dessus reposait une nymphe très-parée et fort belle sous son vêtement tissu d'or et de soie bleu clair, costume léger, d'une grâce virginale, orné de nombreuses gemmes.   Elle montrait son affectueuse tendresse en contemplant avec admiration la quantité d'or céleste répandu dans son giron. Comme les autres, elle recueillait des honneurs solennels et de joyeux applaudissements.   Elle était assise, son abondante chevelure blonde éparse le long de son dos, couronnée d'un diadème d'or et de pierreries multiformes.

☙

Le quatrième char triomphal était porté sur quatre roues d'asbeste d'Arcadie couleur de fer[22], qui, une fois allumé ne peut s'éteindre. Le restant du char, comprenant les panneaux quadrangulaires, faits comme les précédents, était en fulgurante escarboucle troglodyte[23], brillant dans les ténèbres, sur

FIGURE 121 (1499).

FIGURE 122 (1883).

laquelle il y en aurait long à dire ; mais il faut considérer en quel endroit de telles œuvres ont été faites et par quels ouvriers !

Donc le panneau de droite montrait ce sujet rendu à perfection : une matrone vénérable était grosse ; le grand Jupiter lui apparaissait dans tout l'éclat de sa divinité, tel qu'il ne se montre qu'à la seule déesse Junon, entouré de tonnerres et d'éclairs, si bien que, prenant feu, elle se consumait en cendres. D'une telle combustion on retirait un très-noble et divin petit enfant.

Figure 123 (1499).

Figure 124 (1883).

Sur
l'autre panneau je vis Jupiter secourable, en personne, remettre ce même
petit enfant à un homme célesse porteur de talonnières ailées
et d'un caducée. Puis ce dernier le portait dans un
antre[24], le confiant à de nombreuses
nymphes afin qu'elles le
nourrissent.

Figure 125
(1499).

Figure 126
(1883).

Sur le panneau antérieur je vis Cupidon, en présence d'une foule énorme de gens des deux sexes atteints de ses flèches, qui s'émerveillaient de le voir, dardant la dangereuse sagette contre le ciel, attiré par Jupiter sous sa forme divine, en la présence d'une jeune mortelle. Sur le panneau postérieur se voyait le grand Jupiter assis en juge sur un tribunal. Cupidon boitant se répandait en plaintes contre sa divine mère citée en justice, attendu qu'il s'était, par la faute de celle-ci, extrêmement féru d'amour lui-même pour une fort belle demoiselle qui, d'une lampe allumée, lui avait brûlé sa divine petite jambe. La très-belle nymphe accusée était présente avec sa lampe en main. Jupiter, en riant, disait à Cupidon : PERFER SCINTVLLAM QVI CŒLVM ASCENDIS ET OMNES [*ce qui signifie* : ENDVRE VNE ÉTINCELLE, TOI QVI INCENDIE LE CIEL ET TOVS LES ÊTRES].

Figure 127 (1499).

Figure 128 (1883).

Ce monostique était gravé avec nos caractères sur un abaque en forme de tableau, en regard de la face du vénérable Dieu. Le demeurant du véhicule était comme ci-dessus.

Ce mystérieux char de triomphe était attelé de six tigres d'Hyrcanie, légers et rapides, mouchetés de brillantes taches fauves. Ils étaient attachés avec des sarments de vigne féconde garnis de leurs jeunes feuilles, de leurs vrilles tordues et de leurs corymbes vermeils. Ces animaux traînaient le char d'une allure modérée. Au-dessus de la plate-forme, dans le milieu même, était placée une base en or dont le diamètre inférieur mesurait un pied trois palmes et dont la hauteur était à peu près équivalente. Une partie était attribuée à la moulure arrondie du bas, une demi-partie à la gueule renversée, ainsi qu'à la nervure, le reste à la nacelle, à la gorge en sens inverse, aux nervures, accessoires, filets et cordons. Le dessus de cette base était creusé circulairement en son milieu. Dans cette excavation pénétraient les queues de quatre aigles établis sur la surface plane de la base. Ils étaient faits de précieuse ætite de Perse[25], se tournant le dos, les serres d'or appuyées sur ladite base. Leurs ailes éployées se joignaient et portaient, établi sur leur coude, un admirable vase d'hyacinthe Éthiopique rebelle au ciseau, qu'elles accompagnaient avec grâce. Ce vase était sillonné de veines d'émeraude et d'autres pierres précieuses, au point que c'était chose incroyable. Il était haut de deux pieds et demi, presque rond. Le diamètre de sa panse, à sa plus grande largeur, égalait un pied et demi, sa circonférence mesurait trois diamètres. Le fond, à partir de la ligne où le vase appuyait sur les ailes, tombait, par-dessous, de trois pouces. Une frise d'une palme de large courait autour du plus grand renflement du vase. Cette frise formait le point de départ d'un autre vase à gargoule, qui faisait corps avec ce premier l'espace d'une palme. De là jusqu'en bas, cela donnait un pied et demi en élévation. À partir de ce point, naissait la panse du second vase susdit qui s'élevait d'un pied et qui, parvenu à la hauteur d'une palme et demie, commençait à s'évaser. La demi-palme supérieure était consacrée à un enroulement de feuillages et de fleurs se détachant presque du fond d'hyacinthe. Le diamètre de ce second vase était de deux quarts et demi celui du bas. Au-dessous de la petite frise saillaient en circuit quelques godrons d'une protubérance moyenne, qui, se continuant sur la partie renflée, s'amincissaient en se perdant jusqu'au bas. Des godrons semblables montaient joliment de deux quarts et demi, jusqu'à l'orifice orné de canaux tordus excellemment. Cet orifice était formé par une petite conque évasée moins large que la panse ; une élégante moulure la reliait au vase avec de petites gorges, moulures et tores. Les frises étaient bordées dessus et dessous de moulures pareilles et ciselées. Après la moulure sise au-dessus de la frise du vase en gargoule étaient soudées, en travers, deux bagues coupées en demi-anneaux opposés l'un à l'autre et tenus dans la gueule mordicante de deux lézards ou petits dragons. Ces deux petits dragons, taillés en réserve dans une veine d'émeraude par le débit du reste de cette matière, reposaient sur leurs quatre petits pieds de lézards à même le comble du vase inférieur, lequel comble, entre ce dernier et le vase à gargoule, avait une élévation d'un quart. À partir de son rétrécissement supérieur, il descendait en la forme d'une gueule renversée et se terminait jusqu'au limbe de la panse où était la frise ambiante. Cette sorte de comble déclive était en hyacinthe et soigneusement écaillé. Les deux petits dragons, de chaque côté, jusqu'à l'arête dudit comble, formaient, sur la moulure de la frise, avec leur queue retournée contre l'épine dorsale, une véritable spirale circulaire qui se répétait au-dessous. Ces révolutions servaient d'anses. Celle de dessous se bifurquait en se terminant, de part et d'autre, en une admirable frondaison qui pénétrait, à droite et à gauche, dans la frise, à un demi-pied d'intervalle, avec un fini plein d'élégance. Ledit feuillage, soulevé presque entièrement en relief, laissait voir le fond, c'est-à-dire la surface solide du corps du vase en hyacinthe. Tout le pourtour de la panse était occupé par ces queues terminées en feuillage qui l'entouraient l'espace de deux pieds.   Il me reste à parler de la partie du vase mesurant en hauteur un pied et demi. Tout le corps, depuis la ceinture jusqu'au bas, apparut, à mon sens, comme une œuvre stupéfiante, une œuvre divine. J'admirai ce dit vase couvert partout d'une vigne sculptée en relief, dont les souches, les pampres, les sarments et les vrilles capricieusement enroulées, avaient été exécutés dans une veine saillante de topaze. On n'en saurait retrouver de pareille dans l'île Ophiadès[26].   Le feuillage était de très-fine émeraude, les grappes d'améthyste. Cette contemplation charmait la vue et enchantait l'intellect. La surface solide à laquelle tenait ce travail sculpté en bosse brillait de l'éclat de l'hyacinthe plus polie, plus arrondie que si elle eût été faite sur le tour. Les feuilles sinueuses, et toutes les lignes accessoires, étaient fabriquées et terminées à pouvoir lutter avec la nature, non moins que les quelques fruits, bourgeons et rejetons errants. À cette œuvre admirable ne sauraient s'égaler les petits ouvrages du divin Alcimédon[27], non plus que les coupes d'Alcon[28]. Ce vase était complet en ses moindres parties, sans nul défaut.   Revenons à la ceinture ambiante de ce très-précieux vase, autrement dit à la bande formant frise. Dans la partie évidée sous les queues, je vis deux sujets, dignes de la plus grande admiration, sculptés de cette même façon. J'admirai, sur la face antérieure du vase, une intaille représentant à merveille Jupiter altitonnant. De sa main droite il tenait une tranchante et flamboyante épée prise dans une veine de chrysolithe d'Éthiopie, de son autre main un foudre étincelant fait d'une veine de rubis. Le Dieu était taillé dans une veine de galactite ; il était couronné d'étoiles scintillantes pareilles au foudre et se tenait sur un autel sacré tout en saphir. En présence de sa divine et terrible Majesté je vis un chœur de sept nymphes le fêtant, vêtues de blanc et indiquant l'acte de célébrer leur vénération par des chants religieux. Puis elles se métamorphosaient en arbres verdoyants faits de transparente

FIGURE 129 (1499).

FIGURE 130 (1883).

émeraude et couverts de très-brillantes fleurs bleues. Elles s'inclinaient très-dévotement devant le Dieu suprême. Ce n'est pas que toutes ces nymphes fussent entièrement transformées en feuilles, mais la plus proche du Dieu était complètement métamorphosée en arbre et ses pieds avaient pris racine. Sa voisine l'était, sauf les pieds; la troisième de la ceinture dessus avec le commencement des bras, et ainsi de suite de chacune d'elles. Mais toutes laissaient voir au sommet de leur chef virginal la transformation que toutes devaient successivement subir[29].

De l'autre côté du vase apparaissait, taillé en relief, un Dieu festoyant et jovial, ayant l'aspect d'une jeune fille lubrique, couronné de deux longs serpents entortillés, l'un noir et l'autre blanc, enroulant leurs vivantes spirales.

FIGURE 131 (1499).

FIGURE 132 (1883).

Ce Dieu se tenait voluptueusement posé sous une vigne féconde. Des petits génies très-beaux et nus, au visage enjoué, grimpaient après cette treille et cueillaient ainsi les lourdes grappes mûres pendantes. Quelques-uns en offraient gracieusement dans des paniers à ce Dieu. Lui, les regardait en acceptant nonchalamment. Il y en avait qui gisaient couchés sur le sol verdoyant, s'abandonnant au doux sommeil que procure le jus de la vigne. D'autres, d'une façon fort experte, faisaient l'œuvre de l'automne qui exprime le moût. D'autres enfin, dans leur oisiveté, chantaient en frappant sur des tambourins bien tendus. Tout cela était rendu avec les colorations exigées, et les veines des pierres précieuses se prêtaient opportunément à la pensée arrêtée de l'artiste. Aucun défaut ne se trahissait dans ces images, bien que fort petites, ni dans les plus minimes parties qu'on apercevait toutes distinctement et en perfection. Dans ce vase était poussée une vigne d'or touffue, aux bourgeons saillants, surchargée de raisins aux grains violets faits d'améthyste de l'Inde, au feuillage de verdoyante sélénite[30] de Perse, pierre qui n'est pas sujette aux mouvements de la Lune et qui plaît à Cupidon. Cette vigne protégeait le charroi et ombrageait l'attelage de six.

À chaque angle de la plateforme du char triomphal resplendissait un candélabre bien fabriqué, posant sur trois pieds en

Figure 133 (1499).

forme de cornes, fait de branches de corail favorable aux agriculteurs, détournant les foudres et les typhons[31], repoussant les tempêtes, bénin aux buveurs et leur servant d'amulette; tel que Persée n'en trouva pas de semblable au cap des Gorgones[32], tel qu'il n'y en a pas dans la mer Érythrée[33] ni à Drepanum[34]. Un de ces candélabres avait sa tige entièrement faite de céraunie bleue[35] de Lusitanie, pierre amie des tempêtes et principalement chère à Diane. Cette tige, de moyenne grosseur, allait en s'amincissant en forme de balustres allongés ornés de nœuds,

FIGURE 134
(1883).

d'un travail superbe incrusté d'or et d'une hauteur de deux pieds. Le second était en très-fine pierre dionysias noire tachetée de rouge, donnant, broyée, le goût de sa divinité[36]. Le troisième était en médée[37] de couleur foncée veinée d'or, avec une saveur de nectar. Le dernier était de nébrite[38] dédiée à Bacchus, noire et tachetée de blanc et de noir brillamment mélangés. Chacun avait, dans sa petite conque, une flamme pyramidale d'un feu inextinguible. Un tel éclat, répandu par le reflet des flammes lumineuses dans les fulgurantes pierres précieuses, empêchait de regarder continuellement les œuvres et les sujets divers. Autour de ce triomphe divin, avec une profonde et solennelle piété, avec une grande pompe religieuse, un nombre infini de Ménades[39], les cheveux dénoués et épars, quelques-unes toutes nues ou simplement couvertes d'un vêtement virginal

FIGURE 135 (1499).

FIGURE 136 (1883).

flottant qui leur tombait des épaules, quelques-autres vêtues de nébris, c'est à savoir d'un vêtement fait d'une peau de daim versicolore, sans qui que ce soit de l'autre sexe, et jouant des cymbales ou des flûtes, accomplissaient les Orgies[40] sacrées, poussant des clameurs et faisant des bacchanales comme dans les Triétériques[41], avec des thyrses ornés de feuillages d'arbres conifères, couronnées de feuilles de vigne, dont elles étaient enguirlandées sur le corps nu, sautant et courant. Le vieux Silène, monté sur son âne, suivait immédiatement la marche triomphale. Derrière ce chevaucheur venait un bouc au poil hirsute que l'on menait joyeusement, orné pour la pompe du sacrifice. Une des suivantes, avec un rire désordonné et des gestes furibonds, élevait un van[42] en joncs. C'est ainsi, c'est avec leur très-vieux rite, que toutes, Mimallones, Satyresses, Bacchantes, Lénées[43], Naïades et Tityres[44], suivant confusément ce quatrième triomphe, le célébraient amoureusement, proférant à haute voix ce cri vénéré : *Évohé Bacche !*[45]

La nymphe énumère à Poliphile la foule des amants juvéniles et des divines jeunes filles amoureuses ; elle lui dit celles qui furent aimées des Dieux et comment elles le furent ; elle lui montre les chœurs des vaticinateurs sacrés
• *Chapitre XV*

ASSURÉMENT personne ne serait capable de se monter à une éloquence assez forte, pour que, dissertant sur ces divins arcanes, il parvînt à s'en tirer avec abondance et pleinement, à exprimer en suffisance, par des paroles, et toute cette pompe céleste, et ces triomphes sans fin, et cette gloire solide, et cette allégresse festoyante, cette danse joyeuse et sacrée autour de ces chars extraordinaires au sextuple attelage, spectacle mémorable. Joignez-y les illustres adolescents, la troupe fournie des innombrables et joyeuses nymphes dont la prudence, la gravité dépassaient leur âge si tendre, réunies qu'elles étaient à leurs chers amants pubères, mais encore imberbes, dont quelques-uns, toutefois, les joues entourées délicieusement du premier et soyeux duvet, s'ébattaient gaillardement. Beaucoup portaient des torches allumées et flambantes. J'aperçus quelques Pastophores. Il y en avait qui tenaient de hautes lances décorées de dépouilles antiques. D'autres élevaient des trophées arrangés et composés excellemment. Ils précédaient, en se jouant, les mystérieux triomphes, et poussaient des cris de joie qui retentissaient jusqu'au ciel. D'aucuns avaient des instruments à vent, divers de forme et variés d'embouchure, trompes contournées ou droites, flûtes sonores. D'aucuns dansaient sur des rhythmes céleste s'exaltant la gloire des éternels triomphes, jouissant d'amours ineffables et de plaisirs immortels, à un degré que la puissance du génie humain serait incapable d'imaginer. Ils circulaient sur la terre fleurie et fortunée, par la contrée bénie, par les champs renouvelés, demeure consacrée et très-sainte des bienheureux, et que n'encombrait ni n'obstruait aucun arbuste croissant ; mais le sol tout entier formait un pré très-uni couvert d'une herbe odorante sursemée d'une infinité de fleurs charmantes, de toutes les couleurs et de toutes les formes, d'une odeur suave au point qu'on ne le saurait dire. Ces fleurs ne craignaient pas les attaques brûlantes de Phœbus qui, dans ce lieu plaisant ne lançait point ses très-rapides chevaux à la rencontre d'une nouvelle Hespérie[1]. Mais l'air était là toujours pur, toujours nettoyé des vapeurs nébuleuses, éternellement clair. Le jour y demeurait invariable, la terre continuellement couverte d'herbes et de fleurs parfumées qui renaissaient, semblables à une peinture gracieuse et recherchée, sans se faner jamais, toutes fraîches de rosée, d'une coloration que le temps ne ternissait pas. On y trouvait les quatre espèces de violiers, le pavot[2], le mélilot, l'anémone, le bluet, la nigelle[3], le cyclamen, la renoncule, l'ancolie, le muguet, l'amarante, la stachide[4], le nard roide, le nard celtique[5], l'ambroisie[6], la marjolaine, la menthe[7], le grand et le petit basilics et autres menues plantes ou herbes odoriférantes et fleuries, toutes les espèces d'œillets, des petits rosiers de Perse chargés de roses odorantes, des roses cent feuilles et de toutes les couleurs, bien d'autres fleurs sans nombre encore ainsi que des simples embaumés et charmants. Tout cela venu sans le travail de l'homme, distribué le plus joliment du monde par la généreuse Nature elle-même, toujours maintenu sans culture dans une verdoyante floraison qui ne tombait jamais, avec une grâce et un charme persistants.

Là donc se trouvaient les insignes et jolies jeunes filles d'une beauté reconnue. Je vis Calisto l'Arcadienne, fille de Lycaon, en compagnie de Diane qu'elle ne reconnaissait pas ; Antiope la Lesbienne, fille de Nyctéus, avec le satyre révéré[8] ; Issa, fille de Macharée, avec son cher pasteur[9] ; l'antique fille d'Écho[10] et Danaé adolescente. Je vis la fille d'Athamase[11] et Astérie née du Titan Céus[12], ainsi qu'Alcmène se gaudissant avec son faux mari[13]. Ensuite, et successivement, je contemplai la délicieuse Ægine, prenant un plaisir extrême au fleuve limpide ainsi qu'au feu divin[14], la mère de Phyllius[15], et celle de Ménéphron[16] qui s'ébattait avec son fils à la manière paternelle. Je vis une autre fille de Dioné, le sein chargé de belles fleurs, se retournant vers le serpent tortueux[17]. Je vis la belle enfant ne se désolant plus de ses cornes naissantes[18]. Je vis Astyochée[19], je vis Antigone, fille de Laomédon, qui se consolait de pouvoir voler avec ses plumes[20] et Curitis[21] qui inventa le premier quadrige. Je vis la nymphe Garamantide[22] qui dansait ayant le bout du doigt retenu par un crabe armé de pinces, alors qu'elle lavait ses pieds délicats dans le fleuve Bagrada[23]. Puis j'aperçus envolée une caille fugitive poursuivie par un aigle aux serres crochues[24], puis Érigone dont je vis l'éclatante poitrine couverte de vignes savoureuses[25], puis la fille du roi de Cholon[26] se complaisant auprès d'un robuste taureau, la femme d'Énipée gracieuse envers le simulacre de son mari[27], la mère d'Almops s'amusant paisiblement avec un bélier à la laine hirsute[28], la vierge Mélantho avec la bête nageante[29], et Phyllire, fille de l'antique Océan, avec le père de Chiron[30]. Après quoi je vis la législatrice Cérès couronnée de blonds épis, tenant embrassée l'hydre squammeuse avec une volupté profonde[31], la très-charmante nymphe du Tibre Lara[32] se récréant avec Argiphonte[33], enfin la belle nymphe Juturna[34] et beaucoup d'autres qu'il serait trop long d'énumérer.

Alors je pris plaisir, quoique privé de sens et stupide, à contempler, l'esprit tendu et attentif, la foule céleste et les divins triomphes, au milieu de ces chœurs, dans la campagne délicieuse. Ce m'étaient choses totalement inconnues, encore que je visse bien qu'il s'agissait d'amoureux mystères. La nymphe divine, ma fidèle compagne et mon guide, me dit, toute provocante, sans que je l'interrompisse, avec un parler doux et pur : « Mon Poliphile, vois-tu celles-ci ? » me désignant celles qui, au temps passé, avaient été ardemment aimées par le grand Jupiter. « Vois-tu celle-là qui fut également chérie ? et cette autre ? C'est une telle, et ces divinités furent captivées par son doux amour. » Elle me signalait de plus sa noble et royale progéniture. Toute secourable, elle me disait encore son nom que j'ignorais. Puis elle me montra une adorable bande de jeunes vierges à laquelle présidaient trois dames tenant par le chemin des attitudes divines[35]. Poursuivant, elle me dit amoureusement, avec son visage angélique légèrement altéré : « Mon Poliphile, je veux que tu comprennes qu'il n'est donné à nulle femme mortelle d'entrer ici sans sa torche allumée, soit par un amour ardent, soit par un labeur extrême, ainsi que tu me vois porter la mienne, dans la sûre compagnie de ces trois dames. » Puis, soupirant du fond du cœur, elle ajouta : « Il faudra que, grâce à ton amour, j'éteigne cette torche lorsque j'en ferai l'offrande au second temple, ainsi que tu le verras. » Ce discours pénétrait dans mon cœur enflammé, tant il m'était précieux et cher qu'elle me nommât ainsi : « Mon Poliphile » ; car j'étais convaincu qu'elle était réellement Polia. Aussi, tout troublé dans le fond de moi-même par une douceur suprême, je me sentais renaître de la tête aux pieds, je sentais mon cœur combattu s'en aller tout entier à elle, et mon visage, ainsi que mes soupirs étouffés trahissaient chez moi ce véhément effet. Elle, intelligente, s'apercevant de ce nouvel incident, brisa court avec calme et se prit à me dire d'un ton caressant : « Oh combien en est-il qui volontiers se contenteraient d'entrevoir ce que tu perçois clairement ! C'est pourquoi hausse ton esprit et admire avec empressement, ô Poliphile, ces quatre autres nymphes illustres et nobles qui, pleines de respect et généreuses, partagent équitablement leur sort avec les adolescents qu'elles aiment. Infatigables ils se vont ensemble, joignant attentivement leurs éloges aux doux sons des notes et des vers mesurés, tout en célébrant les triomphes suprêmes, au milieu d'un air empli du très-gracieux gazouillement des divers petits oiseaux. »

En tête du premier chœur chantant, louant le premier char et lui faisant ovation, dansaient les très-saintes Muses précédées de leur divin joueur de lyre[36]. Ce triomphe céleste était suivi par une élégante demoiselle Parthénopéenne du nom de Leira[37], au front couronné de l'éternel laurier. Elle faisait compagnie à une très-belle enfant appelée Mélanthia[38], emplie de beautés magnifiques, se tenant embrassée avec son divin père[39]. À ses vêtements on reconnaissait en elle une superbe Grecque. C'est sur elle que, jadis, le grand Macédonien appuyait en dormant sa tête appesantie[40]. Elle portait une lampe resplendissante qui déversait libéralement la lumière sur les compagnes qui la suivaient ; sa voix et son chant étaient plus suaves que celui des autres. Ici l'illustre nymphe me montra la très-antique Iphianassa[41] et le père ancien, fils d'Himérus[42], avec ses chères filles, se livrant à de doux chants, et puis encore, jointe à celles-là, une très-faconde et très-libre Lychoris[43]. Une matrone chantait entre deux frères Thébains avec la belle Sylvia[44]. Toutes, et bien d'autres avec, dansaient paisiblement aux doux sons de la lyre céleste et des instruments musicaux, à l'entour du premier char triomphal, et chantaient habilement en chœur en grande magnificence et grand apparat.

Au second et glorieux triomphe, je vis l'insigne Némésis[45] avec Corinne la Lesbienne[46], Délie[47], Neæra[48] et quantité d'autres amoureuses ou lascives, chantant à haute voix des louanges immortelles en s'accompagnant du crotale de Sicile[49].   Au troisième et pompeux triomphe, la nymphe à la peau lisse me donna de semblables indications et me dit : « Vois celles-ci. C'est Quintilia[50], c'est Cynthie la nautique[51] avec beaucoup d'autres qui s'épanchent mélodieusement en vers délicieux. Admire la vierge Violantilla tenant sa colombe[52] et cette autre pleurant son passereau[53]. »   Devant ceux qui célébraient le quatrième char triomphal marchaient la noble Lydé[54], Chloé[55], Lydia, et Néobule[56] avec la charmante Phyllis[57] et la belle Lycée[58] et Tiburna[59] et Pyrrha[60] se jouant voluptueusement aux sons de la cithare.

Puis, à la suite de ce quatrième triomphe, parmi les Ménades, suivait une superbe demoiselle qui chantait avec l'amoureux Phaon dont la belle tête excitait sa chair[61]. Immédiatement après, la nymphe me montra une très-honnête dame vêtue de blanc, puis une autre habillée de couleur verdoyante. C'est ainsi que très-joyeusement toutes viraient et circulaient par la plaine agréable et fleurie. Quelques-unes étaient laurées, quelques autres étaient couronnées de myrte ou de divers feuillages et ornements, se livrant à de solennelles prières, à de religieux,
divins et glorieux discours, goûtant la satiété du
plaisir, sans fin, sans ennui, sans fatigue, en
pleine gloire, jouissant entre elles des
aspects bénis de ces contrées
fortunées, de cette sainte
patrie, sans que rien
vînt interrompre
leur très-pai-
sible et très-
heureuse
posses-
sion.

La nymphe, ayant suffisamment décrit à Poliphile les mystères triomphaux et le divin amour, lui conseilla d'avancer toujours plus en des lieux où il pût voir encore d'autres nymphes innombrables en compagnie de leurs très-chers amants, se livrant à mille ébattements parmi les fleurs, sous les ombrages frais, au bord des clairs ruisseaux, auprès des fontaines très-limpides. On verra comme quoi Poliphile, exaspéré par son amour extrême, s'apaisa dans l'admiration que sa belle nymphe lui causa ❧
Chapitre XVI

ON-SEULEMENT il se réputerait heureux, mais il le serait encore par-dessus tous, l'homme à qui, par grâce spéciale, serait concédée la jouissance continuelle de ces pompes divines, de ces triomphes célestes, de ces divertissements glorieux, la jouissance de ces lieux charmants, de ces déesses, semi-déesses et nymphes incroyablement belles et parées, l'homme à qui serait accordé de partager son sort avec elles, de les contempler sans cesse. Mais combien plus heureux serait-il encore de vivre auprès d'une nymphe tellement illustre, à la parure virginale exquise et divine, de la posséder pour compagne, de l'avoir pour guide et pour sincère conductrice ! Quant à moi, je n'estimai pas cela une part petite ou médiocre de béatitude. J'admirai ces choses réellement et demeurai un grand moment pensif et joyeux au-delà de toute estimation, m'émerveillant outre mesure ; alors la tendre et délicieuse demoiselle, qui me conduisait, me dit d'un ton caressant : « Poliphile, avançons à cette heure. » Partant aussitôt, nous nous mîmes gaiement en marche vers les fraîches fontaines et les ruisseaux ombragés. Là, autour des champs fleuris, circulaient des petits fleuves rapides, des sources vives qui surgissaient avec des eaux cristallines et coulaient en gracieuses vagues mignonnes. Dans ces ondes pures se miraient, en dehors du tendre feuillage, le fils épanoui et purpuréen de la nymphe Liriopé[1], ainsi que la fluviale et rouge balsamine[2] et, çà et là dispersés, des glayeuls³ fleuris. Toutes ces belles rives étaient pleines d'autres fleurs charmantes et superbes poussant au milieu d'un gazon vert et gai. Cet endroit bienheureux occupait un ample et large circuit ; il était entouré de montagnes boisées d'une hauteur médiocre, couvertes de lauriers verts, d'arbousiers chargés de fruits, de grands pins chevelus et sapins, de myrtes blancs et moyens. Au bord des petits canaux limpides au lit de gravier, sur le sol couvert, par endroits, de sable blond, croissaient des germandrées⁴ aquatiques à triples feuilles, au travers desquelles l'eau fugitive s'écoulait avec un doux murmure.

Là se trouvaient, en quantité, des nymphes délicates et divines, d'un âge très-tendre, exhalant le parfum de leur virginité en fleur, belles au-delà de toute croyance, faisant compagnie à leurs amants impubères, habitants indigènes de ce très-noble endroit. Quelques-unes de ces nymphes, à la mine hardie, se montraient charmantes dans les eaux pures. Elles avaient gracieusement relevé leurs légers vêtements de soie brillante, aux diverses teintes agréables, qui, rassemblés sur leur bras de neige, laissaient voir, au travers de leurs plis menus et animés, la forme svelte, curviligne de leurs flancs charnus, découvrant leurs jambes blanches et leurs mollets arrondis jusqu'à leurs genoux potelés. Les eaux courantes et limpides baignaient leurs talons courbes. Je sentais qu'il y avait là de quoi bouleverser n'importe qui, fût-ce le moins porté, le plus inapte à l'amour et le plus éteint. Ces eaux réfléchissant l'extrême blancheur de leurs membres purs et brillants, répercutaient toute la joyeuse compagnie dans les ondes unies où le courant était faible, et laissaient voir, comme en un miroir splendide et poli, tous ces visages célestes. Les pieds menus, allant en amont du courant, brisaient les petites ondes qui les frappaient en bouillonnant et, sonores, sautaient à l'encontre. Quelques-unes de ces jeunes filles se tenaient, par les ondes, enlacées joyeusement à des cygnes aux pieds palmés qui nageaient apprivoisés, et, puisant l'eau dans leur main creuse, elles se la jetaient, en riant, l'une contre l'autre. D'aucunes se tenant sur l'herbe tendre, le long des rives arrosées, s'appliquaient à tresser des parures de fleurs odorantes et versicolores. Elles les offraient familièrement à leurs amants touchés de reconnaissance. De plus, elles ne leur refusaient pas les amoureux baisers succulents et suaves ; bien au contraire, même, elles en dispensaient d'appliqués plus fortement que ne le sont les bouches des tentacules des polypes, plus strictement que ne le sont les coquillages après les écueils de l'Illyrie ou les carènes des navires ; baisers adhérant comme des morsures, mettant en jeu les petites langues nourries de musc odorant à travers les lèvres riantes et humides, mordillant, imprimant, avec les dents menues, des marques innocentes sur les gorges blanches. D'autres de ces jeunes gens s'étaient nonchalamment assis parmi les herbes vertes et les fleurs diaprées, le long des rives décorées et bordées, non de roseaux, mais des floraisons les plus belles, à travers lesquelles les ondes coulant plus claires que celles de l'Axius en Mygdonie[5], se brisaient, sonores contre les pieds des lauriers roses. Là, sous l'ombrage des arbres, enlacés les uns aux autres comme les cheveux vipérins de Méduse, plus enchevêtrés, dans un délectable embrassement, que la cuscute[6] emmêlée, ils s'étreignaient plus étroitement que le lierre serpentant ne fait des vieux ormes et des très-antiques édifices. Les nymphes ne se montraient point cruelles envers leurs amants révérés. Elles ne leur refusaient rien, et, remplies d'un amour correspondant, elles se montraient tout bonnement consentantes, livrant à leur désir leur poitrine nue et fournie. Ceux-ci s'en laissaient voir reconnaissants outre mesure, le témoignant par leurs gestes amoureux, plus délectables et plus gracieux que ne sont au cruel et implacable Cupidon les larmes qu'il fait répandre, que ne sont aux prés herbeux les frais ruisseaux et la rosée matutinale, que la forme choisie ne l'est à la matière. Quelques-uns chantaient, d'une voix contenue entremêlée de faibles soupirs s'échappant de leur poitrine en feu, des vers d'amour élégamment tournés, avec des accents d'une suavité à enivrer les sauvages cœurs de pierre, à dompter la raideur de l'inaccessible mont Caucase, à contrarier les effets de la lyre d'Orphée, à vaincre l'aspect maléficiant de Méduse, à rendre plaisant et à séduire n'importe quel monstre horrible, à calmer le mouvement continuel de Scylla[7] pleine de rage. D'autres se tenaient appuyés contre le chaste sein des jeunes filles assises, leur contant les tours galants du haut Jupiter, tandis que les nymphes, souriant finement, entouraient leurs cheveux frisés de charmantes guirlandes de fleurs et d'herbes odorantes dont elles les couronnaient avec un plaisir extrême. Des groupes feignaient de se repousser et de se fuir tout en s'adorant ; puis ils se poursuivaient et se couraient sus. Quelques-unes des jeunes filles proféraient, de leur petite bouche, de riantes et féminines clameurs ; leurs tresses blondes pendant éparses sur leurs épaules lactées qu'elles voilaient, brillaient comme des fils d'or, serrées qu'elles étaient de tige de myrte vert. Bon nombre les avaient attachées avec des écharpes flottantes, ou nouées dans un arrangement de coiffure avec des rubans d'or garnis de gemmes. En les rejoignant, les jeunes gens se baissaient pour cueillir de belles fleurs dont ils emplissaient leurs mains potelées, puis, avec des feintes amoureuses, les jetaient, en s'ébattant et en plaisantant voluptueusement, à leurs beaux visages. D'autres posaient des roses effeuillées entre les seins enfermés dans des corsages strictement lacés, et appliquaient aux jeunes filles un succulent baiser. Tantôt ils se frappaient mutuellement avec des mains inoffensives, sans brutalité ni sans choc, s'administrant de douces tapes sur les joues aux riantes fossettes plus rougissantes que le splendide Phœbus sur le char de la fraîche Aurore. Ils se livraient les combats les plus nouveaux et les plus inouïs, tels qu'Amour n'en sut jamais simuler. Quant aux nymphes, elles étaient toutes joyeuses et allègres, avec des gestes et des mouvements enfantins, avec une simplicité virginale, libres de toute préoccupation triste, exemptes des excitations de la Fortune changeante ; cela sous les ombrages tempérés des sœurs en larmes[8] du malheureux Phaëton, de l'immortelle Daphné[9], des pins chevelus aux feuilles semblables à de fines aiguilles, de l'arbre teint du sang écumant des infortunés Babyloniens[10], des cyprès droits, des très-verts orangers et cédratiers, ainsi que d'autres superbes arbres feuillus et toujours verts, chargés de fleurs et de fruits abondants on ne peut plus beaux et parfumés. Ces arbres, régulièrement disposés le long des rives gracieuses, étaient dispersés par la plaine à des distances modérées. Ils étaient séparés par des intervalles de terrain revêtu d'herbes et rempli de vertes pervenches aux fleurs bleues. Oh ! quel cœur serait assez froid, serait assez glacé pour ne se point sentir embrasé par la contemplation directe des soins vraiment délicieux que se rendait leur, égal et réciproque amour ! Je pensai donc, avec raison, que Diane, la chasseresse, en eût été tout incendiée, ainsi que la glaciale Hélice[11], par elle poursuivie. C'est au point que j'oserais presque émettre cette bizarre idée, que les esprits infernaux ne souffrent d'autre tourment que l'envie inspirée par ces bienheureux qui sans cesse vivent en pleines délices, en pleins triomphes, dans une extrême volupté, sans jamais éprouver du bonheur présent ni dégoût ni satiété.

Cela fit que, maintes fois, par l'office de mes yeux, mon cœur doucement embrasé et grandement allumé poussait mon âme amoureuse jusqu'à ma bouche hésitante. Mon esprit demeurait fixé aux plaisirs délicieux. Il regardait avec curiosité les savoureux baisers et les nombreux guerdons de l'ailé Cupidon. Il me sembla vraiment que je sentais mon âme opérer, en ce trajet, son passage et sa douce migration aux derniers confins de la béatitude. Il en résulta que je demeurai privé d'âme, stupéfié au-delà de toute proportion. Il me semblait que j'eusse pris un philtre. Ma mémoire persistante me représentait les onguents de la malfaisante Circé, les herbes puissantes de Médée, les dangereux chants des sirènes, les vers funèbres du Pamphylien[12]. Aussi je me doutai judicieusement que les yeux corporels ne peuvent rien voir de ce qui est en dehors de l'humanité, et que le corps très-humble, ignoble et pesant ne se peut trouver là où les bienheureux immortels goûtent le repos.

J'échappai, toutefois, à mes longues et anxieuses réflexions, à mes imaginations fantasques, me rappelant, tout plein encore d'une vive admiration, les choses saintes et divines que j'avais vues pleinement et ouvertement. J'en vins à reconnaître que je n'étais pas en face de décevants prestiges ni de magies trompeuses mais simplement d'effets que je ne comprenais qu'imparfaitement.

Or, tout occupé à regarder attentivement ces jeunes filles, et surtout l'admirable nymphe sise à mon côté, tout contre moi, je sentis mon triste cœur se mourir sous le coup des blessures continuelles que lui faisaient les dards amoureux dont ses yeux étaient pleins. Ils excitaient outre mesure ce cœur pensif, errant et vagabond, qui, toujours tendant vers elle et s'y concentrant, comme en un unique objectif, rappelait mon âme mise à mort pour la rallumer rigoureusement aux feux antérieurs.

C'était pour cette âme une cruelle souffrance que de ne point oser lui demander si elle était bien ma divine Polia tant désirée. D'autant qu'auparavant elle m'en avait donné une connaissance douteuse ; mais je craignais de l'offenser imprudemment, car mon rude et inculte langage aurait pu ne pas lui convenir. Ma voix émue, déjà parvenue à mes lèvres fermées, était réprimée pour cette raison. Quoi qu'il en fût, envahi par une stupeur extraordinaire, tel que Sosie trompé par l'Atlantiade[13] qui le simulait, en grand suspens, je me retrouvai tout hésitant au fond du cœur, scrutant avec des regards perçants les opérations célestes, investi par un ardent désir, d'autant plus que j'étais mis outre mesure en appétit, si bien que je me dis à moi-même : « Oh que vivement je souhaiterais d'être ici compté comme citoyen perpétuel ! Si cela était possible, aucune peine accablante ne me semblerait lourde, aucun péril imminent ne m'épouvanterait. Dût la fallacieuse Fortune se mettre en travers, j'exposerais, sans penser à rien d'autre, toute ma chère et précieuse existence. Je ne refuserais pas d'accepter la grave et pénible proposition des deux portes faite au fils d'Amphitryon[14]. Je ne refuserais pas d'user ma douce jeunesse et mes plaisantes années aux mortels périls de la mer en courroux, par les épouvantables détroits de Trinacrie[15], éprouvant plus de fatigues, plus de terreurs que l'errant Ulysse dans la caverne à l'unique issue de l'horrible Polyphème, le cyclope fils de Neptune. J'affronterais la métamorphose de ses compagnons chez Calypso, je n'épargnerais ma gracieuse vie en quoi que ce fût. J'endurerais une plus longue, une plus rude servitude que celle du pasteur Hébreu enamouré[16], plus cruelle que celle d'Androclès ; car toute peine s'évanouit quand l'amour s'en mêle, et je m'exposerais à l'épreuve de l'affection d'un lion dans sa caverne[17], à l'épreuve de la belle Atalante[18]. Je combattrais comme le fit le robuste Hercule aux bras noueux pour sa bien-aimée Déjanire, lorsque, luttant virilement contre le puissant Achéloüs[19], il le vainquit. Certes, moi je n'agirais pas autrement pour conquérir tant de délices et pour vivre de longues années dans ces lieux saints et très-fertiles, remplis de tous les plaisirs et de toutes les voluptés ; mais, par-dessus tout, afin de venir à bout de mon précieux amour et d'obtenir la bienveillance si longuement désirée de cette nymphe, plus belle, sans comparaison, que Cassiopée[20], plus belle que Castianira[21]. Hélas ! elle porte en son vouloir et ma mort et ma vie. Mais si, par aventure, je semblais indigne de partager son sort et de jouir de son amoureux commerce, qu'il me soit accordé, par don spécial, grâce et privilège, de la contempler éternellement. » Puis, à part moi, je disais : « Si la pesante et pénible charge de cet amoureux fardeau t'allait, par hasard, épouvanter, la suavité de son fruit stimulerait ton courage et lui ferait braver n'importe quelle triste fatigue ; et si les épreuves périlleuses te terrifiaient, l'espoir d'obtenir la protection et le secours d'une telle nymphe te devrait décider et donner de l'audace. » Mais, aussitôt, tergiversant, je disais : « Ô Dieux supérieurs, et vous Déesses suprêmes, si c'est ma très-chère Polia, en présence de qui je me trouve, celle que j'ai toujours portée dans mon cœur fervent et fidèle, celle dont je garde précieusement l'image indélébile éternellement imprimée en lui, depuis mes premières années d'amour jusqu'à présent, elle me suffit, je ne vous demande rien autre qu'elle, mais, suppliant, je vous conjure de la contraindre à me payer de retour. Faites qu'elle brûle de ce même feu dont je m'alimente si âprement, et, puisque je me consume et brûle pour elle, faites qu'elle brûle également ; enchaînez-nous tous deux, ou bien déliez-moi tout seul. Aussi bien, à cette heure, je ne puis plus dissimuler l'effort que je fais pour cacher l'incendie violent dont je suis la proie. Voilà que je me meurs étant en vie, voilà que, vivant, je ne me sens plus vivre. Au sein du plaisir, je m'attriste ; exempt de tristesse, je suis en peine. Je me consume en une flamme qui se va toujours augmentant, et, plus embrasé que l'or dans un énergique cément, je me retrouve pareil à un glaçon solidifié. Hélas! malheureux que je suis! cet amour pesant m'est plus à charge que l'île pénible d'Inarime[22] à Typhon; il me déchire davantage que les rapaces vautours ne faisaient des viscères agglomérées de Tityus. Il me trouble plus que les détours obliques du labyrinthe, il m'inquiète plus que les vents chargés de nuages ne troublent la mer tranquille; il me presse plus que les chiens dévorants acharnés après le fuyant Actéon[23]; il tourmente mes esprits plus que l'horrible mort ne tourmente le doux bonheur de vivre. Mon cœur, torturé par les yeux ravissants de cette nymphe, se sent plus méchamment rongé par eux que les entrailles du crocodile saisies par l'ichneumon[24]. Je suis secoué par eux au-delà de toute croyance, plus martelé que les monts Cérauniens[25] frappés des foudres célestes. Cela d'autant plus qu'avec toute la rigueur de mon esprit je ne puis comprendre en quelle partie du monde je me trouve, ni m'en faire une idée. Je sais seulement que je suis sans cesse en présence d'un feu suave émané de cette demi-déesse, feu qui me consume sans effet corporel. Sa chevelure abondante et blonde est comme un filet noueux qui serait apprêté et tendu à l'entour de mon cœur; cette chevelure ondulée c conscrit son front large et blanc comme les lis, ainsi qu'une tige contournée en couronne. Ses regards sagittaires suspendent mon existence et me suscitent une affliction qui m'est douce. Ses joues rosées m'incitent aimablement à l'exaspération. Sa bouche de cinname me prépare un suave supplice. Enfin son sein délicieux, semblable à la neige d'hiver qui blanchit les monts hyperboréens, quoique bien doux en lui-même, me devient un fléau cruel et nuisible. Son apparence extra-humaine, toute sa belle personne, entraînant mon appétit vers un plaisir imaginaire, me détruit sans pitié. Devant cet insultant martyre, devant cette agonie périlleuse, devant les embûches de l'impie Cupidon, en présence de toutes les parties provocantes de ce beau petit corps si poli, mon cœur, violemment défié, se montra vainement athlète résolu, il ne peut plus résister. De même que Milon[26], alors que sa force se fut tout évanouie, je me trouve sur le point d'être déchiré; je ne puis échapper. C'est comme si j'avais fait l'imprudence de m'aventurer dans le marais Babylonien[27]. Présentement un seul remède pourrait se montrer convenable, complet, un seul médicament opportun pour mes âpres et intolérables souffrances; ce serait que je fusse agréé de cette déesse en laquelle est cachée Polia qui m'embrase sans trêve, me consume, me brûle entièrement des flammes du rigide Cupidon. C'est ainsi que Minerve alluma la statue de Prométhée, ravissant, à l'aide de sa légère férule[28], le feu ardent de la roue tournoyante de Phœbus, l'illuminé. Ô Tityus! tu me persuaderais difficilement que mon tourment soit moindre que celui que tu endures, tandis que les vautours rapaces, ouvrant ta poitrine, déchirent sans repos ton cœur tout vif et sanglant, le meurtrissent de leurs serres aiguës et, le lacérant continuellement de leur bec crochu, le dévorent morceau par morceau. À peine est-il rétabli que, rapides, ils retournent à cette même proie et de nouveau recommencent la douloureuse torture. De même, dans ma poitrine oppressée, mon cœur amoureux est durement, sans pitié, lacéré par deux yeux ravageurs qui le déchirent et le mettent en pièces, le mordent cruellement et le dévorent. À peine est-il remis, — et il faut peu de temps pour que le joyeux et charmant aspect le guérisse comme s'il n'avait jamais senti la moindre lésion — qu'aussitôt, recommençant, ils reviennent brutalement à leur carnage. » Hélas ! après avoir parlé en moi-même, je me pris à pleurer et, soupirant, à faire jaillir d'abondantes larmes de mes yeux, m'efforçant de désirer la détestable mort. Je demeurai quelque temps livré à l'excessive et funeste rage d'amour qui m'agitait douloureusement, au-delà de toute limite, qui me torturait par une chaleur intérieure dévorante et me fondait en larmes et en soupirs. Dans cette angoisse désordonnée, je formai plusieurs fois en mon cœur la résolution de m'écrier pour lui dire : « Ô nymphe plus que très-belle ! mon premier, mon unique espoir, prenez pitié, secourez-moi ! car je suis en danger de mort ! » Mais pensant que c'était commettre une faute, que c'était de ma part une erreur, une pensée légère, je me retins. Alors l'esprit plein de rage, frémissant, je me confondis en moi-même, disant : « Pourquoi hésites-tu, ô Poliphile ! Il est louable de mourir quand l'amour en est cause. Ah ! ce serait le fait de ma triste et maligne adversité que toute ma douloureuse aventure, que toutes mes pesantes infortunes, que mon noble amour pour une telle nymphe dussent être récités dans le creux de la terre[29] ; car, après que les joncs minces et flexibles auraient poussé, ils viendraient à révéler mes amours dangereux et toujours croissants et ne dissimuleraient pas le côté coupable de mes pensées vagabondes. » Aussi disais-je : « Il se peut que cette nymphe soit une déesse, comme le démontre son apparence. Eh bien, dans un cas semblable, Syrinx[30] la loquace Arcadienne n'eût pas été livrée, gémissante, dans le lit humide et marécageux du fleuve Ladon, à l'excitant et turbulent Eurus, au tumultueux et glacial Borée, au pleureur Auster chargé de nuées, au remuant et pluvieux Notus, si son importun et inconvenant verbiage ne se fût produit en présence des déesses. Pareillement la répliqueuse Écho n'aurait pas vu son nom prendre un sens nouveau si elle eût parlé décemment. C'est que les Dieux, bien que naturellement pleins de pitié, se montrent sévères et vengeurs en présence d'un semblable mépris et d'un aussi audacieux oubli. Pour une raison semblable les compagnons du prudent et rusé Ulysse eussent échappé au péril mortel du naufrage si, dans leur coupable imprudence, ils n'eussent dérobé le troupeau sacré d'Apollon gardé par les nymphes sœurs Phaëtusa et Lampetié[31]. De même Orion[32] n'eût pas encouru l'atroce vengeance si, dans sa témérité, il n'eût tenté de forcer la froide et chaste Diane. Le fils de l'ardent Phœbus fut, présomptueux, foudroyé du haut de l'Olympe et relégué éternellement dans les eaux du Styx pour avoir brûlé les herbes glucysidées[33]. Si donc je me laissais aller à quelque mouvement impertinent devant cette nymphe divine, ne pourrait-il pas m'en advenir facilement autant et pire ? » C'est en débattant ainsi, en moi-même, que j'échappai au trouble excessif de mon âme.

Je me calmai donc, je me consolai en me tenant pour satisfait du grand plaisir de regarder l'élégante parure et la belle forme de cette noble et illustre nymphe qui possédait en abondance tout ce qui fait chérir amoureusement, tout ce qui fait aimer tendrement. Elle versait, de ses yeux caressants, un tel flot de douceur, que je rejetai de mon esprit les troublantes et irréfrénables pensées et que je parvins à le modérer un peu. Refoulant mes soupirs retentissants, rempli dune flatteuse espérance — ô nourriture amoureuse des amants trop souvent mélangée à un breuvage de larmes ! je fis, à l'aide d'un frein rigoureux, converger mes pensées surexcitées vers ce noble examen, plaisir factice, admirant, avec une jouissance extrême, ce corps charmant et voluptueux, et ces joues rosées, et ces membres polis et brillants. Me fortifiant par la contemplation de ces choses rares, je mitigeai doucement mes frémissants désirs, la trop grande ardeur de mes emportements enragés qui ne laissaient de s'allumer au foyer amoureux dont j'étais si proche.

La nymphe conduit l'amoureux Poliphile en d'autres endroits fort beaux où il aperçoit d'innombrables jeunes filles célébrant et fêtant vivement le triomphe de Vertumne et de Pomone autour d'un autel sacré. Puis ils parviennent à un temple merveilleux dont Poliphile décrit en partie l'architecture. Il raconte comme quoi, sur un avis de la prêtresse, la nymphe éteignit sa torche, avec de nombreuses cérémonies, en lui déclarant qu'elle était sa Polia, et comme quoi, en compagnie de la présidente du sacrifice, elle invoqua les trois Grâces devant le divin autel • Chapitre XVII

OMME je ne pouvais déjà plus lutter contre la violence des armes célestes, et l'élégante nymphe en ayant profité pour conquérir amoureusement sur moi, son misérable amant, une irrévocable domination, elle me conduisit, suivant ses pas mesurés, vers un endroit spacieux. Il était contigu à la vallée encaissée et fleurie, ceinte de collines où des sommets décorés et des coteaux plantés de vigne bornant le littoral en fermaient les entrées et entouraient cette région d'or pleine d'incroyables agréments. Ces collines étaient couvertes de bois sauvages d'une remarquable densité, encore que les arbres y eussent été disposés dans un ordre agréable. C'étaient l'if de Corse et celui d'Æcæ[1], le pinastre infructueux et résineux, les pins élevés[2], les sapins droits dont les branches pendent négligemment et résistent au poids, le mélèze inflammable, le laryx spongieux. L'air y était tiède, et les nymphes Oréades[3] y cultivaient, tout en fête, ces aimables collines. C'est là que nous nous dirigeâmes, par la plaine verte et fleurie. Brûlé du feu d'amour, j'allais près de la nymphe insigne qui me servait de guide. Nous marchions entre les hauts cyprès, les larges hêtres, entre les chênes verdoyants garnis abondamment de leurs fruits nouveaux encupulés, arbres chers et agréables à Jupiter l'altitonnant ; nous marchions entre les rouvres durs à l'écorce rugueuse, entre les épineux genévriers éternellement verts, entre les frêles coudriers, entre les frênes aux minces baguettes, entre les lauriers garnis de baies, les chênes comestibles, les charmes noueux et les tilleuls qu'inquiétait le souffle frais du suave zéphyr se jouant dans les tendres rameaux qu'il secouait doucement.

Tous ces arbres n'étaient pas plantés serrés, mais ils l'étaient à distance voulue, et tous, dûment distribués à l'endroit convenable pour le bon aspect, étaient on ne peut plus convenables à la vue avec leur frondaison printanière. Les nymphes campagnardes fréquentaient ces lieux. Les dryades errantes, au petit corps agile entouré de tiges feuillues souples et tordues, au large front couvert de leurs cheveux pendants, s'y trouvaient de compagnie avec les faunes cornus à la tête couronnée de légers roseaux et de férule pleine de moelle, ceints des feuilles aiguës du pin, ainsi qu'avec les satyres agiles, sautants et lascifs. Tous solennisaient les féeries faunesques, sortis de cet aimable bois sacré au feuillage plus tendre et plus vert que ne fut, je le pense, la forêt de la déesse Féronie[4] quand elle reverdit, alors que ses habitants voulurent, à cause de l'incendie qui la dévora, transporter ailleurs l'image de la déesse[5].

Nous parvînmes en un lieu où étaient de vastes espaces carrés bordés par des routes larges et droites se coupant à angles droits, garnies de cynacanthes[6] ou épines, de genévriers nains et de buis très-fournis taillés très-également à hauteur de mur, enfermant les carrés contenant des fleurs et des prairies humides. J'admirai, à chaque intersection, de hauts palmiers victorieux d'où pendaient, sortis de leur écorce, d'abondants régimes de dattes, les unes noires, les autres rouges et un grand nombre jaunes, telles qu'on n'en trouverait pas dans l'Égypte arrosée. Le palmier dit Dabla[7], chez les Arabes scénites[8], n'en portait peut-être point de pareilles, et Jéricho, d'aventure, n'en produisait pas non plus. Ces palmiers alternaient avec des citronniers et des orangers très-verts, des pommiers, des pistachiers, grenadiers, cognassiers, myrtes en arbre, néfliers, sorbiers et autres en quantité, très-nobles et féconds en fruits, au milieu des champs nouvellement reverdis.

Là, sur la verdure des prés fleuris, sous les ombres fraîches, j'aperçus, en multitude compacte, une grande foule de gens qu'on n'a pas accoutumé de voir souvent réunis et qui se réjouissaient, vêtus, à la mode champêtre, de peaux de faon couvertes de taches blanches pareilles à des gouttes de peinture ; quelques-uns étaient couverts d'étoffes à poils ras, d'autres portaient sur la chair nue des feuilles de colocase[9], de bananier, du grand tussilage et autres feuillages variés avec des fleurs et des fruits. Ils avaient des chaussures faites

FIGURE 137
(1499).

avec des feuilles d'oseille, ils étaient couronnés de fleurs et célébraient leur fête
en proie à des transports religieux, applaudissant et jubilant. Telles étaient
les Hamadryades[10] et les chanteuses d'Hyménées couronnées de fleurs
odorantes, dansant avec vénération et gaîment au-devant et autour
de Vertumne[11] fleuri, au front ceint de roses pourprées et
jaunes, le giron plein de fleurs parfumées amies de la
saison que ramène le Bélier laineux[12]. Il était assis
triomphant sur un chariot fort antique, tiré
par quatre faunes cornus enchaînés de
guirlandes de feuilles nouvelles, en
compagnie de sa bien-aimée
femme Pomone[13], cou-
ronnée de fruits et
laissant pendre
la masse
de

Figure 138 (1883).

ses très-blonds cheveux. Elle était assise aussi. À ses pieds se trouvait une chantepleure en terre cuite ; sa main tenait une cornucopie toute pleine de fleurs et de fruits mêlés à du feuillage. En avant du char, près des faunes qui le traînaient, une femme élevait au bout d'une lance un trophée composé de fourches, sarcloirs et faucilles liés ensemble, avec cette inscription sur un cartouche :

INTEGERRIMAM CORPORVM VALETVDINEM, ET STABILE ROBVR, CASTASQVE MENSARVM DELICIAS, ET BEATAM ANIMI SECVRITATEM CVLTORIBUS MEIS OFFERO
[*Ce qui signifie :* J'OFFRE À MES SECTATEVRS LA SANTÉ PARFAITE DU CORPS, LA STABLE VIGVEVR, LES CHASTES DÉLICES DE LA TABLE, ET L'HEVREVSE SÉCVRITÉ DE L'ESPRIT].

L'autre portait un trophée de germes et de rejetons verdissants attachés à des instruments ruraux. Toutes sautaient selon un rite antique, applaudissant, tournant et retournant solennellement autour d'un autel sacré quadrangulaire établi religieusement au milieu du pré touffu et fleuri, arrosé de très-claires fontaines. Cet autel, orné de moulures recherchées, d'une faîture excellente, était en marbre blanc et lustré, admirablement sculpté.

Figure 139 (1499).

Sur chacune des faces était une représentation incroyable d'une élégante image presque en ronde bosse. La première montrait une très-belle Divinité aux tresses flottantes, couronnée de roses et autres fleurs, à la fine tunique se moulant sur les beaux membres qu'elle revêtait. De la main droite elle jetait pieusement des roses et des fleurs diverses au-dessus d'un autel à sacrifice fait d'un très-antique chytropode[14] d'où s'échappait une légère flamme. De l'autre

Figure 140 (1883).

main elle portait un rameau de myrte odorant garni de ses baies. À côté d'elle se tenait souriant un très-joli petit enfant ailé, muni de ses insignes offensifs. Il y avait aussi deux colombes. Aux pieds de cette figure était inscrit :

FLORIDO VERI. S.
[ce qui signifie : DÉDIÉ AV PRINTEMPS FLEVRI].

Sur la face voisine, je vis une admirable sculpture représentant une demoiselle à l'aspect virginal trahissant une majesté de matrone qui faisait le plus grand honneur à l'ouvrier. Elle était couronnée d'épis, en habit de nymphe, tenant de la main droite une cornucopie pleine de grain mûr et, de l'autre, trois chaumes garnis, chacun, d'un épi barbelé. À ses pieds gisait une gerbe liée avec ces mots :

FIGURE 141 (1499)

FIGURE 142 (1883)

FLAVÆ MESSI. S.
[ce qui signifie : DÉDIÉ À LA BLONDE MOISSON].

Sur la troisième face se voyait une effigie nue qui apparaissait rendue avec une façon et un art admirables. C'était un enfant couronné de grappes de raisin, au rire lascif. Il tenait de la main gauche une touffe de pampres fructifiés, et, de l'autre, une cornucopie pleine de grappes, de feuilles de vigne et de vrilles pendant par-dessus les bords. Au pied de cette image était un bouc velu, avec cette inscription gravée :

MVSTVLENTO AVTVMNO, S.
[ce qui signifie : DÉDIÉ AU VINEVX AVTOMNE].

FIGURE 143 (1499)

FIGURE 144 (1883)

FIGURE 145 (1499)

FIGURE 146 (1883)

La dernière face avait une belle sculpture d'une image royale à l'aspect robuste et rigide, qui tenait un sceptre dans la main gauche et regardait vers le ciel au milieu d'un air obscur, troublé et orageux. De l'autre main elle touchait un nuage de grêle. Derrière elle l'air paraissait pluvieux et nébuleux. Elle était vêtue d'une couverture de peau appliquée sur le nu et chaussée de sandales antiques. Au-dessous était cette inscription :

HYEMI ÆOLLÆ. S.
[*ce qui signifie :* DÉDIÉ À L'HIVER VENTEVX].

Pour ce noble travail le remarquable artiste avait soigneusement choisi le marbre qui, fort blanc, était veiné de noir à l'endroit requis, afin d'imiter l'air obscur et nébuleux avec la chute de la grêle. Sur la plate-forme de cet autel s'élevait le rude simulacre du Dieu des jardins[15] avec tous ses attributs convenables et appropriés. Une coupole, établie et soutenue sur quatre pieux fichés dans le sol, recouvrait et ombrageait ce mystérieux autel. Ces pieux étaient soigneusement revêtus de feuillages garnis de fleurs et de fruits. Le comble était tout fleuri. Entre chaque pieu, au bord de chaque entre-bâillement de la couverture, pendait une lampe allumée, ainsi que des ornements en feuilles de clinquant, lesquelles, agitées de temps en temps par les fraîches brises printanières, haussaient avec une crépitation Tantôt les assistants jetaient religieusement, et selon un fort ancien rite campagnard, en manière de libations, quelques bulles ou ampoules de verre emplies du sang d'un âne immolé[16], de lait chaud ou de vin pur éclatant, qui crevaient en laissant échapper leur contenu. Tantôt ils lançaient des fruits, des fleurs et des feuilles, tout joyeux et festoyants. Tantôt ils promenaient, avec une antique cérémonie silvestre, l'image du vieux Janus[17] à la tête garnie de fleurs tressées et enlacées, chantant, sur un rythme champêtre, des vers Thalassiens[18], Hyménéens[19] et Fescenniens[20], jouant de leurs instruments agrestes en grande joie et triomphe, célébrant leur culte en dansant, sautant, applaudissant solennellement, aux sons perçants des voix féminines. Aussi de tels rites consacrés, de semblables fêtes ne me causèrent pas moins de plaisir, ne me charmèrent et ne m'étonnèrent pas moins que les précédents triomphes ne m'avaient rempli d'admiration.

Avançant quelque peu, allant, avec un plaisir extrême, toujours de l'avant, j'eus lieu d'admirer encore, aux bords des claires fontaines disséminées dans les gracieuses prairies à l'herbe touffue, sous les bois pleins d'ombre, la danse des Napées[21] humides, les ébats des plaisantes Naïades et les chants des Néréides de la mer. Quelques-unes étaient revêtues de peau de veau marin que n'atteint pas la colère du suprême Jupiter. Elles portaient des corbeilles d'écorce à mettre des vivres remplies de fruits et de fleurs, venues qu'elles étaient du littoral sablonneux, et elles amusaient leur oisiveté à des fêtes diverses. Beaucoup tenaient en main des thyrses verts chargés à leur sommet de fleurs d'oranger aux feuilles souples, de roses d'Égypte jaunes, de roses de Perse, de narcisse ; ainsi que des bouquets de grenadier et d'odorant aneth. Avec elles se trouvaient Pan l'Arcadien, dieu des forêts, les Silvains demi-dieux des montagnes, les nymphes des bois[22] et d'autres encore, ainsi que Zéphyr en compagnie de Chloris[23] sa bien-aimée à laquelle il avait concédé l'empire des fleurs. Grand nombre de pasteurs se démenaient chantant, experts à jouter avec des chansons, et, la houlette en main, ils louaient ensemble, jubilant, applaudissant, en fête, en jeux, en ébattements, sur de très-vieux instruments faits de pipeaux et de roseaux, sur des flûtes en cornet aux sons étranges, fabriquées d'écorce enroulée en forme de scytale[24], l'amoureux et tout-puissant Jupiter ; ils célébraient et glorifiaient la sainte culture des champs, accomplissant très-dévotement les féeries floréales.

Aussi je laisse croire, à qui peut en pensée se le représenter, le voluptueux plaisir que je ressentis. Donc, je voyageais tout comblé d'une incroyable joie. Ma très-gracieuse compagne et moi nous poursuivîmes notre heureux itinéraire, notre amoureuse promenade à deux. Comme parfois je détournais mes regards de l'objet dont provenaient leur douce domination, leurs chaînes, et leur quasi-confiscation, voilà que, regardant par-dessus les tendres chevelures et les vertes cimes des arbres balancés, j'aperçus un pinacle élevé qui m'apparut posé sur un faîte arrondi. J'estimai qu'il était peu distant du rivage au doux murmure situé dans la direction où me conduisait l'aimable nymphe ; rivage vers lequel les sources tombantes et jaillissantes, qui circonscrivaient la vallée, s'écoulaient du pied des riches collines et des coteaux couverts en partie de prés, en partie de bois, et couraient, d'un côté comme de l'autre, avec des eaux très-rapides, en formant de transparents canaux au lit de sable et de gravier. Bientôt, outre ledit pinacle, je vis un dôme éminent et superbe qui me parut recouvert de plomb pâli. Il portait à son sommet une lanterne octogonale garnie de colonnes, et, par-dessus, un autre dôme qui supportait huit piles quadrangulaires couvertes d'un comble en forme de balustre, duquel s'élançait une flèche ayant à son sommet une

FIGURE 147 (1499).

FIGURE 148 (1883).

boule très-ronde, remarquablement brillante, d'un or éclatant. La vue m'en fut très-agréable et ne m'inspira pas médiocrement le désir de la considérer de plus près, à mon aise, pensant avec raison que c'était là un très-grand et fort antique monument. Aussi étais-je sur le point de prier ma bonne conductrice de vouloir bien m'y mener, encore que nous allassions tout droit dans cette direction. Mais je réprimai ce désir, disant en moi-même : « Hélas ! je n'ose demander cette chose vers laquelle je suis aiguillonné et vivement poussé, cette chose qui me tient si violemment à cœur, que je désire si ardemment et avant tout, cette chose que je crois capable, si elle m'était accordée, de faire de moi le plus satisfait des amants. Or si, tout en suffoquant, je réprime et condamne, en ma faiblesse, cette pensée inconsidérée, ne trouvant de soulagement à une si longue torture qu'en me repaissant des soupirs de mon cœur, comment donc oserais-je implorer une faveur qui m'est bien moins chère ? Hélas ! cœur agité, cœur partagé qui ne m'appartiens plus entièrement, comment suis-tu si volontiers l'oiseau de proie qui dévore ton existence ! Ce cœur, enveloppé de ses liens lascifs, en proie à ses pensées coupables, cause en mon sein enflammé une palpitation sans fin. Il est pareil au triste cœur du faisan que le cruel faucon oblige à s'envoler de la cime des arbres ! » Ainsi poursuivant, agité par des réflexions nouvelles, notre marche mesurée, tout en causant abondamment avec ma nymphe qui m'entretenait des merveilles que, par une grâce divine, il m'était permis de contempler, nous parvînmes enfin près du rivage sonore que baignaient les ondes plaisantes de la mer agitée. En cet endroit, situé dans une assiette charmante, nous nous trouvâmes en face d'un ancien temple d'un art architectural des plus ornés, d'un travail antique de la plus grande richesse, somptueusement bâti et consacré à la Vénus physique.

Ce temple sacré était construit architectoniquement, en un rond habilement inscrit dans une figure carrée tracée sur une aire parfaitement nivelée. Son diamètre donnait la mesure de sa hauteur. En ce cercle, établi sur le sol, était inscrit un second carré. Le diamètre de ce cercle, à partir de l'extrémité d'un des côtés du carré jusqu'au centre[25], était divisé en cinq parties égales, plus une sixième supplémentaire au-delà du centre ; ce qui donnait le rayon d'un nouveau cercle[26] dans lequel le très-docte architecte avait enfermé l'ensemble du temple. Cette excellente construction, ce superbe édifice avait été élevé dans un exact rapport des mesures et proportions tant des parois d'enceinte, de l'épaisseur des murs, des piliers extérieurs, que de l'espace compris entre une circonférence et l'autre, c'est-à-dire entre la première

FIGURE 149
(1883).

paroi et la colonnade ou péristyle entourant l'espace libre voûté. En menant ensuite dix rayons du centre à la circonférence il fut établi, sur les parties égales obtenues par les intersections de ces rayons sur ladite circonférence, autant d'arcades superposées à des colonnes de marbre serpentin. Contre le pilier solide soutenant deux arcades départies de côté et d'autre et formant la cloison circulaire intérieure, se dressait en saillie, sur une largeur de deux pieds, une colonne Corinthienne ciselée et polie, d'une hauteur égale à celle d'une colonne Ionique, c'est-à-dire mesurant neuf fois son diamètre, en deçà du chapiteau qui était de bronze. La colonne était en porphyre brillant. Elle soutenait l'architrave unie à la frise ainsi qu'à la corniche qui couraient au-dessus du sommet de l'arc ou travée courbe.

L'archivolte, sa frise et sa corniche surplombaient le nu de la colonne de porphyre par une projection accommodée à la demande de la perpendiculaire. La base et le chapiteau de la colonne étaient de fin métal doré au feu, très-brillant ; son entasis[27] ou corpulence était exacte. Cette disposition en saillie était régulièrement observée pour toutes les colonnes de porphyre parfaitement de niveau et semblables. Elles reposaient chacune sur un piédestal approprié à l'effet de la colonnade. Mais l'illustre architecte, pour donner un plus grand dégagement au pavé, avait fait les arcades à jour.

Les arcs, posant leurs extrémités au-dessus des colonnes en ophite arrondies et polies au tour par le frottement, s'appuyaient sur l'entablement accoutumé ou bandeau établi au-dessus des chapiteaux, afin d'avoir une solide assiette. Cet entablement n'était pas en airain, pour le mieux des ornements ondulés des chapiteaux. Sous la base était établi un demi-piédestal sur lequel portait solidement chaque colonne d'ophite.

Quant aux colonnes Corinthiennes, elles reposaient fermement sur un piédestal de forme demi-cylindrique relié on ne peut mieux de côté et d'autre aux demi-piédestaux des colonnes d'ophite. Ce premier piédestal était formé par le moyen de deux carrés, dont le côté égalait le diamètre de la base de la colonne Corinthienne ; il était de proportion sesquialtère[28], fort convenablement disposé quant aux détails ; moulures, tores, gueules, nervures, cimaises et autres lignes tant du haut que du bas, dûment liées avec celles des piédestaux dégagés ci-dessus dits.

Chacun des arcs[29] était élégamment décoré de sa clef faite de petits enfants avec des feuillages fleuris allant de côté et d'autre. Dans chaque triangle formé par les arcs étincelait, comme un miroir, un rond en jaspe versicolore

FIGURE 150
(1883).

excellemment entouré d'une ondoyante bordure de fleurs brillamment dorées.

Contre le pilier soutenant les arcs opposés l'un à l'autre, derrière la colonne Corinthienne, un pilastre cannelé formait une saillie d'un tiers. Il avait sa base posant sur le pavé et s'appuyait contre la cloison qui divisait les arcs, ayant en face de lui, contre la dernière cloison, un pilastre en tout semblable.

La mesure de l'intervalle entre ces piliers était donnée par les rayons menés du centre à la circonférence sur la ligne des piliers de la cloison extérieure. Au-dessus du demi-chapiteau des pilastres courait un bandeau circulaire d'un gracieux travail.

Les demi-piédestaux cylindriques et ceux des colonnes d'ophite étaient en alabastrite éclatant. Ils étaient ornés de festons en reliefs d'abondants feuillages garnis de fruits d'une grande blancheur, tels que nèfles et têtes de pavots, festons qui se renflaient vers le milieu et qui, vers leurs extrémités, laissaient pendre des rejetons variés attachés à de certains anneaux joliment ornés.

Au-dessous de la bande circulaire ci-dessus mentionnée[30], entre l'un et l'autre pilastre cannelés appartenant à la première paroi, se trouvait une fenêtre rectangulaire formée d'un carré et demi, ainsi qu'il est requis pour les temples antiques. L'ouverture ou jour de cette fenêtre était garnie, avec beaucoup d'art, d'une lame diaphane de pierre de Ségovie[31] qui ne craint pas la vétusté. On comptait huit de ces fenêtres, parce que l'entrée de ce temple en occupait une partie, et que, directement en face du pronaos[32], une autre partie était affectée à recevoir la porte aux battants dorés de l'enceinte réservée ou sacré sanctuaire surajouté, dont la description, pour plus de commodité, sera donnée ultérieurement.

Adossés aux pilastres placés à l'intérieur du mur d'enceinte, les piliers extérieurs faisaient une saillie égale à l'épaisseur de la muraille. Leur largeur était déterminée par les intersections des rayons sur la circonférence. Cette largeur des piliers était divisée en trois parties : on en accordait une aux pilastres, les deux autres, de côté et d'autre, étaient accordées aux côtières destinées à soutenir un arc engagé dans le mur et allant d'un pilastre à l'autre. La saillie de ces pilastres, divisée en trois, donnait une partie à celle que formait l'arc au-dessus du plan du mur uni, et dépassait des deux autres tiers les côtières et les arcs engagés dans l'épaisseur du mur solide[33].

FIGURE 151 (1499).

Les architectes recherchés préconisaient cette élégante observance, et pour ne pas donner au mur une telle épaisseur que les fenêtres en fussent obscurcies, et par une précaution intelligente pour la solidité du massif aussi bien que de ses parties saillantes, et pour la grâce extérieure.

Cette arcature se déroulait en arcs arrondis dans un ensemble excellent du même module, bien et dûment joints et partout établis le long du mur qu'ils entouraient joliment, lequel mur, entre chaque arc, présentait le même aspect.

Dans l'intervalle nu entre chaque pilier, ou mieux dans l'espace compris sous chaque arc, sur le restant de la muraille, était placée la fenêtre. L'arc se maintenait à la même distance du pilastre que de la première corniche circulaire qui courait, à l'extérieur, au-dessous de la première toiture. On comptait dix piliers, ossature de l'édifice, autant d'arcs engagés dans le massif et saillants sur le mur extérieur, moins un à la partie de l'édifice où était appliqué le sanctuaire[34].

Ce sanctuaire, ladite grande corniche l'embrassait entièrement et le reliait avec le temple. La toiture s'élevait au-dessus de ce cordon. C'était un dôme sans ouverture et indépendant du grand.

Revenons maintenant à la ceinture de l'intérieur courant au-dessus de la colonnade ou péristyle qui soutenait l'architrave, plus la frise et la corniche formant saillie à la rencontre des colonnes de porphyre. Sur la plate-forme de ces saillies de la corniche se dressaient des demi-pilastres cannelés en ophite de premier choix, dont les demi-chapiteaux supportaient une corniche aux remarquables moulures, et à partir de laquelle prenait naissance l'inflexion de la haute coupole.

Dans l'entre-deux de ces pilastres, je vis des fenêtres de bonne proportion, placées fort à propos et obturées par des lames de Bologne en Gaule[35].

Elles étaient construites par l'habile sectateur des Muses, en des champs dorés dans lesquels j'admirai, réparties proportionnellement et en divisions égales, de superbes peintures en mosaïque représentant la propriété et l'effet de chaque mois de l'année, les opérations du soleil à la rencontre du Zodiaque et les opérations de la lune au-devant du soleil, les phases mensuelles de cette même lune se renouvelant cornue, demi-pleine et pleine, sa révolution embrassant le mois entier, celle que fait le soleil en son parcours, les équinoxes, les solstices d'hiver et d'été, le cercle des vicissitudes du jour et de la nuit, le quadruple mouvement des saisons, enfin la nature des étoiles fixes et des étoiles errantes avec leurs effets. Il me sembla qu'une œuvre d'un tel art avait dû être dirigée par les très-habiles mathématiciens Pétosiris[36] et Nécepsos[37]. À observer de telles choses, l'observateur était amené, avec un plaisir extrême, aux plus rares et aux plus admirables spéculations, sans compter l'excellent spectacle qui lui était offert des fictions élégantes, de la belle distribution des figures, de la peinture achevée tant par les colorations que par les ombres qui, rendant dignement et à propos le modelé des corps et l'effet lumineux, en présentaient l'aspect louable et plaisant à la perception de l'esprit. Cette œuvre méritait d'être considérée autant que n'importe quoi. Dans un compartiment était écrit avec élégance, en caractères antiques, la signification des sujets énoncés plus haut. Ces espaces contenus entre les demi-pilastres étaient enfermés dans des moulures sculptées d'un fort beau travail.

Les parois étaient revêtues de nombreuses plaques rapportées, aux formes variées, artistement incrustées et de prix, du mieux que l'imagination du fécond architecte avait su en faire l'application à une construction aussi magnifique. On ne fit peut-être rien de semblable au temple de Jupiter Ammon. Au-dessus de la rangée des colonnes Corinthiennes résidait Apollon jouant de la lyre, et, tout autour du vaisseau, chacune sur un piédestal convenable, étaient établies, d'un seul bloc de pierre pilates[38], dans des attitudes et avec des mouvements appropriés, au grand honneur du sculpteur, les Muses taillées d'une façon exquise, dressées sur les saillies que formait la corniche au-delà de tout le cordon circulaire.

L'immense coupole décelait plutôt une œuvre divine qu'un spécimen du génie humain. Mais si, toutefois, elle était de main d'homme, on n'eût pu ne pas demeurer stupéfait en sa présence, ni ne pas traiter d'ambitieuse une telle tentative de l'art de fonte menée à bien par un esprit mortel.

Effectivement, en considérant sa vaste étendue, on s'apercevait, comme je le vis d'ailleurs, qu'elle était coulée d'un seul jet de métal. Je demeurai dans une admiration extraordinaire, halluciné, et taxant cela d'impossibilité. Cette œuvre de bronze n'était formée rien moins que d'une vigne qui prenait naissance en de très-beaux vases d'airain placés perpendiculairement au-dessus de la rangée des pilastres. Elle disséminait de tous côtés ses branches, sarments et vrilles qui s'enroulaient et se tortillaient en des nœuds pleins de grâce, suivant la courbure de la coupole, avec une densité convenable de rameaux feuillus après lesquels grimpaient des petits enfants s'essayant à saisir des oiseaux voletant, le tout admirablement sculpté à faire envie à la nature, les interstices demeurant à jour. Ces travaux étaient exécutés dans une proportion telle, que, du sol, ils apparaissaient de grandeur naturelle ; le tout brillamment revêtu d'or fin. Les ouvertures, c'est-à-dire les interstices entre les feuilles, les fruits et les êtres vivants, étaient très-convenablement fermées par des plaques de cristal aux colorations variées, semblables aux gemmes les plus brillantes.

La convenance d'une construction parfaite et le complément de l'harmonie exigent que tout cordon intérieur soit répété au-dehors. Les piliers extérieurs reposaient sur une base continue ou stylobate, sise au-dessus de trois marches inégales qui entouraient complètement le bas de l'édifice et étaient posées de niveau sur le sol de façon à venir à la hauteur du pavé intérieur. Au-dessus de ces marches régnait l'aréobate ou mieux stylobate en manière de base ornée de tores, nacelles, bandeaux, gorges et quarts de rond, courant autour du temple ainsi qu'autour du sanctuaire, en formant une très-belle ceinture dont la moulure la plus basse avançait d'un pied humain sur le nu des piliers. Ces piliers étaient perforés, à l'intérieur, de canaux et pertuis, afin de recevoir l'eau des pluies et de les introduire dans le sol où elles s'engouffraient à l'aide de tuyaux excellemment joints. Car, dans les édifices élevés en plein air, il ne doit y avoir ni gouttières ni gargouilles.

D'abord parce que la chute en pourrait être dangereuse, et puis, parce que celui qui pisse trop près de ses pieds gâte sa chaussure et la salit. Il faut donc éviter cet inconvénient. Les gargouilles à découvert sont cause que l'eau, dans sa chute, creuse le sol ; et si celle-ci rencontre une résistance en tombant sur une dalle de pierre, elle rejaillit d'autant plus contre les pieds de l'édifice et éclabousse le mur.

Ce n'est jamais sans grave inconvénient, ni sans danger pour les murailles que l'eau, chassée par la force du vent, vient à se répandre contre elles. Cette eau les moisit, les rend terreuses et, pénétrant par les fenêtres, creuse et ronge toutes les moulures. L'aspersion de l'eau fait croître, dans les joints, les mauvaises herbes, cotylédon[39], cymbalaire, adiante, digitale, pariétaire, polypode, cela jusqu'à produire des arbrisseaux même, tels que le figuier sauvage ; c'est la ruine du mur dont ils disjoignent les parois et les rongent par le fait de leurs racines multiples et renouvelées.

La hauteur de la première muraille était donnée par celle du sommet de l'épaisseur[40] des travées courbes ou arcs reposant sur la colonnade, hauteur arrivant au niveau de la ligne sise derrière les colonnes Corinthiennes où commençait le comble écaillé de l'édifice. Au sommet de cette muraille, sur le bandeau supérieur de la corniche circulaire, était creusé un petit canal contre le bord duquel s'arrêtait le toit penché couvert d'écailles en airain doré. La partie la plus élevée de ce comble prenait naissance contre la voûte, au-dessus même de la corniche interne, y compris sa travée et sa frise. Dans ce petit canal creusé au sommet du mur extérieur, à même l'épaisseur de la grande corniche, les eaux pluviales qui ruisselaient le long du toit penché, s'engouffraient dans les tuyaux ménagés à l'intérieur des piliers. Les pluies recueillies s'y précipitaient jusqu'au bas. Là, reçues dans des conduits cachés sous terre, elles s'écoulaient dans la citerne. Cette citerne étant munie d'un puisard par lequel disparaissait le superflu de l'eau, dont il ne restait que le nécessaire aux besoins du culte.

La face des pilastres extérieurs était décorée en perfection de candélabres, feuilles, fruits, fleurs, oiselets et autres travaux variés et précieux enfermés entre des moulures d'un dessin excellent. Ces pilastres étaient continués au-delà de l'arête du mur[41], d'une hauteur égale à celle de la partie surélevée au-delà de la corniche intérieure, sur laquelle étaient posés les piédestaux qui supportaient les Muses, c'est-à-dire jusqu'à la hauteur de la couronne, à partir de laquelle commençait la grande voûte arrondie, en sorte que, de ce point à la cime des piliers, il y avait une inclinaison égale à celle de la toiture couverte d'écailles en tuiles dorées comme ne le furent point par Catulus[42] celles du Capitole, non plus que l'imbrication du dôme du Panthéon[43].

Entre les fenêtres placées dessous la coupole et le derrière de la surélévation des pilastres, s'appuyait, établi au niveau de la corniche du mur extérieur, un arc-boutant largement ouvert, ayant les mêmes moulures que les travées[44]. Ses extrémités portaient tant du côté du mur que du côté du pilier[45] sur un demi-pilastre entré dans le mur et sortant d'un tiers, contre le pilastre d'ophite[46] adossé à l'intérieur, ainsi que sur un autre situé derrière le pilier extérieur surélevé.

À la face antérieure de ces piliers exhaussés étaient des niches ou châsses posées perpendiculairement au-dessus du chapiteau du pilastre[47]. Devant ces niches étaient placées des statues d'une grande noblesse, dans des attitudes variées. Sur la face de droite et sur celle de gauche de ce pilier surélevé, on voyait les mêmes sculptures que celles qui ornaient la face antérieure du pilastre situé dessous, et dont le sommet était de niveau avec la saillie de l'arc extérieur[48].

Le bas de l'ensemble des lignes par-dessus lequel régnait le dehors de la coupole[49] tombait sur le demi-pilastre[50] avec toute la réunion des moulures qui constituait la ceinture menée au-dessous du dôme, et c'est sur ce bas même que l'arc-boutant faisait résistance. Cette ceinture formait un couronnement orné d'échinés ou oves au larmier concave ; elle était garnie de quintefeuilles entre leurs arêtes et se montrait parfaite dans l'ensemble de ses moulures.

La coupole reposait, à son point de départ, sur cette ceinture ou couronnement dans l'épaisseur de laquelle était creusé un canal où les eaux, s'écoulant du dôme, allaient s'ingurgitant avec rapidité par les canaux ménagés dans les piliers.

Sur le rampant de la voûte, jusque sur le dessus du pilastre, s'étendait, couvrant tout l'arc-boutant, un cuir ou cartouche qui formait deux volutes en sens inverse. L'une se contournait en dedans contre le dôme, l'autre en dehors contre le pilier. Dans les spirales des volutes naissaient des caroubes ou des grains de fève ou de lupin, sortant de leur gousse. Le dessus de ce cartouche était couvert de gracieuses écailles. Sur la volute contournée en dedans rampait, en tombant sur la partie infléchie écaillée, une feuille d'artichaut. Ces volutes en forme d'escargot s'obtiennent tout bellement à l'aide du compas. On fixe la branche stable de l'instrument, et l'on trace un demi-cercle, puis, posant cette branche stable sur un point pris entre le centre et l'extrémité du demi-cercle[51], on trace de ce point un autre demi-cercle soudé à l'extrémité du premier ; en continuant l'opération et en prenant alternativement un de ces deux points pour centre, on mène cette figure avec justesse.

Enfin, sur la plate-forme de chacun des piliers surélevés, était établi un candélabre en aurichalque brillant d'une façon admirable. L'orifice en était ouvert dans la forme d'une conque. Des matières inconsumables y brûlaient, sans cesse, d'un feu perpétuel que le vent ni la pluie ne pouvaient éteindre. Chacun de ces merveilleux candélabres, d'une grosseur pareille et bien proportionnée, avait des anses à l'avenant.

D'une anse à l'autre[52] allait, pendante, retenue admirablement, une guirlande nouée et renouée en plusieurs endroits, faite de feuillages, de fleurs et de fruits divers, renflée, selon la coutume, dans le milieu de son inflexion, garnie de liens et fouillée à jour. Sur la rosace, au milieu du renflement, là où se croisaient les rubans, reposait un aigle plein d'animation et de fierté, les ailes étendues, qui, vu du sol, apparaissait superbement doué de la perfection naturelle. Il était de la même matière que les candélabres, bien lesté, creux et fondu avec une très-mince surface. Le feuillage, les beaux fruits et les petites fleurs, ainsi que les autres travaux, étaient rendus on ne peut plus délicatement. Le soffite de l'intérieur du temple, entre la colonnade et le mur[53], était peint, avec beaucoup d'art, de couleurs bien associées.

En traitant de la hauteur, ce n'est pas avoir tout dit que d'avoir émis seulement cette règle : qu'un temple rond s'élève d'une quantité égale à celle de son diamètre. Mais, pour être en règle, il faut savoir trouver la hauteur de la ceinture sise au-dessus du péristyle, c'est-à-dire la ligne supérieure de la corniche. En effet, menant une ligne du centre du premier cercle tracé à sa circonférence, cette ligne donnera la hauteur demandée. En divisant le diamètre en six parties égales, si l'on en prend quatre, elles donneront la hauteur du cordon au-dessus[54].

La règle déterminant la pente du toit incliné ne saurait être négligée. On prend la mesure de l'intervalle entre un mur et l'autre où se doit poser le comble incliné ; de cette mesure, on forme deux carrés ; en tirant une diagonale à travers les deux carrés, on obtient la belle pente.

Partout la symétrie de cette admirable fabrique avait été disposée élégamment par l'illustre architecte, avec des cordons correspondants on ne peut plus en concordance, tant à l'intérieur qu'à l'extérieur. On pourrait, par tout l'ensemble, constater la plus convenable régularité des détails, et retrouver, grâce aux figures tracées sur le sol, la hauteur des murs qui se dressaient là sans la moindre obliquité, sans aucune surface rectiligne, retrouver la moindre partie de leur épaisseur, la moindre ligne, jusqu'à la moindre rognure, sans erreur aucune. Ô temps infortuné que le nôtre ! Faut-il qu'une si belle et si noble invention — pour en parler en termes convenables — soit ignorée des modernes ! Aussi que nul ne s'imagine que les travées, frises, couronnements, bases, chapiteaux, colonnes et demi-colonnes, pavés, incrustations, parois, charpente, assemblage quelconque, dimensions et divisions furent accusés sans qu'il y ait eu trace des habiles, des superbes génies antiques bien étudiés et digérés. Que dire de la parfaite polissure des marbres que ne rendrait pas l'écume de l'étain brûlé joint au plomb calciné[55] ?

Au centre du temple s'élevait une ouverture en forme de puits, une citerne fatidique, ornée tout à l'entour d'un chœur de nymphes bien disposé, sculpté en bosse. Il n'y manquait que la vie. Il était traité excellemment en alabastrite, aussi bien que la sculpture en était capable ; les draperies et les voiles étaient flottants.

Au milieu du sommet de l'intérieur de la haute coupole, à l'endroit de la clef de voûte, régnait circulairement une épaisse couronne de feuilles appartenant à la vigne en métal ci-dessus décrite.

Ces feuilles, dans le fond de la voûte, se terminaient en un mutuel et parfait enroulement, du mieux qu'on le peut imaginer. Elles se contournaient en un cercle égal à celui que formait au-dessus le vase renversé à long col[56]. L'espace entouré par cette couronne était occupé par la tête vipérine de la furieuse Méduse, fondue artistement en même matière que la coupole. Cette tête, ceinte de serpents agglomérés, à la bouche vociférante, à l'air fou, au front plissé, se tenait perpendiculairement au-dessus du centre de la citerne. Des deux coins de sa bouche sortait un anneau d'où pendait une chaîne forgée qui descendait d'aplomb sur l'orifice du puits.

Cette chaîne, entièrement d'or fin, se terminait, à son extrémité inférieure, par un anneau pris dans un autre fixé au milieu du creux d'une coquille renversée — c'est-à-dire l'ouverture en bas — et dont le fond, au-dessus, se terminait en une pointe fine munie d'un anneau. À bord de la circonférence inférieure d'un diamètre d'une coudée étaient fixés quatre petits anneaux dans lesquels se prenaient quatre menus crochets d'où pendaient autant de chaînettes. Celles-ci tenaient encore, suspendu horizontalement, un plateau circulaire sur la circonférence supérieure duquel reposaient quatre images de jeunes filles monstrueuses à la chevelure défaite, au front ceint d'objets précieux en fonte. Chacune de ces jeunes filles, se fendant à l'endroit de sa partie sexuelle, écartait ses cuisses charnues terminées en antiques feuillages d'acanthe. Ces feuillages, allant en sens opposé, se retournaient l'un vers l'autre contre les hanches ou flancs, et se joignaient par une attache serrée contre les ailes des harpies et contre la chaînette. Ces ailes étaient fixées aux épaules. À l'endroit où les révolutions des feuillages se rencontraient, entre l'une et l'autre jeune fille, était soudé, par-derrière, un crochet ouvert. Ces feuillages, appuyés l'un contre l'autre, se retournaient en sens inverse, et, entre eux deux, à l'endroit où ils étaient liés,

FIGURE 152 (1499).

FIGURE 153 (1883).

s'élevaient quelques épis aux grains à demi-décortiqués. Au-dessous des attaches étaient pratiquées quatre fentes retenant quatre anneaux munis de quatre crochets d'où pendaient autant de chaînettes qui tenaient suspendue la merveilleuse lampe de forme sphérique mesurant une brasse de tour. Dans le milieu du plateau circulaire ci-dessus dit, se trouvait une ouverture arrondie entourée de quatre autres diamétralement opposées entre chaque demoiselle ; leur circonférence n'atteignait pas deux palmes. Dans ces quatres pertuis pénétraient quatre vases ronds et creux que leurs bords maintenaient, cela avec un tel art que toute leur panse arrondie sortait en dessous du plateau complètement dégagée et brillante. Ces lampes, œuvre incomparable, étaient creusées dans des pierres précieuses, une en rubis balais[57], l'autre en saphir, la troisième en émeraude et la dernière en topaze.

Quant à la grande lampe, dont il a été parlé plus haut, en très-pur cristal, elle était sphérique à ce point que le tour n'eût pu lui donner une plus grande justesse. Finement gravée, elle était d'un travail exquis, d'une incroyable facture. Contre son orifice elle avait quatre petites anses distribuées fort à propos et par lesquelles elle était attachée. Son orifice avait une demi-brasse d'ouverture. Un vase en forme d'urinal ou de courge, également en cristal très-pur, était introduit par cette bouche, cela si régulièrement que la lumière brûlait juste au beau milieu de la lampe. Tout l'intérieur de la grande lampe était empli

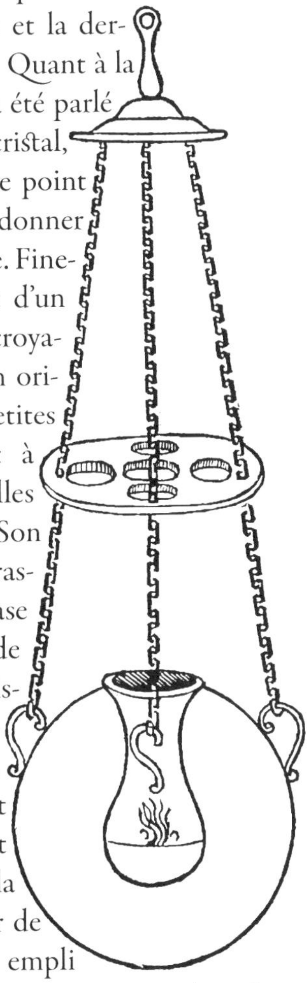

FIGURE 154 (1499) 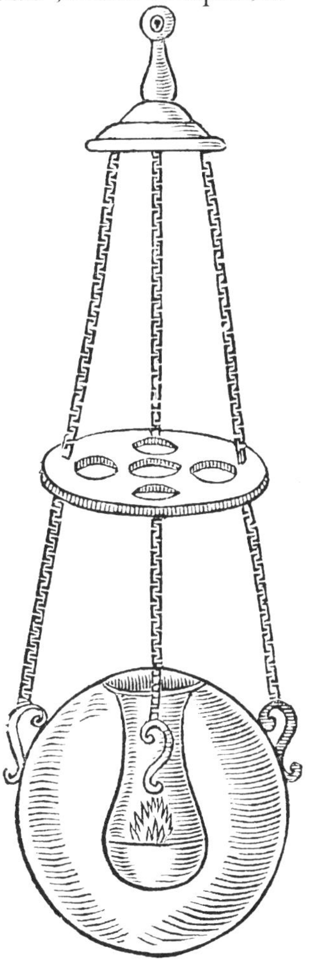   FIGURE 155 (1883)

d'esprit-de-vin passé cinq fois à la distillation. C'est ce que me fit supposer l'effet produit, car tout le corps sphérique semblait être enflammé, la lumière se trouvant placée au point précis du milieu. Aussi la vue ne pouvait-elle fixer que malaisément cette lumière non plus que le Soleil. La lampe était d'une substance admirablement transparente et très-mince. On voyait, grâce à cela, que le liquide d'une combustion inextinguible contenu dans le vase en forme de concombre était extrêmement limpide. C'est ce même liquide qui brûlait dans les quatre lampes ci-dessus décrites, et les belles colorations des pierres précieuses se reflétaient dans la grande lampe et la réfléchissaient de même, produisant une lueur perpétuelle et vacillante par tout le vaisseau du temple, sur le miroir des marbres très-polis. Le Soleil, après la pluie, ne peint pas aussi bien Iris. Mais la merveille qui, par-dessus tout, donnait le plus à penser c'est la gravure que le sculpteur plein d'art avait creusée d'une façon visible à l'entour de la panse de la lampe de cristal. C'était une intaille représentant, admirablement adapté à l'objet, un combat d'enfants montés sur de rudes et rapides dauphins aux queues en spirales, se livrant à des mouvements et prenant des attitudes rendant bien une lutte enfantine. Il semblait que Nature elle-même eût fait cette œuvre qui paraissait être en relief et non en creux ; cela, rendu si merveilleusement que mes yeux étaient contraints de se détacher quelque peu de la vue si délectable de la nymphe qui me guidait. La lumière, en vacillant, communiquait à cette gravure l'apparence du mouvement.

Pour finir avec cette magnifique structure de temple, il me reste à dire brièvement qu'elle était bâtie de marbre augustal[58] en partie, et en partie du marbre précité[59], le tout parfaitement joint sans ferrure ni attache d'aucune sorte, avec des recherches de sculpture que notre siècle non-seulement ne pourrait exécuter, mais qu'il n'imaginerait même pas. Psammitique l'Égyptien n'éleva pas un temple semblable au dieu Apis[60].

Sous les bases des pilastres, dont la partie inférieure formait, ainsi que la ligne supérieure contenant les chapiteaux, un lien continu, courait en rond, sur le pavé très-égalisé, un ruban ou bande en porphyre très-fin, large autant que la projection du carré de chaque base. À cette bande était juxtaposée une autre en ophite, sans qu'on en aperçût presque la séparation. Sous les piédestaux des colonnes était établie, dans toute l'étendue de leur épaisseur, une bande circulaire, en porphyre, accostée de deux bandes en serpentin, formant le même circuit que le péristyle. Il en était de même autour de la citerne où régnait, dans le pavé, une bande en porphyre et une autre en ophite.

Le demeurant de ce pavé superbe était fait d'une admirable incrustation de menus morceaux, œuvre de mosaïque en pierres fines, encadrant élégamment des cercles de dix ronds ménagés en autant de compartiments et mesurant chacun un pied de diamètre. La couleur et l'espèce du marbre étaient assorties de deux en deux, sur une même ligne[61]. Deux étaient en jaspe rouge agréablement parsemé de taches variées ; deux en pierre d'azur remplie de très-petites étincelles d'or dont quelques-unes plus larges, plus brillantes et plus espacées ; deux en jaspe vert veiné de calcédoine avec des macules rouges et jaunes ; deux en agate striée de veines de lait ondulées et fondues ; deux, enfin, étaient en très-limpide calcédoine. Les figures circulaires décroissaient à mesure que les lignes se rétrécissaient vers la citerne.

Sous la partie couverte d'une toiture, l'incrustation en mosaïque de l'aire représentait des feuillages, des animaux, des fleurs soigneusement peints à l'aide de petits morceaux de pierre taillés et égalisés sur leurs bords par le frottement de l'un contre l'autre. Zénodore[62] de Pergame n'apporta pas un art tel dans ses pavements, et tel ne fut pas le lithostrote[63] de Præneste au temple de la Fortune. Mais revenons au sommet du dôme magnifique au-dessus de la voûte de la surprenante coupole. En même métal doré d'or fin s'élevaient, en perfection, huit colonnes cannelées en manière de tubes, c'est-à-dire creuses. Elles avaient un noble soubassement et étaient séparées dans tout le pourtour, par l'interposition d'un fenestrage, avec de petits arcs allant d'une colonne à l'autre et posant sur des côtières adjacentes. Au-dessus de ces colonnes, d'une composition et d'un dessin en harmonie sesquialtère, tournaient la travée, la frise et la corniche formant des projections à l'aplomb des colonnes et supportant un dôme couvert d'écailles. Sur chacune de ces projections à l'aplomb des colonnes, je vis posée la statue d'un vent dont la nature était rendue avec élégance. Chacune de ces statues, les ailes étendues attachées aux épaules, était fixée sur une tige ou pivot mobile, tournant avec art. De quelque côté que vînt le vent, l'un des huit chapeaux de ces statues s'en trouvait poussé et faisait que la face de l'image se tournait du côté opposé au souffle.

Sur le sommet du petit dôme susdit, se dressaient encore huit petits pilastres hauts de deux carrés parfaits. Un vase à long col se trouvait posé sur eux l'ouverture en bas. Le tout, d'une mesure exquise, se montrait aux spectateurs dans une proportion mathématique.

FIGURE 156
(1499).

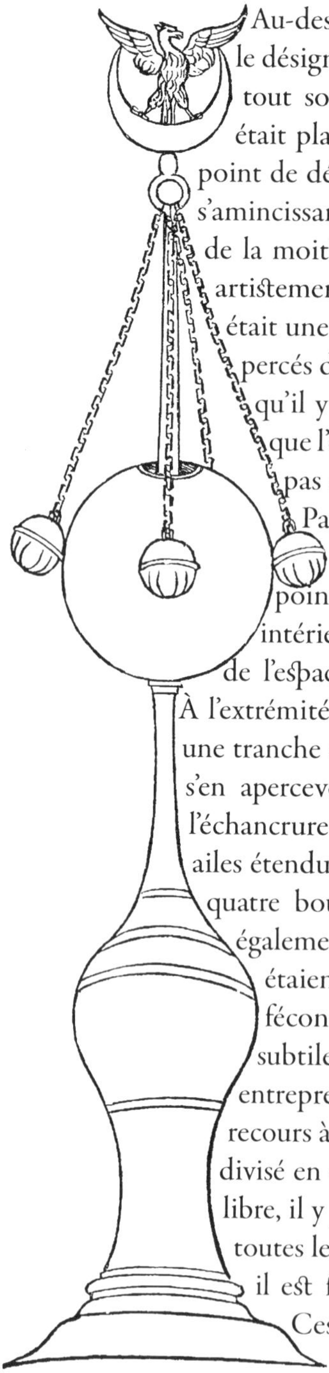

Au-dessus de la panse de ce vase renversé à long col — je le désigne ainsi à cause de sa forme — panse garnie dans tout son pourtour de bardeaux fermement découpés, était plantée une tige en même métal. Cette tige, à son point de départ, était large comme la base du vase et allait s'amincissant à mesure. Parvenue à une hauteur égale à celle de la moitié du vase, elle portait une grosse boule creuse artistement fondue avec elle. Sur le dessus de cette boule était une ouverture arrondie, de plus quatre trous étaient percés dans sa partie basse. En y réfléchissant je compris qu'il y avait là une pensée prévoyante de l'artiste, afin que l'eau des pluies ou que les glaces ne l'empêchassent pas de faire son office, et pour lui en éviter le poids. Par l'ouverture supérieure, la tige en fuseau passait à distance des bords et se terminait en une pointe aiguë. Elle avait, depuis le point de départ intérieur jusqu'au sommet, une longueur égale à celle de l'espace compris entre le fond du vase et la boule. À l'extrémité de la tige était fixée une lune d'airain formant une tranche d'un huitième de la boule, autant qu'on pouvait s'en apercevoir, et dirigeant ses cornes vers le ciel. Dans l'échancrure ou sinus de cette lune était posé un aigle aux ailes étendues. Immédiatement sous la lune étaient établies quatre boucles solides qui retenaient quatre chaînettes également du même métal, coulées en airain qu'elles étaient, comme tout l'édifice, afin de montrer le génie fécond du sculpteur. On peut s'imaginer à quelle subtile recherche se dut livrer un fondeur habile pour entreprendre de couler une chaîne entière sans avoir recours à la soudure. Pour cela, il fit un moule approprié, divisé en quatre parties, et, laissant au centre un passage libre, il y jeta le premier anneau ; réunissant en une seule toutes les parties incomplètes, et ainsi de suite, à l'infini, il est facile de fondre les anneaux l'un après l'autre. Ces chaînettes tombaient également sur le milieu de la boule d'airain. Chacune, à son extrémité, retenait un grelot en même métal, fendu depuis le milieu jusqu'en bas et contenant, à l'intérieur, une bille d'acier fin, susceptible de rendre un tintement. Ces grelots, agités selon le vent qui soufflait, frappaient contre le corps de la boule immobile et, confondant harmonieusement le tintement de la bille avec le son de la boule en métal, produisaient une grande sonorité agréable et douce.

C'était une conception antique retrouvée à grand effort de pensée. Le son produit dépassait peut-être celui des chaînes pendantes et des vases d'airain placés au sommet du temple de Jérusalem, afin d'en faire fuir les oiseaux.

Il reste, en dernier lieu, à donner la règle qui fasse bien comprendre la dimension de ce célèbre temple. Le mur percé de huit fenêtres avait une épaisseur d'un pied et demi. Celui de la nef, ou partie tournante, en avait autant ; autant aussi les piliers dont la saillie, abstraction faite de la corniche, prenait le quart de toute cette épaisseur[64] qui, par tous côtés, mesurait trois pieds.

Quant à la porte de ce temple saint et stupéfiant, elle était établie sur le devant, de forme et d'œuvre entièrement Dorique, en jaspe excellent. Sur le fronton, à son sommet, s'étalait cette inscription en majuscules Grecques antiques de fin or : ΚΥΛΟΠΕΡΑ [FONTAINE ET TEMPLE OÙ LES FEMMES BOIVENT POUR CONCEVOIR DES ENFANTS][65].

Les battants dorés de cette porte étaient garnis d'un ornement en métal très-poli, d'un travail percé à jour fort beau, et cela d'autant qu'on n'en saurait faire d'un éclat semblable ni d'un plus parfait poli. Ces battants fermaient à l'aide d'un verrou extérieur que ma nymphe conductrice n'eût osé faire mouvoir avant qu'il n'ait été tiré par la prêtresse divine de ce temple sacré et vénéré ou par ses acolytes portant des flambeaux, vierges très-parées au nombre de sept. Ces vierges saintes aidaient consciencieusement dans son ministère la prêtresse magique des sacrifices et la servaient avec zèle dans les choses sacrées. À celle-ci seulement convenait, en toute justice, de conférer le droit d'entrée. Ayant présenté nos respects à ces vierges, elles les agréèrent avec bonté, familiarité et bonne grâce. Puis, ayant entendu exposer le motif de la venue de ma nymphe conductrice, ainsi que celui de la mienne, elles nous firent, aimables et charmantes, avec des visages épanouis, monter avec elles, jusqu'à la superbe porte, par les sept marches de porphyre scellées au soubassement circulaire de ces propylées élégants et magnifiques.

Là nous trouvâmes un noble reposoir ou palier fait d'un carré de pierre très-noire, inattaquable, telle qu'on n'en saurait trouver dans la région Euganéenne[66]; pierre bien dressée, d'un brillant poli et encadrée de belles incrustations. Elle était placée au-devant du seuil sacré et tout ciselé des portes délicates, dont les tableaux étaient ornés, à leurs intersections, de conques de Vénus, et formés des moulures les plus belles qui aient été jamais offertes au plaisir des yeux humains.

Les vierges firent halte en cet endroit, nous de même. La sainte prêtresse se mit en prière. Nous nous inclinâmes respectueusement, ma nymphe et moi. J'ignorai ce qu'elles se dirent. Mais, comme je tenais la tête baissée, je portai aussitôt mes yeux rapides et curieux sur la blancheur incomparable, sur la belle forme des jolis pieds de la nymphe, ma compagne. Je vis une partie de sa jambe à découvert; car, grâce au léger mouvement qu'elle fit, la fente étroite de sa robe vint à remuer et un pan se souleva au souffle vivifiant et non détesté de Borée.

Alors il se dégagea, dans ma mémoire réchauffée, la surprise de voir que, la lumière désagrégeant naturellement la puissance de la vue, la blancheur de ce bel objet pût, en me procurant tant de plaisir, attirer à elle et réunir tout mon pouvoir visuel, le retenir, avec un extrême agrément, lié, captif, englué, et l'occuper entièrement. Mais la sainte dame ayant fini de réciter ses sincères et dévotes prières aux dieux Forculus[67] et Limentinus[68], ainsi qu'à la Déesse Cardinea[69], la belle nymphe se mit debout, comme j'avais encore les yeux fixés avec persistance sur son voluptueux mouvement, et certes je n'eusse pas quitté mon attitude si la fine étoffe ne fût revenue couvrir ces délices divines.

Après quoi, le verrou ayant été tiré par la dame porteuse du simple[70], les portes jumelles résonnèrent, non pas avec un bruit strident ni un son grave, mais avec un murmure pénétrant et agréable qui se répercuta par la voûte du temple. Je le remarquai et en reconnus la cause en m'apercevant que chacun de ces lourds ventaux était muni d'un petit cylindre tournant sur un axe fixé dans la partie inférieure, et qui, en roulant sur une pierre polie et bien égalisée de très-dur ophite, rendait, par le frottement, cet agréable tintement.

En outre, je demeurai bien naturellement stupéfait de voir que les ventaux s'ouvraient d'eux-mêmes, sans aucune impulsion étrangère. Là, n'admirant plus rien d'autre, je m'arrêtai pour découvrir si lesdits ventaux étaient mus ainsi tout à coup, doucement et à propos par quelque contre-poids ou par tout autre moyen. J'en vins à admirer une conception divine. Dans la partie où les portes se joignaient l'une à l'autre pour former la fermeture à languette[71], à l'intérieur, était fixée, en plein métal très-poli, une lame de fin acier. Puis, sur une largeur égale au tiers de la hauteur, en excellent aimant Indien presque pareil au diamant, ami de Calysto[72], profitable aux yeux des hommes[73], mortel au scordion[74], favorable singulièrement aux navigateurs, se montraient deux tables bleues — ainsi qu'il convient que soit cette substance — lisses, brillantes, très-proprement scellées dans l'épaisseur du marbre formant l'ouverture, c'est-à-dire dans cette partie contiguë aux antes de cette porte du plus bel art.

FIGURES 157-158 (1499).

Donc, par la puissance attractive de l'aimant, les lames d'acier étaient attirées et, par conséquent, les portes s'ouvraient d'elles-mêmes avec une lenteur tempérée. C'était là une œuvre excellente, non-seulement pour charmer la vue, mais encore pour suggérer une réflexion subtile et sans fin. Sur la table d'aimant sise à la droite de l'entrée était gravé, en antiques lettres Latines, ce mot célèbre de Virgile : TRAHIT SVA QVEM-QVE VOLVPTAS[75]. Sur la table du côté gauche, je vis cette élégante inscription en vieilles majuscules Grecques : ΠΑΝ ΔΕΙ ΠΟΙΕΙΝ ΚΑΤΑ ΤΗΝ

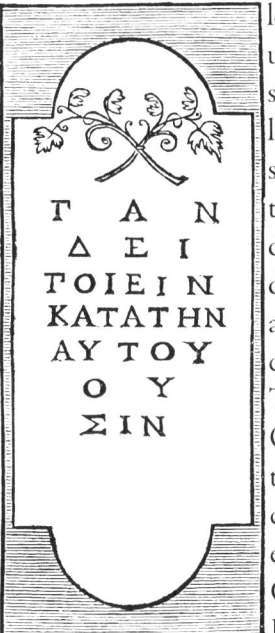

FIGURES 159-160 (1883).

ΑΥΤΟΥ ΨΥΣΙΝ. Ce qui veut dire en Latin[76] : *À chacun il convient de faire selon sa nature.*

Mes yeux eussent dû, après, être curieusement stimulés par la magnificence d'un si grand temple, par l'étendue de cette miraculeuse coupole céleste, par l'exactitude remarquable des autres parties, d'un art superbe et magnifique, d'une conception divine, d'une main d'œuvre inouïe, aux moulures admirables, à l'aspect étonnant, d'une construction merveilleuse ; mais j'admirai bien davantage les ravissantes beautés de ma nymphe divine qui enchaînait mes regards et détenait toute mon âme. Elle parvenait à détourner ma vue de toutes ces exquises parties, elle me captivait, me contraignait à la contempler avec stupeur, avec émerveillement. Que le lecteur me pardonne si je n'ai pas convenablement décrit cet édifice dans ses moindres parties. Ainsi donc, la prêtresse sacrée pénétra dans le temple avec la noble et superbe nymphe. Je les suivis obstinément avec toutes les autres saintes demoiselles, dont l'abondante chevelure tombait gracieusement le long de leur cou blanc comme le lait. Leur premier vêtement était teint de la pourpre la plus rare ; par-dessus était une mince tunique tissue des fils du gossimpinos[77], plus courte que la robe de dessous. Pieuses et enjouées, elles me conduisirent devant l'orifice fatidique de la mystérieuse citerne, dans laquelle ne pénétrait d'autre eau que celle qui, ruisselant sur le comble du temple par les gouttières et les chéneaux, s'engouffrait dans les conduits ménagés au centre des piliers percés, sans endommager la construction.

La grande prêtresse fit un signe aux vierges ; elles se rendirent avec elle dans un sanctuaire secret et nous demeurâmes seuls tous trois. Bientôt la prêtresse et les vierges revinrent gravement. La première de celles-ci portait un livre contenant le rituel ; il était recouvert d'un velours de soie bleue, aux fermoirs faits de cordons en or, décoré d'une broderie relevée en bosse de perles très-rondes, figurant une colombe envolée. Chacune de ces nymphs avait sa belle tête couronnée de fleurs variées. La seconde portait deux très-fines subucules[78] frangées, plus deux tutules[79] de pourpre. La troisième avait la sainte muriés[80] en un vase d'or. La quatrième tenait la sécespite[81] au long manche d'ivoire rond et solide, muni d'une virole d'argent et d'or et garni de clous en cuivre de Chypre ; elle portait encore un præfericule[82]. La cinquième soutenait une lépiste[83] en hyacinthe très-précieuse, remplie d'eau de fontaine ; la sixième portait une mitre dorée aux riches lemnisques pendants, copieusement ornée partout de précieuses et brillantes gemmes. Devant toutes ces vierges marchait une prêtresse enfant qui portait un cierge non allumé, fait de blanche et pure cire vierge. Toutes ces tendres pucelles dressées aux rites sacrés et divins, attentives à leur ministère, on ne peut plus versées dans la discipline Étrusque, aptes aux sacrosaints exercices, rompues à l'observance des antiques institutions, se présentèrent devant la prêtresse pontificale en grande révérence et fidèle religion.

Alors, avec une extrême dévotion, selon un vieux rite, la prêtresse magicienne prit un tutule et, serrant dedans ses cheveux, posa dessus la mitre superbe au sommet de laquelle elle ajusta le voile très-fin qui recouvrit son corps sacré.

Elle donna le second tutule, ainsi que l'autre voile, à la nymphe qui en orna, sans retard, sa tête blonde et posa dessus le voile. Ces deux voiles, dans la partie froncée, étaient retenus par un surprenant et gai saphir très-pur et très-coloré, celui de la grande prêtresse par un anachite.

Celle-ci, religieusement parée de la sorte, me fit approcher aussitôt de l'orifice de la mystérieuse citerne ; là, ayant reçu une petite clef d'or, elle ouvrit le puits fermé avec une pieuse observance. La petite servante remit le cierge blanc à la vierge qui avait porté la mitre. La prêtresse suprême s'avança, prit avec vénération le livre du rituel et l'ouvrit. Elle se mit à lire quelque peu du texte en langue Étrusque, puis, prenant scrupuleusement le sel sacré[84], elle le jeta de la main droite, avec de nombreuses formes sacerdotales, dans la citerne sonore. Ensuite elle fit allumer le cierge pur que portait la vierge.

Cela fait, elle commanda que la nymphe retournât sa torche ardente et l'introduisît, la flamme en bas, dans le milieu même de l'orifice, puis lui tint ce propos, en l'interrogeant : « Ma fille, que demandes-tu, que désires-tu ? » La nymphe répondit : « Sainte prêtresse, je demande, pour celui-ci, la grâce que nous puissions parvenir ensemble au royaume de la divine Mère et boire à cette source sacrée. — Et toi, mon fils, que demandes-tu ? » Je lui répondis : « Quant à moi, très-sainte Dame, non-seulement je demande, en suppliant, d'obtenir la grâce de la Mère suprême, mais encore, et surtout, je la conjure de faire que j'obtienne celle que j'ai jugée d'avance être ma Polia, que je ne sois plus livré par elle au cruel supplice des doutes amoureux. »

La prêtresse divine me dit : « Prends donc, mon fils, cette torche allumée par ses mains pures, et, tout en la tenant, dis, sincèrement, par trois fois ainsi : *De même que l'eau fraîche éteindra cette torche ardente, que le feu d'amour rallume son cœur changé en pierre et en glace.* »

Ayant dit, avec le rite consacré, les propres paroles que l'hiérophante m'avait ordonné de proférer, toutes les vierges prêtresses, expertes en leur vénérable ministère, répondirent : « Ainsi soit-il. » À la dernière fois, elle me commanda de plonger ma torche allumée dans la froide citerne.

En moins de temps que je n'en mis à accomplir son saint commandement, prenant la précieuse lépiste d'hyacinte par une cordelette d'or et de soie verte et cramoisie[85] destinée à cet office, l'hiérophante la plongea dans la citerne, en retira de l'eau bénite et l'offrit religieusement à la nymphe seulement. Celle-ci la but avec une dévotion empressée ; immédiatement après quoi la prêtresse hiératique referma soigneusement, au moyen de la petite clef d'or, le couvercle de la citerne ; puis, lisant, au-dessus, les prières efficaces et saintes, ainsi que les exorcismes, commanda aussitôt à la nymphe de dire par trois fois ces paroles devant moi : *Que la divine Cythérée exauce ton vœu et que son fils propice se repaisse de moi.* Les vierges répondirent : « Ainsi soit-il. »

Ces cérémonies religieusement accomplies, la nymphe, pleine de respect, se prosterna aux pieds chaussés de sandales de pourpre, brodées d'or, ornées de nombreuses pierreries, de la prêtresse qui la fit aussitôt se relever et lui donna un saint baiser. La nymphe, après, se retournant vers moi dont le courage renaissait, en belle et paisible contenance, avec un aspect rempli de piété, me dit ainsi, tout en poussant un chaud soupir du fond de son cœur enflammé : « Très-souhaité, très-cher Poliphile, ton ardent, ton excessif désir, ton amour fidèle et persévérant me retirant du chaste collège, m'ont totalement

FIGURE 161 (1499).

FIGURE 162 (1883).

conquise et m'ont contrainte à éteindre ma torche. Désormais, bien que tu soupçonnasses depuis longtemps qui je suis, et malgré que, jusqu'à présent, je ne me sois pas découverte — ce qui n'a pas été sans un grand trouble pour moi de te tenir la chose ainsi cachée et de dissimuler si longtemps — sache-le, je suis cette Polia que tu aimes tant. Il est bien juste qu'un amour semblable et si méritoire soit exempt de vicissitude et jouisse d'une réciprocité et d'une préoccupation équivalentes. C'est pourquoi me voici toute préparée à tes souhaits enflammés, c'est pourquoi je sens s'accroître et flamber en moi le feu qu'allume ton fervent amour. Me voici donc, moi le but de tes amers et fréquents soupirs ; me voici, très-cher Poliphile, comme un salutaire remède offert à tes graves et fâcheuses douleurs ; me voici, compagne absolue de tes peines acerbes et amoureuses, pour y participer totalement ; me voici prête à éteindre de mes larmes l'incendie de ton cœur ; me voici résolue à mourir pour toi, t'appartenant tout entière. » Alors, pour arrhes de ces promesses, me servant contre elle, m'embrassant et m'accolant, elle me donna un pénétrant et savoureux baiser, divinement succulent. Ses yeux, pareils à des astres, pleins de douceur singulière, répandirent des perles nombreuses en guise de larmes. Si bien, qu'à ces caressantes paroles, d'une saveur et d'un charme délicieux, je me jetai à ses pieds tout enflammé, tout altéré, je m'épanchai tout inondé des pleurs les plus doux et les plus amoureux.

La présidente des sacrifices, elle-même, ainsi que les autres assistantes, touchées d'une émotion particulière, ne se purent tenir de verser quelques petites larmes, et de pousser quelques petits soupirs bien tendres.

Ma langue stérile et desséchée ne put rassembler ni trouver des paroles convenables, pour exprimer, si peu même que j'eusse pu le souhaiter, ce qu'éprouva mon cœur embrasé par les douces flammes qui l'enveloppaient tout entier. Je demeurai tel qu'un homme frappé d'oubli[86]. Enfin ces actions saintes et amoureuses, ces cérémonies rituelles terminées, après avoir été accomplies avec une si singulière et si précieuse douceur, douceur, un si incroyable plaisir, j'eus la sensation de mourir subitement de joie.

L'hiérophante me dit : « Donnons suite, Poliphile, aux sacrifices secrets qui suivent notre début sacré. » Alors, tous ensemble, nous nous portâmes gravement vers le sanctuaire arrondi couvert d'une coupole aveugle, situé juste en face des portes de ce temple magnifique auquel il était contigu et relié artistement. Sa construction était d'une facture très-antique et inaccoutumée, tout en pierre phengite[87] soigneusement équarrie, bâtisse

FIGURE 163 (1499).

FIGURE 164 (1883).

admirable dont la toiture en coupole arrondie était formée d'un seul morceau de la dite pierre. Le sanctuaire de l'île Chemmis[88] en Égypte, n'offrit pas une semblable merveille, non plus que celui si fameux de Ravenne. Cette pierre phengite est d'une qualité si miraculeuse, qu'encore que ce temple fût sans fenêtres et que sa coupole fût aveugle, qu'il n'eût des portes qu'en or, il ne laissait pas, cependant, que d'être clairement illuminé. C'est là un secret que la mère Nature a soustrait à notre connaissance et c'est de là que cette pierre tire son nom[89].

Deux vierges, qui avaient été congédiées et s'en étaient allées par ordre, revinrent au milieu du sanctuaire, apportant avec une piété sincère, l'une deux cygnes mâles d'une entière blancheur, oiseaux favorables dans les auspices, ainsi qu'une petite urne antique pleine d'eau de mer, l'autre une paire de blanches colombes aux pattes liées par un ruban de soie cramoisi, posées sur une corbeille[90] en jonc pleine de roses merveilles et de coquilles d'huîtres, qu'elles déposèrent avec dévotion et vénération sur une anclabris[91] sacrée et carrée établie en deçà des battants dorés.

Puis ayant refermé les portes d'or, elles firent leur entrée. Pour moi je m'arrêtai sur le seuil saint et révéré. Fixant mes yeux attentifs sur l'objet tant aimé, je vis la monitrice ordonner à ma Polia, vraie Myropolia[92], de s'agenouiller sur le somptueux pavé, ce qu'elle fit en s'inclinant avec une sincère dévotion. Ce pavé était admirable, tout composé, en disposition circulaire, de pierres précieuses formant, d'une façon délicate, des nœuds multiples et élégants, cela proprement, sans confusion. C'était un travail fait de petits morceaux, une incrustation disposée en feuillages verdoyants, en fleurs, oiselets et autres animaux, selon l'opportunité du coloris charmant de ces brillantes pierres précieuses. Cette mosaïque de gemmes, parfaitement unie, reflétait l'image de ceux qui pénétraient dans le temple.

C'est sur ce pavé que ma Polia, invitée à le faire, découvrit religieusement ses genoux de lait et s'agenouilla pleine de grâce. Ses genoux étaient beaux comme la Miséricorde ne s'en vit jamais dédier. Aussi demeurai-je en suspens, attentif, les lèvres muettes. Et voulant ne point interrompre les saintes offrandes, souiller les actions propitiatoires, distraire les prières solennelles, le mystérieux office, troubler les cérémonies des autels, je dus incarcérer les intempestifs soupirs de mon robuste et brûlant amour.

FIGURE 165 (1499).

FIGURE 166 (1883).

À cette heure, Polia se tenait humblement agenouillée devant un très-saint autel, d'un fort beau travail, établi au milieu du sanctuaire et brillant d'une flamme divine.

Je le décrirai succinctement, ayant admiré en lui une conception d'une facture inaccoutumée. Le bas de cet autel, assis sur un degré de marbre, consistait en une pierre circulaire autour de laquelle courait une rangée de feuilles en forme d'oreilles, puis venait un bandeau poli, excellemment orné de caulicoles et dont le bord se terminait en une cordelette, nervure ou réglet, le tout occupant le bloc de pierre entier. Au départ du feuillage était posée une autre cordelette que séparait d'une semblable un trochile modérément creusé, puis venait une petite corniche. Au-dessus se tenait un bandeau droit qui se renversait en arrière avec une faible gorge et se terminait contre la superficie plane et unie. Au centre de cette superficie se dressait une tige cannelée dont la partie inférieure s'élargissait sur le plan de la plate-forme en s'évasant proportionnellement. En divisant en trois le diamètre inférieur de cette tige, une partie s'attribuait à l'élévation du bas de la tige, et deux parties à celle du haut ornée de canaux en spirale, tandis que la partie basse demeurait lisse. Cette tige était surmontée d'un plateau rond et renversé, dont la circonférence se projetait au niveau des bords extrêmes du trochile de la base. Le circuit de ce plateau était décoré d'une cimaise inclinée en arrière, sur laquelle un remarquable feuillage formait une excellente petite couronne parfaitement polie. Dans le cercle qu'enfermait cette couronne reposait l'ouverture d'une fleur élégante, dont les lèvres du calice s'adaptaient à la superficie plane, et qui se divisait en quatre charmantes feuilles d'acanthe d'un aspect très-satisfaisant. Au bas de cette fleur, sur la gorge renversée, courait un feuillage artistement sculpté, et, sur le culot de cette même fleur, par-dessus des moulures appropriées, se montrait un pommeau rond traité d'une façon exquise. Sur ce pommeau était posée une patène antique d'or pur, aux bords assez larges, quelque peu creusée, autour de l'orbe de laquelle des diamants et des escarboucles incomparables, d'une incroyable grosseur,
de forme pyramidale, étaient admirablement disposés. Il faut que
devant cela s'abaissent et la coupe du très-fort Hercule[93],
et le canthare de l'enjoué Bacchus[94], et le carchèse[95] dédié à l'immortel
Jupiter.

FIGURE 167 (1499).

FIGURE 168 (1883).

Figure 169 (1499).

Contre la marge du dessous du plateau renversé, à égale distance de ses bords, s'appliquaient quatre anses partant du trochile auquel elles tenaient. Leurs volutes tournaient, l'une sous le plateau, l'autre sur le trochile, mordant sur la pierre déclive du bas, avec un enroulement de colimaçon. Ces anses se mouvementaient, retournant sous le plateau où elles s'engageaient en décrivant une agréable inflexion, avec une extrémité renversée et l'autre relevée. Ce merveilleux morceau de sculpture était fait d'un seul bloc de jaspe très-fin, aux couleurs nombreuses mêlées le mieux du monde; il était pourvu, dans quelque partie que ce soit, de moulures exquises à ne pas le croire. Certes, une telle œuvre n'avait pas été taillée par la force du ciseau, mais elle était rendue admirablement par un moyen inconnu.   À partir de la marche en marbre jusqu'à la naissance de la tige, exclusivement, la mesure était d'une coudée. La tige avait la même proportion. Le demeurant, jus-qu'à la patène en or, mesurait un pied et demi. Puis, en quatre parts, et allant d'une volute supérieure à l'autre, pendaient des fils d'or traversant un chapelet de longs rubis balais, de fulgurants saphirs et de vertes émeraudes perforées. Ces pierreries formaient un gracieux et sympathique assemblage alterné de couleurs; elles étaient mêlées à des perles énormes, hors de prix, comme Octave n'en offrit pas à Jupiter Capitolin[96]. Au-dessous des bords de la patène en or pendaient perpendiculairement des pierres rondes et percées, au travers desquelles passait un fil d'or qui les tenait suspendues en les attachant à un anneau passé dans une agrafe libre. On comptait sept pierres ainsi traversées par le fil d'or, dont le bout était terminé par un floquet élégant, aux brins formés de fils variés et emmêlés tant de soie que d'or et d'argent. D'un anneau à l'autre courait encore un fil d'or traversant des gemmes disposées de la même manière et dans le même ordre que dessus, mais au nombre de neuf, dont la rangée, par le fait de la pesanteur, s'incurvait dans le milieu. La patène d'or, à l'intérieur comme à l'extérieur, était richement décorée d'un excellent bas-relief représentant des petits enfants, des petits monstres, des fleurs et des feuillages, avec un art superbe et admirable.

Donc, devant l'autel très-sacré ci-dessus décrit, autel d'une valeur et d'un travail incroyables, la petite prêtresse attentive, sur un signe, se présenta

Figure 170 (1883).

FIGURE 171
(1499).

FIGURE 172
(1883).

aussitôt devant Polia prête au sacrifice, en tenant respectueusement le livre du rituel ouvert. Toutes les vierges, sauf la grande prêtresse, s'agenouillèrent prosternées sur le pavé somptueux brillant de pierres précieuses. Alors j'entendis Polia, d'une voix tremblante de dévotion et suppliante, invoquer les trois Grâces divines en lisant cette prière :

Ô joyeuse Aglaé, ô verdoyante Thalie, ô délectable Euphrosine ! Grâces divines, filles chéries du grand et altitonnant Jupiter et d'Eurynome[97], suivantes dociles et servantes fidèles de l'amoureuse Déesse, quittez, bienveillantes et toutes ensemble, les ondes de la source Acidalie[98] à Orchomène en Béotie, quittez votre heureux séjour où vous entourez le trône vénéré d'Apollon. En tant que Grâces divines, soyez-moi propices, aidez pleinement à mes prières, afin que la Déesse touchée se montre à moi sous son divin aspect et dans sa vénérable Majesté, afin qu'elle agrée mes religieuses offrandes, mes vœux, mes sacrifices et toutes mes supplications avec une tendresse maternelle.

La pieuse, la sincère oraison terminée, toutes les vierges répondirent en chantant : « Ainsi soit-il. » Or, ayant écouté respectueusement et dans un recueillement religieux, ayant compris clairement cette prière, je demeurai l'esprit tendu. Me rappelant tout, je considérais ces mystères avec un soin scrupuleux, avec un œil investigateur. Agenouillé, moi aussi, je remarquais la pratique habile que possédait la divine prêtresse de ces antiques cérémonies sacrées, mais, par-dessus tout, j'étais frappé de la grâce et de la promptitude avec lesquelles Polia se mettait au fait d'une pareille et si grave mystagogie ; toutefois, je me tenais fort attentif à tout ce qui devait s'en suivre.

Polia immole pieusement les tourterelles. On voit alors voltiger un petit Esprit. Après quoi la grande prêtresse dit l'oraison à la divine Vénus, puis elle épand les roses et, le sacrifice des cygnes étant accompli, il en résulte une germination miraculeuse d'un rosier chargé de fleurs et de fruits. Les deux amants goûtent de ces fruits ; ils parviennent joyeux à un temple en ruines dont Polia décrit le rite à Poliphile. Elle l'engage à contempler de nombreuses épitaphes. Il s'y rend. Épouvanté, il revient vers elle et, récréé, s'assied. Poliphile, admirant les immenses beautés de Polia, s'enflamme tout entier d'amour ❧ Chapitre XVIII

JE NE PUIS ME LAISSER persuader tant soit peu que de tels rites, de telles cérémonies, de tels sacrifices aient pu jamais être accomplis ni par Numa Pompilius, ni à Cæretes[1] en Toscane, ni jamais en Étrurie, ou qu'ils aient été trouvés par le saint Juif[2]. Je ne crois pas, non plus, que les prêtres de Memphis, en Égypte, aient aussi bien servi et adoré le dieu Apis en plongeant dans le Nil leur patène d'or ; ni qu'on ait jamais célébré avec un plus religieux respect, dans la cité de Rhamnus, en Eubée[3], le culte de la déesse Rhamnusia[4], ni avec autant de piété celui de Jupiter d'Anxur[5]. Je ne crois pas que les inspirés de Féronia, qui marchaient sur des charbons ardents[6], aient accompli des rites pareils, ni que les Clodones[7], Édonides[8] et Mimallones, sous l'inspiration de leur dieu, aient su se trémousser comme on le fit en ces présentes cérémonies. Je pus juger avec justesse, par les dispositions religieusement prises, de ce qui devait suivre. Car Polia, la nymphe aux cheveux d'or, digne de son rôle, pénétrée des devoirs sacrés et initiée à leur exercice, n'eut pas plutôt vu le signe de tête que lui fit la sainte directrice, qu'elle se leva subitement de dessus le brillant pavé, sans voix, sans bruit, toute seule parmi les autres nymphes demeurées immobiles. Puis la sainte directrice la mena prendre une admirable petite urne en hyacinthe serrée dans le sanctuaire : c'était un objet d'un art tel que Mentor[9] n'en sut faire un semblable.

Quant à moi, tout attentif, je l'examinais dans ses moindres agissements et l'observais scrupuleusement. Je la vis, sous son bel aspect, semblable à Phœbus lorsqu'il surgit coloré des teintes de la fraîche Aurore. Là, cérémonieusement, avec prestesse et assurance, elle versa du vase une liqueur parfumée et, de ses mains délicates, en oignit gracieusement son visage blanc comme le lait et vermeil comme les roses pourprées. Ainsi divinement purifiée, avec plus de ferveur que n'en posséda peut-être la vierge Æmilia[10], elle se plaça devant le degré du très-saint autel où était installé un admirable candélabre d'or d'une exécution accomplie, fort épais, élégamment garni et parsemé de grosses gemmes. À son sommet, selon l'exigence, s'étalait une ouverture en forme de conque ou plateau d'une brasse de circonférence.

On mit dans cette conque du sperme des immenses baleines[11], du musc odoriférant, du camphre cristallin et fugace, l'odorant ladanum[12] de la grande Crète, le thymiame[13] et le mastic[14], les deux styrax[15], le benjoin amygdaloïde[16], l'aloès que l'on vend au poids, rouge comme la blatte de Byzance[17], nommé aussi onguent de l'Inde. Ces substances étaient réparties en poids parfaitement gradués. Avertie, Polia, très-empressée, diligente au possible et respectueuse, approcha le cierge ardent de ces aromates. Tout aussitôt après qu'elle les eut allumés, elle éteignit le cierge et le rangea.

Dans cette petite flamme fumeuse exhalant un incomparable parfum, elle mit un ramuscule de myrte sec qui prit feu, puis, immédiatement, le posa sur l'autel du sacrifice, qui se ralluma. Tous les autres rameaux semblables furent jetés au feu sur ledit autel. Alors, attentive et bien instituée, elle posa sur le foyer la paire de tourterelles soigneusement déplumées au préalable, après avoir été égorgées sur la sainte anclabris et avoir eu la peau du dos fendue par la sécespite, attachées l'une à l'autre de fils noués en or et en soie pourpre, et leur sang chaud recueilli soigneusement dans le præféricule. Ces tourterelles immolées, jetées dans la flamme odorante, furent brûlées. L'interprète des rubriques du rituel se prit à chanter et à psalmodier, puis toutes les assistantes psalmodièrent également en alternant avec elle. Mais la grande prêtresse, comme chef des chœurs de ballet, donna le signal de la danse. Deux vierges la précédaient qui, de leur flûte de Lydie, jouèrent très-suavement sur le mode et le ton de cette contrée, comme Amphion l'eût su faire. Polia et les autres vierges suivirent à la file, tenant en main un rameau de myrte odorant et fleuri. Or donc, dansant en mesure, avec les attitudes, avec les pas voulus, à distance égale l'une de l'autre, sautant comme en des bacchanales solennelles et religieuses, elles émettaient des intonations vocales concordant avec la musique et s'échappant de leur poitrine virginale, répercutées en une incroyable symphonie sous la coupole close. Elles allaient autour de l'autel allumé, chantant ainsi :

Ô feu sacré,
Feu parfumé !
Fonds la glace de n'importe quel cœur,
Apaise amoureusement Vénus
Et communique-nous son ardeur !

Elles tournaient, en chantant et flûtant sur leur mode mystérieux, se livrant à des danses élégantes, pendant que le sacrifice se consommait. Bientôt la petite flamme s'éteignant se mit à fumer. Je compris que ces aromates avaient été placés là pour neutraliser l'odeur des chairs grillées, ce à quoi ils suffisaient outre mesure. Donc, pas plus tôt la flamme éteinte, toutes les vierges, moins Polia, se prosternèrent précipitamment sur le pavé. Après quoi il ne se passa guère de temps sans que je visse manifestement sortir de la fumée sainte un charmant petit enfant fatidique, d'une forme surhumaine et d'une beauté telle que le langage le plus exercé, la plus grande recherche d'expression ne pourraient en donner l'idée. Il apparaissait avec une paire de petites ailes arrondies à ses divines épaules, environné d'une lumière inconnue et tout à fait extraordinaire. Je contemplais fixement cette vision, non sans que mes yeux en fussent lésés, quand je l'entendis éclater avec une impétuosité plus soudaine que celle de l'éclair, résultat fulminant de l'eau, du feu, de la nuée et du vent. Mon cœur fut rempli d'effroi ; ce dont s'apercevant, la sacrificatrice me fit signe de ne pas m'épouvanter et de me taire.

Ce bel enfant tenait d'une de ses mains potelées une couronne de myrte, de l'autre une petite flèche toute scintillante d'un feu vif. Le sommet de sa divine tête, aux fils d'or frisés, était ceint d'un diadème de diamants des plus splendides. Il voltigea trois fois autour de l'autel incandescent et fumant ; à la dernière, il s'évapora dans l'air sans qu'on y eût touché, en manière de fumée nébuleuse, et, devant les yeux éblouis, il s'évanouit et disparut incontinent.

Ayant vu, plein de terreur, ces faits mystérieux et divins, admirables dans leur apparition, je me les représentai quelque temps en l'esprit, et j'y pensai avec une religieuse horreur. Peu après l'intrépide directrice fit lever toutes les vierges et, tenant en sa main purifiée une baguette en or, elle donna l'ordre à ma très-précieuse Polia, tandis qu'elle-même lisait dans le rituel ouvert et tenu devant elle par la prêtresse enfant, de recueillir les cendres du sacrifice consommé et de le faire avec les rites voulus.

Polia, ayant pris de ces cendres avec recueillement, les tamisa en rond sur la marche sacrée de l'autel, au moyen d'un crible en or destiné à cet usage ; ce dont elle s'acquitta aussi adroitement que si elle n'eût jamais rien fait d'autre. Alors la savante directrice, lui étendant l'annulaire et lui contractant les autres doigts, lui fit tracer correctement et avec le plus grand soin, dans la cendre sacrée, des caractères semblables à ceux qu'elle voyait dans le livre du rituel.

Aussitôt que la diligente Polia se fut acquittée de cette besogne, la prophétesse dirigeante la fit s'agenouiller très-humblement sur le précieux pavé, et, portant attentivement les yeux sur le rituel, traça fort dévotement, elle aussi, du bout de sa verge d'or, quelques mystérieuses figures dans cette même cendre.

Rempli de stupéfaction, complètement affolé à la vue de cette action, tout à fait intimidé, au point que je n'avais pas un cheveu sur la tête qui ne fût dressé, l'âme en suspens, je me pris à redouter qu'en cette solennelle et sainte cérémonie expiatoire, ma Polia ne me fût ravie et que quelque animal ne lui fût substitué[18], ou bien encore quelque vierge, me faisant ainsi perdre d'un seul coup tout mon bien désiré. Aussi les battements de mon cœur, aussi mes esprits vitaux se trouvèrent-ils, comme je l'ai dit, complètement arrêtés. J'étais agité plus violemment que les roseaux mobiles secoués par l'impétueux tumulte des airs. J'étais plus tremblant que les vaisseaux conduits à force de rames, et mon esprit vibrait davantage que les laiches[19] débiles luttant, dans les marais, contre les vents qui les frappent ; mais, je ne cessais de regarder, avec une extrême vigilance, ma Polia tandis qu'elle officiait. Tout entier à mon attention soupçonneuse, je l'observais, notant ce qu'elle faisait, avec une si singulière aptitude, en compagnie de la grande prêtresse.

Celle-ci, s'étant emparée du rituel couvert de signes nombreux, avec une sainteté innée exorcisa tout ce qui eût pu faire obstacle ou nuire à un amour pur. Un rameau de rue[20] bénite lui fut présenté ; après l'avoir plongé dans la liqueur que contenait la petite urne de porphyre, liqueur dont Polia s'était lavé toute sa belle face, elle en aspergea l'assistance, moi compris. L'aspersion faite, tous les rameaux de myrte furent réunis à celui de rue, et la prêtresse, avertissant une de ses aides, en reçut la clef d'or avec laquelle, dévotement, elle ouvrit la citerne. Elle y jeta les susdits rameaux ainsi que les plumes de tourterelles. Laissant le puits provisoirement ouvert, elle lut, au-dessus des cendres saintes, quelques imprécations sacrées, et les sanctifia de nouveau ; puis, avec un cérémonial fort attentif, à l'aide d'un léger balai de branches d'hysope[21] parfumée attachées par un fil d'or et de soie pourpre, elle réunit en un tas ces cendres dans lesquelles avaient été tracés des caractères, puis, les ayant mises, on ne peut plus religieusement, dans une boîte de la grandeur d'une palme, elle passa devant Polia et les autres vierges qui, lui faisant respectueusement cortège, de nouveau parvinrent, avec elle, au bord de la citerne sainte demeurée ouverte.

Pendant que les nymphes chantaient des hymnes modulées en accomplissant les actes expiatoires requis et les encensements, la grande prêtresse jeta la boîte dans la citerne et en referma l'orifice hermétiquement. Après que cette immersion eut été faite, en la forme et l'ordre susdits, tout le monde regagna le sanctuaire. La grande prêtresse frappa, là, trois fois le molucrum[22] de sa baguette de cérémonie, proférant force paroles mystiques, force conjurations, puis, demeurant seule debout, elle fit signe à toutes les vierges de se prosterner à nouveau sur le pavé. Tenant en main l'aspersoir pontifical, ayant devant elle la prêtresse enfant très-dévotement agenouillée, en priant posément, à demi-voix, elle dit dans notre langue :

Ô très-sainte, très-divine, très-pieuse déesse mère d'Éros ! Illustre, perpétuelle et puissante protectrice des ardentes et saintes affections, des feux amoureux, aide infatigable des douces unions, si les mérites de ces amants sont parvenus jusques à toi, divinité sacrée ! Que leurs ardeurs extrêmes, que les engagements de leur cœur, dont ils te font l'offre, soient agréés et reçus ! Montre-toi piétable à leurs prières emplies d'affectueuses et religieuses promesses, à leurs instantes oraisons ! Souviens-toi des divins et persuasifs conseils adressés en ta faveur, par Neptune empressé, à Vulcain dans sa fureur, ainsi que des rets forgés par ce Mulciber[23], et dans lesquels tu fus prise en compagnie de l'amoureux Mars[24]. Que ta clémence veuille bien aussi m'entendre ; montre-toi propice à l'accomplissement du vœu formé par ces deux amants, au succès de leur ardent désir. C'est pour cela que, grâce à ton fils l'aveugle ailé, cette jeune fille, à la fleur de son âge, a été adaptée à ton saint, à ton louable service, à ton sacré ministère. Elle avait été confisquée par les froideurs de Diane, et voici qu'elle se livre tout entière, avec une extrême et absolue dévotion, à tes feux amoureux et divins. Déjà son âme est touchée par ton fils qui fait tant de blessures au

FIGURE 173 (1499).

FIGURE 174 (1883).

monde ; déjà son cœur, arraché de sa chaste poitrine, sent qu'il ne peut résister et subit le charme avec patience et douceur. Elle se résout, avec une religion singulière, avec une dévotion prouvée, à ce qu'il soit jeté dans le feu de ton très-saint autel, et te l'offre, tout enflammée qu'elle est, avec une sincérité particulière, te le dédiant pour n'y plus revenir. À cette heure, sentant l'amoureuse pression qu'exerce sur ce cœur brûlé la violente passion d'un jeune homme, elle s'apprête avec dignité, activité, résolution, avec un courage inébranlable, à s'abandonner à tes ardeurs glorieuses et délectables, d'autant plus fervemment que ta divinité, par elle implorée, lui sera plus favorable. Donc ces deux jeunes gens se montrant très-désireux d'obtenir tes bienfaits et de ressentir tes bonnes grâces, de contempler ta divinité sacrée, ô Mère, reine d'Amathonte ! je te prie pour eux deux, je t'invoque, je t'implore avec des obsécrations, en cette sainte et bonne fête religieuse, à cette fin que nous puissions, par l'entremise de ton tout-puissant fils, naviguer vers ton délicieux, triomphant et glorieux royaume et l'atteindre. Si je suis la très-observante prêtresse de ton culte, que j'obtienne la satisfaction de leurs bouillants et stimulants désirs, veuille leur concéder d'atteindre au but de ce mystère vénérable. Laisse-toi toucher, très-pieuse Déesse native de ces lieux, ô Mère infatigable des mortels, bienveillante libératrice ! exauce les très-dévotes prières comme tu exauças celles d'Æaque[25], de Pygmalion[26] et d'Hippomène[27], alors que tu les entendis proférées humblement devant tes autels divins ; montre-toi pour elles favorable et gracieuse, avec cette pitié qui t'est naturelle et que tu témoignas tendrement au jeune pasteur[28] frappé par la jalousie de Mars, quand tu changeas en fleur son divin sang répandu. Que si nos mérites, que si nos obsécrations arrivent moins dignes en ta présence et devant ta haute Majesté, que ton amoureuse clémence, que tes flammes sacrées suppléent miséricordieusement à notre faiblesse. Car ces deux jeunes gens se sont, inséparablement, avec fermeté d'âme, avec un élan singulier du cœur, avec une indéfectible constance, voués chaleureusement et résolument attachés, dans une soumission, une obéissance absolue, au service de tes vénérables et saintes lois, décidés qu'ils sont à ne s'en jamais distraire. Voilà plusieurs jours que ce jeune homme s'y affermit en athlète déterminé, intrépide et brave. Quant à cette jeune fille, elle professe scrupuleusement ce même culte, mettant

FIGURE 175 (1499).

FIGURE 176 (1883).

son espoir dans ton patronage efficace et divin, dans l'impétration de ton secours. J'intercède donc pour eux, je prie, je supplie ta haute sainteté, ta puissance sublime de répandre sur eux, avec munificence, les grâces désirées. Ô Cypris ! par les amoureuses ardeurs dont il te plut de t'enflammer pour ton Mars chéri, par ton fils qui vit près de toi, avec ce Dieu, dans les délices suprêmes et les glorieux triomphes !

À ce discours toutes les vierges consacrées répondirent à haute voix : « Ainsi soit-il ! » La grande prêtresse n'eut pas plutôt clos ses lèvres sur ces oraisons saintes, sur cette pieuse intervention, que, très-experte dans la conduite des choses sacrées, elle prit des roses odorantes, tout exprès préparées, ainsi que quelques coquilles d'huîtres marines, et, de ses mains pures qu'elle en avait remplies, les répandit cérémonieusement sur l'autel, autour du foyer. Puis, avec une coquille d'huître, puisant de l'eau de mer contenue dans la petite urne, elle en aspergea tout l'autel divin.

Après quoi, les deux cygnes ayant été égorgés sur l'anclabris, à l'aide de la sécespite, leur sang fut recueilli conjointement avec celui des tourterelles déjà brûlées, dans le præféricule en or, au milieu de pieuses cérémonies et d'affectueuses prières, tandis que les vierges chantaient des odes mesurées et que la grande prêtresse, tout en lisant dans le livre placé sous ses yeux, ordonnait que les cygnes immolés fussent brûlés en holocauste dans le sanctuaire disposé pour cela, et que leurs cendres, réunies en une même boîte, fussent jetées par une ouverture sise au-dessous de l'autel.

Prenant alors le saint præféricule contenant les deux sangs mélangés, la sacrificatrice accomplit les cérémonies expiatoires devant l'autel consacré, sur le pavé poli. Alors, trempant son pouce dans le sang pourpré, elle traça soigneusement, avec, quelques caractères sacrés, puis, appelant Polia, elle lui en fit tracer de semblables, tandis que les vierges chantaient suavement des odes charmantes.

Cela fait et parfait, l'insigne porteuse du simple se tint prête à laver les mains teintes de sang de la prêtresse ainsi que celles de Polia — tout autre contact étant défendu — et, tandis que la vestale enfant versait l'eau très-pure au moyen du vase à goulot, le liquide sacré était recueilli dans le simple d'or. Après quoi, sur un avis de la prêtresse expérimentée, Polia essuya très-proprement, à l'aide d'une éponge vierge, ces caractères avec du sang, puis, la comprimant au-dessus du liquide qui avait purifié ses mains, elle la lava soigneusement.

FIGURE 177 (1499).

FIGURE 178 (1883).

Après cela, toutes les vierges tenant leur torche renversée vers le pavé, la directrice agita le liquide des ablutions et le vida dévotement sur le pavé, accomplissant respectueusement son ministère. Aussitôt et violemment il s'en dégagea une fumée qui, peu à peu, s'éleva vers la voûte concave de la coupole. Cette fumée, pas plutôt montée, rebroussa contre le sol. Je me sentis alors soudainement remué et la lourde terre fut ébranlée sous mes genoux ployés avec un étrange bruissement de l'air et un retentissement horrible pareil à celui de la foudre éclatant à l'intérieur du temple. C'était exactement comme si l'on eût entendu, pendant une traversée, quelque grande masse tomber dans la mer. Les gonds vibrants des portes d'or résonnèrent dans le temple voûté ainsi qu'un coup de tonnerre répercuté à l'intérieur d'un souterrain sinueux.

Rempli d'une admiration mêlée de terreur, agité par une crainte excessive, j'invoquai silencieusement quelque protection divine. J'avais rouvert à peine mes yeux épouvantés et regardé l'autel, que, de la fumée qui s'en dégageait, je vis, tout émerveillé, sortir un rosier verdoyant qui croissait et multipliait progressivement. Il remplissait de son branchage surabondant une large partie du sanctuaire, et s'élevait jusqu'au comble, chargé de ses innombrables roses vermeilles, pourprées et rosées, portant en outre une abondance de fruits ronds, d'une senteur merveilleuse, d'une couleur blanche teintée de rouge. Ces fruits se montraient plus agréables que ceux qui étaient exposés devant Tantale, plus beaux que ceux qui furent l'objet de la convoitise d'Eurysthée[29]. Bientôt trois tourterelles blanches apparurent sur ce rosier fructifère, accompagnées d'autres oiselets voltigeant en troupe parmi les branches, sautillant et s'ébattant joyeux, chantant très-doucement. Ce phénomène me fit soupçonner la présence de la Divinité et croire que la sainte Mère se cachait en personne sous une telle apparition.

À cette occasion la prêtresse sacrificatrice, avec une noblesse de matrone, se leva en même temps que Polia, qui m'apparut plus belle que jamais, gracieuse au possible, d'un aspect doux et souriant. Toutes deux me rassurèrent et m'engagèrent à rentrer dans le sacro-saint sanctuaire, m'invitant à me présenter respectueusement devant l'autel divin. Je m'agenouillai entre la prêtresse et Polia. Cette première, avec une cérémonie antique, cueillit trois de ces fruits miraculeux. S'en réservant un, elle offrit les deux autres à Polia et à moi, afin que nous y goûtassions ensemble avec la religion prescrite et une grande pureté de cœur.

FIGURE 179 (1499).

FIGURE 180 (1883).

Je n'eus pas plus tôt touché à ce merveilleux petit fruit si doux que je sentis se rajeunir, se renouveler ma lourde intelligence épaissie, renaître mon cœur triste et désemparé sous l'envahissement d'une amoureuse joie, non moins qu'un homme précipité dans la mer profonde, qui plonge jusqu'au fond, les lèvres serrées, alors qu'il remonte sur l'eau, aspire avidement les fraîches et agréables brises et retourne à la vie. Il advint aussitôt qu'en moi-même se prirent à brûler des flammes plus amoureuses encore, et il me sembla que, dans de plus douces tortures, des qualités nouvelles d'amour me transmuèrent. Par ce fait, je me pris à connaître avec évidence, à pressentir effectivement ce que sont les grâces de Vénus, leur efficacité pour les habitants de la terre, quels prix emportent, à leur plus grande joie, ceux qui livrent intrépidement le combat pour obtenir le délicieux royaume et y parvenir au travers des luttes opiniâtres. Enfin, après le pieux, le saint repas fait des fruits fatidiques, la divine végétation s'évanouit devant nos yeux, sans qu'on fît rien pour cela.

Ayant accompli la libation, la prêtresse sortit du saint sanctuaire avec Polia, moi et toutes les vierges. Après que les mystérieux sacrifices, les offrandes, les immolations et le culte divin eurent été conduits dans l'ordre susdit et terminés, la prêtresse ainsi que Polia dépouillèrent leurs vêtements consacrés et les déposèrent on ne peut plus pieusement, avec une déférence particulière et religieuse, dans le sanctuaire. Là, pleine de mesure et d'une extrême majesté, la grande prêtresse nous parla familièrement ainsi :

À présent, mes enfants, que vous voilà par moi purifiés et bénis, reprenez votre amoureuse entreprise et poursuivez votre voyage. Je prie encore la divine Mère de se montrer pour vous bienveillante et affable. Qu'elle vous soit miséricordieuse, favorable et propice, quels que soient vos projets, quelles que soient vos intentions et les occurrences en lesquelles vous vous trouviez. Mettez désormais un terme à vos profonds, à vos fréquents soupirs ; laissez, abandonnez vos lamentations, car, sur mon instance, l'heure présente vous sera bonne et seconde. Que votre esprit retienne bien mes conseils et mette à profit mes commandements, afin que la déesse, emplie d'une tendre affection, vous baille un heureux succès.

Lorsque la sainte directrice eut tenu ce doux langage, langage, lui rendîmes des grâces immortelles et prîmes congé de toute l'assistance, avec force révérences et mutuelles salutations, trahissant tous, par notre visage, le chagrin que nous causait notre séparation.

Cependant, tout en adressant nos adieux, nous sortîmes du magnifique et superbe temple; puis ma Polia au chef doré ayant été renseignée sur le chemin à prendre et sur l'itinéraire à suivre, nous partîmes définitivement.

Ô charmante compagnie, désirée chaque jour! Ô terme précieux des tristesses passées! Mon cœur, en ce moment, dilaté par une douceur interne, voyant son feu si pénible inondé par les rosées célestes, ne broncha plus, mais s'affermit. C'était là, très-évidemment, ma Polia tant souhaitée, ma déesse tutélaire, le génie de mon cœur, celle à qui je devais tant de reconnaissance pour le bon service qu'elle avait fait à la divine Mère, pour le grand amour qu'elle me témoignait en me tenant une si délicieuse compagnie.

Comme je me disais cela, Polia, voyant que je parlais bas, me fixa avec ses regards joyeux et flamboyants d'amour. Ils étaient plus clairs que les lumineuses étoiles brillant, en l'absence de Cynthiela cornue, dans le ciel serein, plus clairs que l'acier rougi scintillant martelé sur l'enclume. Ainsi ses regards éclataient dans mon cœur en nombreuses étincelles. Charmante elle proféra des paroles qui s'échappaient, avec d'angéliques accents, de sa bouche purpurine, vrai réceptacle de toute bonne odeur, écrin de perles orientales, pépinière fertile en mots doucement émis, paroles qui, tout à propos, dissipaient l'inquiétude de mon esprit, paroles capables, sans aucun doute, d'apaiser l'aspect terrifiant de Méduse, de mitiger les atroces horreurs de Mars l'enflammé et de le dépouiller de ses armes sanglantes, paroles capables d'arracher le beau Ganymède aux serres de l'aigle suprême, capables d'amollir, de pulvériser les marbres les plus durs, les cailloux, les pierres les plus résistantes, les rocs abrupts de la Perse et de l'inaccessible mont Atlas toujours couvert de nuages dans sa partie tournée vers l'Océan, paroles capables d'adoucir, d'apprivoiser les fauves féroces de la Lybie, de revivifier tout mort réduit en cendres ou en poussière. Elle me dit ainsi, en saisissant ma main:

Très-cher Poliphile, allons à cette heure au rivage mugissant, ô toi que je tiens là si sage et si ferme! J'espère que nous parviendrons en joie au but où vise notre cœur ardent. C'est pour l'atteindre que j'ai éteint ce flambeau qui me liait aux lois de Diane la sévère, que j'ai accompli de solennels sacrifices, que j'ai fait des supplications, des immolations, des adorations, dit les plus humbles prières, goûté au fruit miraculeux. C'est en vue que, purifiés et dignes, nous puissions contempler les présences divines, ce qui ne peut être accordé à la pensée des mortels si elle est impure.

Ainsi la noble Polia et moi nous étions pénétrés d'une douceur infinie, nous nous sentions fortifiés par notre amour sincère. J'allais, remuant en moi ces pensées secrètes plus suaves que le miel liquide, marchant joyeux comme rivé à sa personne. En fête, en allégresse, nous atteignîmes un très-vieil édifice entouré d'un bois sacré.

Cet édifice était élevé sur le rivage retentissant du bruit de la mer et baigné de son flux. Là se tenaient encore debout une grande partie de murs ou parois de constructions en marbre blanc, ainsi qu'un môle du port voisin, ruine assez conservée. Dans les fractures de ce môle et dans les joints brisés germait la crête[30] du littoral, amie du sel. En quelques endroits je vis la cachla des rives[31], maintes soudes, l'odorante absinthe maritime et, par les bancs de sable, l'euphorbe péplis[32], la roquette[33], bien des simples connus, le tithymaie[34], les myrsinites[35] et autres herbes croissant sur le rivage de ce port, ainsi que sur les nombreux escaliers aux marches inégales par lesquels on parvenait au propylée du temple. Cet édifice, par les morsures du temps, les ravages de la vétusté et l'abandon, gisait, çà et là démoli, sur la terre humide, amas de colonnes immenses en pierre Persique aux granulations roses, sans chapiteaux, n'ayant qu'un fût décapité et alternant avec d'autres colonnes en marbre Mygdonien[36]. Quelques-unes avaient les joints brisés ; on ne leur voyait plus ni base, ni frise, ni astragale. J'en contemplai encore d'autres faites en airain avec un art admirable, telles que n'en possédait point le temple de Gadès[37]. Mais tout cela était en plein air, attaqué par la moisissure et par la vétusté.

Là, ma sage, ma bien amoureuse Polia me dit :

Admire, mon très-doux Poliphile, ce monument qu'entre les plus grandes choses la postérité a laissé tout en ruines et renversé, accumulation, énorme amoncellement de pierres brisées. Jadis, en son premier âge, ce fut un temple magnifique, admirable, où se faisaient de grandes réunions solennelles. Là, chaque année, accourait une multitude de mortels pour y donner des spectacles. Ce temple était fameux à la ronde, et par son élégante structure et par les sacrifices qu'on y accomplissait. Mais, à cette heure, il est anéanti. Vois comme il gît détruit et ruiné, totalement abandonné. On le nommait le temple Polyandrion[38]. Il contient, ô Poliphile mon cher cœur ! une quantité de petits caveaux dans lesquels furent ensevelis les corps de tous ceux qui trouvèrent la funeste et sombre mort par le fait d'un infortuné, d'un lugubre amour. L'intérieur en est dédié à Pluton. À chaque retour de l'année, aux ides de Mars, tous ceux qui participaient aux faveurs d'amour, tant hommes que femmes, s'y livraient à de remarquables et solennelles cérémonies. Là, aux fêtes principales, aux panégyries[39] annuelles, les membres des familles, tant des régions diverses que des provinces frontières et reculées, se réunissaient pour faire des prières et des sacrifices à la divinité de Pluton tricorporel, à peine pour eux, s'ils avaient l'impiété de s'en abstenir, d'être avisés de leur mort propre et prématurée. Pour ce, ils immolaient des victimes noires, des brebis n'ayant pas encore connu le mâle, sur un autel ardent en airain, les mâles au dieu, les femelles à la déesse.   Ils accomplissaient là, pendant trois nuits, des lectisternes[40], puis, couvrant de roses le feu du sacrifice, ils faisaient leurs invocations. C'est pourquoi tu vois qu'il reste encore ici des grands rosiers de toute espèce. Alors il était défendu d'en cueillir les roses, elles étaient distribuées par les prêtres.   Le feu du sacrifice allumé, le pontife, la tête ceinte d'un bandeau, la poitrine décorée d'une admirable et mystérieuse agrafe d'or enrichie d'une précieuse pierre synochitide[41], répartissait entre chacun quelque peu de cendres recueillies dans un simpule d'or et l'offrait avec une grande dévotion. La cendre reçue, les assistants sortaient du temple avec tout le recueillement prescrit, pour gagner le gai rivage de la mer, très-proche, comme tu vois. Introduisant dans un roseau cette cendre sacrée, ils la soufflaient fort religieusement dans la mer et, poussant ensemble, à voix haute, des exclamations confuses mêlées aux hurlements des femmes, ils s'écriaient : Périsse ainsi quiconque serait sciemment cause de la mort de son amant !   Ayant ainsi lancé la cendre dans la mer et jeté le roseau, ils crachaient trois fois dans ladite mer en faisant : fu ! fu ! fu ! Puis ils retournaient prendre part à la fête, munis de roses qu'ils disséminaient par les sépultures rangées en ordre dans le temple, versant des pleurs funéraires, chantant des vers lugubres, sépulcraux et larmoyants, jouant de la flûte des sacrifices et de la flûte milvine[42].   Immédiatement après, tous ceux d'une même contrée dressaient en cercle, sur le pavé, les tables, l'appareil du banquet et les mets qu'ils avaient apportés. Là ils mangeaient en commun et festinaient comme des prêtres Saliens, accomplissant le silicernium[43] dans le rite consacré. Après avoir évoqué les mânes, ils abandonnaient les restes du repas sur les autels sépulcraux. En outre de cet anniversaire, ils célébraient encore les jeux séculaires. Après l'agape, tous les convives, sortant de nouveau du temple, achetaient, chacun, une couronne de fleurs diverses et se la posaient sur la tête, puis, prenant en main une branche du funèbre cyprès, ils suivaient les prêtres Saliens[44], ministres des sacrifices, ainsi que le chef des danses, tous revêtus de vêtements sacerdotaux, et ils sautaient comme des histrions, pêle-mêle avec les femmes, en un tumultueux ébat, poussant des cris joyeux, aux sons des instruments variés à vent et à cordes, tournant par trois fois à l'entour du temple, afin d'apaiser les trois Parques fatales, Nona, Décima et Morta[45], qui portent les balances de l'altitonnant Jupiter. Ils allaient allègrement en rond, comme en une demi-bacchanale.   Après quoi ils retournaient dans le temple sacré où ils pendaient en divers endroits les rameaux de cyprès dont ils étaient porteurs. Ces rameaux, attachés çà et là, y demeuraient conservés jusqu'au prochain anniversaire. L'année révolue, tous ces feuillages desséchés étaient recueillis par les sacrificateurs munis de simples, puis ils étaient brûlés sur l'autel. Enfin, après que tout était terminé, que les offices des fêtes funèbres étaient célébrés en grande observance, que les prières étaient dites, que les supplications étaient faites, le culte des dieux accompli, ainsi que les cérémonies, alors que tout mauvais génie était mis en fuite, le pontife suprême, le premier curion[46] ayant prononcé ce dernier mot : "Allez !" chacun était autorisé à retourner joyeusement dans sa propre patrie et à gagner gaiement sa demeure.

Mon éloquente Polia m'ayant, avec une grande faconde et de très-douces paroles, narré intégralement et exposé toute cette grande observance on ne peut plus louable et recommandable, je me trouvai compendieusement instruit. Nous atteignîmes alors le littoral vaste et sablonneux battu par le flux des gracieuses petites vagues, là même où se trouvait le temple ruiné et désert.

Nous nous assîmes donc, joyeux, là, sur les herbes fraîches et fleuries. En cet endroit, ne pouvant rassasier tous mes regards à la fois, je contemplai en détail la belle harmonie, le bel ensemble des beautés réunies sur ce parfait petit corps immaculé. Mes yeux se refusaient à voir tout autre gracieux objet qui n'eût pu m'apporter un contentement égal. Il advint que mon cœur, goûtant une joie muette, se réconforta par de nouvelles pensées qui renaissaient en foule et, renonçant aux vulgaires et communes folies, je considérai ce pieux et intelligible effet, en même temps que le ciel très-serein, l'air doux et salubre, le site délectable, la région délicieuse, les belles verdures, les collines plaisantes, modérément hautes, ornées de bois touffus, la clémence de la température, la pureté des brises, le bel et charmant endroit convenablement arrosé par les fleuves s'écoulant au milieu des vallons boisés, courant mollement, à droite et à gauche, le long des collines arrondies et se précipitant dans la mer ; je considérai les champs très-fertiles, couverts d'agréable gazon et plantés d'arbres nombreux emplis du concert des petits oiseaux. Que le fleuve de Thessalie cède le pas, lui et sa campagne[47] ! Or, nous étions là, tous deux assis, parmi les fleurs odorantes du printemps, parmi les roses. Je tenais, avec tant de plaisir, mes yeux grands ouverts fixés sur cette effigie céleste, j'appliquais si fort tous mes sens à contempler une forme si belle, si rare, une image si divine, que de plus brûlantes attaques me venaient doucement assaillir davantage, cependant que mon âme se fondant en une extrême suavité, je demeurais insensé, tout anxieux, entièrement absorbé, curieux, à considérer avec surprise comment et pourquoi la liqueur pourprée, pénétrant les carnations précieuses de la main polie et satinée, cette main, toutefois, restait blanche comme du lait et aucune teinte rouge n'y apparaissait. De même je me demandais par quel artifice la maîtresse Nature avait répandu et disséminé en ce très-beau corps tous les parfums de l'Arabie ; avec quelle industrie elle avait, sur ce front illuminé de fils d'or pareils à des pampres charmants, colloqué la plus belle partie du ciel, la splendide région Héraclienne[48]. Puis, portant mon attention sur ses jolis petits pieds, j'admirais sa chaussure vermeille, fortement tendue sur le cou-de-pied d'ivoire, ornée d'une légère ouverture découpée comme une feuille ondulée, chaussure lacée très-serré, avec des cordelettes de soie bleue passées dans des œillets d'or. C'était un objet capable d'interrompre l'existence et de tourmenter à l'excès le cœur enflammé. Cependant, tout à coup, mon regard lascif revenait au col élancé entouré d'un chapelet de perles orientales, sans qu'on pût discerner ce qu'il y avait de plus blanc ou du col ou du collier qui descendait sur l'éclatante poitrine garnie de seins délicieux, ronds comme des pommes, faisant résistance au vêtement et le repoussant avec force ; pommes dont Hercule, sans doute, ne déroba pas furtivement les pareilles dans le jardin des Hespérides. Pomone, dans son verger, n'en posséda pas de telles que ces deux blanches qui, sur la poitrine rosée, se tenaient immobiles et fermes ainsi que la neige floconneuse alors qu'elle brille, par hasard, pendant qu'Orion[49] stationne sous le corps terminé en poisson du miracle de Pan[50].

Entre ces deux seins j'aperçus une délicieuse petite vallée, sépulture de mon âme. telle que Mausole, avec toute sa richesse, n'eût su en ériger une pareille. J'étais dans le ravissement. Mon cœur, captivé, avait conscience de se dépenser jusqu'à en mourir, quel que fût l'endroit de ces très-élégantes parties où mes yeux l'entraînassent. Toutefois je ne pouvais réprimer mes soupirs

FIGURE 181 (1499).

d'amour embrasés, ni les retenir si bien que je ne les laissasse tant soit peu retentir.

Aussi Polia, immédiatement atteinte de la contagion amoureuse, tournait paisiblement, tout émue, vers moi ses vifs regards capables de faire envie au Soleil, et je me sentis devenir entièrement la proie d'un incendie dévorant qui infiltrait son prurit dans mes parties les plus intimes, les plus profondes, et se répandait comme une semence dans mes vaisseaux capillaires. À force de contempler ses manières nobles et distinguées, je sentis augmenter en moi

Figure 182 (1883).

une saveur douce comme le miel. Atteint, alors, d'un appétit désordonné, insatiable, grièvement oppressé par une brûlante et inopportune excitation, avec des pleurs dans la voix, avec de persuasives et ardentes prières, j'évoquai, à part moi, les baisers désirés, les baisers succulents, fluides et si doux, aux exquises vibrations de serpent, m'imaginant de goûter la saveur de la petite bouche suave, de l'haleine embaumée au souffle musqué et frais, me figurant de pénétrer dans le trésor caché de Vénus, et là, de dérober, à la façon de Mercure[51], les très-précieux joyaux de la maternelle nature.

Hélas! Je me tournai, soupirant, vers cette divine Mère, assiégé que j'étais par son fils le porte-brandon. Tout occupé de cette si belle figure, bien malade, envahi par l'effet des charmes insignes qui la décoraient, attiré par cette tête dorée dont chacun des cheveux m'enlaçait et me retenait captif en ses nœuds tordus, je me repaissais de cet aimable aliment et, nourri de sa captieuse douceur, je ne pouvais, quelque effort que je fisse, résister à l'envahissement de tant d'excitations diverses et de pensers irritants. Amour le sagittaire faisait rage en moi ; il me mettait en l'état de ne pouvoir éteindre un si insupportable incendie. Ma patience était à bout. Aussi, rejetant tout raisonnement qui s'y opposât, méprisant tout mûr conseil, j'étais incité par ce dieu, en cet endroit solitaire, à violenter, sans retenue, avec une audace Herculéenne, cette nymphe divine et pure. Mais je pensai que je la dusse d'abord solliciter, lui dire en suppliant et soupirant : « Hélas! divine Polia, j'estime que ce me serait présentement un éternel honneur que de mourir pour toi ; mais la mort me semblerait plus glorieuse si elle m'était délivrée par ta main fine et potelée. Aussi bien mon âme, en proie à de si dures ardeurs, végète, plus cruellement brûlée qu'elle est à tout moment, sans répit, sans pitié, au point que je n'ai pas une heure de repos. C'est pourquoi je ne vois point d'autre moyen d'en finir avec cette surexcitation brûlante et répétée. À peine mon cœur est-il cicatrisé qu'il succombe, de nouveau livré à des feux plus cruels encore. Hélas ! Poliphile, que vas-tu faire ? Réfléchis à la malheureuse issue de la violence faite à Déjanire, de la violence faite à la chaste Romaine[52], réfléchis à bien d'autres cas semblables. Considère que les dieux tout-puissants ont rencontré de la résistance dans leurs amours terrestres. Tu n'es qu'un homme déguenillé et vil ! Rappelle-toi, d'ailleurs, que tout peut arriver à qui sait attendre, que les lions féroces, eux-mêmes, s'apprivoisent par la patience, ainsi que toutes bêtes sauvages et cruelles, que la fourmi, si petite qu'elle est, imprime sa trace dans le dur rocher à force d'y passer en portant son grain[53]. Il n'y a qu'une divinité enfermée dans un faible corps humain qui puisse dédaigner, repousser une passion si éprouvée, si pénible, au moment où elle espère obtenir les fruits amoureux, le résultat désiré, les spasmes du triomphe ! »

Alors j'évoquai dans ma mémoire le souvenir des saintes oraisons, des sacrifices, des libations, de la torche éteinte, de tous les offices où cette nymphe avait eu son Poliphile en vue et l'avait recommandé dans ses prières. Aussi pensai-je qu'il valait mieux attendre dans la souffrance une récompense plus assurée et l'obtention du but désiré, que de calmer, par un acte coupable et dangereux, au risque de perdre tout espoir, mes cruelles langueurs.   La nymphe Polia, s'apercevant que mon visage changeait de couleur et qu'il variait plus que le célèbre tripolion[54], autrement dit teuthrion[55] qui, trois fois le jour, modifie la coloration de sa fleur, me voyant altéré, m'entendant pousser, dans mon profond amour, tant de brûlants et douloureux soupirs, adoucit, modéra, toute piétable, mes mouvements impétueux et mes impatientes agitations.   Aussi, mon âme s'apaisant au milieu de ses flammes
continuelles et de ses âpres brûlures, Amour m'incita à
prendre patience ainsi qu'espoir. Tel le Phénix
d'Arabie, sur son bûcher de branches
aromatiques enflammé par l'apparition du Soleil levant,
espère renaître de
ses cendres
arides.

࿊

Polia persuade à Poliphile daller examiner les épitaphes antiques dans le temple en ruines. Il vit là d'admirables choses, et lisant, en dernier lieu. le rapt de Proserpine, il se prit à redouter que sa Polia ne fût perdue pour lui de la même façon. Il revient à elle tout épouvanté. Puis le Dieu d'amour arrivant prie Polia d'entrer dans sa nacelle en compagnie de Poliphile. Le Dieu appelant Zéphyr, ils naviguent heureusement, et, passant à travers les divinités marines, celles-ci marquent à Cupidon les plus grands respects • Chapitre XIX

UREXCITÉ non médiocrement par les plus inimaginables, par les plus raffinés supplices d'amour, voyant, toutefois, la guérison efficace si souhaitée, là, près de moi, pareille à mon médecin, je m'étonnais, avec stupeur, que, contrairement au cours naturel des choses, ce fût elle qui plus sûrement me tuât. Bien que sa belle façon de faire, son éloquence ornée, son regard mouvant dussent m'être un salut opportun à point préparé, cela me rejetait si loin que je sentais s'accroître en moi la tentation de ne pas mépriser, de ne pas fuir l'occasion provocante, cette bonne fortune des ravisseurs. Frémissant, rugissant comme un chien en fureur au moment où il atteint l'animal poursuivi à travers les ravins Alpestres, tout aussi furieux, je convoitais ma proie désirée, livrée à ma merci, prêt que j'étais à me satisfaire absolument.

Accoutumé désormais à une mort d'amour incessante, familiarisé avec elle, je n'envisageais plus l'atrocité de ma folie, je me l'imaginais licite, quelque inconvénient qui dût en résulter. Ma très-enjouée Polia prit souci de cette condition déshonnête d'un amour aveugle, et, cherchant le moyen d'éteindre un incendie pareil, se concerta avec elle-même, puis, se montrant singulièrement secourable, me dit avec bonté : « Poliphile, que j'aime entre tous, je n'ai jamais ignoré que les œuvres de l'antiquité te plussent extrêmement à voir. Tu peux donc aisément, tandis que nous attendons Cupidon notre seigneur, te permettre d'aller admirer à ton plaisir ces monuments abandonnés que le temps rongeur, que la vétusté ont mis en pièces, que l'incendie a ruinés, que la vieillesse a dérompus ; tu peux examiner leurs nobles débris, dignes de vénération. Pour moi, je t'attendrai, tranquillement assise en ces lieux, attentive à l'arrivée de notre maître qui doit venir afin de nous mener au royaume saint et désiré de sa mère. » Fort avide, fort jaloux de joindre la vue de ces œuvres à ce qu'il m'avait été donné déjà de contempler de si remarquable, je me levai du siège délicieux établi sous l'ombrage tempéré du laurier et du myrte, parmi d'assez hauts cyprès. Un chèvrefeuille embellissait ce lieu de sa floraison odorante, un jasmin enroulé nous y enveloppait d'une ombre suave, tout en épandant abondamment sur nous ses fleurs blanches, en ce moment très-parfumées. Absorbé, sans autre pensée, je m'en fus d'auprès de Polia et, fort empressé, j'atteignis ces champs remplis de hauts et larges entassements de ruines couverts en grande partie de chamæsyce[1], encombrés de terre meuble et embarrassés d'épines. Là, en réfléchissant, je conjecturai que cet édifice avait dû être un temple magnifique et merveilleux, d'une rare et superbe construction, ainsi que me l'avait déjà dit la véridique et illustre nymphe. On s'apercevait que des chapelles avaient été disposées autour de ce temple circulaire, car il en restait encore des parties à demi conservées ou, plutôt, à demi ruinées, avec de grands fragments de piliers, de travées courbes, d'angles de toitures, avec de nombreuses colonnes en différentes espèces de marbres, marbres de Numidie, de

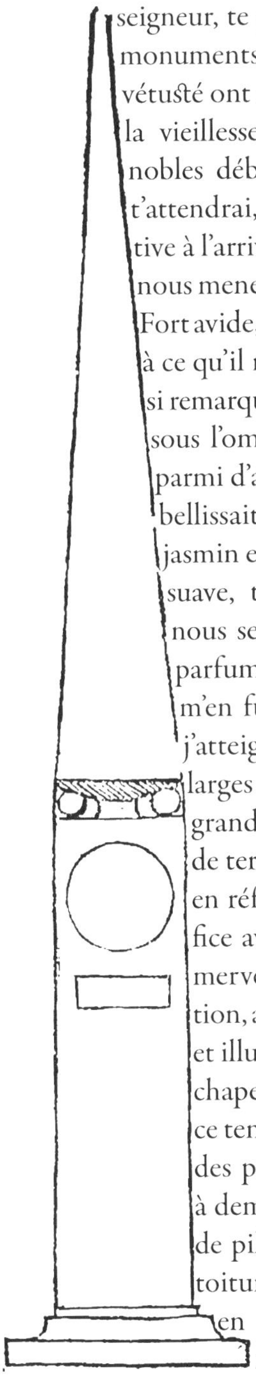

FIGURE 183 (1499). 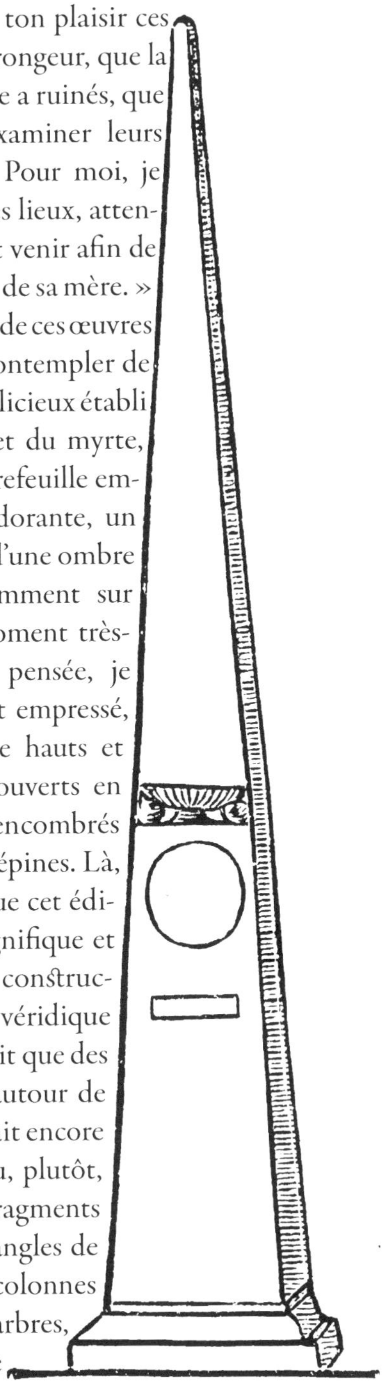   FIGURE 184 (1883).

l'Hymette, de Laconie et d'autres encore, colonnes fort belles, aux lignes accomplies. Je vis, jusqu'à l'évidence, par la disposition de ces chapelles, que des sépulcres y avaient été placés. Là, je remarquai, avant toutes choses, vers la partie postérieure du temple antique, un obélisque très-élevé, en pierre rouge. Sur une des faces de son pied carré j'aperçus les hiéroglyphes suivants sculptés : d'abord, une figure circulaire, puis des balances entre lesquelles se trouvait un plateau. Entre ce plateau et chaque balance se voyaient, d'un côté un chien, de l'autre un serpent. Dessous était un coffre antique au-dessus duquel se dressait debout une épée nue dont la pointe, dépassant le fléau des balances, traversait une couronne royale ; ce que j'interprétai de la sorte :

FIGURE 185 (1499).   FIGURE 186 (1883).

IVSTITIA RECTA AMICITIA ET ODIO EVAGINATA ET NVDA
ET PONDERATA LIBERALITAS REGNVM FIRMITER SERVAT.
[*Ce qui signifie :* LA JVSTICE, L'AMITIÉ DROITE ET SINCÈRE,
LA GÉNÉROSITÉ DÉGAGÉE DE HAINE, À LA FOIS PVRE ET
PONDÉRÉE, SAVVEGARDENT FERMEMENT LE ROYAVME.]

Puis, dans une autre figure quadrangulaire située dessous, je vis : un œil, deux épis de froment liés en croix, un glaive antique, deux fléaux à battre le blé croisés sur un cercle et enrubannés, la figure du monde un gouvernail, un vase fort ancien dont sortait un feuillage d'olivier garni de ses fruits, un large plateau, deux ibis, six pièces de monnaie disposées en rond, un édicule la porte ouverte avec un autel au centre, enfin deux fils à plomb. Je traduisis cette figure ainsi en Latin :

FIGURE 187 (1499).

FIGURE 188 (1883).

DIVO IVLIO CÆSARI SEMP. AVG. TOTIVS ORB. GVBERNAT. OB ANIMI CLEMENT. ET LIBERALITATEM ÆGYPTII COMMVNI ÆRE S. EREXERE. [*Ce qui signifie :* AU DIVIN IVLES CÉSAR, TOUJOVRS AVGVSTE, GOVVERNEVR DU MONDE ENTIER, EN RAISON DE SA CLÉMENCE D'ESPRIT ET DE SA GÉNÉROSITÉ, LES ÉGYPTIENS ONT ÉRIGÉ (CE MONVMENT) À LA DÉPENSE COMMVNE.]

Sur chaque face de ce pied carré se voyait une figure circulaire semblable à la première, disposée de même et à la même hauteur. Sur celle de droite j'admirai ces excellents hiéroglyphes : d'abord un caducée garni de vipères sous la verge duquel je vis, d'un côté et de l'autre, une fourmi qui grandissait en forme d'éléphant et, au-dessus, deux autres éléphants qui diminuaient en

FIGURE 189 (1499).    FIGURE 190 (1883).

forme de fourmis. Entre ces deux symboles étaient, d'une part un vase rempli de feu, de l'autre une conque pleine d'eau ; ce que j'expliquai ainsi :

PACE AC CONCORDIA PARVÆ RES CRESCVNT, DISCORDIA MAXIMÆ DECRESCVNT. [*Ce qui signifie :* PAR LA PAIX ET LA CONCORDE, LES PETITES CHOSES CROISSENT ; PAR LA DISCORDE, LES PLVS GRANDES DIMINVENT.]

Du côté opposé était une autre figure circulaire. J'y admirai ce dessin rendu : une ancre était posée transversalement, un aigle aux ailes éployées siégeait dessus. À la barre de l'ancre était un lien emmêlé et, sous ces configurations, un guerrier reposait assis parmi des engins militaires. Il réfléchissait tout en tenant un serpent. Ce dont je tirai l'interprétation suivante :

FIGURE 191 (1499).    FIGURE 192 (1883).

MILITARIS PRVDENTIA, SEV DISCIPLINA IMPERII EST TENACISSIMVM VINCVLVM. [*Ce qui signifie :* LA PRVDENCE OU DISCIPLINE MILITAIRE ENVERS LE COMMANDEMENT, EST LE LIEN LE PLVS TENACE.]

Après avoir contemplé, avec un extrême plaisir, les nobles conceptions exprimées par ces figures, j'admirai la quatrième située sur la face opposée à la première. Je vis là un trophée triomphal. Au bas d'une lance croisaient deux palmes auxquelles étaient nouées deux cornucopies. Dans la partie moyenne de la figure se voyaient, d'un côté un œil, de l'autre une comète, ce qui voulait dire :

FIGURE 193 (1499).   FIGURE 194 (1883).

DIVI IVLII VICTORIARVM ET SPOLIORVM COPIOSISSIMVM TROPHÆVM, SEV INSIGNIA. [*Ce qui signifie :* LE TROPHÉE OV LES EMBLÈMES DES VICTOIRES ET DES DÉPOVILLES TRÈS ABONDANTES DU DIVIN IVLES (CÉSAR).]

La magnificence de cet
obélisque me fit penser que tel
devait être celui qui fut transporté de Thèbes pour être
érigé dans le grand cirque[2]. Après, je revins à la partie antique du
temple, dont je trouvai le propylée entièrement brisé. Devant
la porte détruite je vis une partie de l'architrave
et de la frise avec un morceau de la corniche, en un seul bloc. Sur la frise
j'aperçus écrit ce qui suit,
en élégantes lettres
majuscules :

FIGURE 195
(1499).

D.   .M.   .S.
CADAVERIB. AMORE FVRENTIVM
MISERABVNDIS   POLYANDRION

FIGURE 196
(1883).
Tempus.

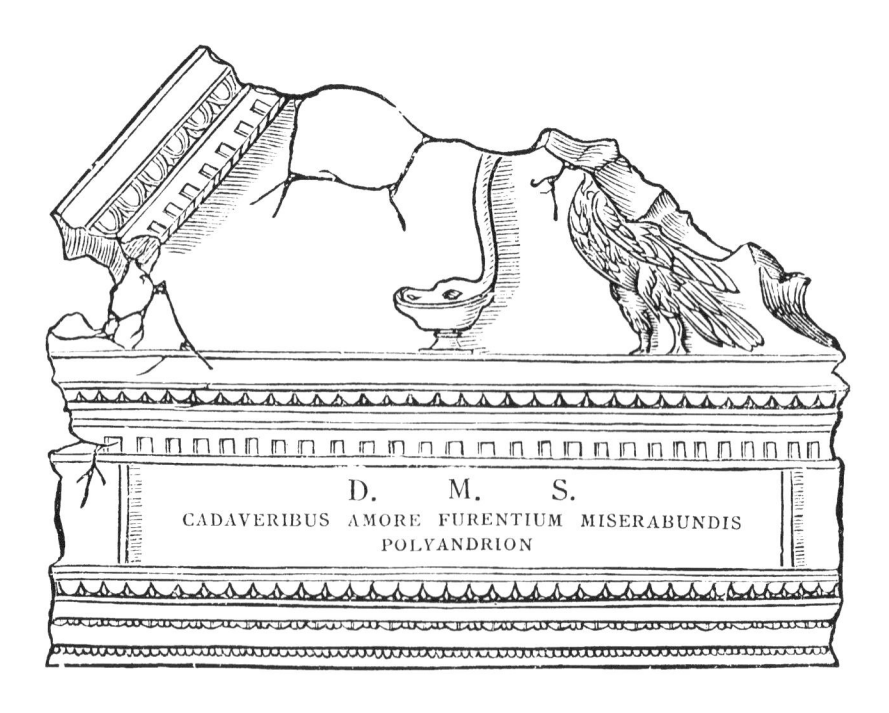

D.   M.   S.
CADAVERIBUS AMORE FURENTIUM MISERABUNDIS
POLYANDRION

[*Ce qui signifie :*] DÉDIÉ AUX DIEUX INFERNAUX. CIMETIÈRE DES MISÉRABLES CORPS QUI, PAR AMOUR, SONT TOMBÉS EN FUREUR.

Ce noble et magnifique fragment d'un seul morceau, avec une portion de son frontispice, avait conservé un dessin excellent. Je vis, dans son tympan triangulaire, deux images sculptées, mais qui n'étaient point entières. C'était un oiseau décapité, un hibou, je crois, avec une très-ancienne lampe, le tout en parfait alabastrite. J'interprétai cela ainsi :

VITÆ LETHIFER NVNTIVS. [*Ce qui signifie :* LE MESSAGER DE MORT, À LA VIE.]

Je parvins, ensuite, dans la partie du milieu de ce temple, moins encombrée de débris. Le temps destructeur n'y avait épargné qu'une œuvre toute en porphyre rouge, admirable à décrire. C'était un édifice sexangulaire dont la base était établie sur une solide pierre d'ophite ayant la même configuration et reposant sur le sol. Là se dressaient six colonnettes distantes l'une de l'autre de six pieds, avec architrave, frise et corniche, sans moulures ni ornements, mais toutes simples et polies. Ces colonnes extérieures ne contrariaient pas la forme du monument qui, à l'intérieur, était rond. Sur le plat de la corniche naissait une coupole d'un art admirable, faite d'une unique pierre massive. Elle se terminait vers son sommet en un conduit pour la fumée, conduit rayé qui laissait passer la lumière tombant d'aplomb sur un

FIGURE 197 (1499).   FIGURE 198 (1883).

caveau, lequel prenait son jour au moyen d'une ouverture circulaire fermée par un treillis excellemment fabriqué en métal fondu. Cette coupole remarquable en forme de ciboire³ m'apparut polie à merveille.

En regardant par cette ouverture, il me sembla voir au fond une certaine forme carrée. Allumé par un désir curieux d'y descendre, je me mis à chercher parmi ces débris et ces fragments de ruines dans l'espoir d'y découvrir quelque passage. J'avisai un pilier de marbre rompu, d'environ deux pieds, au moins, de hauteur, tout revêtu d'un lierre grimpant et flexible qui obstruait presque entièrement l'ouverture d'une petite porte. J'y entrai inconsidérément, sans réflexion, séduit par un excessif désir de recherche. Descendant là par un escalier sombre et raide, le lieu m'apparut, dès l'entrée, plongé dans d'horribles ténèbres et dans un brouillard opaque. Pourtant, au bout de quelques instants, mes yeux, s'y accoutumant, commencèrent à y voir, et j'aperçus un spacieux et large souterrain construit en rond, que l'humidité rendait peu sonore. Il était soutenu, étayé par des colonnes primitives⁴. Il y en avait d'établies perpendiculairement sous la construction qui portait la coupole, avec des arcs embrassant le même espace que celui qu'occupait le circuit des six colonnes. Tout l'espace, à partir des colonnes primitives, était voûté et revêtu de marbre blanc poli, en blocs équarris dont on n'apercevait pas les joints. On y voyait force salpêtre ou borax. Je trouvai la pierre admirablement taillée, on ne peut mieux dressée et plane, mais souillée par la fréquentation des chats-huants.

Dans l'enceinte, formée par les colonnes primitives, était établi, à même le sol, un autel dans la forme d'un double carré. Il était tout en aurichalque, long de six pieds, muni de son foyer et orné d'une petite corniche haute d'un demi-pied. Cet autel était creux comme un sépulcre, mais son ouverture supérieure n'était évidée qu'à la profondeur de deux pouces. Là-dessus était une plaque ajourée, ou, plutôt, un grillage de la même matière que l'autel et fondu avec lui d'un seul tenant. Sur une des faces de celui-ci j'aperçus une petite fenêtre, et pensai que les sacrificateurs s'en servaient pour entretenir le feu destiné à brûler les victimes, ainsi que pour retirer les cendres sacrées. Il me sembla aussi que sur la grille, dont j'ai parlé, ils plaçaient l'animal afin qu'il fût consumé. En effet, la cheminée, formée par l'orifice placé juste au-dessus, me paraissait pleine de suie ; d'où je conclus que la fumée des sacrifices, en s'élevant, s'échappait par l'ouverture de la coupole en porphyre et se dissipait au-dehors. D'aventure, je supposai que la voûte du temple était ouverte ainsi selon le rite Égyptien et qu'ainsi la fumée sainte, l'odeur de grillé ou de brûlé se dégageaient sans incommodité pour l'intérieur du temple. Sur la face opposée à celle où se trouvait la petite fenêtre, je vis le titre ci-dessous, gravé en lettres Romaines d'une façon exquise. Cela me fit penser à l'autel trouvé à Valesium, près de Tarente⁵.

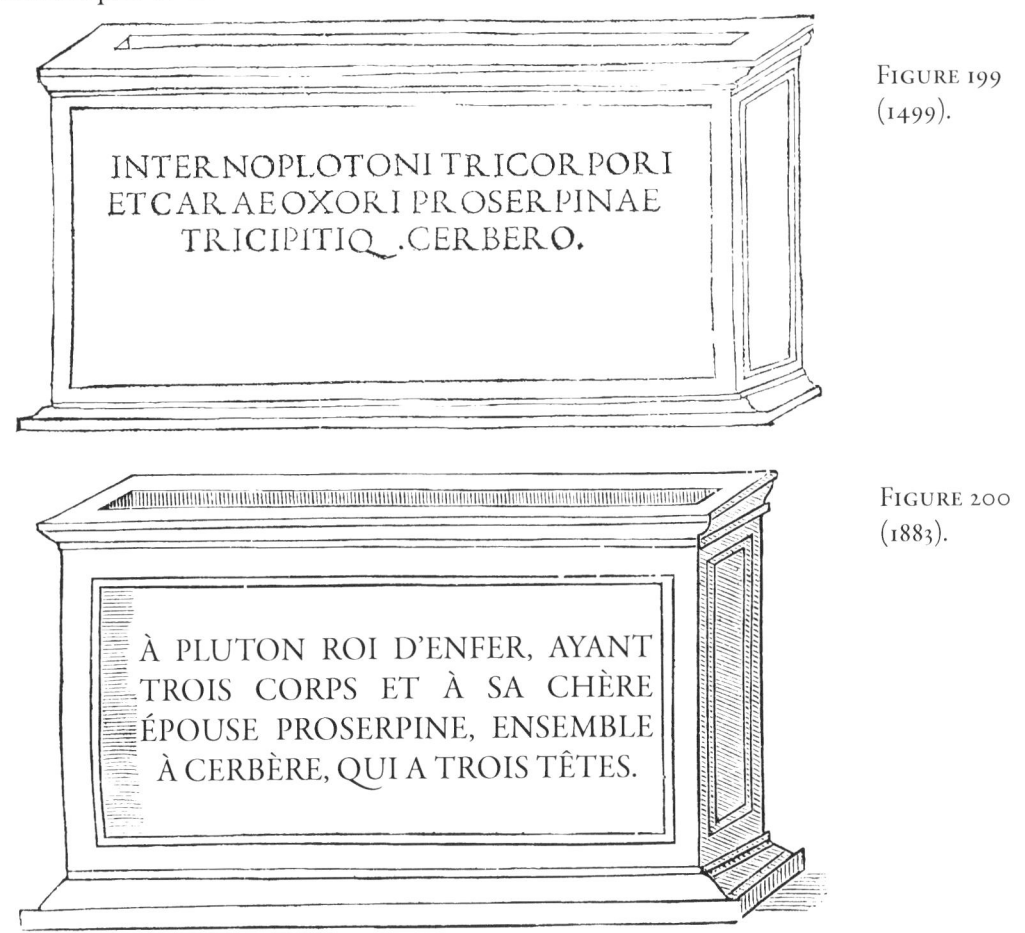

FIGURE 199 (1499).

INTERNO PLOTONI TRICORPORI
ET CARAE OXORI PROSERPINAE
TRICIPITIQ. CERBERO.

FIGURE 200 (1883).

À PLUTON ROI D'ENFER, AYANT TROIS CORPS ET À SA CHÈRE ÉPOUSE PROSERPINE, ENSEMBLE À CERBÈRE, QUI A TROIS TÊTES.

Je ne vis, dans ce souterrain, autre chose que des sièges scellés aux murs et de la même matière qu'eux. J'examinai le tout avec un immense plaisir, avec un singulier respect; après quoi, ayant considéré chaque chose attentivement, je remontai à l'extérieur, où je fus saisi d'admiration en voyant l'état de conservation dans lequel se trouvait ce dôme en forme de ciboire.

Cela me confirma dans la pensée que le temple était à ciel découvert, attendu que ses ruines se trouvaient accumulées autour de cette construction que j'avais rencontrée intacte. Là je jouai des yeux, inspectant tout. Je vis une chapelle presque entière. Mes pieds, alors, accompagnant mes regards, je fus rapidement à elle. Une peinture d'un art extraordinaire était demeurée au plafond ; elle dénotait une grande habileté de l'artiste. C'était une œuvre en mosaïque de couleur finement exécutée.

Là était peinte une voûte en cul-de-four, toute noircie par une épaisse fumée, au fond de laquelle on apercevait une immense, triste et terrible caverne moisie, faite comme d'une pierre ponce toute perforée, qui venait aboutir, sur le milieu du côté gauche, contre une roche aride, inaccessible, ferrugineuse et raboteuse où bayait une large ouverture. En face, une montagne de tuf, toute pierreuse, hérissée et rude, se dressait percée de la même façon. Au milieu, entre l'une et l'autre de ces ouvertures, passait, d'outre en outre, un pont en

Figure 201 (1499).

fer mi-parti, incandescent jusqu'à la moitié, et, au-delà, paraissant être d'un métal excessivement froid. Au-delà de ces pierres hérissées et vermoulues, tout l'espace d'un côté dénotait un endroit complètement en feu, rempli de volantes étincelles embrasées et de brûlantes cendres blanches pressées comme les atomes qu'on voit dans un rayon de Soleil. Elles circulaient de toutes parts en crépitant au travers des flammes et étaient représentées à merveille. On voyait aussi un lac de feu bouillonnant, sans compter un grand nombre de soupiraux qui soufflaient des flammes entre les pierres. Dans la

Figure 202 (1883).

partie opposée se montrait un lac de glace très-dure, sombre et raboteux. À droite était encore un mont escarpé, rude, empli de crevasses et couleur de soufre. Il vomissait, par de certaines ouvertures, une fumée épaisse et noire qui semblait devoir étouffer le feu actif pour le laisser jaillir en une épaisse purée de substance ignée. Ce vomissement donnait lieu à des crépitations, à des explosions, ainsi que fait une vapeur comprimée contrainte de s'exhaler au large ; puis, par les ouvertures, l'éructation semblait redoubler. Là où ce n'était point représenté, c'était, du moins, indiqué de façon à le faire supposer. Au flanc de la montagne était une fissure profondément creusée, toute pleine d'une ombre condensée et grossière, digne de l'Averne[6].

Dans cette fosse se trouvait un Tænare[7]. Une porte d'airain en fermait l'ouverture rudement entaillée dans une âpre pierre ponce. Le tricéphale Cerbère dormait couché sous ces voûtes de cavernes aux nombreuses anfractuosités. Son poil était noir et humide, d'effroyables serpents le coiffaient ; horrible, épouvantable d'aspect, il soufflait lourdement.

En plein sommeil, il surveillait ces portes de métal comme s'il était éveillé, et montait la garde en conservant les pupilles perpétuellement éclairées.

Sur l'affreux rivage tout hérissé, en cette infortunée région du lac glacé, l'horrifique, la farouche, la cruelle Tisiphone, à la chevelure formée de vipères[8], se tenait, furieuse envers les chétives et misérables âmes. Celles-ci tombaient en masse, du haut du pont de fer, dans le lac éternellement gelé ; roulant dans les ondes glacées, elles fuyaient, hâtives, leurs mortelles rigueurs et atteignaient la froide rive. Échappées à cette Furie du Tartare, les malheureuses s'évadaient rapidement par un rocher âpre et pénible, d'un abord très-difficile et situé sur la gauche. La bouche ouverte, les cils fermés, les yeux rouges et larmoyants, elles semblaient pousser des clameurs, hurler, pleurer, gémir douloureusement. Oppressées d'horreur, elles se poussaient mutuellement en se ruant, se foulaient aux pieds, se précipitaient dans le froid et profond Averne. Celles qui évitaient cette chute se rencontraient dans la scabreuse caverne avec Mégère, l'horrible Furie qui les empêchait de se jeter dans les flammes, et, entassées devant la partie brûlante du pont, elles étaient contraintes de sauter en bas. Je pensai qu'un ordre semblable était tenu de l'autre côté, car la funèbre Alecto, sœur des deux nuisibles filles de l'Achéron et de la sombre Nuit[9], mettait furieusement obstacle à ce que les âmes vouées aux flammes perpétuelles se ruassent dans le lac glacé. Épouvantées par l'horrible Furie, elles montaient jusqu'au pont maudit où elles se rencontraient avec les autres. Il me sembla, ainsi, que les âmes condamnées à l'ardent incendie souhaitaient extrêmement d'émigrer dans la glace, et que celles qui étaient destinées au lac gelé préféraient de beaucoup entrer dans les flammes maudites et brûlantes, à demeurer dans le marais de ce Styx glacé. Mais elles étaient contraintes de parcourir le décevant trajet au bout duquel les âmes condamnées au feu réglaient fatalement leur marche de façon à ce que, vouées aux flammes, elles retombassent toujours à la même place qui leur était assignée pour l'éternité, et que, pareillement, celles qui tentaient d'échapper par la fuite à l'inévitable glacier, étaient précipitées du pont dans le profond lac gelé. Ainsi la justice divine voulait qu'elles fissent constamment retour à leur premier état.

Sans interruption, d'autres âmes essayaient vainement de réaliser leur vœu impuissant ; elles ne pouvaient atteindre leur but si souhaité. Ces infortunées, qu'agitaient l'horreur et la rage, tentaient, sans repos, de fuir les flammes incendiaires et de se soulager en se réfugiant sous la glace ; elles ne le pouvaient. C'était une peine inéluctable, sans fin. À mesure qu'elles perdaient tout espoir, leur désir augmentait et devenait d'autant plus violent que, se trouvant arrivées au terme de leur course sur le pont, en face les unes des autres, celles qui étaient brûlées sentaient la répercussion du froid, et celles qui étaient glacées percevaient la chaleur, ce qui avait pour effet d'accroître singulièrement l'angoisse et le tourment.

Je constatai que cette peinture, d'une perfection impossible à décrire, rendait ces expressions et ces gestes avec un art de coloration absolu. Une inscription apprenait que les âmes condamnées aux flammes dévorantes étaient celles de ceux qui, sous le coup d'une trop brûlante passion s'étaient donné la mort, tandis que celles qui avaient été reléguées dans l'horrible glace étaient celles des personnes qui l'avaient mérité pour s'être montrées rigides et froides, pour avoir opposé une résistance obstinée à l'amour. C'est ainsi que je considérais cet odieux et épouvantable barathrum[10], à vous faire fuir au loin, qui, là où les lacs confinaient, c'est-à-dire le glacé avec le bouillant, devaient, par le contraste, se trouver dans un éternel conflit et rendre un bruit terrible de tonnerre, attendu qu'en se rencontrant ils se ruaient l'un et l'autre par un précipice à pic et s'engouffraient en un vaste trou, en un abîme immense dont la profondeur était si habilement rendue par l'artiste, que la peinture en imitait l'aspect réel et donnait l'illusion d'un gouffre sans fond. Le coloris, la perspective luttaient ensemble de perfection, ainsi que l'élégance des figures, la richesse de l'invention, la beauté du dessin ; le tout d'une finesse d'exécution telle que Parrhasius d'Éphèse[11], le peintre insigne, n'eût pu jamais se glorifier d'avoir trouvé le premier une telle conception.

J'étais donc là, considérant très-attentivement cette composition, et je pouvais facilement en avoir le sens ; d'autant mieux que le fort habile artiste, à la très-haute pensée, avait supérieurement représenté les âmes sous la forme corporelle. Car celles-ci ne peuvent apparaître et leur effet ne peut être perçu si elles ne sont condensées en air concret dans cette forme. Beaucoup de ces âmes se bouchaient les oreilles ; d'autres, se couvrant les yeux avec la paume de la main, n'osaient regarder le terrible et engloutissant abîme plein de monstres divers et épouvantables. Les unes étaient d'une pâleur qui rendait bien l'engourdissement causé par le froid ; elles serraient les bras contre la poitrine. Les autres, pour que l'on comprît l'ardeur qui les dévorait, rendaient un souffle enfumé. Quelques-unes exprimaient leur amère tristesse, leur peine douloureuse, et pleuraient, les doigts entrelacés.

Sur le pont, à la limite transversale où elles se rencontraient, les premières en rang ne pouvaient reculer sous la pression de celles qui les suivaient. Par une

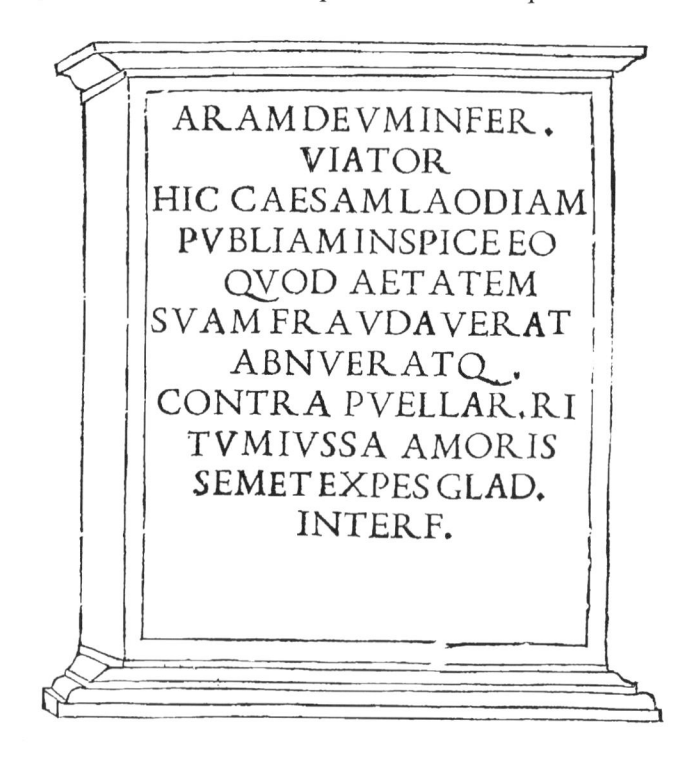

FIGURE 203
(1499).

ARAM DEVM INFER.
VIATOR
HIC CAESAM LAODIAM
PVBLIAM INSPICE EO
QVOD AETATEM
SVAM FRAVDAVERAT
ABNVERATQ.
CONTRA PVELLAR. RI
TVM IVSSA AMORIS
SEMET EXPES GLAD.
INTERF.

loi fatale, le pont s'ouvrait toujours, rejetant chaque catégorie dans le milieu
qui lui était propre ; puis, se rapprochant, il se rejoignait de nouveau et d'autres
âmes grimpaient et tentaient ce même passage. Alors, en proie à la douleur,
au désespoir, elles souhaitaient la redoutable mort et trouvaient l'horreur de ne pouvoir l'atteindre encore plus atroce que le séjour
en cet affreux endroit et que la présence des Furies.
Cet Érèbe[12], rempli de souffrance, infect,
était traité de façon à inspirer aux
spectateurs une terreur
qui n'était pas
petite.
Je
vis, dans
cette chapelle, un autel
carré au front duquel était l'inscription ci-après tracée en majuscules parfaites :

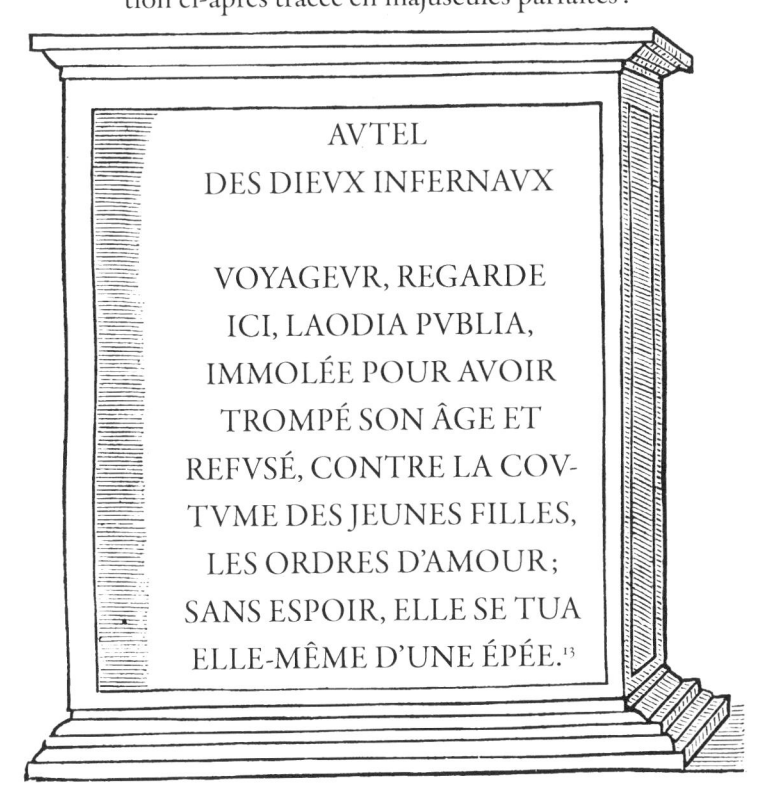

```
AVTEL
DES DIEVX INFERNAVX

VOYAGEVR, REGARDE
ICI, LAODIA PVBLIA,
IMMOLÉE POUR AVOIR
TROMPÉ SON ÂGE ET
REFVSÉ, CONTRE LA COV-
TVME DES JEUNES FILLES,
LES ORDRES D'AMOUR ;
SANS ESPOIR, ELLE SE TUA
ELLE-MÊME D'UNE ÉPÉE.[13]
```

Figure 204
(1883).

Je m'en fus très-satisfait et trouvai une noble stèle carrée, en marbre, écornée mais presque intacte. La partie du milieu, qui affectait la forme de deux carrés superposés et dont le sommet s'arrondissait en arc, était comprise entre des moulures et accostée de deux parties sculptées contenant, dans un ovale, d'un côté un D au-dessus d'une tête de larve[14], de l'autre un M surmontant une tête semblable.
Le sommet de cette
pierre

FIGURE 205
(1499).

affectait quelque peu la forme d'un faîte qui ne se terminait pas en pointe, et sur lequel était posé, faisant saillie, un très-antique vase d'airain ouvert et sans couvercle. Je pensai que des cendres y étaient enfermées.

Toutes ses moulures étaient intactes.

Il portait l'inscription
ci-dessous.

[AVTEL DES DIEVX INFERNAVX]

Figure 206 (1883).

FIGURE 207
(1499).

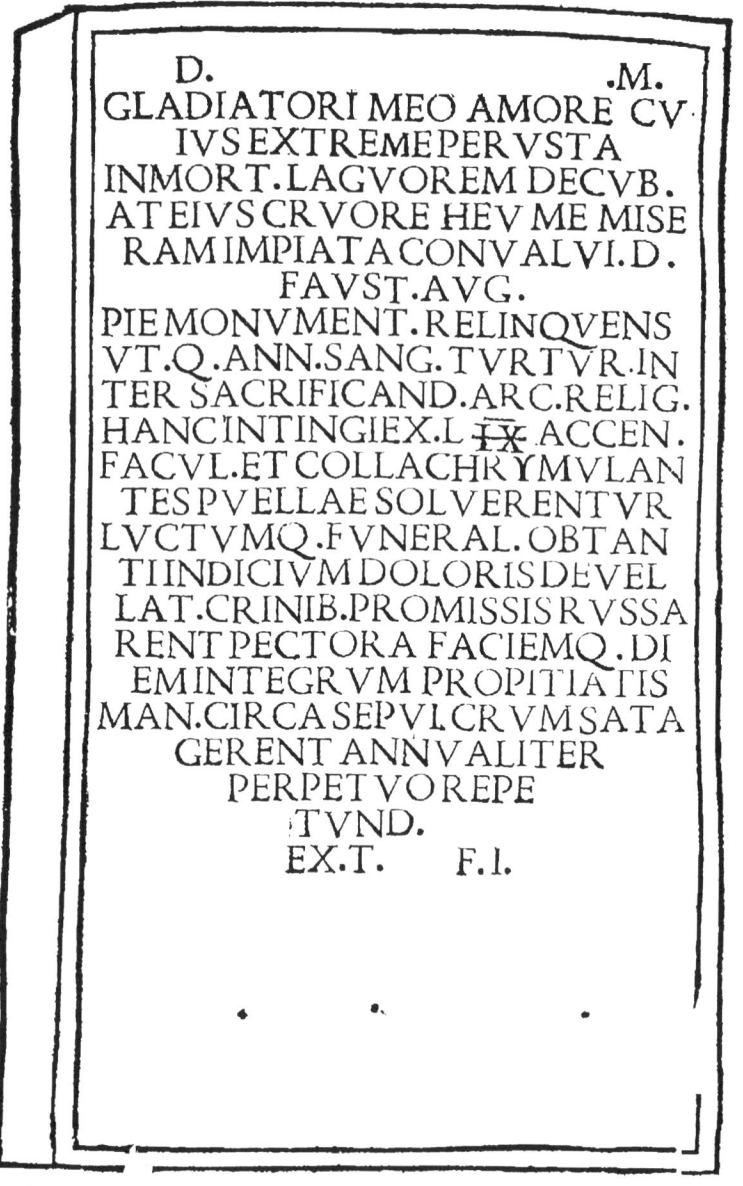

```
         D.                    .M.
   GLADIATORI MEO AMORE CV·
   IVS EXTREME PER VSTA
   INMORT.LAGVOREM DECVB.
   AT EIVS CRVORE HEV ME MISE
   RAM IMPIATA CONVALVI.D.
             FAVST.AVG.
   PIE MONVMENT. RELINQVENS
   VT.Q.ANN.SANG.TVRTVR.IN
   TER SACRIFICAND.ARC.RELIG.
   HANC INTINGIEX.L I͞X ACCEN.
   FACVL.ET COLLACHRYMVLAN
   TES PVELLAE SOLVERENTVR
   LVCTVMQ.FVNERAL.OBTAN
   TI INDICIVM DOLORIS DEVEL
   LAT.CRINIB.PROMISSIS RVSSA
   RENT PECTORA FACIEMQ.DI
   EM INTEGRVM PROPITIATIS
   MAN.CIRCA SEPVLCRVM SATA
        GERENT ANNVALITER
           PERPETVO REPE
              TVND.
           EX.T.      F.I.
```

Près de là je vis encore une table de porphyre gisant sur le sol avec l'excellente épitaphe que vous voyez. Cela me fit penser qu'elle avait appartenu à une superbe sépulture ; car elle était brisée aux deux côtés qui dénotaient qu'elle n'était pas primitivement aussi simple ; et, de fait, une partie de moulure restait entière ainsi que l'inscription autour de laquelle courait l'ibéris à feuilles de cresson[16].

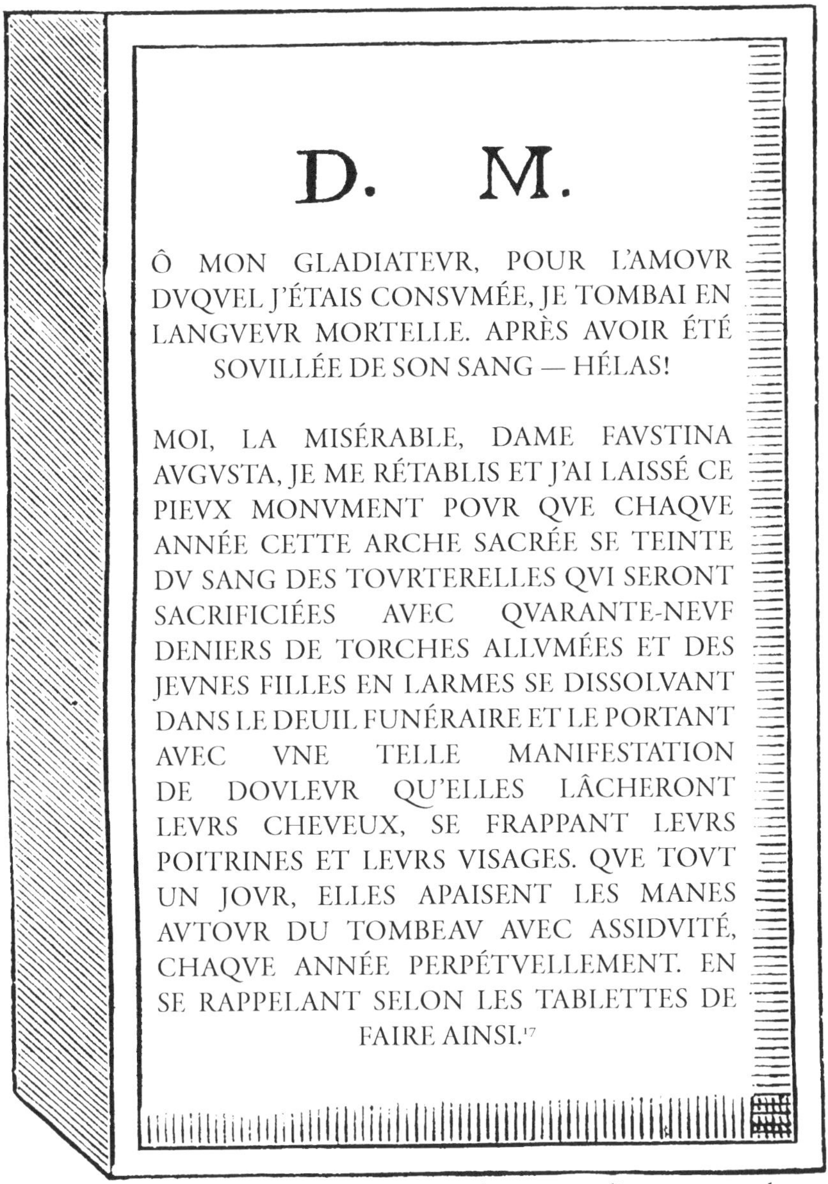

FIGURE 208
(1883).

D. M.

Ô MON GLADIATEVR, POUR L'AMOVR DVQVEL J'ÉTAIS CONSVMÉE, JE TOMBAI EN LANGVEVR MORTELLE. APRÈS AVOIR ÉTÉ SOVILLÉE DE SON SANG — HÉLAS!

MOI, LA MISÉRABLE, DAME FAVSTINA AVGVSTA, JE ME RÉTABLIS ET J'AI LAISSÉ CE PIEVX MONVMENT POVR QVE CHAQVE ANNÉE CETTE ARCHE SACRÉE SE TEINTE DV SANG DES TOVRTERELLES QVI SERONT SACRIFICIÉES AVEC QVARANTE-NEVF DENIERS DE TORCHES ALLVMÉES ET DES JEVNES FILLES EN LARMES SE DISSOLVANT DANS LE DEUIL FUNÉRAIRE ET LE PORTANT AVEC VNE TELLE MANIFESTATION DE DOVLEVR QV'ELLES LÂCHERONT LEVRS CHEVEUX, SE FRAPPANT LEVRS POITRINES ET LEVRS VISAGES. QVE TOVT UN JOVR, ELLES APAISENT LES MANES AVTOVR DU TOMBEAV AVEC ASSIDVITÉ, CHAQVE ANNÉE PERPÉTVELLEMENT. EN SE RAPPELANT SELON LES TABLETTES DE FAIRE AINSI.[17]

Après avoir lu ces deux épitaphes avec beaucoup d'attention et les avoir examinées avec plaisir, empressé dans mes recherches, je tournai les yeux de toutes parts et j'aperçus une sépulture ornée d'un sujet. Je fus à elle, sans paresse. Un autel, entouré des figures suivantes, était représenté en sculpture : d'abord, sur le dessus de l'autel, se trouvait une tête de chèvre sauvage exécutée avec un art admirable. Un vieillard, dont les cheveux emmêlés et frisés étaient arrangés à la mode antique, la tenait par les cornes. Ce vieillard était revêtu, à même la chair, d'un pallium qui, posé sur l'épaule droite, passait sous l'épaule gauche, revenait sur la droite et pendait le long du dos. Auprès de lui était un homme couvert de deux peaux de chèvres, une devant, l'autre derrière. Elles étaient nouées par les pattes, sur les épaules, les autres pattes tombant entre les cuisses, le poil rude tourné contre la chair, le tout serré à la ceinture par une guirlande de tamnus[18], ou vigne noire, garnie de ses feuilles.

Cet homme, les joues gonflées, jouait de la double flûte champêtre, appuyé contre le tronc noueux d'un arbre fendu par la vétusté, complètement creux et crevassé, aux rameaux écartés et rares garnis de feuilles. Sa chevelure négligée était ceinte de feuillage. Du côté opposé se trouvait un autre personnage tenant sur ses épaules robustes un vase penché dont l'orifice était dirigé vers la tête cornue et laissait échapper du vin. Près de lui se voyait une matrone décoiffée, aux cheveux dénoués, nue comme ce verseur de vin, et en larmes. Elle maintenait une torche dont la flamme était tournée vers le sol. Entre ces deux figures apparaissait un satyre enfant qui serrait entre ses mains un serpent entortillé. Enfin suivait une paysanne assez vieille qu'une draperie volante couvrait à même la chair, et qui était ceinte aux flancs. Sa tête, sans parure, soutenait sur l'occiput un coussinet et, par-dessus, une corbeille de joncs pleine de fruits. De sa main libre, elle tenait un vase de terre cuite à long goulot. Ces figures étaient sculptées excellemment et en relief ; sur le petit autel se trouvait l'inscription que vous
voyez.

Figure 209
(1499).

Figure 210
(1883).

SALVT, VALERIA, LA PLVS AIMANTE DE TOVTES. ADIEV.[19]

J'étais excité considérablement à la vue
de cette antiquité, recherchant toujours davantage les
monuments, quand une très-élégante épitaphe
Romaine, gravée sur une pierre, mit sous
mes yeux ce dialogue charmant
avec les ornements qui
l'entourent :

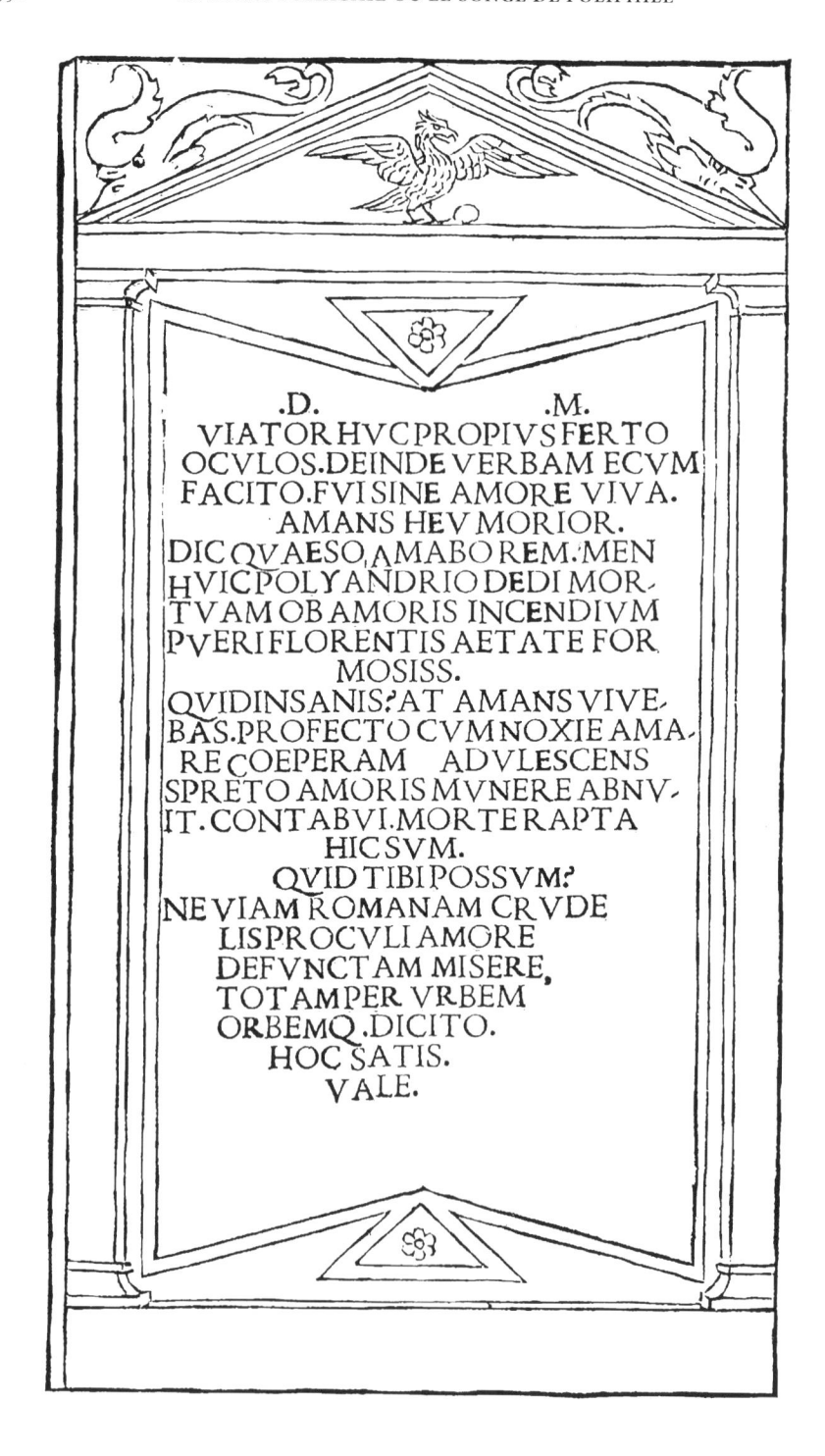

FIGURE 211
(1499).

.D. .M.
VIATOR HVC PROPIVS FERTO
OCVLOS. DEINDE VERBA MECVM
FACITO. FVI SINE AMORE VIVA.
AMANS HEV MORIOR.
DIC QVAESO, AMABO REM. MEN
HVIC POLYANDRIO DEDI MOR-
TVAM OB AMORIS INCENDIVM
PVERI FLORENTIS AETATE FOR
MOSISS.
QVID INSANIS? AT AMANS VIVE-
BAS. PROFECTO CVM NOXIE AMA-
RE COEPERAM ADVLESCENS
SPRETO AMORIS MVNERE ABNV-
IT. CONTABVI. MORTE RAPTA
HIC SVM.
QVID TIBI POSSVM?
NE VIAM ROMANAM CRVDE
LIS PROCVLI AMORE
DEFVNCTAM MISERE,
TOTAM PER VRBEM
ORBEMQ. DICITO.
HOC SATIS.
VALE.

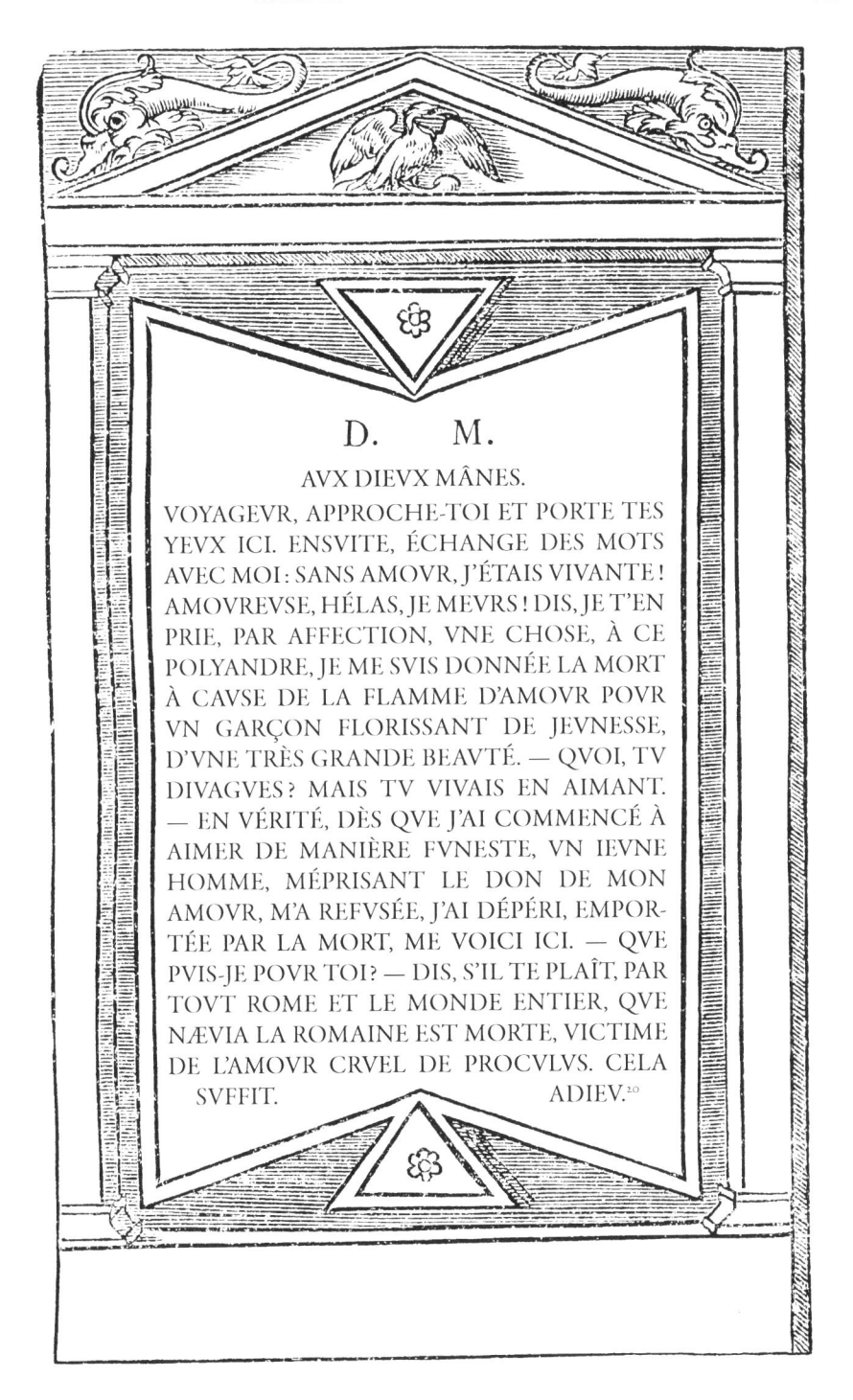

FIGURE 212 (1883).

D. M.

AVX DIEVX MÂNES.
VOYAGEVR, APPROCHE-TOI ET PORTE TES YEVX ICI. ENSVITE, ÉCHANGE DES MOTS AVEC MOI : SANS AMOVR, J'ÉTAIS VIVANTE ! AMOVREVSE, HÉLAS, JE MEVRS ! DIS, JE T'EN PRIE, PAR AFFECTION, VNE CHOSE, À CE POLYANDRE, JE ME SVIS DONNÉE LA MORT À CAVSE DE LA FLAMME D'AMOVR POVR VN GARÇON FLORISSANT DE JEVNESSE, D'VNE TRÈS GRANDE BEAVTÉ. — QVOI, TV DIVAGVES ? MAIS TV VIVAIS EN AIMANT. — EN VÉRITÉ, DÈS QVE J'AI COMMENCÉ À AIMER DE MANIÈRE FVNESTE, VN IEVNE HOMME, MÉPRISANT LE DON DE MON AMOVR, M'A REFVSÉE, J'AI DÉPÉRI, EMPORTÉE PAR LA MORT, ME VOICI ICI. — QVE PVIS-JE POVR TOI ? — DIS, S'IL TE PLAÎT, PAR TOVT ROME ET LE MONDE ENTIER, QVE NÆVIA LA ROMAINE EST MORTE, VICTIME DE L'AMOVR CRVEL DE PROCVLVS. CELA SVFFIT. ADIEV.[20]

Laissant cette épitaphe, après l'avoir lue soigneusement, j'entrai dans une chapelle démolie et en ruines. J'y trouvai encore une partie d'une peinture parfaite en mosaïque très-vive. J'y reconnus une matrone couchée sur un bûcher enflammé, qui se donnait elle-même cruellement la mort. On ne voyait guère autour d'elle que des pieds à la chaussure féminine, endommagés en maint endroit, et quelques morceaux de draperies.

Tout le reste avait été détruit par le temps insatiable et vorace, par la vétusté, les vents, les pluies, les ardents soleils. Là même, l'autel était en morceaux, et le plus grand débris était celui que vous voyez plus bas. Il était renversé sens dessus dessous. Je le retournai et y découvris l'écriture ci-contre.

FIGURE 213 (1499).   FIGURE 214 (1883).

Près de ce fragment je trouvai, reposant sur le sol, un vase antique en alabastrite, haut de plus d'un pas et demi. Une de ses anses était brisée, ainsi qu'une partie de son corps jusqu'à l'orifice. Ce vase était posé sur un demi-cube ou talus haut d'un pied ou quatre palmes ; sur la face, tournée du même côté que la partie rompue du vase, il y avait une inscription. Il s'en trouvait une pareillement à l'endroit de
cette brisure qui laissait apercevoir quelques lettres en partie tron-
quées, en partie entières. Puis, sur la panse, au-dessous
de la ceinture entourant ce vase, à la place où
s'attachaient les anses, juste au-dessous de la cassure, se voyait
cette remarquable
inscription :

FIGURE 215 (1499).    FIGURE 216 (1883).

Abandonnant ces monuments brisés, j'atteignis une chapelle ruinée où l'on discernait encore quelques fragments d'une peinture en mosaïque dans laquelle j'admirai un homme qui désolait une demoiselle, puis un naufrage, puis un adolescent portant sur son dos une jeune fille, et qui nageait vers un rivage désert. On voyait une partie d'un lion, puis, encore, ces deux jeunes gens ramant dans une barque. Le reste était détruit, et la partiedemeurée était endommagée en maint endroit. On ne pouvait totalement comprendre le sujet. Mais, dans la paroi revêtue de marbre, subsistait, scellée, une table d'airain ornée de majuscules Grecques. L'inscription ci-dessous y était lisible. L'ayant déchiffrée et
translatée en notre propre idiome, elle provoqua chez
moi, pour un si misérable cas, une pitié telle
que je ne pus retenir mes larmes, et
que je maudis la fortune coupable. L'ayant relue de
mon mieux, je la
transcris en
Latin :

HEV SVIATOR PAVLVLVM INTERSERE. MANIB. ADIV
RAT. PRODITVM. AC LEGENS POLYSTONOS METAL
LO OSCVLA DATO ADDENS. AH FORTVNAE CRVDE
LE MONSTRVM VIVERE DEBVISSENT. LEONTIA PVEL
LA LOLII INGENVI ADVLESCENT. PRIMARIA AMORIS
CVM INTEMPERIE VRGERET. PATERNIS AFFECTA
CRVCIATVB. AVFVGIT. INSEQVIT. LOL. SED INTER AM
PLEXANDVM A PYRATIS CAPTI INSTITORI CVIDAM
VENDVNT. AMBO CAPTIVI NAVEM ASCEND. CVM NO
CTV SIBI LEONT. LOL. AVFERRI SVSPICARET. ARREP.
TO GLADIO NAVTAS CVNCTOS TRVCIDAT. NAVIS
ORTA MARIS SAEVIT. SCOPVL. TERRAM PROPE COL
LISA MERGIT. SCOPVL. ASCEND. FAMIS IMPVLSV LE
ONT. HVMERIS ARRIPIENS IMPONO. FAVE ADES DVM
NEDT. PATER INQVIENS. NOS NOSTRAMQ. FORT. TI
BI COMMITTO. TVNC DELPHINEO NIXV BRACHIIS SE
CO VNDVLAS, AT LEONT. INTER NATANDVM ALLO
QVIT. SVM NE TIBI MEA VITA MOLESTIAE? TIPVLA LE
VIOR LEONT. CORCVLVM, ATQ. SAEPICVLE ROGANS
SVNT NE TIBI VIRES MEA SPES. MEA ANIMVLA? AIO.
EAS EXCITAS, MOX COLLVM AMPLEXATA ZACHARI
TER BAIVLANTEM DEOSCVLAT. SOLAT. HORTAT.
VRINANTEM INANIMAT, GESTIO, AD LITT. TANDEM
DEVENIM. SOSPITES. INSPERATO INFREMENS LEO, AG
GREDITVR, AMPLEXAMVR INVICEM, MORIBVNDIS
PARCIT LEO. TERRITI CASV, NAVICVLAM LITTORI V
NA CVM REMIGA LI PAL MICVLA DEIECTAM FVGITIVI
ASCEN. VTERQ. ALTERNATIM CANTANTES REMIGA.
MVS. DIEM NOCTEMQ. TERTIAM ERRANT. IPSVM
TANTVM VNDIQ. COELVM PATET. LETHALI CRVCIA.
MVR FAME, ATQ. DIVTINA INEDIA TABESCENTIB.
RVIMVS IN AMPLEXVS, LEONTIA INQVIENS AMABO
FAME PERIS? S ATTE CVM ESSE LOLI DEPASCOR, AST IL
LA SVSPIRVLANS MI LOLI DEFICIS? MINIME INQVAM
AMORE SED CORPORE, SOLIS VIBRANTIBVS ET MV
TVIS LINGVIS DEPASCEBAMVR DVLCITER, STRICTI
VSQ. BVCCIS HIANTIBVS OSCVLIS SVAVE INIECTIS HE
DERACITER AMPLEXABAMVR, AMBO ASTROPHIA
MORIMVR, PLEMMYRIIS NEC SAEVIENTIB. HVC AVRA
DEVEHIMVR, AC AERE QVAESTVARIO MISERI IPSIS IN
NEXI AMPLEXVB. MANES INTER PLOTONICOS HIC SI.
TISVMVS, QVOSQ. NON RETINVIT PYRATICA
RAPACITAS NEC VORAVIT LEONIA IN
GLVVIES, PELAGIQ. IMMENSITAS
ABNVIT CAPERE, HVIVS VRNVLAE
ANGVSTIA HIC CAPIT AMBOS,
HANC TE SCIRE VOLEBAM
INFOELICITATEM.
VALE.
* *
*

FIGURE 217 (1499). *Ci contre* FIGURE 218 (1883).

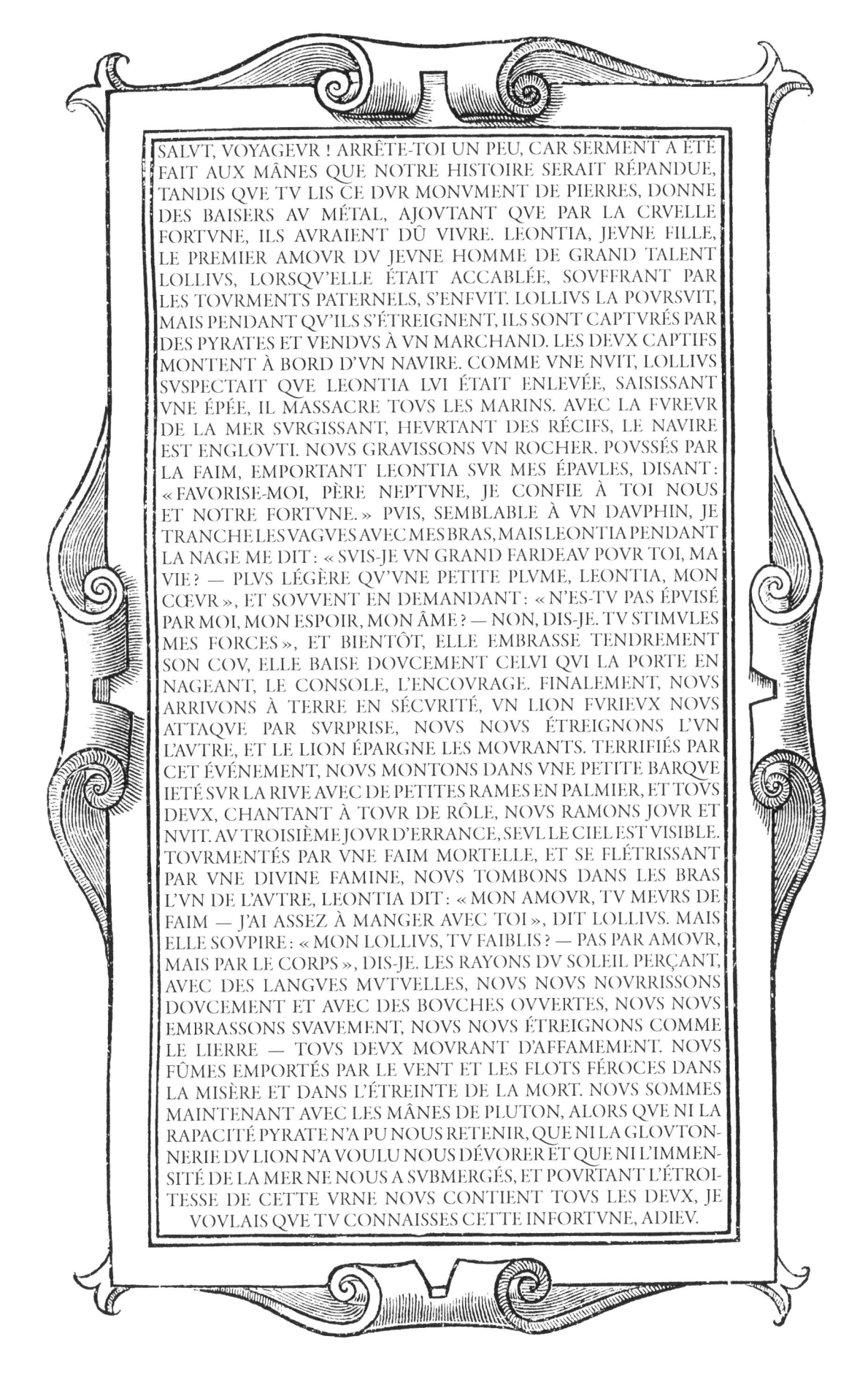

SALVT, VOYAGEVR ! ARRÊTE-TOI UN PEU, CAR SERMENT A ÉTÉ FAIT AUX MÂNES QUE NOTRE HISTOIRE SERAIT RÉPANDUE, TANDIS QVE TV LIS CE DVR MONVMENT DE PIERRES, DONNE DES BAISERS AV MÉTAL, AJOVTANT QVE PAR LA CRVELLE FORTVNE, ILS AVRAIENT DÛ VIVRE. LEONTIA, JEVNE FILLE, LE PREMIER AMOVR DV JEVNE HOMME DE GRAND TALENT LOLLIVS, LORSQV'ELLE ÉTAIT ACCABLÉE, SOVFFRANT PAR LES TOVRMENTS PATERNELS, S'ENFVIT. LOLLIVS LA POVRSVIT, MAIS PENDANT QV'ILS S'ÉTREIGNENT, ILS SONT CAPTVRÉS PAR DES PYRATES ET VENDVS À VN MARCHAND. LES DEVX CAPTIFS MONTENT À BORD D'VN NAVIRE. COMME VNE NVIT, LOLLIVS SVSPECTAIT QVE LEONTIA LVI ÉTAIT ENLEVÉE, SAISISSANT VNE ÉPÉE, IL MASSACRE TOVS LES MARINS. AVEC LA FVREVR DE LA MER SVRGISSANT, HEVRTANT DES RÉCIFS, LE NAVIRE EST ENGLOVTI. NOVS GRAVISSONS VN ROCHER. POVSSÉS PAR LA FAIM, EMPORTANT LEONTIA SVR MES ÉPAVLES, DISANT : « FAVORISE-MOI, PÈRE NEPTVNE, JE CONFIE À TOI NOUS ET NOTRE FORTVNE. » PVIS, SEMBLABLE À VN DAVPHIN, JE TRANCHE LES VAGVES AVEC MES BRAS, MAIS LEONTIA PENDANT LA NAGE ME DIT : « SVIS-JE VN GRAND FARDEAV POVR TOI, MA VIE ? — PLVS LÉGÈRE QV'VNE PETITE PLVME, LEONTIA, MON CŒVR », ET SOVVENT EN DEMANDANT : « N'ES-TV PAS ÉPVISÉ PAR MOI, MON ESPOIR, MON ÂME ? — NON, DIS-JE. TV STIMVLES MES FORCES », ET BIENTÔT, ELLE EMBRASSE TENDREMENT SON COV, ELLE BAISE DOVCEMENT CELVI QVI LA PORTE EN NAGEANT, LE CONSOLE, L'ENCOVRAGE. FINALEMENT, NOVS ARRIVONS À TERRE EN SÉCVRITÉ, VN LION FVRIEVX NOVS ATTAQVE PAR SVRPRISE, NOVS NOVS ÉTREIGNONS L'VN L'AVTRE, ET LE LION ÉPARGNE LES MOVRANTS. TERRIFIÉS PAR CET ÉVÉNEMENT, NOVS MONTONS DANS VNE PETITE BARQVE IETÉ SVR LA RIVE AVEC DE PETITES RAMES EN PALMIER, ET TOVS DEVX, CHANTANT À TOVR DE RÔLE, NOVS RAMONS JOVR ET NVIT. AV TROISIÈME JOVR D'ERRANCE, SEVL LE CIEL EST VISIBLE. TOVRMENTÉS PAR VNE FAIM MORTELLE, ET SE FLÉTRISSANT PAR VNE DIVINE FAMINE, NOVS TOMBONS DANS LES BRAS L'VN DE L'AVTRE, LEONTIA DIT : « MON AMOVR, TV MEVRS DE FAIM — J'AI ASSEZ À MANGER AVEC TOI », DIT LOLLIVS. MAIS ELLE SOVPIRE : « MON LOLLIVS, TV FAIBLIS ? — PAS PAR AMOVR, MAIS PAR LE CORPS », DIS-JE. LES RAYONS DV SOLEIL PERÇANT, AVEC DES LANGVES MVTVELLES, NOVS NOVS NOVRRISSONS DOVCEMENT ET AVEC DES BOVCHES OVVERTES, NOVS NOVS EMBRASSONS SVAVEMENT, NOVS NOVS ÉTREIGNONS COMME LE LIERRE — TOVS DEVX MOVRANT D'AFFAMEMENT. NOVS FÛMES EMPORTÉS PAR LE VENT ET LES FLOTS FÉROCES DANS LA MISÈRE ET DANS L'ÉTREINTE DE LA MORT. NOVS SOMMES MAINTENANT AVEC LES MÂNES DE PLUTON, ALORS QVE NI LA RAPACITÉ PYRATE N'A PU NOUS RETENIR, QUE NI LA GLOVTONNERIE DV LION N'A VOULU NOUS DÉVORER ET QUE NI L'IMMENSITÉ DE LA MER NE NOUS A SVBMERGÉS, ET POVRTANT L'ÉTROITESSE DE CETTE VRNE NOVS CONTIENT TOVS LES DEVX, JE VOVLAIS QVE TV CONNAISSES CETTE INFORTVNE, ADIEV.

Je partis de là, parcourant, avec plus de curiosité encore, les ruines accumulées, et je découvris un autre autel tétragonal. Il était surmonté d'une
base démunie de plinthe. C'était une sorte de gueule au-dessus de
laquelle était un listel, puis un tore. La superficie en était
fort égalisée, et, dessus, était posée une plinthe
ou plutôt un tailloir carré dont le retrait
latéral égalait le quart d'une de ses
diagonales et dont les faces
étaient légèrement
incurvées.

Figure 219
(1499).

Chacun de ses angles affleurait la circonférence de la base qui le supportait.
Sur cet abaque en forme de plinthe était assis le fond circulaire d'un vase
dont la circonférence affleurait également les angles dudit abaque.
Ce vase s'allait dilatant, exactement en sens inverse de la
base en forme de gueule. Le bourrelet de sa lèvre
était de la même épaisseur que sa paroi et
s'infléchissait en-dessous. Je vis sur
cet autel l'épigramme
ci-dessous.

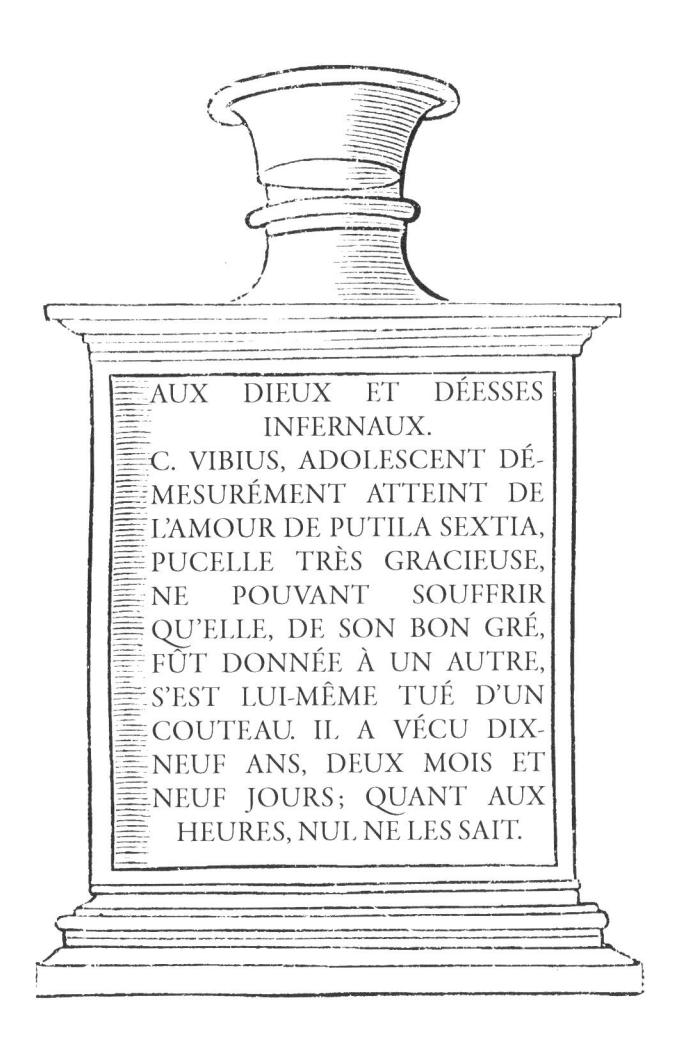

Figure 220 (1883).

Ayant abandonné cela, je trouvai un noble fragment, en excellent porphyre, sur lequel étaient sculptés deux hippocrânes. De chacun d'eux sortait un lien qui retenait deux rameaux de myrte pendants et entrecroisés. Entre l'un et l'autre crâne, au-dessus des rameaux de myrte, je vis cette inscription tracée en belles majuscules Ioniennes :

FIGURE 221 (1499).   FIGURE 222 (1883).

Une partie de l'écriture avait disparu avec la
pierre. Surexcité au dernier degré par la beauté de tant de
monuments, j'allais cherchant, lorsque, non sans
émotion, je trouvai une épigramme sur un
marbre blanc. C'était la partie d'un
autel où se trouvait l'inscription. Le demeurant,
brisé, gisait à
terre.

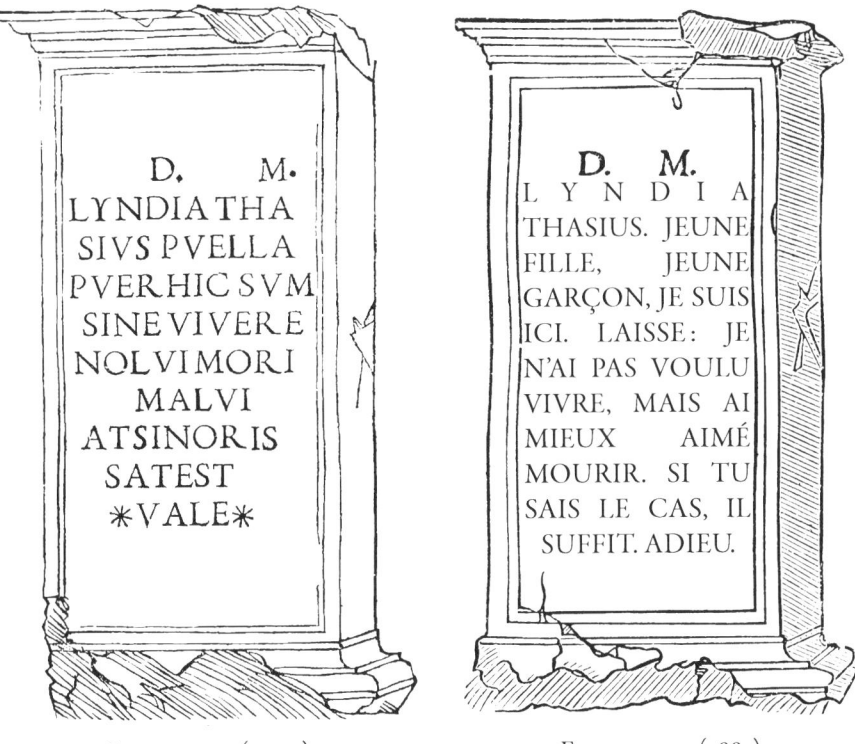

FIGURE 223 (1499).   FIGURE 224 (1883).

Avec une joie vive, avec un extrême plaisir, j'admirai ces remarquables fragments, poursuivant mes recherches, toujours plus avide de trouver quelque nouveauté. Semblable à un animal qui va sans cesse à la découverte d'un pâturage plus agréable, je me transportais, par les monceaux de ruines, a travers des colonnes formant d'immenses débris, mais parfois entières. Voulant me rendre de leur proportion, j'en
mesurai une qui était couchée sur le sol.
Je trouvai que, du socle au congé du haut, son fût avait,
en longueur, sept
fois le diamè-
tre de sa
base.

FIGURE 225
(1499).

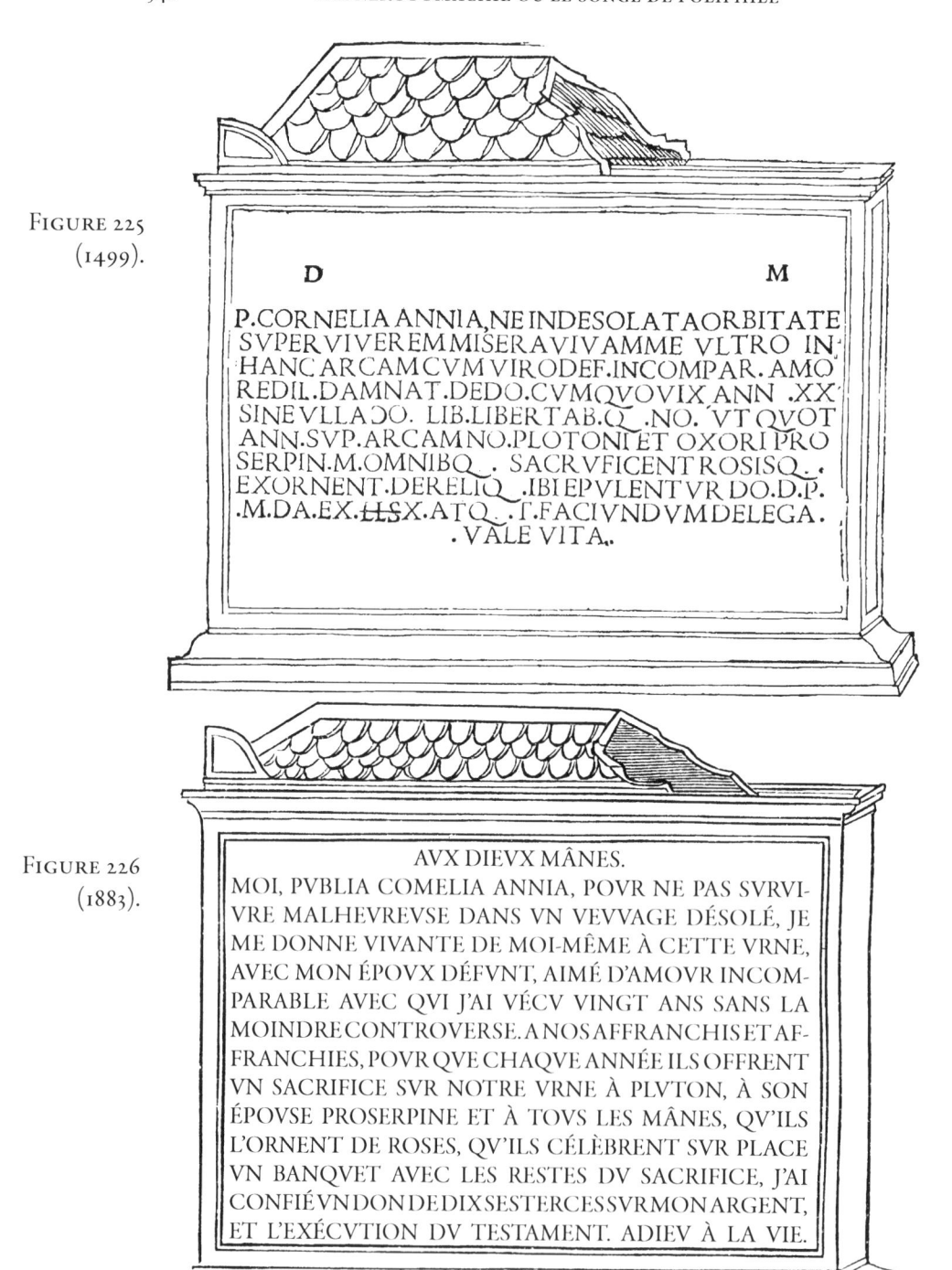

D　　　　　　　　　　　　　　　　　　M

P.CORNELIA ANNIA,NE IN DESOLATA ORBITATE
SVPER VIVEREM MISERA VIVAM ME VLTRO IN
HANC ARCAM CVM VIRO DEF.INCOMPAR. AMO
REDIL.DAMNAT.DEDO.CVMQVOVIX ANN .XX
SINE VLLA CO. LIB.LIBERTAB.Q .NO. VT QVOT
ANN.SVP.ARCAM NO.PLOTONI ET OXORI PRO
SERPIN.M.OMNIBQ . SACRVFICENT ROSISQ .
EXORNENT.DERELIQ .IBI EPVLENTVR DO.D.P.
.M.DA.EX.LLSX.ATQ .T.FACIVNDVM DELEGA.
.VALE VITA..

FIGURE 226
(1883).

AVX DIEVX MÂNES.
MOI, PVBLIA COMELIA ANNIA, POVR NE PAS SVRVI-
VRE MALHEVREVSE DANS VN VEVVAGE DÉSOLÉ, JE
ME DONNE VIVANTE DE MOI-MÊME À CETTE VRNE,
AVEC MON ÉPOVX DÉFVNT, AIMÉ D'AMOVR INCOM-
PARABLE AVEC QVI J'AI VÉCV VINGT ANS SANS LA
MOINDRE CONTROVERSE. A NOS AFFRANCHIS ET AF-
FRANCHIES, POVR QVE CHAQVE ANNÉE ILS OFFRENT
VN SACRIFICE SVR NOTRE VRNE À PLVTON, À SON
ÉPOVSE PROSERPINE ET À TOVS LES MÂNES, QV'ILS
L'ORNENT DE ROSES, QV'ILS CÉLÈBRENT SVR PLACE
VN BANQVET AVEC LES RESTES DV SACRIFICE, J'AI
CONFIÉ VN DON DE DIX SESTERCES SVR MON ARGENT,
ET L'EXÉCVTION DV TESTAMENT. ADIEV À LA VIE.

Tout près de là je rencontrai un très-ancien sépulcre, sans inscription aucune, dans lequel, par une fissure, j'aperçus seulement des vêtements funéraires, ainsi que des chaussures pétrifiées. Je conjecturai que ce phénomène dû à la pierre sarcophage[23] qui venait de Troade, en Asie, et je supposai que ce pouvait bien être là le cadavre de Darius[24]. Laissant encore cet endroit, j'aperçus un coffre remarquable fait d'une pierre semblable à de l'ivoire, demeurée presque entièrement polie et brillante, sous un lierre chargé de corymbes, qui, s'écartant d'une paroi rongée, venait l'abriter de son feuillage pendant et épais. Regardant à l'intérieur, par une fente du couvercle, je vis deux cadavres entiers et conservés. J'en conclus aussitôt que ce sépulcre était fait de pierre chernytès[25]. Sur sa face antérieure je remarquai les hiéroglyphes suivants sculptés et j'aperçus, à l'intérieur, une grande quantité de fioles de verre, de vases en terre, et quelques statuettes à l'ancienne mode Égyptienne. Du plafond du couvercle pendait une lampe antique en métal, suspendue par une chaîne tressée, et allumée. Deux petites couronnes étaient placées auprès de la tête des corps ensevelis. Je jugeai que ces objets étaient en or, mais fort assombris par la fumée de la lampe. Je donne ici l'interprétation des hiéroglyphes:

FIGURE 227
(1499).

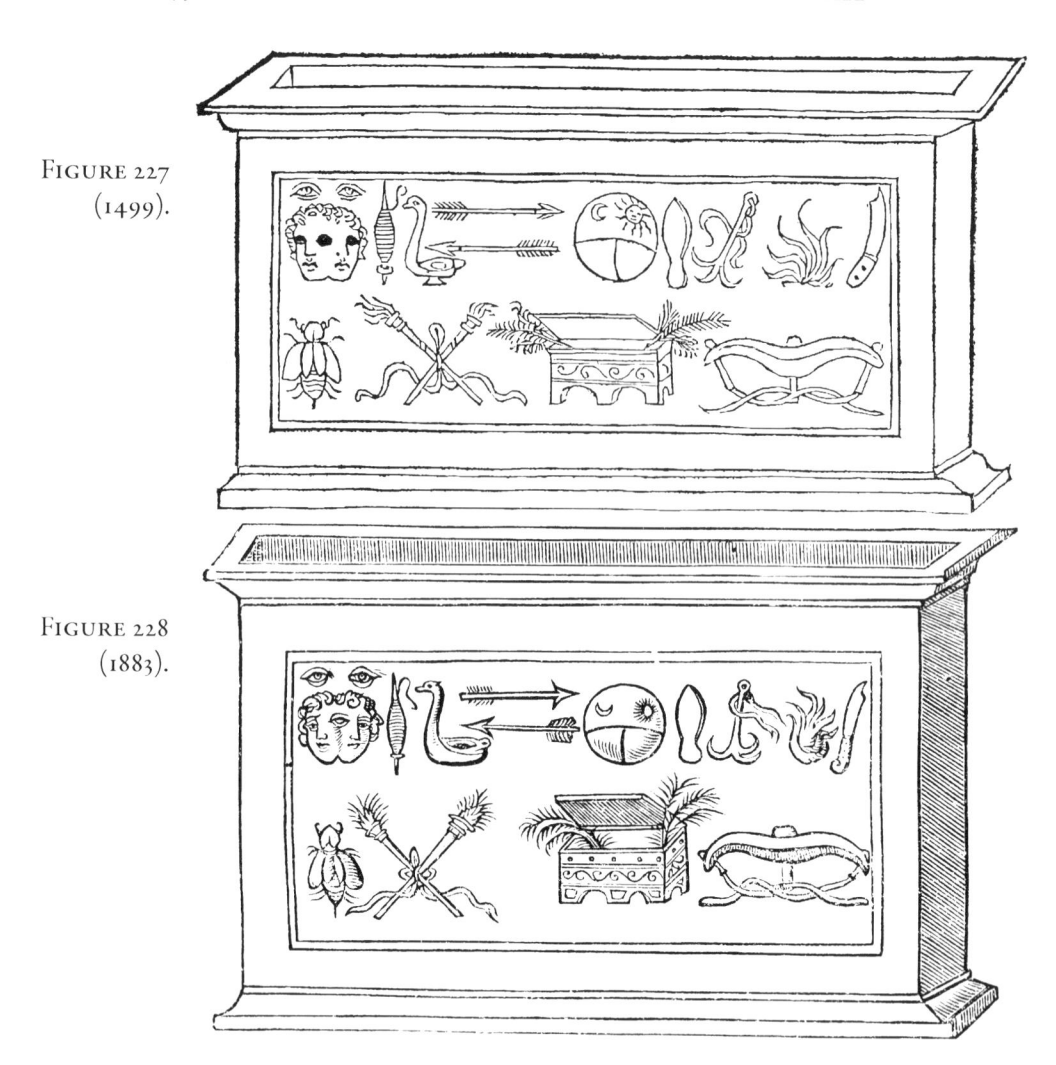

FIGURE 228
(1883).

DIIS MANIBVS MORS CONTRARIA ET VELOCISSIMA CVNCTA CALCAT, SVPPEDITAT RAPIT CONSVMIT, DISSOLVIT MELLIFLVE DVOS MVTVOSE STRICTISSIME ET ARDENTER AMANTES, HIC EXTINCTOS CONIVNXIT. [*Ce qui signifie :* AVX DIEVX INFÉRIEVRS. MORT SOVDAINE ET CONTRAIRE À LA VIE QVI TOVT SVPPÉDITE, RAVIT, CONSVME ET SÉPARE, A ICI CONJOINT MORTS DEVX PERSONNAGES QVI S'ENTRAIMAIENT TRÈS DOVCEMENT, TRÈS ÉTROITEMENT ET TRÈS ARDEMMENT.]

Rempli d'un incroyable plaisir par la vue d'une si
grande variété d'œuvres antiques et superbes, mon esprit sentait
s'accroître l'insatiable désir d'avancer toujours pour faire de nouvelles
découvertes.   Mais si, tout d'abord, l'épitaphe Grecque de ces deux
malheureux amants morts d'inanition me touchait aux larmes, combien
plus m'émut le superbe mais déplorable tombeau de deux autres amants
infortunés qui s'offrit à ma vue sous la forme d'une grande pierre gravée
ci-contre ! C'était un carré dont la hauteur avait été poussée jusqu'à
égaler celle de sa diagonale. Il était muni de deux petits pilastres surmontés d'une faible corniche sur laquelle
reposait un arc demi-hémicycloïque. Des
angles formés par le petit arc, entre
les pilastres, pendait un tableau dans lequel je lus
cette lamentable
épitaphe ci-
contre.

✥

Pages suivantes :   à gauche Figure 229 (1499).
                   à droite   Figure 230 (1883).

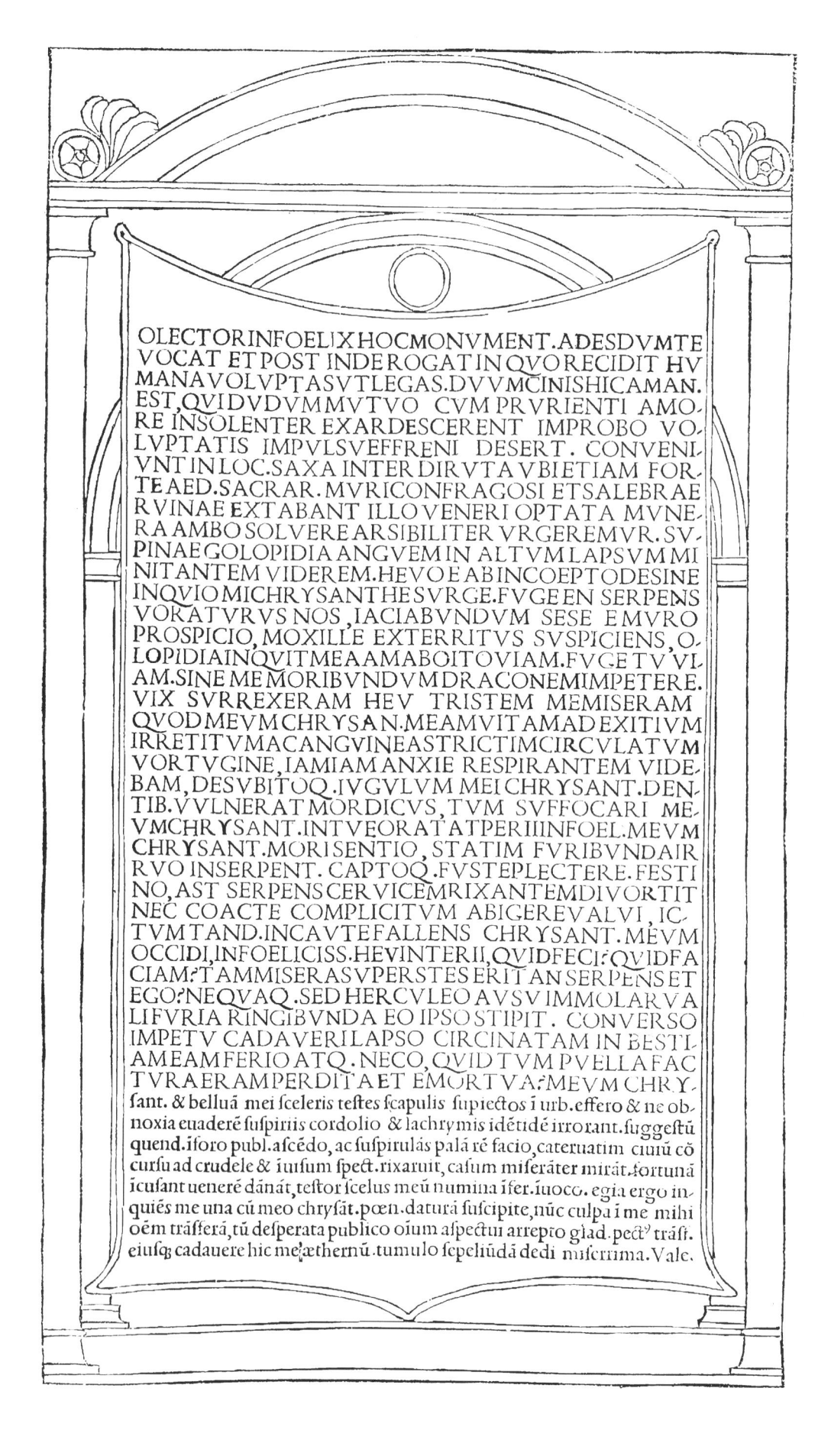

O LECTOR INFOELIX HOC MONVMENT. ADES DVM TE
VOCAT ET POST INDE ROGAT IN QVO RECIDIT HV
MANA VOLVPTAS VT LEGAS. DVVM C INISHIC AMAN.
EST, QVI DVDVM MVTVO CVM PRVRIENTI AMO
RE INSOLENTER EXARDESCERENT IMPROBO VO
LVPTATIS IMPVLSV EFFRENI DESERT. CONVENI
VNT IN LOC. SAXA INTER DIRVTA VBI ETIAM FOR
TE AED. SACRAR. MVRI CONFRAGOSI ET SALEBRAE
RVINAE EXTABANT ILLO VENERI OPTATA MVNE
RA AMBO SOLVERE AR SIBILITER VRGEREMVR. SV
PINAE GOLOPIDIA ANGVEM IN ALTVM LAPSVM MI
NITANTEM VIDEREM. HEV O E AB INCOEPTO DESINE
INQVIO MI CHRYSANTHES VRGE. FVGE EN SERPENS
VORATVRVS NOS, IACIABVNDVM SESE E MVRO
PROSPICIO, MOX ILLE EXTERRITVS SVSPICIENS, O
LOPIDIA INQVIT MEA AMABO ITO VIAM. FVGE TV VI
AM. SINE ME MORIBVNDVM DRACONEM IMPETERE.
VIX SVRREXERAM HEV TRISTEM ME MISERAM
QVOD MEVM CHRYSAN. MEAM VITAM AD EXITIVM
IRRETITVM A CANGVINE A STRICTIM CIRCVLATVM
VORTVGINE, IAMIAM ANXIE RESPIRANTEM VIDE
BAM, DE SVBITOQ. IVGVLVM MEI CHRYSANT. DEN
TIB. VVLNERAT MORDICVS, TVM SVFFOCARI ME
VM CHRYSANT. INT VEORAT AT PERII INFOEL. MEVM
CHRYSANT. MORI SENTIO, STATIM FVRIBVNDA IR
RVO IN SERPENT. CAPTOQ. FVSTE PLECTERE. FESTI
NO, AST SERPENS CERVICEM RIXANTEM DIVORTIT
NEC COACTE COMPLICITVM ABIGERE VALVI, IC
TVM TAND. INCAVTE FALLENS CHRYSANT. MEVM
OCCIDI, INFOELICISS. HEV INTERII, QVID FECI? QVID FA
CIAM? TAM MISERA SVPERSTES ERIT AN SERPENS ET
EGO? NEQVAQ. SED HERCVLEO AVSV IMMOLAR VA
LI FVRIA RINGIBVNDA EO IPSO STIPIT. CONVERSO
IMPETV CADAVERI LAPSO CIRCINATAM IN BESTI
AM EAM FERIO ATQ. NECO, QVID TVM PVELLA FAC
TVRA ERAM PERDITA ET EMORTVA? MEVM CHRY
sant. & belluã mei sceleris testes scapulis supiectos i urb. effero & ne ob
noxia euaderé suspiriis cordolio & lachrymis idétidé irrorant. suggestũ
quend. i foro publ. ascédo, ac suspirulás palá ré facio, cateruatim ciuiũ cõ
cursu ad crudele & iuisum spect. rixaruit, casum miseráter mirát. fortunã
icusant uenere dánát, testor scelus meũ numina i ser. iuocõ. egia ergo in
quiés me una cũ meo chrysãt. pœn. datura suscipite, nũc culpa i me mihi
oẽm trãsferá, tũ desperata publico oium aspectui arrepto glad. pect⁹ trãsf.
eiusq̃ cadauere hic mẽ æthernũ. tumulo sepeliũdã dedi miserrima. Vale.

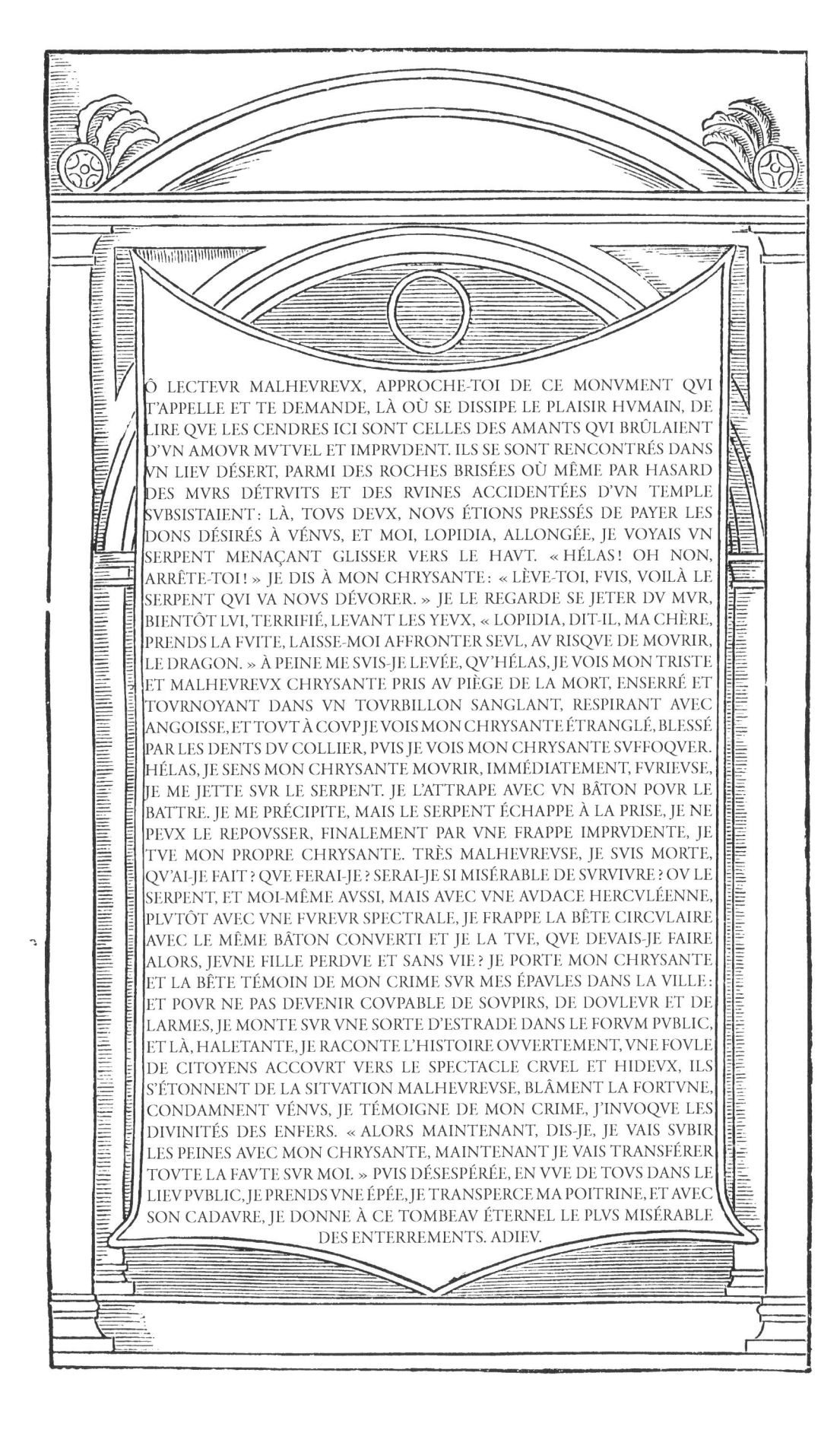

Ô LECTEVR MALHEVREVX, APPROCHE-TOI DE CE MONVMENT QVI T'APPELLE ET TE DEMANDE, LÀ OÙ SE DISSIPE LE PLAISIR HVMAIN, DE LIRE QVE LES CENDRES ICI SONT CELLES DES AMANTS QVI BRÛLAIENT D'VN AMOVR MVTVEL ET IMPRVDENT. ILS SE SONT RENCONTRÉS DANS VN LIEV DÉSERT, PARMI DES ROCHES BRISÉES OÙ MÊME PAR HASARD DES MVRS DÉTRVITS ET DES RVINES ACCIDENTÉES D'VN TEMPLE SVBSISTAIENT : LÀ, TOVS DEVX, NOVS ÉTIONS PRESSÉS DE PAYER LES DONS DÉSIRÉS À VÉNVS, ET MOI, LOPIDIA, ALLONGÉE, JE VOYAIS VN SERPENT MENAÇANT GLISSER VERS LE HAVT. « HÉLAS ! OH NON, ARRÊTE-TOI ! » JE DIS À MON CHRYSANTE : « LÈVE-TOI, FVIS, VOILÀ LE SERPENT QVI VA NOVS DÉVORER. » JE LE REGARDE SE JETER DV MVR, BIENTÔT LVI, TERRIFIÉ, LEVANT LES YEVX, « LOPIDIA, DIT-IL, MA CHÈRE, PRENDS LA FVITE, LAISSE-MOI AFFRONTER SEVL, AV RISQVE DE MOVRIR, LE DRAGON. » À PEINE ME SVIS-JE LEVÉE, QV'HÉLAS, JE VOIS MON TRISTE ET MALHEVREVX CHRYSANTE PRIS AV PIÈGE DE LA MORT, ENSERRÉ ET TOVRNOYANT DANS VN TOVRBILLON SANGLANT, RESPIRANT AVEC ANGOISSE, ET TOVT À COVP JE VOIS MON CHRYSANTE ÉTRANGLÉ, BLESSÉ PAR LES DENTS DV COLLIER, PVIS JE VOIS MON CHRYSANTE SVFFOQVER. HÉLAS, JE SENS MON CHRYSANTE MOVRIR, IMMÉDIATEMENT, FVRIEVSE, JE ME JETTE SVR LE SERPENT. JE L'ATTRAPE AVEC VN BÂTON POVR LE BATTRE. JE ME PRÉCIPITE, MAIS LE SERPENT ÉCHAPPE À LA PRISE, JE NE PEVX LE REPOVSSER, FINALEMENT PAR VNE FRAPPE IMPRVDENTE, JE TVE MON PROPRE CHRYSANTE. TRÈS MALHEVREVSE, JE SVIS MORTE, QV'AI-JE FAIT ? QVE FERAI-JE ? SERAI-JE SI MISÉRABLE DE SVRVIVRE ? OV LE SERPENT, ET MOI-MÊME AVSSI, MAIS AVEC VNE AVDACE HERCVLÉENNE, PLVTÔT AVEC VNE FVREVR SPECTRALE, JE FRAPPE LA BÊTE CIRCVLAIRE AVEC LE MÊME BÂTON CONVERTI ET JE LA TVE, QVE DEVAIS-JE FAIRE ALORS, JEVNE FILLE PERDVE ET SANS VIE ? JE PORTE MON CHRYSANTE ET LA BÊTE TÉMOIN DE MON CRIME SVR MES ÉPAVLES DANS LA VILLE : ET POVR NE PAS DEVENIR COVPABLE DE SOVPIRS, DE DOVLEVR ET DE LARMES, JE MONTE SVR VNE SORTE D'ESTRADE DANS LE FORVM PVBLIC, ET LÀ, HALETANTE, JE RACONTE L'HISTOIRE OVVERTEMENT, VNE FOVLE DE CITOYENS ACCOVRT VERS LE SPECTACLE CRVEL ET HIDEVX, ILS S'ÉTONNENT DE LA SITVATION MALHEVREVSE, BLÂMENT LA FORTVNE, CONDAMNENT VÉNVS, JE TÉMOIGNE DE MON CRIME, J'INVOQVE LES DIVINITÉS DES ENFERS. « ALORS MAINTENANT, DIS-JE, JE VAIS SVBIR LES PEINES AVEC MON CHRYSANTE, MAINTENANT JE VAIS TRANSFÉRER TOVTE LA FAVTE SVR MOI. » PVIS DÉSESPÉRÉE, EN VVE DE TOVS DANS LE LIEV PVBLIC, JE PRENDS VNE ÉPÉE, JE TRANSPERCE MA POITRINE, ET AVEC SON CADAVRE, JE DONNE À CE TOMBEAV ÉTERNEL LE PLVS MISÉRABLE DES ENTERREMENTS. ADIEV.

Après avoir lu, dans cette belle inscription, l'aventure digne de compassion de ces amants infortunés, je m'en fus, très-satisfait de cette découverte. J'eus fait quelques pas à peine que m'apparut une très-noble table, en marbre blanc, munie de son fronton, avec une colonnette de chaque côté, d'un dessin libre,

FIGURE 231
(1499).

·D·   ·M·

QVISQVIS
LECTVRVS
ACCEDIS.CAVESIAMAS.
AT SI NON AMAS,PENSI CV
LA MISER QVI SINE AMORE VI
VIT,DVLCE EXIT NIHIL.
AST EGO TAM DVLCE ANHELANS
ME INCAVTE PERDIDI.ET AMOR
FVIT. EQVO DVM ASPECTV FOR
MOSISS.DYRVIONIAE PVELLAE VI
R GVNCVLAE SVMMA POLYORI
·A PLACERE CVPEREM,CASV DE
SILIENS,PES HAESIT STAPIAE
TRACTVS
INTERII.

et dégagée. Une couronne de feuilles ou chapeau de triomphe enfermait le champ presque tout entier du carré, sculptée qu'elle était en relief et on ne peut plus habilement exécutée. Je lus dedans cette inscription :

FIGURE 232 (1883).

D · M

AUX
DIEUX MÂNES.
QUI QUE TU SOIS,
LECTEUR QUI T'APPROCHES,
PRENDS GARDE SI TU AIMES;
MAIS SI TU N'AIMES PAS, RÉFLÉCHIS
AU MALHEUREUX QUI VIVAIT SANS
AMOUR : NULLE DOUCEUR EN SA VIE.
MOI, CEPENDANT, ASPIRANT À QUELQUE
CHOSE DE SI DOUX, JE ME SUIS PERDU
IMPRUDEMMENT : C'ÉTAIT L'AMOUR.
TANDIS QUE JE DÉSIRAIS PLAIRE À LA VUE
DE LA TRÈS BELLE VIERGE JEUNE FILLE
APPÉLÉE DYRVIONIA ; EN DESCENDANT
DE CHEVAL PAR ACCIDENT, MON
PIED S'EST PRIS DANS L'ÉTRIER ET
JE MOURUS TRAÎNÉ. HÂTE-TOI
AVEC MESURE DANS TES
AFFAIRES. ADIEU

Cette dalle gisait sur la terre, mais la partie sculptée était à l'air.

La variété de ces œuvres élégantes comblait mon esprit de plaisir. Je me sentais envahi d'autant par l'ardeur de découvrir toujours davantage de belles œuvres anciennes. Voici qu'une antique chapelle se présente à ma vue. La paroi de droite en était restée debout. C'est avec ivresse que j'aperçus contre elle un tombeau en porphyre, d'une invention superbe, d'une exécution accomplie, d'un prix extraordinaire, d'un art de sculpture incroyable. Ce sépulcre était accosté, des deux bas-côtés, par deux colonnettes quadrangulaires, formant une saillie d'un tiers de leur largeur. Elles étaient cannelées, munies de leur soubassement, posées perpendiculairement chacune sur un piédestal où se relevait en demi-bosse une sculpture représentant trois nymphes en vêtements de deuil et pleurant, tournées, d'un côté comme de l'autre, vers le centre de l'édifice, avec les moulures et les détails requis. Une architrave ornée s'étendait au-dessus des chapiteaux, puis venait la frise couverte d'une corniche et décorée d'un très-bel enroulement de feuillages et de fleurs. Entre l'un et l'autre pilastre était creusée une niche régulière dont les bords formaient un léger relief sur le plan compris entre les deux pilastres. Ce relief, de chaque côté de la niche, fournissait matière à deux petits pilastres munis, chacun, de sa base comme de sa corniche et supportant une archivolte. Ces deux pilastres faisaient, à l'extérieur, une saillie égale à leur partie engagée dans le fond uni ; c'est-à-dire qu'ils dépassaient l'affleurement de la niche de la mesure d'une ligule[26]. Au niveau de leurs chapiteaux la niche était ceinte par une moulure au-dessus de laquelle s'élevait la demi-coupole.

Ces petits pilastres étaient ornés, on ne peut mieux, de sculptures. Ils reposaient, chacun, sur un piédestal saillant et assez haut, orné dans le même goût qu'eux. Entre ces deux piédestaux je vis une inscription Grecque par laquelle je connus que c'était là le monument de la pieuse reine de Carie. Elle était conçue ainsi :

ΑΡΤΕΜΙΔΟΣ ΒΑΣΙΛΙΔΟΣ ΕΠΟΔΟΝ. [*Ce qui signifie :*
CENDRES DE LA REINE ARTÉMISE.]

Le tout était pourvu de socles, corniches, cymaises et gorges du meilleur ensemble.

Sur le plancher de la niche était posée une plinthe en même matière qu'elle et paraissant ornée de très-belles sculptures. Sur cette plinthe étaient fixées quatre pattes onguées de lion soutenant un coffre antique décoré de dessins d'un rendu remarquable. Sur le couvercle de ce coffre reposait un escabeau qui avait, en manière de couverture, l'imitation d'un tapis de soie garni de franges.

Une dame, une reine était assise sur ce siège, en appareil royal, avec un manteau majestueux attaché sur la poitrine, mis par-dessus un vêtement soyeux qui, depuis le cou jusqu'à la taille, était entouré par une bande tournant autour de la ceinture et revenant sur le ventre en s'épanouissant dans la forme d'une feuille tétralobée ou d'une figure formée de quatre demi-cercles. Sur cette bande était écrit, en majuscules Grecques[27] :

ΜΑΥΣΩΛΕΟΝ ΑΤΙΜΗΤΟΝ. [*Ce qui signifie :*
MAVSOLÉE INESTIMABLE.]

Cette femme portait à la bouche, de la main droite, un calice dans lequel elle buvait ; de l'autre main elle tenait une verge ou sceptre.

Ses cheveux étaient épars, son chef était ceint d'une couronne quelque peu élevée d'où sortait une seconde couronne garnie de pointes, par laquelle passait gracieusement une partie de la chevelure qui retombait bien peignée.

Au-dessus de l'archivolte s'élevait un écusson ovale et plané, atteignant la saillie de la cymaise de la corniche. Dedans j'admirai une figure d'une majesté royale avec la barbe longue et la chevelure frisée. Je pensai que c'était la véritable effigie du mari de la reine. Cet écusson était porté de chaque côté par deux petits génies ailés, assis sur la plus haute courbe de l'archivolte.

Ces deux génies, étendant un de leurs petits bras, tenaient, de leur main restée libre, un cordon d'airain enfilé dans quelques billettes et qui pendait en formant une courbe. Les bouts tombaient perpendiculairement en échappant de la main, enfilés aussi dans des baies. Le tout était admirablement doré.

Sur le plat de la corniche se trouvait une plinthe fort ornée, dont les faces étaient légèrement concaves. Sur cette plinthe, au beau milieu, résidait un cercle de métal sertissant une pierre fort noire et polie comme un miroir. J'y vis écrit en majuscules Grecques : ΕΡΩΤΟΣ ΚΑΤΟΠΤΡΟΝ. [*Ce qui signifie :* MIROIR DE L'AMOVR.] La bordure, en métal, large d'une palme, était fort bien aplanie et garnie de bulles. Sur le point culminant de son boudin extérieur se tenait une image parfaite, toute nue, en métal doré. De la main droite elle tenait une petite lance ; de la gauche, une targe antique sculptée, d'un dessin excellent. De chaque côté du cercle, le dos appuyé contre lui, deux enfants ailés se trouvaient assis sur la plate-forme de la plinthe et tenaient, chacun, une torche allumée tournée vers les angles de la corniche.

FIGURE 233
(1499).

FIGURE 234 (1883).

Le dos appuyé, également, contre chacun des petits côtés, cintrés en arrière, de la plinthe, sur le plat même de la corniche, étaient assis deux autres tournée vers la plinthe ; de l'autre côté, leur bras passait autour d'une anse, en forme de dauphin, appartenant à un très-antique vase d'airain. Les anses de ces vases représentaient, en effet, des dauphins rampants et mordicants, formant boucle et appuyant leurs queues recourbées sur la panse des vases qui finissaient en forme grêle jusqu'à l'orifice ouvert comme une conque. Du bord de cette conque, écartés quelque peu, et dans une même rangée circulaire, sortaient quatre clous pointus en tout un cinquième plus élevé qu'eux. Le pied des vases passait entre les jambes des enfants. Toute cette œuvre était fondée sur un carré d'ophite reposant lui-même sur le sol. Cette base était absolument sans moulures, si ce n'est vers le milieu où j'aperçus un trophée naval que je pensai dressé là comme un monument de victoire remportée sur la flotte des Rhodiens[28]. Ce trophée se composait de rostres en airain, ou partie de la proue éperonnée d'un très-vieux navire. De son milieu s'élevait un tronc d'arbre qui passait à travers une cuirasse de guerre et dont les rameaux raccourcis sortaient par les ouvertures pour les bras. Du bout de ces rameaux pendaient, d'une part une targe retenue par sa boucle, de l'autre un instrument naval. Sous la cuirasse une ancre se croisait avec un timon. Au sommet du tronc d'arbre, qui sortait par l'encolure de la cuirasse, était posé un casque fort beau ayant une crête pour cimier. On ne saurait croire à quel point ces divers objets, bien qu'asymétriques, étaient, cependant, arrangés avec un art exquis. Le tout était fait dans la forme voulue, on ne peut mieux travaillé et poli, digne d'être considéré et retenu dans la mémoire. Cette sculpture était dans une proportion que saura trouver celui qui connaît la dimension sesquialtère. Il me sembla que c'était sûrement l'œuvre d'un des sculpteurs du Mausolée[29]. Ce ne m'est point aisé d'exprimer convenablement la joie que je ressentis à examiner avec attention des œuvres telles, si dignes de mémoire, ayant sans cesse l'esprit excité à faire de nouvelles découvertes. À peine avais-je quitté des yeux ce tombeau magnifique et accompli, qu'explorant soigneusement les monceaux de ruines, je trouvai une pierre fort élégante. Je vis, sculptés dessus, deux petits enfants nus, soulevant, d'un côté et de l'autre, un double-ri-deau et montrant deux têtes ex-trêmement belles, avec l'é-pitaphe ci-contre écrite en lettres par-faites et relatant cette misérable aventure.

FIGURE 235 (1499).

ASPICE VIATOR. Q. SERTVLLII ET DVLCICV
LAE SPON. MEAE. ⊃. RANCILIAE VIRG. SIMVL
AC. POST INDE · QVID FACIAT LICENTIOSA
SORS LEGITO. IN IPSA FLORIDA AETAT. CVM
ACRIOR VIS AMORIS INGRVER. MVTVO CA
PT. TAND. SOCERO. E. ET. M. SOCR. ANNVEN
TIB. SOLENNI HYMEN. NVPT. COPVLAMVR.
SED O FATVM INFOEL. NOCTE PRI. CVM IM
PORT. VOLVPTATIS EX. L. FAC. EXTINGVERE
ET. D. M. V. VOTA COGEREMVR REDD. HEV IP
SO IN ACTV DOM. MARITALIS CORRVENS AM
BIAM EXTRE. CVM DVLCITVDINE LAETISS.
COMPLICATOS OBPRESSIT. FVNESTAS SO
ROR. NEC NOVI QVID FECISS. PVTA. NON E
RAT IN FATIS TVM NOSTRA LONGIOR HO
RA. CARI PARENTES LVCTV NEC LACHRYMIS
MISERA A CLARVATA NOSTRA DEFLEATIS
FVNERA NE REDDATIS INFOELICIORA
A TVOS NOSTROS DIVTVR
NIORES VIVITE ANNOS
OPTIME LECTOR
AC VIVE TVOS.

REGARDE, VOYAGEVR. VOICI L'IMAGE DE QVINTVS SERTVLLIVS ET DE MA DOVCE FIANCÉE, LA VIERGE CAIA RANCILIA, VIERGE, ET ENSVITE, LIS CE QVE FAIT LA FORTVNE LIBERTINE. DANS LA FLEVR DE L'ÂGE, QVAND LE POVVOIR AIGV DE L'AMOVR PESAIT LOVRDEMENT, FINALEMENT CAPTVRÉS PAR L'AFFECTION MVTVELLE ET AVEC LE CONSENTEMENT DE SON BEAV-PÈRE ET DE SA BELLE-MÈRE, NOVS NOVS SOMMES VNIS PAR LE MARIAGE AVEC VNE CÉRÉMONIE NVPTIALE SOLENNELLE. MAIS Ô DESTIN CRVEL, DANS LA PREMIÈRE NVIT, QVAND, SELON LA COVTVME, NOVS DEVIONS ÉTEINDRE LES TORCHES DV PLAISIR ET NOVS ÉTIONS CONTRAINTS DE RENDRE NOS VŒVX À LA MÈRE VÉNVS, HÉLAS, EN CET ACTE MÊME, L'EFFONDREMENT DE LA MAISON CONJVGALE NOVS A ÉCRASÉS, NOVS QVI ÉTIONS ALORS ENVELOPPÉS DANS VNE JOIE EXTRÊME AVEC LA PLVS DOVCE ÉTREINTE. NE PENSEZ PAS QVE LES SŒVRS DV DESTIN AIENT FAIT QVELQVE CHOSE DE NOVVEAV. IL N'ÉTAIT PAS DANS NOTRE DESTIN D'AVOIR VNE HEVRE PLVS LONGVE. CHERS PARENTS, NE PLEVREZ PAS SVR NOS FVNÉRAILLES MISÉRABLES ET DÉGVISÉES AVEC DES LAMENTATIONS OV DES LARMES, DE PEVR DE LES RENDRE PLVS MALHEVREVSES : MAIS VIVEZ DES ANNÉES PLVS LONGVES QVE LES NÔTRES, EXCELLENT LECTEVR, ET VIS TA PROPRE VIE.

FIGURE 236 (1883).

·D· DITI ET PROXER·S

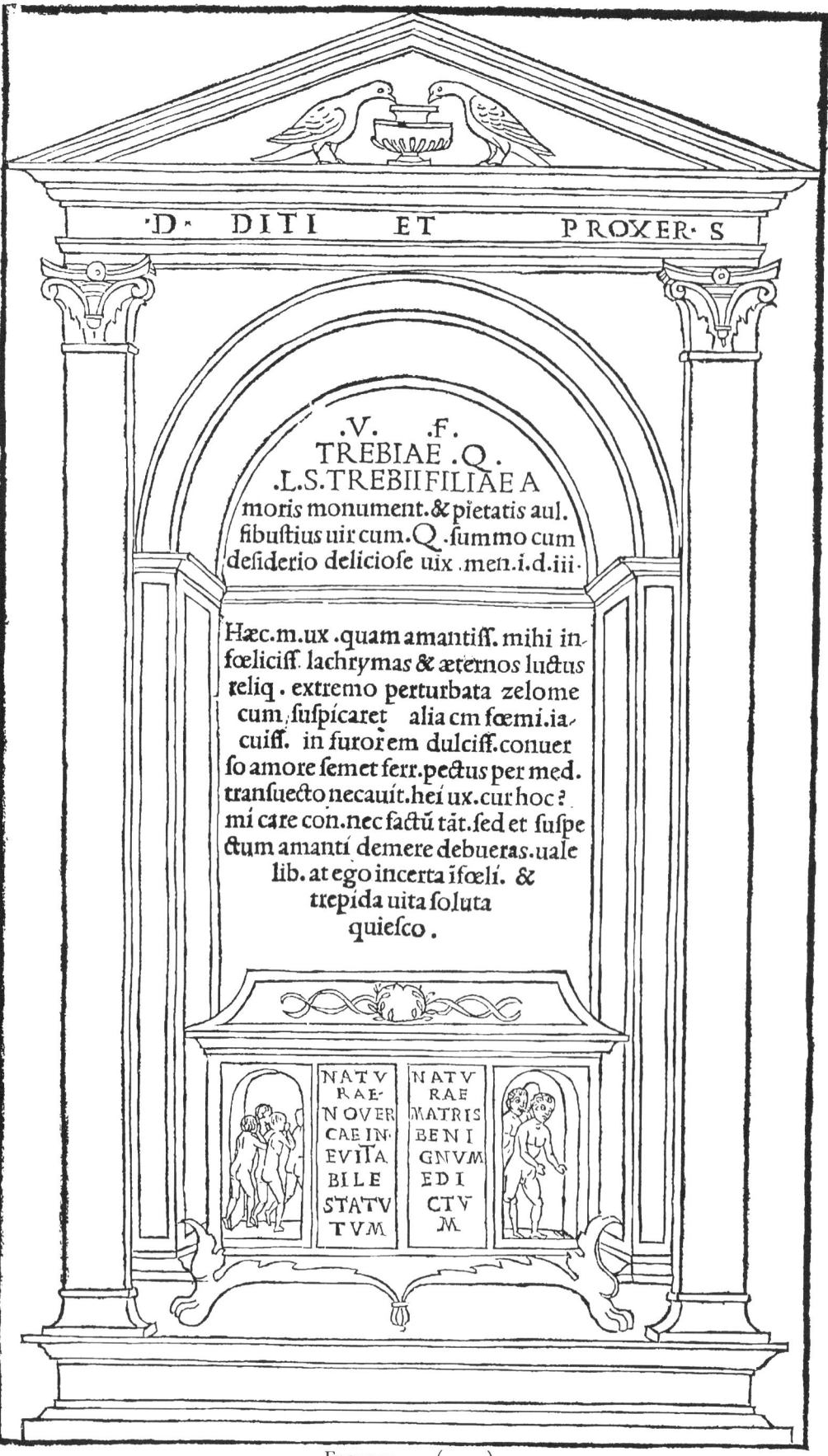

.V. .F.
TREBIAE .Q.
.L.S. TREBII FILIAE A
moris monument. & pietatis aul.
fibustius uir cum. Q. summo cum
desiderio deliciose uix .men.i.d.iii.

Hæc.m.ux .quam amantiss. mihi in
fœliciss. lachrymas & æternos luctus
reliq. extremo perturbata zelome
cum suspicaret alia cm fœmi.ia
cuiss. in furorem dulciss. conuer
so amore semet ferr. pectus per med.
transuecto necauit. hei ux. cur hoc?
mi care con. nec factū tāt. sed et suspe
ctum amanti demere debueras. uale
lib. at ego incerta isfœli. &
trepida uita soluta
quiesco.

NATV
RAE
NOVER
CAE IN
EVITA
BILE
STATV
TVM

NATV
RAE
MATRIS
BENI
GNVM
EDI
CTV
M

FIGURE 237 (1499).

D DITI ET PROXER: S

V.   F.
Trebiæ Q. L. Trebii filiæ, amoris monumentum & pietatis A. Fibustius vir, cõ qua summo desiderio deliciose vixit mensem vnum, dies tres.

Hæc mea vxor quàm amantissima, mihi infœlicissimas lachrymas & æternos luctus reliquit. extremo perturbata zelo, me cum suspicaretur alia cum fœmina iacuisse, in furorem dulcissimo converso amore, semet ferro pectus per medium traiecto necauit. Hei vxor, cur hoc? Mi chare coniunx, nec factum tantum, sed & suspectum ani mi demere debueras. Vale liber, at ego incerta infœlici & trepida vita soluta quiesco.

NATVRAE MATRIS BENIGN VM EDI CIV M

NATVRAE NOVERCAE INEVITAB ILE STAT VTV M

FIGURE 238 (1883 originale).

AU DIVIN DIS ET À SA PROSERPINE

À TREBIA QUINTA, FILLE DE LUCIUS SEXTUS TREBIUS, DE SON VIVANT, AULUS FIBUSTIUS SON MARI A ÉLEVÉ CE SOUVENIR DE SON AMOUR ET DE SA PITIÉ. AVEC QUINTA, NOUS AVONS VÉCU DANS LES DÉLICES ET LE PLUS VIF DÉSIR UN MOIS ET TROIS JOURS.

CETTE FEMME QUI FUT MIENNE, LA PLUS AIMANTE QUI SE PUISSE TROUVER, M'A LAISSÉ, À MOI ON NE PEUT PLUS INFORTUNÉ, LARMES ET DEUILS ÉTERNELS. TROUBLÉE D'UNE EXTRÊME JALOUSIE, ALORS QU'ELLE ME SOUPÇONNAIT D'AVOIR COUCHÉ AVEC UNE AUTRE FEMME, ELLE CONVERTIT EN FUREUR SON SI DOUX AMOUR, ET, S'ÉTANT PASSÉ UN FER AU TRAVERS DE LA POITRINE, ELLE SE TUA. « HÉLAS MON ÉPOUSE, POURQUOI CELA ? — MON CHER ÉPOUX, TU AURAIS DÛ ÔTER À L'AMANTE NON SEULEMENT L'ACTE, MAIS AUSSI LE SOUPÇON. ADIEU, SOIS FIBRE ; POUR MOI, JE REPOSE DÉGAGÉE D'UNE VIE INCERTAINE, INFORTUNÉE ET INQUIÈTE. »

DÉCRET INÉVITABLE DE MARÂTRE NATURE.

ÉDIT BIENVEILLANT DE MÈRE NATURE

FIGURE 239 (1883 avec le texte latin traduit).

À peu de distance de là, ému par le triste cas, dont j'avais lu le narré, au point de pousser quelques soupirs, je trouvai un autre monument fort remarquable et très-noble. Il était flanqué de deux colonnes cannelées, sortant à demi-relief du fond solide en marbre très-blanc. Elles avaient de petites bases, de petits chapiteaux, une architrave, une frise, une corniche et un fronton en proportion. Dans le tympan triangulaire de ce fronton deux tourterelles blanches buvaient ensemble au même vase. Entre les colonnes cannelées courait le soffite peu profond de l'arc. Des caissons carrés égaux y étaient distribués, occupés, chacun, par une quintefeuille d'un aspect régulier, vers laquelle les moulures des caissons allaient en diminuant. Cet arc régnait au-dessus d'un coffre artistement travaillé et quelque peu saillant. Deux petites portes y étaient représentées ; par l'une entraient quelques figurines nues qui ressortaient par l'autre. Deux inscriptions étaient tracées sur l'espace qui les séparait. J'en tirai logiquement cette conjecture que ce bas monde est une arche à deux portes : on y entre pour mourir, on en sort pour vivre, non sans pleurer dans l'un et l'autre cas. Ce coffre reposait sur deux pattes de harpie qui se terminaient en feuillage, ainsi que sur un troisième pied situé au milieu et non orné. Sous l'archivolte peu profonde, je vis, avec admiration, cette épitaphe narrant un cas pitoyable et désolant. Voilà les caractères que j'aperçus dans la partie du milieu.

Je m'en fus enchanté, curieux et avide de voir de nouvelles choses. Allant droit à une chapelle à moitié conservée, j'examinai, on ne peut plus religieusement, une peinture exécutée en mosaïque. Je ne trouvai là aucun sépulcre, mais cette peinture vitrifiée me montra, rendue à perfection, Proserpine qui cueillait des fleurs auprès de l'ardent mont Etna en compagnie de Cyané[30] et des Sirènes. Pluton, fermant le cratère embrasé du mont qui vomit des flammes, la ravissait pour satisfaire voluptueusement son amour. Cyané pleurait piteusement de ne pouvoir la secourir.

Là je trouvai les pierres énormes d'un mur moisi, aux crevasses remplies d'astéricon et d'urcéolaire[31]. Ce mur était encore envahi, fendu par une grosse racine de figuier sauvage qui pénétrait dedans comme un coin, et dont les nombreuses racines, en serpentant, avaient détruit le ciment servant de lien à la mosaïque, et amené la ruine de la paroi.

Je ne pus discerner là qu'une partie d'une forme humaine se métamorphosant en fleuve, rendue avec un art incroyable et un fini digne d'admiration. Tel ne fut pas, au temple de la Minerve du Capitole, le tableau représentant le rapt de cette même Proserpine peint par Nicomaque[32]. Comme j'avais l'esprit tout appliqué à un si plaisant spectacle, j'entendis, derrière moi, le bruit causé par la rupture de quelques parcelles de mosaïque dont je fus atteint au milieu de cette solitude, dans ce lieu désert et silencieux. Je me retournai sur-le-champ pour voir d'où cela provenait et j'aperçus un lézard de muraille qui était cause de cet accident.

Cependant j'avais un grand déplaisir à ne pouvoir admirer dans son entier cette œuvre presque toute démolie et détruite. J'étais donc entrain de considérer ce rapt consenti de Proserpine, quand, une subite pensée venant me frapper cruellement au cœur, je m'écriai : « Oh ! pauvre imprudent, pauvre infortuné ! Oh ! recherche importune, curiosité sans frein des choses du passé ! Je m'en vais en quête de pierres brisées, et quel est le sort qui m'attend ! Si, dans ma mauvaise fortune, ma très-belle Polia m'allait être ravie ! Ah ! si par mon incurie de la plus importante chose du présent, elle allait, plus précieuse que tous les trésors du monde, m'être dérobée ! »

À ce moment, un coup plus violent transperça mon triste cœur qui battait d'un mouvement plus véhément et plus rapide. Déjà dans mon esprit troublé se présentait la pitoyable et lamentable aventure de celui qui, fuyant sa patrie en flammes, perdit sa chère Créuse pour n'y avoir pas pris garde. Un tel épouvantail me troubla d'autant plus que je me rappelai avoir laissé loin de moi, seule assise sur le sable du littoral désert, ma bien-aimée Polia. Je pensai que le porte-trident Neptune pourrait bien lui faire violence, comme il fit à Méduse[33]. Hélas ! j'expérimentai cruellement la qualité de l'affliction de l'esprit chez les vrais amants.

J'étais beaucoup plus tremblant, plus terrifié, plus rempli de stupeur, dans une angoisse plus grande, dans un trouble bien plus misérable que lorsque, menacé d'être englouti et de pourrir dans les horribles entrailles du dragon venimeux, j'envisageais un tel trépas. J'étais en proie à une terreur pareille à celle qu'aurait le prêtre en voyant arracher du temple le simulacre de son dieu. Toute sérénité s'était enfuie de mon âme ; je sentais croître à tout moment une crainte douloureuse en mon cœur inquiet.

Sous le coup des soucis cuisants, des poignantes angoisses qui m'oppressaient, fuyant d'un pied rapide comme le vent, j'abandonnai cette noble entreprise, cette belle inquisition, ce va-et-vient si louable, cette récréation vertueuse. Je pris ma course par ces endroits entravés, infestés de broussailles et d'âpres fourrés, par ces lieux rocailleux, empierrés, pleins d'épines, par ces éclats de marbre tombés, par ces informes amas s'effritant ou tout à fait réduits en petites pierres, à travers les précipices brûlants et les ruines barrant la voie. Je courus, sans m'arrêter, sur les plus rudes chemins où j'étais sans cesse offensé, avec une extrême rapidité, sans tenir compte de ma robe déchirée par les branches épineuses qui la retenaient par-ci par-là, tout couvert de bardanes[34] de fils de laine, de duvet, de chardons, de barbules de chèvres, de laiteron[35] et, en grande partie, de la graine tenace des cynoglosses[36]. J'avais une crainte réelle d'être entré en de nouvelles adversités, en de douloureux chagrins, d'avoir subi à jamais la perte mortelle de mon bien si longtemps espéré, lorsqu'enfin j'arrivai en vue de ma très-douce et très-belle Polia, non tout en vie mais à demi mort, traînant le souffle comme un asthmatique, absolument comme si j'avais respiré l'air empesté du gouffre Babylonien. Je l'atteignis enfin pâmé, les yeux tournés vers elle pleins d'une rosée lacrymale, le cœur crevé, tout essoufflé.

Elle alors, attendrie, touchée, le front serein, le visage propice, calmant mon cœur terrifié, affligé, qui battait sans trêve dans ma poitrine endolorie, se plaignit, avec pitié, de me voir pâle et tremblant. Emplie d'une amoureuse compassion, elle s'en étonna. Très-gracieuse, elle me souleva tendrement entre ses bras, et, avec un soin amoureux, épongeant délicatement, d'un fin voile couleur de safran, mon visage couvert d'une sueur abondante, elle le sécha, tout officieuse, en me caressant, désireuse de connaître la cause de mon aventure, de mon angoisse si amère et si troublante.

L'ayant apprise, elle me caressa, pleine de bonté, me réconforta de ses paroles les meilleures et les plus persuasives, avec une douce éloquence, avec une façon bien faite pour me rendre l'existence, capable même de ressusciter un corps anéanti par la mort. Quelque peu remis, toute triste crainte s'étant évanouie sur son sein béni, je lui exposai, avec des soupirs et des gémissements, les motifs de mon inquiétude. Elle sourit aimablement ; affectueuse, elle me baisa suavement et me rassura fort à propos en me disant qu'elle attendait le saint dieu Cupidon. Tout en me câlinant, elle m'exhorta, persuasive, à patienter et à ne plus m'attendre qu'à du plaisir, parce que la souffrance amène souvent de nobles résultats.

Consolé par ma belle Polia, fortifié par sa présence, je sentis revenir ma vie à demi envolée. Ma pâleur de buis se changea en coloration naturelle et, la terreur qui m'avait envahi faisant place à une généreuse magnanimité, je vis bien que j'étais sauvé ; mais je ressemblais encore, près de ma Polia, à un cadavre qui, réduit en cendres, à un corps qui, décomposé en poussière, aurait été remis tout à fait au nombre des vivants. Mes yeux, cependant, selon leur habitude, étaient obstinément tournés vers elle, lui redemandant l'apaisement accoutumé et tout particulier émanant d'elle.

Mais, tout à coup, Polia, ma lumière, avec de beaux gestes, des mouvements chastes, un aspect céleste, un visage enjoué, des manières nobles, parée d'une beauté digne d'une éternelle pensée et d'une respectueuse considération, douée qu'elle était des meilleurs dons de l'esprit et du corps, toute pudique, Polia, dis-je, se leva calme, sans lenteur ni sans hâte, du siège agréable qu'elle occupait à l'ombre de la feuillée. Avec des signes de respect, avec des révérences convenables sans s'agiter autrement, elle se mit à genoux, toute déférente et pieuse, la face teinte d'un vermillon plus beau que celui des rouges pommes Claudiennes[37].

J'ignorais la cause d'un acte pareil et ne m'en étais point aperçu tout d'abord, parce que ma vue était sans cesse retenue à contempler les immenses beautés de Polia, et que mes yeux en étaient constamment occupés. Je ne pouvais les en retirer, ni les remuer, ni les détourner ; mais, suivant son exemple, je m'agenouillai à côté d'elle.

Or, sans que je l'eusse remarqué, le divin Cupidon se trouvait en face de nous. Il se présentait sous la forme d'un charmant enfant nu, ne couvrant d'aucun vêtement son beau petit corps. Il se tenait, les yeux grands ouverts, sur une nacelle qui voguait rapidement vers les rivages murmurants où nous étions à l'attendre. La poupe était à la hauteur du môle antique ruiné par le temps jaloux, et mes yeux pouvaient, sans souffrir — en serrant toutefois les paupières — fixer cette céleste et mignonne figure qui, sous sa divine apparence d'enfant, était revêtue d'une si grande splendeur.

Aussi je me persuadai presque être plus qu'un simple mortel ou tout au moins un héros divin, considérant qu'une âme céleste incarnée ne se montrait et n'apparaissait guère d'habitude à des yeux matériels. Or donc, mon esprit, plongé dans une stupeur extrême, considérait cette tête aux fins cheveux frisés, aux deux grands yeux illuminés, effrayants de majesté superbe, dont l'éblouissante lumière blessait ma faible et vacillante perception. Puis j'admirais ses joues rondes et grasses couvertes de la pourpre des roses, ainsi que les autres parties de son corps d'une beauté telle, que je tiendrais, avec raison, pour bienheureux celui qui serait capable de l'imaginer, encore qu'il ne sût la dépeindre. En dieu volant qu'était cet enfant, il avait les épaules garnies de deux ailes aux petites plumes d'or nuancées de rose violeté, de bleu et de mauve brillamment amalgamés.

Polia, ma glorieuse maîtresse, et moi, nous persévérâmes à demeurer agenouillés jusqu'à ce que le Dieu commençât à parler. Je conjecturai que, vraisemblablement, il admirait la merveilleuse rareté de Polia, ce chef-d'œuvre, la grandeur stupéfiante de ses qualités et de ses beautés, et que, dans son esprit, il la comparait, non sans concupiscence, à sa superbe Psyché, la trouvant plus belle et d'une perfection supérieure. Alors, avec un langage, avec un accent émanant d'une inspiration céleste, capable de réveiller sans peine les cadavres endormis dans la terre humide, capable de tirer les corps d'une éternelle sépulture, et même, encore, de les extraire de la matière initiale, capable de refréner la voracité de l'insatiable Vulcain, fait pour abattre le soulèvement troublé des flots horribles, pour mitiger les débordements inquiets de la mer en furie, pour imposer silence aux gémissements des rivages et des écueils rongés tout couverts d'écume, pour inciter à Vénus, la sainte, les âmes les plus dépourvues d'amour et les enchaîner à son plaisant service, il proféra ces persuasives paroles : « Nymphe Polia, et toi, Poliphile, vous vous êtes montrés serviteurs attentifs des fonctions amoureuses, du culte sincère de notre vénérable mère, vous avez été des sectateurs intrépides de mes feux embrasés ; vos purs sacrifices, vos loyales garanties, vos très-dévotes prières, votre service dévoué, vos chastes engagements sont parvenus jusqu'à elle. Aussi c'est justice que vos ardents désirs atteignent le but que vous avez poursuivi dans vos prières. Entrez donc, compagnons inséparables, avec assurance dans ma nacelle, entrez avec la persuasion d'y être protégés ; car il n'est pas possible d'aborder au royaume de ma mère, à cette île qui lui est consacrée, si moi-même, son propre navarque et gardien de son port, je ne dirige la traversée. »

Alors, avec un divin discours, il invita Polia gaiement à entrer dans sa nacelle.

Sans retard ni paresse, ayant joyeusement saisi ma main, celle-ci se leva silencieuse, mais leste. Avec une vivacité pleine de grâce, avec un profond respect, s'inclinant poliment, elle monta dans la nacelle avec moi. Elle s'assit à l'extrémité de la poupe, je me mis près d'elle aussitôt. Des nymphes divines, ramant comme d'une seule main, nous firent quitter le rivage.

La nacelle était une hexérès[38]. Ce n'était pas une barque assemblée avec de la sparterie[39], mais une nacelle à six rames admirablement enduite, non pas de poix recuite, ou de poix cirée[40], mais bien, en tous sens, d'un précieux liquide composé de benjoin amygdaloïde en larmes, de laudanum, musc, ambre, civette[41] et des deux styrax. Elle était assemblée avec un art parfait, construite en bois de santal odoriférant, blanc et citrin, bois pesant, incorruptible, frotté d'un parfum dont on ne sentit jamais le pareil. Elle était chevillée de clous d'or dont la tête, en forme de bouton, brillait par le fait de gemmes très-précieuses qui s'y trouvaient serties. Les bancs étaient de santal rouge comme du sang et qui réjouissait le cœur.

Cette admirable et superbe nacelle était menée par six nobles pucelles parfaitement aptes et capables. Les rames, y compris leurs plats, étaient d'ivoire brillant, blanc comme neige, naturellement poli et non pareil à du raifort. Les chevillettes[42] étaient d'or, les liens[43] étaient en soie tordue de diverses couleurs. Ces jeunes filles étaient luxueusement vêtues d'une étoffe transparente, flottant et voltigeant au souffle des douces brises inconstantes.

Une ceinture serrée, gardant les vêtements de se gonfler au vent, leur faisait trahir la forme des membres juvéniles. Ces vierges avaient la tête joliment garnie d'abondantes tresses blondes Quelques-unes avaient une épaisse et brillante chevelure plus noire que l'ébène Indique. Rien de plus gracieux que ce contraste. La carnation de leur visage, de leurs épaules, de leur poitrine était de beaucoup plus blanche que la neige, entourée, qu'elle était, de cheveux noirs disposés en boucles, en tresses délicieusement attachées de cordons d'argent, avec des nœuds, des réseaux si plaisants, si agréables aux sens, que jamais rien de semblable ne fut mieux fait pour accaparer l'attention exclusivement. Sur le haut de la tête ces cheveux étaient serrés par des perles orientales devant lesquelles n'aurait pu tenir celle que Jules acheta pour sa chère Servilie[44]. Bon nombre d'entre elles avaient des couronnes de roses ou autres fleurs sur leurs cheveux ondulés qui ombrageaient capricieusement leur front éclatant. Elles portaient de somptueux colliers de pierres précieuses diverses, enfilées, aux tons assortis, qui entouraient leur col droit et lacté. Leur ceinture était serrée très-près de leurs petits tétons fermes, qui opposaient une invincible résistance au vêtement de la poitrine. Bien qu'emprisonnés, lorsqu'ils étaient secoués ils retournaient droits à leur place. Ce vêtement de la poitrine était brodé, sur le contour de l'encolure, d'un ornement tissu le plus nettement du monde en fils d'or serrés ; les bords en étaient garnis d'une rangée de perles rondes, et des gemmes d'un grand prix, régulièrement disposées, étincelaient sur le pourtour de cette échancrure.

Je ne saurais rappeler, comme il faudrait, tout ce qu'il me fut donné de contempler. En m'appliquant soigneusement à rechercher dans mon esprit toutes ces belles choses, en les rassemblant dans une amoureuse pensée, en les redemandant à ma mémoire, en m'en représentant la douce jouissance, je goûtais vraisemblablement le plaisir le plus suave.

Pour en revenir à ces jeunes filles, deux d'entre elles, Algésia[45] et Néoléa[46], étaient revêtues d'une précieuse et voluptueuse parure Attalique[47], d'une étoffe ajourée en ouvertures de Chames[48], tramée d'or et rayée de bleu céleste, comme Attale ne sut en inventer. Deux autres nymphes, Chlidonia[49] et Olbonia[50], portaient un luxueux vêtement Babylonien[51], au tissu varié d'un précieux vert de mer. Les dernières, Adea[52] et Cypria[53], avaient un habillement couleur de miel doré, aux coutures brodées à jour, aux innombrables déchiquetures transversales en forme de segments dont les bords extrêmes étaient garnis, par-dessous, d'une mince feuille d'or. L'emmanchure de ces vêtements était béante et laissait passer des bras d'ivoire nus dont la blancheur ne saurait être comparée qu'à du lait caillé. Ajoutez-y tous les ornements requis, avec des accessoires convenant à des nymphes.

Et puis la brise fraîche et lascive exhibait, en soufflant, suivant les mouvements de ces jeunes filles, tantôt la forme arrondie de leur ventre pur et ferme, avec le joli pubis, tantôt leurs cuisses fournies et leurs fesses souples, découvrant de superbes chaussures ouvertes en forme de croissant après leurs petits pieds longuets. Il y en avait, en soie bleue, verte, rouge ; il y en avait de délicieusement travaillées, avec une échancrure en forme de lune au-dessus du cou-de-pied, on ne peut plus proprement taillées, bordées et agrafées d'or, aux jolies courroies, avec des semelles et des soques dorés ; il y en avait de lacées avec des cordelettes de soie aux ferrets dorés, passées dans des œillets en or. Elles étaient décorées de la façon la plus variée, avec une coquetterie virginale, et faites pour chatouiller les sens par une volupté délicieuse. Le tout d'une distinction suprême, d'une grâce, d'une beauté convenant à notre amoureux mystère comme la graisse aux flammes ardentes, comme la matière soufrée à Vulcain, comme à l'enfer du Tartare la garde vigilante de Cerbère aux trois têtes, comme la terreur mortelle à Mégère et à ses sœurs, comme la jeunesse florissante à Cupidon, comme les favorables ténèbres à sa mère.

Quand nous fûmes loin du rivage, ces divines nymphes batelières arrêtèrent leurs rames dans les cercles, le long du bordage. Alors toutes ensemble, le visage rayonnant de beauté, se retournèrent du côté de leur seigneur qui se tenait complètement nu sur la proue, et, lui faisant une majestueuse révérence, elles nous montrèrent leurs blanches épaules. Allant au-devant de ma propre pensée, Polia me dit : « Mon Poliphile, tu m'es très-cher et c'est toi que je place avant tout. Je veux que tu comprennes, je veux que tu saches que les six vierges présentes sont les agiles servantes de ce seigneur, et qu'elles accomplissent à propos son plaisant service. »

Ces aimables, ces belles et superbes nymphes s'assirent donc deux à deux sur les bancs de santal, nous tournant leur dos délicat. Le divin timonier, appelant à lui Zéphyr au souffle embaumé, déploya ses légères ailes écartées qui, frappées par le vent, brillaient plus que des charbons ardents, que des torches allumées, que des foudres étincelantes. Poussés par la brise chargée du parfum des fleurs qui emplissait ces ailes au fin plumage, nous commençâmes à laisser les rives bruyantes et à naviguer sur la profonde et vaste mer tranquille, jouissant d'une agréable bonace. Le cœur amoureux et fier, saisi d'un grand respect craintif, empli de douceur et de joie, fort agité en dedans de moi-même, pensif, m'entretenant avec mon propre génie, je me demandais s'il se pourrait jamais trouver un cœur assez inhumain, assez dur, assez violent et rigoureux, un cœur aussi rude que l'écaillé de la patte de la chimère, pour ne se pas montrer subitement plein de mansuétude, très-attendri, très-adouci, désarmé, calmé en présence d'objets si désirables et si divins.

Mais quelle concupiscence tellement emprisonnée, tellement éteinte, quel appétit glacé, réduit à néant, n'eussent vu leurs entraves et leurs chaînes rigoureusement brisées, n'eussent été complètement restaurés par ces très-beaux, très-amoureux spectacles, et ne se fussent changés en un Etna vomissant des flammes ? Diane eût-elle pu dédaigner des feux si doux ? Ils étaient faits pour corrompre la chasteté d'Hippolyte, faits pour induire à lasciveté la très-pudique Orithye[54]. Combien plus devaient en sentir les effets ceux qui en étaient tout proches, absolument disposés par leur nature à les goûter ? J'étais pareil au poisson né dans l'eau bouillante, qui, alors qu'on l'en retire pour le mettre en d'autre eau, ne peut parvenir à y cuire. En outre, j'admirais ce petit esprit divin dont les vents, chargés de rosée, faisaient trembler parmi ses plumes quelques duvets semblables à ceux qui couvrent les ailes encore non formées des oiseaux n'ayant pas quitté le nid. De quelle grâce, de quel agrément pour les sens n'étaient pas ces plumelles pourprées, glacées d'un or dans lequel se réfléchissait la coloration rouge ! Il y en avait de glauques, de vertes comme l'émeraude, de mauves, de bleues, de plus jaunes que le loriot, toutes mordorées et réparties harmonieusement sur ces ailes très-belles et divines.

Je crus que tous les joyaux de la féconde nature y avaient été distribués afin de les faire fulgurer, tant je voyais irradier ces mobiles et fines parcelles d'or pur qui semblaient suspendues dans l'air, alors que les ailes s'emplissaient de vent. Les eaux, en les reflétant, se teintaient gracieusement de ces précieuses couleurs que rompaient les vagues mouvantes et ondulées, en formant un cercle immense.

Puis j'admirais l'incomparable beauté, l'heureux ensemble de Polia, d'instant en instant plus délicieuse et plus belle. J'admirais l'air très-pur et serein, la température adoucie et placide, les eaux bleues et salées pareilles à un cristal transparent dont la limpidité permettait d'apercevoir le fond, par-ci par-là les nombreuses roches d'une végétation d'un vert printanier, les îlots sporadiques remplis de touffes feuillues et verdoyantes dont ils étaient ombragés à ravir. J'admirais maintes localités s'estompant dans les lointains et formant des taches vertes dans les ondes unies, ainsi que les arbres épais projetant leur ombre sur les rivages et mettant des reflets de verdure parmi les eaux pures et miroitantes.

Nous poursuivîmes ainsi notre agréable navigation triomphale sous l'empire, sous le commandement divin du puissant Amour dont l'extrême douceur est si austère, dont l'austérité est si douce, dont le charme est si amer, dont l'amertume est si charmante. Heureux donc celui qui peut voguer en ressentant l'effet de ses ailes prospères et fécondes !

Ainsi je me trouvais entre deux aimables maîtres, l'un qui m'enflammait, l'autre qui me consumait. Voilà que les dieux marins, Nérée[55], avec la très-charmante Chloris[56], Ino[57] et son fils Mélicerte[58], arrivèrent sur leurs biges, en se jouant sur les vagues écumantes, rendre hommage au divin enfant.

Puis vint Mélantho[59], dont les vagues font la demeure ; puis Poseïdon lui-même, à la barbe bleue hérissée, armé de son trident aigu, remorqué par les grands phoques ; puis les tritons azurés, sautant, soufflant dans des conques sonores qui retentissaient en mugissant ; puis Dircé[60], entourée d'une troupe de nymphes ; puis les Néréides, montées sur des dauphins recourbés et rapides exposés constamment au souffle de l'Aquilon, amis camus porteurs d'Arion[61], puis les baleines et le monstrueux Céphise[62].

Dans un ordre semblable se présentèrent le père antique[63], Téthysson épouse, et leurs filles Ératé[64], Éphyré[65], Phillyra[66], Hippo[67], Phrymno[68]. Puis vinrent les filles de Nérée[69], en compagnie du plaintif Æsaque à la voix dolente, changé en oiseau d'un plumage sombre comme le charbon[70], à l'occasion du trépas de sa chère Hespérie, mordue par un serpent[71] ; puis Alcyoné[72], se lamentant après son cher Ceyx, sans cesse attendu ; Protée[73], mené par des hippocampes[74], et Glaucus[75], avec sa bien-aimée Scylla, et tous les poissons monstrueux, nombre d'hipposaures[76] et d'anthroposaures[77] : tous plongeant à grands cris et à grand bruit leurs formes extraordinaires de poissons prodigieux, dans les eaux soulevées et blanchissantes, pour revenir fourmiller à la surface, apportaient le tribut de leur respect et de leurs devoirs solennels en poussant de stridentes clameurs. Joignez-y la multitude des oiseaux de rivage, des cygnes blancs, les uns nageant, les autres volant, faisant résonner en doux concerts les accents de leur voix expirante.

Tous ces êtres marins vinrent, à l'unanimité, célébrer la gloire, chanter, en fidèles sujets, les louanges des dieux tout-puissants, et leur payer le tribut de leurs félicitations empressées, menant grand et joyeux fracas, fort agiles, munis de leurs branchies, de leurs ailerons, de leurs nageoires pareilles à des rames, sautant, ressautant bruyamment et poussant des sifflements.

J'étais incroyablement diverti par cette variété de dieux aquatiques, de nymphes, de monstres que je n'avais jamais vus, et qui se trémoussaient en l'honneur du divin enfant. J'en demeurais stupéfait et rempli d'admiration.

Je me tenais pour un triomphateur, au moins aussi grand que n'importe quel Romain faisant son ovation, et, à me voir ainsi convié par la bonté des dieux à une telle fête, je m'estimais plus heureux que Polycrate le fortuné[78].

Il advint, alors, que mon cœur se reposa dans un feu des plus agréables, dans la plénitude d'un plaisir précieux ; je me trouvais tout près de ma chère Polia. En outre du plaisir de voir tous ces ravissants spectacles, je me sentais inondé d'un parfum des plus délicieux et des plus purs, qui me plongea dans une grande rêverie. Causant, en moi-même, avec mon propre génie, je disais : « Le voici donc, ce bonheur que je convoitais avec tant d'ardeur, je l'ai à tout jamais victorieusement acquis ; désormais, je le vois apertement ce but salutaire, si longuement désiré, je le tiens, je l'embrasse avec non moins de plaisir et de joie voluptueuse que Cynthie, délaissant les demeures célestes, cherchant, pour sa barque vacillante et légère, un passage dans des eaux guéables, à travers les rochers lamelleux, n'en éprouva à rejoindre son cher Endymion. Paris ne put se vanter autant du procès dont il fut juge, ni s'enorgueillir davantage d'avoir navigué à pleines voiles sous le souffle d'Eurus, en enlevant la fille transfuge de Léda[79], ni Jason d'avoir séduit la maléficiante Médée qu'il trompa, ni Thésée d'avoir séduit la fille de Minos[80], ni le capitaine Romain d'avoir possédé l'ambitieuse Égyptienne[81]. Les filles du grand Atlas[82], elles-mêmes, ne sauraient se targuer de leur aïeul soutenant le ciel étoilé sur ses robustes épaules, ni le peintre Apelles du présent amoureux que lui fit le grand Alexandre[83], ni la blonde Cérès de sa moisson chère, autant que je me glorifiai, moi, de tenir à mes côtés ma divine Polia, dont la beauté aurait accéléré la marche du tardif Saturne, arrêté le rapide Phœbus, immobilisé le Cyllénien[84] porteur du caducée, aurait enflammé Diane la froide, sans compter que les dieux s'empressaient à me servir. »

Ainsi donc, naviguant sous la légère et douce pression des brises rapides, je regardais avec attention, tantôt Polia, tantôt Cupidon : toutefois, celui-ci, avec un regard scrutateur, il est vrai, mais intermittent, car je ne le pouvais fixer. C'était la seule différence que je pusse établir entre les deux, c'était un effet de la divinité. Engagée fortement, par une douceur inimaginable, mon âme s'abandonna librement tout à eux, se recommandant à la puissance de Cupidon qui pouvait régler ses amoureux destins, et au bon vouloir de Polia qui, dans sa bienveillance, y pouvait donner son consentement.

Plein de foi, de certitude, par le fait de la présence auguste, de l'aspect vénérable d'une telle majesté, j'estimai que le dieu ne pouvait produire d'autre effet, amener d'autre issue qu'un ardent amour. Quant à Polia, elle ne pouvait s'échapper de la nacelle triomphale, ni rétrograder. Je fondais d'ailleurs un espoir meilleur de la bonne réussite de mes souhaits les plus chers, sur le sens des hiéroglyphes amoureux du pavillon flottant au vent de cette glorieuse nacelle du divin et très-puissant Cupidon ; nacelle où j'étais dans une telle joie de me sentir ainsi transporté, si heureusement et avec un si grand honneur, où j'étais tellement fier de me trouver en si bonne compagnie, jouissant d'un amour partagé, qu'il me semblait qu'Apollon ne dût pas se glorifier autant d'avoir orné son carquois et sa cithare des feuillages Pénéïens[85], et que Polycrate pour avoir recouvré son anneau[86], qu'Alexandre le Grand pour avoir dressé tant de trophées de victoires remportées, ne se dussent point enorgueillir autant que je le faisais, moi, de me trouver au milieu d'un pareil triomphe.

J'étais émerveillé, cependant, au-delà de ce qu'on peut croire, et je me demandais comment, par quelle force, un feu si actif et si puissant pouvait être produit, engendré, pour ainsi dire, en ce divin petit corps ; feu dont les flammes brûlantes, traversant l'Univers, pénètrent les cieux solides, et, sans perdre la moindre force, les profondeurs de l'abîme ; feu de nature admirable, auquel ni la liquide Téthys, ni le père antique Océan, ni le porte-trident Neptune ne purent jamais résister. De quelle nature est-il donc, ce feu, pour que les mortels qui en meurent avec tant de douceur, s'en nourrissent cependant et en vivent ? Miracle encore plus grand qui me confondait : comment pouvait-il brûler sans être contrarié au milieu de cette neige floconneuse de la délicieuse poitrine de Polia ? Comment les roses y pouvaient-elles venir ? Comment, pensai-je encore, ce feu pouvait-il brûler en ces blancs lis remplis et débordant d'une succulente humeur lactée ? Je me sentais inhabile à expliquer comme quoi ces roses brillamment écloses se pouvaient enflammer au milieu des bruines hibernales du rigide Capricorne[87]. J'ignorais également comment un vent respirable[88] pouvait développer, dans les yeux souriants de ma belle Polia, avec une telle puissance de séduction, un feu inflammable au point que les torches dévorantes de la flotte Gaditaine ne s'avancèrent pas, contre celle du roi Théron[89], plus incendiaires que les rayons de ces yeux brûlants pénétrant dans mon cœur. J'ignorais, je ne pouvais comprendre comment Pyracmon[90] et ses compagnons avaient pu installer dans ces yeux une forge si bien garnie, et s'y établir comme chez eux pour y fabriquer des foudres. Mais, surtout, ce qui dépassait mon intelligence, c'était de ne pouvoir absolument pas découvrir par quelle vertu Polia savait résister, quand une telle collision m'accablait, moi, quand j'étais anéanti, complètement abattu par la nécessité de lutter contre tant d'attaques iniques, de combats répétés, alors que mon cœur était foudroyé, tout à fait vaincu, circonvenu que je me trouvais par un plaisir hostile, investi par des flammes brûlantes, mais agréables. Ces flammes, encore que cela parût être leur fonction, ne pouvaient même pas parvenir à consumer le fagot d'épines, le rude chardon crochu, agrippé dans mon cœur, sur lui tombé de ces yeux si doux, fidèles dispensateurs du trésor du grand Cupidon : « Ô Dieu volage, disais-je en me tournant vers lui — avec quelle suavité n'as-tu pas établi ton nid dans mon âme ! Ô très-charmants, ô très-doux bourreaux — disais-je en m'adressant aux yeux étoilés de Polia, — comment avez-vous pu faire de mon triste cœur un carquois si rempli, si bourré de flèches, pour le suspendre au flanc divin de Cupidon ! Jamais, cependant, je ne vous ai trouvés plus agréables et plus désirables, jamais je ne vous ai souhaité avec plus d'ardeur, bien plus, en vérité, que la luciole dorée ne souhaite la rose, lorsqu'elle est en proie à ses peines laborieuses et à ses fatigues mortelles. Je vous trouve plus séduisants, plus opportuns que ne furent, à la malheureuse Psyché, le secours de la fourmi granifère, de l'hirondelle bonne conseillère, que ne fut l'aigle, que ne furent les flèches émoussées de Cupidon[91]. » Ainsi tout m'empêchait de retirer mon âme ardente d'entre les bras délicats, de l'arracher à la voluptueuse étreinte de ma Polia aux belles tresses, attendu que mes insatiables désirs l'y retenaient fermement, éternellement prisonnière, exilée de moi, Pendant cette navigation, Polia se la partageait comme une proie avec ce haut seigneur. Toutefois, j'estimais que c'était une jouissance d'une extrême douceur de pouvoir assister à cet heureux concours et à ce grand triomphe.

Poliphile raconte comme quoi les nymphes, arrêtant les rames, se prirent à chanter suavement, et comme quoi, Polia chantant d'accord, avec elles, il ressentit une grande douceur d'amour ❧ Chapitre XX

C'ÉTAIT au milieu de ce triomphe heureux, superbe, extraordinaire par la grandeur de sa pompe, qu'avec une joie inimaginable, mon cœur, déjà couvert de cicatrices, criblé de dards aigus fichés cruellement en lui, s'offrait, toujours plus large ouvert, toujours plus ardemment brûlé, exposé, tel qu'une cible, aux regards amoureux de Polia, aux traits fréquents de Cupidon, par le ministère de mes yeux insatiables et sans repos. Je le leur pardonnai bien en considérant l'objet qui causait leur cupidité, et sur lequel ils se posaient, vers lequel ils tendaient sans cesse. De même que le simulacre d'Apis se tourne toujours vers le Soleil, de même aussi mes yeux se portaient à la rencontre si gracieuse, si excitante, de ce beau visage rayonnant dont il est impossible, dont il est interdit de trouver le pareil au monde. Mais quel dommage, quel désastre plus grand encore ne me faisaient pas éprouver mes yeux, par le fait des imaginations vagabondes et friponnes qu'ils suscitaient en moi, ces inquisiteurs au service d'un si grand maître, tout habiles à fouiller une telle matière, ces ouvriers incomparables dans l'art de forger, de composer, avec la braise et la flamme, un tourment si doux, de fabriquer, en l'officine de mon esprit inventif et avide de consolation, une idole si vénérée, une image si belle, une forme si admirable ! Oh ! qu'il était dur, qu'il était contraire à mon tempérament de résister aux coups de ces assassins effrénés et déclarés de mon repos ! Ils semblaient paisibles, mais ils frémissaient, tout avides de se repaître de l'incomparable beauté de ma blonde Polia. Tantôt ils m'étaient doux, tantôt amers ; parfois ils m'égayaient, ils m'attristaient parfois, souvent me captivant, plus souvent m'inspirant l'envie de leur échapper.

Quelles forces eussent été assez vigoureuses pour réprimer l'incontinence de mes sens qui, luttant entre eux, ne se pouvaient accorder, qui, par le fait de ce désaccord, se faisaient résistance, qui, par suite de cette résistance, s'écartaient, qui, s'écartant, ne tenaient plus compte d'aucune barrière, d'aucune clôture, et, par l'aimable champ fleuri des rares et singulières délices de Polia, récoltaient abondamment, sans se lasser jamais, ainsi que de bourdonnantes abeilles, une douceur, une jouissance extrême, qu'ils répandaient après dans mes entrailles oppressées, où, serpentant en larges flammes, elles se ruaient insolentes et forcenées ? Aussi ne pensai-je pas que ce fût digne de mon cœur amoureux réduit en charbon, ni que cela lui convînt. C'est que je craignais qu'il ne se brisât en de tels exercices et redoutais de l'émouvoir par trop en le poussant de l'avant, comme de l'affaiblir en le contrariant. Je jugeai devoir plutôt supporter très-modestement une situation à laquelle je m'étais soumis de plein gré, quoique non sans peine. Pareils à des soldats de premier rang, nous naviguions donc, sans aplustre[1] et sans timon, en cette nacelle fatidique, sur ce navire inimaginable, où respiraient tous les mystères d'amour.

Il avait la proue à la place de la poupe, et la poupe à la place de la
proue, accommodé, qu'il était, pour Cupidon, par sa mère, avec
l'art le plus distingué, le plus exquis, d'une façon que le langage
le mieux approprié, le plus riche, que l'éloquence la plus facile
ne sauraient exprimer en la décrivant, décrire en la célébrant, célébrer en en donnant une information exacte.
De la partie du milieu, c'est-à-dire à l'istopède[2],
se dressait une lance d'or à laquelle était attachée une bannière triomphale et impériale
en fin drap de soie bleue. Une
broderie, joliment exécutée comme
une peinture, en menues pierreries et en perles blanches,
représentait, des deux
côtés, trois hié-
roglyphes en-
tourés
de

nombreux rinceaux de feuillage d'un beau décor ornemental. C'était, d'abord, un vase antique, dont l'orifice donnait passage à une petite flamme, puis venait la figure du monde, enfin un rameau de pervenche qui reliait ces deux images. Cette bannière flottait agitée aux souffles suaves du zéphyr printanier et complaisant. Telle est l'interprétation que j'en fis :

FIG. 240 (1499). FIG. 241 (1883).

AMOR VINCIT OMNIA [*Ce qui signifie :*] AMOUR SURMONTE
TOUTES CHOSES.

J'aurais dévisagé volontiers, avec respect et modestie, le divin patron de notre nef, et je faisais tous mes efforts pour contempler cet objet hors de proportion avec moi, mais mon faible regard ne pouvait aisément en supporter la vue. Tantôt il paraissait double, tantôt il se montrait sous diverses formes. Avec Polia, il rendait notre traversée prospère, fortunée, glorieuse. Pendant ce trajet, l'amoureux Cupidon, notre prorète[3] battait sans cesse des ailes entre lesquelles se jouait Canens l'amante de Picus[4]. Elles resplendissaient plus qu'or obrizé[5] ; leurs colorations variées et charmantes se reflétaient dans les flots moutonnants, en formant un cercle mobile, plus beau, plus agréable que n'apparaissait aux yeux de ceux qui s'en approchaient la colonne triangulaire en cristal[6] d'Euclide.

Alors les nymphes batelières, avec une note des plus suaves, avec une intonation céleste bien au-dessus de ce qui est concédé à l'humaine nature, dépassant toute croyance, on ne peut plus musicalement, se prirent à chanter en un doux concert vocal, très-mélodieusement et sur une vive mesure. Il me semblait vraiment que je chantasse moi-même, car je sentais battre mon cœur transporté, et, sous l'impression d'une telle douceur, il me faisait l'effet de s'échapper d'entre mes lèvres. Quant aux nymphes, elles poursuivaient leurs chants en faisant vibrer leur petite langue dans leur bouche sonore, et les brisaient en doublant et en triplant les notes brèves, chromatiques ou enharmoniques. Elles chantaient d'abord deux à deux, puis trois à trois, puis quatre à quatre, enfin toutes les six. Produisant de légers trémolos avec leurs lèvres roses qu'elles ouvraient ou fermaient gracieusement, elles émettaient des airs modulés en proportion musicale, avec des voix douces comme miel et qui déversaient au fond du cœur les molles langueurs de l'amour. Ces voix, par moments, soupiraient en roulades d'une douceur à faire négliger, oublier même les besoins de nature. Elles célébraient, en s'accompagnant d'instruments à cordes, les bienfaits et les qualités de l'amour, les facétieux larcins du grand Jupiter, les plaisirs brûlants de la mère d'Éros, les lascivetés du joyeux Bacchus, la fécondité de la nourricière et blonde Cérès, les fruits savoureux de l'Hyménée ; elles exprimaient cela sur un mode poétique ; elles le proféraient avec un rhythme, avec un mètre mélodieux.

Aussi, l'esprit égaré, je tenais fermement que tel n'avait pu être le son délicieux[7] qui délivra des flammes éternelles Eurydice emportée, dans les infernales et sombres demeures, sur un char attelé de trois chevaux[8]. Certainement Hermès n'endormit pas le pasteur ocellé[9] avec un son pareil à celui que le souffle de ces nymphes répandait, par leur bouche de corail, dans l'air très-pur. On le voyait, ce souffle vocal, traverser les blancs gosiers ; car ces nymphes avaient une chair céleste, divine, transparente comme un froid cristal et qui semblait moulée avec du camphre teint de chermès.

Assurément que Phœbus, en les entendant, eût négligé de teindre en rose, avec ses étincelants rayons, la brillante Aurore ; il eût oublié de peindre les fleurs et de renouveler les jours gracieux aux mortels. Diane la chasseresse eût oublié, sans doute, de tendre ses arcs recourbés, elle eût oublié ses flèches volantes, ses chasses habituelles, ses forêts épaisses. Sans doute que sa source glacée en eût été réchauffée, et j'ose espérer qu'elle n'eût pas livré aux morsures de ses propres chiens le chasseur imprudent métamorphosé par elle en cerf cornu. Sans doute que l'errante Séléné[10] eût senti s'évanouir ses sujets de douleur, si un semblable son eût frappé ses oreilles. Le plaisant Bacchus lui-même eût résisté à ses lubriques lascivetés, il eût négligé les coteaux Ogygiens[11] Élæa[12], Naxos[13], Chios, le mont Massique[14] et la Mareotis[15], il eût fait peu de cas du délicieux vin doux que presse le vendangeur Automne. Cérès, la nourricière, eût retenu les blés constamment verts, elle eût abandonné les régions fertiles de l'Ausonie, et n'eût point substitué aux glands de Chaonie les gras épis à quatre rangs de grains. L'Oiseau du tonnerre, habitant des nues, se fût laissé arracher d'entre ses serres aiguës, à l'audition de ces nymphes, l'échanson Phrygien[16] qu'il avait ravi, tant elles chantaient suavement et jouaient d'accord. Accompagnées par le chant contenu de ma Polia, elles dispensaient aux oreilles grandes ouvertes des mélodies célestes qui eussent assoupi le noir et multiforme Cerbère, toujours vigilant, et qui l'eussent empêché de surveiller les portes en métal du Ténare, de ses yeux immobiles. La furieuse Tisiphone et ses horribles sœurs se fussent montrées placides et toutes bonnes envers les malheureuses âmes. Jamais Parthenopé[17], jamais ses sœurs Leuconie et Lygia[18], filles d'Acheloüs et de Calliope[19], n'eussent pu, aux îles des Chèvres, sous le mont Pélore[20], donner aussi harmonieusement de la voix, sur un mode pareil, en s'accompagnant de la lyre et de la flûte percée[21]. Mon âme incendiée, tout en flammes, m'était enlevée par ces chants, ces sons délicieux, par ces belles figures, par cette compagnie, par cette majesté. Je ne voulais plus la ressaisir ni la replacer en moi. Je la contraignais à se vouer étroitement garrottée, à s'abandonner, en perpétuel otage, aux bras délicats, aux seins blancs de Polia. S'introduisant par des sentiers délectables et de voluptueux conduits, elle parvenait jusqu'aux secrètes délices. Je ne pouvais, quelque effort que je fisse, la ramener à moi ni la reprendre. Je n'avais d'autre consolation qu'une imagination présomptueuse, farcie de stériles pensées dont se repaissait mon esprit anxieux pour réchauffer mon courage. Sous l'aiguillon d'un appétit désordonné, j'admirais, avec avidité, et regardais curieusement les parfaites et visibles beautés de Polia, dont l'aspect était peu ordinaire, je refusais de prêter attention à toute autre chose, si digne en fût-elle, qui pût me détourner de ma contemplation. Mais sa poitrine éclatante m'était singulièrement agréable, peinte à merveille qu'elle était de roses pourprées et de lys laiteux, en leur première éclosion, par l'Aurore en pleurs. Elle s'offrait à mes yeux comme un spectacle aimable concédé pleinement et sans aucun voile. Elle était colorée à suffisance, ainsi que son visage tout ravissant, tout admirablement beau, si joli, si remarquable que l'Aurore n'apparaît pas telle, dans le ciel limpide, sur son char richement orné. Ce visage était surmonté d'une capricieuse chevelure frémissant sur le front rosé, sur les tempes unies, entourant superbement le cou de neige, tombant sur les blanches épaules, et dans laquelle soufflait à délices la brise voluptueuse et printanière. Jamais le très-haut Jupiter n'eût pu imaginer de donner du sien davantage à la nature, ni, dans sa bonté, de rien produire, de rien créer de supérieur. Apelle n'eût peint jamais rien de semblable, encore moins Aristide[22] qui savait représenter l'âme humaine, avec son pinceau. Le regard ne s'en pouvait saturer, non plus que les bourdonnantes abeilles ne se peuvent rassasier de thym et d'amelle[23], ni les chèvres pétulantes de cytise fleuri ou de tendre feuillage. C'est bien volontiers, c'est avec un plaisir incroyable que j'eusse fendu mon cœur — et ce ne m'eût pas été bien pénible — que je l'eusse perforé, afin que Polia, si elle eût voulu en faire l'expérience, y eût trouvé la trace de toutes les qualités qu'on doit posséder quand on aime. Ainsi qu'il advint à Antipater le stigmatisé[24] en présence de César, elle eût pu voir comment mon âme fut promptement séduite par son doux et fin visage, comment elle chut en servitude volontaire. Ce pourquoi, déchirant mon sein et y pratiquant une fenêtre, je n'eusse pas fait moins que la femelle du pélican d'Égypte qui, au fond de quelque solitude sur le Nil acéphale[25] et limoneux, ouvre et lacère sa poitrine à l'aide de son cruel bec pointu, en arrache son cœur maternel, et, compatissante, se donne en pâture à ses petits affamés. Ce n'était pas Dionysus[26], mais Polia, qui excitait mon cœur à tout jamais livré à elle. Ces amours malsains, issus du lac de Lerne[27], se répandant en moi, j'en formais, dans mon cœur, qui s'y montrait consentant, des désirs de feu, des pensées surexcitantes, composant du tout, pour me consumer, pour me détruire moi-même, une flamme toujours active qui envahissait tout mon être. Plus grand miracle encore, le trait assassin qui transperçait ce cœur, s'y balançait en équilibre, pareil au toit penché du temple de Diane à Éphèse, qui se maintenait sans aucune attache[28]. Mon âme confisquée ne pouvait me ramener la vie.

Aussi, pour tant de causes, j'étais mort absolument, si les délicieux regards de Polia ne m'eussent renouvelé l'existence, ne m'eussent créé à nouveau, si les amoureux signes de ses yeux ne m'eussent réconforté, si ses douces paroles ne m'eussent revivifié. Affectueusement, elle me priait de prêter attention aux chants exquis de ces excellentes et divines cantatrices, de jouir, au moyen de tous mes sens, des admirables choses qui m'entouraient, et de cesser de maintenir fixement sur elle mon regard et toute l'attention de mon cœur. Mais Polia était au delà de tout ce qu'on peut supposer, ce qu'il y avait de plus charmant au gré de mes ferventes ardeurs; bien plus désirable encore que n'eussent été, d'aventure, les eaux du Xanthe et du Simoïs[29] pour la ville d'Ilion en flammes, que, pour Atalante, l'honorable don fait par Méléagre de la hure aux longues soies du sanglier[30], que, pour Alcmène la bien-aimée, le beau présent offert par le bénin Jupiter[31]. L'éléphant, dans les Alpes, ne fut pas plus précieux à Annibal, qu'à mon plaisir et contentement le très gracieux secours de Polia.

Je m'en tins donc, avec constance, à l'entreprise commencée, entre une douce volupté et une heureuse attente, plus résistant que l'or au plus fort cément, aux plus subtiles liqueurs. Puis, me retournant vers l'enfant divin : « Ô Cupidon porte-flamme — lui dis-je à voix basse — ô mon maître ! il t'arriva, pour la belle Psyché, de te blesser toi-même avec tes propres flèches ; tu atteignis les extrêmes limites de l'amour, concevant pour elle une excessive passion, de celles qu'éprouvent les mortels. Il te plut de l'aimer comme aucune. Tu fus grandement chagriné par le perfide avis des sœurs envieuses et fausses. Tu pleuras sous le sombre cyprès, cruellement tourmenté, et, dans ta colère, tu l'accusas en proférant une lamentable plainte[32]. Use donc envers moi de pitié ! Considère, pour l'avoir expérimenté, ce qu'est la fragile condition d'un amant rempli de désirs. Tempère quelque peu l'ardeur de tes brandons, émousse tes armes dangereuses, débande ton arc qui donne la mort, car je me vais mourant d'amour. J'estime que, si tu fus rude et impitoyable à toi-même, au point de te blesser, ton égalité d'âme te persuadera de ne me point frapper, d'avoir pitié, de ne pas te montrer, envers moi, si dur, si excessivement cruel. » Ainsi, dans mon exaspération, j'adoucissais quelque peu, par des prières, des supplications, des lamentations, des satisfactions fausses, le violent assaut, le choc répété d'un amour opiniâtre. Mais cela ne parvenait pas à rétablir la paix dans mon cœur enflammé, ni à satisfaire mon fâcheux appétit. Ce que je demandais au Dieu, c'était seulement qu'il mît un terme à mon supplice et qu'il délivrât mon perpétuel espoir des chaînes d'une cruelle attente.

Il advint que la convoitise du bonheur à venir dépassa de beaucoup le sentiment du bonheur passé ; car un amour non satisfait ne vise qu'au but de son désir. « Donc, lui disais-je, abolis, abrège l'attente de mon espoir, ô mon maître ! mets un terme à cet ingrat sursis, plus déplaisant que ne l'est aux yeux un nuage de fumée, que ne l'est aux dents la stupéfiante âcreté, plus pénible que la lenteur du secours à qui l'implore. » C'est que, pour l'âme affamée de possession, c'est un grand tourment que l'odieux lendemain, que la remise de la fin désirée. J'accusais, avec raison, la nature revêche d'avoir, tout en conciliant si bien toutes choses, si mal accordé l'appétit avec la puissance. Puis, faisant retour en moi-même, je m'étonnais, avec admiration, sans parvenir à le comprendre, de trouver accumulée, en mon jeune cœur inflammable, comme en un inépuisable Etna, une si grande quantité de matière préparée et durable, brûlant d'un feu pareil et d'une telle ardeur. À la fin, je me contentai de contempler un objectif si grand, si décoré, si paré, si orné, de boire, avec les oreilles tendues, les douces consonances et intonations. Recevant une ineffable récréation, mes sens percevaient un plaisir extrême et toujours croissant.

Notre rapide hexérès courait alors, de cette manière inusitée, sur les flots paisibles et très-unis de la mer sans trace de sillage, comme une légère araignée d'eau. Les très-belles rameuses, fort gaies, tout en joie, chantaient avec une thésis[33] bien marquée, et la divine Polia disait à part sa cantilène sur le mode Lydien, d'un ton différent, mais égal. Ce n'était pas la plainte de la tragédie en fureur, ni la satire au gros rire, ni la malicieuse comédie, ni l'élégie en pleurs, mais un poème aux charmantes paroles, célébrant également les douceurs suprêmes d'Erycine[34] la sainte nourricière, récitant les aimables ruses de son fils présent là. Polia, tout affable et belle, à la riche parure, correcte et distinguée, chantait, dans sa reconnaissance, de manière à provoquer l'admiration, des actions de grâce pour toutes les faveurs reçues. Sa voix était si puissante et si douce, que celle de l'aveugle Demodocus[35], s'accompagnant de sa cithare plaintive, n'en fit pas résonner une semblable aux oreilles du malheureux Ulysse. On sentait qu'elle se délectait à faire partie d'une aussi gracieuse société ; elle parlait joyeusement et me sondait pour voir si j'étais sensible à toutes ces belles choses. Elle me désignait chacune des nymphes par son nom ; avec une douce et persuasive éloquence, elle m'affirmait que seule la persévérance emporte la couronne de la victoire. C'est ainsi que, joyeusement, nous naviguâmes, entièrement plongés, nageant dans des désirs effrénés, et que nous abordâmes, en toute prospérité, à la délicieuse île de Cythère.

Dès l'arrivée à l'endroit tant désiré, Poliphile nous édifie sur son aménité rare en nous décrivant, fort à propos, ses plantes, herbes et habitants. Mais, d'abord, il décrit la forme de la nef, et raconte comme quoi, au moment du débarquement du seigneur Cupidon, des nymphes, chargées de présents nombreux, vinrent, en grand nombre, au-devant de lui pour lui faire honneur ❧ Chapitre XXI

Voiles dehors, c'est-à-dire les ailes dressées du divin enfant, sur lesquelles ne soufflaient pas des vents enfermés dans l'outre d'Ulysse[1], mais bien les brises complaisantes chargées de rosée, filles d'Astreus[2] et de l'Aurore vermeille, nous nous tenions, Polia et moi, dans une entière conformité d'humeur, brûlant d'impatience de parvenir à destination, en plein dans un amoureux transport qu'aucun sens humain ne put jamais éprouver ni concevoir, exprimer moins encore. Bien que ce transport fît rage au fond de notre cœur, ce cœur ne laissait pas que d'être préoccupé de la présence du Dieu, de l'aspect des nymphes enjouées, nos rameuses, de la forme mystérieuse de notre solide, de notre inébranlable nef — instrument si bien approprié à l'amour — de la précieuse matière dont elle était faite, de la douceur, de l'aménité du lieu où nous nous trouvions. Quant à mon cœur, à moi, ce qui le tenait, surtout, c'était cette flamme présente que l'extrême beauté de Polia mettait, sans mesure, en lui déjà si combustible. Effectivement, ses amoureux et resplendissants regards, pénétrant, par mes yeux, jusqu'au fond de mes viscères, y allumaient un incendie perturbateur. Comburé par cet embrasement, ravagé au point d'en être tout épuisé, mon cœur s'échappait en sanglots fréquents. De même que le coquemart, posé sur un feu très-ardent, laisse échapper l'eau bouillante par-dessus ses bords, de même aussi les souffles de mon cœur, en cette effervescence, sortaient à gros bouillons et se trahissaient en résonnant. Je n'avais, pour apaiser ce malencontreux incendie, que la contemplation de Polia, ma belle conductrice. Je connus le prix d'une telle volupté, tout absorbé, anéanti que j'étais. C'est au point que ma langue ne saurait le rendre avec des expressions convenables.

Enfin, comblés de joie, heureux et triomphants, nous parvînmes à l'île tant désirée, avec notre superbe hexérès munie de ses belles rames et dont la construction était comme il s'ensuit : En la divisant en quatre parties égales, deux revenaient à la proue et deux à la poupe, l'une et l'autre de forme identique. Les deux autres parties se devaient attribuer au creux de la nef,

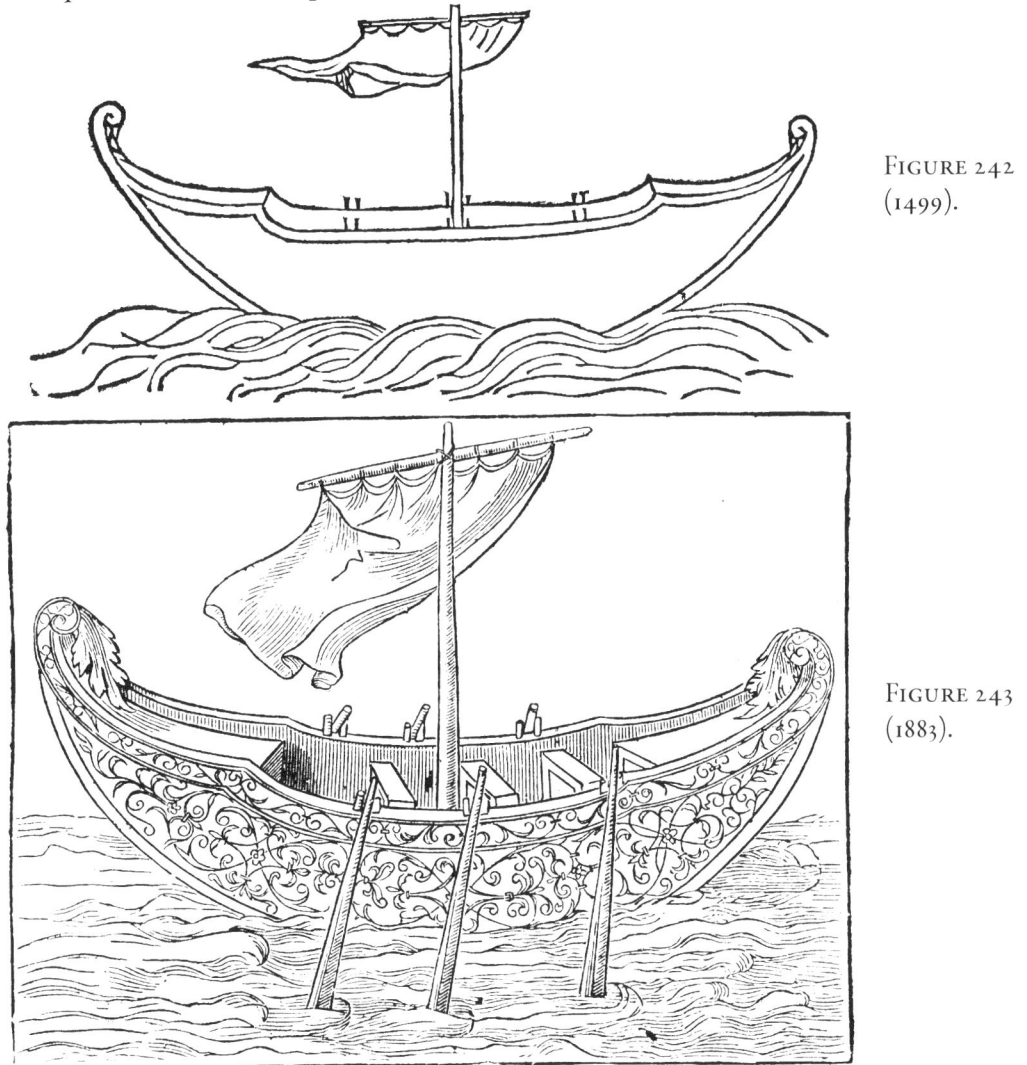

Figure 242 (1499).

Figure 243 (1883).

dont les bordages avaient une arête cintrée allant de la proue à la poupe. Ce cintrage prenait naissance par une dépression brusque formant une courbure d'un quart de pied et continuant, à peine marquée, jusqu'à la dépression semblable à l'autre bout. En outre, toute cette partie cintrée comme le fil d'une faux, s'élevait de cieux pieds par-dessus le plancher. Entre l'un et l'autre bordage, trois bancs étaient fixés transversalement, hauts, chacun, d'un pied et demi.

La carène était revêtue de lames d'or, ainsi que les surfaces inclinées qui se relevaient en bombant à l'un comme à l'autre bout du navire, et dont l'amincissement terminal, qu'on désigne par le nom de dauphin³, se recourbait, de côté et d'autre, en formant une révolution semblable. Un ornement, fait de grosses gemmes précieuses, brillait sur l'arête arrondie de chacune de ces révolutions, qui se transformaient peu à peu, tant sur le pont de la poupe que sur celui de la proue, en une tige se recourbant sur elle-même dans la forme d'un feuillage antique dont la plus grande largeur reposait sur le pont même. Ce feuillage était en or pur, d'une forme exquise, rampant largement, avec ses côtes, ses œils à jour, ses segments, ses incisions, ses bords dentelés, le tout on ne peut mieux rendu.

Cette volute, à partir du sommet, descendait, en bifurquant, le long de chaque bord où les scalmes étaient établis, et, là, se muait en une admirable frise, de la largeur d'une palme, en or et en pierreries d'un prix incroyable, qui faisait au bâtiment une ceinture de gemmes admirablement distribuées et assorties. La charpente était façonnée avec tant de soin, elle était si polie, ses planches étaient si bien assemblées, pareilles aux bandes d'une lorique⁴, sans un bout de corde, sans une cheville de cuivre, qu'elles présentaient une surface des mieux égalisées et semblaient faites d'un seul morceau.

Un dessin Syriaque⁵, tracé avec de l'or moulu, couvrait entièrement l'enduit noir et parfumé, étalé en guise de poix, brillant comme un miroir, et possédant tous les avantages énumérés plus haut. Telle était cette nef. Au milieu de ces amoureux triomphes, au son des voix euphoniques des jeunes nautonières, aux clameurs retentissantes des divinités maritimes, dont l'atmosphère sereine et la mer bleue étaient remplies, au bruit des vagues clapotantes, en plein dans la fête, dans le trémoussement, le remuement général, avec une aimable gaîté, une vénération sainte, nous accostâmes ce lieu charmant. Lieu bénin, gracieux, délicieux au possible, offrant une décoration bocagère si belle, que jamais rien d'aussi parfait, d'aussi voluptueux ne pourrait se présentera l'admiration des sens. Le langage le plus riche manquerait de termes et serait pauvre à l'exprimer. Aussi toute comparaison avec ce que j'avais vu jusque-là serait inconvenante et oiseuse. C'était, au-delà de ce qu'on pourrait dire, un lieu de récréation tout empli de délices, à la fois jardin potager, botanique, verger plantureux, aimable réunion d'arbres verts, de gracieux bosquets, d'arbustes charmants. Ce n'était point une contrée montagneuse, sans chemins et déserte ; c'était une région dont toute broussaille avait été enlevée. C'était une plaine unie, égalisée, se continuant jusqu'aux pieds des degrés arrondis d'un théâtre admirable[6]. Les arbres, joliment rangés, étendaient au loin leurs rameaux productifs. C'était un jardin incomparablement fait pour le plaisir, d'une fécondité extrême, plein de fleurs charmantes, décoré de fontaines inépuisables et de frais ruisseaux. Le ciel ne s'y montrait pas rigoureux, mais il y était tempéré. L'endroit formait un paysage très-étendu, superbe, remarquable. On n'y trouvait pas des étangs ensevelis sous des ombres horribles ; il était à l'abri des variations du temps. On n'y était pas harcelé par les offenses des vents malsains ou des bruines de l'hiver. Il n'y régnait pas un été au soleil accablant ; la chaleur torride et desséchante ne l'envahissait point, non plus que la gelée meurtrière. Mais il y faisait une température de printemps, il y soufflait un air salubre dont ne jouissent pas les Égyptiens dans la région qui regarde la Lybie, et qui semblait devoir conserver éternellement la santé. Cet endroit était tout empli de belles touffes d'arbres épais étalant le spectacle d'une magnifique verdure. La brise y circulait toute chargée de l'arôme des fleurs. Le sol y était en entier tapissé d'herbes, de frais romarins, de prés fleuris. On y trouvait tous les plaisirs et tous les biens, quantité de fruits assortis au mieux, dans un feuillage perpétuellement vert et jamais caduc. Les chemins y étaient bordés de plantes ; de nombreux rosiers y formaient des berceaux. La plaine de Thémiscyra[7] doit céder le pas, si bien arrosée, si bien plantée qu'elle soit.

J'en tirai cette conclusion raisonnable, qu'il est difficile de narrer tant de merveilles, eût-on un génie transcendant. Toutefois, autant que ma chétive mémoire en a gardé souvenir, je m'efforcerai d'en donner une brève description.

Cet endroit, destiné à faire la joie des mortels et de leur pauvre nature, terre nourricière des dieux et leur séjour, ce lieu de plaisance des esprits bienheureux, me parut, autant que j'en pus droitement conjecturer, mesurer trois milles de circuit. De toutes parts il est baigné par des eaux très-limpides et salées.

Là n'était pas un entassement d'écueils rongés par la percussion répétée des vagues gonflées et écumantes, remplis de saillies et de rocailles ; là n'étaient pas des bords guéables déchiquetés et corrodés par les injures des flots et de la salure. On n'y voyait pas le rocher de l'orgueilleuse Niobé, non plus que ses fils rigides et dressés[8]. Mais ce littoral était garni d'une matière minérale très-brillante, ni rompue, ni friable, ni boueuse, au contraire translucide, intacte, sans taches, comme un transparent cristal artificiel.

Je regardais, avec une scrupuleuse attention, les rivages lavés par un courant bienfaisant, couverts de gemmes éparses on ne peut plus brillantes, variées de forme et de coloration. On rencontrait, çà et là, du sperme des monstrueuses baleines qu'apportaient les vagues fécondes. Ces rivages étaient décorés d'un tapis d'une verdure printanière toujours renouvelée, qui s'étendait par toute la plaine magnifique.

Mais, sur les rives dégagées, tout le long du littoral, j'admirai d'innombrables cyprès parfaitement égaux, au tronc ligneux et fendillé, arbres durables, chargés de leur lourde toiture, et pour le bois desquels les teignes rongeuses n'ont aucun goût. Entre chacun de ces cyprès était un intervalle de trois pas. Leur rangée circulaire allait ainsi le long de l'extrême bord de l'île, dont elle entourait tout le circuit. Puis venait, circulairement de même, une agréable plantation de myrte fleuri, arbuste qui se complaît au babillage des rives et est consacré, de tout temps, à la divine génitrice des feux amoureux. Cette plantation compacte et fort dense était taillée en forme de muraille faisant clôture. D'une hauteur d'un pas et demi, elle enfermait le tronc ligneux des droits cyprès dont le feuillage prenait naissance à un pied et demi au-dessus du sommet parfaitement égalisé de cette haie de myrte. Cette verte clôture était comme un retranchement le long du rivage. Des entrées, opportunément réparties, y avaient été ménagées aux endroits voulus. Cette plantation était taillée de façon à ne laisser dépasser la moindre branche, mais elle avait un feuillage épais, garni de fleurs, dont pas une pousse, pas une feuille ne débordait, cela tout en conservant son sommet parfaitement égalisé et sa forme circulaire.   En dedans de cette ronde clôture en myrte, muraille verte qui pouvait très-bien être distante du monument sis au centre de l'île, d'un bon sixième de mille, je vis, formées par des lignes menées de ce centre à la circonférence décrite par le rivage, vingt intersections d'égale grandeur, mesurant chacune un stade et un cinquième[9] à partir de la clôture en myrte. Dans chacune de ces divisions se trouvait un bosquet empli d'herbes différentes et planté d'arbres également variés. Ces arbres étaient groupés par espèce, selon l'exposition de la contrée qui leur était favorable.

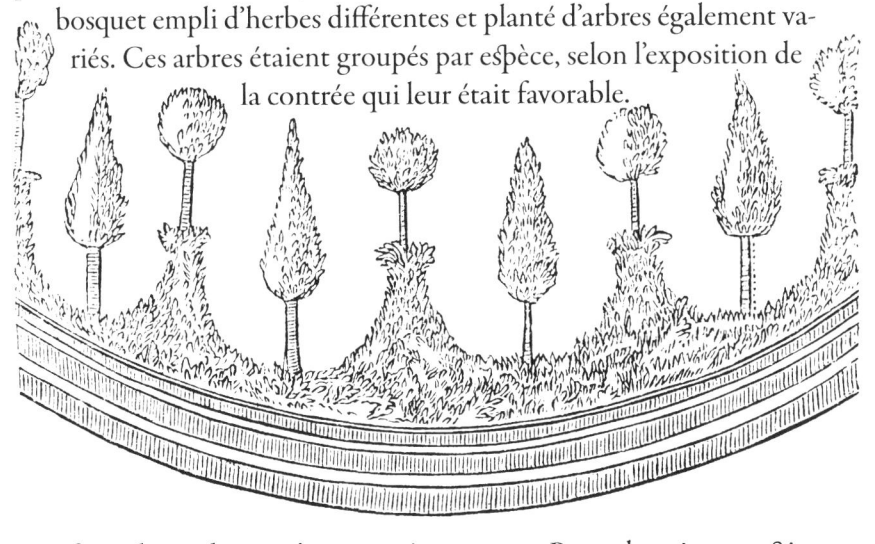

FIGURE 244 (1883).

La forêt de Dodone[10] n'est point à comparer. Pour obtenir ces sections, on divise en dix parties toute la figure. On en formera vingt si l'on mène à propos une ligne du milieu de chaque division au centre. Cette figure se fait tout simplement en traçant un cercle dont le centre est donné par l'intersection de deux diamètres[11]. Tu marqueras, par un point, le milieu d'un demi-diamètre, à ton choix, puis, par ce point, tu conduiras une ligne oblique jusqu'à la rencontre d'une extrémité de l'autre diamètre. Cette ligne, en passant par le point susdit, donne le quart d'un diamètre entier. En la prolongeant jusqu'à la rencontre de la circonférence, tu obtiendras une section triangulaire qui sera ainsi le dixième du cercle. Ces vingt sections étaient séparées par de très-nobles clôtures, en manière de treillis, d'un beau travail bien approprié, en marbre ajouré dont les parties épargnées mesuraient deux pouces d'épaisseur. On y avait ménagé de petits pilastres en marbre blanc. Le demeurant de ces clôtures était en marbre rouge très-brillant. Elles étaient délicieusement tapissées d'une grande quantité de plantes grimpantes et variées qui ne se mêlaient pas les unes avec les autres. Dans le

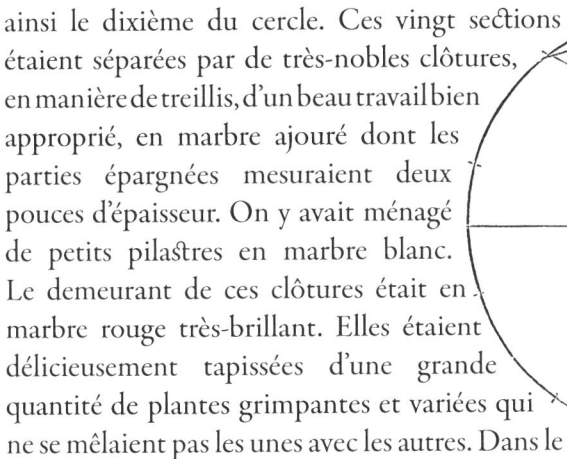

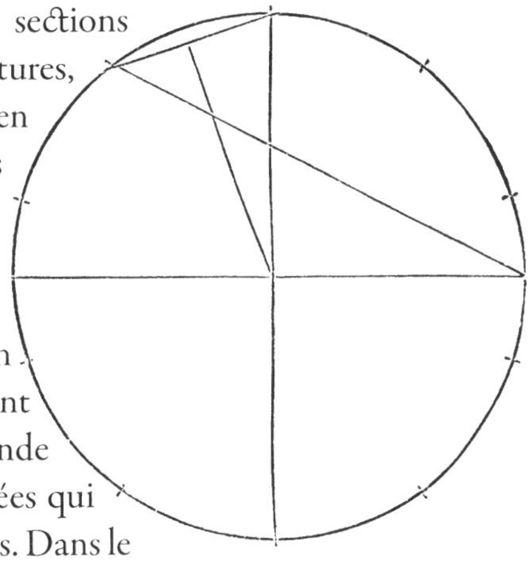

FIGURE 245 (1883).

milieu de chaque clôture, au même niveau, bâillait une porte d'une ouverture de sept pieds de large, sur neuf de haut, le cintre compris. Les treillis étaient disposés en losanges, carrés, rectangles et autres formes belles et bien trouvées. Ici grimpaient le périclymène[12], des jasmins, des convolvulus, des lupins, du tamnus ou vigne noire, des volubilis d'espèces très-variées, aux clochettes pareilles à des lys, mi-parties d'azur ou toutes blanches et dentelées. Là, de la flamme de Jupiter[13], de la nymphe Smilax[14] qui, par amour pour le beau Crocus, porta des fleurs blanches à senteur de lys[15], des feuilles odorantes semblables à celles du lierre[16]; ailleurs de la lépreuse[17] clématite tout embrouillée à la vue, à la graine blanche semée de taches, et bien d'autres plantes grimpantes aux noms inconnus.

La première section contenait un bosquet de daphnis ou lauriers[18] couverts de fleurs. On y trouvait celui de Delphes et celui de Chypre, le laurier mustacé[19] aux grandes feuilles blanchâtres, le laurier sauvage, celui de Cimolis[20], le royal ou baccifère[21], le lauro-taxa[22], le chamœdaphné, le spadonien[23]. Brutus ne baisa pas une terre[24] plantée de pareils lauriers, et Tibère eût trouvé ce bosquet fort de son goût[25]. Drusilia ne vit pas d'aussi beaux lauriers dans le bec de la poule blanche[26]. Il n'en vint pas de pareils au palais des Césars[27], quand on en planta par l'ordre des augures, attendu que cet arbuste sert d'ornement triomphal, surtout quand il est stérile. Je vis encore là le daphnoïde ou eupétale[28] à l'odeur parfumée. La fille du Pénée ne fut pas métamorphosée en une verdure aussi belle et aussi durable, elle dont Apollon prit des feuilles pour en faire l'ornement perpétuel de sa cithare et de son carquois. Ce bosquet l'emportait sur ceux des monts Siciliens qui se dressent dans les airs, tant par ses douces fontaines que par l'aménité de son site. Combien le très-beau fils de Mercure[29] y eût pris de plaisir avec Diane! Ces lauriers ne sont pas atteints par la colère du très-haut Jupiter; ils eussent été agréablement employés à couvrir la calvitie de César. Ils étaient plantés dans un sol des plus charmants et n'étaient mêlés, seulement, qu'à des arbousiers en grand nombre.

J'admirai, dans une autre section, sur un sol parfaitement égalisé, une fort agréable chesnaie au tendre feuillage. Là, je vis l'espèce latifolia[30], le grand chêne[31], le rouvre, l'héméris[32], produisant la cachrys médicinale[33]; j'y vis l'aliphloios[34], à l'écorce épaisse, quantité d'esculus[35], de cerres, de lièges, de hêtres[36], d'yeuses, avec du houx, dit aussi aquifolia, dont les feuilles non caduques sont vénérées des nymphes Dryades.

En un autre compartiment se voyait, planté dans un ordre fort plaisant, un bosquet où l'on trouvait d'odorants cyprès sauvages, le romarin[37], le nerprun épineux, les genévriers taillés en toutes sortes de formes et figures, avec leur petit feuillage pointu, toutes essences faites pour entretenir très-bien le mari de la divine Génitrice[38]. On y voyait des cèdres très-élevés, propres à tant d'emplois, dont les feuilles ressemblent à celles du cyprès, dont le bois servit à faire le simulacre de Diane à Éphèse[39], bois fort apprécié pour la construction des très-nobles temples[40], à cause de son éternelle durée, car il résiste à la pourriture causée par la vétusté et ne craint pas la morsure des vers. Ces arbres abondent en la grande Crète[41] leur patrie ; ils sont fort beaux en Afrique et parfumés en Assyrie[42]. Ils étaient là, entremêlés de brathys[43] ou sabines[44] à la perpétuelle verdure, très-dangereuses pour Lucine, taillées, aussi, de diverses façons.

Je vis, ensuite, une abondante plantation de pins chevelus garnis de leurs cônes, ou pins de Tarente[45], le pin urbain[46], le pinastre[47], le sapin, à la résine en larmes, tous ingénieusement distribués.

En un autre enclos se voyait encore un grand plant de buis abondants qui se présentaient sous forme de tombes arrondies ou de carrés, entre lesquels se trouvaient des plantes légumineuses odorantes et fleuries. Ces buis, comme on ne saurait en trouver de semblables sur le mont Cytorus, en Macédoine[48], étaient très-denses ; ils se terminaient graduellement en pointe, fort régulièrement et bien dégradés, affectant encore bon nombre d'autres formes parfaitement rendues. Mais entre ces ouvrages il en était un merveilleux qui les dépassait tous. En effet, je vis qu'on avait traduit, avec cette espèce d'arbuste, tous les travaux du grand Hercule ; cela on ne peut plus ingénieusement composé dans la forme et le goût antiques[49], sans compter un grand nombre d'animaux perpétuellement verts, grâce au feuillage non caduc, distribués, à des intervalles proportionnés et congruents, dans un pré plein d'herbe et de fleurs.

En une autre section se voyait, de même, une multitude d'arbres, à commencer par le cornouiller[50] aux fruits les uns couleur de sang, les autres encore blancs ; puis venaient des ifs, à la saveur très-amère, dont les feuilles procurent un parfait instrument de mort[51] à ceux qui la souhaitent. Enfin, je vis, pêle-mêle, l'orme, le tilleul à la très-mince philyre[52], des charmes d'Utique[53], des frênes, la lance de Romulus[54], bon nombre de néfliers et de sorbiers.

On voyait encore une plantation de sapins droits et élevés, bien que ces arbres fuient le voisinage de la grande mer et qu'ils aiment les terrains montagneux. Cependant ils poussaient là très-haut, et s'élançaient jusqu'au ciel, entremêlés de larix dont le bois se refuse à brûler[55], et qui étaient couverts de champignons et d'agarics[56]. D'autres arbres du même genre étaient plantés là dans une disposition assortie et plaisante.

Un autre compartiment fort beau était voisin. Il renfermait des noyers ou juglands[57], arbres dont l'ombre a une bonne odeur. On y trouvait la noix Persique, la noix royale[58], dite aussi mollusca[59], la noix de Tarente. Ces arbres ne laissaient pas que d'être accompagnés de noisetiers, l'emportant de beaucoup sur ceux d'Avellano[60], de Præneste[61] et du Pont[62]. À ces noisetiers il faut joindre encore Phyllis l'impatiente, changée en arbre, et qui donna le nom de phulla aux feuilles désignées, auparavant, par celui de petala[63]. Elle se montrait toute fleurie, attendant le retardataire Demophoon[64]. On nomme son fruit noix Grecque[65], amande et noix de Taxos.

Ce ne fut pas sans un très-grand plaisir que j'admirai un bosquet de châtaigniers[66] couverts de leurs fruits dans leurs gousses armées de piquants. Ces fruits étaient tels qu'on n'en vit jamais de pareils au territoire de Sardes, d'où les Grecs les ont nommés *balani Sardiani*[67]. Depuis, le divin Tibère les nomma *balani*[68]. Je demeurai dans la conviction que la châtaigne Parthénopéenne[69], que la Tarentaise[70], facile à décortiquer, que la balanite, plus facile encore et plus ronde, devaient le céder à ces châtaignes qui l'emportaient sur les pures Salariennes[71], sur les Corelliennes[72] tant vantées, sur les Tarentaises[73] et les Napolitaines. En cet endroit se trouvait encore du sparte, du tamaris et du genêt.

Il y avait également un bosquet de très-beaux cognassiers ou pommiers de Cydon[74], ainsi qu'un bois de caroubiers comme Chypre n'en produit pas, et, de plus, une plantation de palmiers aux palmes souples dont les feuilles précieuses[75] se terminaient en pointe de couteau. Leur tronc ne penchait nullement et portait, à sa cime[76], l'agglomération de leurs fruits pulpeux. Ce n'étaient pas de ces fruits rudes et petits, de ces caryotes[77] douces telles qu'en produit l'espèce de Lybie ou celle de la Syrie intérieure, mais bien des fruits plus grands et plus sucrés encore que n'en produisent les palmiers de l'Arabie ou de la Babylonie[78].

Là se trouvait aussi une plantation de grenadiers de toutes les espèces, portant des grenades douces, âcres, mixtes, acides, vineuses[79]. Les grenadiers d'Égypte, ceux de Samos, ceux de Chypre, les apyrènes[80], les érythrocomes et les leucocomes[81] ne pouvaient leur être comparés. Ils étaient chargés de fruits et de balustres[82].

Je vis encore un très-charmant bois de lotus[83] ou arbre au feuillage aigu[84] ; je vis la fève de Syrie[85], le lotus à cerises[86], ou à pommes[87], nommé encore Celtis[88], aux fruits plus suaves de beaucoup que ceux des lotus des Syrtes[89], que ceux du pays des Nasamons[90] ou de toute autre espèce Africaine. Là ne faisait pas défaut, non plus, une plantation de paliures[91] chargés de leurs fruits rouges bons pour le ventre, égalant, en saveur, ceux du lotus. Arrière, là devant, l'espèce Cyrénaïque, celle de l'Afrique intérieure, ainsi que celle qui croît aux environs du temple d'Ammon. On y voyait encore un bosquet de deux sortes de mûriers, l'une, dont le fruit rappelle un amour funeste et l'autre qui sert d'aliment à l'objet de notre luxe[92]. J'admirai aussi une plantation d'oliviers tout couverts de fruits, une de figuiers de toutes les espèces portant leurs copieux produits, un bois de peupliers très-charmants, un autre d'hypomélides, des caroubiers d'Égypte ainsi que le métops larmoyant[93], distillant sa gomme ammoniaque comme ne le fait pas celui qui avoisine l'oracle d'Ammon.

Ces arbustes étaient disposés dans l'ordre le plus élégant, avec un très-grand art. Là, il n'y avait point à se préoccuper de l'état du ciel ; toute chose y demeurait excellemment en place sans que la Nature y contrariât le moins du monde. Elle s'y montrait ostensiblement inventive de toutes les délices qu'elle avait habilement produites et partout répandues. On pouvait conjecturer que tout avait été créé là, fort abondamment, avec un soin singulier. Le sol y était couvert d'une herbe fleurie. Des sources, qui surgissaient sous les ombrages, y formaient des bains translucides comme du verre, aux ondes plus suaves que celles de la fontaine Salmacis[94]. Là on ne subissait pas les rigueurs du glacial Arctus[95], ni celles du Nothus, père des nuages, mais l'air y était très-salubre, très-net et très-pur, transparent au point que la vue le traversait librement, très-léger, très-égal, invariable. C'était un endroit tout plaisant, aussi bien par le sol exposé à un soleil modéré, que par le ciel qui n'avait jamais à pâtir d'un changement brusque, mais dont tout nuage était dissipé, pourchassé, et qui se montrait limpide, à l'abri des vents turbulents, du crépitant Eurus, du soufflant Aquilon. C'était un lieu exempt des âpres et malicieux sévices de la bourrasque retentissante, exempt de n'importe quelle injure du temps, de toute mutation troublante des eaux, échappant à l'influence des froides Balances[96]. Tout y apparaissait nettement aux regards, la lumière y était à souhait, les arbustes, en la saison du Bélier laineux[97] séchant ses toisons aux rayons de Phébus resplendissant et fort, y étaient sains, croissant en multitude avec un feuillage persistant, toujours vert, égayé par le ramage varié dont faisaient retentir les airs des oiseaux tels que l'alouette huppée[98] qui traverse l'espace, et le rossignol chanteur.

L'extrême limite de toute cette partie couverte de bosquets, dans la direction vers le centre, était à un demi-tiers de mille ; car la circonférence d'un cercle mesure toujours trois de ses diamètres. De fait, si l'on divise en onze parties le tiers d'une circonférence et qu'on en déduise un diamètre, il restera deux divisions. Donc le diamètre de cette île voluptueuse avait un mille de longueur, et la circonférence trois milles et deux onzièmes[99].

À l'extrémité de ces bosquets, une clôture parfaite, haute de huit pas et large d'un pied, formait un circuit. Elle était d'un feuillage on ne peut plus dense, à ce point qu'on n'apercevait pas le moindre branchage ; elle était percée de deux fenêtres. Régulièrement, aux lieux opportuns et devant les voies, s'ouvrait une porte arquée formée d'un épais fourré d'orangers, de cédratiers et de citronniers. Les feuilles, déjà mûres ou renouvelées, étaient d'un vert brillant, partout ornées de fruits anciens ou nouveaux, de fleurs très-odorantes, d'une vue d'autant plus agréable, d'un aspect d'autant plus beau que, d'ordinaire, il est très-rarement accordé aux regards humains de contempler un pareil spectacle.

Donc, en cet aimable et délicieux enclos, sis entre la muraille de myrtes et cette dernière d'orangers fleuris, d'innombrables animaux enfermés erraient, couraient pêle-mêle. Inoffensifs et doux, ils vivaient là, encore que leur nature dissemblable parût y contredire, dans une amitié mutuelle. D'abord c'étaient des satyres de race caprine, avec leurs glandes pendantes et tortues. C'étaient des faunes bicornus mâles et femelles. Puis c'étaient des cerfs a demi sauvages, des chèvres grimpant dans les pierres, des daims peureux, des faons mouchetés, des chevreuils bondissants, des lièvres aux longues oreilles, des lapins timides, des hermines blanches et jaunes, avec la menteuse Galanthis[100]. C'étaient des écureuils remuants, des loirs somnolents, des licornes féroces et barbues, des cerfs à barbe-de-bouc[101]. Toutes les espèces léonines s'y trouvaient, mais sans griffes et folâtres, ainsi que les girafes au long cou, les rapides gazelles et une infinité d'autres animaux occupés tous, uniquement, de jouissances naturelles.

En deçà de cet enclos, dans la direction du centre, je trouvai un magnifique et délicieux verger plein d'arbres fruitiers les plus rares, si beau que non-seulement, à mon avis, les hommes n'en sauraient arranger un pareil, mais encore n'en concevraient pas même la pensée. Il est probable que des puissances secondaires l'ont fait sous la direction de l'Ouvrier Suprême. Je soutiens même qu'on ne saurait trouver génie si fécond qui pût parler comme il le faut d'une œuvre aussi excellente que celle qui se trouvait en ce lieu sacré digne de mémoire. Arrière, là-devant, les jardins suspendus construits par Cyrus[102] ! C'est pourquoi je pensai, avec bon sens, que cette conception exquise n'avait point d'autre auteur que le divin Ouvrier qui l'avait réalisée ainsi, dans un tel ordre, avec un effet si décent, pour la Déesse nourricière de Nature.

Ce très-beau jardin mesurait cent soixante-six pas et demi, dans sa direction vers le centre. Il était divisé en prés. Ces divisions étaient circonscrites et par des allées tendant au centre, et par d'autres allées circulaires qui coupaient celles-ci. Toutes ces allées avaient cinq pas de large. Les prés mesuraient chacun cinquante pas dans la ligne supérieure de leur encadrement, le long de la clôture, ainsi que dans les lignes latérales ; mais la quatrième ligne, c'est-à-dire celle qui était la plus rapprochée du centre, était moindre[103]. La ligne du pré suivant était de la même mesure que cette dernière, le troisième pré était dans la même proportion. Cette déformation des carrés[104] était causée par la direction des allées vers le centre, ce qui amenait le rétrécissement des carrés ainsi que celui de ces allées. Les transversales conservaient seules leur intégrité.

Ces allées étaient en forme de berceau. À chaque carrefour se trouvait un pavillon voûté monté sur quatre colonnes Ioniques dont l'échappée, c'est-à-dire la longueur, mesurait neuf fois leur plus grand diamètre. Là, sur l'angle de chaque allée était établi un piédestal en forme de cénotaphe, exécute en marbres très-fins, aux moulures convenables. À l'intersection des diagonales de leur partie supérieure, reposait la colonne susdite ; ce qui, partout, était répété en gardant les mêmes distances.

De ces coffres ou piédestaux, autour du socle même des solides colonnes, sortaient de nombreux rosiers dont la hauteur n'excédait point un pas. Ils formaient une garniture délicieuse entre l'une et l'autre colonne auxquelles, le long de leur partie interne, adhérait une tige droite de rosier. Ces tiges, indépendamment de la belle architrave en marbre rouge semblable à du brillant corail, formaient, sans qu'aucun treillage les soutînt, Un arc de feuillage taillé. La hauteur du faîte de cette treille, y compris les caisses, colonnes et travées, mesurait cinq pas. Sur ce faîte était posée une coupole qui s'arrondissait ou, mieux, se voûtait en hémisphère. Seules ces coupoles étaient couvertes de roses jaunes. Quant aux berceaux longitudinaux, ils étaient revêtus de toutes les espèces de rosiers à fleurs blanches ; les transversaux l'étaient de rosiers à fleurs vermeilles de toutes les variétés, en quantité, perpétuellement feuillus et fleuris, exhalant une odeur suave. Hors de ces caisses s'élevaient toutes sortes de fleurs et d'herbes aromatiques.

La première treille circulaire était contiguë à la clôture d'orangers, où une ouverture cintrée s'ouvrait sur la treille droite qui s'en allait au centre. Cette ouverture, à partir du sol jusqu'en haut, était d'une mesure égale, moins un pas, à l'espace intercolonnaire.

Chaque pré possédait quatre portes, placées chacune au milieu de l'espace situé entre deux colonnes. Ces portes établies dans chaque pré, au même niveau, se correspondaient uniformément.

Au beau milieu de ces prés jardinés et fleuris, je vis un très-élégant travail, d'un arrangement rare et d'un fini remarquable. D'abord, dans la première rangée de prés, j'admirai l'édification d'une superbe fontaine jaillissante installée sous un pavillon fait d'un ouvrage de buis vert admirablement rendu. Cette fontaine, partout la même dans chaque pré du premier rang, était disposée de cette façon :

C'étaient, dans le milieu même du pré, trois marches de forme ronde, dont la surface supérieure, parfaitement nivelée, avait un diamètre de deux pas et demi et supportait un péristyle de huit colonnettes munies de leurs petites bases et de leurs chapiteaux. Ce péristyle s'élevait circulairement contre le bord du gradin supérieur. Les colonnettes, de forme Dorique, avaient, en longueur, sept fois leur diamètre. Des arcs ventrus les reliaient. Par-dessus les arcs couraient la travée, la frise et la corniche. Dans l'aplomb des colonnettes, au-dessus de chacune, reposait un vase antique dont la corpulence, en son plus grand diamètre, mesurait trois pieds, et dont la panse arrondie se terminait en pointe et montait, en se dilatant peu à peu, jusqu'à sa partie moyenne ornée d'une ceinture, puis, s'inclinant modérément, s'élevait jusqu'à l'orifice en développant des lèvres très-nettes autour du creux de son ouverture, à la hauteur d'un pied et demi. Ces vases avaient des cannelures tordues qui, très-minces en naissant, allaient s'amplifiant médiocrement vers le bord. Ils avaient aussi deux anses tordues et renversées qui s'appuyaient aux lèvres et au-dessus de la panse. On les eût dits faits au tour. De leur bouche sortaient des pieds droits de buis feuillu, gros comme les colonnes sous-jacentes, mais non ventru comme elles. De petits arcs couraient d'un pied à l'autre en dessinant entre eux des triangles à jour. Puis, se dressant, tout en s'infléchissant en arrière, à une hauteur égale à celle que les pieds de buis mesuraient entre les vases et leurs chapiteaux, naissaient des tiges à partir d'une ligne circulaire au sommet des pieds. Ces tiges, à leur

FIGURE 246 (1499).   FIGURE 247 (1883).

départ, étaient assez écartées, mais elles s'incurvaient en montant et s'amincissaient tout en diminuant leur écartement qui subsistait, néanmoins, jusqu'au point de leur réunion. Au bas de chacune de ces tiges incurvées, pour les désigner ainsi, s'élevait un rameau formant une courbure dans la volute de laquelle pendait une boule ; puis ce rameau, rampant et se soulevant jusqu'au sommet des tiges, affectait une belle sinuosité et portait à son extrémité une couronne dégagée ou cerceau. En plus de cette disposition, ci-déduite, à partir du point de réunion des tiges, se dressaient encore, en concordant avec la mesure du faîte que celles-ci formaient, six autres pieds de buis hauts de deux tiers de pas, formant des fenêtres cintrées et coiffés d'une petite coupole ronde. Sur cette coupole bombée se dressait une figure rectangulaire d'un pas et demi de côté. Elle était à jour sur ses quatre faces. Dans le bas de chacun de ses angles sortait une pousse façonnée en crochet, sur la pointe renversée duquel était posé un aigle faisant mine de voler, avec le bec posé de face. Le sommet de cette figure rectangulaire se terminait en un toit qui portait sur sa pointe une forme conique ou cylindrique. À partir du vase, exclusivement, jusqu'au faîte, tout était fabriqué du vert feuillage serré et cohérent des buis qui sortaient des vases ; cela conduit avec le plus grand art, d'une épaisseur suffisante, taillé et tondu exactement, au point que jamais œuvre taillée plus belle et d'une telle matière ne se pourrait accommoder aux regards. Au centre de l'emplacement marqueté et parfaitement égalisé du sol de ce péristyle, était une fontaine établie au milieu d'un bassin quelque peu creusé en forme de conque, dont le fond formait une base à un balustre renversé haut de deux pieds. Sur ce balustre reposait un plateau creux dont l'ouverture avait un diamètre de quatre pieds. Au beau milieu de ce plateau, trois hydres s'appuyaient sur la queue posée à même le fond, en trois endroits différents ; elles s'entortillaient, en formant un nœud très-serré, les ventres écartés l'un de l'autre, réunies et contournées différemment, attachées ensemble par le cou comme des anguilles.

Leurs trois têtes, départies en trois endroits différents, vomissaient dans la conque une eau très-odorante et soulevaient, dressées au même niveau, à deux pieds de haut, un vase de forme ovoïde. Au sommet de ce vase étaient fixées huit fistules d'or, d'où jaillissaient de très-minces filets d'eau qui, s'échappant par les intervalles des colonnettes en buis, humectaient tout le pré de rosée. Ce pavillon était complètement à jour. Il était construit tout en jaspe rouge très-fin et très-brillant, tacheté à l'infini comme de gouttelettes diversement colorées, orné d'une ciselure élégante, exquise aux endroits convenables.

À chaque coin de ces prés quadrangulaires se trouvait un autel formé de quatre degrés carrés. Le premier degré mesurait de front, à partir du sol, deux pieds de haut. Le plat de la marche était largement creusé d'un pied et demi ; tous ces degrés formaient des caisses profondes. Le second égalait en hauteur la largeur de l'excavation du premier. Ainsi du troisième et du quatrième. Dans le premier, de même que dans les autres, croissaient des herbes odoriférantes. Là, donc, étaient des basilics très-petits et frisés[105], de la citronnelle[106] et des cerfeuils. Ces herbes ne dépassaient pas la contremarche qui dominait leur pied. Les feuilles étaient de niveau. Une semblable disposition était partout uniformément observée. La seconde marche contenait du thym menu et odorant cher aux essaims d'abeilles ; la troisième, une petite plante amère édulcorante du vin[107], soit de l'herbe nectarie[108], soit de l'aurone[109].

FIGURE 248 (1499). FIGURE 249 (1883).

Une distribution pareille existait pour les quatre autels colloqués ainsi aux quatre angles de chacun des prés de cette première rangée toute couverte de lauriers nains. L'ouverture des degrés supérieurs avait un pied de diamètre. En chacune de ces ouvertures était planté un arbre fruitier très-fertile et très-beau, taillé et configuré d'une manière identique partout répétée. Pour la première rangée, c'étaient des pommiers. Dans un angle je vis des pommes Appiennes très-dorées, dans un autre des pommes Claudiennes[110], dans le troisième des pommes de paradis[111] et dans le quatrième de petites pommes Décimiennes[112]. Mais, dans chaque pré de cette première rangée, les espèces variaient, et, très-fécondes, la remplissaient entièrement de la bonne senteur des pommes qui s'y montraient d'une si belle couleur et d'un goût si suave que l'arbre de l'Hercule Gaditain n'en eût pas produit de pareilles et que les pommiers que Junon commanda de planter en ses jardins[113] n'en portaient pas de telles. Aux fruits de ces pommiers on peut donner l'épithète d'apyrènes.

Leur forme taillée, leur masse arrondie, représentait une couronne dont le vide faisait face au pavillon. Les cloisons des caisses qui composaient ces autels à gradins, étaient faites de très-beau jaspe poli comme un miroir, tout parsemé d'étincelles d'or, tout moucheté de taches jaunes, parcouru par des veines bleues serpentantes et par des veines rouges qui couraient au travers, confusément rayé d'ondulations de chalcédoine. Ces cloisons étaient encadrées de charmantes moulures.

En deçà de cette première rangée de verdoyants enclos, plus vers le centre de l'île, dans le second rang, au milieu du terrain, à la place même du pavillon, j'admirai une superbe invention toute de buis taillé avec le plus grand art. Là était établi un coffre de précieuse chalcédoine couleur d'eau de savon. Les moulures en étaient fort convenables. Il mesurait trois pieds de haut sur trois pas de large. À un pied du bord de chaque bout se trouvait un plant de buis accommodé dans la forme d'un vase antique. Ces deux vases étaient égaux et semblables; avec leur petit pied, leur panse, leur orifice, ils s'élevaient à la hauteur d'un pas. Ils étaient démunis d'anses. Sur la bouche de chacun de ces vases, un géant, de trois pas de haut, appuyait, les jambes écartées, ses pieds de ci et de là. Il était habillé d'un vêtement rond qui tombait jusqu'aux rotules de ses genoux, et qui était ceint à la taille. Ses bras écartés s'élevaient en l'air jusqu'au niveau de sa tête qui était, avec son cou, formée dans la proportion

FIGURE 250 (1499). FIGURE 251 (1883).

voulue. Il était casqué. De chaque main il soutenait une tour large de quatre pieds, haute de six, munie d'une base formée de deux degrés, d'une petite fenêtre et d'une petite porte avec les assises de la maçonnerie marquées. De l'une et l'autre tour sortait une boule surmontant un peu de tronc et dont le diamètre égalait la largeur du sommet des tours. Du milieu de ces boules s'élevaient des tiges qui, décrivant un angle semblable au départ, se réunissaient l'une à l'autre, formant une archivolte d'architecture dont la hauteur était égale à celle des tours. Près des tiges inclinées, au point où elles partaient des boules, montait, de chaque côté, un tronc mince et droit qui supportait une boule conique moindre que celle de dessous. Le bas arrondi de ces boules coniques était au niveau du sommet de l'arc d'où pendait, attachée en dessous, une autre boule semblable à ces dernières, mais plus haut placée qu'elles. Par-dessus cette boule pendante, au milieu du faîte de l'arc, naissait un tronc d'un demi-pied de haut. Il soutenait une conque un peu creusée dont le bassin n'était pas tout à fait aussi large que la contenance de l'arc. De ce plateau s'élançait un calice de la hauteur de la conque sous-jacente. Il avait la forme d'un lys aux pétales renversés tout autour. De ce lys, ou corbeille, s'élevait un ouvrage de buis en huit piliers qui, se courbant au sommet, se redressaient en diminuant graduellement vers le centre, et en conservant entre eux quelque distance. Tout ce travail de buis avait une longueur de six pieds en deçà des boules de buis. Dans ce rare ouvrage taillé, on n'apercevait pas trace de bois, si ce n'étaient les troncs droits; tout y était couvert de feuilles serrées, rasées fort également, fort soigneusement, avec le plus bel art de tondre qui soit.

Entre l'un et l'autre vase du bas, sur la caisse servant de base, on voyait un buis, sans vestige de tronc, fait en forme de borne, haut de deux pieds et demi. Du milieu de ce buis s'élevait une poire mise debout, haute de quatre pieds et dont le sommet évidé portait, sur sa partie mince, une figure circulaire plane de quatre pieds de diamètre. Au centre de ce plateau rond, ou plutôt lenticulé, se dressait quelque peu de tronc soutenant une forme ovale aussi haute que la poire en dessous. Dans les angles des prés de cette seconde rangée, prés qui convergeaient vers le centre de l'île, étaient établies, comme dans la première, des auges à quatre degrés, ayant la régularité, la dimension, l'assiette des précédentes, mais construites en très-noir succin ou ambre. Jamais, sur les rives de l'Éridan, les sœurs de Phaëton ne fondirent en larmes telles. On ne saurait trouver d'ambre semblable aux îles Électrides[114];

les environs du temple d'Ammon[115] n'en produisaient pas de pareil. Il était poli comme un miroir. Frotté, il attirait les fétus.

Dans la caisse inférieure poussait la casia parfumée[116], dans la seconde le nard odoriférant, dans la troisième la menthe, cette nymphe qui témoignait de la haine cruelle de Proserpine[117]; dans la quatrième caisse croissait Amaracus[118] l'infortuné, mort inondé de son parfum. Chypre n'en produit pas de tel.

Au milieu du degré supérieur de chaque autel était planté un arbre fruitier dont les fruits différaient de ceux qui se voyaient dans la première rangée d'enclos, et dont la taille était autre. Ces arbres, en effet, affectaient une forme sphérique d'une grande beauté et produisaient quatre espèces de poires différentes. L'un portait des poires muscatelles[119], l'autre des Crustumies[120], le troisième de tendres et succulentes Syriaques[121], la quatrième des curmondules[122]. Dans cette seconde rangée de prés, les arbres variaient, quant aux espèces, portant des fruits superbement colorés, d'une odeur très-agréable, d'un goût très-suave. Le sol y était recouvert de menu serpolet odorant, et les caisses des autels remplies de variétés de simples aromatiques.

FIGURE 252 (1499).   FIGURE 253 (1883).

Il nous reste à décrire l'ordonnance du troisième rang de prés convergeant au centre. Au milieu de chacun de ces prés était une auge de forme circulaire, haute de trois pieds, avec une ouverture de trois pas de diamètre, et ornée de ses moulures accessoires. Il en sortait un ouvrage en buis artistement taillé et composé comme je vais dire. Cette auge était en lapis-lazuli très-fin.

Un tronc d'un demi-pied de haut supportait une touffe taillée que dépassait quelque peu le circuit de la caisse. Cette touffe était évidée en dessus, donnant une ouverture d'un pas et demi de diamètre. Sur le bord de cette ouverture se dressait une colonnade formée de sept tiges verdoyantes qui en faisaient le tour, surmontées d'autant de petits arcs à quatre pieds de hauteur; puis venait un faîte qui s'élevait en façonnant un pied de calice au sommet duquel était posée une boule très-ronde de trois pieds d'épaisseur. Au bord inférieur de ce faîte, perpendiculairement au-dessus de chacune des tiges, s'atta-chait une queue de dragon dont le ventre écarté poussait l'épine du dos au niveau de la projection que faisait la corpulence de la touffe. Le cou de ces dragons adhérait à la boule placée au-dessus. Ils avaient la tête relevée et la gueule ouverte, par laquelle une eau très-parfumée jaillissait au moyen de tuyaux cachés. Les pieds de ces dragons, au nombre de six, étaient dirigés vers leur tête, leurs ailes étaient étendues. Du sommet de la boule sortaient, en la traversant, trois rameaux réunis qui s'écartaient en s'inclinant en arrière et en montant à la hauteur de deux pieds. Chacun d'eux soutenait, à sa cime, un petit autel arrondi, un cylindre, fait on ne peut plus soigneusement, le haut muni d'une petite corniche et le bas d'un bandeau fort convenable. Le sommet en était bien égalisé. Ces trois cylindres mesuraient trois pieds de haut, sans les moulures. Sur leur plate-forme reposait une urne portant une anse en quatre endroits. De ces trois urnes naissaient délicieusement trois buis surmontés chacun de deux boules du même feuillage. La corpulence de la

FIGURE 254 (1499).

FIGURE 255 (1883).

boule du bas dépassait la largeur de l'urne placée dessous. Elle était soulevée, au-dessus de l'orifice, par une tige d'un pied de haut. La boule supérieure, un peu distante de cette dernière, était aussi un peu moins grosse. Sur ces deux boules dominait une troisième d'un diamètre égal à l'orifice de l'urne. De ces trois groupes de boules montant à égale hauteur, et enfermant un espace triangulaire, s'élevaient trois tiges droites qui s'infléchissaient en se rejoignant et décrivaient des arcs demi-circulaires. Leur inflexion allait d'une tige à l'autre. À l'angle qu'elles formaient au départ[123], une tige droite s'élançait avec élégance. Sur les triangles occasionnés par la rencontre des arcs s'ajustait, on ne peut mieux, un comble en dos de tortue, autrement dit un berceau. Quant aux tiges droites, montant aux angles du départ des arcs, elles ne dépassaient pas le soffite du comble, mais toutes trois, exactement de la même taille, soutenaient, chacune, la corolle d'un lys d'où sortait une forme conique ou arrondie dont la partie mince était tournée à contre-bas. La bonne grâce de ces charmantes inventions s'offrait d'autant plus agréablement aux regards, que les configurations étaient d'une fort belle verdure,

FIGURE 256 (1499).   FIGURE 257 (1883).

taillées avec tant de régularité et de précision qu'il eût été impossible de composer rien de mieux avec de tels matériaux, ni d'obtenir un travail plus serré dans une forme pareille.

Cette rangée de prés était emplie d'un mélange d'herbes fleuries présentant l'aspect de la peinture la mieux faite. Aux coins des enclos se trouvaient également des autels disposés dans l'ordre susdit. Ils étaient triangulaires, en chryselectron[124] semblable à de l'or fauve, tel que les nymphes Hespérides[125] n'en collectionnent pas, exhalant au frottement une suave odeur citrine, translucide et clair, comme il ne s'en récolte point dans l'île de la Germanie citérieure[126]. Les larmes des Méléagrides ne sont pas aussi belles[127]. Dans la caisse du bas croissait le très-suave nard Celtique, dans celle au-dessus était du polion de montagne, dans la troisième de la lada[128] et du ciste de Crète, dans celle du haut de l'odorante ambroisie[129].

Les arbres fruitiers étaient taillés en forme hémisphérique et convexe. Aucun, dans cette troisième rangée, ne dépassait la mesure de l'autre, mais ils étaient tous d'une hauteur convenable, d'espèces variées, et produisant des fruits nombreux. C'étaient des pistaches, des abricots, toutes les sortes de mirobolans[130] d'hypomélides, des prunes de Damas[131], quantité d'autres fruits délicats, plus ceux qui sont particuliers à nos climats, variés d'espèce, de couleur, de forme, d'une saveur, d'un goût inconnus ou rares. Ces arbres renouvelaient constamment leurs fruits et leurs fleurs ; leur feuillage était persistant. Ils s'offraient au grand contentement des sens surexcités. Leurs branches n'étaient ni contournées, ni dissemblables, ni enchevêtrées, mais joliment assemblées de différentes façons. Ils n'avaient à subir ni les brouillards ni la pluie, ni les pâleurs de Phébus ; sans que rien vînt jamais à leur nuire, ils demeuraient d'un vert tendre, toujours pleins de sève, sans cesse dans le même état de conservation, donnant une abondante récolte.

Les fleurs et les herbes odoriférantes étaient, en ce lieu, dans les mêmes conditions de durée. Il se dégageait de partout un parfum insolite et délicieux. Les rosiers y avaient une grâce d'autant plus grande qu'ils y étaient d'espèces plus variées et à moi inconnues. Là fleurissaient les roses de Damas[132], de Præneste[133], les roses à cinq feuilles[134], celles de Campanie, de Milet[135], les roses rouges de Pæstum[136], les roses Trachyniennes[137], les roses d'Alabande[138], toutes les variétés les plus nobles et les plus renommées. Ces gracieuses fleurs, à l'odeur si suave et si agréable, étaient remontantes, durant perpétuellement au milieu de leur vert feuillage. Sitôt que l'une venait à tomber, il lui en succédait une autre.

Les caisses étaient faites comme un ouvrage d'orfèvrerie, d'un poli de miroir. Elles reproduisaient, à l'envi de la nature, les eaux, le ciel, les feuilles, les fleurs qui s'y réfléchissaient. Sous les arbres, sous les berceaux, les allées étaient pavées du plus beau travail de pierres auquel puissent atteindre l'invention et la conception humaines.

Après ces trois rangs de prés sus-décrits, se voyait une séparation d'une grande magnificence. C'était un parfait et fort beau péristyle aux colonnes ventrues formant, en rond, une excellente clôture. Le mur d'appui de cette colonnade circulaire était fait d'un treillis superbe. Des piédestaux y étaient établis de distance en distance Leur base courait tout le long du mur solide auquel elle était attachée très-convenablement, munie de son socle avec cymaise, moulures et gorges correspondantes. L'intervalle compris entre les colonnes égalait l'épaisseur de deux desdites colonnes plus un quart. À l'endroit où les allées débouchaient sur le péristyle, celui-ci s'entr'ouvrait d'une largeur égale à la leur, ce qui formait une ouverture dans la paroi circulaire. Là était construite une fort belle porte dont l'arc supérieur, modérément cintré, reposait sur ses deux bouts appuyés, de part et d'autre, sur une colonne dont le fût, le chapiteau, la position étaient de même que pour les autres. Ces deux colonnes ne différaient qu'en grosseur afin d'être en proportion avec la partie de construction qu'elles supportaient, attendu qu'au-dessus de l'archivolte reposait un faîte ou fronton orné de tous ses ornements accessoires, très-purement sculptés. Sur toute la colonnade circulaire couraient l'épistyle, la frise et la corniche, avec des moulures appropriées admirablement rendues. Le dessus de la corniche était creusé en forme de caisse, par un remarquable travail, et rempli de terre tout du long. Là poussaient toutes sortes de fleurs très-belles. Au perpendiculaire des colonnes étaient plantés des buis et des genévriers établis alternativement dans un ordre constant, le buis taillé en boule, sans laisser voir un bout de tige, le genévrier en trois boules serrées l'une contre l'autre et diminuant graduellement, sur une tige d'un pied de haut. Les fleurs remplissaient les intervalles.

Ce péristyle admirable avait les murs qui supportaient la colonnade tout en superbe alabastrite diaphane et polie sans l'emploi du frottement avec le sable Thébaïque[139] ou la pierre ponce. Quant aux colonnes, elles étaient variées de couleur. Celles qui faisaient office des antes de chaque porte étaient faites de chalcédoine translucide. Les suivantes étaient d'hexécontalithe[140], d'un beau vert aux nombreuses nuances, et très-brillantes. Celles qui venaient après, d'un côté comme de l'autre de chaque porte, étaient en splendide hiéracite[141]. Puis, dans la même disposition, se voyaient des colonnes en chrysoprase, enfin les dernières, en atizoé[142] resplendissante, pierre qui a l'éclat de l'argent et qui dégage une bonne odeur. C'est ainsi qu'alternaient harmonieusement ces colonnes, procurant à la vue une jouissance agréable. Elles avaient une si exacte anthésis qu'elles semblaient avoir été faites au tour, avec un art que les architectes Théodore et Rholus[143] n'eussent su atteindre dans leur atelier de tournage. C'était une œuvre vraiment somptueuse, superbe,

FIGURE 258 (1499).

FIGURE 259 (1883).

élégante. Les colonnes étaient d'ordre Ionique. Les chapiteaux étaient décorés d'échinés entre des dards; revêtus de leurs volutes d'écorce, ils resplendissaient, ainsi que les bases, d'un or pur comme n'en produit pas le Tage en Hespérie, non plus que le Pô en Latium, l'Hèbre[144] en Thrace, le Pactole en Asie, le Gange dans l'Inde. La frise de l'entablement était ornée d'un feuillage à l'antique s'enroulant sur lui-même et sculpté en perfection. Les treillis des murs, entre les piédestaux établis de distance en distance, tout autour, étaient en excellent électrum[145], tel que ne fut pas celui qui fut consacré par Hélène, en la forme de son sein, au temple de Minerve, dans l'île de Lindos[146].

Sur l'appui du mur, dans chaque intervalle entre les colonnes, était posé un vase antique d'un travail fort convenable, poli au dernier point, ainsi qu'une œuvre d'orfèvrerie. Ces vases étaient en sphragis[147], en chalcédoine colorée, en coaspite[148], en agate, en maintes autres pierres précieuses et charmantes, dont la surface polie réfléchissait tout objet au naturel. Les moulures, à mon sens, dépassaient l'art humain.

Dans ces vases, se voyaient des simples de toute beauté et de petites plantes taillées dans toutes les formes. C'étaient de la marjolaine, de la santoline aromatique et frisée[149], de l'aurone, de petits myrtes et autres qui donnaient au plaisir des yeux une satisfaction que n'eût pu procurer l'objet le plus agréable.

De ce péristyle aux rives d'un fleuve, le sol garni d'un sable de couleur citrine était recouvert d'un gazon épais et humide de rosée. Là, gracieusement distribués, étaient le fleurissant glaïeul, la lavande, les espèces d'origan, l'herbe aux puces[150], l'origan blanc, la menthe, cette nymphe qui reçut de Pluton un très-beau présent[151]. Là, fleurissait encore l'hélénion ou larmes d'Hélène, salutaire au visage et qui rend favorable la sainte Mère[152]. Il s'y trouvait aussi un nombre considérable d'autres petites plantes renommées, aromatiques et parfumées, ainsi que des hyacinthes blanches, bleues et pourprées, comme la Gaule n'en produit pas[153].

Entre ces abondants feuillages, tout remplis de fleurs, voltigeaient d'innombrables oiseaux ou oiselets, revêtus de plumages superbes. Lestes, ils erraient par-ci, par-là, sautant en haut, sautant en bas, gazouillant délicieusement, emplissant l'espace de leur voix sonore. Ils eussent eu le pouvoir de charmer le plus sauvage, le plus inepte des cœurs, de le provoquer à la joie, au plaisir. Ils agitaient gaîment leurs petites ailes et gonflaient leurs plumes. C'était le plaintif rossignol, c'était Dédalion[154] pleurant la mort de la fille de Lycaon, c'étaient des merles tachetés, l'alouette huppée chantant, la sobre terragnole ou alouette, les passereaux solitaires, les perroquets parleurs à la riche livrée, verts, bleus, jaunes, mi-partis de jaune et de vert.

C'était, à côté de blanches tourterelles, le merveilleux phénix, oiseau unique en son genre, mais non pas en cet endroit. C'étaient le pivert, mari de Pomone[155], montrant les traces de la colère de Circé, Ædon[156] pleurant la mort de son cher époux Itylus, Astarie aux pieds roses[157], les deux Pies[158], Procné qui habite les toits, Antigone[159], trop belle encore sans sa langue, le loriot goulu, Térée qui vit parmi les pierres, conservant en son plumage la pompe de son habit royal, gémissant : Ποὺ, ποὺ (pu, pu), dans son chant, et la tête décorée d'une crête guerrière. C'étaient encore les oiseaux de Palamède[160], la sarcelle, la perdrix lascive, la poule d'eau[161], Périclymène[162], dont Jupiter emprunta la forme dans ses amours, la bécasse à tête noire mangeuse de figues, changeant de plumage en automne, le rouge-queue, ainsi que bon nombre d'autres oiseaux qu'il serait trop long d'énumérer.

Afin de donner une démonstration plus claire, je dirai que le circuit de cette délicieuse et toute charmante île mesurait trois milles ; sa figure avait donc un mille de diamètre, qui, divisé en trois parties, donnait, pour chaque tiers, trois cent trente-trois pas, plus un pied deux palmes[163], ce qui équivalait à la distance comprise entre l'extrême bord du rivage et la clôture d'orangers. Un demi-tiers mesurait donc cent soixante-six pas et six palmes. C'est à partir de là que commençaient les prés verts convergeant vers le centre et qui formaient le second demi-tiers. Cela formait ainsi une belle distribution dans un tiers entier, à partir duquel il fallait compter encore un demi-tiers jusqu'au centre de l'île, c'est-à-dire cent soixante-six pas, six palmes. Depuis le péristyle dont nous avons parlé plus haut, jusqu'à l'endroit où les prés étaient rétrécis par suite de la contraction que leur faisait subir la déformation de leur carré, il y avait un espace semblable. Les prés, en effet, n'arrivaient pas à compléter ce tiers de mille. Cela était soigneusement voulu afin de donner une bonne proportion aux carrés formés par les lignes menées au point central. Tout cet espace, compris entre le fleuve et le péristyle, se montrait gracieusement couvert d'une très-charmante verdure, ainsi que nous l'avons dit et raconté suffisamment plus haut. La limite de l'espace, dont il vient d'être question, parvenait jusqu'aux rives d'un fleuve plus limpide que celui qui roule ses flots argentés en Étolie[164], que le Penée en Thessalie. Son lit était encaissé dans la très-précieuse pierre de Sparte[165], travaillée dans le style Dorien comme les ports Augustes du Tibre[166], et le fleuve se trouvait enfermé dans des bordures de marbre. Ses rives n'étaient point encombrées d'oseraies, de saussaies, de joncs ou de roseaux, mais elles contenaient des eaux très-pures et argentées. Leur surface apparaissait couverte de nombreuses fleurs célèbres, très-agréables et très-belles. L'eau de ce fleuve surgissait par des ouvertures et des conduits souterrains établis et constitués en bon ordre et bons lieux. Elle coulait, ensuite, par des aqueducs de pierre très-fine, courant fort rapidement, arrosant également partout ce site très-plaisant et plantureux, avec un charmant murmure.

Puis l'eau parvenait dans la mer et s'y précipitait en s'écoulant. De cette façon le fleuve très-limpide, puisant son alimentation par des bouches distributrices, ne débordait point, mais demeurait contenu dans une égale abondance perpétuellement persistante. Les veines d'eau qui surgissaient excédaient en beauté les plus belles fontaines, voire même celle de Cabille[167] dans la Mésopotamie. Telle ne fit pas surgir la sienne la vierge Castalie[168]. Les sources de ce fleuve donnaient, comme cette dernière, une eau douce,

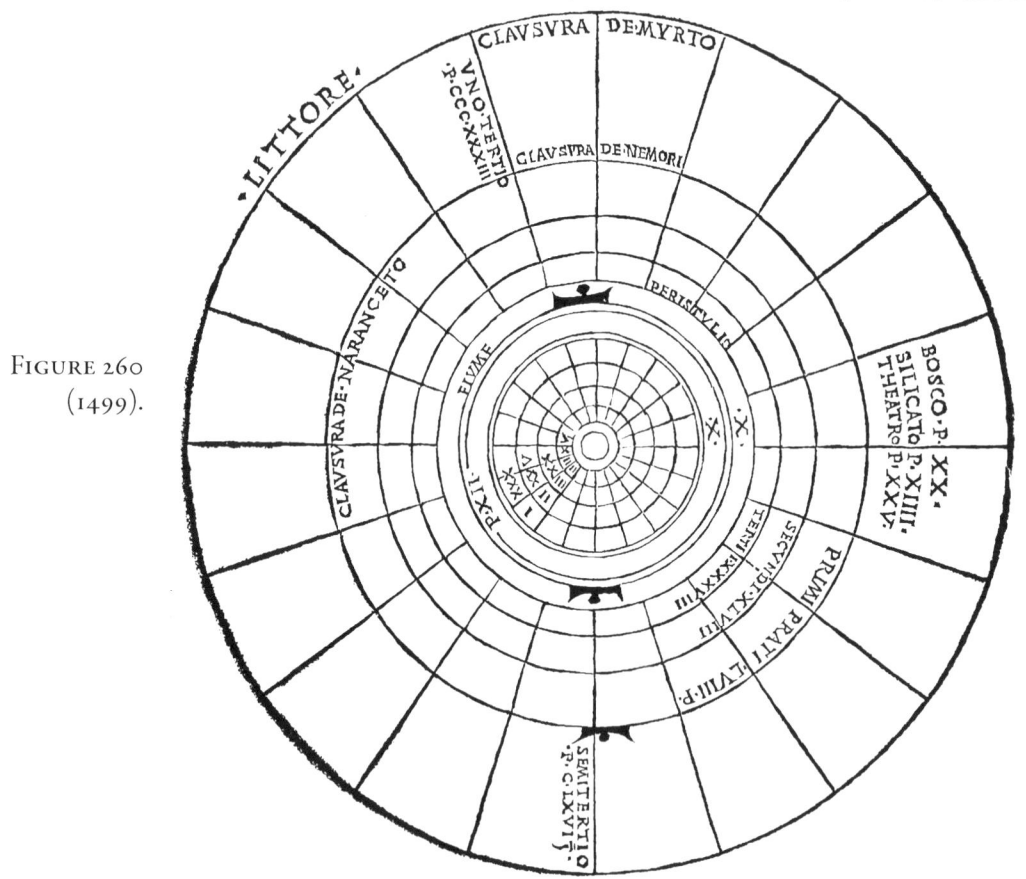

FIGURE 260 (1499).

claire, à l'odeur de musc, jaillissant à une hauteur de seize palmes[169]. La fontaine d'Hercule[170], à Gadès, ne versait pas des eaux aussi abondantes, aussi douces, que celles de ce fleuve : eaux si limpides, si pures, si déliées, qu'à la vue elles ne semblaient pas environner un objet qui s'y trouvait et qu'elles ne le déformaient pas, mais tout ce qui était au fond se voyait en perfection, tout ce qui leur était présenté s'y réfléchissait comme en un miroir. Leur lit était d'un sable fin pailleté d'or, parfaitement uni, rempli de pierres calcaires de couleurs variées et très-luisantes.

Les vertes rives, chevelues et humides, de ce fleuve, étaient ornées de narcisses fleuris, du bulbe comestible ou cepæa marine[171], plantes aquatiques. On y trouvait aussi la jacinthe, le muguet, le glaïeul sur pied, tant celui des champs que celui d'Illyrie. Là foisonnaient le populage[172], la prêle[173] ou queue de lion[174] et le liondent[175], une quantité infinie de violettes de Tusculum[176],

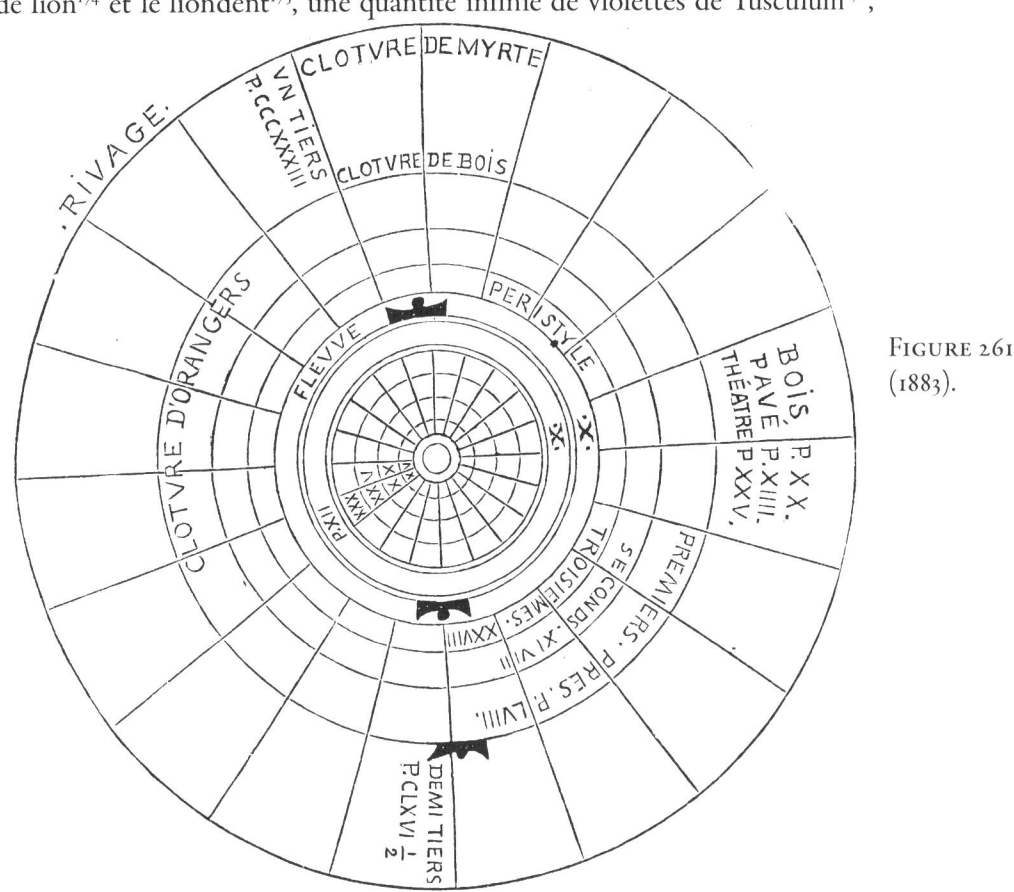

Figure 261 (1883).

de violettes de mer, de violettes calathianes[177], de violettes d'automne, la tanaisie[178] ou plante à odeur de punaise[179] ou trachy[180], ainsi que d'autres très-nobles plantes qui croissent sur le bord des rivières. Là, se trouvaient en grand nombre des oiseaux vivant sur les rives. C'était l'alcyon au plumage bleu, accompagné d'autres oiselets des plus rares, qui hantent le bord des fleuves ; c'étaient des cygnes chantant comme ils le font, à leur dernière heure, sur les flots du Méandre[181].

Le long des rives susdites, d'un côté comme de l'autre, étaient rangés symétriquement des orangers, des citronniers, des cédratiers qui, du tronc au sommet, mesuraient trois pas. Les branches naissaient à un pas du sol. À partir de là, elles commençaient à s'étendre, puis, se rencontrant, s'enchevêtraient pour le mieux, formant un arc dont l'inflexion, à son plus haut point, était à trois pas au-dessus du sol. Le sommet des branches rejoignait celui des arbres qui bordaient le fleuve de l'autre côté, faisant ainsi une étroite et charmante réunion qui, voûtée en manière de berceau, portait une ombre délicieuse. La voûte de ces berceaux était d'un feuillage

Figure 262(1883).

très-dense, élégamment joint, témoignant d'une tonte, d'une taille si bien égalisée qu'un rameau n'excédait pas l'autre, si ce n'est où la bonne grâce l'exigeait. Ce feuillage donnait une ombre délicieuse, tremblant au plus petit souffle de Favonius[182]. Agité au moindre vent, il était épais, d'un beau vert brillant. Il se montrait dans sa fraîcheur première, garni de fleurs blanches et de fruits pendants, tout rempli de cachettes opportunes pour la plaintive Philomèle[183] qui, se lamentant sans cesse avec douceur, faisait résonner, sans écho, son chant pur et précis, par le fait de la fille aux yeux glauques[184] du haut Jupiter tonnant. Cette belle œuvre, en forme de berceau, avait sa convexité élevée de sept pas au-dessus du niveau de l'eau.

Oh ! avec quel attrait, avec quel doux transport les yeux errants étaient aisément ramenés à la contemplation de ce fleuve ! C'est qu'il était sillonné par des nacelles ou bateaux revêtus délicieusement d'ornements en or, montés par un grand nombre de jeunes filles à la coiffure bouclée, séduisantes[185], couronnées, parées lascivement sur leur corps nu de nymphe, de fleurs variées et odorantes, lesquelles ramaient. Elles étaient vêtues de tuniques d'étoffe crêpée et transparente, teintes de crocus, tout ourlées d'or, ceintes, ne protégeant pas contre les regards les chairs rosées qu'elles montraient. Ces robes, voluptueusement poussées et pressées contre leur beau corps féminin par les brises printanières, accusaient complètement la forme délicieuse de toutes ses parties. Elles laissaient à découvert les blanches poitrines, avec une grâce très-grande et très-voluptueuse, jusqu'aux mamelles arrondies comme des moitiés de pomme ; elles étaient bordées, avec élégance, de broderies d'or et de pierres précieuses.

Avec ces nymphes se trouvaient, en grand nombre, des adolescents de toutes les races guerrières, gesticulant, luttant, joutant les uns contre les autres, livrant, en riant, un combat naval à qui le requérait. Les demoiselles luttaient opiniâtrement avec eux, leur retirant leur sayon en gage de victoire, mettant sens dessus dessous leurs barques légères ou les confisquant. Ceux-ci, dépouillés, n'opposaient aucune résistance, ils se soumettaient à leur défaite, jouaient, s'ébattaient dans les eaux. Ces premiers abandonnés à leurs ébats, les nymphes luttaient entre elles, se confisquaient leurs barques et les submergeaient, puis après, récupérant celles-ci, elles recommençaient la joyeuse lutte, renouvelaient leurs fêtes et leurs plaisirs. Elles riaient d'un rire virginal, de leur bouche gracieuse, poussant des cris aigus, se trémoussant, gesticulant.

L'eau était pleine d'une multitude de poissons aux formes belles et variées, aux écailles superbes de couleur d'or, aux yeux d'un bleu vert. La nature ne leur tendant point d'embûches, ils étaient sans crainte et ne fuyaient pas. Il y en avait d'assez grands de taille pour servir de monture aux demoiselles dans leurs combats. Ils les portaient, serrés qu'ils étaient entre leurs cuisses blanches comme la neige ; leur corps, souple, sans viscosité fétide, fléchissait sous la pression des petits pieds. Ils nageaient mollement, obliquant tantôt à droite, tantôt à gauche, selon la volonté de leurs cavaliers féminins, en groupes pêle-mêle avec des cygnes à la voix sonore qui pleuraient leur ami Phaëton. Là se trouvaient aussi des loutres, des castors, maints animaux aquatiques s'ébattant voluptueusement sous l'ombrage des berceaux, n'ayant cure que de leur soulas et de leur plaisir, sans que rien y mît obstacle ou empêchement, ce qui remplissait mon âme d'un désir secret. Ah ! que je voudrais vivre là encore avec ma divine Polia ! Répudiant tout autre désir, je renouvelais le vœu de n'aimer que ma très-chère maîtresse. Toutefois, en ce moment, j'estimai que ma jouissance l'emportait par-dessus toute autre, qu'elle dépassait en agrément toute satisfaction et toute douceur.

J'avais vu, de même, dans le premier enclos circulaire et boisé, cohabiter des jeunes gens de l'un et l'autre sexe, mêlés à des animaux choisis à plaisir.

Dans les prés verts, situés en deçà du péristyle, je vis d'innombrables adolescents et de belles pucelles se livrer au bonheur de jouer des instruments, de chanter, de danser, de causer délicieusement, de s'embrasser en toute pureté et sincérité, de se préoccuper de leur parure, de composer des vers, de s'appliquer à des travaux de jeunes filles. J'en augurai que la vertu était encore plus recherchée là que tout autre piquant plaisir.

Au-delà de ce fleuve limpide, rempli d'amusement, se trouvait, formant un cercle continu, une rangée de prés herbeux en tout pareils à ceux qui étaient contenus entre le péristyle et le fleuve. On passait celui-ci sur des ponts symétriques construits d'une façon exquise, ornés de moulures en marbre admirablement sculptées, alternativement en porphyre et en ophite, d'un poli des plus brillants. À ces ponts aboutissaient des allées qui tendaient vers le centre de cette île mystérieuse, toute féconde en délices printanières.

À la suite de ces prés venaient sept degrés circulaires, ayant un pied en plan comme en élévation. Ils montaient donc à la hauteur de sept pieds, ayant, dans leur ensemble, une épaisseur égale. Ces marches étaient de marbre, alternativement l'une de triglite[186] rouge veinée, l'autre de pierre plus noire que celle qu'on trouve en Celtique[187], plus dure que celle de Padoue, naturellement très-brillante sans qu'on l'eût passée à la meule ou au tripoli. Ces degrés, par exception, ne subissaient pas la règle qui veut que les marches soient d'un demi-pied ou de trois-quarts de pied de hauteur, avec une profondeur d'un pied et demi ou de deux pieds, mais elles étaient établies comme nous l'avons dit ci-dessus, et toutes étaient de la même mesure.

Sur le gradin du haut, fait de pierre très-noire, se dressait une élégante colonnade d'un entrecolonnement pycnostyle[188], dont la continuité était interrompue par un intervalle de la largeur des ponts qui, eux-mêmes, étaient larges comme les allées. Ces ponts parfaits étaient, fort à propos, couverts d'un berceau pareil à celui qui courait au-dessus du fleuve, et, bien que les allées tendissent au centre de l'île, les gradins n'étaient pas, pour cela, coupés entièrement, car, ainsi que nous l'avons dit, sur le sommet de ces gradins l'écartement des colonnes était de la largeur des allées[189]. Mais la voie maîtresse aboutissant à la porte de l'admirable cirque¹⁹⁰, ne se rétrécissait pas en se dirigeant vers le centre. Seule, elle conservait uniformément et également sa largeur, passant sur les gradins au moyen d'un plan incliné très-commode à monter. Là, nécessairement, les marches se trouvaient interrompues.

Ce pycnostyle, avec ses doubles colonnes¹⁹¹, reposait sur de petites plinthes de spires¹⁹² que leur distribution anormale¹⁹³ faisait se toucher mutuellement par les angles au point de la diagonale où elles étaient reliées par leur arête droite. Entre deux colonnes, une était interposée en superbe jaspe très-luisant. Toute la rangée des colonnes¹⁹⁴ était enfermée entre deux piliers carrés de marbre rouge. Chacun d'eux était surmonté d'une boule très-brillante en bronze doré. Quant aux colonnes, elles supportaient une petite travée avec frise et corniche aux moulures très-appropriées, en pierre de la même nature et de la même couleur que celle des piliers. Les colonnes comprises entre ces derniers 'étaient au nombre de six. Sauf leur chapiteau, elles étaient alternativement de chalcédoine et de jaspe vert tacheté, distancées d'une façon bien convenable et dans un bon rapport entre elles.

Sur ce très-charmant pycnostyle, je vis courir en liberté et se poser des paons blancs, rouges¹⁹⁵ et de couleur naturelle. Les uns faisaient la roue, les autres abaissaient leurs belles plumes, mêlés qu'ils étaient, par-ci, par-là, à des perroquets de toutes les espèces, ce qui ne contribuait pas médiocrement à l'ornementation, à l'aspect délicieux d'une telle œuvre.

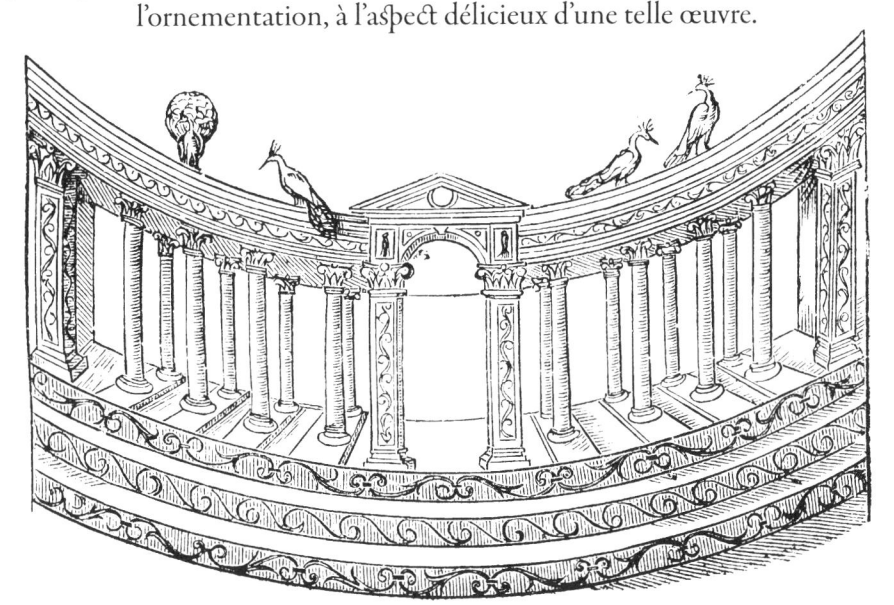

FIGURE 263
(1883).

Au front des gradins se voyaient sculptés de magnifiques et nobles entrelacs Assyriens. Pour en augmenter l'effet, la partie creusée était joliment garnie tout à plat de pâte azurée dans les marches rouges et de pâte blanche dans les noires.

À partir de cette fort belle colonnade et des gradins qui venaient après, l'espace aplani formait une belle voie circulaire pavée en marbre, d'une largeur de six. pieds. Les sept autres gradins commençaient aussitôt à s'élever. Ils étaient de la même matière, disposition et couleur que les précédents. Il en était ainsi pour ceux qui suivaient.

Au sommet de ces gradins était creusée une excavation en forme de caisse ; elle avait quatre pieds d'ouverture. Le creux en était assez profond, de même que dans les gradins qui venaient après. De cette caisse sortait une cloison de buis vert et brillant d'un éclat vitreux. En face de chaque pont et de chaque allée, j'admirai une tour faite du même feuillage vert, haute de neuf pieds, large de cinq, avec une ouverture en forme de porte d'un entre-bâillement de trois pieds et d'une hauteur de six. Toutes les tours qui venaient après étaient faites de même.

Figure 264 (1883).

Cette première clôture avait trois pieds d'épaisseur, elle était haute de six. Celles qui suivaient avaient la même mesure. Le feuillage en était très-serré et du même arbuste. Entre l'une et l'autre tour je vis, exécuté d'une façon excellente, un triomphe avec des chevaux traînant un char ; des soldats armés d'épées et portant des lances triomphales précédaient le triomphateur. Le tout était groupé avec un grand art, et montrait un travail très-varié. Dans un autre intervalle, entre les tours, se dressait un combat naval[196]. Entre les deux autres tours était une bataille sur terre. Deux autres intervalles représentaient une chasse et une antique fable d'amour. Tout cela était rendu très-soigneusement et dans une forme exquise. Telle était l'ordonnance tout autour. Les autres clôtures variaient. Derrière celle-ci, venait une voie circulaire semblable à celle qui était en dedans de la colonnade. Les degrés de cette clôture offraient d'admirables mosaïques, superbes à voir, d'un art tout à fait délicieux, à lasser l'attention et le regard des humains. Au premier aspect, je pris aisément cela pour des tapis étendus comme des courtepointes sur les marches. Ces mosaïques étaient des couleurs les plus variées, ainsi que l'exigeait la convenance d'une œuvre telle, qui représentait, en manière de gracieuse peinture, les groupements les plus divers de figures ornementales propres aux jardins, aux tons les plus variés, disposées au mieux de ce beau travail. Il y en avait de couleur vive, de sombres, de plus ou moins claires, de plus ou moins gaies, de ton vert pâle, de vert plus foncé, de rouge sombre, dans une très-agréable harmonie.

Les principales figures, de formes multiples, consistaient en un cercle entre deux losanges, en un losange entre deux cercles, alternant et courant en rond continuellement, excepté dans ces parties coupées pour laisser passer les allées qui traversaient toujours entre des configurations de dessin semblable. Ces figures étaient enfermées dans une bande circulaire, suivant la forme de l'île. Elles étaient bordées par la voie qui, tournant le long de la clôture de buis, se mariait harmonieusement avec les allées droites tendant vers le centre ; celles-ci étaient pavées. La partie du milieu était large trois fois comme celles qui la bordaient de chaque côté. Elle était de pierre dure et miroitante, fort noire, comme ne l'est pas la pierre de touche Indienne du fleuve Oxus[197]. D'un côté et de l'autre était une partie en pierre lactée d'un blanc que n'atteint pas le ferme et très-luisant composé de Murano[198]. Sur ces bandes latérales étaient d'autres bandes de fine pierre très-rouge comme du corail étiré. Dans la bande noire étaient encastrées habilement des mosaïques. Cette belle disposition continuait à travers les clôtures qui venaient après. Les espaces contenus entre ces voies offraient les dispositions suivantes :

Dans les losanges étaient des cercles enfermant d'autres losanges et diverses figures remplies d'inventions fécondes et gracieuses. Au point milieu des losanges s'élevait un pin très-droit et touffu. De même, dans les bordures entourant les espaces délimités, tout le long des allées, étaient distribués, avec mesure, divers arrangements de figures ovales, barlongues, sesquialtères, au milieu desquelles s'élevaient de très-verts sabiniers[199] intercalés de cyprès et de pins se correspondant, égaux en hauteur et en grosseur, avec un rang de cyprès, arbre dont se servit le Père divin pour déceler la calomnie[200]. Puis, aux endroits convenables, étaient plantées de très-belles fleurs de toutes les colorations, réparties avec une élégante harmonie et très-odorantes.

Dans ces espaces charmants se trouvaient des habitants des deux sexes, uniquement occupés au travail de la très-féconde nature, adonnés à la culture, à l'entretien d'une si belle œuvre horticole. Le roi très-juste des Phéaciens, Alcinoüs, n'apporta pas, à la garde de ses jardins potagers[201], une diligence semblable à celle qui s'observait là et qui s'y employait avec un zèle admirable. Toute production apparaissait au double et semblait placée comme si elle fût née en cet endroit décoré de marbre d'une rare splendeur. Les espaces circulaires suivants étaient disposés de la même façon.

Figure 265 (1883).

La seconde clôture de jardins venait immédiatement après l'œuvre ci-dessus décrite et donnait naissance à sept autres gradins allant dans la direction du centre. Sur la dernière marche se trouvait établie une belle cloison d'arbres variés, d'une fort jolie coloration, avec des tours ou cabanes admirablement faites d'une paroi ronde d'orangers. Deuxtroncs[202] faisaient office des montants de la porte. Leur feuillage s'élevait par-dessus le sommet de la tour et s'y réunissait en une seule masse qui dépassait ce sommet de trois pieds, partant de ces troncs pour s'épanouir en une médiocre frondaison. La même paroi ronde était pour toutes les tours, d'une hauteur de deux pas. La cloison entre chaque tour variait quant à la couleur et à l'espèce des arbres. Il y en avait une en genévriers, une en lentisques, une en arbousiers, une en troènes, une en arbres à encens, une en cynacanthes, une en oliviers, la dernière en lauriers. Le feuillage de ces arbustes était jeune, taillé de la même façon. La dernière de ces cloisons reproduisait également la forme de la première et ainsi de toutes ; elles étaient admirablement découpées, sans laisser apercevoir un tronc, et d'une verdure persistante.

Entre les tours, au beau milieu de l'espace, sur le sommet aplani de la cloison, se dressait un admirable pin, et, dans les intervalles de chaque côté, sortaient de ladite cloison des plants de buis taillés avec un art exquis, en forme symétrique de lunes cornues, accompagnant tout l'espace compris entre les tours, ayant l'ouverture du croissant dirigée en l'air, et façonnés avec le plus grand soin. Entre la corne d'un croissant et celle de l'autre, s'élançait un genévrier taillé en pointe comme un pin, et s'amoindrissant jusqu'au sommet, de même que s'il eût été fait au tour, avec son feuillage aigu parfaitement nivelé. La partie du croissant la plus fournie était le milieu. Entre les cornes montait un tronc qui les dépassait d'un pied et demi. Au sommet de ce tronc s'arrondissait une boule dans une juste proportion.

En dedans de cette clôture, entre les allées, se trouvaient des parterres quadrangulaires admirablement formés, dont les dessins dissemblables, rendus avec des plantes potagères, garnissaient, en alternant, tout cet admirable circuit.

Le premier carré, séparé de ses voisins par des allées qui leur imposaient à tous une forme irrégulière[203], était formé par un entrelacs de plates-bandes semblables à des rubans, entrelacs façonné le plus proprement du monde. La première plate-bande[204], en son milieu, tournait sur elle-même en manière d'anneau, et, de là, se transformait en un cercle qui se nouait avec une autre plate-bande dessinant une figure carrée dont les angles se contournaient en boucles ; figure carrée qui se maintenait constamment à quatre pieds de distance de la première. Les parties du cercle rencontrant cette plate-bande passaient dessus et repassaient dessous alternativement. Ce second carré, dont chaque angle faisait une

Figure 266 (1499).    Figure 267 (1883).

boucle, passait de même alternativement dessus et dessous les plates-bandes qu'il rencontrait. Il conservait sans cesse sa forme rubannée, et ses nœuds étaient réguliers. Ainsi donc, les boucles du premier carré se continuaient en un cercle dont la capacité était contenue dans celle du deuxième carré. Un troisième venait après, distant de ce deuxième comme celui-ci l'était du premier. Ce dernier carré, formant également à ses angles des boules dans le sinus de ceux du second, au droit des diagonales, s'enlaçait avec le cercle, passant tantôt dessus tantôt dessous ledit cercle. Un losange était inséré dans le dernier carré autour de la plate-bande duquel il se nouait par les boucles de ses angles. Dans les espaces triangulaires compris entre les côtés du losange et ceux du carré, le centre étant posé sur les lignes diagonales de ce dernier, se trouvait un anneau libre. Un autre, également libre, était enfermé dans le losange. Au

FIGURE 268 (1499).   FIGURE 269 (1883).

milieu de ce dernier anneau se voyait une rosace à huit feuilles, au centre de laquelle était établi un autel dégagé et arrondi, en marbre jaune de Numidie, orné de trois bucranes d'où pendaient des festons de feuillage et de fruits s'élargissant vers le milieu, mais qu'enroulaient des rubans qui les attachaient aux bucranes et flottaient autour. Cet autel portait d'excellentes moulures tant au socle qu'à l'abaque, sans compter une fort belle cymaise et autres motifs ornementaux. Un sapin, au feuillage serré comme celui d'un cyprès, s'élançait de cet autel dans l'ouverture supérieure duquel croissait une grande quantité de cerfeuil.

L'arrangement des plantes du susdit parterre était ainsi ménagé, eu égard à la coloration des plantes : d'abord la première plate-bande était garnie de marjolaine fort épaisse, la seconde d'aurone, la troisième d'ive muscate[205].

Le losange était de serpolet de montagne, l'anneau inscrit en lui était de véronique, la rosace, de violette couleur d'améthyste; la partie entourant la rosace était de violette blanche abondamment fleurie comme la première. Les quatre anneaux enfermés dans les triangles compris entre les côtés du losange et ceux du troisième carré étaient plantés de nigelle ou gith[206], leur intérieur était de violette jaune. Tout le fond des triangles était de psyllion[207]. Les boucles situées entre le premier et le deuxième carré étaient garnies de rue, celles du troisième l'étaient de primevère qui fleurit au printemps. Dans l'espace bordant le parterre, entre la première et la deuxième figure carrée, était un dessin représentant des feuilles d'acanthe dirigées alternativement en sens inverse et faites de polion de montagne; elles s'enlevaient sur un fond semé d'adiante[208]. Au centre de chacun des anneaux, placés sur la diagonale, s'élevait, à hauteur d'un pied et demi, une boule de verdure. Ces boules étaient au même niveau, également touffues et sphériques, placées toutes de même, si cen'est dans les quatre boucles formées aux angles du carré interposé, selon les lignes diagonales. Là s'élevait, au centre même, des plantes de mauve rose, pourpre et lilas, aux nombreuses feuilles, aux fleurs à cinq pétales, hautes de trois coudées.

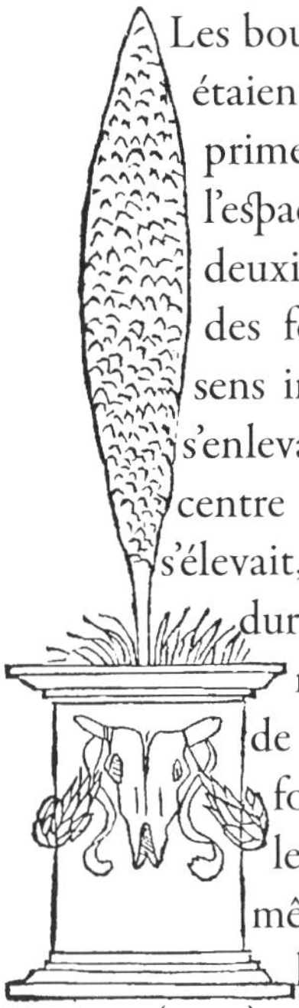

FIG. 270 (1499).   FIG. 271 (1883).

Dans les boucles formées par la première plate-bande faisant le carré, boucles par lesquelles cette plate-bande se convertissait en un cercle, étaient des boules d'hysope, cela le long des allées limitrophes se dirigeant au centre de l'île, et de celles qui bordaient la cloison verte ainsi que la partie extérieure de nouveaux gradins, allées qui déterminaient partout la grandeur des parterres.

Le parterre voisin était plus charmant encore, d'un admirable travail bien imaginé, garni d'une magnifique distribution de plantes, d'un fort bel enchevêtrement et se distinguant par la coloration variée des simples. Auprès des bordures en marbre des voies arrondies le long de la partie déformée de ce parterre, à l'intérieur, courait une bande cintrée large d'un pied et trois quarts, d'où partaient, attachées à elle, toutes les plates-bandes uniformes composant le dessin de ce parterre, que séparait du précédent une allée intermédiare. Il comprenait neuf petits carrés remplissant, à égale distance les uns des autres, tout le champ du grand. Ces petits carrés se reliaient entre eux a leurs angles par des bandes qui s'entrecoupaient au milieu, où elles se rencontraient exactement. Toute cette configuration remplissait le parterre entier et s'ajustait à la dernière bande. Un pareil dessin produisait des octogones qui enfermaient chacun un des neuf carrés. Dans l'intérieur de ces carrés réguliers s'en produisaient d'autres dont les côtés étaient tournés en face des angles des premiers. À chaque section opposée ils se nouaient en forme de losange par leurs angles et étaient reliés ensemble par des bandes qui se coupaient perpendiculairement, formant ainsi un agencement mutuel, de telle façon que chacun produisait une nouvelle figure octogonale enfermant la première et embrassant par cette combinaison les neuf petits carrés.

Toutes ces bandes, là où elles se rencontraient, passaient alternativement dessus et dessous les unes des autres, ce qui faisait un gracieux entrelacs compliqué, sur toute l'étendue de ce parterre. Les lignes donnant ces configurations étaient faites par des bandes de marbre très-blanc, de quatre pouces et demi de superficie en largeur, et étaient bordées des deux côtés par des simples. Dans les compartiments délimités ainsi par des bandes de marbre, des plantes potagères poussaient dru et bien également, appropriées on ne peut mieux, par leur nature, à l'effet de la configuration générale, avec une observance semblablement gardée par tout l'ensemble de la composition. Par Jupiter ! c'était là un spectacle superbe et très-agréable à regarder !

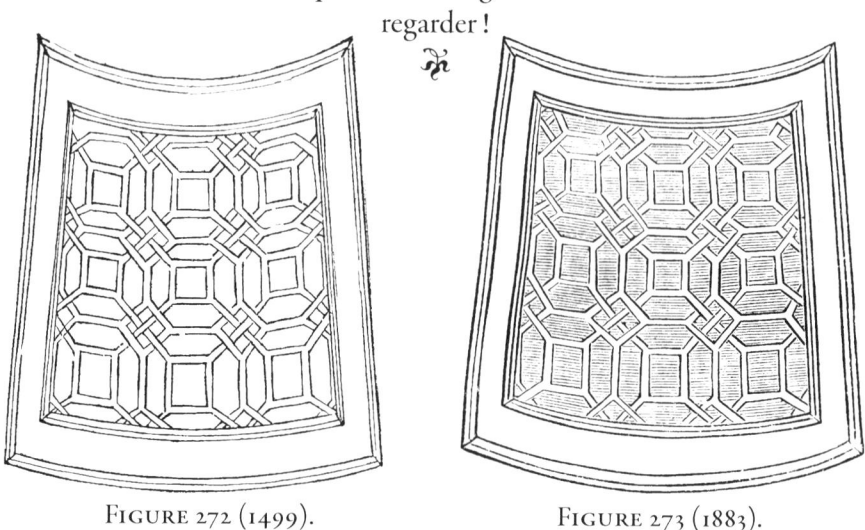

Figure 272 (1499).   Figure 273 (1883).

Telle était la distribution des plantes par rapport aux couleurs : tout carré libre était planté de cynomia et bordé de myrsinite[209]. Les bords des autres bandes, qui s'entrelaçaient en se coupant, étaient faits de polion de montagne. Les quatre petits carrés, déterminés par les intersections partant des angles des neuf carrés, étaient remplis de serpolet. Les octogones, enfermant les carrés libres, étalaient une verdure d'herbes assorties de la manière suivante : l'un était d'herbe de Saint-Laurent[210], l'autre d'estragon, le troisième d'achillée, le quatrième de senneçon, le cinquième de menthe, le sixième de serpolet sauvage[211], le septième de nard sauvage[212], le dernier de politric[213]. Les deux parterres que nous venons de décrire, étaient répétés alternativement, ce qui formait on ne peut mieux tout l'entourage.

Pour en finir avec ces parterres, il nous reste à dire que, dans le carré central du dernier décrit, se trouvait un fort bel autel qui portait, à ses quatre angles, au-dessous de la corniche, deux têtes cornues saillantes et tournées vers le sol, très-finement sculptées. Des festons arrondis pendaient, suspendus à ces têtes, ornés de tous les détails appartenant à ceux qui décoraient l'autel arrondi ci-dessus décrit. Sur cet autel était posé un vase antique en forme d'amphore, muni de quatre anses également distantes l'une de l'autre ; il était en fort belle sardoine, mariée, comme on la trouve généralement, à l'agate. L'exécution en était d'un art admirable. De ce vase sortait un buis très-beau dont le bas était façonné en une boule d'un pas de diamètre. De dessus cette boule s'élançaient quatre tiges distinctes, hautes d'un pied, chacune portant une boule indépendante et proportionnée à celle du bas. Sur chacune de ces boules reposait un paon dont la tête appuyait contre un plateau, d'où s'élançait une tige qui se divisait en quatre rameaux portant chacun une boule. Cette tige, continuant à s'élever, portait une autre boule d'où sortait une figure ovale flanquée de deux rameaux portant chacun une boule, et surmonté d'une troisième à son sommet.

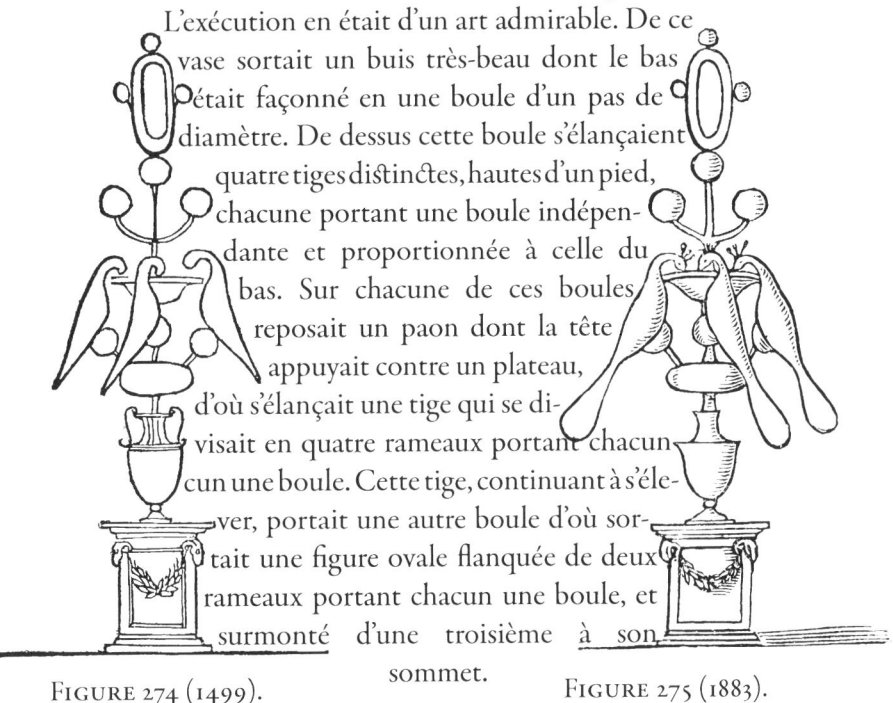

FIGURE 274 (1499).   FIGURE 275 (1883).

Telle était la disposition pareillement et uniformément observée au milieu de chaque parterre, tant pour la situation que pour le buis, l'autel, le vase et les moulures.

Sept autres gradins venaient immédiatement après. Sur celui du haut courait, en manière de mur circulaire, une paroi de myrte très-vert. Elle était garnie de tours semblables à celles qui ont été déjà décrites, avec les cyprès et le reste, mais elle avait le feuillage taillé dans la forme d'une flotte. Derrière cette clôture se trouvaient pareillement des parterres aux configurations tracées en plantes potagères et alternant de dessin. D'abord c'étaient deux bandes quadrangulaires symétriquement entrelacées. Elles enfermaient un cercle, ainsi que dans le parterre décrit précédemment. À l'intérieur de ce cercle était représenté, à merveille, un aigle aux ailes étendues et qui remplissait tout l'espace. Aux endroits où, dans le parterre ci-dessus décrit, se trouvaient figurées des feuilles d'acanthe, il y avait des lettres majuscules. Et d'abord, au côté gauche, entre les deux bandes, dans les parties comprises entre les boucles, étaient, d'une part les deux lettres *A, L* ; d'une autre, les quatre suivantes *E, S, M, A*. Au côté qui longeait la clôture, entre les anneaux, c'étaient, d'une part, les trois lettres *G, N, A* ; de l'autre, les quatre *D, I, C, A*. En suivant, le long de l'allée étaient de même, d'une part, les quatre lettres *T, A, O, P* ; de l'autre, les trois *T, I, M*. Au dernier côté, le long des gradins, c'étaient, disposées de même à l'endroit ménagé pour ces écritures, d'une part, les deux lettres *I, O* ; de l'autre, les deux *V, I*. Les bandes, les boucles, le cercle intérieur, étaient plantés de rue très-serrée. L'aigle était garni de serpolet. L'espace enfermé dans les bandes quadrangulaires, et formant bordure au parterre, était tapissé de polion de montagne. Les lettres majuscules qui s'y trouvaient inscrites

Figure 276 (1499).   Figure 277 (1883).

étaient de marjolaine à petites feuilles[214] entourée de violettes ; le champ intérieur des boucles était de violette fleurie, l'un de jaune[215], le troisième de blanche[216], toutes très-chargées de fleurs persistantes. Les plantes potagères demeuraient vertes, parfaitement égalisées, dispensées de payer tribut aux lois de la féconde nature. Dans chacun des triangles formés par le cercle et les bandes du second carré était inscrit un anneau planté d'herbe de la même couleur que celle des bandes qui l'enfermaient. Le fond était de myrsinite. Au centre de chacun de ces cercles était plantée une boule sphérique en myrte très-touffu et très-égalisé, au-dessus d'un tronc de deux pieds de haut. Il en était ainsi pour tous les parterres du même dessin.

Le parterre suivant avait des bandes et des anneaux pareils à ceux que nous venons de décrire ; mais, dans le cercle, se trouvaient deux oiseaux. D'un côté c'était un aigle, de l'autre un faisan. Tous deux bec à bec, ils reposaient sur le bord d'un vase exhaussé par un petit pied. Entre les bandes sises du côté où se trouvait l'aigle, dans les deux espaces réservés, réservés, tracées, dans l'un, les trois lettres *S, V, P* ; dans l'autre, les trois *E, R, N*. Entre les bandes du haut, dans le premier espace, étaient les trois lettres *A, E, A*. Dans le second, les trois autres *L, I, T*. Du côté où se trouvait le faisan, dans la première partie, étaient les trois lettres *I, S, B*. Dans la suivante, les trois *E, N, I*. Entre les deux bandes du bas, dans le premier espace, étaient les trois lettres *G, N, I* ; dans le second, les trois autres *T, A, S*.

L'intérieur du cercle, qui enfermait la configuration, était planté entièrement de polion de montagne. La plate-bande formant ce cercle était faite d'herbe de Saint-Laurent. L'aigle était de sennçon, le vase de nard sauvage, son orifice, entre les bords arrondis, de myrsinite. La bande

FIGURE 278 (1499).   FIGURE 279 (1883).

intérieure était de trèfle rampant[217], les boucles des angles de cette dernière étaient plantées de marjolaine, le dedans était de digitale ainsi que l'extérieur. Les lettres étaient formées de serpolet sur un champ de politric. L'intérieur des boucles, entre les bandes, était de santonique[218], le dedans des anneaux placés dans les triangles était garni, un et trois d'aurone odorante, deux et quatre de lavande. Au beau milieu de ces anneaux se trouvaient placées, alternativement, une boule de Sabine et une boule de genévrier, hautes de trois pieds. Toutes ces plantes étaient d'une bonne épaisseur, d'une verdure fraîche et d'un aspect fort agréable. C'était là une œuvre merveilleuse, d'un charme exquis, faite pour le plaisir de la vue. Ces parterres étaient arrosés par de très-étroits conduits, distribués méthodiquement et les aspergeant de très-fines gouttelettes d'eau.

Sept nouveaux gradins s'élevaient encore, toujours en conservant la même règle. Sur celui du haut courait un fort beau treillis entièrement fait de jaspe rouge et très-brillant. L'ajourage en était élégant ; il offrait les formes les mieux accommodées. L'épaisseur de ce treillis mesurait deux pouces[219]. C'était une clôture continue, sans ouvertures ; car les allées droites s'arrêtaient là, et l'on ne pouvait pénétrer dans l'intérieur que par la voie triomphale qui, seule, demeurait viable. Il en était de même pour la clôture venant après.

Dans ce voluptueux enclos, j'admirai un bois touffu et ombreux d'arbustes très-rares. Là se trouvaient les deux térébinthes[220] mâle et femelle, au bois résistant à la vétusté, d'un noir superbe, d'une odeur agréable. C'étaient encore l'arbre qui donne le bdellium[221], avec ses feuilles semblables à celles du chêne, le pommier Médique[222] toujours chargé de fruits, le précieux ébénier, l'arbre à poivre, le santal à la triple espèce, le cannellier, le xylon[223] si vanté, comme on n'en trouverait plus dans la vallée de Jéricho, en Égypte ou à Methora[224]. Là se trouvaient le costus blanc[225], tel que n'en produit pas l'île de Patalé[226], l'arbrisseau nommé nard[227], à la pointe garnie d'épis pour lesquels il est renommé, ainsi que pour ses feuilles, l'aloès au bois d'une saveur indicible, comme n'en transporte pas le Nil acéphale, et le styrax, et le stachys[228], et l'arbre à encens, et l'arbre à myrrhe, comme il n'en vient pas à Saba[229], et une infinité d'autres arbustes aromatiques. Le sol très-uni était là partout couvert d'asarum[230], ainsi que n'en produisent ni la province du Pont, ni la Phrygie, ni l'Illyrie, et qui rivalise avec le nard.

Ce très-délicieux endroit était le pays d'adoption, le lieu de réunion des oiseaux les plus étranges et les plus rares qui aient jamais été vus par des yeux humains, qui aient jamais été contemplés. Ils ne s'occupaient que de l'œuvre d'amour. On ne peut plus vifs, ils gazouillaient agréablement au milieu des rameaux assez touffus, d'une verdure très-vive et persistante, qu'ils emplissaient de leur chant. Ce bois fortuné, très-plaisant et feuillu, était parcouru par de petits canaux où roulaient, avec un berçant murmure, les eaux rapides des claires fontaines. Là, sous les fraîches ombres des arbres groupés et doucement courbés en berceaux, à travers les feuilles nouvelles, retentissait le babil répété d'innombrables et nobles nymphes, en la compagnie d'une jeunesse de l'autre sexe, menant une vie joyeuse, tout au discret plaisir les uns des autres, chantant sur des instruments champêtres, échappées au doux Cupidon. Toutes se livraient, dans l'épaisseur de l'ombre, à des actions agrestes. Ces nymphes étaient élégamment vêtues d'habillements de soie très déliée, crêpés, fermés[231], d'une pâle couleur de safran ; vêtements voluptueux[232] qu'un grand nombre portaient blancs[233] et jaunes[234], quelques-unes violets. Elles avaient des sandales et des chaussures de nymphes. Tous les habitants de ces lieux enchanteurs, s'apercevant de l'arrivée du Dieu sagittaire, leur seigneur, se présentèrent prestement en sa présence, tout festoyants et respectueux, hormis les nymphes dont nous venons de parler. Puis, tous retournèrent à leurs plaisirs particuliers et à leurs amusements continuels. Enfin, après le bosquet ci-dessus décrit, venait immédiatement un nouvel escalier à sept marches, sur la dernière desquelles s'offrait, avec la règle observée, une colonnade pareille, quant à la matière et à la façon, à celle qui suivait le fleuve sus-mentionné. Là était établie une aire aplanie, large et dégagée, portant une admirable invention en mosaïque, faite d'entrelacs, de figures rondes, triangulaires, carrées, coniques, cylindriques[235], sesquialtères, barlongues, rhomboïdales, en zigzag formant très-joliment un dessin compliqué, polie comme un miroir, bien distincte et variée, d'une coloration rare. C'est ainsi que le demi-tiers de mille, allant du fleuve vers le centre, était distribué dans d'harmonieuses proportions. Ce demi-tiers mesurait donc, comme il a été dit, cent soixante-cinq pieds et demi. Il faut compter douze pas pour la largeur du fleuve ; tous les gradins occupaient un espace de huit pas et deux pieds ; le premier jardin mesurait trente-trois pas, le second vingt-sept, le troisième vingt-trois. Le bosquet en avait vingt-cinq. L'aire entourant le théâtre, quinze. Celui-ci, jusqu'à son centre, seize. C'en est assez sur la mesure de cette île.

Poliphile narre comme quoi, sortis à peine de la nacelle, ils virent s'avancer à leur rencontre un nombre infini de nymphes porteuses de trophées. Il parle de la mystérieuse couronne offerte par les porteuses à Cupidon, ainsi que de la procession d'honneur dans laquelle le Dieu s'assit sur son char triomphal. Il conte comme quoi Polia et lui, liés ensemble derrière le char, parvinrent, en grande pompe, devant la porte de l'admirable amphithéâtre dont il décrit pleinement le dehors et le dedans ·❧ Chapitre XXII

UAVEMENT poussés par les douces brises que Zéphyr soufflait en faisant vibrer mollement, de sa douce haleine, les belles petites plumes dorées de l'enfant divin, nous parvînmes au rivage mouillé par le flux. Là nous vîmes, au départir de la nacelle, venir un nombre infini de semi-déesses porteuses de présents et de nymphes insignes d'une beauté superbe. Elles accouraient, empressées, au-devant du divin enfant ailé, en troupe nombreuse, en grand apparat, en grande pompe, ornées et vêtues magnifiquement, fastueuses comme des déesses, parées avec une recherche plus que royale. Singulièrement respectueuses, solennellement, ces pucelles, à la fleur de l'âge, dansaient de plaisantes pyrrhiques, chantaient des louanges virginales. D'un aspect céleste et illustre, elles se montraient humbles et, décentes, se soumettaient en toute obéissance et se livraient entièrement. Devant toutes, pastophores et pyrgophores[1], marchaient des nymphes chasseresses[2] élevant des trophées d'équipements militaires attachés au sommet de lances à tranchant d'or. C'était le haubergeon de Mars[3] le fu-

433

rieux, avec d'autres pièces d'armures conquises, avec l'arc placé en travers, retenant la cuirasse, portant à un bout le carquois plein de flèches, à l'autre une hache attachée. Sous la cuirasse se déployait le filet[4] au bas duquel se voyait un visage d'enfant ailé se présentant de face et répété, au-dessus d'une pomme fixée à la hampe qui traversait le tout et portait sur sa pointe un casque étoilé.

Une nymphe élevait un autre trophée. Au sommet de la lance était placée une couronne de laurier superposée à une paire d'ailes éployées d'un aigle fort noir. Dessous se voyait le visage d'un très-noble enfant ; puis venaient

Figure 280 (1499). Figure 281 (1883). Figure 282 (1499).

deux foudres entre-croisés, liés par un ruban flottant tissu d'or et de soie. Un sceptre, fixé transversalement à la lance, tenait suspendue une cotte superbe.

Une autre encore portait un trophée composé d'un casque surmonté d'un bucrane, sous d'un écu à chaque ouverture brachiale. Ces deux écus étaient liés par un ruban qui pendait latéralement; il soutenait une peau de lion. Dessous était fixée en travers la massue noueuse.

Ensuite venait une nymphe qui élevait un trophée d'une beauté singulière. Le haut de la lance se terminait en pointe d'où descendait une manière de

FIGURE 283 (1883).   FIGURE 284 (1499).   FIGURE 285 (1883).

couvercle placé sur un disque d'un pouce d'épaisseur, sorte de plateau posé debout, ayant, dans son milieu, une petite forme ronde sculptée en saillie, à peu près comme le pied d'un vase. Par-dessous venait une tablette sur laquelle était écrit ceci, en lettres majuscules : QVIS EVADET ? [*Ce qui signifie :* QUI EN ÉCHAPPERA ?] Sous cette tablette se trouvait un pommeau qui surmontait un disque semblable au premier, mais plus petit, entouré d'une garniture d'ailes, le tout reposant sur une solide petite coupole d'où, en continuant, descendait un balustre allongé, puis une petite boule⁵.

FIGURE 286 (1499).   FIGURE 287 (1883).   FIGURE 288 (1499).

Une autre nymphe portait, de même, une lance terminée par une figure ovale bordée de clous tout autour, et munie, dans son milieu, d'un saphir de même forme qu'elle, de la grosseur d'un pouce. Dessous était une tablette portant cette inscription : NEMO. [*Ce qui signifie :* Nul.] La hampe de la lance descendait entre deux ailes, affectant quelque peu la forme d'un balustre ; puis venait une coupole comme il a été dit ci-dessus.

Une nymphe suivait, portant un très-noble trophée. Une boule, placée au-dessus d'un pied piriforme, s'élançait au milieu d'un croissant fait de deux

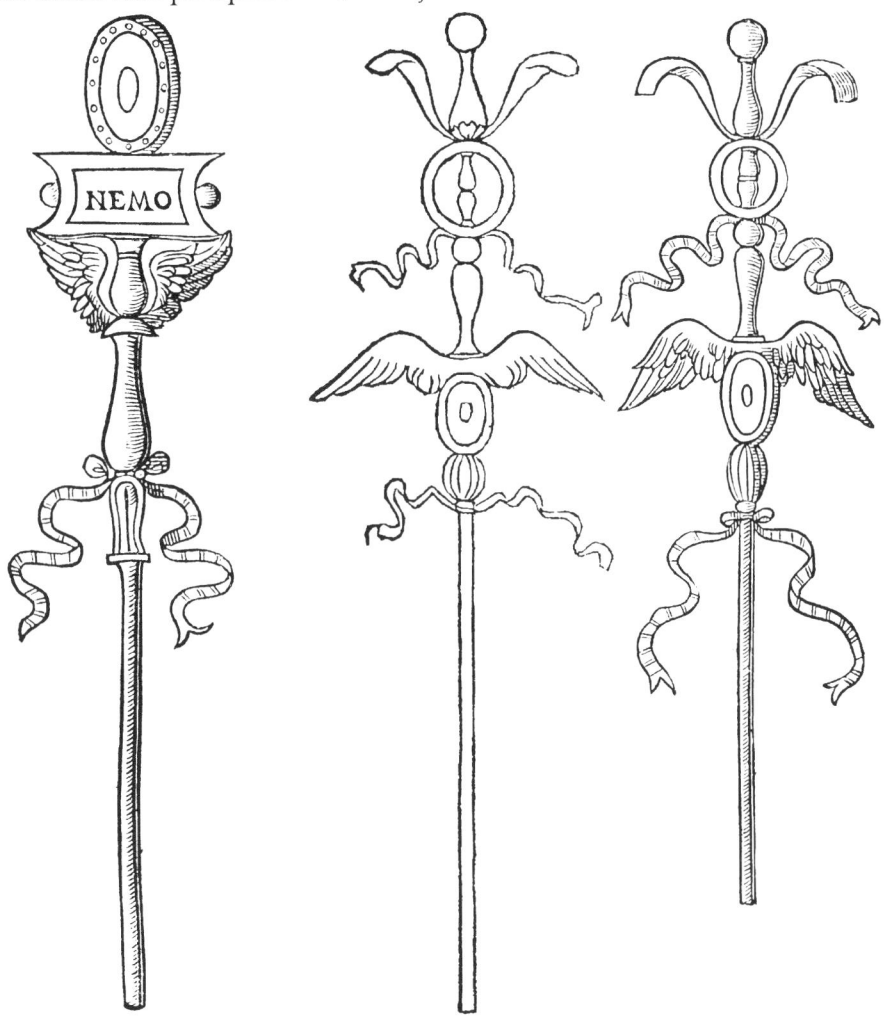

Figure 289 (1883).   Figure 290 (1499).   Figure 291 (1883).

plumes finement fabriquées de minces lames d'or superposées l'une à l'autre comme des feuillets. Le demeurant de ces plumes se contournait, par le bas, en un cercle imitant une couronne et lié d'un ruban dentelé. La hampe, affectant la forme d'un balustre, passait perpendiculairement par le milieu de cette couronne au-dessous de laquelle était une boule, puis le fond d'une gargoulette descendant sur une paire d'ailes. Une figure ovale venait ensuite, portant au milieu un peloton de lin[6]. Sous cette figure ovale brillait une autre boule à côtes de melon avec un nœud de rubans flottants bien placé.

Beaucoup d'autres nymphes, encore, qu'il serait trop long d'énumérer, portaient des lances d'ébène, de santal rouge, citrin et blanc, d'ivoire candide ou de bois précieux, enrichies d'or, d'argent, de pierres précieuses. Tous ces objets étaient travaillés avec une grande délicatesse d'orfèvrerie, fabriqués en or et en argent, très-minces, d'une matière polie, garnis de soie verte ou de toute autre couleur, gracieusement fleuris, ornés de gemmes abondantes par tous les endroits convenables. Là, tout avait été placé avec harmonie, appliqué magnifiquement, avec des glands ou pendeloques de pierres précieuses perforées et traversées par un filament d'or. Tout y était, à plaisir, peint d'agréables couleurs, d'un scintillement et d'une splendeur remarquables. Les porteuses avaient des gants tissés à la main, d'un travail artistement fait à l'aiguille, chargés de nœuds et de fleurettes en fils d'or, d'argent et de soie, garnis de franges, bordés d'une riche broderie de pierreries[7] appliquée sur les bras roses et charnus, avec des cordelettes d'or élégamment emmêlées de soie aux tons variés. Devant toutes ces porteuses allait celle qui tenait la bannière enlevée à la nacelle, et qui, marchant en tête, la portait avec dextérité. Une autre, emboîtant le pas, la suivait immédiatement et soutenait une lance cælibaris[8] triomphale dont la tête représentait un Cupidon ailé et sans voile en action de bander son arc bien fourbi. D'un pied il foulait une pomme placée au sommet de l'inflexion d'une couronne de feuilles de laurier en or. Cette couronne reposait sur le fond d'une

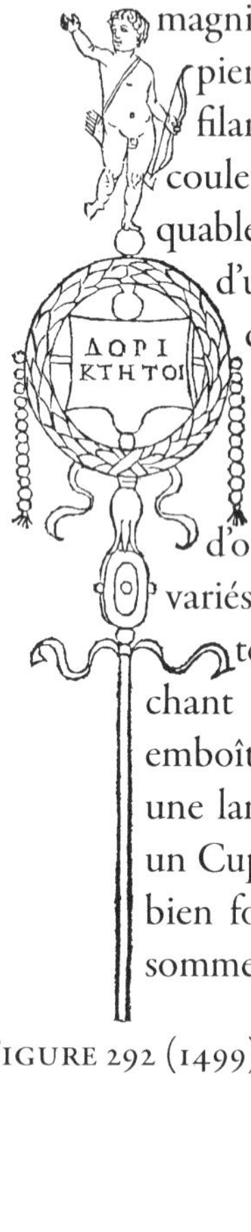

Figure 292 (1499).

Figure 293 (1883).

gargoulette renversée ; elle était liée de rubans rouges qui, serrant sa jonction, laissaient flotter leurs bouts libres. Le cercle contenait une tablette dans l'épaisseur de laquelle passait la lance pénétrant par une boule sise en haut de la tablette, comme par une autre sise en bas, juste par le milieu. À droite et à gauche de la tablette passait un bout de tasseau sortant par la couronne au-dehors. À chaque extrémité de ce tasseau pendait une cordelette de soie et d'or tordus traversant des grains de pierres précieuses. Sous la couronne, une gargoulette, le fond tourné en l'air, saisissait, avec son orifice fait en balustre de grenadier, une figure ovale bordée d'une moulure épousant sa forme. Deux pommelles étaient appliquées aux bords latéraux de l'ovale, à chaque bout du petit diamètre. Une troisième se trouvait au bas. Enfin venait un nœud flottant tissu d'or et de soie aux tons variés. Des deux côtés de la tablette était cette inscription : ΔOPYKTHTOI [*Ce qui signifie* :ACQUIS PAR LA LANCE.

Un grand nombre d'autres lances suivaient, extrêmement ornées de fleurs, de feuillages, de menus fruits, auxquels étaient joints des clinquants d'or et d'argent émaillés de toutes les couleurs. Décorées avec une exquise élégance, avec une très-grande propreté, elles avançaient, gaiement portées, couvertes d'inscriptions victorieuses et de légendes, chargées d'armures de vaincus, de dépouilles, de trophées de butin conquis par le divin enfant. Les porteuses allaient, gardant une bonne distance dans leur marche triomphale, applaudissant, dansant de divins thiases[9], accompagnées par les sons et les chants joyeux des porteuses de carquois.

Après, tout d'abord, se présenta Psyché, la divine épouse du Dieu. Elle était en habit royal, au corsage de velours vermeil et d'or, toute vêtue de soie brillante, tissu tramé d'or à trois fils. Immédiatement derrière elle venaient ses compagnes, aux magnifiques et gracieux vêtements de soie, teints, avec goût, de diverses couleurs, richement brodés de pierreries. Nature s'est montrée marâtre envers les humains en ne leur permettant pas d'en faire de semblables. Ils formaient des plis crêpés en saillie sur ces petits corps délicats, le long de ces hanches virginales, agités qu'ils étaient par la douce impulsion des brises fraîches.

Quelques nymphes avaient des corsages ajustés couverts d'écailles d'or, ornés d'un bel arrangement bien assorti de gemmes très-brillantes. D'autres recouvraient de vêtements soyeux leur poitrine plus blanche que les gelées du Capricorne, poitrine ornée du premier gonflement de leurs mamelles indomptées, semblables aux pommes orthomastiques[10] ; mamelles fixées droites, en forme de demi-globes, jusque vers la bordure du corsage garni de velours bleu de ciel, et sur laquelle courait, en spirale, une somptueuse broderie surchargée de perles orientales, quelque peu bombée et descendant sur le diaphragme, c'est-à-dire sur cette partie qui est au-dessus de la ceinture, qu'elle garnissait pleinement d'enroulements d'un feuillage superbe ; cela avec un tel art, que jamais brodeurs[11] de Phrygie n'en inventèrent un plus parfait.

Celles dont le corsage était bordé de pourpre foncée[12], avaient cette spirale rehaussée de saillantes émeraudes vertes. Celles qui l'avaient garni de couleur prase[13] avaient des rubis ardents ronds comme des baies. Sur les bordures jaunes, c'étaient de brillants saphirs. Sur les pourprées d'un beau rouge vermeil, c'étaient des diamants taillés en pyramide. Sur celles de couleur améthyste ou violette, c'étaient des perles proportionnées et fort blanches.

Il y en avait encore, disposées ainsi, de tons remarquables et vifs, comme la couleur mauve, comme celle de Thyré[14], comme celle obtenue du murex[15], de la sandaraque[16], de la rouille du fer, de la fleur du grenadier[17]. Les vêtements de soie étaient, les uns en satin, les autres en velours, ou bien tissus excellemment de fils à trois ou quatre brins, représentant de fort agréables figures de fleurs et de petits animaux[18]. Il y avait de ces nymphes vêtues de draps ourdis de soie et tramés d'or et d'argent, tissus de toutes les couleurs et dessins[19]. Il y en avait qui portaient des vêtements aux raies bleues ou vertes alternant avec de l'or, de l'argent, et de toutes nuances diverses, d'une distribution la mieux combinée et assortie, d'un tissu très-beau, d'une opposition de tons charmante. Quelques-unes avaient des habits de pourpre vive, d'autres de pourpre de Tyr deux fois teinte[20] ; d'autres avaient des vêtements surtrempés dans le safran, comme on n'en sut faire en Scythie de rayés et de tons variés, à l'aide de l'arbre lanigère[21]. D'autres encore portaient de légers manteaux de coton qui, voilant leur beau ventre, s'y collaient poussés par la brise.

Ces nymphes portaient, en outre, sur leur tête chevelue, des coiffes de vierges ornées d'un surprenant assortiment de pierreries d'un aspect vermiculaire ; coiffes exécutées superbement en filet d'une exquise invention, avec des rubans couverts de fils d'or s'entrecroisant en forme de losanges ou de mailles. Elles avaient des tiares d'un tissu d'or tel, que ses fils à doubles brins tordus étaient distincts les uns des autres, et, par-dessus, la triple association d'un fil d'or et de deux fils de soie, tordus ensemble, formait une saillie et se croisait avec un beau nœud au point de la rencontre. Dans les espaces vides étaient placées de rondes gemmes splendides dont la disposition variait selon que le réclamait la différence des costumes. D'autres nymphes enfermaient leur tête divine dans des diadèmes en or. À l'intérieur des petits losanges, cela pour toutes les coiffes, brillaient, d'éclatante blancheur, des rosettes formées de six grosses unions, du milieu desquelles sortait un gros joyau conique assorti avec les pierreries qui garnissaient le tour du corsage. Un ornement arsinéen[22] était posé sur la partie qui entourait le large front, au point où la raie des cheveux les divisait en deux bandeaux légèrement ondulés. Quelques-unes avaient leurs cheveux d'or noués en charmant peloton. Sur la belle tête de quelques autres, les cheveux étaient gentillement assemblés et rattachés en un chignon à la mode des vierges, formant une masse de cheveux serrés et tordus, entortillés de cordelettes de soie et d'or.

Telles avaient leur très-fine chevelure nouée artistement le long des tempes unies. Telles, encore, l'avaient couvrant en partie le front serein, et s'enroulant, tout autour, en minces et capricieuses circonvolutions de fils d'or. Telles portaient leurs cheveux avancés sur leur front rosé, se jouant délicieusement aux brises tempérées et flottant autour de la tête et du cou, qu'ils entouraient. De plus, par-derrière, passant sur le milieu des belles oreilles, apparaissait, brodé de rubis égaux et brillants entre lesquels était une superbe réunion de diamants, d'émeraudes vertes, de saphirs très bleus, le bas de la coiffe garni de franges, en clinquant d'or et d'argent, qui remuaient sans cesse, tendues qu'elles étaient, sous les tresses, par un fil de perles orientales. Ensuite, le reste de l'abondante chevelure dénouée tombait épars depuis les délicates épaules jusqu'au-delà des mollets arrondis, par-dessus les fermes fesses très-fraîches, en formant les plus belles ondulations.

D'autres laissaient pendre délicieusement du sommet de leur tête ornée, les cheveux nets en masse égale que liait un lacet d'or allant de-ci et de-là. Puis, se divisant avec grâce au-dessus du cou blanc comme le lait, ces cheveux remontaient, on ne peut mieux lissés, se contournant en beaux enroulements sinueux, et, réunis sur l'occiput, se terminaient en pointe, serrés par un beau floquet de perles orientales ; de là, magistralement conduites, les deux tresses couvrant les tempes plates, et diminuant graduellement, parvenaient gracieusement à l'endroit de leur jonction.

Il y avait de ces nymphes dont les cheveux d'un blond ardent s'enroulaient au mieux tout autour de la tête couronnée d'un harmonieux assemblage de fleurs printanières. Quelques-unes avaient les cheveux plus jaunes que les feuilles d'un arsenic[23] de choix, de la plus belle nuance et du plus beau lustre, tournés capricieusement en un virginal et voluptueux ornement, délicieusement arrangés avec une jolie adjonction de pierres précieuses variées. D'autres les avaient plus noirs que les plumes d'Æsaque, semblables à l'anthracite, d'un tour superbe, ornés de voiles transparents tissus d'or, aux bouts dentelés et frangés finement comme des crins, d'une belle et gracieuse envolée. Ces cheveux aux nœuds bouclés étaient troussés avec un tel art, d'une si bonne façon, qu'ils dépassaient la recherche la plus raffinée, la plus coquette qu'il soit donné aux vierges d'atteindre, proprement peignés et accommodés qu'ils étaient. C'étaient autant de rets enduits de glu visqueuse et prenante, funeste aux cœurs amoureux. Elles avaient, avec cela, des boucles d'une valeur inestimable pendues à leurs oreilles percées. Elles portaient autour de leur cou droit et neigeux des carcans de prix, des galons, des colliers scélérats somptueusement garnis de gemmes. Le soin de leur parure atteignait à une hauteur d'ambition féminine telle, qu'on ne la saurait imaginer, si subtil eût-on l'esprit. En outre, plusieurs chaussaient leurs petits pieds de cothurnes pourpres percés d'œillets d'or, se terminant, bien tendus au moyen de lacets d'or et de soie, sur la chair blanche des mollets, par une gentille broderie circulaire de pierres précieuses, large d'un pouce, ornement vraiment magnifique. Plusieurs enfermaient leurs pieds nus dans des chaussures Bacchiques[24] vermeilles, en soie, délicieusement ornées. Beaucoup chaussaient des brodequins en cuir doré sur lequel étaient imprimés en relief une quantité de dessins élégants. Bon nombre avaient de petites sandales en cuir rose et ourlées d'or. Telles portaient à ravir des chaussures proprettes à l'échancrure lunaire, c'est-à-dire ouvertes en forme de croissant, rattachées au moyen des plus rares, des plus merveilleux rubans, lanières et courroies qu'il soit possible de dire, en soie bleue aux filaments d'or, formant les plus beaux, les plus charmants entrelacements, se nouant autour du talon potelé, à ne le pouvoir imaginer. S'échappant, en petits nœuds joliment compliqués, de l'étroite semelle, les rubans, de couleur bleue, avançaient sur le pied en contournant le gros orteil à partir duquel les autres doigts, plus blancs que des os calcinés, allaient en diminuant jusqu'au moindre. Montant de là jusqu'aux beaux jarrets, ces rubans se réunissaient sur le cou-de-pied d'ivoire au moyen d'une languette d'un beau travail vermiculé en or, décoré de gemmes brillantes, languette qui tombait du lien maintenant le talon.

Beaucoup de ces nymphes étaient voluptueusement chaussées de drap de soie rase, artistement couvert de figures, aux diverses nuances tranchant sur celles des vêtements virginaux. Ces chaussures étaient fermées, le mieux du monde, à l'aide de boucles d'or, d'agrafes ou de lacets. Les pieds potelés et mignons étaient maintenus sur d'exquises petites semelles au moyen de bandelettes élégantes aux fibules d'or, aux perles fixées sur les points de leurs intersections, aux petits nœuds de soie de couleur et d'or, garnies de férets d'argent poli. C'était fait pour aveugler, pour tirer l'œil des gaillards[25] effrénés. Quelle perfection, quelle beauté, quel éclat, quelle superbe ornementation, quel travail extraordinaire ! Avec quel soin subtil l'esprit avait trouvé le moyen de rendre doux aux spectateurs un plaisir qui les incendiait, une tentation voluptueuse qui les faisait mourir !

Il en était de même pour les costumes, qui, outre leur superbe et délicieuse invention bien digne de ce lieu fortuné, montraient des garnitures admirablement faites, des menus crevés ou fentes avec des dessous de tons divers et des coutures vermicellées d'un très bel effet ; et puis, immédiatement, sous la ceinture ajustée, pendait une rangée de petites poires en or et incrustées. Quelques nymphes, en place de ces poires, avaient des pendeloques de perles choisies grosses comme des avelines et se terminant par le haut en forme d'alabastres[26].

D'autres, au lieu de ces pendeloques, avaient une bande tissue d'or, ou galon, d'un beau travail vermiculé, mesurant deux pouces de largeur depuis les sinuosités de son bord supérieur jusqu'à celui du bas, où les franges attachées accompagnaient sa menue dentelure. D'autres, à l'endroit des perles piriformes, avaient des gemmes coniques encadrées dans des pierres en table et formant, avec des rondes, une association fort agréable et un congruent accord, tant par l'élégant assortiment des couleurs que par celui des formes diversement réparties. J'en avisai quelques-unes dont la parure magnifique et divine présentait une insigne, une excellente, une somptueuse ornementation d'un prix incomparable. Leurs flancs étaient couverts d'un corselet sinueux en soie satinée violette très-brillante, qui tombait, avec une courbe légère, et sur la dernière vertèbre et sur le pubis. Une broderie en relief, faite avec des perles de moyenne grosseur, recouvrait ce corselet. C'était un feuillage à l'antique dont les enroulements se terminaient par un nœud sur les mamelles et s'étendait, de chaque côté, vers l'ombilic, en un travail contourné renfermant des pierres précieuses en faconde rosette et d'autres configurations admirables, serties dans de l'or richement émaillé, ciselé et incrusté. Le bas de ce corselet était bordé par une saillie magnifique d'un tissu d'or filé, qui épousait la forme des contours de la broderie. Il était garni de pendeloques tantôt en or, tantôt en perles fort grosses qui pendaient constamment ballottées. Par-dessous descendait un vêtement de soie verte tramée d'or, arrivant jusqu'aux genoux. Dessous cette cotte une robe, d'un rouge vermillon, tramée d'or, tombait plus bas que les talons. Ces vêtements, formant des plis nombreux, étaient bordés, l'un et l'autre, d'une bande large d'un pouce et demi, garnie d'une double rangée de grosses perles. L'intérieur de la première bande était occupé par des gemmes d'un prix inestimable en forme de losange, entre lesquelles se trouvaient des pierres rondes de la même couleur qui brillaient, posées avec art, sur le champ d'or. Le long du bord inférieur de ces

FIGURE 294 (1499).

bandes étaient des merles aux angles desquels pendait une pierre arrondie et dont le fond, c'est-à-dire la partie du haut, était garni de petits brins d'or frissonnant au vent. De cette bordure descendait un réseau d'or aux mailles en forme de losange retenues par des pierres rondes. À chaque intersection de ce réseau se trouvait une gemme par laquelle passait transversalement un fil d'or. Au-dessus de cette gemme s'en trouvait une autre placée sur le bord même de la bande, semblable, par la forme et la grosseur, à celles qui l'accompagnaient de chaque côté, au milieu même des barbules d'or. Le fil, ci-dessus mentionné, qui traversait la maille, passait par une admirable pierre ovale sise au milieu de l'espace rhomboïdal. Chacun des fils formant la maille en losange traversait également une petite pierre ronde située juste au milieu. Toutes ces pierres, placées dans un ordre élégant, se faisaient face et correspondaient tant par la position que par la variété des couleurs. Au bout des angles inférieurs de ce réseau pendaient, alternativement, de l'un une pierre carrée d'un prix inestimable, taillée en table et tenant suspendue une pierre ronde, de l'autre une pierre oblongue ou ovale. Toutes ces pierres étaient d'une grosseur admirable. La bordure de la seconde robe était garnie, entre le double rang de perles, de pierres taillées en table, de proportion sesquialtère, placées, chacune, entre deux perles rondes, avec un semis de pierreries disposées délicieusement pour remplir les vides, d'un effet ornemental à rendre fou, serties avec une grâce parfaite, à stupéfier la nature, lançant de vifs éclairs et d'un ensemble de couleurs des plus agréables. Les manches, fort belles, sortaient de l'ouverture brachiale très ornée du corselet. À ces ouvertures, ainsi qu'au collier, se trouvaient des ornements

FIGURE 295 (1883).

tels que nous l'avons dit, qui les garnissaient on ne peut mieux. Les bras étaient recouverts en deux parties, depuis l'ouverture brachiale jusqu'au coude, et depuis le coude jusqu'au poignet, d'un tissu d'or chargé d'un précieux travail, avec une petite bordure d'une recherche de jeune fille, diligemment inventée. L'échancrure cubitale était lacée de jolies cordelettes ou cordons en or tordu. Une belle masse bouffante et plissée de la chemise très-fine, en toile de coton blanche comme la neige, sortait, là où il fallait, par des ouvertures rattachées au moyen de doubles lacets en soie, qui, passés dans des œillets d'or battu, et munis de ferrets d'or pur, formaient des nœuds pendants avec un goût exquis et virginal. Pourquoi fallait-il que le désir et la concupiscence fussent là réunis à la connaissance, au pouvoir, comme à la volonté ? Par Jupiter ! tout cela était si fort agréable à mes yeux amoureux, qu'il n'y avait rien autre chose à désirer que de pouvoir admirer perpétuellement ces superbes nymphes si belles, si bien faites, si délicieuses, aux si beaux sourcils arqués[27], si merveilleusement, si voluptueusement parées, et dont quelques-unes, encore, portaient des vêtements de neige du plus pur éclat. C'était une provocation si grande, que, devant l'âpre mort, on s'y fût livré à outrance et bien volontiers. Ô machine de guerre faite pour ruiner tout cœur, si sain, si sûr, si valide, si tranquille, si libre, si pur fût-il ! Faite pour subvertir et ravager subitement, pour abattre aussitôt, pour troubler sans délai, pour subjuguer totalement, pour attirer sans aucune résistance possible, pour renverser, en la fracassant, la continence la plus mesurée, la plus incroyable, la plus tenace ! Ces yeux sont les vrais et infaillibles satellites de l'entreprenant Amour. Il y faut joindre un nombre considérable de cruels bourreaux, qui sont ces libres pensées insidieuses, déchaînées et sans frein d'où découlent des suggestions perverses contre lesquelles on ne peut se prévaloir, en aucune façon, d'un courage audacieux, pas plus qu'on ne peut se détacher des inévitables et captivantes douceurs qu'elles présentent, quelque soin diligent qu'on y apporte ; car la nature féconde a trouvé le procédé le plus exquis, inventé la plus belle œuvre qui soit pour lui servir d'engin de destruction et de rare instrument de torture. Hélas ! ce devrait être, raisonnablement, à n'en user qu'envers des statues de marbre, et non point envers les pauvres humains, envers les cœurs fragiles. Car puisque ce noble et divin sexe, encore que dépouillé et nu, défait les cœurs défaillants et les livre au tourment extrême, comment n'y réussirait-il pas mieux avec tout ce captivant appendice de filets voluptueusement inventés ! En effet, il arrive ceci, c'est que les femmes ne pensent pas que ce soit suffisant de mourir d'amour naturellement, il faut qu'elles y ajoutent ce grand excès de moyens pour capter les misérables et faibles amants, afin de les mener plus facilement à la perte de leur cœur ; il faut qu'elles secouent continuellement des étincelles brûlantes afin de raviver les flammes dévorantes, s'aidant de divins objets faits pour brouiller le cœur chaleureux, pour l'emplir de petits soupirs bouillonnants et lui communiquer un ferment d'amour.

Quant à moi, je ne saurais dûment expliquer comment il se faisait, à cette heure, encore que j'eusse fermement fondé en Polia un amour solide et sincère, que je le sentisse ébranlé quelque peu par ces impétueuses attaques.

Puis, hélas ! faisant un retour en moi-même, je disais tout bas : « Ô ma belle Polia, ma première aimée, garde bien ta proie qu'on te veut ravir ! Car le péril est grand à passer au travers de ces embuscades de pirates, de ces pernicieuses embûches de sicaires, qui sont, contre toute droite raison, recherchées et estimées pour leur amoureux méfait, et d'autant plus désirées, d'autant plus poursuivies, d'autant plus chéries par leurs tristes victimes. »

À cette heure, sur le large front de ces nymphes, au-dessous des deux demi-cercles fins autant que des fils de soie, entre des cils plus noirs que le très-brillant succin, deux yeux sagittaires étincelaient plus gaiement que les étoiles rayonnantes resplendissant dans le ciel limpide. Leur aspect était plus beau que celui des roses incarnates fraîchement écloses, avec leurs joues sans fard[28] d'une rougeur naturelle plus agréable que celle des pommes décimiennes[29] qu'empourpre le vineux Automne, d'une blancheur supérieure à celle du plus bel ivoire poli, où le soleil se réfléchissait plus clair, peut-être, que Titan[30] n'apparut aux Accitaniens[31].

Les Égyptiens ne se préparaient pas, avec plus de dévotion, à recevoir Osiris ou bien Isis, ou Sérapis tenant son boisseau[32] et accompagné de l'image de Cerbère aux trois têtes[33], les Perses à recevoir Mithra dans l'antre sacré[34], que ces nymphes délicieuses et divines à attendre l'arrivée de leur seigneur, avec des airs respectueux et dignes, avec des attitudes courtoises marquant la soumission, belles d'une beauté extraordinaire, parées, décorées, d'une grâce superbe et rare, d'une modestie pleine d'élégance, accoutrées et accommodées avec la dernière volupté. À ce moment, la belle Psyché, en tête d'une troupe déférante, suivie d'une nombreuse escorte, vint, comme elle le devait, tout aisée et toute caressante, recevoir gracieusement et respectueusement son très-cher mari, lui posant sur la tête une couronne précieuse comme Hiéron n'en consacra point[35]. Deux nymphes se détachèrent de celles qui lui servaient de dames d'honneur. L'une, Himéria[36], reçut gracieusement Polia ;
l'autre, Erototimoride[37], me prit par la main. Puis, sans confusion
aucune, des nymphes très joyeuses, allant, trois par trois,
en une solennelle procession, en bon ordre,
en grande pompe, en respectueux
maintien, s'avancèrent bien
rangées[38], pliant mo-
destement le
genou.

Et d'abord vint Toxodora[39], qui offrit courtoisement au Dieu l'arc recourbé et blessant, tout roide bandé. Elle se tenait entre deux autres. L'une, Ennia[40], portait, dans ses mains potelées, un petit vase poli à deux anses, en saphir très-coloré et fort brillant, au large orifice très-artistement sculpté. Une grande

FIGURE 296 (1499).   FIGURE 297 (1883).

quantité de fleurs, exécutées avec un fini parfait, couvrait son col quelque peu penché et descendait jusque sur sa panse modérément dilatée. Au point où cette dite panse arrondie commençait à s'amincir, étaient fixées les anses en forme de vipères très-habilement rendues, qui, se retournant vers l'orifice, mordaient le bord du vase à la gorge très-soignée. Après venait la ceinture de la panse, gravée d'admirables images d'une facture accomplie, et, à partir du point où celle-ci commençait à diminuer, dans la partie consacrée au fond rétréci et oblong, étaient des canaux obliques, médiocrement creux, se terminant contre un pommeau de grosseur moyenne fort habilement trouvé qui surmontait un piédouche. Ce vase était rempli de fleurs nombreuses et charmantes que la nymphe épandait; et ce qu'Ennia jetait ainsi, en badinant, Philédia[41], sa compagne, le recueillait en son giron. Belothèque[42] s'avança de la même façon entre deux nymphes très-parées, offrant joyeusement à son seigneur un merveilleux carquois d'un art superbe, parfaitement inventé, avec deux flèches aiguës, l'une à la pointe d'argent pur[43], l'autre à la pointe de plomb noir, pesant, froid et vil. Le dieu ceignit, ou plutôt attacha à ses épaules ces armes légères, tandis que les deux compagnes Homonia[44] et Diapraxia[45] se jouaient avec deux boules qu'elles se lançaient l'une à l'autre alternativement. Mais celle d'Homonia était d'or brillant, tandis que celle de Diapraxia était de fragile crystal ; et quand l'une des deux nymphes était sur le point de recevoir en mains la boule d'or, elle renvoyait celle de crystal, prenant bien garde à ce que ces boules ne se rencontrassent point en chemin. À celles-là succéda la très-belle et respectueuse Typhlotie[46] accompagnée de ses acolytes, rendant au dieu les honneurs religieux et lui donnant les marques de vénération qu'on lui devait. Les paupières baissées, elle lui offrit un léger voile, afin qu'il en couvrît ses grands yeux. Elle avait avec elle deux demoiselles lascives, d'une tenue dévergondée. L'une, nommée Asynecha[47], s'agitait en se balançant de droite et de gauche ; impudique[48], les cheveux longs[49], elle dansait et sautait comme Thymèle[50], histrione, bateleuse et sorcière indigne. La seconde, nommée Aschimosyne[51], seule nue entre toutes les autres vêtues, se présenta lubrique, ni plus ni moins que si elle se fût désaltérée dans la fontaine de Salmacis. De la main gauche, elle soutenait, par le centre, une sphère formée de lamelles d'or ; de la droite, elle maintenait amoureusement sa longue chevelure pour l'empêcher de couvrir la séparation de ses fesses charnues, en proie qu'elle était à une agitation impudique. Dans sa pantomime pétulante, elle montrait l'effronterie très-obscène d'une tribade, remuant sans cesse des yeux bleus qui ne se pouvaient fixer, donnant des signes de prurit, — pareille à une effrontée Gaditaine[52], témoignant, par le mouvement de ses lèvres, d'une excessive lasciveté que n'eut pas celui qui se complaisait à contempler les impurs mignons dans des miroirs concaves[53].

Bientôt après, trois autres nymphes se présentèrent en matrones réfléchies. Telesté[54], la première, vêtue de pourpre ardente, les cheveux dénoués et épars, pendants frisés sur son front couronné, offrit à son dieu un flambeau allumé. Sa compagne Brachyvia[55] portait une petite urne d'émeraude d'un travail précieux, d'un art antique, d'un audacieux pourchas, si, toutefois, c'était une œuvre humaine. Le contour de son orifice était strié de canaux, fort également répartis, qui se terminaient sur la partie la plus ample du vase de moyenne grosseur. Puis venait la belle ceinture descendant jusque vers le bas arrondi du vase, dont la corpulence allait en diminuant peu à peu, couverte, qu'elle était, d'un décor de feuilles de persil formant, sur le fond, un relief excellent. Les lèvres de l'orifice, contournées vers le col, étaient faites d'un feuillage exquis en guise de deux anses admirablement rendues. Ce vase avait un petit pied. Or, des étincelles, voltigeant et crépitant, se dégageaient de cet orifice assez large, avec un éclat fort agréable, et couraient dans l'air toutes brillantes, puis, s'éteignant, retombaient en cendres chaudes.

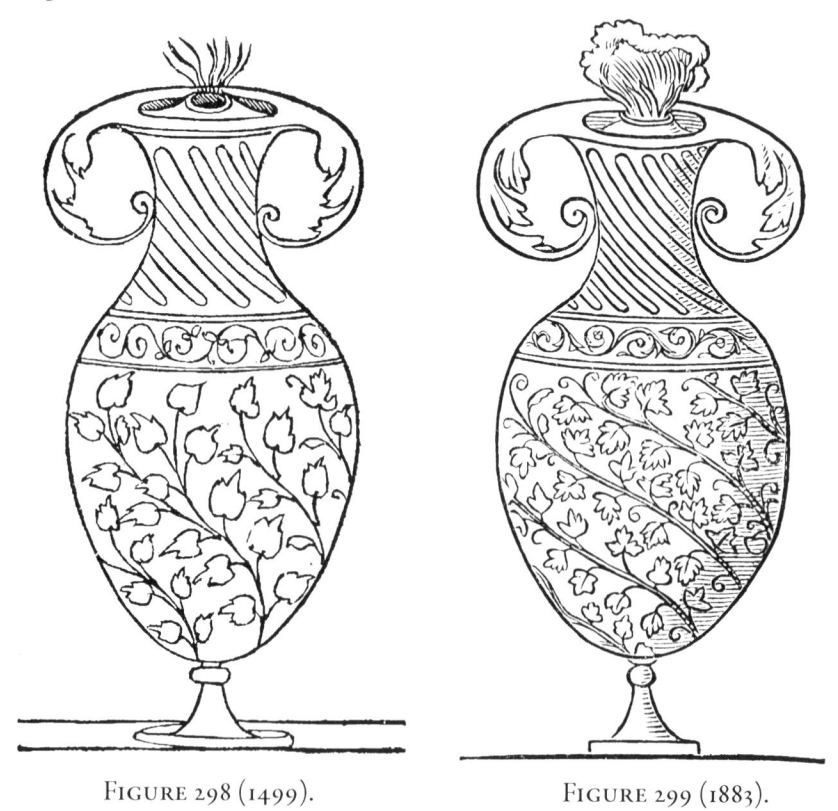

FIGURE 298 (1499).   FIGURE 299 (1883).

La troisième compagne, Capnodia⁵⁶, portait un caprunculum⁵⁷ ou vase de terre à étroit orifice, assez élevé et finissant en pointe vers le bas. Autour de sa panse, sous les anses, étaient imprimées, avec le plus grand soin, dans une bonne mesure et à égale distance, treize lettres Grecques : ΠΑΝΤΑ ΒΑΙΑ ΒΙΟ [*Ce qui signifie :* TOUTES CHOSES DE LA VIE SONT COURTES.] Sans compter beaucoup d'ornements et des canaux obliques. La partie de ce vase, depuis les lettres jusqu'à l'orifice, était percée de trous d'où sortait aisément, par de petits conduits, une fumée odoriférante qui se dissipait dans l'air.

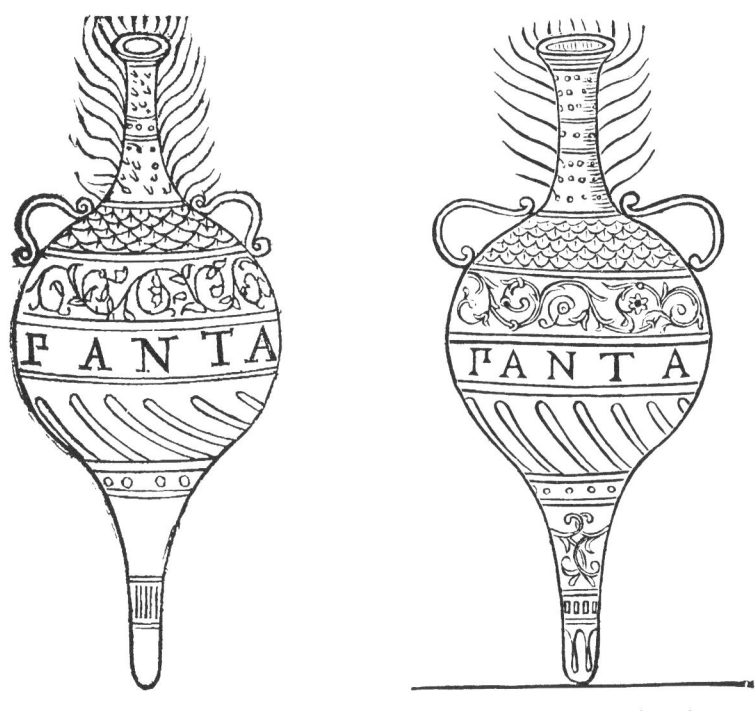

FIGURE 300 (1499).   FIGURE 301 (1883).

Ayant enfin reçu ces oblations mystiques, ces fatidiques instruments d'amour et ces saluts prescrits, l'enfant divin s'assit sur un antique char d'or, véhicule préparé pour le triomphe, tout revêtu de lames d'or, et orné tout autour d'une frise de neuf pouces de large, dans laquelle brillaient, d'un éclat comparable à celui du Soleil, de magnifiques gemmes enchâssées, d'une grandeur inimaginable, d'un prix, d'un art inconnus, d'une invention rare, établies dans une disposition et avec un ordre divins. Ce véhicule avait deux roues dont le cercle était d'or. Les rayons sis à l'extrémité de l'essieu dont on voyait les pôles, étaient fixés dans les moyeux. Ils avaient la forme de balustres assez allongés et étaient fabriqués de pierres précieuses étincelantes aux formes variées.

Comme Cupidon se fut assis, nous fûmes aussitôt appréhendés et saisis, Polia et moi, par les très-belles nymphes Plexaura[58] et Ganoma[59]. Sur un signe de tête impératif de l'enfant dominateur et triomphant, on nous mit à tous deux les bras derrière le dos, et, nous liant les mains, ainsi qu'à des captifs, avec des festons de roses et de fleurs diverses, nous fûmes dûment enchaînés. Puis nous fûmes traînés, doucement d'ailleurs, et sans résistance de notre part, derrière le pompeux et divin char du victorieux et très-grand triomphateur, par la superbe nymphe Synésia[60].

Cela ne laissa pas que de me faire trembler tout d'abord ; mais les nymphes, se riant facétieusement avec ma Polia aux cheveux lustrés, je me rassurai aussitôt. Psyché, la curieuse[61], venait immédiatement après nous. Derrière elle suivaient les jeunes demoiselles qui, pleines de vénération, avaient fait les offrandes. Quant à Psyché, elle portait un vêtement frangé[62] à la mode des matrones, sorte de très-ample manteau ou chlamyde en tissu d'or, comme Darius n'en reçut point de Syloson[63], comme le roi Numa, qui en fut l'inventeur[64], n'en porta jamais de pareil. Ce vêtement était rejeté sur l'épaule droite en une masse de plis. Il était agrafé par un bijou composé d'anneaux d'or joints ensemble, dans lesquels étaient serties des escarboucles de la plus belle eau, vrais parangons de splendeur, qui entouraient un diamant en saillie, taillé en table, étincelant, long d'un doigt et demi, large d'un pouce, lançant des éclairs, stupéfiant, d'une richesse, d'un prix inestimable, que n'atteignit pas le présent fait par Gygès à l'Apollon Pythien[65]. Sur ce diamant était une entaille du plus grand art, non pas du divin Pyrgotèle[66], mais de quelque puissance céleste, représentant Cupidon, se blessant lui-même au trait à la pointe mortelle, maladroitement tenue par Psyché.

La main dégagée, du côté où était le rutilant bijou, portait la flèche d'or légère et rapide. L'autre main, sortant de dessous le revers du manteau coquettement relevé sur l'épaule gauche, en un pli gracieux, et montrant une doublure de très-fine et rugueuse toile d'or, tenait une lanterne en hyacinthe, d'un travail antique, d'une forme superbe, allumée et donnant une flamme scintillante. Cette somptueuse chlamyde était frangée très-richement d'admirables pierres précieuses qui se détachaient sur une robe de soie verte tramée d'or fin, serrée au-dessous de la poitrine rebondie d'une façon divine et délicieuse.

Ce superbe char du triomphant Amour était remorqué par deux scinques[67] écailleux qui le traînaient. Beaucoup plus grands que nature, ils étaient on ne peut mieux dressés à leur amoureux office, à leur mystérieux emploi, on ne peut mieux adaptés à cet attelage.

De leur gueule enflammée sortait un triple dard vibrant. Ils avaient quatre pattes et dressaient le cou. Leur poitrine écaillée était entortillée à merveille de liens et de rubans admirablement noués. Leur dos était couvert d'une housse d'or garnie de boutons arrondis et ciselés de différentes façons, alternant avec des gemmes d'un éclat rayonnant. Leurs traits étaient attachés par des ardillons d'or traversant des boucles peu communes sursemées de grosses pierreries, afin de tirer le char sans courir, mais avec l'allure modérée qui convient à une marche triomphale.

Ce divin triomphe et son cortège de nymphes étaient précédés, comme il a été dit plus haut, des pastophores, après lesquelles venaient les porteuses de trophées, les porteuses de flambeaux, leur torche d'or au flanc, puis les porteuses de falots, munies de lanternes d'or garnies de résine, de cire blanche ou de toute autre matière épurée, rendant une claire lumière. Après suivaient celles qui portaient les auspices, celles qui portaient les parfums dans des pyxides d'or comme on n'en vit jamais, dans des cassolettes de même métal, dans des encensoirs répandant une odeur exquise outre celle qu'exhalait de partout cet endroit fortuné. Quelques nymphes, tenant de petits vases d'or, à la très-étroite ouverture, qu'elles secouaient sans cesse, répandaient goutte à goutte la très-odorante liqueur qu'ils contenaient et en aspergeaient les assistants comme d'une pluie fine. Bon nombre, en un ordre céleste, tenant entre leurs mains longuettes des instruments musicaux, jouaient de suaves symphonies doucement modulées, sur des chalumeaux perforés et des cornets d'or recourbés et couverts de pierreries. D'autres, bien d'ensemble, avec un très-doux accord harmonique, sur le ton Lydien, avec une émission de voix angélique, avec un timbre peu commun, chantaient et répétaient de beaux vers. D'autres avaient des cymbales stridentes. D'autres, de la main gauche, portaient, ficelés au bras dodu, près du poignet, par des cordelettes tordues de soie et d'or, de rauques et sonores tambours. Puis, de l'extrémité arrondie de leurs doigts agiles, tantôt elles bouchaient adroitement les trous de leur flûte simple, comme Mercure n'en inventa pas, tantôt les débouchaient en soulevant ces doigts, laissant passer le son perçant que la flûte recevait de leurs lèvres purpurines par le souffle sonore sorti de leurs petites joues colorées qu'elles gonflaient pareilles à des pommes. Ensuite, de leur mignonne main droite, elles frappaient la peau tirée et tendue avec un battant d'ivoire, bien en mesure, bien selon les règles de l'art, mariant, avec grâce et douceur, le murmure grave du tambour au sifflement de la flûte.

D'autres jouaient d'une double flûte devant laquelle faiblit l'invention de Marsyas, ainsi que l'instrument des Phrygiennes[68]. D'autres s'essayaient à la lyre[69], d'autres à la cithare[70], faisant vibrer, sous leurs doigts tendres et délicats, les longues cordes de métal. D'autres, à l'aide du plectre[71], faisaient répercuter le son de l'airain. D'autres jouaient de bien d'autres instruments encore, tels qu'orgues, que sistres[72] d'or crépitants et rendant un tintement aigu. D'autres, enfin, folâtraient avec des triangles d'acier où des anneaux stridents entrechoqués résonnaient en aigres concerts, accompagnés de cornets recourbés qui produisaient, avec les trompes retentissantes, une harmonie comme il n'est pas donne d'en entendre.

Ces nymphes portaient des diadèmes ou couronnes faites avec les floraisons du printemps, qu'ornaient des clinquants d'or intercalés entre les fleurs variées. C'étaient principalement des violettes couleur d'améthyste, des fleurs de cumin, de l'amaranthe et des verges d'or[73]. C'étaient aussi du mélilot, des violettes jaunes ou blanches. Ces couronnes étaient composées avec mesure, tressées avec une belle association. D'autres encore, sans parler des perles blanches, des gemmes, des différentes parures de tête fort élégantes, entouraient et maintenaient les chevelures décorées de ces nymphes, qui déversaient aux auditeurs une telle harmonie, qu'Apollon lui-même, jouant de la lyre aux Muses de l'Hélicon, n'en produit ni n'en répand une semblable.

Les navigateurs Tyrrhéniens[74] n'ouïrent jamais de sonorités aussi suaves. Arion lui-même, sur le dauphin qui le transporta au cap Tænare, n'émit pas des sons pareils le long du trajet. Ces musiciennes n'étaient point en bande confuse, mais rangées en procession ordonnée ; elles formaient des groupes bien à leur place, disposés pour proférer, en masse considérable, avec un grand élan et un enthousiasme triomphal, les louanges de la victoire.

Pour toutes ces causes je me persuadai qu'il y aurait vanité à vouloir exprimer complètement, en quelque fécond, en quelque éloquent langage que ce fût, la douceur de ces sons et de ces cantiques, la solennité, la gaieté de ces danses religieuses et de ces fêtes, l'incomparable beauté de ces nymphes divines et insignes pucelles, l'éclat, l'élégance de leur parure. C'était à supprimer, à mettre à néant l'existence si précieuse ; c'était fait pour attendrir, pour séduire le cœur le plus dur et le plus rebelle, de les voir ainsi se réjouir, en cette pompeuse procession, avançant avec des mouvements remplis d'allégresse, de contempler ce triomphe tellement somptueux et superbe, tout plein de délices, d'aménités, cette immense profusion de richesses, d'opulences superlatives, telles qu'elles me semblaient être bien plutôt divines qu'humaines, et de pouvoir les admirer ouvertement, clairement, réellement, par la grâce spéciale de Cythérée et le privilège de Cupidon.

Immédiatement au-devant du char, près des reptiles qui le tiraient, s'avançaient deux ægipans, satyres effrontés à la barbe rare, aux pieds fourchus de chèvre. Pétulants et pleins de gaieté, ils portaient des couronnes de fleurs de satyrion, d'hélénion, de cynosorchis[75], qui comprimaient leur chevelure hirsute sur leur tête caprine. Chacun d'eux portait un attribut monstrueux en bois doré, rudement taillé, affectant la forme humaine, depuis la triple tête jusqu'au diaphragme seulement. Le reste finissait en gaîne carrée, diminuant par le bas, et se terminant en petite gorge d'une base faite d'un ais carré. Un feuillage antique tenait lieu de bras. Une pomme était placée sur la poitrine. Vers le milieu de la gaîne, dans sa partie la plus large, apparaissait le signe ithyphallique[76]. Devant ces ægipans marchait une très-gentille nymphe dont les joues empourprées rougissaient au milieu de son visage de neige. Un lierre chargé de corymbes ombrageait son front. Elle était vêtue d'une pallium fendu qui laissait flotter de tous côtés

FIGURE 302 (1499). FIGURE 303 (1883).

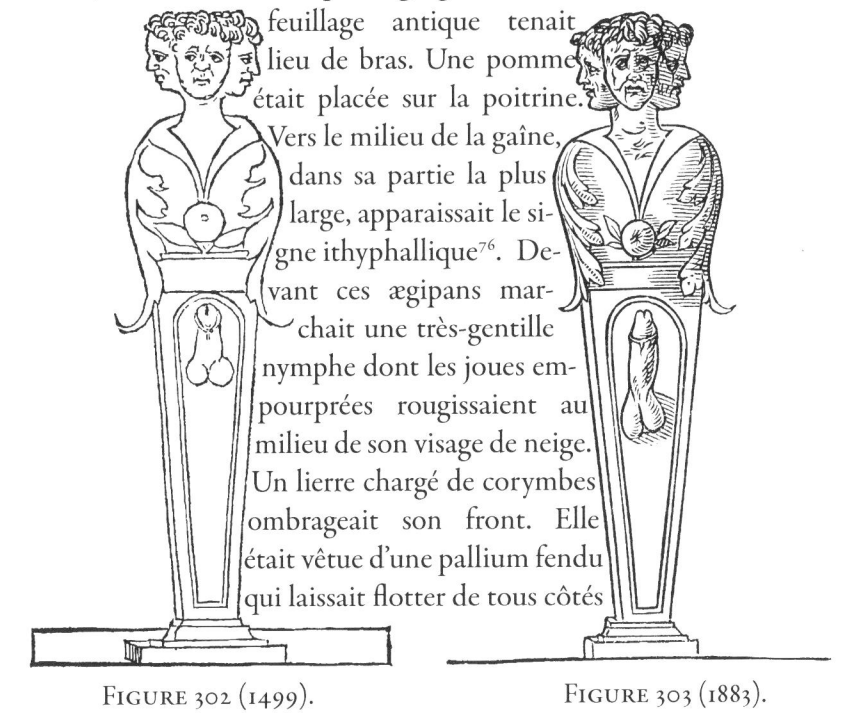

ses pans au souffle des suaves zéphyrs. Elle portait un petit vase d'or en forme de sein arrondi, plein de lait qu'il laissait couler goutte à goutte par d'étroites ouvertures.

Deux autres nymphes, encore, s'avançaient de même, couronnées, l'une des feuilles de la mercuriale femelle, l'autre de celles de la mercuriale mâle[77]. L'une d'elles tenait, de la main droite, l'image entière d'un petit enfant ; de la gauche, la même image mutilée, sans tête, sans ses petits bras, sans son cou. L'autre portait, avec un respect singulier et une dévotion inébranlable, le simulacre de Sérapis révéré des Égyptiens. C'était une tête de lion flanquée, à droite, d'une tête de chien caressant, à gauche, d'une tête de loup rapace. Cette effigie était entourée d'un serpent contourné en cercle, nimbé de rayons très-aigus. La tête de ce serpent était tournée vers le côté droit de ce simulacre parfaitement doré.

FIGURE 304 (1499).   FIGURE 305 (1883).

L'enfant triomphateur avançait donc, en une marche solennelle, avec un long cortège gardant d'harmonieuses distances. Polia et moi nous suivions, prenant part à la fête, enchaînés tous deux de guirlandes de fleurs et de festons de roses. Les nymphes, enjouées de leur nature, se montraient envers nous gracieuses avec empressement ; elles nous stimulaient par d'amoureuses flatteries, et, le visage rempli d'une gaieté douce, d'une hilarité naturelle, nous réconfortaient voluptueusement par des caresses délicates.

Enfin, dans ce parcours mystérieux et triomphal, au milieu des pompes des phratries[78], au milieu des trophées de victoire et des fleurs odorantes, dominait la bannière insigne et victorieuse précédée de cette jeunesse joyeuse et virginale chantant des cantiques. La marche se déroulait avec des jeux en tête, éclairée des brillantes et vives lumières que répandaient les torches resplendissantes portées en avant. Elle allait, parmi des plantes odorantes, sous des arbres vivaces chargés de fruits parfumés, dans un air embaumé, sous un ciel clément et très-limpide. Les chemins étaient garnis de toutes sortes d'arbustes ; ils étaient couverts entièrement de simples et de gazons verts, remplis de roses à tous les pas, de masses de fleurs, et de tout ce qui sent bon, de tout ce qu'il existe d'heureux, de fortuné, de délicieux, d'agréable. La foule des nymphes mêlées formant une suite énorme et divine, s'avançait avec une pompe singulière, religieusement, que dis-je ? triomphalement. Gardant une distance bien établie et bien déterminée, la compagnie cheminait sous le berceau chargé de roses de toutes les espèces, toujours nouvelles, aux feuillages toujours verts, et qu'elle faisait retentir de douces acclamations. Le sol était tout jonché de pétales de roses serrés dru, de fleurs d'oranger, de violettes couleur d'améthyste, de grandes violettes jaunes, de belles blanches, de pourprées abondantes, de fleurs de jasmin, de lys et autres superbes sentant bon. Des boutons de la grande guimauve à tige unique[79], ainsi que des rameaux de myrte fleuri, avaient été répandus là, en abondance, sur le pavé bien égalisé fait de marbres assemblés dans toutes

FIGURE 306 (1499).

FIGURE 307 (1883).

les configurations et joints comme un travail de mosaïque. Beaucoup de nymphes portaient des thyrses garnis de bouquets nombreux. Beaucoup

FIGURE 308 (1499).

FIGURE 309 (1883).

tenaient des branches d'olivier, de laurier, de myrte, ou d'autres arbres renommés, sur lesquelles d'intrépides petits oiseaux se venaient poser en gazouillant, joignant leurs concerts à ceux des nymphes qui, chantant des hymnes et des cantiques accompagnés des douces modulations de leurs instruments à cordes, célébraient la fête avec des transports célestes, avec la plus grande gaieté, en pratiquant de joyeuses cérémonies, en se livrant à une danse virginale, charmante et inquiète. Quelques-unes bondissaient la pyrrhique, exaltant d'une voix sonore le divine Génitrice et son puissant fils. C'est au milieu de ces spectacles et de ces fêtes, de ce grand triomphe et de ces superbes pompes, qu'à la longue nous atteignîmes un proscenium[80] où nous trouvâmes la porte ouverte, belle, magnifique, remarquable, tant par la matière que par le travail, d'un admirable amphithéâtre, construction fort élevée, décorée des plus beaux ornements, d'un art dont on ne vit jamais le pareil, ni au bourg d'Atella[81] ni en tout autre lieu célèbre ; bâtiment exquis, absolument parfait, long à décrire, presque inimaginable, impossible à dire, œuvre non humaine mais plutôt divine, étalage d'une structure immense.

Arrivés devant cette porte d'entrée, tout en nous livrant à une solennelle réjouissance, à une joie incroyable, aux plus charmants ébats, par la voie maîtresse, sous la fine rosée d'une eau parfumée dont les processionnaires arrosaient le cortège triomphal au moyen de vases aux petits pertuis, je remarquai l'art stupéfiant qui avait présidé à cette construction. Elle était de lapis-lazuli dans lequel brillaient, dispersées, des étincelles d'or fulgurant. Les bases et les chapiteaux des colonnes dégagées étaient de ce métal pur. L'architrave, la frise, la corniche, le faîte, le seuil, les antes et autres parties étaient de cette pierre bleue susdite qui bravait et défiait le dur et résistant acier. Toute la construction, d'un grandiose extraordinaire, sculptée à la manière antique, avec beaucoup de variété, avec une grâce, une élégance, un fini précieux, était un travail qu'il eût été, je le crois, interdit à la gent terrestre d'entreprendre et d'accomplir en telle magnificence, même au prix de frais énormes, d'une extrême patience, d'une fatigue, d'un labeur quotidiens, avec un génie non médiocre, avec tout le soin, toute l'industrie, toute la diligence possible. Dans la cloison contenant le premier ordre, contre la première arcade[82], les deux colonnes étaient d'ophite. Celles qui venaient après, de chaque côté, étaient de porphyre. Le second ordre avait ses deux premières colonnes[83] en porphyre, les suivantes en ophite et ainsi de suite. L'ordre supérieur comportait des pilastres rectangulaires, alternant également quant à la matière. Ce même contraste observé pour les chapiteaux, bases et piédestaux, était obtenu par la différence de leurs formes.

Au-devant de la porte se trouvaient deux vases très-précieux. L'un était en saphir, l'autre en émeraude. Tous deux étaient exécutés avec un art très-patient et fabriqués avec l'habileté d'un Dédale. Ils me firent penser à ceux qui étaient placés à l'entrée du temple de Jupiter à Athènes[84].

C'est devant cette admirable porte que le seigneur archer descendit de son char triomphal et rapide. Cet amphithéâtre était d'une structure inusitée et inconnue. En effet, sa base, ses harmonieuses ceintures, la garniture de ses symétriques colonnades circulaires, architraves, , frises et corniches, tout était exclusivement en airain fondu, splendidement doré au feu. Le reste, arcades et archivoltes, était en alabastrite diaphane brillant du plus beau poli. Marcus Scaurus[85] ne fit rien de pareil durant son édilité.

Ce monument présentait, dans sa partie extérieure, deux rangées d'arcades[86] à jour, intercalées entre les colonnes et superposées l'une à l'autre. Les arcs avaient une inflexion hémicirculaire, plus l'addition nécessaire[87]. Entre ces baies, sur le mur nu, et perpendiculairement les unes sur les autres, des demi-colonnes formaient saillie. Elles étaient cannelées et rudentées au tiers de leur longueur, ayant leurs nervures ou réglets. Quelques-unes de ces colonnes étaient divisées également en compartiments réguliers couverts de symboles et de petites images comme on n'en vit pas à Éphèse[88]. Des piédestaux, bien en rapport, munis des moulures requises, supportaient les bases des colonnes. À l'angle de chaque côté était appliqué un crâne de bélier garni de ses cornes rugueuses tournées en spirales. Des liens flottants y attachaient les bouts d'un feston de feuillage chargé de fruits et enroulé d'un ruban. On voyait, sculpté à ravir, dans le contenu de la guirlande, des satyres accomplissant un petit sacrifice sur un autel bas qui portait un trépied sur lequel était à bouillir une marmite antique. Deux nymphes nues, une par côté, soufflaient dans le feu à l'aide d'un chalumeau. Deux enfantelets se tenaient à droite et à gauche, devant l'autel, tenant chacun un petit vase. Deux satyres, placés près des nymphes, levaient sur elles un poing fermé autour duquel s'enroulait un serpent. Celles-ci, de leur bras demeuré libre, s'appuyaient sur celui des satyres qui, de leur autre main, obturaient l'orifice d'un vase facile à vider, comme pour empêcher que les nymphes y touchassent, tandis qu'elles étaient penchées de l'autre côté, occupées à souffler. Quelques autres colonnes, de la même forme, avaient les deux tiers de leur fût striés de canaux tordus. Les piédestaux, ainsi que nous l'avons dit plus haut, exhibaient, de deux en deux, des bas-reliefs différents. Tels montraient, entre des masses de feuilles et de fruits arrondis en festons,

FIGURE 310 (1499).

FIGURE 311 (1499).

des petits enfants qui se jouaient. Tels représentaient, sculptés à merveille, des trophées ou des amas de dépouilles. Tels portaient des signes divers, des déesses battant des mains, des enfantelets, desbutins, des tableaux de victoire et autres ornements très-congruents.

FIGURE 312 (1883)

FIGURE 313 (1883).

Sur le haut des fûts reposaient les chapiteaux précieux des dites colonnes, avec leur abaque ou tailloir fait artistement, et sous le couvert duquel étaient disposées de grandes hélices bien polies. L'entablement — architrave, frise et corniche — courait circulairement par-dessus, avec ses projections faisant une avance convenable perpendiculairement aux colonnes. Entre les projections, sur la frise du milieu sise au-dessus de l'arcade où se trouvait la porte d'entrée, se voyait une noble composition, bien inventée, artistement rendue. C'était un fort ancien vase dont l'orifice était bouché par des feuillages dans le goût antique et pendants. D'un côté comme de l'autre gisait un bœuf cornu, les pieds de devant étendus vers le vase, la tête relevée. Un enfant nu le chevauchait, tenant, de la main droite levée, un faisceau de verges dont il faisait mine de le frapper. De la main gauche il saisis- sait le cou au large fanon. Près de l'enfant, une jeune fille nue était assise sur le dos du bœuf. Son bras, dirigé vers le fond du bas-relief, entourait les flancs de l'enfant nu ; l'autre faisait voltiger, au-dessus de sa tête garnie de bandelettes, un voile qui, retenu sous son siège, s'échappait par-dessus le bras avec lequel elle entourait l'enfant. Devant elle, un satyre tenait de la main gauche la corne du bœuf, tandis que, tournant le dos à l'animal, il étendait, vers la jeune fille, la main droite entortillée d'un serpent. Par derrière, un second satyre, saisissant l'autre corne du bœuf, soulevait, par des rubans, de sa main libre, une masse de feuilles assemblées tombant sur la panse du vase, en formant un feston à la courbe modérée dont l'autre extrémité était tenue par le satyre qui lui faisait pendant[89]. Le train de derrière du bœuf, à partir de ses reins saillants, se transformait en un très-noble enroulement de feuillage à l'antique. La frise, tout en variant, était ainsi décorée, dans son pourtour, de belles sculptures. Une ordonnance semblable s'étalait à l'étage au-dessus, tant pour la colonnade que pour le reste, en grande convenance, sans que rien de discordant se montrât en aucune partie. Bien que l'art architectonique demande que, lorsque des colonnes sont superposées, les secondes soient plus courtes d'un quart que les premières au-dessus desquelles elles portent, l'axe passant perpendiculairement par le milieu des dites colonnes et de leurs soubassements, et bien qu'il exige que les troisièmes soient plus courtes d'un cinquième[90], toutefois, dans cet élégant et symétrique édifice, cette règle n'était point observée. Les colonnes du premier et du second ordre étaient de la même longueur; quant aux pilastres du troisième ordre, ils obéissaient à cette loi[91] et avaient, comme les colonnes de dessous, un entablement circulaire. Outre qu'ils supportaient cette ceinture, les pilastres ou colonnes carrées faisaient saillie d'un tiers de leur largeur au dehors du nu de la muraille, où baillait, entre chacun d'eux, une fenêtre, non pas carrée, comme il est d'usage dans les temples, mais cintrée, ainsi qu'il est de coutume dans les édifices profanes. La maîtresse corniche, tournant au-dessus de ces pilastres, ne faisait pas de projections, mais elle était munie de tous ornements et moulures nécessaires, formant le principal entablement de l'édifice qu'elle entourait avec la proportion la plus harmonieuse. En outre, elle était surmontée d'une muraille circulaire tout unie et polie, d'un pas et demi de haut.

Tout ce fameux, cet illustre, ce célèbre, cet admirable édifice était bâti d'alabastrite de l'Inde, brillant d'un éclat vitreux. Il était construit avec le plus grand art, décoré du mieux possible, absolument parfait, sans qu'aucun lien de chaux battue ou de ciment retînt ses pierres d'une cohésion stable et parfaitement adhérentes. Cette brillante matière n'était pas déshonorée par des taches de fumée, elle n'avait pas été primitivement souillée d'huile répandue ou de lie devin rouge. Mais elle était immaculée en toutes ses parties, sans une tare, superbe en son éclat, conservée brillante. L'aire de l'édifice mesurait quarante-deux pas au diamètre. L'épaisseur de l'œuvre était de huit pas.

La répartition des colonnes autour de l'édifice était divisée en huit parts sur l'ensemble de la circonférence. Chacune de ces huit parts contenait huit divisions égales qui marquaient la place où étaient appliquées les colonnes[92]. La construction massive allait de là tout droit vers le centre, percée qu'elle était de galeries voûtées droites ou circulaires que soutenaient des colonnes d'appui placées à égale distance. D'une division à celle d'en face les percées

FIGURE 314
(1499).

se correspondaient linéairement, ainsi que leurs intervalles. Deux portiques ou plutôt deux voûtes étaient cintrées avec un grand art. Elles allaient en rétrécissant avec une étonnante adaptation ; quant aux galeries latérales qui traversaient les premières, elles conservaient partout leur même largeur. Le sol pavé était recoupé avec une admirable invention et un art superbe ; le haut comme le bas de ces galeries était de pierres fort belles de couleurs

FIGURE 315
(1883)

variées à merveille, d'une cohésion si exacte, qu'elles paraissaient d'un seul morceau, brillantes autant que miroir du plus grand poli. Les soffites, grâce à l'habile technique de l'architecte, étaient décorés de sujets élégamment peints en mosaïque. Ils représentaient tous les effets de Cupidon. Ainsi, dans ce merveilleux édifice s'étalaient tout entiers et le talent soigneux et l'habileté subtile, considérable de l'artiste, et l'art superbe du sculpteur, et la force de génie du mosaïste. Il faut, devant cette construction, que l'admirable temple d'Éphèse en rabatte, ainsi que le Colysée de Rome, ainsi que le théâtre de Vérone[93], ainsi que tout autre édifice; car les colonnes, les chapiteaux, les bases, les corniches, les incrustations, les pavements, les statues, les motifs et détails quelconques de cet édifice étaient composés et coordonnés à merveille, d'une façon magnifique et divine, châtiés en perfection, artistement terminés, avec une extrême beauté digne de la plus grande admiration. Il faut que les images du divin Auguste[94] et les quatre éléphants dédiés au temple de la Concorde, cèdent, là devant, le pas. La magnifique statue de Ménélas[95] ne saurait y être comparée, non plus que n'importe quel chef-d'œuvre.

Toutes les nymphes officieuses demeurèrent en dehors de cette merveilleuse entrée, de cette royale porte du milieu, mais le maître Dieu et son aimable Psyché, ainsi que nous deux et les nymphes qui nous avaient attachés, nous entrâmes avec joie, avec un extrême contentement. À l'endroit de cette entrée, seulement, la galerie n'était point à jour, mais elle était obturée, voûte et parois, au moyen de la noble pierre susdite.

Une fois entrés, cette galerie voûtée franchie, une fois arrivés sur l'aire bien nivelée de l'amphithéâtre, nous fûmes saisis d'admiration au dernier degré; quant à moi, dès l'abord, j'aperçus une merveille plus grande, plus stupéfiante que tout ce que j'avais déjà vu, car le pavé de l'aire du milieu de cet amphithéâtre m'apparut fait, tout entier, d'une pierre obsidienne d'un seul morceau, extrêmement noire, d'une dureté inattaquable, si polie, si luisante, qu'au premier moment, dans ma distraction, je crus mettre le pied droit sur un abîme dans lequel, tout plein d'amour et de volupté que j'étais, j'eus une crainte mortelle d'être précipité. En me rejetant en arrière, je rétablis mes sens, non sans léser mon pied égaré. On voyait le jour dans cette pierre, on y pouvait contempler la limpidité du ciel profond comme en une mer paisible et calme. Tout l'entourage, ainsi que le dessus, s'y réfléchissait beaucoup mieux que dans le miroir le plus poli.

Au beau milieu de cette aire était établie la très-sainte et délicieuse fontaine de la divine Mère et maîtresse d'Amour. Avant de parler de cette fontaine très-sacrée, je traiterai de l'incroyable disposition et de l'heureux aménagement intérieur du théâtre.

Les gradins de cette arène partaient des bords mêmes de la très-luisante pierre. Les marches n'étaient point faites de blocs massifs, mais elles étaient creuses, évidées, par séries de quatre, l'une sur l'autre. La mesure de chaque banc était ainsi: le siège avait six palmes[96] de hauteur; la profondeur, j'entends la partie évidée, était de deux pieds et demi. Ces marches circulaires formaient autant de caisses remplies de fleurs qui ne s'élevaient pas au-dessus de la moitié de la marche immédiatement au-dessus. Le quatrième gradin, superbe, avait les bords de son ouverture de niveau avec une petite voie de cinq pieds de large qui tournait avec la marche et était couverte d'un berceau d'un pas et demi d'élévation. Au-delà du sommet de l'inflexion de ce berceau partaient de nouveau quatre gradins ainsi disposés: le premier, celui du bas, était un peu plus élevé que les autres; son front était formé de la partie de muraille contre laquelle était appuyé le haut du berceau et qui tournait avec lui derrière l'espace laissé libre par l'inflexion de la voûte. La meilleure symétrie était observée pour les gradins sis au-dessus de cette seconde rangée, dont le quatrième, comme celui de la troisième rangée, comme celui de la première, était bordé par un chemin couvert d'un berceau.

Les parois du fond des allées sous ces susdits berceaux, ou appuis circulaires sur lesquels ils reposaient, étaient en pierre noire d'un poli de miroir. La première paroi, celle du berceau inférieur, était de la pierre dite spartopolios[97]; la seconde était de pierre hiéracite[98]; la troisième, celle du haut, de pierre céponide[99], dont les surfaces polies mettaient sous la treille comme une échappée du ciel serein, sur lequel elles semblaient plutôt être une ouverture qu'un mur opaque. La pierre noire, revêtant le fond des berceaux, s'élevait jusqu'à l'endroit où prenait naissance l'inflexion de leur voûte. De là, au-dessus, le mur était revêtu de la même pierre que celle dont étaient faites les marches évidées. Tous ces travaux montraient, au dernier point, qu'ils avaient été conduits par l'habileté la plus expérimentée, avec un savoir inimaginable des choses de l'art, avec un talent persévérant et incompréhensible, avec une sagesse attentive, avec une imagination divine. Car toutes les parties, au lieu de faire confusion ensemble, étaient parfaitement distinctes, convenablement présentées, délimitées avec justesse, depuis le haut jusqu'en bas, par une ligne tirée des angles des degrés.

La paroi, sur laquelle était appuyé le dernier berceau qu'elle contournait, était élevée au-dessus de la voûte dudit berceau, de façon que les spectateurs ne fussent point empêchés de la voir entièrement du milieu de l'arène. Elle formait une muraille brillante placée au-dessus de la rangée des fenêtres. Sur le faîte elle était creusée en manière de canal, que j'estimai mesurer, en largeur comme en profondeur, un pas et demi.

Toute l'enceinte intérieure de cette construction, je parle des degrés creux, était en jaspe oriental, peut-être de Chypre[100], pesant, égal, de premier choix, d'une coloration mêlée, veiné d'ondulations diverses. Le bord des caisses et le socle étaient, tout du long, d'or obrizé, tant les moulures que les gorges. L'attache sur le revêtement en pierre était d'une cohésion parfaite, résultat d'un travail dépassant la raison humaine, d'une exactitude obtenue par un labeur extrême.

Le luxe des vases d'or de Bassus[101] ou d'Antoine[102] se doit évanouir là-devant. Là-devant, se doit effacer la gloire de Néron pour tout l'or qu'il mit au théâtre de Pompée[103], la gloire de Gorgias de Léontium pour sa statue[104]. Jamais plus superbe métal ne fut extrait, chez les Scythes, par les fourmis[105] et les gryphons[106].

Cette excavation du faîte de la muraille, sorte de caisse menée tout du long en forme de canal, était comblée de terre entièrement. Des cyprès y étaient plantés par couples serrées, espacées de trois pas. Ils avaient tous la même forme et, soumis à la même loi, ployaient leurs pointes à la rencontre l'une de l'autre. En s'infléchissant ils contractaient entre eux une si étroite union qu'ils semblaient ne faire qu'un ; c'est-à-dire qu'ils s'unissaient de quatre en quatre, tellement que celui qui tenait la droite d'une couple rejoignait le quatrième à sa droite et que celui qui tenait la gauche de la même couple s'unissait au quatrième à sa gauche. Ils passaient, alternativement, tantôt dessous, tantôt dessus l'un l'autre, se nouant mutuellement mieux qu'on ne le saurait dire.

Sous chaque arcade, formée par les courbes des cyprès, était placé, en bel ordre, un buis s'arrondissant en boule, si bien tondu au ciseau que pas une feuille ne dépassait l'autre.

Entre les cyprès de chaque couple s'élevait une tige droite de genévrier dont le feuillage printanier était taillé absolument en sphère et qui décorait le vide triangulaire causé par l'inflexion des cyprès. Dans le reste de la caisse poussait une grande variété de plantes aromatiques exquises, abondamment chargées de fleurs odorantes, comme on peut le voir sur le dessin du théâtre.

Le premier berceau, celui du bas, était couvert de myrte fleuri. Il était industrieusement formé d'un treillage d'or, dont le cintre s'appuyait sur de petits arcs également en or, portés par des colonnes de même dont les petites bases reposaient sur le faîte du mur auquel était adossée la quatrième marche évidée. Tout cela, dans le pourtour, était ciselé d'une façon exquise.

Sous cette première treille, le sol, bien plané, non-seulement stupéfiait l'intelligence, mais encore confondait les sens. Il était, dans tout son parcours circulaire, paré d'une pâte condensée faite d'un mélange bien proportionné de ladanum parfumé, d'ambre, de musc, de styrax et de benjoin aux sombres couleurs. Dans cette mixture tout embaumée étaient fixées, d'une manière égale, de fort blanches perles décrivant, en une frise de mosaïque, un bel enroulement de feuillage à l'antique, garni de fruits d'olivier, avec les vides remplis de fleurs dans le calice desquelles reposaient de petites bestioles et des oiselets.

Travail céleste et hors de pair, digne d'être foulé par des pieds divins, pavement comme Zénodore[107] n'en aurait jamais su inventer.

La seconde allée planée, sous un berceau chargé d'une multitude de roses disséminées opulemment, était, avec tous les détails de la première, enduite d'une pâte de corail pétrie sans avoir perdu sa couleur rouge, et dans laquelle étincelait, avec une grande beauté, une admirable frise représentant un feuillage, d'un très-ancien goût, fait d'émeraudes, avec des fleurs en saphirs, pierres parfaitement assemblées.

Au-dessus de la troisième voie se dressait un berceau semblable dont la treille était recouverte de myrtes en fleurs. Cette allée, admirablement pavée avec des menus fragments de lourd lapis-lazuli à la couleur bleue tournant quelque peu sur le vert, au milieu desquels se trouvaient, assemblés en petits morceaux, tous les joyaux que produit à grand'peine la généreuse Nature et auxquels se mêlaient des points d'or, cette allée, dis-je, formait un pavement bien égalisé, bien nivelé, on ne peut plus poli et brillant. Jugez du plaisir, de la récréation, de l'attrait que les sens humains ressentaient à la vue de tant de délices, qui eussent émerveillé même les esprits bienheureux.

La face antérieure de ces treilles était soutenue par des colonnettes d'or surmontées de petits arcs, ainsi qu'un péristyle circulaire et continu formé d'arcades. Les espaces laissés entre les arcs étaient obturés par des feuilles unies d'agate, de jaspe et autres pierres de prix, des plus luisantes, sans aucune moulure. La partie postérieure du berceau, sans arcature, mais menée en ligne longitudinale, s'appuyait contre la paroi du fond sur une corniche circulaire munie de sa frise et de sa petite architrave. Admirablement et absolument bien rendue, garnie de ses modillons, elle allait parallèlement avec les chapiteaux des colonnettes situées en face.

Là-dessous se tenaient, en nombre, des nymphes qui ne cessaient de danser au beau milieu de l'arcade, dans une tenue élégante, s'inclinant toutes vers la fontaine, de temps en temps et en mesure. Après ce salut respectueux, elles passaient, quittant cette place, dans l'arcade suivante où elles demeuraient un temps égal. Le chœur du milieu avait un autre groupe de chaque côté, tournant et sautant légèrement, accomplissant une gracieuse révolution, toujours bien dans le milieu de l'arcade, sur un accompagnement exécuté par quatre longues trompettes en or, et par quatre instruments : épiphonien, antiphonien, mésophonien et chamæphonien[108].

Ces instruments étaient tournés en bois de santal rouge, citrin et blanc, ainsi qu'en ébène fort noire et ne laissaient pas que d'être couverts d'une grande quantité d'ornements d'or et de gemmes. Leur douce sonorité se confondait en une harmonie bien accordée et se déroulait, avec des notes brèves et plaintives, en une symphonie répercutée gracieusement, avec un bel ensemble, dans cette enceinte toute délicieuse et remplie de bonheur, en même temps que les choristes se livraient sans tumulte à leur joie. Il s'élevait aussi une variété magnifique de voix, avec une mesure, une suavité, une harmonie extraordinaires. Ce qui divertissait extrêmement mon esprit et le ravissait en douceur.

Les nymphes du milieu se montraient nues dans la blancheur de leur beau corps. Les autres, parées d'une exquise façon, vêtues de tuniques flottantes en byssus, jouaient de la flûte avec des gestes, avec des mouvements originaux, avec une grâce de pucelles. Un nombre égal était réfléchi dans le miroir poli de la pierre très-noire qui conservait leur image.

Exactement en face de la porte par laquelle nous fîmes notre entrée, correspondait un escalier de sept marches en cette même pierre dont les caisses[109] étaient faites. On montait, par ces marches, jusqu'à l'étage où le premier berceau était établi, et sous lequel, en face de l'escalier, se trouvait, dans la paroi, une petite porte par où l'on pouvait, au moyen de corridors et d'escaliers intérieurs, parvenir sous les voûtes et parcourir toute la partie interne de l'édifice.

Sous chaque berceau, de même, se trouvait, au droit de la première porte, une autre petite porte semblable en or, industrieusement ciselée et fouillée à jour.

La première rangée des degrés inférieurs avait son parcours circulaire coupé en deux et par la porte d'entrée et par le susdit escalier. Le premier degré ou marche évidée, posé sur l'aire même, entre la porte et l'escalier, tant d'un côté que de l'autre, était tout empli de terre plantée de violettes couleur d'améthyste. Le second degré était garni abondamment de violettes blanches, le troisième de violettes jaunes[110], le quatrième de narcisses fleuris comme on n'en trouverait pas aux monts de Lycie, avec plus de fleurs que de feuilles.

Au-delà du premier berceau, dans la première marche évidée et circulaire du deuxième rang, germait le cyclamen à la feuille de la couleur de celle du lierre, au revers vermeil, à la fleur violette et renversée, très abondante et parfumée. Dans la deuxième marche fleurissait le bleuet des blés ; dans la troisième des œillets[111] très pourprés, abondants et touffus ; dans la dernière du mélilot très-fourni.

Au troisième rang, par-delà le deuxième berceau, croissaient, dans la première marche, les belles fleurs jaunes de l'herbe thora[112], dans la seconde, des anémones rouges, dans la troisième, des cerfeuils odorants aux nombreuses feuilles à cinq folioles. Quant à la dernière, elle était divisée en dix parties garnies des fleurs les plus variées, les plus belles et les mieux associées. C'étaient, dans la première division, la primevère, dans la seconde l'hélicryse[113], dans la troisième l'amaranthe, dans la quatrième la violette rousse matronale[114], dans la cinquième le panic violet[115], dans la huitième le muguet blanc aux fleurettes renversant sur leur tige leurs calices très odorants, dans la neuvième les nombreuses espèces de lys, l'orangé[116], le blanc d'Hyrié[117], l'hyacinthe[118], le jaune[119], le rouge[120], dans la dernière l'aquilegia aux fleurs azurées, blanches[121] ou roses.

Ce délicieux et rare étalage de très-belles floraisons ne subissait pas l'influence des changements de température ou de saison. Rien de pareil à Memphis. Mais ces fleurs, sans cesse arrosées et toujours fraîches, vivaient là dans un constant état printanier et ne se flétrissaient jamais. C'est pourquoi, en contemplant la majesté de ce bel endroit, sa grâce surprenante, son élégante ordonnance, si bien composée, l'harmonie charmante et variée de ses couleurs florales s'offrant à moi dans la rosée première de l'Aurore, je demeurai béant en présence de tous les miracles que je viens de décrire et me trouvai comme anéanti. Mes sens, tant internes qu'externes, étaient envahis par une volupté ineffable, ils étaient charmés, circonvenus. À cela joignez et l'extrême amour qui brûlait énergiquement au fond de mon cœur agité, et l'incessant assaut que me livraient les charmes incomparables de ma très-belle Polia mes délices. Si bien que je ne savais en quelle condition d'existence je me trouvais. Pour finir, à peine fûmes-nous introduits dans cet endroit rempli de félicité, que les nymphes, qui nous avaient liés, nous débarrassèrent de nos entraves. Alors la vénérable Psyché, rendant à son cher mari les plus grands honneurs, et lui remettant la flèche d'or qui lui revenait, nous présenta devant la fontaine sacrée de Cythérée.

Poliphile décrit l'admirable artifice de la fontaine de Vénus installée au centre même de l'aire amphithéâtrale. Il dit comment fut déchirée la courtine, comment il vit la Mère divine en sa Majesté, comment celle-ci imposa silence aux nymphes qui chantaient, et comment elle en attribua trois à Polia et trois à luï. Après quoi Cupidon les frappa. La déesse, les ayant arrosés, Poliphile fut rendu à la vie ; puis, Mars arrivant, on leur donna congé et ils partirent de ce lieu • Chapitre XXIII

CEPENDANT, lorsque Polia l'enjouée et moi nous nous fûmes agenouillés devant la fontaine mystérieuse de la divine Génitrice, remplis, tous deux, de la vénération la plus décente et du respect le plus grand, je me sentis imperceptiblement pénétré d'une douce inquiétude qui vint à ce point que je ne savais plus que faire. En effet, je me trouvais dans le milieu le plus agréable, le plus incroyablement délicieux, le plus chérissable qu'il fût possible d'imaginer, tout décoré d'une verdure printanière. Les petits oiseaux, fendant l'air le plus pur, gazouillaient parmi les pousses nouvelles et voltigeaient on ne peut plus gracieux à la vue. Avec eux j'entendais les nymphes très-parées chanter ensemble leurs mélodies aux sons inouïs ; je voyais leurs gestes divins, leurs mouvements pleins de retenue qui m'invitaient aux voluptés les plus extrêmes ; je contemplais cet édifice si noblement conçu, cette disposition due à une habile et ingénieuse réflexion ; j'aspirais, avec avidité, une odeur si grandement, si extraordinairement bonne. Par Jupiter immortel ! j'ignorais, en vérité, auquel de mes pouvoirs sensitifs je me devais fermement arrêter pour bien goûter cette jouissance fortunée, ce voluptueux plaisir, et je m'amusais de cette ignorance. Toutes ces belles, ces très-douces choses m'offraient un attrait d'autant plus charmant, d'autant plus précieux que je voyais ma céleste Polia y participer et s'en délecter paisiblement, en ce bel endroit, ainsi que de la perfection de cette fontaine admirable.

Au centre de cet édifice, qui n'avait rien d'humain, mais qui était construit et exécuté divinement, la fontaine se dressait de la sorte : de cette même pierre très-noire d'un seul morceau dont était recouvert le sol, c'est-à-dire à même le pavement de l'aire, au beau milieu, s'élevait un petit mur haut d'un pied, parfaitement poli, orné congrûment, de forme heptagonale à l'extérieur, rond en dedans, muni, tout autour, d'une petite cymaise et d'un socle, avec de menus soubassements garnis de moulures habilement faites et appliquées régulièrement sur l'intersection des angles. Sur ces soubassements posaient sept colonnes à entasis, autrement dites ventrues[2] tournées d'une façon exquise. Deux d'entre elles faisaient directement face à l'entrée, et c'est devant elles que nous étions agenouillés.

Parmi ces colonnes faites au tour, celle à notre droite était d'un bleu éblouissant de très-fin saphir. Celle à gauche, d'un beau vert, était faite d'une émeraude dont la couleur superbe l'emportait sur celle des émeraudes fixées aux yeux du lion qui décorait le tombeau du gouverneur Hermias[3]. Ptolémée n'en offrit pas une plus belle à Lucullus, le présent du roi de Babylone à celui d'Égypte[4] n'atteignit pas un prix pareil, l'émeraude dont était l'obélisque du temple de Jupiter[5] ne fut pas estimée à ce point, et la statue d'Hercule, à Tyr[6], n'était pas une merveille qu'on pût comparer à cette colonne. Auprès d'elle s'en trouvait une en turquoise d'un bleu céleste fort de ton, douée de la vertu inhérente à cette pierre[7].

Près de cette colonne en saphir s'en trouvait une autre d'un grand prix, en pierre opaque d'une fort agréable couleur ressemblant à la fleur du mélilot[8], brillante comme celle de la jusquiame[9] vue en transparence. Une autre

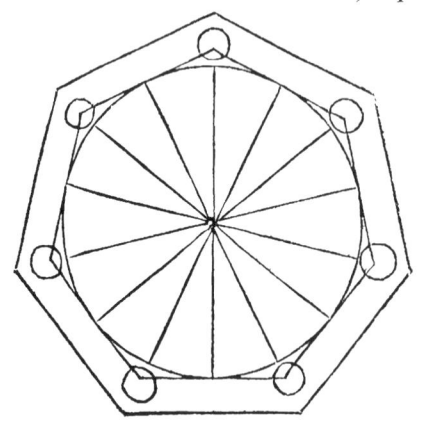

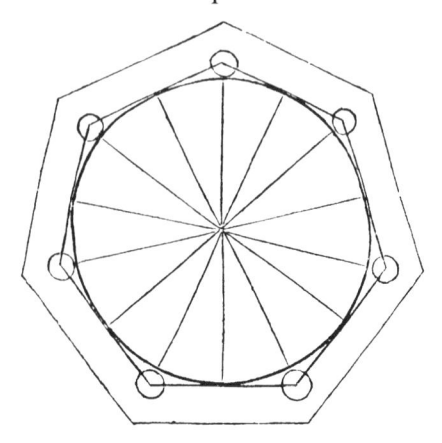

FIGURE 316 (1499).   FIGURE 317 (1883).

colonne en jaspe violet était voisine de cette dernière, puis en venait une de topaze étincelante comme de l'or. La septième par exception, unique en son genre, était de forme hexagonale, en béryl de l'Inde fort transparent, dont la couleur se rapprochait de celle de l'huile. Elle réfléchissait tous les objets environnants, et se laissait apercevoir entre les deux premières. C'est que, dans toute figure ayant un nombre d'angles impair, il s'en trouve toujours un faisant face au milieu de la ligne intercalée entre deux autres angles. En effet, traçant un cercle au moyen de la moitié de son diamètre, on y inscrit un triangle équilatéral, puis, du centre de ce cercle, menant une ligne par la moitié d'un des côtés du triangle jusqu'à la rencontre de la circonférence, on obtient la septième partie de la figure inscrite dans le cercle[10].

Au milieu de l'escape[11] de la septième colonne, en béryl, dans la partie regardant l'intérieur de la fontaine, se trouvait une sculpture presque en ronde-bosse, admirablement faite de la même pierre, et représentant un petit enfant hermaphrodite enfermé dans un petit cotylédon. Les trois colonnes très-luisantes de la rangée de droite laissaient voir aussi, chacune, un petit enfant mâle d'une facture admirable, enclos dans un certain réceptacle. Dans l'escape de chacune des trois précieuses colonnes de gauche, se trouvait une figure d'enfant du sexe féminin. Ces figures étaient rendues au naturel, par un artifice mystérieux, au milieu même des colonnes, avec un poli d'un éclat tel que la morsure de la pierre à aiguiser[12], et l'émeri[13] mêlé à la craie de Tripoli[14], n'eussent jamais pu l'obtenir pareil. Les arcs et le solide du mur, allant d'une colonne à l'autre, étaient des mêmes pierres que celles des colonnes sous-jacentes, disposés dans le même ordre, c'est-à-dire de saphir à partir de la colonne d'émeraude, d'émeraude à partir de celle de turquoise, et ainsi de suite était construite à merveille cette arcature.

Aux angles de la corniche, sur l'arête vive formant une ligne perpendiculaire au-dessus de chaque colonne, se trouvait un petit piédestal[15] sur le plat duquel était posée une statue de planète qui se dressait avec l'attribut qui lui était propre. Ces statues étaient hautes comme le tiers de la colonne située dessous, faites symétriquement d'or très-pur. Au front antérieur, du côté droit, était placé Saturne le porte-faulx ; du gauche, Cynthie qui brille dans la nuit ; puis, tout autour à partir du premier, cinq autres statues, jusqu'à Séléné, la dernière. Au-dessous de ces statues, dans le parcours de la frise, se voyaient ciselés, avec une recherche d'art magnifique, les douze signes du zodiaque, dont les noms, écrits au-dessus d'eux, étaient en caractères sculptés parfaitement rendus.

Enfin, le comble de cette admirable fontaine resplendissait, fait qu'il était d'une coupole extraordinaire en cristal le meilleur, sans aucune veine, très-pur, très-transparent, comme Xénocrate n'en vit point le pareil[16], comme il ne s'en trouve pas en Chypre[17], comme l'Asie n'en produit pas[18], la Germanie[19] non plus, sans rouille ni lèpre, sans taches nuageuses, sans sel intérieur, sans filaments. Néron n'en brisa pas de semblables[20]. Mais tout ce comble était pur et uni. Il était ceint par un bandeau de feuillages en relief, convenablement égalisé, mêlé de quelques petits monstres et d'enfants qui jouaient en les tenant embrassés.

Cette coupole était d'une corpulence excellente et d'un tour parfait. À son sommet aminci était fixé, prodige merveilleux, une fulgurante escarboucle montée en or, de forme ovale et de la grosseur d'un œuf d'autruche.

Sur les faces du petit mur en pierre très-noire, mur sur lequel se dressaient, en bonne proportion, les belles colonnes, des lettres Grecques fort antiques, ayant en largeur neuf parties de leur hauteur[21], étaient gravées en perfection. L'argent qui brillait dans leur creux rendait visible les mots qui vont suivre. Sur la face antérieure il n'y avait que deux lettres ornées d'une belle incrustation en or qui les coupait avec un fini d'une grande élégance. Puis, sur les autres faces, venaient les autres lettres, trois par trois, disant ceci : ΩΣΠΕΡ ΣΠΙΝΘΗΡ ΚΗΛΗΘΜΟΣ. [*Ce qui signifie* : LA SÉDUCTION EST COMME UNE ÉTINCELLE.]

Chacune de ces faces avait une longueur de trois pieds ; les colonnes, depuis leur base en or jusqu'à l'architrave, mesuraient sept pieds. Il me semble que, pour l'honneur de ces choses admirables, il vaut mieux se taire sur leur belle façon et leur fini précieux. Je pense donc en devoir disserter avec une grande retenue et beaucoup de modération.

Là, entre la colonne de saphir et celle d'émeraude, pendait, attachée par des cordons noués, une belle courtine de velours telle, que la fertile Nature ne saurait produire chose plus belle pour les dieux mêmes, d'une matière, d'un tissu si beaux, que je ne le saurais exprimer. Elle était de la couleur du bois de santal, brochée de superbes fleurs, et portait, subtilement brodées en or, ces quatre lettres Grecques : ΥΜΗΝ. [*Ce qui signifie* : HYMEN.[22]] Cette courtine était étendue comme un voile, d'une façon toute décorative. Devant elle, l'admirable tapis envoyé à Delphes par les Samiens[23] devait céder le pas. Elle faisait à ma Polia, au plus haut degré, l'effet d'un très-précieux trésor. Voilant la présence majestueuse et divine de la Mère vénérable, elle la dérobait à la vue. Comme nous étions, Polia et moi, tous deux devant, sur nos genoux pliés, je vis le Seigneur Cupidon remettre la flèche d'or à la nymphe Synesia et lui faire signe, courtoisement, de la donnera Polia, pour qu'au moyen de cette flèche redoutable, celle-ci déchirât et fendît la noble courtine ; mais Polia parut quelque peu chagrinée d'un ordre qui lui ordonnait de commettre une telle lacération, un tel dégât, et, bien qu'elle se soumît au commandement divin, elle parut tout inexperte, hésitant à obéir. Alors le seigneur, souriant, enjoignit à la nymphe Synésia de bailler la flèche à la nymphe Philidia pour que celle-ci me la présentât, et pour que, tout décidé, tout avide que j'étais de voir la très-sainte Génitrice, j'accomplisse la chose. C'est pourquoi je n'eus pas plus tôt saisi le divin instrument, que, mû par une aveugle ardeur, sans hésitation, mais, bien au contraire, incité par un brûlant désir, je frappai la courtine. Je m'aperçus que cette déchirure attrista presque Polia. La colonne d'émeraude craqua comme si elle eût dû se briser en morceaux.

Voilà que, tout à coup, je vis la forme divine sortant de la charmante fontaine, dans tout l'éclat de sa majesté, source délicieuse de toute beauté. Cette apparition inattendue ne se fut pas plus tôt montrée vivante à mes yeux, que, Polia et moi, nous nous trouvâmes envahis par une douceur extrême et assaillis de nouveau par l'appétit d'un plaisir depuis si longtemps désiré, demeurant plongés ensemble dans l'extase d'une pieuse terreur.

Aussi, recouvrant mes sens, je me pris à m'épouvanter, ayant bien quelque raison de craindre une vision pareille à celle qu'eut le fils d'Aristée dans la vallée de Gargaphie[24] ; ce qui, pour le moment, me remplit de terreur. Au centre de la fontaine se tenait la déesse Vénus, nue au milieu des belles eaux très-limpides qui s'élevaient jusque sur ses amples et divins flancs. Ces eaux ne grossissaient, ne doublaient, ne réfractaient ni ne raccourcissaient le corps Cythéréen ; mais celui-ci se laissait apercevoir parfaitement entier et d'une venue, tel qu'il était. Tout à l'entour, jusqu'au bas des degrés, se répandait une écume exhalant un parfum de musc. Ce corps céleste se montrait transparent et diaphane en sa majesté, en son aspect divin, comme une précieuse escarboucle étincelant aux rayons du Soleil, fait et composé qu'il était d'une substance que les humains ne virent ni ne conçurent jamais.

Oh ! qu'elle était belle, délicatement arrangée sur son front d'un blanc lacté, sa gracieuse chevelure dorée, ondulante et crêpelée, avec ses petites boucles égarées et remuantes, capricieusement frisées ! Ses cheveux se répandaient librement en belles ondulations sur ses épaules rosées. Sa face était de carmin et de neige. Ses yeux, lumineux comme des astres, brillaient d'un regard très-amoureux et très-saint. Ses joues étaient comme des pommes vermeilles. Sa bouche, toute petite, d'un corail empourpré, était la demeure, la provision, la source de tous les parfums. Sa poitrine, plus blanche que la neige, portait le trésor de deux mamelles gonflées réfractaires à toute inclinaison. Son corps était d'un ivoire poli. Son souffle divin était une émanation d'ambroisie et de musc. Ses cheveux tombaient sur les eaux très-pures en fils d'or étiré très-fins. Insubmersibles, ils flottaient en rond et rivalisaient d'aspect avec les rayons illuminés que le chevelu Phœbus répand dans le pur Olympe. Une partie tordue s'accumulait sur le très-beau front et l'ombrageait de rejetons épais et bouclés dont la masse brillante se jouait au vent, puis tombait, en les couvrant, sur les oreilles très-petites d'où pendaient deux perles superbes, d'un éclat que n'eut point l'union sciée en deux qui ornait sa statue dans le Panthéon. L'île Taprobane[25] n'en produit ni d'aussi magnifiques ni d'aussi blanches. La déesse était couronnée d'un diadème de gracieuses roses printanières vermeilles et blanches, tressées avec des pierres fulgurantes.

Dans l'enceinte intérieure de la fontaine très-sacrée, entre les interstices qui séparaient les somptueux gradins, germait, hors de l'eau, la fleur d'Adonis pourprée au milieu de ses feuilles aquatiques. Du côté gauche croissait le thélygone[26], du côté droit, de même, l'arsénogone[27], herbes très-vertes et très-fleuries. De blanches colombelles voltigeaient autour de la déesse ; d'autres, servantes empressées, plongeaient leur bec doré dans les eaux très-limpides, arrosant mystérieusement le joli corps de Cythérée de gouttelettes qui, sur la chair transparente, ressemblaient tout à fait à des perles orientales. La nymphe Peristera[28], prêtant à Vénus son ministère attentif, se tenait là toute prête et toute prévoyante. De même, à droite, en dehors de la fontaine, sur le pavé de l'aire, se tenaient, ainsi que Péristera, trois autres pucelles divines nues. Elles étaient groupées et se tenaient ombragées de telle façon que deux d'entre elles, Eurydomène et Eurynome, nous montraient de face leur virginal aspect, tandis que la troisième, Euryméduse, était de dos, ses blanches épaules tournées vers nous, et ses fesses voilées par sa longue chevelure blonde et tombante[29]. Ces filles, gracieuses servantes, se tenaient aux ordres de la Déesse-mère, qui, dans une main, avait une coquille d'huître emplie de rosée fraîche et printanière, dans l'autre une torche ardente.

À partir du bord de la fontaine qui constituait le premier degré, et sur lequel étaient établies les colonnes, il y avait encore six autres degrés qui descendaient jusqu'au fond. Ils étaient d'agate foncée et se liaient avec le fond uni, marqués des plus belles et des plus charmantes veines de lait qui s'enroulaient diversement, si bien qu'objet plus agréable ne se pouvait offrir aux sens. L'eau de la fontaine atteignait le niveau du quatrième degré ; les autres sortaient au-dehors.

Presque sur le degré du haut reposait nonchalamment une figure lascive d'homme divin, à l'air enjoué[30], dont l'aspect était celui d'une jeune fille espiègle et gaie. Le vêtement entr'ouvert laissait voir la poitrine. Il avait la tête cornue, serrée par une couronne de pampres tordus garnis de grappes savoureuses. Il s'appuyait sur deux tigres très-rapides.

À sa gauche était assise à l'aise, pareillement, une fort belle matrone nourricière, au front large et chevelu couronné d'épis. Cette illustre personne se tenait appuyée sur deux serpents écailleux.

L'une et l'autre de ces divinités[31] tenaient en leur sein une boule en matière molle et tendre[32] dont elles faisaient distiller, en mesure et goutte à goutte, dans le bassin, par un orifice ingénieux et secret, fait en bout de sein, une très-douce écume, liqueur fort efficace. Elles se gardaient soigneusement de tremper dans l'eau pure de la fontaine leurs beaux petits pieds dont l'orteil voisin du gros dépassait celui-ci en longueur, tandis que les autres allaient en diminuant progressivement jusque sur le bord externe du pied, se reployant légèrement vers le talon arrondi.

C'est dans cette disposition divine que la très-sainte Majesté de la Déesse résidait voluptueusement au milieu de la fontaine. La moitié de son corps, baignant dans les eaux, brillait ni plus ni moins qu'un splendide rayon de soleil en un cristal très-poli.

Nous continuâmes à demeurer agenouillés dévotement. Mon esprit était ébranlé, émerveillé outre mesure, à l'excès. Je ne pouvais regarder fixement la divinité qui rayonnait de toutes parts. Je ne pouvais comprendre, non plus, en y réfléchissant, en y repensant, par quel bonheur de mon sort, en vertu de quelle confiance, comment et par quel mérite m'était accordé ce don miraculeux de discerner clairement un objet pareil, avec des yeux qui n'étaient point faits pour cela. Je ne pus qu'y voir la libre volonté, la bienveillante condescendance des dieux immortels, l'effet des prières de Polia. Toutefois, quelque chose m'était par-dessus tout déplaisant, c'était de me trouver, entre tant de personnages célestes et divins, seul méprisable et déplacé, avec mes vêtements usés, noirs et fripés, de toute façon inconvenant, abject et misérable. Il m'eût été bien précieux, alors, de trouver le moyen de cacher ma laideur, ainsi que le sut faire Erichtonius pour dissimuler ses pieds de serpent[33]. Mais, stupéfait par une aussi incroyable merveille, je rendais grâce extrêmement, en mon âme, à la bénignité divine qui m'avait permis, homme terrestre que je suis, de contempler apertement les œuvres divines et le trésor de la Nature en ferment.

Cependant, les nymphes insignes qui dansaient sous les berceaux fêtaient joyeusement, par leurs applaudissements, leurs cantiques et leur suave harmonie, la victoire que venait de remporter, triomphant de sa proie vaincue, le téméraire Cupidon ailé qui, plus perspicace que Lynceus, qu'Argus aux cent yeux, se tenait vigoureusement, les armes prêtes. Bientôt la Déesse Mère, imposant pour quelque temps silence aux célestes sons et cantiques, proféra, de sa très-sainte bouche, avec une divine éloquence, avec une charmante douceur, avec une affabilité caressante, avec des paroles pénétrantes, le discours suivant capable d'assoupir, d'endormir la garde vigilante qui veillait sur le trésor fatidique de Colchos[34], de ramener à sa bonne forme Aglaure, fille de Cécrops[35], de restituer à son cher troupeau Daphnis né sur le mont Ida[36], rendu à la forme humaine, de délivrer Cadmus et Hermione de la voix sifflante et du corps écailleux[37]. Elle s'adressa en ces termes à Polia : « Très-jolie Polia, ma sectatrice, tes libations saintes, tes services empressés, ton pieux ministère me rendant propice, t'ont faite digne de nos grâces très-douces et très-fructueuses. Par tes sincères supplications, par tes purs sacrifices et solennelles cérémonies, tu m'as déterminée à me laisser fléchir, et, priée par la voix de ton cœur et par ton noviciat bien observé, à me pencher vers toi, bienfaisante, favorable, libéralement munifique et protectrice. Je veux que Poliphile, ton inséparable compagnon, qui brûle ici d'amour pour toi, soit pareillement compté parmi les amants sincères et heureux ; je veux que, dégagé de toute souillure plébéienne et vulgaire, que, lavé de toute sale impiété, si d'aventure il y était tombé, il soit purifié par ma rosée et se donne incessamment à toi. Je veux que, préparé, empressé à donner satisfaction à tous tes désirs paisibles, il ne se refuse à aucune de tes volontés ; je veux que, vous chérissant également, vous vous consacriez toujours davantage à mes feux amoureux et que, pendant tout le cours de votre existence, vous viviez heureux et pleins de gloire, sous ma protection tutélaire. Maintenant, Poliphile, afin que votre si grand amour ait un sort heureux et un plein succès, je te veux donner, je veux attacher à ta personne quatre illustres jeunes filles, je veux te doter de leurs précieuses vertus. Elles sont parfaitement aptes à faire honneur à ton excellent cœur et à ton généreux amour, si, en leur compagnie, tu te montres observateur persévérant, envers Polia, d'un culte tel que celui du ferme Picus envers sa Canens. »

Aussitôt, ayant ordonné à la belle nymphe Hénosina[38] de venir du berceau jusqu'à elle, en bas, elle lui dit : « Prends avec toi la vierge distinguée Amonérès[39] et la vigilante Phrontide[40], ainsi que sa sœur Critoé[41] la silencieuse. Devenez les inséparables compagnes de notre athlète ici présent, amoureux serviteur de Polia. Faites, c'est mon ordre exprès, que tous deux ressentent une égale et mutuelle affection. » Alors, sans attendre un instant, elle tira d'une coquille d'huître deux anneaux garnis l'un et l'autre d'un anterotès[42], précieuse gemme violette, puis donna l'un à Polia, l'autre à moi, en nous commandant, avec affabilité, de rester munis de cet ornement, présent divin, nous recommandant, avec un front serein, un visage propice, un air caressant, d'avoir à observer son édit, et nous prévenant que nous serions punis si nous y manquions.

Se retournant vers toi, ô Polia ! elle dit : « Je te présente également quatre autres nobles vierges très-sages, qui ne doivent cesser de t'accompagner. Elles auront à te traiter dignement et à faire honneur à ton amour illustre. »

Appelées du même endroit que les premières, ces nymphes laissèrent leurs chants et leurs accords. La déesse imposa à Polia Adiacorista[43], ainsi que ses trois nobles sœurs Pistinia[44], Sophrosyne[45] et Edonia[46], disant : « Or çà, ne laissez pas cette personne un instant sans vous, afin que, par une loi réciproque, elle vive attachée à son Poliphile par un nœud Herculéen, parée du plus sage et du plus bel amour qui se puisse célébrer dans tout son siècle et qui soit plus qu'aucun digne de mémoire. Elle s'offre, en victime sous le joug, au Génie indulgent et jamais décevant ; elle va au-devant de lui avec une foi sincère et véritable, pour que, si elle tombe, Il la relève, pour qu'elle reçoive de lui l'anxiété comme le plaisir, pour que, pleine de grâce, elle l'enlace ainsi qu'une chaîne solide. »

Sans hésiter, toutes ces nymphes divines mirent à exécution le commandement de la déesse suprême, couvrant de bons baisers celle et celui qui leur étaient confiés, leur faisant mille douceurs, les serrant contre elles avec force caresses virginales et grâces attrayantes, les embrassant suavement très-souvent. Elles commencèrent, tout en s'inclinant devant la divine Mère et la saluant de la tête comme elles le devaient, à tenir compagnie à la personne commise à leurs soins.

Quant au Fils, tout préparé qu'il était, dès que les saintes et gentilles paroles eurent été prononcées, dès que le divin discours fut terminé, avec une liberté naturelle, plein d'audace, sans pitié, sévère, il me visa, non d'une flèche de Gortyne[47], mais de sa volante flèche d'or dirigée, non par un arc Tyrien, mais par son arc divin. Le trait ne fut pas plus tôt lancé par la poussée de la raide cordelette, qu'atteignant par le milieu mon cœur sans défiance, il le transperça subitement, puis, aussitôt, s'échappant tout teint de sang et fumant de ma poitrine amoureuse, par une plaie que l'arbuste épineux de Crète[48] serait impuissant à guérir, sans retard il se ficha dans le cœur de ma Polia aux cheveux d'or, dont le sein, où palpitait une âme immaculée, retint la blessante flèche ensanglantée que le Dieu ressaisit et plongea, sur-le-champ, afin de la laver, dans la fontaine maternelle.

Hélas de moi! je commençai à me sentir envahi par les brûlures douces comme miel d'une flamme qui se répandit jusqu'au plus profond de mes entrailles. Pareille à l'hydre de Lerne, elle se dissémina dans tout mon être et l'occupa entièrement. Tremblant que j'étais, rempli d'amoureuses ardeurs, je la sentais offusquer ma vue. Sans trêve elle étreignait mon cœur brûlé davantage que ne l'eût pu faire une harpie. Elle le mordait, en le tirant à soi, plus que ne l'eussent fait les tentacules serpentiformes du polype, plus rigoureusement que le typhon humant l'eau. Elle s'entremettait avec l'amour précieux que m'inspirait Polia, avec sa douce image que rien ne pouvait affaiblir, avec les nobles, chastes et très-douces conditions dans lesquelles je me trouvais être un sujet tout préparé, tout amoureusement disposé, sur lequel régnait à jamais, fermement imprimé, ce céleste, cet indélébile et très-beau simulacre. J'étais comme de la paille sèche placée au milieu d'un feu subit et violent, comme une torche enduite de poix inflammable. Il n'était en moi vaisseau capillaire où ne pénétrât la flamme amoureuse. Je me parus presque changé dans ma propre forme. Tout ébranlé, décomposé, mon intellect ne pouvait rien comprendre à ce qui m'arrivait, si ce n'était quelque similitude avec ce qu'il advint à Hermaphrodite et à la nymphe Salmacis, lorsque, s'embrassant dans la source vive, ils se virent transformés en la forme unique de leur promiscuité sexuelle. J'étais, ni plus ni moins, tel que l'infortunée Biblis lorsqu'elle sentit couler ses larmes dans la fontaine des Naïades[49]. J'étais plongé dans les très-douces flammes, ni vif ni mort, le pouls ne battant plus. La plaie ouverte de mon cœur laissait mon esprit s'échapper librement, et je pensai, tombant sur mon genou ployé, que j'allais être frappé d'épilepsie.

Aussitôt la Déesse, émue de compassion, déposa la coquille d'huître et, creusant la divine paume de sa main, en fermant la séparation des doigts longuets nous aspergea et répandit sur nous les pures eaux salées saintement puisées. Elle fit cela, non pas comme Diane indignée mouilla l'infortuné chasseur pour que, changé en bête, il fût dévoré par ses chiens ; mais, par un arrosement d'un effet contraire, elle nous délivra en présence des nymphes sacrées qui rendirent des actions de grâce et nous embrassèrent.

Elle n'eut pas plus tôt fait, dans sa bonté, et, quant à moi, je ne fus pas plus tôt aspergé et oint par la rosée marine, que mes esprits excités furent comme clarifiés et ressaisirent leur intelligence, que mes membres brûlés et calcinés revinrent doucement à leur premier état, et que, sans m'illusionner, je me sentis, avec surprise, revêtu de qualités supérieures. Je reconnus qu'Éson[50] ne fut pas rajeuni différemment, et qu'Hippolyte Virbius[51] ne fut pas rendu à la précieuse vie, grâce à l'instante prière de Diane, par l'herbe glycysidée, mieux que je ne fus rappelé à la lumière désirée. Alors les nymphes qui m'étaient assignées vinrent affectueusement à moi, et, m'enlevant mes habits plébéiens, me revêtirent, avec complaisance, de vêtements blancs et magnifiques.

Dès que nous fûmes oints, tranquillisés, rassurés sur notre amoureux état corroboré encore, très agréablement reconfits, pleinement consolés, touchés par une joie, par une allégresse subite, les nymphes nous firent aussitôt nous accoler et nous entre-donner des baisers succulents avec des langues vibrantes. Puis, joyeuses et festoyantes, elles nous communiquèrent, dans leur sacré collège, un nouvel apprentissage de la féconde Nature, et toutes, fort douces, nous baisèrent gracieusement l'un et l'autre.

Alors la déesse Génitrice, prononçant à demi-voix un élégant et apaisant discours, avec un regard majestueux, toute propice, exhalant, de son divin souffle, un baume qui lui était naturel, parlant de choses qu'il est défendu de divulguer, qu'il est interdit de communiquer aux hommes du commun, s'appliquant longuement à consolider, à féconder nos amours allumés, nous ordonna d'unir nos cœurs sous ses douces et fructueuses lois et de vivre en de magnanimes amours réciproques. Toujours pitoyable, elle nous octroya libéralement ses munifiques faveurs, promettant de pourvoir largement à tout ce qui pourrait nous garantir de troubles dans l'avenir. Et pendant ce colloque, pleine de douceur, elle nous conféra sa grâce d'une façon charmante.

Or il advint qu'un guerrier décoré d'un bracelet militaire[52], et divin d'aspect, sortant du premier berceau par les percées des gradins du bas, s'avança, la face majestueuse et véhémente, avec un air de formidable fierté, large de poitrine, grave, les épaules amples, musculeux et grand, les yeux clairs, perçants et farouches, mais revêtu d'une dignité imprimant la vénération. Il portait un divin bouclier d'argent fort orné, somptueux et superbe, comme Brontès et ses compagnons n'en fabriquèrent point pour l'exilé Troyen[53]. Son chef était couvert d'un casque étincelant couronné de fleurs odorantes, décoré sur le sommet d'un crest proéminent en or. Son torse était revêtu d'une cuirasse en même métal, comme le divin Jules n'en porta point, comme il n'en dédia pas à la Vénus Génitrice en son temple[54], comme n'en fit jamais l'excellent ouvrier Didymaon[55]. Il était ceint d'une courroie pendante, ou baudrier transversal, auquel était suspendu, par des liens d'or, un somptueux sabre recourbé[56]. Il était muni de tout l'équipement militaire fort orné ; il tenait en main un fléau et marchait accompagné de son loup frémissant[57]. Parvenu, enfin, auprès de la charmante et délicieuse fontaine, il dépouilla voluptueusement son armure et pénétra, désarmé, auprès, de la Déesse armée. Là, elle et lui, avec des flatteries et des caresses qui n'avaient rien d'humain, avec des gestes et des signes d'affection divins, ils se tinrent étroitement embrassés ; ce dont les nymphes s'avisant, elles prirent congé avec d'humbles et respectueuses paroles. Moi et mon active Polia nous fîmes de même ; puis, nos immortelles actions de grâce ayant été dites du mieux qu'il nous fut possible, nous partîmes.

La divine Mère et son fils restèrent donc seuls avec
les divinités qui se tenaient constamment
autour de la fontaine, avec le beau
guerrier qui avait quitté tous
ses vêtements pour se
livrer à son divin
et plaisant
ébat.

Poliphile narre comme quoi, dès l'arrivée du guerrier, sortant du théâtre avec toute la compagnie et les autres nymphes, ils parvinrent à une fontaine sacrée ; comme quoi la déesse, au jour anniversaire, y venait accomplir les cérémonies saintes, puis, comme quoi les nymphes, cessant leurs danses et leurs chants, persuadèrent à Polia de raconter son origine et l'histoire de son amour ☙ Chapitre XXIV

ORNÉ de qualités nouvelles, je quittai la fontaine sacrée avec ma belle Polia et nos compagnes ; nous sortîmes par cette même porte et par ce même vestibule qui nous avaient donné accès. Là nous trouvâmes les nymphes en foule sonnant et chantant suavement. Elles vinrent toutes, ensemble avec nous, festoyant en grande allégresse. Je me sentais rempli d'un amour fructueux. Mon sein était, de plus, inondé de douceur. Mes peines antérieures n'existaient plus ; toute crainte fâcheuse avait disparu, toute incertitude était dominée. Je ne doutais plus de Polia ; mais elle était devenue l'Auguste[1] de mon âme, la Silvia[2] de mon cœur, la Ptolémée[3] de ma vie, l'Arsacide[4] de mes sens, la Muræna[5] de mon amour, la maîtresse souveraine, l'impératrice révérée de mon être tout entier. J'allais humblement, en fête et en joie, très-satisfait de ce qui m'était accordé, m'y soumettant avec une affection plus intense, plus sincère, plus respectueuse que celle du pieux empereur pour sa chère, sa belle et divine adultère[6]. Son précieux amour m'était acquis désormais, son cœur m'était assuré, à moi, nouvel Aristée[7], dans cet amoureux combat.

Or il advint que la troupe folâtre des nymphes fit retour à ses premiers ébats, à ses premiers plaisirs, reprenant ses harmonies célestes, ses concerts angéliques, se livrant à des jeux de vierges, à de libres amusements. Vives, rieuses, elles se montraient charmées de l'accomplissement de nos désirs et se répandaient doucement autour de nous en un cercle animé, à travers l'île sainte, par les allées ou voies bordées de plantes et de vergers doués d'une éternelle verdure printanière, qui leur faisaient comme des murs de buis d'où sortaient des myrtes et des genévriers alternant, à dix pas les uns des autres et hauts de cinq. Puis, dépassant de deux pieds les haies, s'élevaient d'élégantes grilles de marbre d'une épaisseur de deux pouces et demi, soutenues par une rangée symétrique de colonnes carrées diſtribuées et placées de la façon la plus opportune et la meilleure. L'ajourage de ces grilles était formé de rosaces et de losanges avec les pleins joliment répartis en marbre rouge comme cinabre et brillant. À travers ces ouvertures, des rosiers aux fleurs diversement colorées s'entrelaçaient à la manière des vignes.

Nous nous tenions en ces lieux tous deux par la main ; les nymphes commencèrent à nous conduire à travers ces lieux susdits, et persuadèrent plaisamment à Polia que, ses blonds cheveux, comme aussi les leurs, étant serrés par des couronnes fleuries, elle devait pareillement ramasser pour moi des fleurs éparses, et, les réunissant amoureusement, en composer une couronne. Alors, pour l'aider à les ramasser, quelques-unes des nymphes nos compagnes, avec un grand contentement, avec un plaisir extrême, se baissèrent complaisamment en même temps que ma Polia toute zélée. Celle-ci, sans s'arrêter, très-agile, animée par les lois de l'amour, se mit, incitée qu'elle était par sa grande affeƈtion, à composer et à tresser, de ses mains habiles et exercées, une couronne de fleurs variées ; puis, prenant, sur sa tête fournie, de beaux et longs cheveux brillant autant que fils très-fins d'or pur, cheveux dont la masse, conſtamment rejetée le long de son dos pudique, courait en belles ondulations, elle en lia fort adroitement les fleurs assemblées. C'eſt ainsi que nous allions voluptueusement, en vive allégresse, brûlés de douces flammes, tout en fête et infatigables à la danse. C'était tantôt par des prés fleuris, tantôt par des bosquets très-verts entourés de canaux rapides et de rivières murmurantes ; tantôt était au sein d'une ombre suave, par des voies bordées d'arbres et couvertes de pervenches en fleurs, sous des dômes de verdure taillée. Aussi la renommée du lieu, la clémence du ciel, que ne troublait jamais la pluie ou la chaleur, nous conviant avec un attrait délicieux, nous excitant, troublant notre eſprit, nous arrivâmes gaîment devant une fontaine limpide et sacrée qui jaillissait d'une large bouche. Ses bords n'étaient ni moussus, ni remplis de polytric, d'adianthe ou d'aſplénia[8] ; mais ses rives étaient garnies et ornées de margelles en marbre Macédonien[9] qui, sans avoir été poli à la ponce, luisait naturellement, veiné qu'il était de façon très-variée. Des plantes fluviales ombrageaient et embellissaient ses bordures. Elles poussaient de nombreux rejetons chargés de charmantes floraisons diversement parfumées sur leurs feuillages frais et mouillés de rosée.

Un fort agréable ruisseau, courant rapidement sous des ormes feuillus, transportait, avec un mol et doux murmure, les eaux vives emplissant toujours cette fontaine. En ce délicieux endroit on respirait sous les ombrages tempérés d'un bois composé de lauriers immortels et d'arbousiers prodigues de leurs fruits rouges, mêlés à des plantations touffues de cyprès conifères, de hauts palmiers, de peupliers, de pins résineux et pointus, tous arbres placés à distance égale, rangés dans un ordre parfait. Ils enfermaient, en un cercle de feuillage garni et décoré de fleurs, cette fontaine fatidique et répandaient leur ombre sur le sol tout couvert d'un tapis d'herbes tendres et délicates. On apercevait sous cette masse d'arbres, entre leurs troncs fort droits et dégagés, à une hauteur d'un pas de leurs rameaux obstruants, l'air libre des confins.

Cet entourage d'arbres commençait à quatre pas de distance des bordures en marbre de la fontaine sainte et sacrée qui était un hexagone de douze pas de circuit, et lui formaient ainsi une enceinte dont la circonférence mesurait trente-six pas. Cette enceinte était toute plantée d'orangers, de cédratiers et de citronniers rangés en un gracieux entourage formant clôture, plaisant à voir, d'un bel effet, tout en feuillage épais aux nombreux rejetons, égayé par des fleurs parfumées et par les teintes d'un rouge de minium, se dégradant en jaune pâle, de ses fruits mûrs et brillants. Les arbres étaient disposés et plantés les uns près des autres à de bonnes distances égales. Ils étaient remplis d'un peuple d'oiseaux chanteurs, principalement de rossignols, de tourterelles et de merles solitaires, que l'excitation amoureuse portait à célébrer délicieusement par leur suave gazouillement le temps printanier.

Là, dans les vides que laissaient les arbres susdits, disposés en rond, était établi un treillage circulaire aux mille entrelacs bien imaginés, en bois de santal rouge, d'un pas[10] de haut. Des rosiers aux roses cent-feuilles, aux petites roses Grecques[11] d'automne, grimpaient et s'entrelaçaient le long de ce treillage qui laissait passer à travers ses ouvertures des touffes de fleurs pourprées d'un parfum inimaginable, garnies de leurs feuilles persistantes de la plus belle verdure printanière.

Là nous entrâmes religieusement par une petite porte faite exactement comme le treillage, dans un berceau aboutissant à l'accès de la fontaine, et large autant qu'un des côtés de celle-ci, d'angle à angle. Il avait également une hauteur d'un pas dans sa partie droite et mesurait un autre pas dans sa partie cintrée. Long de douze pieds, il était couvert de nobles rosiers chargés de roses vermeilles d'une délicieuse odeur, gracieusement soutenues par des baguettes d'or brillant. Le sol luisant, autrement dit le pavé, était fait en mosaïque de menus morceaux de pierres précieuses. Aux côtés du berceau étaient appuyés des sièges en jaspe, aux élégantes moulures rendues avec la plus grande convenance. Le siège avait sept onces[12] de haut et un demi-pied de profondeur.

La mosaïque, bien nivelée, couvrait tout le sol intérieur. L'extérieur était absolument vert partout, sans places dénudées, entièrement de serpolet odorant, si bien rasé, qu'aucune feuille ne dépassait l'autre. Fort épais, égal, il allait couvrant le terrain d'une verdure également taillée jusqu'aux bords de la fontaine.

Sous ce berceau j'admirai un vrai chef-d'œuvre que ces nymphes divines et nous révérâmes avec dévotion. Là se trouvait le merveilleux et mystérieux sépulcre que je vais dire. Il était long de cinq pieds, large de dix douzièmes[13] de sa longueur et haut d'autant, sans compter le socle ni la petite corniche qui mesurait cinq pouces. Les nymphes nous dirent que ce tombeau était celui du chasseur Adonis, tué là par le sanglier à la longue défense, et que c'est de ce berceau également, que la sainte Vénus, s'élançant toute nue de cette fontaine, l'indignation et colère au front, l'âme angoissée, déchira sa jambe divine après ces mêmes rosiers, en allant porter secours à celui que frappait Mars le jaloux.

On voyait cette histoire sculptée en perfection sur un des côtés longs du sépulcre. On y voyait aussi Cupidon, le fils de la Déesse, recueillir son sang pourpré dans une coquille d'huître. Les nymphes nous contèrent, en outre, que ce sang divin avait été disposé dans ce sépulcre, avec les cendres du mort, selon le rite sacré. Aussi voyait-on sur la partie antérieure du tombeau qui faisait face à notre venue, un trou circulaire, inscrit dans l'encadrement en moulures, qu'obturait une pierre precieuse d'hyacinthe de couleur vermeille et transparente, tout éclatante d'une splendeur de flamme, où scintillait la lumière du jour tombant d'en face, si ardente que mes yeux ne s'y pouvaient fixer.

Sur l'autre partie longue du sépulcre, je vis, sculpté de même, Adonis, entouré de pâtres, chasseurs comme lui, sous des arbres, avec des chiens, ainsi que le sanglier mort près de sa victime. Vénus, pleurant amèrement, se laissait

FIGURE 318
(1499).

FIGURE 319
(1883).

choir dans les bras de trois nymphes vêtues de tissus transparents, et qui, émues de commisération, pleuraient avec la Déesse. Le fils essuyait avec une touffe de roses les larmes qui coulaient des yeux maternels.

Là, entre le groupe des hommes et celui des femmes, était placée une couronne de myrte au milieu de laquelle se trouvait cette inscription: IMPVRA SVAVITAS. [*Ce qui signifie:* PLAISIR IMPUR.] Il y en avait une pareille dans l'autre sujet où était écrit en Grec: ΑΔΩΝΙΑ. [*Ce qui signifie:* VOLUPTÉ.] Ces sculptures rendaient tout cela d'une façon si exquise que j'en fus ému d'une douce pitié.

Quant au carré opposé à celui qui était en pleine lumière, il tombait d'aplomb sur la fontaine. On y voyait fixé un serpent d'or qui semblait sortir en rampant d'une obscure caverne en pierre. S'enroulant en plis tortueux, il vomissait dans la fontaine sonore une eau abondante et très-claire. Le remarquable artiste, en faisant ce chef-d'œuvre, avait fondu le serpent ainsi enroulé pour modérer l'impétuosité des eaux que la libre ouverture d'un conduit direct eût lancées au-delà du bassin de la fontaine.

Sur le dessus aplani du sépulcre susdit, la divine Génitrice était assise sur un siège antique, portant un enfant; le tout sculpté, non sans stupéfier l'assistance, dans une précieuse sardonyx.

Le siège ne dépassait pas la veine de sardoine, mais, par une invention et un artifice incroyables, tout le joli corps de Cythérée était extrait de la veine couleur lactée de l'onyx. Il était presque nu, car seulement un voile fait de la veine rouge cachait la partie naturelle secrète, et, couvrant quelque peu la cuisse, retombait sur la plate-forme. Il allait en s'amincissant sur la mamelle gauche qui le repoussait, et, retroussé sur les épaules, il pendait du côté de l'eau de la fontaine, en accusant complètement, avec un art de sculpture admirable, la membrure sainte. La déesse allaitait Cupidon qu'elle tenait embrassé, démontrant une véritable affection maternelle. Les joues des deux visages, et le bout de la mamelle droite de la déesse avaient été tirés de la veine rouge de la pierre. Oh! la belle œuvre! à contempler, merveilleuse! Il ne lui manquait que le souffle vital. Les cheveux frisés étaient séparés sur le front et, passant sur les tempes unies, se réunissaient, attachés en un beau nœud, sur le sommet de la tête. La partie libre tombait de là jusqu'au siège, comme des pampres. La sculpture avait fouillé leurs ondulations, creusé leurs boucles à miracle au grand effort du trépan. Ils étaient translucides et clairs, pris uniquement dans la veine d'une sardoine telle que ne fut pas celle du

Figure 320 (1499).

Figure 321 (1883).

fortuné Polycrate, dédiée par Auguste, dans une corne d'or[14]. Le mignon pied gauche était retiré en arrière contre le siège, l'autre avançait sur le bord de la plate-forme.

Ce pied saint fut baisé très-religieusement par les nymphes prosternées et agenouillées, ainsi que par nous. Dans la corniche même, sous ce pied, se trouvait une petite banderole courant en relief sur les moulures ; j'y vis le distique suivant inscrit en petites lettres Latines :

Non lac, sæve puer, lachrymas sed sugis amaras
Matri reddendas ob dulcis Adonis amorem

[*Ce qui signifie :*
Ce n'est pas du lait, cruel enfant, que tu tètes, mais des larmes amères qu'il faut rendre à ta mère pour pleurer l'amour de son cher Adonis.]

Après avoir dûment accompli cette respectueuse et dévote cérémonie, nous sortîmes de dessous le berceau sacré. Les illustres nymphes nous dirent avec une aimable éloquence : « Apprenez que cet endroit est mystérieux, qu'il est célèbre pour la vénération qu'il inspire. Une fois l'an, le premier jour des Kalendes de Mai, la Déesse mère vient ici en compagnie de son cher fils, avec la pompe divine des lustrations. Nous venons avec elle, nous toutes ses sujettes, soumises extrêmement que nous sommes à son empire, vouées, attentives à son service. Donc, ici parvenue, versant de douces larmes, poussant de petits soupirs, elle nous ordonne de dépouiller ce berceau et les treilles d'alentour des roses qui les couvrent, de les semer sur ce sépulcre d'alabastrite en proférant à haute voix des invocations conformes au rite, puis de les y amonceler pour l'en couvrir. Cela fait, on part, en procession, dans le même ordre qu'on est venu. Au jour suivant des Kalendes, les rosiers dépouillés refleurissent avec le même nombre de roses qu'il en était tombé. Une autre fois, aux Ides, la Déesse vient ici de la même manière. Elle commande que les roses amassées sur le sépulcre en soient enlevées pieusement, puis qu'au milieu de divines acclamations elles soient toutes jetées dans la fontaine, d'où elles sont emportées au loin par la rivière dérivante. Après que la divine Dame s'est baignée seule dans la fontaine et qu'elle en est sortie, elle se jette de nouveau, les yeux baissés, en commémoration de son Adonis bien-aimé frappé par Mars, sur ce sépulcre qu'elle embrasse, inondant de larmes ses joues rosées. Nous toutes pleurons de même en nous lamentant, nous sanglotons pitoyablement, car c'est en ce jour que la jambe attenante au petit pied que nous avons baisé fut lacérée par les épines de ces rosiers. ainsi la Déesse s'étant rendue solennellement ici, en ce jour, soulève le couvercle du saint tombeau, tandis qu'avec de respectueuses cérémonies nous chantons, exultantes et joyeuses. Le fils, ayant recueilli le sang précieux dans une coquille d'huître, l'apporte à sa mère. Celle-ci, en qualité de grande prêtresse, tient de nouveau le bouquet de roses rendues éternelles par la rosée de ses larmes et conservant leur charmante et très-vive beauté. La précieuse liqueur n'est pas plus tôt retirée du sépulcre, qu'aussitôt les roses, toutes extrêmement blanches, se teignent en couleur pourprée telles qu'elles apparaissent présentement. Bénissant par trois fois cette fontaine en grande pompe et de la même manière, la Déesse, pleurant seule, essuie ses larmes, au troisième tour, avec le bouquet de roses. Enfin les objets sacrés remis en leur place, tout ce sol fameux retentit du bruit des fêtes, danses et chansons par lesquelles il est très-solennellement consacré. C'est en ce moment que s'obtient facilement la grâce de la Déesse. »

À l'endroit où le sépulcre se joignait à la fontaine, cinq petits degrés, partant de la bordure en pierre, allaient en descendant jusqu'au fond aplani. Ce fond n'était ni rocailleux, ni couvert de grains, mais fait d'une précieuse incrustation en mosaïque. L'ouverture souterraine du ruisseau dérivant y était établie pour transporter au fur et à mesure l'eau par-delà les treillages.

Lorsque les nymphes nous eurent conté familièrement et avec éloquence ces mystères mémorables et antiques, elles se mirent à jouer de nouveau des instruments et à narrer ces faits susdits du passé en langage rhythmé, les chantant très-doucement et très-voluptueusement, et dansant longuement autour de la fontaine. Puis, toutes ensemble s'agenouillèrent, inclinées, sur cette verdure si agréable, si aimable et si plaisante. Alors moi, dépouillé de tout respect humain qui me retînt, je me jetai dans le sein de ma Polia, respirant cette bonne odeur extraordinaire qu'elle exhalait si magnifiquement et si purement, tant de sa propre personne, que de ses fins vêtements inondés récemment d'une rosée embaumante, et, profitant de son amoureuse permission, je baisai frénétiquement ses mains de lait, sa poitrine étincelante d'un blanc de neige et d'ivoire. Ces effets d'une impulsion d'amour furent mutuels. On voyait bien, à son aspect, que loin de déplaire ils étaient partagés, et que les nymphes les approuvaient. Aussi les musiciennes se reposèrent-elles sur la très-charmante verdure, déposant près d'elles leurs instruments mélodieux. Les chanteuses, toutes ensemble, refoulant dans leurs poitrines délicieuses leur voix melliflue, firent silence. Alors, dans un doux et voluptueux repos, elles se livrèrent entre elles à des confabulations

FIGURE 322 (1499).

FIGURE 323 (1883).

virginales, se montrant bientôt très-désireuses de connaître et notre état et notre condition. Une d'entre elles, plus espiègle et plus enjouée que les autres, se prit à dire : « Ô Polia ! notre compagne, toi qui partages avec nous le service de l'honorable Génitrice, ta belle, ton élégante apparence, ta forme superbe et insigne, ton admirable éducation, ta beauté de premier ordre et incomparable, nous rendent justement avides de connaître les raisons de vos heureuses amours, ainsi que l'origine de ton excellente et généreuse race, que nous croyons être d'une extraction noble et des plus illustres. En effet, nous avons eu la preuve certaine de ce que tu possèdes de distinction, d'esprit, de littérature et d'érudition non médiocre, d'habileté distinguée, de grâce virginale dans le maintien, de rareté dans la forme, d'extrême beauté jointe au charme le plus suave, d'insigne vertu très-digne d'honneur. Certes, ta charmante personne, forme céleste si belle et si noble, n'est pas entièrement terrestre, mais elle montre par des indices certains qu'elle détient beaucoup plus du divin. C'est pourquoi, donc, il nous serait agréable, que dis-je ? on ne peut plus agréable, d'apprendre de toi ce que sont les tristesses chagrines des amants passionnés, et leurs dédains injustes provenant de dispositions discordantes ou inégales, et leur parti-pris de se montrer sourds aux instantes prières ; comment, n'apercevant pas, l'un chez l'autre, la tristesse et les concupiscences du cœur, ils se repaissent d'un espoir consolant qu'ils se forgent avec les douces fictions de leurs imaginations, au gré de leurs désirs, pleins qu'ils sont de soupirs et de vains soulagements, sans pouvoir se satisfaire jamais de se complaire mutuellement. Or, dans la douce oisiveté où nous sommes, notre repos et notre plaisir sédentaire n'auront point à regretter de te l'entendre dire. »
À
peine la
nymphe, approuvée de
toute la compagnie, eut-elle terminé
son très-flatteur, son très-bienveillant et pressants discours, que, zélée, ma Polia aux fins cheveux, avec ses dehors charmants et

enjoués, les joues empourprées, la petite bouche vermeille, la face inondée d'une pudique et honnête rougeur, s'accommoda, par tous les moyens propres à sa nature douée de toutes les vertus, pour satisfaire à cette, demande courtoise. Ce n'est pas que, de prime abord, elle pût dissimuler quelque hésitation, ni retenir en elle-même un faible soupir qui, par le fait de la conformité de nos sentiments, fut en moi répercuté, pénétrant au profond de mon cœur. C'est ainsi qu'il arrive entre deux luths parfaitement d'accord. Mais, ayant assez courageusement fixé chaque personne de ses divins regards, de ses yeux joyeux et brillants à faire, hélas !
voler un diamant en éclats, elle salua l'assemblée d'une façon pieuse et
modeste, d'un geste plein d'élégance, avec une décence extrême ;
puis, retournant à son plaisant repos, elle fut s'asseoir
sur le sol couvert de serpolet. Là, isolée, elle se mit
en devoir de s'exécuter. Après un léger temps
d'arrêt, dans une pose des plus élégantes, elle se prit, toute gracieuse,
à faire sa narration clairement, avec une pro-
nonciation ac-
commo-
dée.

FIN DU PREMIER LIVRE DE
L'HYPNÉROTOMACHIE
DE POLIPHILE

Poliphile commence le second livre de son Hypnérotomachie, dans lequel Polia et lui, tout en dissertant, racontent comment, et par quelles aventures, ils se prirent d'amour l'un pour l'autre. La divine Polia déduit, là, son antique et noble origine. Elle narre comme quoi la ville de Trévise fut bâtie par ses ancêtres. Elle dit ce qu'était la famille Lolia dont elle est issue, et comment, sans y prendre garde, sans savoir pourquoi, inconsciemment, s'éprit d'elle son cher Poliphile ❧ Chapitre Premier

LES ACCENTS dont je dispose sont si faibles, ô nymphes gracieuses et divines, qu'ils se montreront sans beauté, sans éclat à votre bienveillante attention, plus comparables qu'ils sont aux cris rauques et terrestres d'Æsaque le plongeur[1] qu'aux chants suaves de la plaintive Philomèle. Néanmoins, voulant, à l'aide de toutes les forces de mon débile intellect et de ma petite suffisance, contenter votre aimable désir, je ne m'arrêterai pas à l'intention. Mais si, par aventure, vous trouviez en moi plus d'hésitation qu'il ne convient — car il faudrait à cette besogne un large fleuve d'éloquence, une élégante facilité, une pureté de diction que je ne possède en aucune manière — puissé-je obtenir votre affectueuse indulgence ! Quant à nous, ô nymphes virginales ! quant à moi, particulièrement, qui fredonne sans art, j'estime que faire montre de bonne volonté, de soumission à vos vœux, à votre requête, avec une courageuse et modeste promptitude, c'est mériter votre bienveillance plus sûrement que si, pour déduire mon antique origine et l'histoire de ma lignée, ainsi que mon amour, j'employais une belle, pure et séduisante éloquence. Toutefois, si, devant une assemblée qui imprime la vénération, si, en votre présence, ô nymphes, servantes familières de l'ardent Cupidon ! je demeure stérile et interdite, la douceur de ce site délicieux et sacré, où souffle la brise pure mêlée à l'haleine des fleurs, me suscite une respectueuse audace et tempère ma crainte de parler. Excusez donc avant tout, nymphes très-belles et très-heureuses, mon balbutiement[2]. Soyez indulgentes pour les efforts humains et débiles d'une femme, s'il advenait que je m'égarasse en quelques parties de ce discours non préparé. Ô fontaine sacro-sainte où sont enfouis les secrets et les trésors de la céleste Génitrice ! Fontaine perpétuellement sanctifiée par un culte propitiatoire ! Me voici, à cette heure, assise sur tes bords fleuris, au sein d'une paix profonde, en compagnie de ces insignes sémi-déesses dont le beau corps montre sa plus excellente et sa plus remarquable portion réfléchie en toi comme en un miroir, ce qui t'imprime, à mes yeux, un caractère respectable au dernier degré. Qu'aucune de vous donc ne s'étonne de voir mes yeux voilés de larmes laisser échapper des pleurs. Car cette vue, troublant mon cœur dans sa tranquillité, évoquant l'image de Dircé[3] mise en pièces, de Biblis la pleureuse, de Galatée[4] l'enviée, de la fuyante Aréthuse[5], d'Égérie[6] l'endolorie, ne me laisse point la liberté de mes esprits. Ah ! quelle affection, quel zèle, quel vouloir ne me faut-il pas pour faire, avec mon langage dénué d'ornement, une telle narration ! C'est que ma race, à son origine, fut malheureuse, et qu'il y eut de mes ancêtres qui, sous le coup d'un ressentiment divin mérité, furent transmués en fontaines jaillissantes, en rivières fluides. Ô déplorables métamorphoses ! Ô cas infortunés, tristes disgrâces lamentables ! Ô séries indissolubles des faits, ordre inévitable et perpétuel ! pourrai-je, en les passant en revue, narrer ces infortunes sans soupirer péniblement, sans que ma voix trahisse ma douleur, sans entrecouper mes paroles de sanglots, sans mouiller de mes larmes mes joues brûlantes ? Ainsi pleura le pérégrinant Ulysse en racontant devant Alcynous, roi des Phéaciens, les tristes catastrophes de Troie. Se pourra-t-il faire, alors, que les soupirs échappés de mon cœur ne déchirent point ma poitrine ? Cela même en ce lieu très-saint, où, vraisemblablement, les yeux et les cœurs doivent être stériles de larmes et de soupirs ! Car les pleurs veulent être refoulés, bannis devant une assistance aussi gracieuse qu'est la vôtre, surtout si je songe à cette définitive et chère victoire remportée par mon très-affectionné Poliphile.

Ne vous étonnez donc point, nymphes très-heureuses et très-belles, si, en vous contant l'histoire de ma lamentable parenté et des pénibles débuts de mon amour, je ne puis me tenir d'interrompre parfois de mes sanglots un récit que je dois, cependant, me hâter d'entreprendre, n'ayant déjà que trop tardé au gré de mon auditoire attentif.

Deux choses vous paraîtront surprenantes. C'est d'abord une cruauté extraordinaire, inouïe, inhumaine, que dis-je ? une fureur bestiale, une atrocité féminine se terminant en cet affectueux et bienheureux état que nous pouvons pleinement constater à cette heure. C'est ensuite l'amour le plus inattendu qui se soit vu jamais dans l'orbe du monde et dont voici l'origine et le commencement :

Divines nymphes de Cythérée, au temps où la verte palme, s'échappant, sur le front d'Ilia Silvia[7], des liens de ses bandelettes de Vestale, en une poussée miraculeusement prodigieuse, couvrait de son ombre triomphante la vaste terre et la mer immense, la très-noble famille Lélia se trouvait déjà constituée en grand état et dignité de magistrature, pour les belles actions qu'elle avait excellemment accomplies et les nombreuses victoires qu'elle avait énergiquement remportées. Ce n'est point à vous que demeurent cachés les motifs pour lesquels, dans l'antique et impériale Cité, furent magnifiquement récompensées toutes les actions vertueuses des hommes magnanimes. Or donc, un membre de cette race ancienne et honorée, nommé Lélius Silvius, fut, pour un motif important qui serait long à dire, désigné comme consul par le saint Sénat et envoyé dans la région de la marche Tarvisienne[8] ainsi nommée des hauts monts Tarvisans[9]. Il vint y établir une colonie. Là dominait le magnifique, opulent et très somptueux seigneur et prince d'Altino[10], nommé Butanichius, père d'une fille unique. Avisé et prudent, il unit cette belle personne à Lélius Silvius en solennel mariage. Celui-ci épousa donc joyeusement cette insigne demoiselle sage, d'un naturel excellent, d'un sérieux de matrone, sans compter qu'elle était d'une beauté remarquable et possédait l'avantage de tous les dons de fortune. Elle était noble, elle était généreuse, elle était ornée de toutes les vertus, nourrie aux lettres, élevée dans les délices royales. Elle avait été instituée moralement par son père ; son nom était Trévisia Calarda Pia. La mère s'appelait Rhéa Pia. Pourvue d'un ample patrimoine constitué par son père, elle apporta en dot à son mari une grande partie de la deuxième région Vénitienne, pays riche, entouré de montagnes aux sommets élevés et superbes, contrée unique, remarquable, abondamment pourvue de fontaines, rivières et larges fleuves, ainsi que de forêts peuplées d'animaux inoffensifs.

Les noces célébrées magnifiquement, le nœud vraiment Herculéen de l'hymen légitime dénoué, Cynthie religieusement invoquée pour l'accomplissement des lois du mariage, les époux, à la faveur de Lucine Zygie[11], eurent de très-nobles rejetons. De nombreuses couches leur donnèrent alternativement plusieurs garçons et plusieurs filles. Le premier né des fils fut Lélius Maurus, qui dut son surnom à sa couleur brune. Le second fut Lélius

Halcyonéus, le troisième Lélius Tipula, le quatrième Lélius Narbonius, le cinquième Lélius Musilister. Quant aux filles, la nature, à la faveur des forces supérieures, les gratifia de tant de beautés et de tant de charmes que l'esprit humain est impuissant à le concevoir. La première se nommait Morgania, la deuxième Quinta, la troisième Septima, la quatrième Alimbrica, la cinquième Astorgia, la sixième Melmia. Bref, les parents, perdant le souvenir des grands bienfaits de la déesse qui préside à l'enfantement, s'enorgueillirent de l'élégance de leur progéniture et l'attribuèrent à leur propre mérite. Hélas ! qui peut échapper complètement sain et sauf aux fatals dangers de l'inconstante, fallacieuse et mobile fortune ? Aussi leur en advint-il de même qu'à Atalante et à Hippomène[12] pour ne s'être pas montrés dignes de ce présent tout divin. En outre ces filles se comparaient sacrilègement à cette maîtresse nôtre, la mère Cypris génitrice de notre sagittaire Cupidon, se jugeant supérieures en beauté comme en noblesse. Ô malheureux et néfaste forfait ! Ô téméraire audace ! Comme elles sortaient à peine des dernières années de l'enfance, le vulgaire plébéien, le rude, grossier et inculte menu peuple ne se persuada-t-il pas que Morgana était Vénus elle-même ? Il en résulta qu'on établit une enceinte sacrée en des lieux suburbains et que, l'ayant largement pourvue de temples, on y célébra cérémonieusement ce culte mensonger. Le populaire y apportait, dans sa superstition, ses vœux annuels et ses prières, le servant en grand concours. C'est de là que vint, de par le monde, ce nom de fée Morgana[13] qui dure encore, et l'endroit même a conservé, jusqu'à nos jours, l'appellation caractérisée de Morgiano.

Pour une pareille iniquité, pour une énormité semblable, une aussi coupable impiété humaine, pour une audace aussi avaricieuse, aussi ambitieuse, aussi orgueilleuse, aussi néfaste, les Dieux, qui ne laissent pas impunies les offenses des mortels et ne permettent pas que leur insolence vienne à s'accroître, les Dieux, dis-je, furent irrités que des êtres terrestres se montrassent usurpateurs au point de s'assimiler illicitement aux divinités supérieures. La très-sainte Mère du redouté Seigneur dont nous sommes présentement les servantes, en tira une vengeance aussi cruelle que celle que Junon tira d'Antigone[14], que celle qu'Eribœa indignée tira d'Isis[15]. Le temple impie fut foudroyé ; la maison royale, située par hasard à peu de distance, fut carbonisée, ce dont elle garda perpétuellement le nom de maison Carbona. Morgania fut métamorphosée en fleuve avec ceux qui se trouvaient là. Quant à Quinta et à Septima, ses sœurs, elles furent arrêtées dans leur fuite et changées en fontaines. Non loin d'elles, Alimbria fut réduite en cendres par les terribles foudres du grand et tonnant Jupiter indigné. Tout le palais, tout l'édifice domanial, y compris ses bâtiments épars, furent convertis en charbons, et l'endroit en prit le nom de Carbuncularia. La fugitive Astorgia, pleurant sur ces lamentables catastrophes, s'écoula en petit fleuve dans le sein paternel, ainsi que Melmia. Leur nom demeura perpétuellement attaché à ces lieux, et leurs ondes rapides se mêlèrent à celles de leur tendre père Lélius Silvius qui, transmué également en substance liquide, et accru de ses filles chéries, forma un fleuve célèbre aux eaux limpides et profondes, qu'on peut voir couler encore à travers cette très-charmante région, sous le nom défiguré de Silis[16].

Son épouse, foudroyée pendant qu'elle pleurait sur ces malheureuses et horribles aventures, fut transmuée en une remarquable fontaine, appelée de son surnom fontaine Calardia, tout près de son père chéri Titus Butanichius, métamorphosé lui-même en fleuve pleurant le sort dur et cruel de sa lignée. Sa mère Rhéa, s'écoulant entre son mari et son frère bien-aimé Calianus, se déversa, avec eux, dans son très-doux fils Silius.

Aucun des enfants mâles ne put éviter la colère ni la juste vindicte du Ciel. En effet, le second né, Lélius Musilister, devenu un ruisseau qui porte son nom, rejoignit son père, inondant les campagnes d'Altino. Ses deux autres frères, tout petits enfants, encore dans les langes et n'ayant pas fait leurs dents, furent, par un léger adoucissement de la vengeance divine, métamorphosés, l'un en oiseau qui porte son nom, l'alcyon couvert de plumes royales et incorruptibles, l'autre, encore plus jeune, en l'animal nommé tipule[17]. Tous deux, recherchant sans cesse leur père, mais ne se plongeant pas en lui, se tiennent constamment sur ses bords.

Lélius Maurus, l'aîné, fut donc le seul qui échappa vivant à cette lamentable et malheureuse catastrophe. Il avait été, encore enfant, convié, par ses parents, les seigneurs d'Altino, à un solennel anniversaire de funérailles, hors de la porte Mania, ainsi nommée des mânes. C'est là qu'on ensevelissait les cadavres de toute la cité, et, de son nom corrompu, on l'appelle encore Allimani. Les pompeuses obsèques terminées, avec des très-vieux rites et à la mode patricienne, le jeune homme s'en fut promener en compagnie de quelques adolescents.

Il arriva que, se trouvant aux bords de la mer, près de la tour ou fanal du nom de Toricello, d'où vient celui de la noble ville de Toricello fondée là, il fut ravi, avec cette jeunesse, par des pirates envahisseurs ; puis le hasard voulut qu'il fût conduit dans l'antique famille Brutia, en une cité fameuse qui, présentement, se nomme Téramo[18]. Adopté, pour son beau caractère, par un certain Théodore, homme noble et magnifique, il grandit, recevant une éducation patricienne. Après avoir consacré aux lettres une application suffisante, il s'adonna assidûment et énergiquement aux exercices militaires. Parvenu à l'âge viril, ayant, avec le temps, accompli des actions excellentes, d'un cœur courageux, altier, généreux et fort, constamment vainqueur en ses divers combats, il obtint tous les honneurs militaires. Parvenu aux grandeurs, il changea de nom, comme Bellérophon[19], et ne s'appela plus Lélius Maurus ; mais, en raison de sa condition élevée et de ses belles actions, on le nomma Calo[20] Mauro, afin d'effacer par ce mot, qui rappelait ses rares vertus, le funeste effet de son premier nom.

Pour toutes les raisons ci-dessus déduites, le très-saint Sénat Romain l'institua préfet militaire. Il fut revêtu du pallium[21], et se rendit, pour y demeurer, aux lieux mêmes où, par hasard, il avait pris naissance et origine. Il servit sa patrie en l'abritant, en la protégeant contre les incursions des barbares. L'endroit où il s'établit, rempli d'ombrages, rafraîchi par les brises, on ne peut plus agréable et gracieux, pourvu de fleuves et de fontaines, fut par lui nommé Calomario. La beauté du site l'exposait plus fréquemment qu'un autre aux fâcheuses incursions de l'ennemi, qui, parfois, souhaitait de se délecter là où il trouvait le sol verdoyant revêtu d'herbe fleurie.

Lorsqu'il s'y fut un peu consolidé, il éleva, en mémoire fidèle de sa mère très-chérie, un monument éternel, en faisant, d'un municipe qui tirait son nom du col Tarvisan, une noble et grande cité bien pourvue d'universités, tant de lettres que de sciences militaires, dans un site fertile et charmant, véritable sanctuaire d'un fort ancien culte et d'une sainte religion, sur le rapide et infatigable père Silis. Puis il lui donna le nom de sa pieuse mère Trévisa, nom maternel qu'elle conserve encore aujourd'hui.

Il posséda cette ville et la gouverna pacifiquement toute sa vie, jusqu'à un âge heureusement fort avancé, en grande union et confédération avec ses voisins. Il en transmit l'héritage à ses successeurs durant de nombreuses années. Mais les occurrences de la Fortune fallacieuse, la mauvaise foi des temps la firent tomber au pouvoir de divers tyrans. Finalement, comme elle était heureusement et humainement administrée, par la faveur de Jupiter très-bon et très-grand, sous le très-juste gouvernement du redoutable Lion de Saint-Marc, je naquis, et je demeure à cette heure la survivante de cette antique lignée et famille Lélia. On m'imposa le fier nom de la chaste Romaine qui s'occit par le fait du fils de Tarquin le Superbe. Élevée patriciennement, en grandes délices, j'atteignis la fleur de mon âge l'an 1462 de la Rédemption humaine. Je me tenais, ainsi que sont accoutumées les jeunes belles filles, à la fenêtre, ou, plutôt, sur la terrasse de mon palais ; mes très-blonds cheveux, ces délices des vierges, pareils à de l'or rutilant, pendaient de ma tête ambroisienne étalés sur mes toutes blanches épaules, afin de se sécher aux rayons de Phœbus qui les ensoleillait ; ma compagne les peignait avec orgueil et avec soin. Poliphile vint à passer d'aventure. J'ose dire que les cheveux d'Andromède n'apparurent pas aussi beaux à Persée, ni ceux de Photis[22] à Lucius. M'apercevant avec ses prompts et perçants regards, il s'enflamma d'un amour subit, sans cesse grandissant. Son cœur, si tendre et si bien disposé, s'ouvrit sans retenue, se fendit en deux comme un vieux chêne foudroyé par Jupiter tonnant. Cupidon, alors, sans perdre un instant, tout actif, y porta ses innombrables flammes brûlantes. Aussitôt, sans faire de défense aucune, sans opposer de résistance, Poliphile se laissa capturer, tel que l'oiselet naïf qui, pour un peu de nourriture, se laisse prendre dans les rêts emmêlés, tel que le petit poisson qui mord à l'hameçon recourbé. Contemplateur convoiteux de mon joli et charmant aspect, il s'en montrait chaleureusement avide. Et, de fait, plus d'une fois, en me voyant clairement dans mon miroir, je redoutai le sort de Narcisse[23]. Qu'à ce propos on ne me taxe pas de jactance, car, dit un adage, si feindre, si mentir est un vice, c'en est un, non moins, de celer la vérité. Ainsi donc, ces nouveaux et premiers feux fondèrent un supplice en son âme ; il devint, dès lors, mon tendre amant. Pris dans cet amoureux piège, il en éprouva les conséquences naturelles. Chaque jour il prenait le chemin de mon palais, regardant les hautes fenêtres vides. Il ne pouvait résister au désir aigu de me revoir au moins une fois encore. Aussi passa-t-il bien des jours et des nuits veillant, chantant, accompagnant de sons d'instruments de douces paroles formées de soupirs, témoignant d'une sollicitude brûlante vainement dépensée. Cette peine, ce souci de sa vie fastidieuse et chagrine le désespéra, le jeta dans une tristesse continuelle. Son âme était plongée dans l'affliction infinie d'un deuil amer, attendu que, malgré ses soins, ses veilles assidues, il ne parvenait pas à me voir. Mais si, bien rarement d'ailleurs, il y réussissait, il ne pouvait démêler en moi le plus petit signe, le moindre indice d'amour et de conformité de sentiments, qui fît que je ne lui parusse pas dure autant qu'une pierre. S'il arrivait que mon cœur ne fût pas insensible à sa peine, c'était, très-belles nymphes, chose fort éloignée de toute disposition aux feux amoureux. Mon esprit s'y montrait alors tout à fait inapte, il en était totalement ignorant et ne me permettait pas de connaître, en aucune façon, l'excessif supplice du véhément amour dont souffrait Poliphile et qui le minait cruellement.

Polia, frappée de maladie pestilentielle, se voue à Diane. Poliphile, par aventure, la vit, au moment de sa consécration, dans le temple où, le jour d'après, il la trouva seule et priant. Comme il lui narrait son pénible ennui et le martyre qu'il endurait pour l'amour d'elle, la suppliant de vouloir l'adoucir, elle demeura sans pitié et le vit passer de vie à trépas. Après ce méfait elle prit rapidement la fuite ?❧ Chapitre II

UN GRAND CARNAGE, une grande mortalité s'étant répandue parmi les hommes de tout âge, par le fait d'un air que viciait une maladie pestilentielle et contagieuse, il en mourut une grande multitude. Une crainte, une épouvante atroce régnait sur la terre infestée. Les hommes étaient frappés d'une terreur mortelle. Chacun, fuyant précipitamment sa propre cité, se réfugiait dans les lieux suburbains et à la campagne. Telle était l'extermination des populations, qu'il y avait lieu de croire que les vents fétides du Sud eussent apporté la peste de l'Égypte humide, alors que, par suite d'une crue excessive du Nil limoneux, des animaux innombrables transportés dans les champs, puis, abandonnés par le retrait des eaux, ramollis et putréfiés, eussent infecté l'air. C'était à croire que le sacrificateur d'Argos eût encore égaré les bœufs destinés à l'autel de Junon et qu'il en dût advenir comme à Égine[1], pour qu'après, on revît le beau vœu d'Inachus[2] et les pierres jetées par Deucalion et Pyrrha sur le mont Parnasse[3]. Mon sort chétif et malicieux voulut que je sentisse une tumeur dans mes pudiques parties inguinales. Les dieux supérieurs purent seuls prendre ma cause en main, car, la pestilentielle invasion inguinale se répandant en moi, j'étais affreusement accablée. Il en résulta que tout le monde me quitta et m'abandonna, si ce n'est mon excellente et pieuse nourrice, qui demeura pour m'assister et me voir rendre l'esprit avec mes derniers soupirs. Sous le poids de la grave maladie, je proférais déjà des paroles incohérentes, des lamentations fréquentes, poussant de faibles gémissements, et, presque décomposée, tout ébranlée, je réfléchissais, lorsque, du mieux de mon pouvoir et de ma connaissance, je me pris à invoquer sincèrement le secours de la divine Diane, car je n'avais alors aucune notion des autres divinités et ne rendais de culte qu'à elle seule. Mais, avec d'abondantes prières, d'une voix tremblante, modestement je l'implorai. Poussée par les graves souffrances qui me tourmentaient, je me vouai à ses saintes et froides continences et m'engageai à la servir religieusement, toujours, dans ses temples sacrés, avec une chasteté constante, si elle daignait me délivrer, infortunée que j'étais, de cette mortelle maladie contagieuse ; cela, avec une ferme résolution, dans mon esprit, de persévérer, avec une espérance d'autant meilleure que je me rappelai la bénigne faveur accordée par cette déesse à Iphigénie, alors qu'Agamemnon, sur l'avis d'Apollon, la voulait immoler en sacrifice ; mais, touchée à la vue des parents apitoyés et tout en larmes, la déesse enveloppa Iphigénie d'une nuée vaporeuse et, la sauvant, mit à sa place une biche qu'on y trouva. Donc, rassurée presque par une telle analogie, j'espérai en sa sainte et secourable protection. Il ne s'écoula vraiment guère de temps sans que je fusse guérie et que, miraculeusement rétablie, ma santé première me fût rendue. Partant, liée que j'étais par ces hautes promesses spontanées, par cette obligation solennelle, je m'appliquai à les mettre à exécution, résolue à remplir fidèlement mon vœu, non moins purement que les matrones qui dorment sur les feuilles entassées de l'arbre nommé agnus-castus[4] pendant les Thesmophories[5], non moins dévotement et religieusement que ne firent Cléobis et Biton[6]. Entrée au saint temple, je fus admise dans la communauté des nombreuses jeunes filles vierges consacrées au chaste service de la déesse pudique, et je devins leur compagne. Je commençai, en leur société, à visiter et à vénérer humblement les autels de Diane, consumant, dans les froides continences, presque la plus belle partie de ma très-florissante jeunesse et de mon âge charmant.

Il advint que Poliphile, notre fervent amoureux, si extraordinairement épris, passa tout cet intervalle de temps, qui fut d'une année et plus, bien mécontent, le pauvret, et bien anxieux, car, quoi qu'il fît, il ne put presque pas revoir ma personne ni mes blonds cheveux ; mais il demeura plus éloigné, plus séparé de mon cœur de glace qu'Abila ne l'est de Calpé[7] ; absolument raclé de mon cœur, totalement effacé, tout enlevé de mon souvenir, jamais il ne me venait en l'esprit. Les représentations d'animaux mâles n'étaient pas prohibées davantage, que dis-je ? ne l'étaient point autant du temple de la Bonne-Déesse[8], tout être vivant mâle n'était pas exclu de son sanctuaire aussi rigoureusement que n'était effacée, que n'était enlevée de mon cœur toute pensée de ce Poliphile. J'étais oublieuse comme si j'eusse bu de l'eau du Léthé, fils du Phlégéton[9], non moins oublieuse que si j'eusse été, ainsi que l'amoureuse Éthiopienne[10], captée par l'anneau du bon Hébreu. Mais Poliphile, aveuglé par l'âpre morsure du feu qui le dévorait, navré par son stimulant amour, le cœur percé par le trait de Cupidon, (je ne puis comprendre que l'intelligence ait pu concevoir la pensée d'un fait pareil! Fallut-il que sa bonne Fortune lui prêtât complaisamment son front chevelu? Ou bien, comme il allait se détruisant douloureusement en ses angoisses amoureuses, le féroce Cupidon était-il absolument incarné en lui?) Poliphile, dis-je, me retrouva le jour où j'allais prononcer mes vœux, entourée, que j'étais, de plusieurs jeunes vierges prêtes à me consacrer. Les jeunes gens ont l'habitude de se réunir, en une pareille solennité, pour jouir des spectacles sacrés. Poliphile, m'ayant pleinement aperçue, se perdit. Bien qu'il crût bonnement avoir trouvé le remède tout prêt, tout efficace pour son cœur enflammé, il demeurait ignorant de ce qu'il devait faire, contemplant, toutefois, de ses regards perçants, la toute charmante tête ornée de tresses blondes sur lesquelles il avait fondé complétement, solidement édifié son très-agréable et délicieux plaisir, son heureux contentement et son idée fixe. Pour moi qui, depuis quelque temps déjà, m'étais engagée, d'un cœur fervent, à renoncer aux liens du mariage, je ne me laissais plus voir, ou du moins bien rarement, à aucun homme. Aussi, me tenant cachée, la face couverte d'un voile, je mis tout en œuvre, par un va-et-vient dans le temple, et assez longtemps, à demeurer inconnue, à ne me point montrer. Mais Poliphile, malheureux amant qui n'estimait pas plus la plaisante existence qu'il ne redoutait l'épouvantable mort, pensant à la privation de me revoir qu'il avait endurée toute une année, me cherchait partout, explorant tous les coins, avec un cœur constant et opiniâtre, avec astuce, faisant une attentive et vigilante enquête, plein de diligence. Ainsi l'homme qu'on a précipité couvert de chaînes au fond d'un horrible ergastule, ne songe qu'à briser ses liens et à s'enfuir, ainsi le malade ne pense qu'à se guérir, qu'à échapper à la mort. Un jour, dirigé sans doute dans sa vigilante recherche par le dieu volant d'amour, il parvint à me trouver au temple comme j'y étais seule en prières. Bandé par une passion excessive, gonflé d'un désir enflammé, tel qu'un animal qui va, sans arrêter, droit au but et se laisse guider, sans réflexion, par son appétit, Poliphile arriva là presque mourant. Je ne l'aperçus pas plutôt devant moi que, me sentant contaminée, mon cœur irrité, pareil à un froid diamant qu'un incendie ne peut altérer, se congela plus glacé, plus rigide que la pierre de porphyre.

Mon âme, privée de toute douceur, farouche, stupéfiée, rejetant toute pitié, se prit, pour lui, d'une grande haine, plus atroce, plus inhumaine que celle d'Etéocle et de Polynice, lesquels, dans leur inimitié, s'entretuèrent en se faisant de mutuelles blessures, et dont les cadavres, déposés sur le bûcher ardent, ne purent brûler en aucune façon tant qu'on ne les eut pas séparés[11], donnant ainsi, jusque dans la mort, des signes de leur invincible haîne. Je me montrai plus violente qu'Hypsiphile[12], plus dure qu'Oreste envers Clytemnestre. Je le voyais, à demi mort, me contemplant piteusement avec admiration ; je voyais sa chair rougir et pâlir de douleur, je voyais le calorique naturel s'enfuir de ses extrémités, je le voyais envahi violemment par un accès mortel. C'est à peine si, revenant à lui, il put, avec de vagues gémissements, faible et las, le visage décoloré, soumis, tremblant, m'adresser ces paroles éteintes, pleines de sanglots et de larmes abondantes, entrecoupées de soupirs : Hélas ! Polia, nymphe aux beaux cheveux, ma déesse, mon cœur, ma vie, douce meurtrière de mon âme, prends pitié de moi ! Si, dans ta nature divine, si, dans ta singulière beauté, vit encore cette vertu pour laquelle mon âme t'a élue la maîtresse, la dame première et principale en ce monde, ne me repousse pas lorsque je m'offre à toi, et penche-toi vers moi de bonne grâce. Émeus-toi consolante, bénigne, radoucie, secourable à mes lourds martyres. Sans doute je reconnais que je ne suis pas venu ici à une heure opportune et propice, mais je n'ai pas perdu tout espoir et je me sens mourir, car je ne puis tolérer des peines aussi douloureuses et aussi incessantes. Je n'ai plus, présentement, qu'un refuge, c'est la mort, qui me sera meilleure que la vie sans ton amour. Aussi je m'expose résolument à périr plutôt que de mener cette existence misérable privée de ton affection désirée. Trépasser promptement vaut mieux que mourir éternellement. Si, par hasard, quelque divinité m'opprime de sa rigueur inexorable, qu'elle me permette au moins de mourir par ton fait, puisque la douceur de vivre ne m'est point accordée. C'est que, si ta présence angélique et vénérée m'était ôtée, si le vrai, l'unique, le cher plaisir que j'y prends, plaisir dont je suis avide et inassouvi, m'était enlevé, disparaissait, pourrait-on imaginer un mal plus maudissable, plus mortel que celui que j'éprouverais ! Eh bien ! je n'avais d'autre espoir d'obtenir un remède efficace à mes âpres, a mes insupportables langueurs, si ce n'est que les cieux cléments m'accordassent de te revoir. Autrement je n'apercevais que ruines mortelles envahissant mon ennuyeuse existence, et, dès lors, de même qu'un condamné attendant le coup fatal se plaint à peine, j'avais abandonné, consigné ma misérable vie entre les mains de la terrible Sœur[13], secoué, que j'étais, par un amour plus violent, plus enragé, plus troublant que celui d'Atys, par une fureur plus grande que celle de la misérable Agavé[14] et de ses sœurs envers Penthée[15]. C'est que je me voyais abandonné comme le fut Achéménide par Ulysse, entre Charybde et Scylla, en ce degré d'exaspération que me causaient les ardeurs brûlantes qui bouillonnaient au fond de mon cœur, n'ayant d'autre espoir de félicité, et, surtout, de guérison qu'en toi seule, ô Polia ! Or, je ne savais rien de toi, j'en étais privé, tu m'avais abandonné. Plus je songeais à la dure absence de ta belle personne, de ta beauté céleste, de ton si joli visage, plus je pensais au charmant assemblage de tes rares vertus, plus s'augmentait ma peine et l'amer chagrin de ne pouvoir en jouir. C'est pourquoi, ô misérable amant que je suis ! j'ai si impétueusement, si inconsidérément, si précipitamment accepté ces leurres affreux, ces trompeuses caresses, ces charmes artificiels d'amour, tout en déguisant, cachant l'amertume, la très-inquiète agitation qui devaient trop souvent en résulter pour m'envahir, mais que, pour toi, Polia, ma dame très-douce, j'ai volontairement et patiemment supportées. Ce sont ces pièges malfaisants qui m'ont fait persister mal à propos. Hélas ! pauvre moi ! que de temps passé sans te revoir, toi tout mon bien, toute mon espérance, toute ma consolation ! toi, l'aimable prison de mon cœur ! Que de temps sans avoir le spectacle de cette rare et vénérée parure dont ta très-belle tête est ornée ! sans pouvoir contempler ton si gracieux aspect et ta forme admirable ! De même que le lac d'Ammon[16], en Afrique, voit, en l'absence du Soleil, ses eaux s'échauffer et bouillir, tandis que, sous les rayons de l'astre, en plein midi, elles se refroidissent, de même aussi, ô Polia mon rayonnant Soleil ! je brûle, je bous loin de toi, je fonds comme une cire, et, maintenant, en ta présence solaire, je me glace d'horreur ! C'est pourquoi pense un peu, ô Polia mes délices, colonne de ma vie ! que voilà bien du temps passé dans des angoisses extrêmes, au péril de mon existence que je réservais entièrement pour ton amour, pour te faire un service volontaire et perpétuel, bravant un péril plus grand que n'en courent les céréales blondes et mûres qui couvrent des arpents de terre, exposées qu'elles sont aux tonnerres crépitants et retentissants, aux averses, aux violents souffles des vents. Je ressemble au lierre serpentant et versicolore qui, arraché et séparé du vieux peuplier qu'il enserrait, ne peut plus jamais s'y rattacher de lui-même, et court sur la terre humide, rampant, flasque, débile et souple. Je suis comme la vigne grimpante qui, privée de son échalas, de son soutien, dépourvue de son lien d'osier, traîne sur le sol. C'est ainsi que je suis sans toi, ô ma très-ferme colonne, mon pilier, mon pilotis constant, sur qui j'avais amoureusement appuyé mon existence redressée et ma pensée obstinée ! Ton absence est cause que je me suis vu livré à la mort. Ma fureur s'était accrue de ton absence au point qu'elle ne me laissait pas sentir mon excessive douleur ; mais, tout au contraire, plus excité que jamais par les agitations d'amour, plus stimulé par ses piqûres, je me sentais incité furieusement à en supporter davantage encore. Toutefois, j'imaginais bien des choses illusoires, je me forgeais, au fond de l'âme, de bonnes aventures, beaucoup d'aides, beaucoup de consolations, beaucoup de secours. Je me les représentais, en moi-même, comme vraisemblables, et me berçais longuement d'admirables, de magnifiques promesses d'amour. Voilà que j'ai trouvé mon espoir déçu et compris la vanité de mes pensées. Alors, ayant perdu ta précieuse, ta douce présence, te sentant retirée loin de mes tristes yeux, je me laissai aller, ébranlé jusque dans les moëlles, à miner la base même, le soutènement de ma vie, à frapper très-cruellement, hélas ! ce sein qui battait plein de soupirs violents, étouffé de sanglots répétés. Je me retrouvai, sans mon âme, qui demeure et vit en toi seule, pareil au roseau creux, à la petite canne vide. Mainte fois, tout contristé, ne sachant que faire, je pleurais à chaudes larmes, et, gémissant, je te considérais, à part moi, comme hostile à mon repos ; je t'accusais d'être la cause de tous mes chagrins ; je te traitais de transfuge de mes ardentes amours ; je te taxais d'être le doux ennemi de mon salut, et, presque fou, presque maniaque, forcené, 'appelais sur toi la colère de Cupidon, sur toi, trop ure, trop cruelle, trop dédaigneuse de ses torches acrées, et que je regardais comme la cause unique de mes maux.

J'eus la patience d'écouter jusque-là un pareil discours dirigé contre moi, puis, interrompant son dire âcheux, déplaisant et ingrat, cessant mes prières, je me levai rouge d'indignation, sans même lui répondre, sans l'avoir même envisagé ; le laissant là, ne faisant aucun cas de ses vaines paroles, je m'enfuis en me moquant de lui. Le jour suivant, soupçonnant qu'il pourrait revenir à la charge et me molester comme la veille, je ne vins pas au temple prier à l'heure exacte. Mais voilà que, de nouveau, je me retrouvai en sa présence. La face triste et plombée, il vint me troubler comme la veille, et, m'abordant de même, il soupira quelque temps et me dit : « Hélas sur moi ! très-belle Polia, que dis-je ? parangon de splendeur ! Laisse-toi toucher, montre-toi douce aujourd'hui, sois compatissante pour mes peines si grièves, qui, sans trêve, jours et nuits, m'affligent sans cesse et me contraignent à te venir trouver. Adoucis un peu ton cœur si injustement aigri, amollis-le, si confit qu'il soit en dureté. Veuille ne point montrer de répugnance excessive pour mes justes désirs causés par l'amour que, par tes beautés non mortelles, tu as douloureusement versé partout en moi. Veuille encore démêler et dénouer les liens embrouillés de ton esprit tenace. Efforce-toi, dispose-toi, toute miséricordieuse, à réconforter, à conserver, au moyen d'une affection correspondante, ce qui me reste de ma fluctuante et périlleuse existence consumée par les larmes nocturnes, s'annihilant par les diverses langueurs. Veuille, je t'en prie, ne pas rabaisser ta condition surhumaine en te montrant atroce envers celui qui t'aime avec une si douce ardeur, qui te désire, te vénère et te porte un culte. Car tu es extrêmement noble et belle, tu es douée superbement de toute vertu, tu es parée au mieux de toute élégance, tu es dans la fleur de l'âge, née on ne peut mieux pour les amoureux mystères. C'est pourquoi ne dois-tu pas assombrir tous ces grands dons de la bénigne Nature en montrant une rigide opiniâtreté, une obstination impie qui ne saurait s'accorder avec ton doux, ductile et malléable sexe, ainsi que, sans raison, tu fus hier envers moi. Hélas ! hélas ! Polia, principale maîtresse de mon cœur ! si tu ressentais une parcelle de ma douleur, ou, si, la sensation t'en étant trop pénible, tu voulais, chère âme, seulement te l'imaginer, tu comprendrais que ces plaintes, ces lamentables paroles ne peuvent venir d'autre part que du fond de mon cœur torturé, frappé d'un coup plus mortel que ne le fut Philoctète[17]. Je souffre douloureusement de ce mordant amour qui, me remplissant, me dévore plus malencontreusement que la mite ne ronge les vêtements de laine, que la chenille, dans sa soif, ne boit la liqueur des pâles feuillages de Minerve[18], que la teigne ne perce la poutre tombée sous le bélier dressé, plus que la nielle ne détruit les arbres aux troncs pourris, plus que la chaleur dévorante ne fond la graisse du porc, plus que la rouille jaune ne mord le dur acier, plus que les ondes écumantes et impétueuses ne démolissent les berges de pierre. Cet amour fait en moi des ravages plus grands qu'Anthée n'en fit en Lybie, ou bien dans la ville de Lixus, autrement Tingris[19], sur le promontoire d'Ampéluse ; il me livre un plus rude combat que celui des grues et des Pygmées[20]. Par suite de ce mal, je dissipe infructueusement les ans de ma chaste adolescence ; je me torture cruellement par le fait de ce cruel amour en moi suscité, et me retrouve dans une situation, dans une condition pire que celle des créatures inertes. Je suis pareil aux petites plantes vertes exposées au soleil torride, brûlées par le Lion féroce[21], alors que Sirius est dans la gueule du Chien ardent[22]. Mais ces plantes, dès que vient la nuit humide, renaissent mouillées par la rosée matinale, et, sous cette fraîche aspersion, reviennent à la vie comme si elles n'avaient point senti la lésion de la veille. Hélas ! quant à moi, misérable amant, ô ma Polia, écoute : sous le coup de ton amour je m'allume toujours vers la vesprée, au crépuscule je m'enflamme entièrement, je brûle comme un charbon ardent dès la première et silencieuse partie de la nuit, dans la profonde nuit je me consume, au petit matin je suis réduit en cendres. Mais que devient ensuite ton pauvre Poliphile, ô ma Polia tant désirée ? Ton amour me tourmente ainsi : au matin je m'émeus en soupirs plaintifs ; par eux ébranlé, je me trouve, au point du jour, gelé comme un glaçon ; dès la brillante Aurore, je maudis ma stérile et marâtre fortune, mais, me congratulant de mon ardent amour causé par la plus élégante, la plus belle nymphe du monde, je le bénis. Je me rallume encore dès la fraîche matinée, et, au jour renouvelé, je me retrouve tout enflammé. Vers midi je me sens mourir de langueur, sans voir venir le moindre secours de mon amour ennemi, sans qu'aucune consolation me soit octroyée en une ardeur si grande, tellement qu'il n'y a constance si ferme, corps si robuste qui puissent endurer de tels supplices et y échapper. Mais si ce n'était, mon cher petit cœur, si beau, si doux, que chaque jour je me forge par rapport à toi quelque délicieux plaisir et quelque agréable mensonge, il y a longtemps que mon âme se serait librement enfuie, comme je sens qu'elle est sur le point de le faire et que cela va m'arriver. C'est le seul moyen que j'aie de restaurer un peu mon cœur brisé et de pouvoir respirer. Mais, tout aussitôt, je me sens frustré, délaissé, dénué de tout subside, de toute jouissance ; ainsi s'écoulent mes jours, tournant et retournant dans les mêmes tribulations, et je mène douloureusement cette existence exaspérée. Oh ! que de fois j'applique ma pensée industrieuse et sagace à me soustraire à ce fâcheux fardeau, à ce brandon brûlant, à ce joug qui m'opprime, à tenter de me délivrer de cette douce et charmante préoccupation de ta personne, de cette mortelle sujétion ! Hélas ! plus irrité, plus indigné, Cupidon m'attache le licou de ses mauvaises erreurs, et, plus vigilant, me serre de près afin de m'interdire toute tentative de fuite. Ô très-belle entre les plus superbes nymphes ! plaise aux Dieux supérieurs que, désormais, tu me donnes la mort odieuse, plutôt que de te voir, en mes déplorables et amères exaspérations, ne point exaucer mes amoureuses et justes suppliques remplies d'affectueuses prières et de perplexes lamentations, en cette occasion qui m'est offerte depuis plusieurs jours, que mon cœur incendié a fait naître et qu'il attend ! C'est pourquoi, Polia que je vénère, je me persuade que c'est une belle chose, digne d'une gloire éternelle, d'une louange illustre, que de mourir pour ton amour, par le fait de la malencontreuse cruauté de Cupidon qui pourrait m'absoudre juridiquement si, dans la folie qui m'obsède, j'ai maudit sa féroce et malfaisante puissance. C'est celle-ci qui m'a soumis, qui m'a jeté si durement au tyrannique arbitraire de ses lois brûlantes et fallacieuses, et qui, m'ayant tenu captif en d'aussi grandes flammes, a pris au loin son vol, me dépouillant de la sorte, me privant de toute assistance, me destituant de tout repos. Mais, par moments, je me repens des malédictions que j'ai proférées dans mes prières. J'en demeure effrayé, plein de crainte, hélas ! qu'impitoyable il ne s'abandonne envers moi à plus de colère encore, qu'il ne suscite en mon cœur des peines, des douleurs plus nombreuses. Je redoute qu'il ne favorise plus les tendres, les ardents désirs que m'inspirent ta noble élégance et ta grâce. D'autre part je te soupçonne, à présent, d'être toi-même plus impitoyable, plus intraitable encore. Hélas ! quand je me rappelle ton peu de pitié d'hier, il me semble que je suis tombé dans la gueule du sanglier de Calydon, que je suis broyé par ses dents sonores et écumantes. Il me semble que l'horrible Python[23] m'enserre, que je suis dans la gueule du lion, qu'il me dévore et déchire mes chairs. Il me semble entendre le triste murmure des âmes aux Enfers, des Furies infernales, et l'épouvantable Proserpine coiffée de vipères entortillées et Cerbère le tricéphale, et Pluton habitant l'intérieur de la Terre ; je crois entendre le fâcheux nocher du Tartare, au canot vacillant, traversant l'Achéron, m'inviter à naviguer sur les ondes du Styx, du Léthé, du Cocyte, pour aller subir le jugement terrible de Minos, de Rhadamanthe et d'Éaque, ainsi que celui de Dis[24]. Mais un danger, plus mortel, plus formidable que toutes ces choses, vient assaillir mon esprit ! je crains d'être, aujourd'hui, repoussé par toi comme hier. Hélas ! quoi de pire ! Vraiment rien ! Ainsi je m'épouvante de tout, ainsi je m'abîme sans espérance aucune. De temps en temps je me rassure, disant : Ai-je eu la fausse jactance d'Ixion ? celle d'Anchise[25] ? l'insolence de Salomé[26] ? Ai-je commis les sacrilèges de Brennus[27] ou de Denys de Syracuse[28] ? Ai-je eu l'impudence d'Echo, l'inconvenante loquacité de Syrinx[29], la téméraire audace des Pies[30], la folle confiance de la tisseuse Arachné, la cruauté des filles de Danaüs ? Pourquoi donc, alors, Cupidon se montre-t-il si sévère, si dur, si cruel envers moi ? Pourquoi prépare-t-il une si grande déception aux pauvres amants, en leur offrant avec une douceur si feinte, avec une fausseté si grande, un mortelvenin, un appât empesté pernicieusement préparé sur un piège ? Je ne comprends rien, infortuné que je suis, au sort mortel qui menace ma pauvre vie chétive. Je ne sais à quels désastres la Fortune me destine. Je ne puis deviner ni prévoir en quelles calamités, en quelles tristesses je suis impliqué, à quelles plaintes éternelles je suis voué, si toi, ma principale espérance, tu ne me secours dans les angoisses toutes préparées auxquelles je suis dévolu, dans lesquelles je vais être précipité. Considérant cet effet disproportionné d'amour, je ne puis, en aucune façon, savoir d'où la cause en peut venir. Car cet amour m'apparut comme une chose délicieusement douce, et l'effet que j'en ressens est amer à l'excès. Je ne comprends donc rien à cet amour monstrueux. À moins que je n'en vienne à supposer, ô Polia ! que c'est toi toujours qui consens à mes torturantes angoisses ; aussi bien ne vois-je aucun signe de pitié, de clémence, sur ton visage angélique. C'est pourquoi je sens mon âme s'enfuir exaspérée par ton dédain. Je ne la puis plus retenir, car je perds mes esprits glacés, je perds mes vertus et mes forces. Hélas ! amant infortuné que je suis, misérable comme aucun ! Ô le plus calamiteux des amants ! je vois la sombre mort prête et menaçante devant moi. Si son aspect me vient terrifier, c'est que tu me consternes et que tu m'opprimes, ô toi qui es mon seul espoir ou que je croyais l'être ! Ô trompeuse ! ô inique ! ô perfide ! tu m'as amené en cette amère situation. Hélas Polia ! ô ma Polia ! que dois-je faire ? Où dois-je tenter de trouver un refuge et du secours ? De quel côté me puis-je tourner ? Ah ! Polia ! aide-moi ; sans toi je ne me suis d'aucune aide, voilà que je me sens mourir ! » En cet instant, perdant sa misérable voix noyée dans ses larmes, ce malheureux tomba par terre comme un mort.

Alors, ô nymphes très-compatissantes ! que tous les autres membres, tous les autres sens de l'homme sont anéantis, la langue seule, encore valide, conserve le pouvoir de parler. Poliphile se répandit en longues lamentations, et, bien autrement que je ne le puis redire à cette heure, proféra, dans une grande amertume de cœur, avec des larmes attendrissantes, une plainte plus touchante que celle par laquelle l'infortunée Ariadne sut émouvoir le fils du céleste Jupiter[31]. Quand il eut prononcé sa dernière parole, je sentis une froideur invincible se répandre aussitôt dans tout mon être ; je demeurai devant lui glacée, impitoyable, sourde à ses supplications, le regardant avec

FIGURE 324 (1499).

FIGURE 325 (1883).

FIGURE 326
(1499).

FIGURE 327
(1883).

une mine déplaisante et farouche, avec un front plissé. Je fus plus dure que Daphné, plus scélérate que Médée, plus criminelle qu'Atrée et Thyeste, plus fuyante que Narcisse[32], beaucoup plus âpre encore qu'Anaxarète[33] se montra envers son Iphis. Il était là, lui, en proie à ses tribulations, à son amère douleur, laissant couler de grosses larmes de ses yeux, poussant des soupirs retentissants, implorant passionnément ma cruelle et sauvage insensibilité, se lamentant de mon silence opiniâtre, ne demandant rien seulement qu'une toute petite parole ; mais, quelque prière qu'il me fît, je demeurai sourde et tins mes oreilles bouchées. Je ne montrai pas le moindre vestige de pitié, tant mon vouloir obstiné était mûré dans mon sein de pierre plus dur que la silice de ce tombeau sacré. Cela non moins que si j'eusse bu de l'eau du fleuve des Ciconés[34]. Donc, s'en étant avisé, ayant perdu toute espérance, ses forces naturelles s'étant éteintes, incapable désormais de faire la moindre résistance, ne pouvant plus échapper à la mort toute proche, une grande tristesse envahit son visage ; sa pâleur, sa lividité parurent s'accroître encore, ses yeux fixés en terre laissèrent percer l'ennui, le dégoût de conserver la gracieuse lumière ; je le vis, les joues amaigries inondées de ruisseaux de larmes, rouler, accablé, sur le sol, cesser, en perdant la voix, ses bruyants soupirs, fermer ses yeux résignés, et mourir auprès de moi.

Cela ne m'émut nullement, et, dans ma sauvage résolution, le voyant expiré là, je ne donnai autre marque de compassion que de chercher prudemment à fuir, et à l'abandonner à la première personne qui le trouverait. Mais, ô cruauté plus bestiale ! le saisissant par ses pieds glacés, criminellement impie, coupable, sacrilège, souillée, je le tirai, de toutes mes forces rassemblées, en un coin du temple, et, sans l'ensevelir, le laissant, je m'empressai de m'enfuir secrètement. Ayant alors regardé longuement autour de moi, j'allai, les yeux vagues, ne voyant, n'entendant rien, ne songeant qu'à m'échapper de la basilique, par les rues détournées, cherchant, l'âme grandement abattue, accablée, à m'éloigner de là, plus preste, plus rapide que ne le fut certes Hippé[35], m'efforçant de gagner mon palais, ayant comme conscience d'avoir commis un maléfice.

☙

Polia s'étend quelque peu sur sa cruauté et raconte que, dans sa fuite, elle fut, sans savoir comment, enlevée par un tourbillon et transportée dans une forêt où elle vit massacrer deux demoiselles. Elle dit son épouvante, ainsi que la manière dont elle fut reportée au lieu d'où elle avait été enlevée. Puis elle conte comme quoi deux bourreaux lui apparurent pour la prendre. Dans sa terreur, l'agitation de son sommeil réveille, sa nourrice ; elle se réveille elle-même. Celle-ci lui donne, à propos, un utile conseil ❧ Chapitre III

MA POLIA, parvenue à ce point de son récit, ne put, en toute raison, se dominer ni se contenir assez pour ne pas soupirer pitoyablement quelque peu. Plus d'une fois, en parlant, des larmes coulèrent de ses yeux amoureux et mouillèrent ses joues rosées. Elle émut les nymphes qui l'entouraient et provoqua leur compassion pour Poliphile, ce malheureux amant qui périt par le fait de son violent amour et de son excessive douleur, au point qu'elles-mêmes tirèrent du fond de leur tendre cœur des soupirs passionnés. Tournant avec bienveillance, sur moi, leurs yeux doux et humides, elles semblaient presque condamner Polia comme une coupable. Mais, pourtant, elles se montrèrent avides, toujours plus, d'entendre l'issue de son injuste façon d'être, et, après un léger temps d'arrêt, elles la prièrent de reprendre le cours de son gracieux récit.

Alors Polia, prenant avec grâce le très fin voile qui pendait de ses blanches épaules, essuya ses yeux mouillés et ses joues empourprées. Suspendant ses brûlants soupirs, affermissant sa douce voix, avec des gestes de matrone, elle poursuivit, disant ainsi : Nymphes très-heureuses, écoutez le grand sévice, tel, que je ne sais âme si clémente et si pieuse qui se pût tenir, devant, de ne pas s'altérer et de ne me point injurier. Où donc se cachait alors la vengeance divine, quand, par mon obstination maligne, par ma dure opiniâtreté, mourut indignement mon cher Poliphile ? Ô céleste vindicte, pourquoi tardas-tu donc à te montrer ? Comment pus-tu raisonnablement te retenir d'éclater contre mon cœur inique et perfide ? Mais, vraiment, il ne s'écoula guère de temps sans que je visse les colères de la déesse offensée et de son fils le sagittaire, se montrer toutes prêtes au cas où je n'expierais pas ma révoltante injustice et n'apaiserais pas dévotement cette divinité sainte en réchauffant mon cœur froid et glacé, en arrachant, à propos, de mon vouloir obstiné, les fausses résolutions, les pensées vaines, l'hypocrite opinion.

Donc, je fuyais en secret. Mon cœur persévérant dans sa dureté, j'étais intraitable, j'avais l'esprit inflexible, la volonté âpre et féroce, j'étais plus cruelle que Phinée[1], plus qu'Harpalyce[2] ; mon cœur, plus rigide que le dur cristal des Alpes septentrionales, plus gelé que la gagate[3] qui conserve les œufs de l'aigle, comme si je m'étais regardée dans l'épouvantable miroir de Méduse, rejetait tout amour et dédaignait toute pitié. En vain Poliphile avait proféré ses plaintes avec de suppliants et tristes accents, ne cessant de répandre des larmes plus touchantes que celles versées par les Hyades, cherchant à m'émouvoir de la plus douce façon, avec une voix plus angoissée, plus lamentable que celle de Britannicus récitant au peuple ses infortunes ; en vain, dans ses humbles désirs, il implorait mon secours, me demandait grâce, en proie à ses peines constantes, pleurant, poussant des cris perçants, insistant de toutes ses forces pour me fléchir, pour m'arrêter sur la pente atroce et cruelle où j'étais, pour me séduire, pour me rendre propice. Mais moi, devant de telles tortures, je demeurais inexorable à de si tendres supplications, à des objurgations si cordiales, à de si amoureuses prières. Insensible à de si persistantes angoisses, rejetant, reniant tout sentiment d'humanité, résistant à tout bon mouvement, je ne fournis aucun moyen à Poliphile, en ce jour néfaste, de dompter, d'émouvoir, si peu que ce fût, ce cœur de tigre beaucoup plus implacable, plus méchant que de raison, dont Amour, en aucune façon, ne pouvait se saisir, dont il ne pouvait approcher, tant était méprisée, tant était conspuée sa puissance, qui, pourtant, règne si facilement et de toutes manières, sur les cœurs humains. C'est ainsi que la cire, toute malléable qu'elle est, ne se peut appliquer contre les pierres humides, encore qu'on l'y pousse et qu'on l'y comprime. Ô trop formidable, trop pénible accident qui ne me causait ni terreur ni émotion ! J'étais la plus cruelle de toutes les femmes ; je n'éprouvais aucune douleur, je n'en donnais aucun signe, mes yeux ne versaient pas une larme qui exprimât quelque pitié ; je ne poussais aucun gémissement, je ne pouvais, en aucune façon, former ni trouver, dans mon cœur féroce, le moindre soupir au moyen duquel je parvinsse à briser les entraves de ma pitié séquestrée. Mais, comme Phœbus, suivi de la Vesprée, gagnait déjà les ondes de la lointaine Hespérie, tenant Poliphile pour mort, ainsi que tout me le laissait supposer, je ne m'appliquai plus qu'à fuir, avec la conscience d'avoir été le bourreau de son cœur aimant.

Cependant l'astre[4] susdit ne lançant plus aucun trait, je me hâtais, rapide, accélérant mes pas de jeune fille, au milieu de présages fort sinistres. Voilà que, tout d'un coup, sans que je m'aperçusse de rien, je me trouvai prise dans un tourbillon de vent qui m'enveloppa, s'enroulant autour de moi. En un instant je fus enlevée à travers les airs et transportée, sans aucun dommage, sans aucune lésion, dans une forêt sauvage, au milieu d'un fourré d'horribles bois épineux, extrêmement dense, inaccessible, dans un bosquet ombreux de hauts et larges arbres. Là, le cœur battant, effrayée, au-delà de toute croyance, par un événement aussi subit qu'inattendu, je commençai d'ouïr — comme j'en allais pousser moi-même — des hurlements très-forts, des cris de femmes émis avec des voix pleurantes et pleines d'épouvante, tels que n'en entendit point le noble exilé à Ravenne[5].

FIGURE 328 (1499).

Bientôt je vis venir, avec une marche désordonnée, deux dolentes et infortunées demoiselles, bronchant de tous côtés et tombant à chaque instant sur l'herbe. Ô spectacle fait pour exciter la pitié ! Elles étaient attelées à un char de feu par des chaînes et par un joug de dur acier chauffés à blanc, qui, serrant leurs chairs tendres et blanches comme de la plume, les brûlaient. Échevelées, nues, les bras liés derrière le dos, elles pleuraient misérablement, grinçant des dents, versant des larmes qui grésillaient en tombant sur les chaînes rougies. Elles étaient sans cesse excitées par un enfant implacable et furibond, enflammé de colère au-delà de ce qui se peut imaginer. Ailé, il était assis sur le char ardent. L'air de son visage était plus formidable, plus indigné, plus horrible que la tête de Gorgone quand elle apparut à Phinée[6] et à ses compagnons. Empli d'une rage, d'une fureur bestiale, il excitait et frappait, sans discontinuer, cruellement, impitoyablement, avec un fouet nerveux et brûlant, ces jeunes filles enchaînées, saisi qu'il était d'une passion de vengeance plus grande que celle dont furent animés Zéthus et Amphion envers Dircé leur belle-mère.

Errant au hasard, sollicitées de fuir, contraintes d'aller, par des chemins détournés et inaccessibles, à travers d'épais buissons épineux, sous les coups

Figure 329 (1883).

déchirants de ce fouet mortel, exposées à l'ardeur de ce char enflammé, maintes fois, au comble du désespoir, elles butaient contre les arbres, lacérées de la tête aux pieds, les membres dégouttants de sang, les chairs excoriées. Je vis leur sang vermeil et fumant se répandre abondamment aux pointes des épines et couvrir la terre.

Ainsi pressées par une rage furibonde, elles allaient désordonnément à travers les touffes de ronces aiguës, tirant péniblement, de ci, de là, ce char ardent et lourd qui brûlait, en outre, cruellement leurs chairs tendres et délicates, au point, non seulement de les rôtir, mais encore de les faire crever comme du cuir grillé. Déjà elles ne faisaient plus éclater leurs exclamations, leurs cris de misère, et ne trahissaient plus leur affliction, comme Oreste en proie aux Furies, par les stridentes clameurs et les douloureux accents dont ce lieu scabreux et rempli d'arbres résonnait encore.

En effet, elles ne pouvaient plus continuer, les mâchoires serrées, la voix enrouée, fatiguées et brisées qu'elles étaient. Bientôt elles furent rejointes par un grand nombre d'animaux très-féroces. Alors l'enfant, atroce bourreau, après les avoir longtemps ensanglantées et déchirées, après avoir exercé ses cruautés sur ces tristes et malheureuses demoiselles, ainsi qu'un tortionnaire fort expérimenté en de si sanglants supplices, descendit promptement de son char de flammes. Armé d'un glaive tranchant et en feu, il les détacha du joug pénible et des chaînes qui les retenaient au lourd charroi par le milieu de leur poitrine haletante, puis, sans pitié, sans miséricorde, avec une dureté implacable, absolue, il leur trancha la tête. Dès qu'il eut frappé ce premier coup, une quantité de chiens de chasse affamés, le poil hérissé, vinrent, en poussant de furieux aboiements et en grognant, chiens dont le roi d'Albanie n'eût pu donner les semblables au grand Alexandre[7]. Puis accoururent des lions enragés et des loups frémissants. Des aigles rapaces parurent dans l'air, ainsi que des milans faméliques et de sibilants vautours, avides de se repaître de ce sang chaud et de ces proies néfastes.

L'enfant, rejetant toute humanité, frappa ces dites demoiselles après qu'elles eurent poussé leurs derniers gémissements et les trancha en deux parties. Ouvrant leur poitrine, il en arracha le cœur et le jeta aux oiseaux de proie.

Il distribua aux aigles leurs viscères fumants. Enfin, coupant en quatre morceaux le reste du corps, il les abandonna aux bêtes féroces. Je voyais les lions aux crocs aigus se ruer dessus pour les dévorer, et, gloutons, appliquer leurs mâchoires avec avidité sur ces chairs humaines, les disséquer, les séparer, les déchirer de leurs griffes acérées, les mettre en pièces. Je les voyais, trempant et teignant leur fauve crinière dans le sang pourpré, dépecer, lacérer

Figure 330 (1499).

Figure 331 (1883).

affreusement les membres séparés et épars de ces deux demoiselles qui avaient rendu le dernier soupir en leur âge tendre et délicat, avant leur maturité. Oh !

FIGURE 332 (1499).

FIGURE 333 (1883).

l'horrible spectacle! l'horrible mode de sépulture! Hélas! pensez, ô nymphes compatissantes, avec quelle épouvante, assistant au spectacle de si atroces et si sanglantes cruautés, je me trouvais là, privée de tout secours, sans moyens de défense, exposée à une terreur, à un effroi démesuré, cachée, blottie au milieu d'un buisson hérissé, parmi les prunelliers épineux, les églantiers, exposée aux pointes indomptables[8], aux dards rigides de l'âpre paliure!

Me tenant enveloppée dans cette ombre, enfouie dans ce meurtrier fourré de la forêt, j'avais lieu de redouter, sous le coup de la terreur extrême que me causait une telle vision dont j'étais plus épouvantée que ne le fut le parricide Oreste par le spectre horrible de Clytemnestre avec ses serpents et ses feux dévorants, j'avais lieu de redouter, dis-je, que ces bêtes féroces et indomptables, à l'odorat subtil, ne fissent de moi, isolée que j'étais dans cette épaisse forêt retirée, sans défense, faible de sexe et d'âge, sans espoir, sans secours, un carnage semblable. Tremblante, je disais, à part moi: hélas! aurais-je été transportée ici par les vents, comme Iphigénie sur les monts inclréments de la Tauride, afin d'y être sacrifiée! Quel Caucase, quelle Hyrcanie, quelle Lybie intérieure, quelle Inde nourrissent tant de bêtes aussi sanguinaires? Quelle cruauté si grande pourrait égaler celle-ci? Hélas! elle excédait encore la férocité, la rage de tous ces animaux sauvages qui, brutalement, mettaient en pièces ces proies sur le sol et les décharnaient.

Ô spectacle d'une rigueur incroyable et d'une inique cruauté! Ô calamité inouïe, extraordinaire! Scène horrible à voir, affreuse à contempler, formidable, épouvantable à entendre! Scène à rejeter de la pensée, à fuir au loin! Oh! triste moi! pauvrette et dolente! Où suis-je venue m'exposer ainsi, sans espoir, à de si grands périls de mort? Ah! triste et inconsolable créature! Que sont toutes ces choses maudites et furieuses? Ce que je vois est-il réel? Envahie par une mortelle épouvante, convaincue que mon trépas, décidé et décrété, approchait, je me pris à pleurer douloureusement, versant d'abondantes larmes, poussant de nombreux et fréquents soupirs, des gémissements étouffés, m'attendant à être déchirée de la sorte, m'appliquant attentivement à ce que l'enfant atroce et irrité, muni de ses armes menaçantes, dans sa cruelle sévérité, ne me découvrît point, cachée en ces lieux. Puis j'abaissai mes yeux en pleurs sur mon sein chaste et charmant, ces yeux emplis de larmes que je croyais désormais fondus en eau. Tremblante, avec d'anxieuses paroles interrompues par une respiration pleine de sanglots, la poitrine gonflée par d'abondants soupirs que je m'efforçais de maîtriser, d'une voix faible, d'une langue paralysée, je disais tout bas : Ô jour néfaste ! ô jour funeste ! jour formidable et maudit, pour tout le reste de ma vie voué au deuil, consacré à la plainte très-amère ! Ô créature en proie à la douleur, à l'infortune, en quelles calamités suis-je impliquée, suis-je empêtrée ! En quel état, me retrouvé-je ! Je ne le puis expliquer. Jamais quelqu'un vit-il la Fortune perverse lui apparaître sous un aspect aussi méchant, aussi atroce ? Faut-il, ô Diane, sainte maîtresse que je sers ! voir mes virginales chairs de femme sacrifiées et consommées aussi violemment ? Faut-il périr en la fleur de mon bel âge, dans cette forêt sauvage et dense ? Faut-il que ma vie se termine par un supplice aussi cruel ? Je sens que mes forces féminines se détraquent. Mon cher petit esprit va s'enfuir du lieu qu'il occupe ; je sens que le voilà qui part. Hélas ! hélas ! pleurant amèrement, versant des ruisseaux de larmes — réservoir humide sans doute abondamment fourni d'avance — qui m'inondaient la face et coulaient sur ma poitrine, je portai, désespérée, les mains à ma blonde chevelure ; en haine de sa beauté, je m'échevelai, tout en pleurant, et j'écorchai mon joli visage avec mes ongles rougis. Je m'agitais, je m'affligeais outre mesure. À ma grande douleur s'ajoutait encore de ne pouvoir émettre mes anxieuses lamentations et mes gémissements, de ne pouvoir, sous le coup d'un sort si triste et si condamné, en des peines si cruelles, ouvrir la barrière à des plaintes que mon cœur ne pouvait plus patiemment contenir. D'autant que je ne savais m'expliquer, en aucune manière, un événement aussi émouvant et que je me trouvais transportée inconsciemment, sans dommage aucun, tout en larmes, tremblante de peur, dénuée d'espérance, à l'endroit où j'avais été prise et emportée.

Hélas ! chastes nymphes, pensez quelle allégresse et quel contentement je ressentis ! Nulle intelligence ne la pourrait comprendre. Mon esprit était parfaitement dégagé de tout souvenir du pitoyable événement, la mort de Poliphile, qui, peu auparavant, le préoccupait. Il était complètement enlevé, complètement effacé de ma mémoire tourmentée qui n'en conservait rien. Mais, pleurant sur le sort des jeunes filles sacrifiées et immolées sans pitié, mon esprit n'était occupé que du grand massacre, il était sur lui fixé. Je ne pouvais arrêter ni mes sanglots, ni mes nombreux soupirs, je ne pouvais soulager ma pensée confisquée par ses maudites peines, ni mettre un terme au flux de mes larmes. Enfin, aussi morte que vive, je regagnai ma maison sûre et désirée, déroulant silencieusement dans mon cœur, qui m'en renouvelait l'impression, la féroce rencontre.

L'ardent Phœbus commençait à montrer à l'Hespérie la croupe arrondie de ses rapides chevaux Pyroïs et Aéthon, dont les crins d'or se teignaient dans la jaune splendeur, et le ciel serein laissait les rayonnantes étoiles reprendre leur belle couleur. Après les longues fatigues du jour, les êtres animés, quels qu'ils fussent, recherchaient le doux et assoupissant repos. Ainsi fis-je moi-même, après cette épouvantable journée dépensée en pénibles chagrins, toute passée à soupirer et à pleurer. Extrêmement affligée, je me demandais par quelle cause fatale une si extraordinaire, une si impie cruauté, que celle dont j'avais été témoin, avait pu être exercée sur ces malheureuses jeunes filles. Je me demandais, en outre, par quel moyen subit j'avais pu être ainsi arrêtée dans ma fuite et emportée dans l'air. Considérant tout cela, l'esprit tendu, sanglotant fort et soupirant, je m'affligeais, hélas ! Ô très-heureuses nymphes ! dites si je n'avais pas raison de pressentir que l'avenir, par suite d'un décret fatal, ne me promettait qu'angoisses et pleurs, qu'existence incertaine et douloureuse ? Stupéfaite, terrorisée, je m'efforçais de tirer quelque conjecture à l'aide de mes pensées troublées et diverses. Je ne pouvais, en aucune façon, découvrir cette cause cachée. J'achevai, gémissant péniblement en silence, ce jour malheureux et néfaste où j'aurais préféré rencontrer le pâle Corydon[9], plutôt que d'avoir été accablée par des tristesses si extraordinaires. Circonvenue par d'amers chagrins, opprimée par l'excès de mes peines douloureuses, sentant toute sécurité s'enfuir, n'osant pas dormir seule au milieu des embûches de la sombre nuit embaumée, j'appelai près de moi ma nourrice chérie et vénérée — elle me tenait lieu de mère — en qui reposait toute ma confiance mise en elle avec tout mon espoir. Car tout mon passé s'était écoulé dans la chasteté, en compagnie de Diane, ma Déesse.

À l'heure où la blanchissante Cynthie laissait les rochers Lamiens[10], les forêts épaisses et les jeux de la chasse, nous nous trouvions, toutes deux, le lit fermé et recouvert, couchées ensemble pour prendre le repos nocturne. Là mon cœur continuait de battre avec d'inquiètes pulsations, je pouvais à peine rassembler mes esprits effrayés et chagrins.

Ce fut avec les plus grandes fatigues, avec les plus grands efforts, que je parvins à mettre un terme au cours de mes larmes qui coulaient en grosses gouttes. Cependant je m'endormis péniblement et difficilement d'un sommeil très-souvent interrompu par l'épouvante.

Mon pauvre petit corps las et rompu, plongé dans ce premier sommeil qui est le meilleur, le plus savoureux, le plus doux, dormait étendu, durant la nuit silencieuse. Voilà qu'il me sembla — comme si j'avais eu la tête posée sur la pierre eumèce[11] — qu'avec un grand et tumultueux fracas, on tirait les verrous, on forçait les serrures, on brisait les ferrures, on enfonçait violemment les portes qui fermaient le seuil de ma chambre. Je vis entrer effrontément, d'un pas rapide et léger, deux horribles bourreaux qui s'avançaient sur moi. Ils avaient des bouches enflées et tuméfiées, une mise vulgaire, des mouvements rustiques, atroces et grossiers. Tout, dans leur aspect, dénotait le sans-gêne et déplaisait. Ils avaient des yeux plus épouvantables et plus farouches que ceux du basilic[12] meurtrier. Gros et ronds, ces yeux étaient encavés, dans le creux des orbites, sous des sourcils retroussés, épais, hérissés, formés de poils durs et longs comme ceux des silènes. Ils avaient de grands museaux avec des lèvres pendantes gonflées, crispées, épaisses, d'une couleur de pourriture, avec des mâchoires aux longues dents inégales, rouillées, gâtées, pareilles à de la vieille ferraille, avec des gencives déchaussées, dégarnies et que les lèvres ne recouvraient pas. Leur laide bouche était béante, garnie de crocs saillants comme les défenses d'un sanglier écumant qu'on chasse, et d'une puanteur dégoûtante. Leur face était hideuse, d'un ton noirâtre et boueux, pleine de verrues, pleine de sillons. Leurs cheveux, pareils à des poils de bouc, étaient gras, emmêlés, à moitié très-noirs et d'un blanc sale, ressemblant à l'écorce d'un vieil orme rugueux. Leurs grandes mains calleuses, sanglantes et visqueuses, avaient des doigts puants aux ongles malpropres. Ils paraissaient vouloir s'en servir cruellement contre moi faible pucelle! Ces maudits avançaient le front crispé, ridé; ils blasphémaient, les sourcils froncés, le visage enflé. Deux cordes tordues serraient leurs robustes épaules et entouraient leur taille; des instruments tranchants de bourreaux y étaient passés. Leurs vêtements, à même sur la chair nue, étaient faits de poils cinyphiens[13], ainsi que je le supposai, à voir leur accoutrement de tortionnaires sanglants et d'hommes souillés. Je les entendais beugler d'une voix atroce et terrifiante, comme celle d'un bœuf mugissant dans une caverne profonde, parlant impérieusement et arrogamment, m'invectivant, d'un cœur implacable, en me disant: « Viens, viens, à présent, orgueilleuse et néfaste fille! viens, viens, rebelle, ennemie révoltée contre l'ordre des dieux immortels! Viens, viens, folle enfant qui résistes à ton propre plaisir et le négliges! Ah! petite méchante, petite méchante! C'est à présent que se va faire la vengeance décisive que tu as méritée, cruelle! Tu vas être bel et bien déchirée, coupable femme! Tu as vu, hier matin, lacérer les membres de deux infortunées adolescentes, eh bien! tu subiras bientôt toi-même un pareil traitement. » Ô malheureuse que j'étais ! Quelle terreur de m'entendre accuser et injurier de la sorte ! Ô nymphes très-douces, pensez à quel point mon âme était épouvantée alors, en voyant ainsi, dans ma chambre, ces étranges satellites, si cruels et si truculents ! Leur venue me paraissait plus effroyable qu'à Pélias, offrant son sacrifice, l'arrivée du fils de la nymphe Tyro avec son pied déchaussé[14]. À peine ces terribles paroles furent-elles proférées, qu'elles me causèrent plus d'épouvante qu'à Énée celles de l'infortuné Polydore[15], qu'elles me jetèrent dans une agonie plus grande que celle d'Andromède abandonnée sur le rivage, qu'elles me terrifièrent davantage que ne fut terrifié Aristomène[16] en voyant les murs voûtés de son cachot[17]. Étendant aussitôt vers moi leurs bras malfaisants et nerveux, sacrilèges et profanateurs, ils saisirent, de leurs mains sanglantes, sales, polluées et visqueuses, mes blonds cheveux. Grossiers, ils me décoiffèrent outrageusement, et, sans trace de clémence aucune, ils se mirent à me tirer impitoyablement. Ils me jetèrent dans une épouvante, dans une terreur plus grande que n'en éprouva la chaste Romaine lorsque Sextus Tarquin, tenant en main son glaive dégainé, la menaça d'une mort ignominieuse, Là, perdant l'esprit, effrayée au-delà de toute croyance, je fus frappée, par ces hommes cruels et sanguinaires, d'une terreur extraordinaire. Chacune de mes veines allant à mon douloureux et triste cœur était exsangue, inanimée. J'étais plus intimidée qu'un jeune daim, qu'un lièvre oreillard et craintif, se cachant dans l'épaisseur des bois ou dans des touffes de joncs lorsqu'ils entendent les aboiements des chiens cruels et féroces. Prise ainsi par les cheveux, je commençai tout d'abord à pleurer, poussant des exclamations, criant : hélas ! hélas ! Voulant résister à cette traction douloureuse, je saisissais leurs bras, cherchant, autant que possible, à les affaiblir ; je m'efforçais de tout mon pouvoir, complètement meurtrie et brisée que j'étais, à tempérer la brutale action de ces hommes furieux. Ils étaient plus durs que Scyron[18] fils de Neptune, plus âpres que Phinée, que Polydecte le Sériphien[19]. Aucune prière, aucune supplication ne les arrêtait. Ils prétendaient me tirer de mon lit tout baigné de mes pleurs. Hélas ! hélas ! je criais à Dieu merci, j'appelais du secours, suppliante, les pieds nus, résistant avec les deux mains. Cependant, ils se montraient plus insolents, plus emflammés de rage, plus menaçants. Ils offensaient mon odorat par l'infection de leur puanteur à faire vomir, et qui, par le mouvement, s'exhalait de leur chair malpropre, rance, punaise, insupportable, s'évaporait de ces hommes à la mine odieuse, au front ridé

par la férocité, qui me remplissaient de terreur. Endurant les
dernières angoisses, accablée de tristesse, pendant ce long combat, cette
lutte indicible, me répandant en plaintes amères, j'étais troublée à
l'excès, je perdais l'âme. Il se peut qu'alors je m'agitasse et me re-
tournasse dans ma chaste couche au point que ma tendre
nourrice assoupie perçût mes mouvements pendant
qu'elle dormait, et m'entendît vaguement parler ; si
bien que, s'éveillant, elle me secoua pour m'arracher aux furies de mon sommeil et au trouble
de ma nuit. Puis, aussitôt, elle me prit
entre ses bras, me secouant pour me tirer
de ma pensée fixe : « Polia, ma jolie
petite fille ! Polia, ma chère petite âme ! Polia, ma vie,
mon petit sang ! dit-
elle, qu'entends-tu
donc ? » Le
doulou-
reux,
le maudit,
le malheureux
sommeil ne fut pas
plutôt rompu que l'é-
pouvantable vision s'éva-
nouit, et que, m'éveillant, je ne
lui dis rien, si ce n'est, en soupirant :
« Ah ! ah ! las ! hélas ! » Je me retrouvai
tout alourdie et languissante ; mon sein
accablé, souillé, était battu par mon cœur en
proie à une rapide et pénible palpitation, à coups
plus redoublés que ceux frappés par le zélé Vulcain
lorsqu'il forge les foudres terribles du tonitruant et fulminant Jupiter. Mes draps blancs étaient tout mouillés de mes
larmes, et ma très-fine chemise adhérait, humide, à mon ventre
virginal. Mes cheveux étaient en désordre. Mon âme, affligée par ce douloureux supplice, s'exhalait en lamentations. J'étais circonvenue, envahie

par une pensée mortelle. Aussi ne pouvais-je, en aucune façon, me servir de mes forces, bien jeunes et bien petites. Mes membres meurtris me refusaient service, accablés qu'ils étaient de lassitude. Je me sentais plus morte que vive, comme clouée au lit. Affaiblie, sans ressources, éplorée, j'estimais la vie sans valeur. Encore que ma bonne nourrice me couvrît de caresses, m'accablât de tendres prières, de consolations féminines, et, me voyant dans une telle angoisse, me semonçât doucement de me soulever et de recevoir consolation et réconfort, je ne savais où j'en étais. Elle était extrêmement désireuse, avide au suprême degré de comprendre ce que j'avais entendu ; elle était dominée par un anxieux souci de savoir ce que signifiait un transport si grand. Me tenant enlacée dans ses vieux bras, pleurant elle-même, elle parvint, après de longues et douces caresses, à calmer mes angoisses et mon appréhension. L'âme me fit retour quelque peu. Tremblante, sous le coup d'une frayeur plus grande que celle éprouvée par le haut Jupiter, lorsque, par le fait des Géants, ce Père suprême se transmua en bélier velu[20], je lui contai assez mal, d'une voix entrecoupée de soupirs, en balbutiant, la vision horrible. Je lui dis, de même, sérieusement, l'accident de la veille, et comme quoi j'étais tombée en sortant du temple profané. J'évitai, toutefois, de lui parler de la malheureuse et fâcheuse mort de Poliphile, à laquelle je croyais alors ; mais je lui racontai que je m'étais méchamment montrée absurde et sotte envers l'Amour. Me réconfortant pleinement, avec de très-rassurantes paroles, elle me calma, tranquillisa quelque peu mon âme. Elle m'affirma que, sûrement, elle guérirait mes graves et pénibles langueurs, si, me rendant à ses avis équitables et salutaires, je les observais fidèlement. Par là, dégagée de toute pensée fâcheuse, de toute réflexion étrangère, je m'engageai complètement à ne suivre que ses fidèles et sincères conseils, en toute soumission et obéissance, afin qu'elle tirât mon esprit de tant d'affliction et d'angoisse, de tant de prodigieux périls, et afin que, désormais, elle mît mon existence future à l'abri de tant de chagrins et de deuils.

Polia raconte que sa nourrice sagace l'avertit, par divers exemples et paradigmes, d'éviter la colère des dieux et de se soustraire à leurs menaces, lui citant le cas d'une dame qui se suicida par amour démesuré. Elle narre comme quoi sa nourrice lui conseilla d'aller, sans retard, trouver la prêtresse du temple saint de la Vénus suzeraine, afin de la consulter sur ce qu'elle devait faire en cette occurrence ; ce dont cette personne l'instruirait avec complaisance, lui donnant, à cet égard, un renseignement convenable et pratique • Chapitre IV

ON, divines et remarquables nymphes, ce n'est point sans une grande peine, sans un extrême effort qu'une âme se peut retirer d'une résolution à laquelle elle est façonnée et pliée, quand son obstination le rend difficile, quand elle en a une longue habitude, quand, surtout, elle y trouve son plaisir, sa joie et sa récompense. Vouloir l'adapter à tout le contraire, l'incliner à un retour qui, par un jugement spécieux, lui semble étrange, paraît chose extrêmement malaisée. Aussi n'y a-t-il pas lieu le moins du monde de s'étonner, si le sens a été une fois dépravé, détourné, corrompu, que les substances très-douces paraissent désagréables, sans saveur, offensantes et amères. Il n'est pas plus surprenant, nymphes très-belles, qu'aux yeux malades, impurs et chassieux la blancheur semble noirâtre et les offense. Si les objets rutilants sont repoussés comme étant d'une couleur livide, si ceux qui brillent d'une blancheur éclatante sont rejetés comme maculés, taches de rouille, couverts de brouillard, inondés du vomi de la seiche[1], sombres et ternes, ce n'est évidemment pas de leur faute, mais cela tient à l'infirmité de leurs sens. Il n'en était pas autrement pour moi-même : après que mon âme et ma pensée avaient été habituées aux glaces de la chaste Diane, dont j'avais professé le culte auquel j'étais liée et vouée, ce m'était une affaire lourde et pénible d'accéder volontiers à l'Amour.

J'étais disposée à lui résister par une opposition obstinée, par un dégoût à me donner des nausées, comme à un cruel ennemi dont je n'avais point expérimenté la douceur. En voulant m'y adonner de bonne foi, en voulant faire naître en mon cœur jaloux cette nouveauté, il fallait, nécessairement, que je me séparasse avec soin des antagonismes bandés contre. C'est alors que ma prudente, mon adroite nourrice, fort désireuse de venir à bout du bloc de glace durcie qui, par l'habitude, s'était formé, condensé en moi — comme elle le pensait dans sa nette et judicieuse clairvoyance — feignant de ne pas discerner tout à fait les menaces divines, entreprit de les détourner par une douce persuasion, en me parlant sagement ainsi :

Nous avons éprouvé, c'est même passé en commun proverbe, Polia ma chère et très-douce fillette ! que qui prend conseil ne périt point de son fait. Aussi vois bien si tu n'aurais pas, dans ta simplicité, offensé inconsidérément les Dieux par quelque obstination. Réfléchis bien à la dureté, à la cruelle rigueur de leur colère envers ceux qui n'ont pas révéré leur puissance et se sont révoltés contre elle. On ne saurait douter que cette colère n'ait été fort grande, d'autant plus grande qu'ils ont retardé davantage leur inéluctable vengeance. C'est ce qu'ont éprouvé bon nombre de jeunes filles, dans le cours de leur existence, par le fait d'une légèreté sotte et irréfléchie, d'une opinion superstitieuse et inconsidérée. Il n'y a pas lieu de s'émerveiller que, dans des cas semblables, les colères célestes se montrent implacables et vengeresses. On sait pertinemment combien elles sévirent âprement contre Ajax, fils d'Oïlée[2], pour avoir bravé et maudit les Dieux sévères. Aussi périt-il frappé des foudres du Ciel. Ainsi d'Hippolyte rappelé du sombre trépas à la bienfaisante lumière du jour par les prières de Diane la Chasseresse. Combien sont encore misérablement et mortellement tombés pour avoir fait peu de cas, pour n'avoir eu que peu de craintes des menaçantes vengeances divines ! Les imprudentes Propœtides[3], qui méprisèrent Vénus la sainte, furent malencontreusement changées en pierres très-dures. La jeune tisseuse Lydienne[4] fut métarmorphosée en araignée par Minerve, et la jeune Psyché, pour sa désobéissance, subit des maux et des fatigues intolérables[5]. Beaucoup d'autres jeunes filles, ayant usé d'une cruauté rustique et sauvage envers leurs amants dévoués, attirèrent sur elles le châtiment de leur dure méchanceté, la vengeance suprême qui se traduisit par différentes catastrophes terribles. En outre, il faut bien rappeler dans ta mémoire combien est cruel, dur, impitoyable, combien est puissant dans sa tyrannie le fils de la divine Mère. C'est au point que nous en avons la preuve évidente, la démonstration véritable — encore que cela nous demeure un mystère — puisqu'il a frappé non-seulement les mortels humains, mais blessé aussi âcrement, enflammé, sans respect ni pitié, les cœurs divins. Jupiter lui-même, qui dispense la pluie et le temps serein, ne se put si bien garantir de ses torches amoureuses et ardentes, ni si bien faire pour les éviter, qu'il n'en ait été offensé, qu'il n'ait été contraint de revêtir des formes humaines par amour pour bon nombre de demoiselles, poussé par ce Cupidon à rechercher les délicieux déduits. Maintenant, si, passant aux autres Dieux, nous voulons parler de Mars le furibond guerroyeur, nous voyons que, tout cuirassé, tout armé pour la défensive et l'offensive, il ne peut s'en prévaloir, ni se protéger contre ce sagittaire Cupidon, il ne peut ni le bannir, ni lui résister, encore moins se défendre de ses amoureuses blessures, ni tenir tête à ses flèches aiguës. Donc, Polia mon enfant, mon petit cœur, grand est son pouvoir ! Or s'il n'a pas épargné les Dieux supérieurs tout-puissants, comment peux-tu croire qu'il épargnerait les humains ? Surtout ceux qui sont disposés et adaptés à son service, surtout ceux qui, faibles, fragiles et sans défense, osent, vains et rebelles, lutter avec lui ? Envers ces continents qui le fuient, il se montre bien plus irrité, bien plus actif, bien plus entreprenant, il les assaille davantage et bien plus douloureusement, il leur cause de bien plus épouvantables dommages. Lui-même, qui ne se put défendre de s'enamourer de la belle Psyché, comment serait-il possible qu'il fût inoffensif pour les autres ? Ne savons-nous pas pertinemment que son merveilleux carquois contient deux flèches dissemblables ? L'une est faite d'or fulgurant, l'autre de plomb livide et funeste. La première allume dans les cœurs un amour irrésistible, véhément, dont l'irritation les excite, les pousse à aimer avec une extrême violence ; la seconde, au contraire, suscitant une haine intolérable, orgueilleuse, enragée et subite, provoque les cruautés malplaisantes. De ces deux flèches qu'il emploie, le sycophante choisissant celle qui produit l'amoureux incendie, en frappa cruellement Phœbus, tandis qu'il se servit de la flèche plombée contre celle que ce dieu aima. C'est que celui-ci, qui sait tout, dévoila les amours sacrés de Vénus et les voulut contrecarrer. Depuis il eut lieu de s'en repentir tout au long, à cause des dédains, des refus qu'il essuya, des échecs qu'il subit lui et les siens. Rien ne lui réussit.

En effet, plus il s'enflammait, plus les vierges qu'il aimait se montraient cruelles et rigides, plus elles le repoussaient et le fuyaient. Ce fâcheux effet s'étendit jusque sur sa lignée et progéniture. Beaucoup de personnes, de toutes conditions, subirent les représailles et ressentirent la vengeance de Cupidon, pour avoir voulu lui résister inconsidérément, pour avoir bravé ses traits légers. C'est ce qu'il a démontré cette nuit par l'envoi de ces durs et truculents fantômes.

Écoute donc, ma fillette, suis le profitable, sain et utile conseil de ne jamais entrer en opposition avec ce à quoi tu ne saurais faire résistance, de ne jamais lutter contre, de ne pas fuir non plus ce qui est inévitable, de ne pas contredire à mes avis bien pesés et mûris. Car, créée comme tu l'as été, par l'Ouvrier suprême, toute belle et immaculée de corps, tout intelligente, douée d'éloquence, de charmes rares et mémorables, d'un visage aux lignes élégantes, tu ferais bien de considérer soigneusement, de reconnaître même qu'il a fait particulièrement briller en toi des parties célestes, qu'il t'a composée sans pareille, que, bien au-dessus des plus éclatantes et incroyables beautés dont il t'a douée, il a décoré ton front charmant et privilégié de deux yeux amoureux et splendides ; c'est à ce point qu'ils ne sauraient être surpassés, dans le ciel limpide, par les trois plus brillantes étoiles parmi les neuf de la couronne d'Ariadne[6], entre l'épaule gauche d'Arctophylax[7] et le talon du pied droit de l'Engonasin[8], à l'orient du Lion et du Cancer, à l'occident du Scorpion[9]. Le front du Taureau n'apparaît pas d'une telle beauté aux Hyades sœurs. Tout cela pourrait faire que dame Vénus, reconnaissant en toi une vocation secrète, te voulût pour ses autels, afin qu'une perfection accomplie ne fût pas pour être perdue, pour échapper à ses feux amoureux, ainsi que le saule qui ne conserve pas ses fruits[10]. En effet, ton charmant aspect témoigne que tu conviens mieux à ses brûlants services qu'à ceux de la Diane glacée et stérile. Ainsi, d'aventure, il se peut que les Dieux, ayant souci de la disposition divine et du destin de ta virginité, aient voulu t'inspirer de la prudence par le miracle de leurs révélations nocturnes. Il pourrait t'advenir comme à tant d'autres. C'est qu'ils se montrent ennemis des Dieux, ceux qui négligent l'office évident de la nature. D'ailleurs fais ton profit de l'exemple que je te vais brièvement déduire.

J'ai connu, ma petite fille chérie, dans notre ville, il n'y a pas beaucoup d'années, une très-jeune fille fort belle, noble ainsi que toi, issue d'une race vantée et illustre, née d'une excellente suite d'ancêtres. Ornée de vertus nombreuses, délicate, accomplie en ses mérites, vivant dans le luxe et les loisirs, possédant, avec une éducation exquise, tout ce qui concourt à parer la femme ; adonnée à l'étude, elle avait grandi au milieu des biens et des délices de la fortune. Quand elle eut atteint cet âge florissant qui, dit-on, plaît aux Dieux supérieurs, elle fut recherchée par bien des jeunes gens de bonne famille, mais principalement, entre tous, par un adolescent, son pareil en élégance, son égal en noblesse, doué de hautes vertus et d'une âme généreuse. Il la désirait, la requérait extrêmement. Donc, après qu'il lui eut fait une cour assidue et prolongée, après qu'il l'eut importunée de ses prières, la jeune personne n'y voulut entendre d'aucune façon. Persévérant dans la légèreté où elle s'était jetée, elle consuma ses florissantes années, la plus puissante, la plus belle partie de sa verte jeunesse si courte, sitôt passée, sans songer qu'il n'est rien de plus aimable, de plus attachant que la réciprocité d'amour avec la parité d'âge.

Elle persista dans cette mauvaise disposition d'esprit et se trouva encore, au-delà de la vingt-huitième année, dans son lit froid et célibataire. Cupidon, qui n'oublie pas les injures qu'on lui fait, irrité, implacable, saisit son arc recourbé et malfaisant ; la frappant cruellement par le milieu de son sein orgueilleux, il enfonça dans ce cœur sauvage et obstiné sa flèche d'or aiguë qui, pénétrant tout entière, le traversa d'outre en outre, et y enfonça un ardent amour dont les feux aveugles l'incendièrent aussitôt, formant une plaie si profonde, si dangereuse, si atroce, si déchirée, qu'il n'y avait pas possibilité qu'elle guérît en cicatrisant. Amoureusement forcée par de stimulantes ardeurs, sous cette morsure inusitée, impatiemment tourmentée par le frein et l'aiguillon, elle commença, toute languissante, à dépérir. Alors elle souhaita de voir se renouveler les douces poursuites que le noble adolescent avait faites vainement. Il ne se montra plus. Déjà l'Amour, usant envers elle de violences bien justifiées, s'accroissait démesurément en elle et l'embrasait au-delà de toute pensée. Son cœur frappé était devenu une fournaise incandescente. Non-seulement elle eût alors fait cas du très-beau, très-élégant cavalier, mais, devenue extrêmement portée sur l'homme, elle eût trouvé bon le premier venu, de quelque condition qu'il eût été, si, par une grâce spéciale, quelqu'un se fût offert à ses ardents et voluptueux désirs, à son prurit concupiscent. Je suis convaincue que si un Égyptien, un Éthiopien ou tout autre homme méprisable se fût présenté, elle ne lui eût pas plus refusé sa requête qu'à aucun de nos patriciens. Enfin la noble dame amoureuse, languissante au dernier point, au comble de l'exacerbation causée par ces flammes funestes, stimulée par les ardeurs excitantes, par les appétits dévorants, par les lascivetés intempérées, agitée au-delà de toute croyance, irritée par de très-obscènes désirs, pareille à une échappée de Dindyme[11], ne pouvant plus soutenir le poids d'une aussi intolérable pression, triste, malade, infirme, se mit au lit. Quand le fils de Séleucus Antiochus, épris à l'excès de sa belle-mère[12], fut envahi par une mortelle langueur, le médecin Hérasistrate[13] devina, par l'état de son pouls, le secret de son amour. De même, l'habile médecin de cette dame comprit clairement qu'elle succombait sous les coups d'une passion démesurée qui la rendait maniaque et folle. Alors son beau-père et sa belle-mère, s'étant consultés, jugèrent qu'il était opportun de la marier pour que la mort ne survînt pas. Si bien qu'il ne s'écoula guère de temps sans qu'ils lui eussent trouvé un homme, patricien, dans une bonne condition de parenté, riche, mais déjà vieux et le paraissant plus qu'en réalité, car il était décharné. Il avait atteint l'âge douteux ; ses joues pendaient quelque peu, il avait les yeux ulcérés, les mains tremblantes, l'haleine fétide ; il se couvrait la tête parce qu'elle ressemblait à l'échine d'un chien galeux ; son vêtement, sur la poitrine, était couvert de bave. A donné qu'il était à une rapace avarice, et tout tendu aux insatiables désirs, son esprit était inquiet. Le jour du malheureux hyménée arriva. On eût dit que pour sombre, funeste et mortel messager il avait eu l'infortuné, le cruel, l'improbe Ascalaphe[14]. La triste union matrimoniale fut pompeusement célébrée, on festina selon la coutume. Enfin la nuit vint, si désirée, si longtemps attendue avec tant de concupiscence par la dame avide, qui croyait sûrement avoir atteint l'heure d'éteindre ses brûlants appétits vénériens, sans autrement considérer quel mari elle avait là, tant elle était, dès lors, aveuglement excitée, circonvenue par des désirs effrénés. Elle ne songeait qu'au plaisir de l'union physique, ne désirait que la jouissance matérielle ; toute portée à la lasciveté, elle s'étendit le long du froid et impotent vieillard. S'étant mise entre ses bras débiles, tout enflammée, incontinente au-delà du devoir, mordue par l'envie d'être possédée, Cupidon se prit à l'irriter, plus attentif à augmenter l'incendie qu'un soufflet excitant un petit feu. Il n'en résulta rien, pour sa malchance, si ce n'est que sa belle face et sa bouche pourprée furent souillées par les lèvres dégoûtantes de salive du vieillard baveux, comme si une limace, en se promenant dessus, y avait laissé ses traces. Ni ses caresses, ni ses mouvements pétulants et vénériens, ni ses grâces, ne purent jamais réchauffer, émouvoir, exciter ce vieil impotent stérile, incapable d'être mis en état. Son souffle semblait être l'air émané d'un cloaque putride, d'un bourbier pestilentiel. Sa bouche contractée montrait des lèvres pâles et ridées ; sa voix n'avait pas de son. Il ne lui restait, à la mâchoire supérieure, que deux dents brisées et caverneuses comme de la pierre ponce. Il en avait quatre dans le bas, deux par côté, déchaussées et branlantes. Sa barbe était dure comme les poils d'un âne aux longues oreilles, piquante comme aiguillon de guêpe, sortie de la peau et blanchissante. Ses yeux étaient rouges, humides, larmoyants. Son nez camus, aux ouvertures crevassées et velues, était plein de mucosités de limace et bruyait sans cesse, au point que, durant la nuit, on eût cru entendre souffler une outre pleine de vent. Son visage était hideux, sa tête était couverte de gratelle blanche, ses joues étaient variqueuses, et le dessous de ses paupières était tuméfié. Sa gorge, avec sa peau rugueuse autant que celle d'une tortue de marais, était difforme et comme dans une gangue. Ses mains tremblantes n'avaient aucune vigueur. Le reste du corps était putride, morbide et invalide, tardigrade et caduc. Son linge, quand il remuait, exhalait une puanteur d'urine fétide. C'est pourquoi prête bien attention, ma fillette, et garde mémoire de ce que tu vas entendre. Cette dame très-lascive, complètement frustrée dans ses appétits voluptueux, ne put jamais, quelque effort libertin, quelque complaisance de courtisane qu'elle y apportât, surexciter les membres abattus de cette vieillesse déplacée et sans vigueur. Alors elle n'eut plus à attendre, de ce malveillant et ennuyeux vieillard, désœuvré, inerte, paresseux, lâche, plus jaloux que le décurion Barbarus[15], que des coups — il était devenu extrêmement jaloux — des querelles, des criailleries ; elle n'eut plus qu'à subir sa froide, sa languissante paresse et le fastidieux ennui qu'il lui causait, déçue qu'elle était dans son désir effréné. Faisant un retour sur elle-même, elle reconnut l'infortune de son sort, punition méritée de son méchant entêtement. Elle fut on ne peut plus désolée, non-seulement d'être accolée à cet ennuyeux et nauséabond vieillard, mais encore, et surtout, d'avoir inutilement gaspillé, depuis son enfance jusqu'à cette heure, le temps passé qui ne revient plus. Elle savait ne pouvoir plus espérer, par aucun moyen, à aucun prix, le rattraper jamais ou le racheter. Elle s'en contristait avec une extrême douleur. En outre, la pensée que les autres étaient heureuses, contentes d'être mariées, venait mortellement s'ajouter à son mal. Elle se les représentait fréquemment couchées, dans les très-doux embrassements de leurs amants, goûtant les amoureux et délectables plaisirs ; et la provocante Nature, jointe au céleste scélérat l'Amour, l'excitait par l'idée que leurs appétits et leurs désirs étaient satisfaits. Enfin elle fut prise et déchirée par une ardente envie. Elle ne cessa de se rappeler, par la pensée, l'intolérable, l'ennuyeux orgueil de ce haïssable vieux. Sa vie, privée de toute consolation, lui devint à charge. Elle se prit à s'égratigner le visage avec ses ongles, à se frapper cruellement la poitrine avec la main, sentant que c'en était fait pour elle de tout espoir, fondant en larmes. Ses yeux versèrent des pleurs plus amers que ceux d'Égérie. Rien plus ne lui agréait, elle n'avait de goût pour rien, si ce n'est pour la mort funeste ; elle appelait la fin précipitée d'Iphis[16]. De tout cela résulta une rage furieuse qui la fit devenir son propre bourreau cruel et morose. Un sombre jour elle prit, en secret, à l'insu de son mari, un fer tranchant et pointu. Par une malfaisante incitation, ne maîtrisant plus sa volonté, ayant perdu sa foi, devenue sa mortelle ennemie, s'abandonnant à son furieux projet, elle mit à exécution son épouvantable, son horrible attentat. Couronnée du smylax fatal et des feuilles de l'ostrys[17], à bout de patience, après avoir invoqué les Furies infernales et funestes, elle enfonça, ô forfait maudit ! le fer mortel à travers son triste cœur. Ah ! quelle misère, quelle affliction pour moi, si, en l'âge tendre où tu es, — m'en préservent les Dieux supérieurs ! — une telle infortune pouvait te frapper en châtiment de quelque offense semblable ! J'en mourrais, avant, de douleur, et la tristesse précipiterait le dernier terme de ma vie.

Hélas ! qui pourrait donc, alors, comparer mon malheur, l'assimiler en grandeur, en gravité, en atrocité à cette horrible catastrophe, à cette misérable mort de cette Dame ? Quelle rencontre d'ombres, de lemures[18], de mânes, de larves, pourrait me survenir jamais ? Quelles nocturnes apparitions, quels démons formidables pourraient m'apparaître plus nuisibles et plus horribles que si ces yeux te voyaient encourir un sort aussi dommageable et sinistre ? Donc, ô Polia, ma douce fillette ! mon espoir ! attends-toi, avec une âme préparée, à ce que l'inévitable colère des dieux, immédiate ou tardive, exerce infailliblement ses vengeances. C'est ce qui advint à Castalie[19], pour son malheur, par le fait d'Apollon. C'est ainsi que la belle Méduse, qui se montrait déplaisante et rigoureuse envers ses jeunes prétendants, eut, en punition de sa dureté sauvage, ses blonds cheveux changés, par les Dieux supérieurs, en horribles et sinueuses vipères. Après quoi, remplie de désirs, comme ses amoureux, en foule, fuyaient, effrayés par sa tête repoussante, elle les aimait, plus enragée, plus agitée encore. C'est ainsi que, faisant peu de cas des dispositions célestes et des causes ordonnées qui veulent que les jeunes gens aiment pendant le temps opportun et réglé, les folles enfants, dans l'âge précieux où tu te trouves, font injure aux cieux et à la bénigne Nature en résistant méchamment à un tel mystère. Aussi ne faut-il pas s'étonner

le moins du monde de ce qu'elles périssent parfois misérablement. Hélas !
ma chère Polia, fille qui m'es plus chère que mes yeux, nous devons estimer, nous devons apprécier le temps de notre vie plus que les immenses trésors de Darius, plus que les richesses de Crésus, plus que
les félicités de Polycrate, plus que toute chose du monde.
C'est que notre vie est bien brève ! elle court plus rapidement, elle fuit plus vite que les légers chevaux de
Phœbus. Elle s'anéantit plus tôt qu'une bulle de
savon ! Aussi devons-nous adapter nos douces
années au facétieux amour, quand il est
convenable et à point. Car, après que
nous avons atteint la vieillesse incommode, nous voulons encore nous donner l'illusion
du jeune âge passé et,
partant, nous nous
appliquons soi-
gneuse-
ment à extirper
de notre tête les
cheveux blancs, nous
les fonçons, nous les tirons
au noir avec la lessive de litharge, avec la chaux vive ou le brou de
noix ; nous nous efforçons, par un art
menteur, de conserver fraîche et potelée
notre chair à moitié vidée. Au-delà de toute
façon, notre cœur est rongé de peines continuelles
et sans fin ; nous soupirons, nous pleurons après le
temps passé tout amoureux, tout délicieux, tout plaisant.
Nous regrettons, l'œil humide, cet âge perdu et gaspillé, privées que nous sommes des jeunes hommages qui ont pris la fuite.
C'est que les âges doivent être assortis. Alors, nous rappelant nos
amours emportés avec leurs aimables douceurs, nous désirons plus ardemment jouir de l'existence qu'à l'époque florissante où l'on n'y songe guère,
vu que la fin semble éloignée ; mais, quand elle est proche, elle nous suscite

l'appétit de vivre, si possible était, et les années de Nestor ou de Priam, et les ans de la Sibylle.

Donc, ma Polia, mon cher petit trésor, si tant est que tu tiennes pour agréables ta vie présente et ton âge en sa fleur, garde, hélas! pour les raisons déduites, que Cupidon ne t'ait avertie et qu'il ne t'ait présagé, par de telles visions et apparitions, les colères amassées et conçues contre toi, peut-être. Crois-tu, par aventure, dans ta vaine et superstitieuse opinion, que les Dieux supérieurs te supplieront et te complairont? Avise attentivement qu'il ne t'advienne comme à Hébé, chassée, alors que, servant avec moins de précaution le grand Jupiter et les autres Dieux, elle tomba, ses légers vêtements retroussés, et montra ses parties honteuses. Aussi Jupiter irrité lui ôta l'office de la coupe et la remplaça par Ganymède. Brise donc avec tes froides dispositions, si, toutefois, il t'en demeure encore quelqu'une; va droit au temple de la très-sainte Vénus où, d'ordinaire, se jugent ces cas, aborde la Prêtresse qui préside aux sacrifices, les dirige et les interprète, raconte-lui ce que tu crois être la cause de pareilles menaces, confesse-lui franchement ta faute, découvre-lui ce qui, à le cacher, amènerait plus certainement ta perte qu'à le dire ouvertement. Sans tarder, elle te donnera, bienveillante, un conseil opportun, un secours utile, un salutaire enseignement, ce qui te permettra d'échapper au tourment qui te menace et t'inquiète si malheureusement, et de fuir les vengeances divines inéluctables, dans le cas où, par quelque révolte inconsidérée, par quelque dédain obstiné, tu les aurais méritées.

🙵 🙵
🙵

Polia, épouvantée par les exemples de la vengeance divine cités par sa prudente nourrice, fit en sorte de se prendre d'amour ; puis elle se rendit au temple où Poliphile gisait mort. Là, pleurant, versant des larmes, elle le prit entre ses bras et le ressuscita. Elle conte que les nymphes de Diane les mirent en fuite, et narre les visions qu'elle eut dans sa chambre ; enfin elle dit comme quoi, étant allée au sanctuaire de Vénus, elle y trouva l'amoureux Poliphile • Chapitre V

APRÈS QU'AVEC une prudence, avec une finesse fort grande, elle eut jugé m'avoir suffisamment persuadée qu'il me fallait prendre du soupçon de ces présages nocturnes, mon adroite, ma rusée nourrice mit fin à ses cordiales semonces, à ses conseils avisés, à ses admonestations. Déjà le ciel avait dissipé les obscures vapeurs, mis en fuite les brouillards de la sombre nuit. Le Soleil d'or, en se levant, avait coloré le jour nouveau, et séché presque la rosée matinale dans les prés herbeux. Émue bien justement, l'âme attristée par les effroyables et pénibles souvenirs, je me pris à soupirer intérieurement. Ma nourrice quitta la chambre ; je demeurai seule. Alors je me mis à réfléchir attentivement à ses utiles propos, à ses chaleureux avis bien pesés, à tant d'exemples évidents et terribles qu'elle m'avait signalés, surtout à ce fait pour lequel j'avais lieu d'être condamnée justement comme rebelle contumace, et pour lequel je méritais d'être sévèrement punie par les colères divines. J'en étais épouvantée ; je cherchais de tout mon pouvoir à les éviter, à les fuir, à leur échapper, dégagée de tout soupçon, quand — poussée par je ne sais quelle céleste sollicitude — me revint en l'esprit l'amoureux Poliphile que je savais avoir été, dans le temple, par ma férocité impie, privé de la gracieuse existence. L'artificieux Amour trouvant donc, en ce premier moment, quelque peu d'accès dans la place, commença, peu à peu, à s'introduire dans l'endroit interdit. Faisant tranquillement son nid dans le cœur endurci et inerte, il y prit place avec ses premiers et très-doux brandons. Déjà je sentais une plaisante petite flamme circuler et se propager dans les parties profondes et intimes de mon cœur inexpérimenté, s'accroître du consentement d'un désir incendiant et suave que j'avais de me ranger, forte et résolue, aux lois du calmant Cupidon, et de ne plus vouloir me montrer opposée et contraire aux dards amoureux. Cependant, ayant promptement délibéré, je me pris à redouter les occurrences diverses, les dispositions du sort changeant, les fins malheureuses survenues uniquement par le fait de ce doux amour. La mémoire industrieuse et tenace faisait, à ce propos, bouillonner dans mon esprit le souvenir des vengeances redoutables de Junon, qui me causaient une grande terreur. Je voyais la dolente Phyllis, dont les chairs délicates, à la suite de son amour aveugle pour le retardataire Démophoon, se couvraient de rudes écorces, et se transformaient en bois. Je voyais aussi se représenter, dans mon esprit, Didon incontinente et enflammée, troublée par le présent funeste du fils d'Anchise, devenue furieuse et se donnant la mort. Est-ce que la menteuse Sthénobée[1] ne périt pas pour l'illustre adolescent Bellérophon ? Puis je voyais Scylla, fille de Nisus, roi de Mégare, l'esprit égaré, poussée par son amour immodéré pour le roi de Crète[2], couper le cheveu d'or sur la tête paternelle, action dont elle ne retira qu'une mort malencontreuse. Je ne voyais, de même, résulter, pour ces deux nobles Égyptiens[3], de leur ardente affection, qu'un trépas obscur. Qu'advint-il à Écho par suite de son amour infructueux pour le fils de Céphise[4] ? Oh ! triste et endolorie que je suis ! Que résulta-t-il de la passion coupable de Biblis ? De celle de l'éplorée Dryope[5] ? De la criminelle convoitise de Myrrha, la larmoyante, pour Cynire[6] ? Nyctimène, s'abandonnant à un commerce scélérat avec son père[7], ne fut-elle pas changée en oiseau redoutant et fuyant la lumière précieuse ? Je voyais Menthe, la brûlante, transmuée en plante aromatique par la mère de Proserpine[8] ; je voyais la malheureuse Smilax, portant la fleur en laquelle elle fut changée pour l'amour de Crocus son bien-aimé. Je voyais les pleurs de l'infortunée Canens, qui s'évapora sur les rives gracieuses du Tibre. Je pensais sans cesse à celui[9] qu'écrasa Polyphème sous un rocher massif. Enfin, je me représentais et le vaste incendie, et le cruel carnage causés par la transfuge Hélène. Suis-je assez affligée, assez accablée ! Se peut-il que je puisse, si peu préparée à de pareils combats, faible, débile, entreprendre de lutter contre une agonie semblable ? Mes chairs pudiques et immaculées ne sont-elles pas religieusement vouées à cette déesse Diane ? Allons, Polia, abandonne ce premier rudiment d'amour, résiste-lui, ainsi qu'à ces nouvelles attaques, à cette effroyable entreprise! Pense à qui tu as fait profession d'appartenir, songe à quel apprentissage nouveau te voilà condamnée. J'avais presque perdu la raison, je chancelais craintive, redoutant pire que les chiens d'Actéon qui, dans leur rage furieuse, déchirèrent leur maître, pire que la misérable aventure de Calysto. Je me pris, toute vergogneuse, à trembler plus que la toile de l'araignée persévérante secouée par les vents impétueux, ou que les joncs aigus sifflant agités par le souffle des orages. Comme je méditais sur tout cela et pensais principalement à cette répugnance imaginaire, je sentais mon cœur tremblant et farouche envahi par une petite flamme tiède, imprévue, qui, grandissant peu à peu, s'insinuant et pénétrant partout, avec une douce palpitation, par une impulsion divine, me modifia successivement, me remplissant d'un amour tout neuf, et se répandant plus largement, en provoquant des sanglots, que le poison Lernien[10] du sang du centaure Nessus s'infiltrant dans le corps robuste d'Hercule se sacrifiant[11]. Alors, aussitôt, inopinément, subitement, le pressant et assidu Cupidon me frappa au cœur d'un nouveau coup. Retirant mon cœur vacillant et troublé des agitations et des pensées frivoles, j'eus l'art de m'écarter des opinions légères et des vaines déceptions. M'en étant complètement dégagée, je retournai, le cœur déjà

FIGURE 334 (1499).

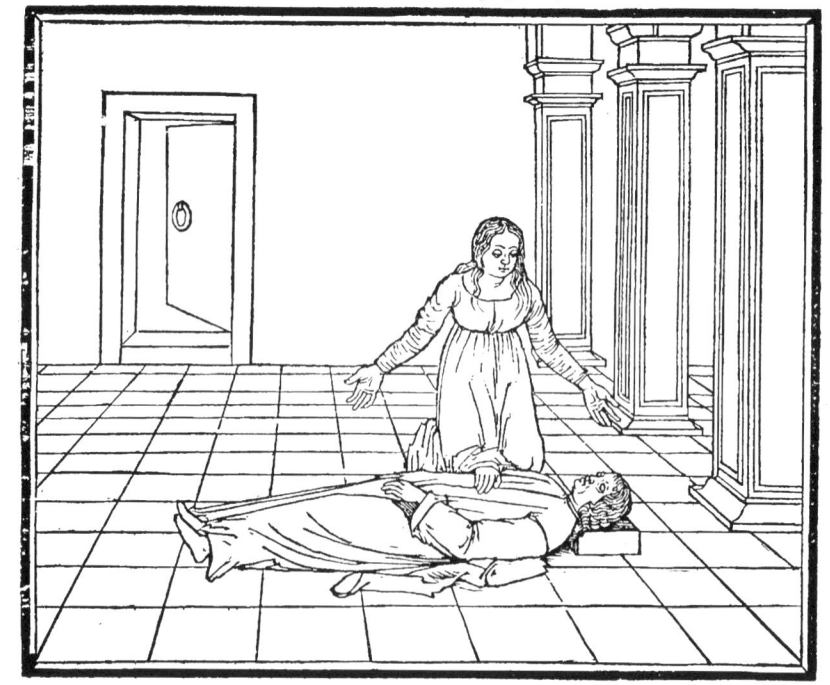

suborné par des suggestions amoureuses, vers Poliphile trépassé, souhaitant ardemment de le voir revenu en son premier état, extraordinairement affligée de sa mort. Après bien des réflexions diverses, détournées, ambiguës et fâcheuses, après bien des terreurs craintives, je m'exposai, pleine d'activité et de courage, à l'aller revoir, à entourer de mon respect ce mort que je n'avais pas voulu regarder tant qu'il était vivant. Hélas ! déjà cette préoccupation me remplissait l'âme d'une angoisse non médiocre. Je considérais sans doute, ô misérable femme ! qu'alors qu'il m'avait tendrement aimée, je l'avais traité en ennemi, et en ennemi mortel, encore ! De toute façon, je voulais apprendre ce qui lui était arrivé. Mais, affligée que j'étais, quelle terreur me causait le sort de la très-cruelle Anaxérète, et combien avais-je à redouter qu'il m'advînt ainsi qu'à elle lorsqu'elle put revoir le corps d'Iphis l'infortuné ! J'en abandonnai presque ma résolution. Toutefois, vaincue, accablée par les stimulations aveugles et répétées, poussée par un amour obstiné, je n'eus point la force de résister, quelque crainte que j'éprouvasse. Bien plus, mon amour accru inspirait le mépris de tout danger à mon brûlant et persévérant désir Péléthronien[12], tant ma blessure était profonde. Seule, je partis immédiatement, pressant mes pas, et je parvins à la basilique sacrée.

FIGURE 335 (1883).

Dès que j'y fus entrée, impatiente je me rendis, non point comme j'en avais l'ancienne habitude, religieusement devant les saints autels, mais, sans rien dire et sans faire autre chose, droit à la place où, croque-mort scélérate, j'avais traîné Poliphile. Le visage inondé de larmes, je le trouvai là, les joues contractées par la tristesse, gisant mort vraiment, plus froid, plus glacé qu'un marbre dur, ainsi qu'il était demeuré toute la nuit passée, exsangue, livide, ce qui me fit pâlir de crainte et de pitié. À ce moment, nymphes très-illustres, amèrement affligée, triste et endolorie, je sentis mes yeux se remplir de larmes abondantes et je pleurai mortellement, entrecoupant mes gémissements de bruyants soupirs, souhaitant de partager son sort. Pareille à l'inconsolable Laodamie se jetant à demi morte sur le corps de Protésilas, je me prosternai sur son cadavre glacé, et, l'embrassant étroitement, je dis :

Ô mort très-cruelle, terrible, prématurée ! mort destructrice de tout bien, fin inévitable de toute tristesse ! veuille, sans tarder, m'accorder de m'en aller avec celui qui, pour moi — de toutes les femmes au monde la plus impie, la plus mal à propos impudemment méchante — a fui la désirable lumière, lui, tout innocent, n'ayant commis aucune faute, lui qui m'aimait excessivement, qui me tenait seule pour son bien le plus singulier, pour son bien unique. Ô impie que je suis ! plus cruelle que tout ! Ô femme sans douceur, la plus maligne, la plus coupable ! plus que la très-cruelle Phèdre envers Hippolyte innocent ! Qui donc pourrait me refuser, à cette heure, de mettre fin à cette vie si troublée et si odieuse ? Maudite soit la première lumière qui apparut gracieuse à mes yeux ! Maudits soient les souffles vitaux pour avoir autant duré ! Oh ! maudit soit mon esprit, à présent dompté, qui ne trouve aucune issue, aucune ouverture ! car je ne puis vivre, je ne puis demeurer, subsister en cette fâcheuse et triste vie ! Maudits soient mes yeux, puisque je n'ai pas voulu voir vivant celui que, mort, je voudrais revoir à présent ! Ô foudres redoutables de Jupiter très-haut, qui faites trembler le ciel et la terre, êtes-vous à tout jamais éteintes, pour ne pas me carboniser, me réduire justement en poussière et en cendre, ainsi que je l'ai mérité ! Ô infortunée de ce que le sein de ta nourrice ne te fut pas ôté à jamais de la bouche ! Ô heure néfaste où je sortis de l'utérus ! Ô Lucine ! dispensatrice des biens, pourquoi, lorsque tu fus invoquée, ne te présentas-tu pas abortive ? Hélas ! douloureuse occurrence ! Ô ma coupable Fortune ! Que me reste-t-il à faire, sinon à mourir comme lui ? Qui de nous deux est le plus misérable, le plus infortuné ! Ô Poliphile, mon amoureux, te voilà mort, en vérité ; tandis que je demeure vivante, si grandement inconsolable ! Venez toutes, impitoyables et horribles Furies ! telles que vous apparûtes à Oreste ; usez, comme il convient, envers mon âme, de votre excessive cruauté, puisque le pauvre Poliphile, qui n'aimait que moi, chienne, perfide, barbare, est mort, le malheureux ! par mon fait, par mon criminel acharnement. J'avais déjà converti en un lac de pleurs mes yeux remplis de larmes abondantes, mouillant de leurs gouttes, qui tombaient sans interruption, et Poliphile et moi, ainsi que fit la très-courageuse Argie[13] en pleurant sur le cadavre de son cher Polynice. Alors je posai légèrement la main sur son sein refroidi, et sentis battre quelque peu sourdement son pouls. Le tenant embrassé de plus en plus étroitement, ses esprits éteints se réchauffèrent excités. Le cœur vivace souleva ses chairs aimées ; son âme, qui s'y tenait vivante, se réveilla dans un soupir et souleva ses paupières closes. Aussitôt, haletante, tout avide de lui voir réitérer ce mouvement, je saisis ses bras affaiblis et inertes, puis, pieusement, versant de douces et amoureuses larmes, sanglotant, le portant, le maniant, le baisant fréquemment, je lui présentai, je lui montrai à découvert ma blanche poitrine ornée de ses deux pommes ; que dis-je, ma poitrine ? la sienne ! Je lui montrai un visage très-humain, je lui lis des yeux séduisants. Aussitôt il revint à lui, dans mes bras chastes et délicats ; tout comme s'il n'avait reçu aucune lésion, il reprit un peu de sa vigueur éteinte, et, du mieux qu'il put, avec une voix trem-

Figure 336 (1499).

blante et des soupirs, il dit : Polia, ma chère maîtresse, pourquoi me faire tort
ainsi ?   Ô nymphes très-célèbres ! je sentis, presque subitement, mon cœur
beaucoup plus déchiré par une douceur amoureuse, par une pitié, par
une joie extrême, parce que je sentais, à cause de cette joie subite, se
vider, à travers les veines rétablies, le sang qui s'y était trouvé refou-
lé à l'excès par tant de douleur et de crainte. Tout absorbée,
toute surprise, je ne sus que dire ; je ne pus que lui donner, caressante, avec un audacieux abandon, de mes
lèvres pures, un baiser lascif et humide, tandis
que nous nous étreignions dans un amoureux embrassement, tels que les serpents emmêlés contournant le
caducée Hermétique ou
la verge du divin
Médecin[14].

Figure 337 (1883).

À peine était-il revenu à lui, à peine avait-il repris ses forces premières sur mon sein et dans mes bras, à peine ses joues étaient-elles empourprées, que la grande prêtresse du temple sacré, qui, sans doute, avait entendu mes cris d'angoisse, mes pleurs lamentables, mes grands et puissants soupirs retentir dans le temple sonore, m'apparut suivie de la foule tumultueuse des autres prêtresses ses ministres. À la vue d'actions défendues, interdites dans ce lieu saint et immaculé, gravement irritée, bouillant de colère, elle vint à nous avec ses acolytes armées, les unes de verges, les autres de rameaux de chêne ; celles-ci, après nous avoir accablés de reproches et de menaces, troublèrent notre doux embrassement et le rompirent en nous frappant.

FIGURE 338
(1499).

FIGURE 339
(1883).

J'appréhendai sans mesure, alors, qu'il ne m'advînt comme à la terrifiante Méduse, quand elle fut surprise par Minerve, tandis que Neptune la possédait amoureusement dans le sanctuaire de la déesse. Je redoutai, de même, le sort d'Hippomène et de la rapide et avare Atalante, qui, pour leur illicite accouplement, furent changés en lions. Je redoutai les fureurs qu'inspira Junon aux Prœtides[15]. À peine hors de leurs mains, nous nous enfuîmes du temple consacré, précipitant nos pas ; quant à moi, les prêtresses me chassèrent du saint temple et m'exclurent honteusement de leur chaste confrérie.

Comme j'allais échevelée, les torsades de mes tresses dénouées, je fus, avec de graves réprimandes et d'humiliantes réprobations, saisie par une des prêtresses nommée Algéréa[16], qui s'était, naguère, montrée ma compagne très-intime. Alors, réunissant tout ce que j'avais de forces, péniblement, avec mes débiles efforts, je me dégageai d'entre ses mains, où je laissai mes légers voiles, et je m'enfuis. Toutefois, je ne pus sortir du temple sans avoir reçu maintes fustigations et bien des coups sur mes épaules délicates. Cependant, tous deux fugitifs, exclus, chassés du sanctuaire de Diane, nous fûmes gaîment ensemble, sans nous soucier beaucoup de cette terre étrangère[17], où nous avions vécu dans les langueurs et les opprobres, non plus que des querelles que nous avait occasionnées notre vif excès d'amour, ni des quelques amertumes dont nous abreuvèrent les saintes prêtresses. Enfin, nous gagnâmes la ville, serrés l'un contre l'autre. Là, après avoir longuement et tendrement devisé de nos piteux destins, je pris, très au regret, congé de Poliphile, avec force doux baisers, force étreintes passionnées. Après de fermes et loyaux engagements réciproques, avec des motifs de joie nombreux, Poliphile, tout aise, continua sa marche. Quant à moi, j'atteignis ma chère demeure, et j'opérai ma rentrée dans mon palais désiré, ramenée par un amour ardent, l'esprit formant de nombreux projets cupidonesques, mais complètement changée de naturel. Là, remplie de gaieté et de joie, je me retirai dans le secret de ma chambre à coucher. Je ne voyais plus apparaître la déesse Diane, qui commençait à s'effacer de mon imagination, où la bonne figure de mon très-doux Poliphile demeurait seule. Par-dessus tout, je ne pensais qu'à lui, et dans tous les coins de mon cœur, je le sentais régner absolument : de là naquit cette grande passion.

Dans l'isolement mon esprit jouissait de cette association et goûtait cette amoureuse captivité. Je ne pouvais penser à rien d'autre qu'à mon tant désiré Poliphile. C'est pourquoi, dans l'habitude où j'étais de me livrer à des occupations sédentaires et assidues, je me mis, inspirée par Cupidon, à façonner un petit cœur en soie cramoisie, cousu d'arabesques, symbolisant ce qu'en mon propre cœur l'amour peignait avec art. J'en bordai le tour de perles brillantes, et dessinai, au milieu, son beau, son charmant nom enlacé au mien, avec des lettres Grecques, qu'il préférait. Cela en perles, et d'autant mieux rendu, qu'Amour, par sa présence, me provoquait et me guidait. J'y joignis un cordon tordu de soie verte et de fils d'or faits de mes longs cheveux arrachés en signe de parfait et fervent amour, afin qu'il portât cet objet suspendu à son cou, puis je le lui envoyai.

Amour, cependant, avec une énergie durable, avec une flamme plus active, fermentait davantage, de moment en moment, dans mon sein qui, jusque-là, en avait été privé et sevré. Mon âme ne s'occupait plus que de mes blessures récentes ; elle y était tout enclose. Elle était liée indissolublement au gracieux Poliphile. Il y régnait en seigneur élu par-dessus tous les autres, en maître unique de mon cœur épris, strictement attaché dans ce cœur par un lien perpétuel ; il y était établi pour l'Éternité. Je me livrais tout entière aux doux pensers. Je ne songeais qu'à récupérer les délices passées, qu'à m'abandonner à ma passion récente. Par amour pour Poliphile, je rejetai toute rigueur, j'écartai toute austérité, j'humanisai doucement mon âme dure et déplaisante,

FIGURE 340 (1499).

je convertis en une fournaise mon cœur glacé qu'Amour allumait, je convertis mes mœurs sauvages et féroces en dispositions pleines de mansuétude, transmuée que j'étais de timide en magnanime, de froide en bouillante, de vergogneuse en amante sans précaution, ayant changé mes dédains haineux en affection amoureuse, indéfectible et constante. Mon esprit instable et mouvant était devenu immuable. Je me voyais désireuse à l'extrême de ce que je n'avais pas expérimenté. Je sentais l'actif Cupidon entasser successivement en moi, d'instant en instant, un désir de plaire aveugle et tendre. Je me sentais soutenue par une masse de flèches venues de mon bien-aimé Poliphile, entrant voluptueusement en mon âme, par suite de la fixité d'une pensée dont elle ne se pouvait séparer, tant elle prenait un plaisir incroyable à en être pénétrée. Courbée déjà sous les lois extrêmes de l'Amour, enfoncée en elles par de tels événements, je me livrais, à l'aide de mes imaginations éveillées, avides et friponnes, avec Poliphile absent, à un acte que je ne pouvais accomplir et dont je n'avais, d'ailleurs, aucune idée.

J'étais seule, assise sur mon lit, investie par ces feux insolites, quand, tout à coup, je vis sortir, par les fenêtres ouvertes, avec une grande véhémence, avec un bruit impétueux et terrible, un char tout en glace cristalline traîné par

FIGURE 341
(1883).

deux cerfs blancs et cornus, attelés de chaînes d'un plomb terne. Sur ce char était posée une Déesse irritée, couronnée des feuilles du saule agnus[18], l'arc débandé, le carquois vide. Elle me regardait avec un visage terrible, brûlant d'un désir furieux de tirer de moi une vengeance cruelle. Derrière ce char venait un autre qui l'avait mis en fuite. Il était tout flamboyant, tiré par deux cygnes blancs attelés au moyen de cordes d'or. Une divine et puissante déesse, matrone au front constellé et couronnée de roses, y était assise triomphante. Auprès d'elle se tenait un enfant ailé qui, les yeux bandés, et portant une torche allumée, mettait en fuite la divinité froide et glacée qui me menaçait de sa haine. Il poursuivit un peu, dans l'air, le char de glacé que la chaleur du sien faisait fondre en eau ; puis, l'un et l'autre s'éloignèrent et disparurent.

Après avoir contemplé cette scène avec un courage amoureux, je m'aperçus que mon giron et le pavé de ma chambre étaient couverts de roses parfumées éparses, ainsi que des rameaux d'un myrte verdoyant et fleuri. Je perdis toute appréhension et pris une sécurité légitime, par le seul fait que cet enfant me paraissait être secourable, prendre ma cause en main et me devoir défendre contre la vengeance qui me menaçait, comme étant mon seigneur absolu combattant victorieusement pour moi. J'en fus amenée à une ferme détermination d'aller de l'avant dans cette entreprise très-charmante, dans cette douce expédition, dans ce voluptueux office.

Mais, avant toute chose, écartant toute raison importune, très-disposée et très-excitée, je me décidai à suivre, de toute façon, l'avis décisif de ma fidèle nourrice, à m'y conformer entièrement, à me rendre, sans faute, — stimulée par Cupidon — devant les autels vénérables de la divine Mère. Car dès lors je reconnaissais l'évidence de l'incendie latent qui me dévorait si ardemment, qui me lacérait tout le cœur, ainsi qu'un chardon hérissé de pointes mordantes et crochues. Je résolus de pourvoir, sans retard, aux flammes impatientes suscitées, et de récupérer le temps inutilement perdu, gaspillé sans profit. C'était l'heure tant désirée où je devais engager pour l'éternité mon âme au vouloir d'autrui. De même que le bourrelet[19] mis sous le fardeau en allège le poids, je fus réconfortée lorsque, franchissant avec un extrême empressement, avec un cœur solide, le seuil très-saint, je vis mon cher Poliphile qui, lui aussi, m'attendait là. Aussitôt mon regard scrutateur, parcourant le sanctuaire, fut droit au but, et je ne me présentai pas devant Poliphile, mais bien, selon la recommandation de ma nourrice, devant la prêtresse sacrée de qui j'attendais le moyen de conjurer les colères célestes et de ranger mon âme à l'amour que j'avais dédaigné.

Après lui avoir raconté les accidents horribles et troublants qui m'étaient arrivés, les visions diurnes et nocturnes, je lui dis les cruautés exercées ; je lui dis comme quoi j'avais été plus féroce, plus dure qu'une tigresse, plus sourde aux lamentables expressions des pénibles douleurs, des chagrins d'amour de Poliphile, qu'un aveugle aspic[20] immobilisé par un charme ; comme quoi je m'étais montrée plus déplaisante envers lui que Dictynne[21] envers Minos ; comme quoi j'avais fait peu de cas de ses prières, de ses pleurs pitoyables, emplie d'hostilité haineuse et de rage envers lui, dénuée de toute miséricorde, dépouillée de toute pitié, sans pouvoir être mue le moindrement à compassion. La Prêtresse, presque atterrée par de telles rébellions, me les reprocha sévèrement. Pleine de repentir, dégoûtée de mes fautes, il me sembla qu'il était futile de penser aux misères passées ; mais, atteinte, mais secouée par l'agitation démesurée de mon cœur, envahie par la passion qui m'inondait, je m'abandonnai d'autant plus, dès lors, à languir d'amour pour mon Poliphile. Quant à lui, aussitôt qu'il s'aperçut de mon entrée dans le temple, ses yeux se tournèrent immédiatement tout avides vers moi, son mordant regard courut sans interruption, comme une flèche rapide lancée par un arc, se ficher droit en mon cœur préparé, librement disposé, et que je sentais bruire et bouillonner avec une douceur amoureuse répandue par tout mon être.

Or donc, ô nymphes très-placides, je m'inclinai en présence de cette personne révérée, implorant d'elle qu'elle me pardonnât le passé et me confirmât dans la lutte présente. Je me donnai, avec une foi robuste, en véritable et intrépide sectatrice de ma dame la vénérable Mère, décidée à ne jamais me montrer rebelle, défaillante ou dissidente pour son puissant fils, quelque commandement qu'il me fît, ni de me refuser à quelque concupiscent désir de Poliphile, mon seigneur amoureux. Mais je m'engageai à me montrer bonne, pitoyable, obéissante envers lui, à ne jamais m'en désunir, à répondre aussitôt, extrêmement attentive, à ses vœux amoureux, à lui appartenir entièrement, à vivre avec lui dans une paix, dans une concorde plus véritable que celle qu'avaient entre eux les trois corps de Géryon[22]. Je ne me fus pas plus tôt irrévocablement fiancée ainsi, que la sainte prêtresse manda Poliphile par-devers elle.

Polia s'accuse devant la prêtresse du temple de son impiété passée. Elle déclare, en montrant Poliphile présent, qu'elle est tout emplie d'un ardent amour. La religieuse matrone appelle ce même Poliphile, qui la supplie de les confirmer tous deux dans une sage résolution. Polia, dont l'amour impatient va sans cesse croissant, interrompt son discours ᴥ Chapitre VI

PARAISSANT plein de zèle et sans retard, devant la prêtresse vénérable, Poliphile se vint mettre promptement à mes côtés, en s'inclinant pieusement. Je poussai de tendres et bruyants soupirs que l'écho renvoya sonores à nos oreilles ouvertes ; mes yeux n'étaient fixés que sur Poliphile. Alors m'étant dépouillée de toute froide dureté, tout adoucie, devenue toute clémente et toute favorable, je lui ouvris béant mon cœur enflammé. À chaque instant il me témoignait, là, qu'il en avait fait le domicile, le délicieux déversoir de ses regards joyeux et attentifs. Quant à moi, je lui laissais voir courtoisement mon désir qu'il en fût le digne et légitime seigneur, libre de disposer à son bon plaisir de mon existence et de ma personne. Il me paraissait d'autant plus charmant que je l'avais haï, qu'il m'avait déplu davantage. Il était devenu le plus gracieux, le plus efficace, le plus opportun remède que souhaitât mon ardent amour ; il m'apparaissait de beaucoup plus salutaire que ne se montrent aux navigateurs, par la mer agitée sous le ciel pluvieux, les brillantes étoiles de Castor et de son frère, jumeaux placés à la droite et à l'orient du Cocher[1], plus encore que ne leur sont les ports désirés et sûrs.

Immobile, je le contemplais, le cœur navré d'amour au dernier point, avec de gracieux regards. Cela me mettait dans le sein un doux amas, une douce accumulation de feu envahissant. Mon âme était, par ce fait, écartée de toute autre préoccupation. Seul il la charmait, seul il lui était agréable et désirable, seul il lui plaisait, objet délicieux pour mes regards qui le convoitaient sans pouvoir s'en rassasier. Je souffrais si impatiemment d'en être privée, j'étais si stimulée par le désir, si soulevée par un appétit immodéré, si prise, si possédée par le goût des plaisirs amoureux, que, presque hors de moi, et en extase, je le contemplais sans remuer. Mes regards étaient effrénés outre mesure ; aussi, comme je sentais, comme j'expérimentais la force de cet amour nouveau, je lui pardonnais, avec raison, malheureuse que j'étais ! l'importunité de son regard scrutateur. Mais Poliphile, que soutenait de tous ses efforts l'obstination de l'aveugle Cupidon, ne visait, haletant, qu'à parvenir au but de son désir, s'appliquant grandement à obtenir que, par son secours, la prêtresse révérée, devant laquelle il s'était présenté, nous enchaînât l'un à l'autre au moyen d'un lien résistant et fort. Soutenu par ma vue, il lui parla délibérément en ces termes, avec une éloquence aisée :

Matrone célèbre et sacrée, si les serviteurs suppliants, si les sectateurs dévots de la Déesse Paphienne méritent d'être écoutés en ta présence et devant ton tribunal, qu'à cette heure présente, ô dame miséricordieuse ! mes prières, mes pieuses oraisons, soient entendues de toi, portées qu'elles sont ici, dans une confiance entière en l'obtention de tes faveurs, insigne gardienne de ce temple, ô toi que je considère comme mon dernier refuge, en cette entreprise amoureuse, toi que je regarde comme un talisman puissant contre mes peines cruelles, toi seule capable de les soulager, toi leur vraie, leur précieuse réparatrice ! Tu es entrée en ce lieu, tu as abordé les saints autels des sacrifices de la très-sacrée Cythérée avec une telle sanctimonie, tu fais à la Déesse un si fidèle service, que tu peux, moyennant sa grâce, aider aux âmes faibles, discordantes, et réunir ceux qui s'aiment en un seul vouloir et en un mutuel consentement. C'est pourquoi, plein de confiance, je suis venu en ta majestueuse présence, car seule tu es capable de patronner les malheureux amants qui, tels que moi, languissent par le fait de l'inégalité de leur respective passion, sous les sévices cruels et tourmentants du fils injuste de la Déesse. Élève donc des prières agréées jusqu'à cette Mère, notre dame, pour qu'elle ordonne à son fils, aux yeux bandés, de ressaisir, avec un bon vouloir, ses armes amoureuses et de lancer avec indignation, dans ce cœur de pierre, le dard aigu et pénétrant que, sans aucune pitié, il a planté en moi de la sorte. Par cet acte équitable, tu donneras satisfaction à mes tristesses ; tous mes importuns et fâcheux soupirs seront ainsi modifiés, de même que mes grandes langueurs. Malgré leur poids, malgré l'ennui qu'ils me causent, je pourrai de la sorte les supporter patiemment et volontiers si, toutefois, Polia, de son côté, venait à

FIGURE 342
(1499).

FIGURE 343
(1883).

éprouver, si peu que rien, ce que c'est que d'aimer, si elle comprenait combien la vie est douce pour deux cœurs qui n'en font qu'un seul. C'est pourquoi, prêtresse très-clémente, je me tiendrai pour bienheureux si tu peux égaliser notre condition fâcheusement dissemblable. Toutefois, dame sublime, veuille ne te point étonner que j'assume la responsabilité d'une aussi grande audace et que je m'efforce de t'en déduire ainsi les motifs. Aussi bien faut-il que tu saches qu'un amour plus grand que de raison m'envahit, que, pareil à un bélier il me presse, m'exaspère, m'amène — toute autre chose négligée d'ailleurs — me contraint et me pousse à cette démarche. Je ne compte point pouvoir jamais échapper à mes extrêmes tourments, obtenir leur accalmie et leur fin, si, par toi, c o m m e je le pense, ô pieuse médiatrice ! n'est apaisé, et par cet apaisement n'est mitigé, et par cette mitigation n'est adouci le cœur déplaisant, la férocité de cette femme, dont l'aspect si divin et si doux est menteur, mais verse, avec son élégante beauté, par le ministère de ses yeux pleins de charmes, au beau milieu de mon cœur débordant, l'espérance non médiocre qu'elle adoucira, en toute volupté, mes innombrables douleurs, qu'elle mettra quelque peu de baume sur mes feux violents et pleins d'ardeur, si, présentement, il m'est donné de ranger à mon vouloir le sien si différent, d'unir à mon esprit son esprit qui en est plus éloigné qu'Ossa ne l'est de l'Olympe[2], hélas ! Car je l'aime tellement que jamais je ne me suis

FIGURE 344
(1499).

FIGURE 345
(1883).

appartenu, que j'ai toujours été absolument à elle. C'est justice qu'étant entièrement son humble serf, elle soit, de son côté, totalement ma dame vénérée et ma maîtresse. Donc, excellente sacrificatrice, c'est à toi surtout, à toi seulement qu'appartient le pouvoir d'unir, par un arrêt, sous un même joug amoureux, le pouvoir d'endoctriner avec une expérience suprême, de discipliner ceux qui sont tout asservis, d'un cœur sincère et pur, à ce culte sacré et perpétuel des saintes et mystérieuses flammes. Je crois, présentement, si je ne m'illusionne, que cette noble, belle et singulière vertu, lumière éclatante, splendeur des beautés célestes réunies, consent, par sa présence, à être mise au nombre des serviteurs d'un tel culte.

Déjà le facond et brûlant Poliphile avait mis fin à son charmant et gracieux discours, tout empli de douces paroles aimables; sa bouche très-suave avait caressé mon âme que je ne sentais plus en moi, captivée, circonvenue qu'elle était par cette langue melliflue: mais cette âme émigrant à travers les lèvres rosées, s'essayait à la jouissance délicieuse dont les semblants apparaissaient, à mes regards avides, plus agréables que le fils du roi d'Éphyse[3] à la coupable Sthénobée. J'étais liée toute consentante et préparée à ses justes demandes dont l'extrême douceur, inondant mon être entier déjà envahi par un amour débordant, me contraignait à tout accorder. Désormais ce n'était plus avec une pitié factice que, très-émue, je le voulais satisfaire. Mon cœur se rappelant les misères de son existence, je m'allumai d'une façon si enragée qu'il ne fut plus possible de cacher ou d'abolir ma flamme importune et véhémente. C'est pourquoi il eût été impossible que je ne crevasse pas si je n'eusse trouvé moyen de lui ouvrir une issue. Coupant la réponse de la sacrificatrice, je donnai carrière au vol de mes brandons; toute pleine de mansuétude, enflammée, je m'adressai en ces termes à Poliphile mon amant:

Poliphile eut à peine terminé son récit, que Polia lui exprima le véhément amour dont elle était profondément atteinte, ainsi que l'avidité de son désir, appuyant son dire de différents exemples. Pour manifester sa passion brûlante, elle lui donne un persuasif baiser, gage de son amour extrême. Puis elle raconte ce que lui dit la vénérable prêtresse en lui répondant ❧
Chapitre VII

EN VÉRITÉ, mon bien aimé Poliphile, je ne sais de quelle équitable compensation je dois payer la cruelle injure que je t'ai faite, si ce n'est par une fidélité sincère, par un ardent amour, par une rare et douce pitié. De telles vicissitudes demandent une commisération pareille à celle des Hyades[1]. Ton honnête requête la provoque et m'y pousse, non moins que l'état de langueur dans lequel je te vois par ma faute. De moment en moment j'éprouve que l'effet en a été considérable. Il m'apparaît n'avoir pas été moindre que celui d'Hector expirant, lorsque, traîné dans la poussière soulevée, répandant des flots de sang fumant qui mouillaient sa blonde chevelure, la face enduite et souillée de terre, il apparut aux yeux remplis de pleurs de sa chère Andromaque désolée. Ô mon cœur ! ô mon seul bien ! ô mon doux espoir ! Toi dont le cœur torturé et transpercé a été rempli d'amertume par la férocité de mon âme égarée, de mon âme cruelle, dure, impitoyable ! Toi qui, victime d'une décevante erreur, as traversé si longtemps une vie fastidieuse, dans les pleurs et les gémissements incessants ! Toi qui, présentement, t'offres à mes yeux baignés de larmes, plus chargé, plus rempli qu'un navire bondé, des tribulations insultantes de l'amour ! J'entends imiter la grandeur, la noblesse de ton âme parée des plus chaudes qualités effectives. À cette heure, elle n'implorera pas un auditoire devenu sourd ; dans un bref délai tu me verras mettre un terme salutaire à tes douleurs. Si, comme il t'est bien permis, tu loges en mon sein préparé l'aveugle désir qu'ont tes yeux de me dévorer le cœur, tu ne trouveras ce sein ni vide ni dégarni. Au contraire, je suis en communion avec tes maux et j'y prends part. Aussi je n'entends point t'épargner ma vie ; elle est tout à ton bon plaisir, tout en ton pouvoir. J'entends consacrer la fleur de mes ans, ma jeunesse sans tache, à tes ardents désirs, à tes vœux gracieux. En n'agissant point comme j'eusse dû sagement le faire plus tôt, je m'expose à encourir les inéluctables colères de Cupidon mon seigneur. Je me suis donc disposée, avec une foi solennelle et ratifiée, avec une très-ferme loyauté, à vivre entièrement avec toi dans un commerce amoureux ; car je n'entends nullement être condamnée, pour le fait de ma cruauté obstinée, dans le saint collège des amoureux couronnés, en présence de la divine Mère et de son inséparable fils le Dieu ailé, dont la colère m'épouvante, attendu qu'il me l'a laissé entrevoir par un présage menaçant.

Mais puisque, joyeux et résolu, tu te livres à la fureur de ses torches, puisque tu consens, vassal perpétuel, à plier sous le fardeau de ce grand Cupidon, puisque, pour moi, tu as supporté intimement tant de tribulations injustes, tant de pénibles blessures, j'estime que c'est avec une équitable réciprocité que je me suis soumise à ta volonté, et que j'ai justement rafraîchi ton ardent désir en la satisfaisant. Jouis donc légalement, jouis donc en plein de ma personne immaculée et dans sa fleur. C'est pourquoi, ô Poliphile, ma chère petite âme, mon maître unique, bulle triomphale[2] de mon sein, asile protecteur où, présentement poussée par le fier Cupidon qui me presse, je me réfugie en toute sécurité, c'est pourquoi, ô mon trésor préféré de beaucoup à tous les joyaux du monde, dès que, regardant autour de moi, je t'aperçus ici, dès que je te contemplai, remplie de désir, brisant, conspuant toute dureté, rejetant toute répugnance, je me disposai à répondre à ton précieux amour, avec d'aimables paroles, avec la plus grande placidité, à consentir bénignement à tes vœux, cela de toute mon âme, de tout mon cœur, de tout mon pouvoir. C'est pourquoi, du fond même de mes entrailles, bien plus, de la base même de ma vie, de mon âme incendiée et consumée, je veux justement porter remède à nos maux mutuels. Je redoute avec raison que les sévices endurés par les jeunes filles qui me sont apparues, ne m'avertissent qu'ils pourraient m'atteindre. En effet, je conjecture, avec évidence, qu'Eurydice la Rhodopéenne[3] n'eût point été mordue par la vipère venimeuse, puis transportée au gouffre profond, dans les demeures infernales du Tartare, sous le triple joug de Pluton, si elle se fût rendue complaisamment à Aristée[4]. De même Daphné, la fille de Pénée le Thessalien, n'eût point eu à regretter de se voir changée en verts feuillages, si elle se fût montrée favorable aux prières répétées de Phœbus. Hespérie, semblablement, n'eût point subi la dent du serpent tortueux, si elle eût été bienveillante pour Æsaque. La nymphe Aréthuse, se lavant dans les eaux de l'Alphée, n'eût pas vu ses membres de vierge changés en ondes s'écoulant par un lit souterrain, si elle se fût montré accorte envers Alphée[5]. Picus, de même, n'eût point eu à s'envoler à l'aide de ses plumes déployées au vent, s'il se fût prêté au désir de Circé. Beaucoup ont éprouvé, par des sorts pareils, combien il est grave de se montrer fugitif et rebelle devant de charmantes amours. En outre, je pensai, avec toute la finesse d'esprit dont j'étais douée, que le fils de la divine Vénus possède, en dominateur absolu, les cieux étoilés et brûlants, la spacieuse terre fertile et nourricière, la mer aux ondes retentissantes, et que, partout, il peut, où bon lui semble, pénétrer sans obstacle ni opposition. Je crois que nulle cuirasse, nulle lorique à triple bande, nul casque d'acier, nul bouclier protecteur, si magiques fussent-ils, ne sauraient écarter, ne sauraient repousser les coups de son arc Ituréen[6] lanceur de flèches. Il n'est cœur si rude, si farouche, si rigide, si hérissé, si indépendant, que ses traits rapides et pointus ne transpercent. J'avais donc lieu de redouter que, dans son irritation contre une telle mollesse d'âme, il se démenât outre mesure avec ses flèches malfaisantes, et qu'il les lançât sur moi, faible, désarmée, sans que mes pleurs, mes soupirs, mes gémissements parvinssent jamais à le fléchir. J'avais lieu de craindre qu'il exerçât contre moi la vengeance dont pâtit le beau jeune homme changé en fleur de pourpre aux bords d'une fontaine glacée[7], pour s'être montré inexorablement dédaigneux de la nymphe Écho. Syrinx ne fût pas devenue, sans doute, un charmant instrument de musique[8] si, n'ayant point été mal gracieuse et farouche envers Pan, elle eût accédé à ses désirs. Je n'avais encore aucune accoutumance aux services amoureux, Dame très-compatissante, déjà, toutefois, je sentais naître pour Poliphile un désir mordant. Mais, dès qu'il offrit à mes yeux apitoyés sa face décolorée et triste, dès que son charmant parler et ses douces lamentations parvinrent à mes oreilles attentives, tout inondée d'une amoureuse ardeur, je déchirai mon cœur en deux.

Je me montrai à lui non moins accorte et gracieuse, non moins plaisante qu'Atalante à Hippomène, que l'aimable reine de Carthage au fils d'Anchise nouveau venu, que le lion féroce au captif Androclès. Je brisai mon cœur en morceaux.   C'est pourquoi reviens à la joie, tout en fête et heureux, ô mon Poliphile ! ô ma gaieté, mon soulas, mon espoir, mon refuge,

FIGURE 346 (1499).

FIGURE 347 (1883).

mon très-ardent amour ! Tu auras de moi, dorénavant, une affection si grande, tu goûteras un tel contentement, une paix telle, que tu oublieras tes tourments, tes malheurs antérieurs largement compensés. Mes caresses, mes amabilités les disperseront, ni plus ni moins que les efforts du vent faisant évanouir dans l'espace, comme une poussière légère, les nuées formées et épaissies qui couvrent toute la Terre[9]. Reçois, maintenant, cet amoureux baiser avec l'embrassement virginal obligé qui l'accompagne, comme des arrhes que te donne mon cœur enflammé par l'extrême amour qu'il a conçu. Alors il m'étreignit. Moi, de ma petite bouche ronde et très-pourprée, je lui donnai un suave et humide baiser, pendant lequel nos langues dardèrent, l'une contre l'autre, une douce petite morsure mutuelle. Après que je l'eus baisé maintes fois et qu'il me l'eut rendu, la matrone vénérable et sacrée qui voyait, qui apercevait tout, qui, avec les personnes présentes, entendait, tout émue, nos soupirs, et remarquait nos yeux mouillés de larmes, se prit à parler ainsi : « Amoureux jeunes gens, il me semble bien reconnaître que votre intention est de vous aimer d'un amour réciproque et brûlant. Aussi n'est-il pas nécessaire que je m'interpose pour concilier des sentiments sur lesquels vous êtes d'accord ; vous l'avez parfaitement montré, vous y avez satisfait. C'est à tel point qu'il me paraît superflu d'apporter quelque secours à cette charmante entreprise. Amour, qui meut toutes choses, a, fort opportunément, tout concilié en vous appelant à lui. C'est pourquoi, ayant entendu, avec un très-grand plaisir, une
partie de votre dissentiment, de votre désaccord, par le peu que tu
m'en as dit, ô Poliphile, raconte, à présent, et développe-moi
compendieusement comment il advint que tu te pris d'un
amour extrême pour madame Polia, comment elle,
vouée à un certain rite sévère, sut résister à un si
doux attrait, car ton récit me charme[10] et
me plaît. » Dès que la gracieuse
prêtresse eut mis fin à ses paroles graves, Poliphile, tout
joyeux, tout satisfait,
se prit à con-
ter ce qui
suit.

Poliphile fait l'éloge de la persévérance. Obéissant aux ordres de la prêtresse, il raconte, en supprimant ce qui a été déjà dit de ses amours, comme quoi il vit Polia pendant une fête qui eut lieu au temple, comme quoi il fut agité par un ardent amour pour elle. Il dit comment il se plaignit d'en avoir été éloigné et eut l'idée de lui manifester son supplice en lui envoyant une épître ❧ Chapitre VIII

RÉVÉRÉE et sainte prêtresse, c'est vertu que de savoir se maintenir en un persuasif espoir dans les ardues et cruelles fatigues, dans les adversités et les épreuves pénibles, que de savoir mettre honorablement, habilement, un frein, un tempérament à l'âme découragée, que de ne point se précipiter dans les embûches, par impatience ou légèreté, que de savoir supporter son sort et persévérer dans son entreprise, quel que soit le but où l'on tende, quelque difficulté qu'on y trouve. Il faut savoir céder avec ruse aux changements obstinés de sa fortune, à ses outrages, à ses insidieuses versatilités. Ce n'est point par la violence qu'on peut vaincre, c'est par la vertu, le génie. Ainsi Bellérophon réussit-il glorieusement, grâce à sa persévérance. D'ailleurs le soldat courageux préfère l'honneur à tous les profits. Voulant donc moi-même acquérir aussi l'honneur légitime qui est l'obtention du prix de mon amoureux tourment, je me disposai, valeureux, à supporter fermement ce que le violent Cupidon exigeait de moi, et à mépriser toute lâche inconstance. Je jugeai que c'est folie et légèreté au timide, au sans-cœur, d'affronter le combat, et que rien n'est plus solide que la force d'âme. Je me persuadai qu'il n'y a pas, pour le militaire, plus grande honte que de tourner le dos et de montrer les épaules au début du combat ; que jamais, surtout, il ne lui convient de s'abandonner au désespoir, de lâcher pied dans l'action engagée. En effet, mieux vaut ne rien entreprendre, que de renoncer à l'entreprise commencée. D'où je conclus, si je ne m'égare, qu'on ne saurait qualifier d'heureux celui qui n'a lutté quelque peu ; car il en pourrait naître la présomption qui engendre la confiance, d'où procède une mort malheureuse : témoin Polycrate. La perfection du parangon se prouve par son contraire, comme le montre clairement la pierre de touche de Battus[1]. En outre, dame sacrée, si Polia, cette parfaite pucelle ici présente, dont les beautés inouïes terniraient aisément celles des esprits célestes, avait accédé à mon désir, sans fatigue, sans labeur, sans amertume de cœur, sans m'exposer à perdre l'aimable existence, je pourrais de même facilement la laisser. Mais qui ne rencontre point de résistance n'acquiert point la palme glorieuse ou ne la saurait conserver ; attendu qu'on ne peut conquérir ni la gloire, ni le triomphe, ni aucun bien sans habileté, sans peine. La peine est donc cause de bien, la persévérance l'enfante avec ses conséquences. Aussi, ce qu'on acquiert avec fatigue — cela est certain — est de plus grand prix que ce qu'on obtient aisément. C'est pourquoi Lucius Sinicius Dentatus[2] n'eût point été jugé digne de gloire et de mémoire si les stigmates de ses blessures lui eussent été vus dans le dos. C'est qu'il est aisé aux soldats dégénérés d'être frappés par-derrière, tandis qu'il n'appartient qu'aux forts et résistants d'être blessés par-devant. C'est pourquoi, ayant désobligeamment envahi mon cœur déjà contaminé, infecté, abattu par ses qualités morbides, Amour y commit des méfaits plus déplaisants que n'en commet le courrier méridional de Phœbus, Æthon[3], lorsqu'il brûle les fleurs fraîches, les tendres plantes et herbettes, plus immodérément que ne fait l'insatiable Vulcain dans l'Etna. En raison de quoi, me trouvant mis étroitement au licou par de tels méfaits, accidents infinis et autres dommages, il me fit voir, avec l'évidence du péril, ma fortune impitoyable, écroulée, débile, se jouant de moi méchamment. Je commencerai, dès à présent, pour contenter tes désirs, à te narrer brièvement quelques-uns de ces cas pernicieux et mortels.

Prêtresse insigne, très-illustre dame, maintenant que j'ai reposé, apaisé quelque peu mes langueurs mortelles, m'empressant d'obtempérer à tes avis bienveillants, c'est plutôt avec des paroles enjouées qu'avec des sanglots et des larmes, que, passant ce que je t'ai déjà conté, je toucherai à cette série de faits d'où procède le noble amour qui ne fit que m'étreindre toujours avec plus d'ardeur et d'activité. La gracieuse présence de Polia me faisant croire à mon bonheur, j'y puiserai un courage modeste ; aussi bien je m'aperçois que tu ne me montres, par ton visage, aucun ennui de mon récit.

Phœbus s'était élevé pour sécher les larmes fraîches de l'Aurore éplorée. De ses récents rayons d'or il avait mis en fuite toute étoile de l'Orient, et il illuminait avec son Eoos⁴ notre hémisphère délimité par l'horizon. Le jour laborieux avait dissipé le paresseux repos. La terre pesante était revêtue d'une verdure nouvelle. Tout être vivant s'appliquait joyeusement à l'œuvre de la prolifique Nature. Je parvins au temple sacré de la chaste Diane, n'espérant plus revoir cette jeune fille ici présente. En ce saint jour, elle y célébrait, accompagnée d'un bon nombre d'autres vierges nobles, distinguées et enjouées, avec des rites solennels, les offices religieux. De même le bois qui a déjà été au feu se rallume, quand on l'y remet, avec plus de promptitude que celui qui n'a jamais senti la flamme, comme s'il reprenait sa forme à l'improviste, de même aussi, envoyant cette jeune fille, en la considérant tranquillement, en la remarquant entre les plus distinguées, pareille à une déesse qui ressort parmi des nymphes, décorée des beautés les plus hautes multipliées par mon grand désir, elle me parut encore plus ornée, plus élégante, en m'offrant visiblement sa forme angélique. Ses yeux brillaient plus beaux et plus lucides que le clair Soleil. Tout le local en était illuminé. Joignez-y toutes les autres vertus dont elle était comblée. Excité par une ardeur très-douce, tout stupide, je me pris à m'enflammer de nouveau, incandescent de la tête aux pieds. Je reconnus que ces flammes suscitées, que ces amoureux brandons procédaient de son front serein et placide, du renouvellement de ses admirables beautés. De même que Cérès, qui distribue tous les dons, sema, la première, dans la terre retournée par le soc recourbé, des graines productives, de même que Melissus, roi des Crétois⁵, offrit le premier des sacrifices aux Dieux, de même aussi, moi le premier, je vouai mon âme et mon cœur à cette vierge, de même aussi, la première, elle sema dans ce tendre cœur, labouré par des flèches aiguës, les amoureux incendies, semence plus nuisible, récolte pire⁶ que celle répandue par Jason⁷. Je fléchis subitement sous le poids d'un ravissement instantané, plus attendri, de beaucoup, que la blanche et fusible cire au feu qui la rend apte à recevoir l'empreinte des images. Il en résulta que mon cœur, évadé d'une fournaise incandescente, brûla journellement d'une continuelle ardeur, disposant mon esprit à aimer éternellement cette personne que je chérissais extrêmement déjà. Sa belle et honnête présence me venant en aide, j'estimai qu'elle était, pour mon cœur combustible et fragile, une rosée céleste, un remède soulageant, en même temps qu'un salutaire refuge. Cependant j'observais d'un regard scrutateur et appliqué, sans m'en lasser, le service divin, tenant les yeux fixés sans cesse sur le délicat, l'élégant visage, d'où Cupidon, qui s'en repaissait, jetait sur moi ses foudres pressées et nombreuses. Ce visage m'apparaissait plus orné que le vaste ciel, à travers l'air transparent, fluide et serein qui m'en séparait, plus décoré qu'il était de brillantes étoiles entre lesquelles deux des plus luisantes étincelaient sous la forme de deux yeux en fête, contenus entre de très-minces cils fort noirs. Il y avait en eux un régal pour l'amour, une incitation telle, tant de singulières beautés, que tout ce que le grand ouvrier Jupiter put jamais imaginer, il l'y mit avec un soin parfait, ainsi que dans le reste de la forme, avec un modelé si remarquable, qu'Euphranor[8], dans l'image de Neptune, où il parvint à égaler la nature, n'eut ni le savoir, ni la puissance de l'atteindre. Sa forme ressemblait à un mélange de roses rouges et de lis blancs pétris dans du lait. Entre ses lèvres pourprées, un marché d'essences[9], un entrepôt d'admirable parfumerie s'exhalait comme d'une boutique menue enfermée dans le fort blanc ivoire de petites dents très-bien rangées. Son chef était garni de cheveux plus blonds que la paille mûre de Bétique, plus beaux à voir que si elle eût dégusté l'eau du fleuve Crathis[10]. Non seulement je regardais avec ravissement les beautés si remarquables qu'elle montrait manifestement — car je ne parle pas de celles qui étaient cachées — mais encore j'estimais que, de tous les amants, je serais le plus heureux si elle me donnait sa très-précieuse affection ; et mon âme s'envolant vers elle, je disais secrètement : Ô grands Dieux ! puissé-je tout à fait la réduire, la plier de force à mes désirs enflammés, comme Aconce[11] subjugua Cydippe prise par une pomme perfide, comme le fier Achille conquit la très-gentille Déidamie, ou par tout autre moyen ! Je m'appliquais au dernier point à goûter cet immense plaisir, cette chère jouissance de la contempler, comme si je me trouvais réellement en présence d'une apparition céleste. Telle elle me semblait être, en vérité, quand elle riait, quand elle parlait, avec de belles manières, dirigeant parfois sur moi ses yeux étoilés et tout charmants, placés au-dessus de deux roses vermeilles pleines de candeur et de grâce, quand elle accomplissait la célébration des offices sacrés imposés et institués, avec une aptitude parfaite, avec une piété entièrement attentive, avec une gravité de matrone. Parfois ce timbre de voix qui me transportait, qui remuait tous mes esprits, parvenait jusqu'à mes oreilles ; je me sentais totalement couvert et comme enveloppé d'une suavité inconnue. C'est au point que mon âme, désertant son domicile naturel, eût consenti à la mort perpétuelle pour se trouver toujours à si gracieuse fête avec ma dame Polia. Je reconnus alors la violence du choc, par la flamme amoureuse qui en résultait, et dont la croissance augmentait à mesure que je la contemplais. Quelque force d'esprit que j'y apportasse, je ne savais empêcher mes yeux, violés par ce beau visage, de laisser perpétrer le doux larcin de mon cœur. Mais, soupirant tout bas, je disais avec une ferme résolution :

Certes j'appartiens à cette nymphe insigne. L'espoir dont je me flatte le plus gît dans sa blanche poitrine. J'ai déposé, j'ai renfermé tout mon bien en elle. Je la révère comme il convient, je l'honore et l'adore par-dessus toutes, ni plus ni moins que les Athéniens n'adoraient leur Pallas, les Thébains leur aimable Bacchus, les Indiens Dionysus, les Romains Liber, les Arabes Adonis, les Éphésiens Diane, les Paphiens la très-sainte Vénus, les Tyriens Hercule et les habitants d'Aricia[12] la Diane porte-flambeau. J'entends la suivre sans repos comme Clymène changée en héliotrope se tourne sans cesse vers son Phœbus bien aimé. Je veux être à elle de même et lui élever un culte amoureux. Je veux me maintenir dans ce même état d'esprit, et, sans pouvoir être mû jamais ni par la terreur, ni par le plaisir, j'entends me soumettre, en tout amoureux service, humblement à son vouloir, comme la timide perdrix dans les serres crochues de l'aigle rapace. Je ne conserve, peint ou sculpté, au fond de mon cœur, aucune image, aucun simulacre, aucun autel autres que les siens. J'espère me restaurer par elle, j'espère vivre amoureusement et en joie, tenant son affection pour une plus belle parure que le diadème des Rois, que le paludamentum[13] des empereurs, que le galerum[14] des pontifes, que le lituus[15] des augures. Polia dominant Poliphile ! mais ce sera ma louange et ma gloire, ce sera mon honneur, mon élévation que de me donner amoureusement ainsi, vaincu, prosterné, dans l'espoir que nos âmes n'en faisant qu'une, nous parviendrons aux royaumes triomphants, au délicieux empire de la divine Cythérée.

J'étais ravi de toutes façons, affolé, absorbé par mes pensées délicieuses, par mes réflexions, par la jouissance de semblables images ; des blessures s'imprimaient, de moment en moment, avec une violence aveugle dans mon âme où elles s'introduisaient et multipliaient. J'avais entièrement concédé à Cupidon la pleine juridiction qu'il avait usurpée, tyrannie, pouvoir absolu. Pris d'affection pour un tel mystère, je ne désirais nulle autre chose, hélas ! que de pouvoir ouvrir, découvrir mon cœur à cette nymphe, lui exposer mes désirs intimes. Mon amour Socratique[16] aurait voulu percer une fenêtre dans mon sein, et lui laisser voir la place amoureuse qu'elle y occupait, voir la passion sans bornes que je ressentais pour elle. J'aurais voulu lui dépeindre la flamme par laquelle mon cœur dévoré se détruisait, par laquelle s'évanouissait mon âme amoureuse. J'aurais voulu lui dire, en paroles touchantes et douces, avec de lamentables gémissements, l'outrance que je subissais pour elle, lui exprimer l'ardeur intempérante qui me faisait languir à l'excès, l'esprit errant, effréné, égaré, vagabond. Tantôt soupirant, tantôt gai, tantôt paisible, reposé, tranquille, tantôt indigné, désespéré, hésitant et mécontent, je consumai cette courte journée consacrée et fameuse, subissant des impressions confuses et contraires. Elle me parut plus brève qu'un atome du temps, plus rapide qu'un moment.

Mais déjà le Soleil rouge et glabre[17] indiquait, aux extrêmes confins de l'Hespérie, la sérénité du lendemain. Les délicates et nobles dames se réunirent pour le départ, et afin d'effectuer leur sortie. Elles mirent fin aux offices solennels, aux cérémonies pratiquées, non comme les Égyptiens célébrant le culte d'Isis et d'Osiris, en frappant des coups, non comme les barbares dansant aux chocs des cymbales et des tympanons, mais comme les Grecs, avec des chœurs, des chants mélodieux, consacrant dévotement et gaiement de légers rameaux qu'elles portaient. Alors mes yeux insatiables, mes sens ébranlés se séparant de sa précieuse image surhumaine qui les subjuguait, je me retrouvai cuit et rôti par un amour véhément, crépitant comme du sel au feu, les yeux éblouis par les brillantes beautés, par l'éclat, par la naturelle perfection de sa jolie forme élégante. Je la saluai souvent encore, et je lui dis à part moi : Adieu, adieu ! petite larronne, petite crocheteuse de mon trésor ! et, tout bas, a tout moment je répétais adieu. Avec le peu de cœur que me laissait son départ, me sentant ravir mon âme qu'elle emportait avec elle, je me retirai cruellement ému et sanglotant. Son sein blanc comme du lait, reposoir de délices, avait fait de moi une dépouille de guerre et un trophée. Je la suivais, hélas ! rien que des yeux, avec plus de regrets que n'en montra l'ardente Laodamie, dans sa douleur, regardant partir Protésilas son bien-aimé, et qui, tout affligée, ne le voyant plus, tomba mourante sur le rivage, sous le coup d'un mortel chagrin, le suivant des yeux, l'appelant. De même aussi, dans ma douleur, versant des larmes plus abondantes que des gouttes de pluie, j'appelais Polia, je l'invoquais, la rappelais.

Ô Ariadne, c'est ainsi que, malheureuse, tu te trouvas désolée et désespérée, en ne voyant plus ton perfide, ton trompeur Thésée ! Tu jetais vainement son nom dans l'espace et vainement tu l'appelais par les vastes antres, par les rochers creux de la déserte Dia[18]. Rien n'apparaissait à tes yeux humides que les dures montagnes de murex, que les buissons de prinos[19], que les âpres rives aux courbes partout rongées par le choc des ondes écumantes et des flots qui s'y ruent. — Que devenir, à présent, ô misérable que je suis, abandonné de mon bonheur, que je venais de retrouver, abandonné par mon bien unique, par le seul remède efficace que j'aie contre cette angoisse désolante, contre cet âpre tourment, alors que mon amour s'est rallumé plus féroce, accablé de tant de douleur, sentant que je me vais pâmer ! C'était, pour mes souffrances, un singulier soulagement que de la contempler ! Je ne puis me persuader, ô infortunée Io, que tu te trouvas aussi affligée, dans le sein de ton père limpide Inachus, voyant ton changement de forme, tes tresses blondes devenues des cornes menaçantes et dangereuses, ta voix humaine devenue un mugissement de tonnerre, la verdure des prés devenue ton aliment insolite ! Me lamentant non moins, je demeurai aussi inconsolé, consterné par le fait de mes plaisirs changés en peines cruelles, par le fait de la privation imposée à mes yeux, d'où les larmes pleuvaient, de cette lumière brillante au devant de laquelle me précipitant, je donnai passage, accès ouvert à cette flèche sainte et dorée. Sans y répugner le moins du monde, mais humblement incliné, courbé comme une souple et pliante baguette de saule, plus flexible que l'osier amer contourné en couronne, j'attendis le trait, estimant que c'était une faveur extrême, un don singulier que me faisait là le seigneur Cupidon. Je ne saurais jamais traduire, avec une exactitude scrupuleuse, toutes les circonstances de cette volupté perçue et dégustée en me repaissant des incomparables beautés de Polia et de ses admirables qualités accessoires. J'étais abandonné, privé de ce lumineux et céleste flambeau dont je pouvais user efficacement pour éclairer mes pensées obscures. Ô splendide lumière de mon esprit aveuglé ! Dame de ma vie, reine de mon cœur, impératrice de mon âme ! Or, cette âme assiégée de toutes parts, foulée de tous côtés, se prit à s'altérer grièvement dans ma poitrine en feu. C'est pourquoi, tout enflammée, tout voluptueusement brûlée, elle envoyait, par ma bouche ouverte, un mugissement mêlé de soupirs, pendant son supplice plus cruel que celui du fondeur et modeleur Périllus enfermé à l'intérieur de la machine en forme de taureau du tyran d'Agrigente. Mon âme n'était pas dans une situation autre ; enclose dans ma poitrine, véritable fournaise, elle s'y consumait d'un amour ardent et enflammé. C'est que l'humanité trouve moins de jouissance à goûter ses plaisirs, qu'elle ne récolte de douleurs et de tristesses à en être privée dans la suite. Tout cela faisait que je ne considérais pas comme un lourd fardeau de perdre la vie et d'expirer promptement pour une vierge pareille. Je me tenais tout prêt à subir n'importe quel grand supplice.

Il en résulta que je me livrai à l'espérance de revoir les beautés dont j'étais séparé, de réacquérir les joies perdues, de replacer devant mes yeux ces doux tableaux, de rétablir le nouvel et parfait amour, de le conserver, de l'accroître tout en le conservant. Quant à elle, hélas ! elle me faisait tort en me fuyant injustement, moi dont les entrailles étaient si âprement excitées, mordues par le désir fermement établi de la posséder uniquement. Toutefois, je m'enhardissais à plus d'audace, infortuné que j'étais, si faible devant l'amour si fort, si débile devant son vaillant pouvoir. Je blâmais l'arc de ce dieu de ne pas faire subir à Polia le même traitement qu'à moi, de ne pas lui communiquer l'amoureuse contagion, je m'élevais contre elle en imprécations, disant : « Ô Dieux supérieurs très-hauts ! Faites mourir cette cruelle qui me donne la mort si impitoyablement. Si je succombe et qu'elle me survive, tirez en une vengeance telle, pour toutes ses cruautés envers moi, qu'elle implore la mort et que vous ne l'entendiez point ! Que, vivant misérablement, elle ne puisse acquérir ce glorieux trépas ! »   Mais, hélas ! la raison me revenant, aussitôt je réprouvais, en moi-même, toutes ces malédictions absurdes. Ah Poliphile ! comment, téméraire, as-tu l'audace de blasphémer contre ton bien, contre ton cœur, contre ton espérance ! Comment, nouvel Érostrate[20], peux-tu remplir de ta malédiction ce sanctuaire de toute vertu ! Je condamnai donc la rage d'amour qui me dévorait d'une fureur brûlante et me faisait perdre la raison, priant les Dieux d'agir envers Polia tout à l'opposé, et de changer mes vœux en bénédictions. Alors, indifférent à la mort, comme à la vie que je menais, je me disposai à l'aviser, sur-le-champ, de mes molestes[21], de mes insupportables langueurs, et à lui transmettre l'expression de ma pensée constante. Je jugeai, raisonnablement, qu'il n'est concrétion si dure formée dans le cœur humain, qu'on ne puisse amollir, vaincre, dompter avec le feu de l'amour. Une boule ronde est apte à rouler : cependant elle demeure immobile, et c'est en lui donnant l'impulsion qu'on met en branle sa forme arrondie. Un tel argument me fit penser à lui écrire, afin d'éprouver l'âme d'une nymphe si noble et si ingénue, admirable composé de toute vertu et de toute beauté, mais qui m'occasionnait un combat quotidien, une anxiété incessante, une mort habituelle sans, toutefois, l'abolition de la vie, cela par la privation d'une chose si élégante, si désirable et si aimée. Aussi bien ne pouvais-je me persuader qu'il pût y avoir en elle rien d'autre que qualités correspondantes, mœurs gentilles, humanité maniable. C'est pourquoi je lui fis passer en secret l'épître suivante.

Première lettre que Poliphile raconte avoir écrite à sa Polia. Comme elle ne s'en émut pas le moins du monde, il lui envoya la seconde ⁊ Chapitre IX

AVIDE À L'EXCÈS, *désireux à l'extrême de révéler quelque peu la flamme non médiocre de mon cœur amoureux, de ce cœur qui, violemment enflammé par ton illustre et singulier amour, se consume languissant, ô nymphe superbe et très-digne de vénération, miracle unique, parfait exemplaire de beauté terrestre ! ce n'est point avec de faibles paroles, c'est avec des larmes, effaçant l'écriture sur ce papyrus, que j'ai pris l'audace honnête et permise, sans témérité, mais vivement poussé par de continuelles stimulations, par l'invasion d'une tourmentante assiduité d'amour, de te découvrir et déclarer l'incroyable passion, la sincère affection que je te porte, à toi mon doux bien, ma douce espérance, rafraîchissement unique de mes tourments que tu ne connais pas, de mes langueurs dont tu ne te fais aucune idée. C'est avec une voix attendrie, avec de respectueuses paroles, avec d'humbles prières que je me recommande à toi, dans l'état de crise où je me trouve, le cœur criblé de flèches, implorant ton bon secours de modérer mon incendie désordonné. Ô Polia, lumière divine, ma déesse vénérée ! veuille ne point te montrer sourde, je t'en prie, à mes justes prières, à mes objurgations. C'est le visage baissé, c'est suppliant, que, dévoré d'un brûlant amour, je t'appelle, je t'invoque pour que tu te hâtes d'apporter à temps ton aide salutaire, ton efficace réconfort, ton soulagement nécessaire. C'est parce que mon cœur m'a été enlevé de la poitrine par les crocs rapaces de tes yeux stellifères*[1], *qu'a été engendrée la raison de cette épître inepte et désordonnée que je t'écris dans une confusion causée par l'amour. Il y a déjà quelques jours que j'aurais fait cette tentative, mais je n'ai jamais pu trouver une occasion aussi favorable et secrète. C'est pourquoi je réprimai silencieusement la manifestation de ma cruelle torture et je la différai. Mais voilà qu'à présent je ne puis renfermer ni garder mon désir que je ne saurais dompter ni arrêter. Car la violence de mon amour le veut ainsi, ma mauvaise fortune me pousse, m'entraîne à prendre ce parti, à composer cette très-douce exorde, ô nymphe excellente, la plus belle qui jamais fût. Montre-toi donc touchée et compatissante, sois bonne, unis-toi, tout apaisée, à une si grande bienveillance, à une si grande tendresse, à un tel amour, à ce mystère qui confond la pensée, ô libératrice nécessaire ! C'est qu'à ce feu secret, qui brûle en moi, refusant présentement plus que jamais de rester assoupi et couvert, j'ai dû accorder la permission de sortir et de respirer. Cela montre combien sont grandes l'obstination et l'audace d'un amour opprimé, croissant d'heure en heure, passionné suffisamment pour transpercer un cœur, le fendre en deux, révélant brusquement ainsi le martyre secret que j'endure en t'aimant, et ne celant désormais plus mes peines journalières, incessantes. Elles me remplissent d'amertumes causées par ton amour vénéré ; aussi, je pense, dans toute l'intégrité de mon esprit, que c'est une louable action de ne vouloir plus les tolérer. Bien plus, je crois fermement que tu es de nature très-humaine, très-malléable. noble et magnanime, de mœurs honnêtes, d'une très-douce apparence, d'un esprit perspicace, d'une élégante urbanité, munifique, libérale, illustrée par la réunion des vertus. Tous ces grands dons particuliers que les deux sublimes t'ont départis, cette faconde innée, ce superbe et brillant parler, ces semblants divins, ces attrayants dehors, cette beauté de forme au-dessus de l'humanité, cette grâce achevée, apparente et visible, me poussaient à transporter dans ton sein blanc et mon cœur et ma vie, m'entraînaient, plein de vénération, à t'admirer insatiablement, puis me laissaient privé de sens.*

Considérant, après, tout cela plus subtilement, je cherche à réaliser mon espérance, je poursuis mon désir si cher ; autrement tant de précieuses et sublimes conditions seraient autant d'illusions dont la pensée témoignerait d'une ingratitude offensante envers leur gracieux auteur. Donc, ô très-belle Polia ! qu'il te plaise accueillir avec un front serein ces premières paroles miennes que je t'écris plein d'angoisse. Crois, avec une foi certaine, que je te porte le plus grand, le plus singulier amour que jamais à sa dame aucun amant ne porta. Ainsi donc, prête une oreille bienveillante à ces justes, à ces honnêtes demandes par lesquelles je ne réclame que ton plaisant, ton précieux amour. Il sera, non seulement l'ornement, mais la satisfaction, la conservation de ma passagère existence, le modérateur, l'adoucissement profitable de mes acerbes angoisses. Tant que je vivrai je ne pourrai, sans faute, aimer que toi, je ne pourrai faire un gracieux service qu'à toi seule, à toi seule me soumettre en humble sujet, comme à mon unique et divine maîtresse dont les incroyables supériorités de beauté m'ont porté à cet état

FIGURE 348 (1499).

FIGURE 349 (1883).

tellement périlleux que je ne puis imaginer que je sois en toi tout vivant, quand je suis mort en moi-même, ne prêtant plus aucune attention à ma misérable existence.

D'autre part, je ne puis trouver, pour le salut de cette existence, d'autres secours que de penser doucement à toi, et le jour et la nuit, et à quelque moment que ce soit; c'est en y pensant que je puis me donner l'apparence d'un remède très-efficace, dont, présentement, j'ai plus grand besoin que jamais. Autrement, affaibli et alangui par la résistance opposée à l'envahissement croissant d'une telle flamme incessante, le destin ravisseur et final m'atteindra. C'est pourquoi, de toute façon, j'aurai de toi de deux choses l'une: ou tu voudras mon salut, en te montrant dorénavant bénigne et douce, alors c'est la possibilité d'obtenir une couronne d'amour, c'est le plein contentement; ou tu feras le contraire, — ce que je ne puis me persuader, — alors c'est pour moi la catastrophe, la misère, le chagrin. Le premier parti nous satisfait tous deux; le second nous mécontente, sans nous épargner le repentir dans la suite. Ne consens pas, Polia, ma beauté virginale, ma bien-aimée, à courir au-devant de la note d'infamie que tu mériterais en souscrivant à la perte de mon âme. La sublimité de ta condition répugne à l'impiété et lui résiste. Cependant, je t'offre mon âme que je t'ai vouée, je l'immole d'avance, je te sacrifie mon cœur dont tu disposes absolument à ton gré, étant ma dame; car, vivant ou mort, je suis affectueusement et perpétuellement tien. Adieu!

Je crus, matrone sainte, que la demoiselle, justement émue, agréerait quelque peu mes amoureuses paroles, de même que Corydon[2] invoqué par Battus soulagea sa douleur. Mais point! Je dépensai vainement mes écrits et mes paroles, comme si je m'étais adressé à une statue de marbre, et mes discours n'eurent pas plus de résultat que des œufs clairs[3]. Toutefois, considérant avec raison que le premier coup ne fend pas l'arbre, rempli de l'audace Herculéenne que m'inspirait Amour, grâce au parti pris d'écrire, que j'avais trouvé commode, je lui envoyai, à peu de jours de là, préoccupé attentivement du soin de mon salut, cette petite épître lui disant:

Si mon âpre torture eût été moindre que la cruauté dont tu as fait preuve, ô Polia, vierge très-belle! grandissant mon courage, je conseillerais la patience à mes longues afflictions, tout en gardant quelque espoir flatteur. Mais je reconnais clairement, à présent, que, par le fait de ma mauvaise et peu propice étoile, ta froide cruauté, ta férocité dépasse de beaucoup mon martyre, si grand qu'il soit. Qu'importe-t-il donc à l'Amour, que lui sert-il d'accroître à chaque instant un feu si doux en mon cœur déjà consumé, si tu te montres plus dure, plus froide que la glace rigide ? si ton cœur, devant ma patience humble et soumise, devant mes vœux exprimés, devant mon affection déclarée, reste plus gelé que les fontaines de Dircé[4] et de Nomœ[5], plus gelé que la salamandre, si froide que son contact éteint le feu ! Ce feu brûle en moi d'autant plus qu'il contraste davantage avec ton mauvais vouloir. Cependant, je ne puis détacher cette chaîne amoureuse et solide qui me tient, plein d'angoisse, sous ton joug si pesant et si doux. Bien au contraire, plus je me révolte, plus je m'embarrasse, plus je demeure saisi et captif dans cette nasse d'amour, pareil au moucheron enveloppé par l'inextricable tissu de l'araignée. Aussi, vaincu, étroitement retenu et prisonnier, incapable de fuir, force m'est de me courber en pleurant devant toi, car en toi seule repose ma liberté précieuse, tout mon bien indispensable. Or, si tu comprends clairement, ô ma Dame ! une affection si sincère et si brûlante, une soumission si volontaire, un amour si vaillant et si laborieux, pourquoi ne veux-tu pas accepter tout ce que je t'offre si libéralement avec ma vie suspendue entre tes deux mains délicates ? Hélas ! très-douce, très-jolie Polia, secours-moi, je t'en prie, permets, souffre que mes paroles, loin d'être superbes et arrogantes, mais toutes dévouées, pénètrent quelque peu ton cœur. Suscite en toi un rien de compassion, reçois mes chauds soupirs, écoute mes lamentations intimes et particulières, étudie-toi à être bonne de cœur, viens au-devant d'un serviteur si fidèle et si tendre. Il est certain que je me meurs, que je me consume pour toi d'un amour sans mesure. C'est au point que le monde entier ne m'en pourrait arracher, ni m'en faire bouger — car je suis plus ferme que Milon — ni m'empêcher de t'aimer au-dessus de ce qu'il y a de plus précieux, de te rendre un culte, de te révérer, de t'adorer en me prosternant, ô véritable effigie, vrai simulacre de Déesse, superbement figuré, si remarquablement dressé devant mes yeux et mon esprit, dans lequel je crois voir très-clairement la représentation de mon salut, l'expression de ma paix, de mon affection et de mon contentement.   C'est pourquoi, ô mon espérance ! ne me refuse pas, à moi qui suis tout à toi, à moi qui te supplie de la sorte, ne me refuse pas ta pitié et l'adoucissement du feu qui me dévore, sans quoi je ne pourrai plus vivre. Le pourrai-je que je ne le voudrais pas. C'est que, sur ton apparence angélique, sur tes mœurs toutes modestes et belles, sur ton noble aspect, je fonde l'espérance certaine d'un secours à un moment donné. L'indice principal, l'indice le plus remarquable en est dans ce que le suprême Jupiter t'a façonnée avec un soin accompli, exquis, ainsi qu'un merveilleux spécimen des beautés parfaites, des beautés par excellence, qui ne sont, à ce degré, que chez toi seule et s'y font remarquer bien au-dessus, certainement, de toutes celles des plus belles demoiselles du monde. C'est pourquoi je ne doute nullement que ce même ouvrier, s'il a, dans sa bienveillance, créé, celé en toi tant de biens, tant de dons célestes, à son image, n'ait dû, c'est mon opinion certaine, déposer de toute façon, dans ton cœur humain, quelque parcelle de sa clémence. Je suis certain qu'il ne t'a pas mise au monde parmi les gryphons hyperboréens, qu'il ne t'a pas fait naître de Niobé, ni dans la sauvage et rude contrée d'Apulie, ni de Diomède le Thrace cruel[6], ni du furieux Oreste, ni de la méchante Phèdre. Mais il t'a fait engendrer par des parents très-humains, au-dessus de ce monde peut-être. C'est là ce qui, sans doute, me maintient dans cet état de fonte fluide : autrement mon cœur se serait réduit en charbon, et mon âme indignée se serait à jamais enfuie. Viens-moi donc en aide, secours-moi, sauve-moi. Je ne te supplie pas avec l'insolent désir de Midas ou de Pygmalion, mais je ne te demande que de m'accorder tes faveurs, rendue tôt propice, de subvenir à mon besoin, de te montrer pitoyable, d'apaiser ta colère, de calmer ton âme, de tranquilliser ton esprit, d'amollir ton cœur, d'accueillir mon amoureuse affection. Ô ma dame ! accorde cela à ton fidèle serviteur, qui te veut faire un service éternel. Adieu !

ও

*Poursuivant sa douloureuse histoire, Poliphile raconte comme quoi, Polia ne se montrant pas touchée de ses deux épîtres, il lui en envoya une troisième, et comme quoi, celle-ci persévérant davantage encore dans sa cruauté, il la retrouva priant seule dans le temple de Diane où il mourut. Puis il dit comment il ressuscita au milieu des doux embrassements de Polia •
Chapitre X*

MADAME ET DIVINE PRÊTRESSE, vouée tout entière aux sacrements, afin de ne pas traîner en longueur le douloureux récit mal déduit que je viens de faire en ta sainte et bénigne présence, je poursuivrai brièvement mon prolixe discours qui tire à sa fin. J'ose, pour te complaire, ainsi qu'il arrive le plus souvent, à leur insu, à ceux qui aiment fortement, me persuader que la persévérance est opportune et utile. Cependant je m'aperçus que cette vierge ne s'émut nullement de mes lettres sus-mentionnées et qu'elle ne broncha pas plus que le mont Olympe sous l'assaut des vents effrénés et déchaînés. Mais, pour cela, je n'abandonnai point la lutte commencée, ne le pouvant point d'ailleurs. Je lui envoyai une troisième épître, afin de découvrir les sentiments cachés de son cœur, ou bien pour m'assurer si ce cœur était de pierre durcie au feu, ou pétri d'une substance humaine, stimulé que j'étais par l'amour vigilant sans que mon appétit cessât d'être inondé et oint d'un caressant espoir. Telle était la teneur de ma lettre :

J'épuiserais mon langage, ô très-ingénue et très-noble nymphe, plutôt que de pouvoir exprimer, tant soit peu, sur le blanc papyrus, combien est fatigante, combien est lourde ma peine amère qui, germant nuit et jour dans mon cœur langoureux, s'accroît sans trêve en te voyant ainsi demeurer sourde et déplaisante. Cela non seulement parce que je reconnais ton mécontentement, mais encore parce que je te sens saturée des récits de mes graves tourments. Ils ne sont pas moindres, ils sont, au contraire, bien plus grands que ceux dont je t'ai naguère entretenue si doucement par deux lettres consécutives. Mais voilà que le fallacieux, l'invincible, le cruel, le douloureux amour s'est fortifié en moi, et mon implacable fortune, mon étoile contraire me condamnent de toute nécessité à te servir, à me faire ton esclave. Ô nymphe d'une beauté qui dépasse ce qui est accordé à l'humanité ! nymphe d'une noble et charmante race ! j'ose le dire, tu es plus cruelle, plus impitoyable que nulle autre ; tu l'es plus qu'une bête sauvage et indomptée, que le lion féroce et affamé d'Androclès ; tu es rigide, tu es malfaisante à un degré que démentent et le doux, le divin ensemble de ton éclatant aspect, et ta forme céleste et rare ! Ô nymphe dépouillée d'humanité, rebelle aux feux amoureux de Cythérée, pleine de mépris pour le divin empire de l'industrieuse Nature ! Une juste raison, une expérience odieuse, mais qui n'est pas sans charme, me contraignent à te parler ainsi, ô toi à qui, depuis un temps si long, si rapidement écoulé, si inutilement perdu, je suis nuit et jour attaché, te chérissant immodérément, enflammé, brûlé, t'aimant, ô ma seule élue, au point de détruire ma propre vie, comme je le vois clairement ! Si bien que, plus je t'aime, plus il me paraît que j'endure par ton fait, le supplice d'être changé en pierre.

Ah Polia ! se peut-il qu'il ne se trouve pas un atome de pitié dans ton esprit, puisque je ne puis obtenir de toi la moindre gracieuse attention pour les petites lettres que je t'envoie ? puisque je ne puis te toucher ni par mes soupirs retentissants, ni par l'afflux et la fréquence des larmes que mes yeux laissent échapper et ruisseler, pleurant à tout moment leur fâcheuse condition et leur cas douloureux ? Ils eussent facilement cru, ces yeux, avec une bonne foi sincère ; ils eussent pensé que ta beauté sans pareille eût dû être appareillée, associée avec un monceau indéfectible de douceur d'âme. Ce sont ces yeux qui, par leur appétit instantané, par leur brûlante pétulance, ont été la cause, ont été le premier départ de la ruine de mon existence et de sa captivité. Malgré cela, je ne puis les refréner assez pour qu'ils ne souhaitent extrêmement de contempler encore cette nymphe, très-étincelant soleil qui les a fait s'obscurcir ; je ne puis les empêcher de récidiver et de me précipiter dans ma pernicieuse damnation. Cependant, ô céleste esprit, ô mon idole vénérée ! si, devenue propice à mon écrit, tu ne le reçois pas, si tu ne l'écoutes, c'est sans doute parce que je suis absent. Mais, ô ma dame bien-aimée ! si tu me voyais devant toi, me détruisant et languissant en ta présence, si tu me voyais fondre en larmes, soupirant sans cesse, implorant ta miséricorde, sollicitant ton apaisement, si tu m'entendais te conter, avec une *douceur toute respectueuse, toute soumise, l'incroyable amour que je te porte, l'amertume de cœur dont je souffre, l'ennui qui pèse sur ma vie devenue odieuse, la continuelle souffrance que j'endure misérablement, par le fait de tes virginales beautés, hélas! illustre Polia, je suis certain que tu te laisserais émouvoir, et que tu connaîtrais avec certitude combien je mérite d'obtenir ta faveur et ton prompt secours. Cet amour, bien que tu le repousses opiniâtrement et sans pitié, est si fervent, si impétueux, que le rejeter est, à mon sens, comme si tu m'ordonnais de crever, de mourir pour toi. As-tu quelque raison convenable pour laisser s'accomplir un mal si grand? Quel honneur, quel profit, quel triomphe, quel plaisir en pourras-tu jamais retirer? Tu n'en pourras recueillir tout au plus qu'une note infâme de cruauté condamnable. Peut-être t'attireras-tu même l'impitoyable justice des dieux vengeurs, qui jamais ne laisse croître le coupable forfait qui penserait lui échapper. Veuille donc ne pas consentir à un mal aussi grand, aussi condamnable; mais, bien plutôt, avec ta haute couronne de vertus, montre-toi pitoyable, douce et plaisante. Un tel bienfait fera l'ornement de ta louable beauté, dispensera le courage, le contentement et le repos à notre vie caduque, et tu sentiras un fruit très-suave croître et multiplier. non sans plaisir, dans un bref délai. Car on ne saurait rien trouver de plus précieux au monde que deux amants d'accord, ni rien de plus maudissable, de plus méchant, de plus insupportable que de se voir aimé sans aimer soi-même. C'est pourquoi, si tu ne te montres pas secourable à mon amour, salutaire à mes maux, que veux-tu que je fasse en cette triste vie devenue désormais, par toi, si nuisible et si douloureuse? Il est certain que si, endurcie dans ton obstination, tu persistes à te montrer implacable, cruelle et stupide, tu me contraindras, sous le poids d'une passion insupportable, à sortir de cette vie, ce qui mettra seul un terme à ton inique résolution et à l'énormité de ma douleur. Adieu.*

C'est ainsi que je m'appliquai à la réduire, à l'humaniser, à la flatter doucement, à mitiger, par mes sollicitations, la rigueur que m'avaient fait subir les commencements d'une entreprise rude et périlleuse. Mais ni Polia, ni l'Amour ne tenaient compte de mes paroles persuasives. Je lui engageais, je lui jurais ma foi, à haute voix, m'imaginant de lui faire goûter la douceur de mes flammes, et d'obtenir d'elle les effets d'un amour réciproque. Avec l'art le plus ingénieux, avec toute l'application de ma pensée, je m'efforçais d'allumer en elle cette vraie, cette naïve, cette simple et excellente affection, ce feu amoureux dans lequel, malheureux que j'étais, je vivais comme Périlaüs[1], misérablement, sans remède à mes maux. Je ne cessais, en imagination, d'avoir avec elle un

FIGURE 350
(1499).

FIGURE 351
(1883).

beau colloque. Lui tenant, enhardi quelque peu, un raisonnement auquel se mêlaient souvent les interjections arrachées à mon tourment, je lui disais : — Ô ma chère petite nymphe au cœur inhumain et féroce, pucelle délicate de nature, mais plus dure que le résistant acier, que la coquille du murex, plus tenace que le harpon le plus tenace, plus résistante qu'une solive ferrée, plus mordante qu'un croc acéré, m'arrachant le cœur plus durement que les affreuses et cruelles harpies, comment peux-tu persévérer en tant de dureté et d'impiété, plus impitoyable que Mithridate[2], plus cruelle qu'Alcamène[3], plus ingrate pour tant d'affection que Paris le fut envers Œnone[4] ? secoue donc, à mes prières, ces iniques torpeurs de ton cœur virginal. Écris-moi en langue vulgaire et, fléchie, cède à mes suppliantes requêtes. Accorde-moi, ô madame, d'atteindre au repos désiré, permets aux soupirs qui me tourmentent de pénétrer dans ton oreille, consens à mes ardentes amours. — Me livrant ainsi à de semblables plaintes, à de telles instances, je ne pouvais écarter cette agitation causée par ma continuelle douleur qui, refoulée en moi, occupait tous mes viscères et poussait tellement en mon cœur ses racines amères, que je ne sais s'il y aurait eu moyen de l'en extirper autrement que par la réalisation de mon espoir suprême. Mes interpellations gémissantes jetées autour de son palais m'étaient encore moins profitables. Elle se montrait plus sourde qu'Icare aux admonestations paternelles, plus déplaisante que Caunus envers Biblis la désespérée. Elle avait le doux amour en exécration, entièrement livrée qu'elle était à ses fausses opinions accoutumées, qui, contractées dans l'âge tendre et virginal, s'endurcissent habituellement. Il est difficile de renoncer à ce qui a été une fois imprimé dans l'âme, et on ne le peut facilement effacer. C'est ce qui fit que, dès l'abord, dès le commencement, je fus tout simplement pris, enroulé dans ces rets, tenu captif en ces filets enveloppants, en ces lacs fallacieux, en ces liens décevants, caducs, fugaces et momentanés, en ces subtilités d'Amour. C'est ce qui fit que, subjugué par cette fâcheuse tyrannie, dans une telle condition, une telle servitude, néophyte, je trouvai mon unique plaisir, mon unique agrément dans la satisfaction d'aimer cette vierge à l'extrême, et je ne répugnai pas aux flèches du vigoureux Cupidon. Me livrant à lui sans résistance et sans retard, je le subis avec humilité, et, brisé, m'adonnai à l'observance de ses lois troublantes, subtiles, inquisitoriales, perverses et déréglées, tout confiant que j'étais rendu à l'aspect angélique de cette jeune fille, croyant son cœur également angélique, croyant la partie d'accord avec le tout, croyant l'harmonieux ensemble concordant avec la partie, ne pensant pas qu'une harmonie sans règles se pût trouver dans un composé si beau, si élégant, si joli, si admirable et si divin. J'avais quelque raison d'espérer que Cupidon le sagittaire, après avoir navré, torturé ainsi mon pauvre cœur aimant, se montrerait, dans sa justice, le protecteur assuré de mon malheureux et funeste amour, arrêterait, avec bonté, le cours des erreurs aveugles, qu'il s'empresserait pieusement de me secourir, qu'il apporterait un adoucissement congruent à l'excès de mes brûlures. N'attendant, d'ailleurs, aide et protection que de lui, j'espérais qu'il déchargerait aussi contre elle son arc dur et cruel dont il avait tiré furieusement sur moi, dont il avait blessé mon cœur en y lançant un trait funeste, sans retour. Mais, maniant ma large plaie, il en exaspérait l'âpreté, il en augmentait la douleur mortelle. J'espérais, toutefois, plein d'une constante et ferme confiance en lui, qu'il adoucirait ma grande blessure, qu'étant son très-dévoué sujet, son esclave, sa riche proie, son prisonnier, son captif, son butin, sa dépouille de guerre, son copieux trophée, il m'octroierait le même remède qu'apporta sa pieuse mère et maîtresse à Énée blessé, et qu'il userait envers moi de la pitié maternelle. Je pensais que, m'étant donné tout à lui, il me couvrirait de la même protection que Vesta la sainte étendit bénignement sur Tuccia[5] sa servante et sujette, quand, par le miracle du crible, couvrant la faute commise, elle la préserva de l'opprobre public et du supplice infamant. C'est pourquoi, ainsi qu'il arrive maintes fois aux amants désespérés, privé de juges en ce procès, sans partie adverse, je condamnais ces deux conjurés acharnés à me nuire mortellement ; pleurant, me lamentant plaintivement, je les accusais de se montrer les coupables ennemis de toute humaine pitié. Tantôt joyeux et folâtre, je révoquais ma sentence ; tantôt, plus excité qu'un chien enragé qui mord, impatient, la chaîne qui l'attache, je voulais fuir, je voulais échapper au nœud serré du fâcheux lacet amoureux et me délier. Puis mon imagination me représentant vainement quantité de délicieux plaisirs et soulas, de téméraires insultes, de périls troublants, de bravades de mort, je me retrouvais, après, plus solidement attaché par un nœud plus serré. Consumant ainsi ma vie en de tels débats, en de tels appétits avortés, ma vie à demi dépensée en soupirs, en amers sanglots, il n'y avait endroit que je ne visitasse avec une attention, avec des soins incessants, avec une vigilance scrutatrice ; il n'y avait ni chemins ni ruelles, ni petits sentiers, même inabordables, que je ne parcourusse, ne fouillasse et n'explorasse vigilamment, fréquemment, minutieusement, tournant dans tous les coins et recoins pour voir si je ne retrouverais pas cette jeune fille. Or il advint, quelque temps après, que l'Amour ou la Fortune, se trouvant en un état de bienveillant adoucissement, me conduisit, à l'insu de Polia, au temple consacré où, très-souvent, elle se rendait voilée. L'y trouvant seule, mon cœur, aussitôt, renonçant à tout autre but, pareil à un lion armé de griffes assaillant sa proie, rapidement, sans tenir compte de quoi que ce soit, je m'élançai furieux sur elle ; mais, l'ayant abordée avec tout ce que j'avais de courage, je me sentis fondre aussitôt comme la cire au feu, inanimé, consterné, ne sachant que faire ni que dire. Cependant, avec un langage naïf et malhabile, sans forces aucunes, à demi-mort, la voix hésitante, presque éteinte en mon gosier, la langue paralysée par la tristesse de mon âme, le corps tremblant, les membres engourdis, gémissant, je me pris à lui parler ainsi :

Hélas, Polia ! précieuse colonne d'or de ma vie, seule consolation espérée dans mes afflictions, déjà bien des jours se sont écoulés depuis que j'ai commencé, non seulement à te chérir uniquement, avec ferveur, mais encore, te vénérant comme une déesse, à t'honorer, à t'adorer, faisant ainsi tort aux Dieux ; et, dans un feu brûlant d'amour, t'immolant mon cœur en holocauste, ainsi que faisaient les prêtres sacrificateurs de Bellone, j'ai absolument abandonné ma vie à ton bon plaisir. Cependant tu as été, pour moi malheureux, injustement cruelle ; intraitable, tu as repoussé mon bonheur comme si je t'avais outrageusement offensée. Pareille à Junon persécutant les Troyens, en sa colère, tu t'es montrée plus méchamment hostile à ma personne que les rochers de la Bretagne aux abeilles qui font le miel, plus opposée, plus contraire à mon vouloir que l'inquiète Thétis ne l'est à Vulcain[6], plus désagréable que ne fut à Lucius sa queue mobile[7], plus nuisible que la gaule ne l'est aux fruits, que la grêle sonore ne l'est aux tendres feuilles, que le brûlant Phœbus ne l'est aux fleurs et à l'herbe des prés. — Enfin, voulant, avec une grande douceur de cœur, avec des paroles aimables et soumises, l'apaiser, la disposer à s'attendrir, modifier sa dure et obstinée résolution, plier sa rigide et farouche volonté, la faire revenir en arrière, tranquilliser son grand trouble, tourner à pitié et à miséricorde son âme réfractaire et mal disposée, voulant guérir, voulant convertir à la grâce son cœur malade de cruauté par mes larmes et mes soupirs, voulant aider, par l'abondance de mon amour à la pénurie de son affection, je la flattai gentillement et doucement, versant des larmes amères, poussant des soupirs. Aussi bien n'est-il mince roseau, si fragile, si desséché soit-il, qui ne se puisse assouplir avec de l'eau et un peu de feu, et qui, ainsi amolli, ne se puisse tordre en couronne avec d'autres. Mais, encore que son sexe soit malléable et se puisse enflammer par amour, jamais, avec toute mon ardente affection, avec mes pleurs plus abondants que ceux qu'Isis affligée versa, dans son anxiété, pour son cher Osiris, jamais je ne parvins, quelque caressant que je fusse, à enflammer cette vierge, à l'amollir, à la provoquer au doux embrassement de mon cordial amour. Rien ne la pouvait faire retourner, rien, en aucune façon, ne la pouvait modifier, quelque pur, quelque sincère amour que je lui offrisse, d'un cœur absolument sans défense, quoique mon affection fût plus ardente que celle de Tibérius Gracchus pour sa chère épouse Cornelia, toute crédule au prodige des deux serpents[8] ; quoique mon amour fût plus grand que celui dont fit preuve la reine Alceste[9] envers son cher mari, au point de vouloir subir le trépas, quoiqu'il dépassât certainement celui que montra, devant le bûcher de son cher mari, celle qui voulut se jeter avec lui dans les charbons ardents[10], quoiqu'il fût supérieur à celui de la très-aimante Panthée pour son époux, quoique mon affection dépassât celle de Pylade pour Oreste. Enfin, voulant la rendre traitable, je persévérai dans ma tentative d'assouplir son cœur féroce et sauvage, de l'apprivoiser à quelque humanité, à quelque tendresse. Mais ce cœur s'endurcissait avec persistance ; il ne s'entamait nullement, il demeurait indompté, sans émotion aucune, cruellement changé en pierre. Il n'ignorait pas moins la clémence, il n'était pas moins privé de toute pitié que si elle fût née en Hyrcanie ou dans la forêt de l'Ida aux épaisses ténèbres, sous les chênes rugueux et les rouvres robustes, ou bien encore que si elle fût venue au monde sur le mont Ismarus[11], ou chez les anthropophages, ou au milieu des horribles fureurs cyclopéennes, que si elle eût été élevée dans les cavernes profondes de Cacus, ou au fond des Syrtes.

Cette cruauté me tenait dans des supplices exaspérants, dans un deuil et des tristesses réels. Bientôt les rauques soupirs recommencèrent à retentir plus douloureusement dans ma poitrine en feu, plus fortement que les rugissements d'un lion enfiévré et affamé dans un antre sonore, dans une profonde caverne. Je pensais avoir vainement supporté tant de fatigues par le fait de son obstination ; je pensais qu'évidemment on ne pouvait épuiser un deuil sans fond. Presque dépourvu de toute confiance, désespérant d'une entreprise aussi ardue, mes larmes jaillissant par moments de mes yeux s'y accumulaient plus douloureusement que le baume que Myrrha la tourmentée distille de sa dure écorce.   Aussi, plongé à l'excès, plus que de raison, dans ce principe morbide, dans cet état passionné et maladif qui multipliait,

accroissait le tourment de mon faible cœur, je me retrouvais, privé de toute espérance, devant son obstination cruelle qui me remplissait d'amertume au-delà de toute croyance, au milieu de nombreuses et lamentables tortures, au milieu des gémissements et des pleurs. Mais elle persistait plus dure, plus froide que le Styx en Arcadie, dépouillée qu'elle était de toute bienveillance, et même ne montrant aucun indice d'être fléchie. C'est pourquoi je sentais que le Génie, arbitre de ma vie, se disposait à fuir, par une mort prompte, le fardeau de telles injustices ; cela, dans ce temple même, en présence de celle dont l'âme obstinée voyait, sans épouvante et sans émotion, ma fin prochaine qui s'avançait rapide, pleurant, étouffant, implorant lâchement miséricorde, étendu sur le dos à terre où je demeurai expiré.   Alors, peut-être à l'instigation des Dieux, s'avisant de sa méchanceté, de sa rapide et inhumaine perversité, — car nul n'entreprend rien de nouveau s'il ne se repent du passé — elle revint, le lendemain avant le jour, revoir dans ce temple violé, ce meurtre d'une âme qu'elle avait perpétré la veille. M'embrassant avec de virginales caresses, remplie de tendres angoisses, poussant de nombreux gémissements, me couvrant de
baisers infinis, émettant de cruels murmures, repentante,
m'arrosant de larmes abondantes, elle rappelait doucement mon âme. Cette âme n'avait pas été plus tôt extraite de mon cœur, qu'elle avait été emportée
et conduite en la divine présence, devant
le trône élevé de la Déesse Mère. Réinté-
grant son domicile, reprenant son
habitation, elle rentra joyeuse,
avec une gaieté charman-
te, dans son petit corps ;
ayant remporté
sa grâce, elle dit
ainsi avec al-
légres-
se.

Poliphile poursuit son narré. Il conte comme quoi son esprit, revenant, lui apparut, parlant joyeusement, lui disant avoir été en la présence de la divine Paphienne apaisée, rendue bienveillante, et être de retour pour le revivifier gaiement, après avoir obtenu sa grâce • Chapitre XI

A PRÉSENT, ô mon petit corps, exulte amoureusement, joyeusement, plaisamment, avec une extrême allégresse, avec joie, avec bonheur, avec un tranquille plaisir ! Voilà que ton âme, laissant derrière elle tout trouble pénible, toute inquiète douleur, tout désir affligeant, revient joyeuse et reprend sa gracieuse maison et son cher domicile. Attends-toi certainement aux douceurs qui vont suivre, à la réussite de tes amours, attends-toi à prendre possession de la victoire, à remporter le trophée triomphal. Aucun triomphe n'aura été, comme le nôtre, si glorieux, décoré de tels butins, de telles dépouilles, de tels trophées, de tels insignes. C'est pourquoi taris tes pleurs d'angoisse, supprime complètement tes fâcheuses tristesses, convertis tant de brandons, une si anxieuse oppression en une liberté précieuse, échange-les, déchaîné, délié, délivré que tu es, contre de festoyantes délices, attendu que jamais, dans le courant du siècle, il ne se trouvera personne de plus fortuné que te voilà de par les grâces que tu viens d'obtenir. Je ne saurais douter un tant soit peu que les Dieux supérieurs, se montrant bienveillants pour ma cause amoureuse, ne l'aient, dans leur commisération, favorisée et patronnée. J'ai vu des choses qu'il serait long de raconter pour qui les voudrait déduire ; c'est à peine si je puis les exprimer. Or donc, ma dame Vénus était sans doute éloignée de la froide, de l'engourdie, de l'inféconde vierge Astrée[1], elle était écartée du vindicatif et nébuleux Orion[2], séparée du Bélier hirsute, lorsque, tout agitée et gémissante, je me présentai devant son trône élevé, en la présence de sa grave, de sa sainte, de sa sévère Majesté. Là, proférant mes plaintes, j'accusai, du mieux qu'il me fut possible, en me lamentant, son fils malfaisant et inique. J'exposai qu'innocente,

FIGURE 352 (1499).

FIGURE 353 (1883).

impeccable, inoffensive que j'étais, il avait, dans mon cœur déjà criblé, fait, avec ses flèches blessantes et rapides, plus de plaies qu'il ne se trouve de grains dans une grenade mûre ; que, sous apparence de biens et de fausses délices, il avait avancé le terme qui m'était prescrit, m'enlevant de ma gracieuse et haute citadelle, me tourmentant avec un amour pour une demoiselle très-cruelle, me faisant errante, vagabonde, fugitive, proscrite, telle qu'une ombre, sans connaissance et sans repos.

Ayant écouté mes plaintes lamentables avec bonté, la glorieuse Déesse et sublime Maîtresse appela immédiatement devant elle son fils ailé et lui demanda la cause de tant d'injustices. Lui, souriant et badinant, se prit à dire : « Ô Mère amoureuse, peu de temps s'écoulera sans que ces discordes, ces procès entre deux âmes ne soient accordés et accommodés dans les échanges de bons offices d'un sort égal et réciproque. » À peine eut-il prononcé gracieusement ces paroles charmantes, que le doux parleur, se tournant vers moi, me dit : « Contemple attentivement cette belle image. Combien en est-il, si grands soient-ils, qui se tiendraient pour satisfaits et s'estimeraient heureux, au comble du bonheur, honorés de la pouvoir contempler même sans en être aimés ? Une vierge si belle n'échut point par le sort à Talassius lors du rapt des Sabines. » Et il me montrait cette vraie, cette divine effigie de Polia. « Observe, apprécie, avec une parfaite attention, que ces très-précieux dons octroyés par les Dieux ne doivent pas être dédaignés ; car bien que nous ayons l'habitude de les concéder aux humains, beaucoup d'entre eux, cependant, souhaiteraient, sans le pouvoir, en obtenir de tels que ceux que nous te dispensons libéralement à cette heure en te baillant les prémices de ce glorieux assemblage de vertus et de beautés corporelles présentées par moi-même, ici, tout gracieusement. »

Puis il dit encore à sa mère : « Madame et mère, glorieuse nourricière des chaudes amours, cette personne est la cause du grand mal, du grand deuil, de l'exil pernicieux, de la proscription fâcheuse de cette pauvre âme errante et tourmentée. Mais, âme inconsolée ! dans un moment je satisferai, je contenterai pleinement ton désir, et te ferai regagner, sans blessure aucune pour toi, le lieu dont tu as été enlevée. Je te veux unir, joindre étroitement à ton cruel ennemi, je veux détourner, briser tous les obstacles qui s'opposent à la pénétration de mon vol. » Ayant alors clos ses lèvres divines, il reprit ses armes brûlantes, pénétrantes et acérées, dans son carquois tout apprêté qui lui pendait au flanc ; je le vis distinctement, de son arc rigoureusement

FIGURE 354
(1499).

FIGURE 355
(1883).

bandé, lancer dans le sein délicat de l'image qu'il m'avait montrée, une flèche à la pointe d'or, garnie de plumes aux barbes dentelées et teintes de nuances nombreuses. Cette flèche étincelante ne fut pas plutôt fichée, propageant le ferment d'amour, que, soudain, cette jeune fille vierge se montrant maniable, facile, douce, bienveillante, s'inclina de bonne humeur, se courbant, se prosternant avec les façons d'une nymphe, s'avouant vaincue, ainsi que font les désarmés et les faibles qui ne peuvent lutter contre la cruauté, la férocité employée à leur égard.

En ce moment, me trouvant en présence de ces trois personnes, dont deux divines et la troisième très-peu rien moins que céleste, ainsi que je la jugeais sans erreur de ma part, j'admirais, en plein et ouvertement, de mystiques et secrètes visions qu'il est rarement accordé aux humains et aux êtres matériels de percevoir. Mais, par une faveur spéciale, par un induit singulier, par un privilège gracieux je voyais tout cela, je contemplais le présent divin qui m'était fait généreusement, à moi pauvre blessé, qui m'était gracieusement offert par l'inflammable Cupidon ; j'espérais, jointe à toi, le conquérir, pour en jouir amoureusement, une fois que nous aurions été réunis.

Là tout à fait hallucinée, tout à fait surprise qu'en un petit corps de nymphe fussent accumulées, au plus haut point, toutes les grâces, toute élégante trame de beauté, j'admirais ce bel et parfait ensemble de formes qui faisait l'admiration même des divinités. Entre autres choses très-belles et célestes, je voyais deux yeux étincelants et splendides, plus clairs que les étoiles du matin, tels qu'on eût dit un double Phœbus faisant resplendir, sans interruption, sous ses cils, des traits d'or scintillants qui communiquaient à ma vue satisfaite la splendeur de toutes vertus insignes. Ces traits faisaient vaciller mon regard attentif, non moins que les rayons du très-brillant Soleil. Ils m'étaient, sans comparaison, beaucoup plus agréables que la proximité du rivage ne l'est aux naufragés, que la santé recouvrée ne l'est au malade, que les richesses troublantes ne le furent à Darius, que les victoires à Alexandre, plus que la terre sarclée ne l'est à Bacchus, que la terre labourée ne l'est à Cérès la blonde.

Là, cette belle nymphe décorée d'une beauté extérieure qui l'emportait de beaucoup sur toutes les plus superbes, se présentait aimable avec sa poitrine de lait où l'amour avait son très-délicieux verger, son très-agréable jardinet. Émanation évidente de Jupiter dont les traces se voyaient en elle, ses beaux cheveux, tressés avec des fils d'or, entouraient sa noble tête, et, admirables,

FIGURE 356
(1499).

FIGURE 357
(1883).

frisés, flottants, la serraient sans avoir subi l'art du coiffeur[3]. Une partie se répandait en ondulant sur ses très-blanches épaules qui étincelaient comme de la neige mélangée d'une liqueur rose. Elle apparaissait plus désirable que l'or sacré à l'inique Atalante, ou à l'esclave Myrmex[4], plus que le bracelet à la traîtresse Tarpeïa[5]. La couronne de laurier n'était pas plus agréable à la calvitie de César. Le sang du malheureux gladiateur n'était pas plus salutaire, ni d'une efficacité plus grande, pour l'amoureuse Faustine[6]. Telle qu'une mœlle opportune, salubre, très-efficace, posée sur ma ferveur ardente, elle m'était beaucoup plus agréable que parut l'eau limoneuse à Lucius tout garni d'étoupes enflammées[7]. Sa beauté était si grande que je ne crois pas que celle de Deïopea[8] promise à Éole l'ait pu é g a l e r. Comme j'étais ainsi ravie, stupéfaite d'admiration devant les œuvres célestes, la divine Mère, ayant tari le cours de mes larmes abondantes, et bénignement écouté mes misérables lamentations, avec une ineffable majesté, avec une indicible sainteté, d'une voix adoucie, vénérable, inouïe, capable de rasséréner le ciel nuageux, d'enlever à Mars Enyalius[9] sa redoutable armure, de ravir la foudre aux mains de Jupiter qui la lance, de faire un nègre du très-beau Phœbus, de rajeunir l'antique Saturne, de débaucher la chaste Diane, d'une voix comme les mortels n'en entendirent jamais, proféra ces divines paroles avec un souffle céleste, avec une harmonie délicieuse que la flûte creuse, entre les lèvres de Mercure aux talonnières ailées, ne fit point résonner aux oreilles de l'ocellé Argus. Il n'est pierre à aiguiser de Lybie, il n'est même diamant de l'Inde, dont une telle suavité ne modifierait la substance, qu'elle n'amollirait complètement et ne briserait.

Or, me parlant ainsi, elle m'assura de mon salut, de la prospérité de mon amour, de ma très-heureuse réintégration en mon domicile, de mon retour à toi. Puis, avec le plus charmant sourire, elle dit à son fils : « Quant à toi, si, par hasard, cette âme ici présente s'avisait de tergiverser dans cet amoureux office, avec la jeune fille que tu as blessée, et faisait mine de l'abandonner, tu en seras caution. — Donc, mon petit corps dont je suis séparée, délivre-toi de toutes tes âpres douleurs, rejette toute souffrance et reçois-moi tout entière en toi, unie à toi comme je ne le fus jamais. Je te reviens avec un nom fameux imprimé en moi, un nom d'une personne pour laquelle je me suis enfuie de toi, nom gravé, empreint et scellé en moi bien autrement que ceux d'Œnone et de Paris ne furent gravés dans la rugueuse écorce des arbres rameux. Jamais il n'en sera effacé ni enlevé, mais il y demeurera éternellement tracé. À présent, hôtellerie bien-aimée, reçois ton hôtesse, moi qui, pour remédier à tes lourds et insupportables tourments, ai traversé de si grandes inondations de larmes, ai passé par un si grand feu d'amour, par tant de fatigues excessives. Enfin, transportée en un endroit où tes pareils ne peuvent pénétrer, j'ai tellement éprouvé la bonté divine, que, séparée de toi pour quelque temps, je te rapporte une santé très-vigoureuse et très-intacte. » Je répondis alors au Génie qui m'était revenu, qui m'était rendu : « Viens, habitante indigène, dame de la plus haute citadelle de mon esprit, la meilleure part de ma raison, viens, mon cœur, domicile suscep-tible d'être enflammé, viens, partie extrême, où Cupidon, mon exhortateur, fait sa résidence, célébrons les fêtes de la convalescence en l'hon-neur de la reprise de ma forme. »

☙

Poliphile raconte que son âme n'eut pas plutôt fait silence, qu'il se retrouva vivant dans les bras de Polia. Il prie ensuite la prêtresse de les enchaîner dans un amour perpétuel, puis il met fin à son discours. Polia termine sa narration aux nymphes, en leur disant comme quoi elle s'éprit de Poliphile et lui d'elle ❧ Chapitre XII

« VÉNÉRABLE et sainte matrone, très-digne et très-illustre prêtresse de ce temple sacré, il pourrait, par aventure, te sembler incroyable et hors de foi qu'à peine mon âme eut-elle mis fin à ses raisonnements salutaires, qu'à peine fus-je revenu à la vie désirable, je me trouvasse aussi-tôt serré fortement dans les bras, couvert de succulents et très-savoureux baisers, de cette nymphe en la fleur embaumée de sa jeunesse. Dans l'ordre où cette belle, cette enjouée jeune fille vous l'a éloquemment narré, notre affection a crû en nous avec une admirable et amoureuse fermentation, jusqu'au cas actuel. Nous trouvant donc ainsi en ta présence, très-insigne religieuse et sainte présidente de ce lieu sacré, il t'appartient, en toute convenance, de divertir, de pencher, de détourner, de distraire le mal et de hâter le bien, d'élever les choses humbles et basses, de soutenir les chancelantes, d'amender, de corriger les nuisibles. Établis donc entre nous deux, nous t'en supplions, un enchaînement indissoluble et réciproque ; resserre notre âme, en nous unissant, dans la concordance du vouloir et la conformité du désir. Établis notre solide amour dans une parfaite union, dans une bonne disposition perpétuelle, résolus que nous sommes à nous soumettre au grand empire de la divine Mère et à lui faire service. »

Ici, Poliphile se

tut.

La divine Prêtresse, sans retard, nous fit nous entre baiser amoureusement et dit : « Qu'il en soit selon le bon plaisir des Dieux immortels, et non autrement. Il me paraît sain et juste que vous passiez de votre état premier à un plus équitable. Soyez donc bénis par moi, vivez heureux et amoureux, fréquentez assidûment ce saint temple de façon qu'il soit complètement votre refuge, le protecteur assuré de votre amour mutuel, de votre tendresse égale. Que celui de vous deux qui apporterait quelque obstacle à cet amour fatidique, soit persécuté par les flèches redoutées et nuisibles, par les armes de jet de Cupidon, et que l'un de vous soit blessé de la flèche d'or, tandis que l'autre le sera de la funeste flèche de plomb. — Telle fut l'aventure, telles furent les prémices de notre mutuel amour, qui brûle pareillement au milieu des flammes ardentes de Cupidon, ô nymphes glorieuses que ce long récit a peut-être ennuyées ! » Sur ces mots, Polia, presque lasse de son discours prolixe, y mit fin, et son souffle embaumé, modestement enfermé dans ce chœur de perles orientales, dans ces lèvres de pourpre, se reposa.

Poliphile raconte que Polia se tut précisément comme elle terminait la couronne de fleurs, et qu'elle la lui posa sur la tête en le baisant tendrement. Quant aux nymphes qui s'étaient arrêtées quelque peu à écouter l'amoureuse histoire, elles prirent congé, retournant à leurs distractions. Polia et Poliphile restèrent seuls, devisant d'amour entre eux. Polia embrassa très-étroitement Poliphile, et le songe disparut avec elle ❧ Chapitre XIII

IL NE DOUTE PAS le moins du monde que les nymphes secourables qui, pendant un temps assez long, avaient écouté avec une bienveillante attention, n'aient ressenti, outre un extrême plaisir, une admiration non petite pour des amours dont la jeune adolescente Polia leur avait fait le récit clairement, avec une grâce exquise. Dès que celle-ci eut terminé sa longue histoire, elles se levèrent toutes du siège paisible qu'elles occupaient. Quant à Polia, tout en faisant sa narration avec une très-grande et très-admirable éloquence, elle liait les odorantes fleurettes tressées en couronne arrondie. Dès qu'elle eut mis fin à ses douces paroles, elle me la posa gracieusement sur la tête, tandis que je me tenais affectueusement agenouillé ; puis, de ses deux lèvres au parfum de nectar et de cinname, elle me donna un voluptueux et tendre baiser. Les nymphes l'en louèrent extrêmement, approuvant son gracieux parler et sa riche éloquence, l'élégante déduction, les gestes superbes, les beautés remarquables avec lesquelles elle avait mené son discours plein d'élévation et digne de mémoire. Elles se félicitaient encore davantage d'avoir appris de sa bouche sa haute et noble origine, l'excellence de sa race, sa généreuse suite d'aïeux, son insigne famille illustre et antique, ainsi que d'avoir entendu le récit tellement bien ordonné de l'heureuse issue de son amour. Aussitôt elles retournèrent toutes, très-enjouées, gaies et festoyantes, à leurs ébats, à leurs jeux, à leurs amours, faisant résonner de nouveau le murmure de leurs instruments accompagné de musique vocale, et, chantant de célestes cantiques, elles dansèrent en rond autour de la très-limpide fontaine sacrée dont les ondes suaves coulaient avec un gracieux murmure par les prés tendres et arrosés, couverts de fleurs aux colorations variées, sous les ombrages épais des gracieux bosquets d'arbres fruitiers. Alors, Polia et moi ravis, entraînés, nous nous mêlâmes, pendant quelques instants, aux chœurs joyeux, animés que nous étions d'une extrême gaieté, sautant avec la plus grande allégresse, avec des gesticulations superbes et virginales, applaudissant, goûtant un plaisir ineffable. Après avoir célébré de grandes fêtes, exécuté de nombreuses danses religieuses, mené des chœurs, les nymphes, avec un indicible plaisir, se départirent de là ; par les plus doux embrassements mutuels et les baisers les plus mordants, elles prirent amoureusement congé de nous avec qui elles avaient contracté amitié.   Alors, demeurés seuls, en ce lieu saint et très-charmant, ma délicate Polia et moi, je me pris, enflammé à l'excès par les feux délicieux de Vénus, excité par l'accroissement de mon amour, à lui dire : « Ô Polia, zélatrice de la vertu, Polia très-désirée, ma charmante félicité, rejetant désormais toute pensée vulgaire, toute explosion de trouble suspecte, je te tiens absolument pour mon unique et première élue parmi les mortelles, nymphe qui conserves intactes les amoureuses prémices de ta personne, nymphe pure et dans ta fleur, parée de précieuses magnificences, toi par qui, m'affligeant douloureusement, mon âme, attachée et nouée à ta charmante affection, n'est pas restée un moment tranquille et sans porter le fardeau des amertumes ! Te voici devenue, maintenant, plus agréable que la clarté du jour ne l'est aux mortels, tu t'es rendue plus accommodée que la récolte annuelle à l'alimentation humaine. Conserve donc, sous ton affectueuse garde, mon âme dans ton éternel amour. Attendu que seule tu es si parfaitement belle, si supérieurement délectable que l'imagination n'en saurait susciter la pensée, que la pensée n'en saurait trouver l'expression. Tu détiens le charme de toutes les vertus, de toutes les honnêtetés, des mœurs les plus nobles, tu es pourvue de toutes les sortes de beauté, image admirable offerte par le ciel à ma contemplation, ô toi à qui je suis attaché par des liens éternels, toi choisie, avec soin, très-exquise entre une infinité de pucelles, maîtresse suprême de ma vie et sa chère protectrice, unique et triomphante impératrice de mon cœur enflammé, de mon cœur à jeun, de mon cœur que, seule au monde, tu as vaincu, en emportant, bien méritante et bien digne, les dépouilles opimes, le trophée superbe de mon existence ! Ô toi, rare et adorable déesse de mon âme et de tout mon bien ! »   À peine eus-je ainsi parlé qu'aussitôt elle me répondit amoureusement : « Poliphile, mes délices, ma joie, ma consolation, mon aimable soulas, mon ravissant plaisir, suprême et complet contentement de mon esprit, seigneur légitime de mon faible cœur désarmé et confiant, je te prise infiniment au-delà des plus précieux trésors, des plus riches amas de pierreries du monde entier ; je t'en prie, ne mets pas en doute ce dont tu as pu reconnaître, tout à l'heure, la complète évidence, la clarté, l'infaillibilité, ce que tu as pu comprendre devoir expressément être invariable et certain, pendant que tu étais assis là en la divine présence des nymphes. Je me voue absolument, entièrement à toi, je me donne avec tout ce qui m'appartient, je me livre en complète et juste proportion, inséparablement, te promettant de porter ton précieux amour, développé au fond de moi-même, devenu maître, à jamais, dans mon cœur ardent et fidèle. Je suis à toi très-fermement, moi qui onques ne fus à personne, dussé-je vivre plus d'années que le térébinthe de l'Hébron[1]. Tu es la solide colonne, la toiture de ma vie, son immuable étai, mon principal architecte[2]. Tu es cette colonne à laquelle je vois clairement mon espérance raffermie, salutairement fixée, attachée par des liens de diamant, par des chaînes indénouables, et dont je ne puis détourner les yeux, que je ne cesse de regarder. »   Alors, nouant ses bras de lait, ses bras purs autour de mon cou, elle m'étreignit et m'imprima, de sa bouche de corail, un suave et mordant baiser. Empressé, je le lui rendis à pleine langue, doux et humide à en mourir. Puis, sans mesure, transporté par une extrême volupté, je la baisai avec une petite morsure sucrée comme miel, tandis que, s'abandonnant davantage, elle m'entourait ainsi qu'une couronne. Pendant qu'elle m'enserrait de ses amoureux embrassements, j'admirai une adorable rougeur naturelle mêlée à la neige de ses joues, produisant une teinte rose pourprée éclatante qui, se mariant avec le ton calme et ivoirin de sa peau lisse, lui donnait une grâce, une beauté extrême. J'aperçus, provoquées par la douceur suprême de son émotion, de petites larmes qui brillaient dans ses yeux luisants, pareilles à du cristal transparent, pareilles à des perles rondes, larmes plus belles que celles d'Euryale[3], que celles que l'Aurore distille en rosée sur les roses matinales. Soupirant, telle qu'une céleste image déifiée, comme une fumigation de musc et d'ambre qui, odorante, s'élève dans l'air, à la grande joie des esprits célestes, elle se résolut dans l'espace en une vapeur d'un parfum céleste, elle disparut de devant mes yeux en même temps que mon délicieux sommeil, me disant, dans sa fuite rapide : « Poliphile, mon cher amant, » adieu !

Poliphile termine ici son Hypnérotomachie, se plaignant de ce que son sommeil n'ait pas été plus long, et de ce que le Soleil envieux ait fait le jour ꙮ *Chapitre XIV*

TANT d'inconcevable plaisir m'étant ravi, ayant vu cet esprit angélique disparaître de devant mes yeux, ce doux et suave sommeil retiré de mes membres assoupis, hélas, lecteurs amoureux ! je me réveillai, alors désolé de me voir abandonné, lâché par l'étreinte étroite de cette bienheureuse image, passant d'une admirable volupté à une amertume intense, en voyant s'enfuir, loin de mes regards, ce songe tout délicieux, s'évanouir cette ombre divine, s'envoler et se dissiper cette merveilleuse apparition, qui m'a conduit, élevé à de si hautes, si sublimes, si impénétrables pensées. Certes le Soleil, jaloux d'un si beau sommeil, le voulant dérober à la Nuit, vint en hâte, sycophante ennemi déclaré de la divine Mère, peindre en rose, avec ses splendeurs lumineuses, la blanchissante Aurore et arrêter le cours de la Nuit. Imaginez-vous donc quelle pâle envie eût été la sienne, alors, si j'avais joui réellement des vraies et voluptueuses délices d'une si belle, si divine demoiselle et insigne nymphe, pour qu'il ne voulût pas m'accorder la longue nuit concédée à Alcmène[1], ce qui n'est sans doute point permis avec une déesse et ce dont je n'étais pas digne ! Hélas ! pourquoi ne substitua-t-il pas la lenteur à sa promptitude, et ne viola-t-il pas, pour mon parfait repos, sa règle établie ? Pourquoi ne me donna-t-il point le sommeil Stygien[2] enfermé dans la boîte de Psyché ? En ce moment, comme Philomèle, à la pointe du jour, cachée dans les ronces épineuses, sous les épais bosquets des jeunes chênes à la chevelure touffue qu'enroulait le chèvrefeuille retombant, exhalait ses plaintes des violences de l'adultère et perfide Térée, chantant, en gazouillant : Τηρεὺς, Τηρεὺς, ἐμὲ ἐβιάσατο ! [*Ce qui signifie :*] « Térée, Térée m'a violée ! » Moi, poussant un soupir, sortant du doux sommeil perdu, je m'éveillai disant : Adieu donc, Polia !

À Trévise, alors que le malheureux Poliphile était distingué par les plus belles guirlandes d'amour de Polia. Le 1er mai 1467.[3]

ÉPITAPHE DE POLIA

F élicieuse[4] Polia qui, enterrée, es vivante
C larté martiale de laquelle Poliphile,
I l a fait, qu'en te reposant, tu veilles

ÉPITAPHE OÙ POLIA PARLE

PASSANT, JE T'EN PRIE, ARRÊTE-TOI VN MOMENT : C'EST ICI L'VRNE PARFVMÉE DE LA NYMPHE POLIA. QVI EST CETTE POLIA ? CETTE FLEVR EXHALANT TOVTE VERTV FVT TANT ESTIMÉE. MAIS, À CAVSE DE L'ARIDITÉ DV LIEV, ELLE NE PEVT RESVRGIR MALGRÉ LES LARMES, SANS CESSE RENOVVELÉES, DE POLIPHILE. MAIS SI TV ME VOYAIS REFLEVRIR, TU VERRAIS PAR VNE EXCELLENTE IMAGE QVE JE L'EMPORTERAIS ÉLÉGAMMENT SVR TOVS, PHŒBVS DISANT : « CELLE DONT LA CHALEVR ÉTAIT PARTIE, EST REVENVE DU MONDE DES OMBRES. » HÉLAS POLIPHILE, RENONCE ! LA FLEVR AINSI DESSÉCHÉE NE REFLEVRIT JAMAIS. ADIEV.[5]

NOTES AU SONGE DE POLIPHILE

Titre

1. Le titre n'a pas été traduit par Popelin. En latin *Poliphili Hypnerotomachia, ubi humana omnia non nisi somnium esse ostendit, at que obiter plurima scitu sanequam digna commemorat.*

Notes aux pages 9-13

Dédicace à Polia

1. Popelin met « Souventesfois » qui a été remplacé par « Moultes fois » afin de conserver la lettrine de l'édition originale, non reprise dans sa traduction.

Chapitre I du Livre Premier

1. C'est nous qui ajoutons.
2. Nous avons chapitré les titres pour des raisons de commodité, ces mentions sont absentes de l'édition originale. Elles ne sont pas entourées de crochets.
3. Lat. Auroræ descriptio, non traduit par Popelin.
4. Matuta Leucothée sont les deux noms Latin et Grec de la Déesse de la Mer : Ovide écrit (Fastes 6, 545) : « Les Grecs t'appelleront Leucothoé, et nos peuples Matuta. »
5. Cynthie et Cynthien, surnoms de Diane et d'Apollon, que Latone enfanta sur le mont Cynthus, dans l'île de Délos.
6. Monts que les anciens plaçaient dans la Scythie hyperboréenne.
7. Eurus, vent d'E.-S-E. VULTURNIUS.
8. Hyades, constellation. De ὕειν, pleuvoir, ou de leur disposition en forme d'Y.
9. Hypérion, fils d'Uranus, épousa Thya et fut père du Soleil [*levant, alors qu'Hypérion était pris pour le soleil au zénith.*]
10. Ἀγρυπνία, insomnie.
11. Il y a dans le texte magarne magala, qu'il faut lire : magar ne magala ; pléonasme. Magalia désigne les habitations rurales Carthaginoises ou Numides. Ce mot vient de magar ou mager, correspondant au Latin villa (CATON In *Orig.*) L'intérieur de Carthage se nommait Byrsa, et l'extérieur, c'est-à-dire les faubourgs, Magalia ou Magaria (SERVIUS *Ad Æn.* 1, 372).

Notes aux pages 13-22

12. Dans le texte *epolo*, j'ai traduit par « banquet ». Mais il y a peut-être là une faute typographique pour *ebolo*; il faudrait alors mettre : « pas un hièble » (sureau à tige herbacée). On trouve dans Servius *epolones*, forme antique d'*epulones*.

13. Hartz-Wald, forêt qui s'étendait, selon J. César, du Rhin à la Vistule.

14. Charydème, partisan qui combattit Alexandre, et fut mis à mort par ordre de Darius.

15. Le Minotaure.

Chapitre II du Livre Premier

1. Amphiaraus, devin, fils d'Oiclès, un des Argonautes, fut englouti sous terre au siège de Thèbes.

2. Pyrénée, roi d'une partie de la Phocide. Ayant reçu les Muses, il ne voulut pas les laisser partir. Celles-ci s'attachèrent des ailes et s'envolèrent ; Pyrénée se jeta après elles et se tua en tombant.

3. Diospiter, Diespiter, par contraction Jupiter.

4. Achéménides, compagnon d'Ulysse qui l'abandonna en Sicile, pour échapper au cyclope Polyphème. (Virg., Æ. 3, 613.)

5. Ce qui fait allusion au signe du capricorne ; désignation du solstice d'hiver. Lorsque les dieux, épouvantés par Typhon, s'enfuirent en revêtant des formes d'animaux, Pan se métamorphosa en un bouc à la partie inférieure en queue de poisson.

6. Pour quelques mythologues le signe du Zodiaque. Bélier qui montra une source à Bacchus errant, dévoré par la soif, dans les déserts de la Lybie.

7. Thamyras ou Thamyris, barde Thrace, fils de Philaumon et de la nymphe Argiopé, fut aveuglé par les Muses pour avoir osé les défier.

8. Chaonie, l'Épire chez les poètes.

9. Rhombe. Losange, appareil d'incantation.

10. Moly, Μῶλυ. Plante magique dont parle Homère. (*Odyssée* 10, 305 ; Ovide, *Métamorph.*, 14, 292.) [C'est la plante qui permet à Ulysse d'échapper aux sorts de Circé.]

11. Hypsiphile, fille de Toas, roi de Lemnos.

12. Fleuve du Péloponèse en Arcadie, qui, de la forêt de Némée, passe par Sycione et se jette dans le golfe de Corinthe. Fut découvert par Hypsiphile (Stace, *Théb.* 4, 717).

13. Διψάς, dipsade, vipère dont la morsure cause une soif ardente. Luc., 9, 610.

Chapitre III du Livre Premier

1. Éthiopiens faisaient du pain de dattes et en nourrissaient jusqu'à leurs bestiaux. (Théophraste, Hist. plant.)

2. Ville voisine de Jéricho.
3. La Phasélide était célèbre par ses plants de palmiers que Salomé légua par testament à l'impératrice Livie. Province d'Antalya, Turquie actuelle.]
4. Livias, ville sur le Jourdain, au-dessus de Machéronte, bâtie par Hérode en l'honneur de Livie. Figues renommées.
5. Mont Cyllène, dans l'ancienne Arcadie, aujourd'hui Zyria.
6. Épistyles des Grecs.
7. Zophori, fait de ζωοφόρος (qui porte des animaux), — Frise, de phrygio, un brodeur. Philander.
8. Jaune, suivant Stace.
9. Porphyre, marbre rouge moucheté de blanc, ainsi appelé du serpent Porphyrus. Ælian, liv. IX, ch. LVII.
10. Anagyris fœtida, ou bois puant.
11. Arctopus, oursine ou pied d'ours, genre de la famille des ombellifères.
12. Ophites, Ὀφῖτις. Le porphyre serpentin est l'ophite par excellence.
13. Le stade équivaut à 180 mètres.
14. Tityus ou Titye, géant qui, ayant voulu faire violence à Latone, fut tué à coups de flèches par Apollon et Diane. Son corps couvrait 9 arpents.
15. Pyropœcile, πῦρ ποικίλον, feu tacheté. Marbre Syénite aux environs de Syène, dans la Thébaïde.
16. Orichalque, ὄρος, montagne, χαλκός, airain, airain de montagne. Au temps d'Hésiode, désigne un métal fabuleux. Au temps d'Aristote, cuivre pur, laiton ou airain. Chez les Latins l'orichalcum désigne le laiton.
17. [Le tintinnabulum est un objet muni de clochettes, suspendu à l'entrée des maisons. Il représente le plus souvent un phallus, en bronze, parfois ailé.]
18. Les cinq pyramides du tombeau de Porsenna, au sommet desquelles étaient des cymbales suspendues par des chaînes et qui frappaient une boule d'airain au moindre vent.
19. Porphyrion, fils de l'Érèbe et de la Nuit. Alcyonée, fils d'Uranus et de la Terre. Géants. Les uns les font frères.
20. Ératosthènes rapporte que le braiment des ânes montés par les Satyres et les Silènes venus, à la suite de Bacchus, au secours de Jupiter, frappa les géants de terreur et les mit en fuite. (Hygin.)
21. Le labyrinthe de Lemnos, construit par les architectes Smilus, Rholus et Théodore Lemnien, édifice merveilleux où l'on voyait cent cinquante colonnes faites au tour.

Notes aux pages 22-34

Chapitre IV du Livre Premier

1. Pulviné, en forme de coussin. Pulvinatum capitellum, chapiteau pulviné. (Vitruve.)
2. Echinus. (Vitruve.)
3. Hypotrachelium, de Ὑποτραχήλιον, le col du chapiteau.
4. Apothesis. Le congé, le chanfrein ; retraite depuis le filet pour aller gagner le nu de la colonne.
5. Temple découvert.
6. Les peintures de Jules Romain, dans le palais du T, à Mantoue, semblent inspirées de cette gigantomachie.
7. Pérille, Athénien, construisit le fameux taureau de Phalaris, tyran d'Agrigente, qui en fit l'essai sur l'auteur même.
8. Hiram, architecte Tyrien, qui dirigea la construction du temple de Jérusalem.
9. Apium, dont on faisait des couronnes. (Virgile, passim.)
10. Fenouil de porc.
11. Cheval de Meius Sejus, qui porta malheur à tous ses maîtres.
12. Polposila, chair. Poliphile commet la même erreur que cet académicien de nos jours, qui disait dans un article de critique d'art : Il manque de la chair sur ces muscles !
13. Obsidienne, ou obsidiane, dite aussi agate d'Islande, verre volcanique, nommée ainsi d'Obsidius, qui la découvrit en Ethiopie.
14. Il existe à Catane, en Sicile, un spécimen antique de ce genre, et le Bernin s'est servi de cette idée pour l'obélisque qu'il a élevé sur la place de la Minerve, à Rome.
15. Laconicum, le marbre de Laconie ; le plus beau vert antique, se trouvait à fleur de terre, vers les sources de l'Eurotas. *Et quod virenti fonte lavit Eurotas.* (Martial.) *Post cauta Laconum Marmoris herbosi radians interviret ordo.* (Sidonius Apollinaris, in *Paneg. Majoriani.*)
16. La trompe.
17. [Petite moulure carrée et unie qui surmonte ou qui accompagne une autre moulure plus grande, ou qui sépare les cannelures d'une colonne, d'un pilastre.]
18. [Moulure concave, cannelure, creux demi-circulaire.]
19. [Moulure ronde, faisant ordinairement partie de la base des colonnes.]
20. [Rebord ou filet sous l'ove (moulure ronde faite d'un quart de cercle) d'un chapiteau.]
21. [Moulure composée d'un boudin, d'un listel et d'un congé qui embrasse l'extrémité supérieure d'une colonne.]

Notes aux pages 35-45

22. [Cymaise, variante de cymaise: moulure qui forme la partie supérieure d'une corniche; par extension, moulure servant de couronnement à un lambris d'appui, en bois ou en pierre peinte.]

23. [Chaque pièce encastrée dans une paroi, servant de support, dont les décorations sont disposées régulièrement sous une corniche.]

24. In lepturgia, du Grec λεπτουργία, travail délicat.

25. Sopra le isopleuri, du Grec ἰσὸπλευρο, équilatéral.

26. Losange.

27. Virtus est medium vitiorum... (Horace.)

Chapitre V du Livre Premier

1. Le stylobate est le piédestal continu servant à soutenir plusieurs colonnes.

2. Les Caryens, en Péloponèse, qui s'allièrent aux Perses. (Vitruve.) Bronze de Caryas.

3. De κατάτεχνος, κατατηζιτεχνος, celui dont l'art est trop raffiné.

4. Inspiré par la description du Ganymède de Léocharès. (Pline, I. 36.)
   Ætherias aquila puerum portante per auras,
   Illæsum timidis unguibus hæsit onus. (Martial, l. I, ép. 7)

5. Παστοφόροσ, pastophore. Collège de prêtres qui portaient dans des châsses les images des dieux. — Qui préside à l'hymen, qui porte le rideau du lit nuptial, surnom de Vénus Aphrodite.

6. Veut-il parler de l'escalier extérieur en marbre de cette église de Santa Maria della Rotonda, dont la coupole monolithe, de 34 pieds de diamètre et du poids de 900 milliers, supportait le sarcophage de Théodoric?

7. OVIDE (*Met.*, 1, 75-76).

8. OVIDE (*Met.*, 10, 121).

9. Fille du roi Babylonien Orchamus et d'Eurynome, enterrée vive par son père, changée par Apollon en arbre à encens.

10. OVIDE (*Met.*)

11. Les anciens attribuaient à la peau du veau marin la vertu de préserver de la foudre, et l'empereur Auguste en portait une ceinture.

12. Nymphe qui passait pour avoir découvert l'usage du miel.

13. Sculpteurs du tombeau de Mausole. Scopas sculpta la partie du levant, Bryaxis celle du nord, Timothée celle du midi, et Léocharès celle du couchant. (V. Pline, liv. XXXVI, ch. v; Pausanias, In Attic., liv. I, in Corinth., liv. II, in Eliac., pr. liv. V; Vitruve, préf., liv. VII.)

14. Ce Théon serait-il le cinquième sculpteur cité par Tatien: Contra Grœcos?

15. L'auteur, par colonne nave — ce que j'ai traduit par colonnes primitives — entend sans doute les colonnes Doriques dont le renflement du fût pourrait

Notes aux pages 45-71

Notes aux pages 71-75

légitimer cette appellation qui ne se trouve ni dans Vitruve, ni dans Alberti, ni dans Serlio, et que je suppose être une abréviation de native dans le sens de primitive. (*Nativa verba*, mots primitifs, Cicéron.)

16. En forme de coussins. Vitruve dit : Pulvinatum capitulum, en parlant du chapiteau Ionique.

17. Ἔρως.

18. Allusion au vandalisme du Moyen Âge Romain : *Quod non fecere barbari, fecere Barberini.*

Chapitre VI du Livre Premier

1. Pline. Les quelques lignes qui suivent sont la paraphrase d'un passage de Diodore de Sicile. (I, 98.)

2. Architecte qui transporta, dit-on, sur un radeau, l'obélisque haut de 80 coudées que fit tailler le roi Nectabis (Necto-Nebo), et que Ptolémée Philadelphe fit ériger à Alexandrie.

3. Entend-il parler de Memnon qui construisit à Ecbatane, en pierres blanches et versicolores, aux joints dorés, le palais de Cyrus, mis au nombre des Sept merveilles du Monde. (Hygin. fabul., CCXXIII), ou bien du colosse du temple de Sérapis, qui rendait des sons au soleil levant ?

4. Statues qui formaient une partie de l'approche d'un temple bâti par Aménophis III à Thèbes.

5. Aujourd'hui le mont Bisountoun, entre Hamadan et Kermans-chah, dans l'ancienne Médie. Diodore de Sicile ne lui donne que dix-sept stades, environ 2 850 m. (II, 13.)

6. 146 mètres.

7. L'Apollon Capitolin, transporté d'Apollonie, ville du Pont, par Lucullus, haut de 30 coudées. Il avait coûté 500 talents aux Apolloniates.

8. Nommé le Jupiter Pompéïen à cause de son voisinage du théâtre de Pompée.

9. Haut de 40 coudées. Cette hauteur dissuada Fabius Verrucosus de le transporter à Rome.

10. Le colosse de Rhodes fut entrepris par un élève de Lysippe, Charès de Lindos, qui se donna la mort à cause du marché onéreux qu'il avait conclu. Son œuvre fut terminée par son élève Lâchés, également de Lindos. Pline lui donne 60 coudées, Festus 90, et Simonide, dans une épigramme de l'Anthologie (IV, 6), 80 coudées.

11. Zénodore exécuta un Mercure colossal pour la cité des Arvernes ; il mit dix ans à accomplir cette œuvre, qui coûta 10 millions de sesterces. Le colosse qu'il fit à Rome est la grande statue de Néron haute de 110 pieds au dire de Pline, de 100 au dire de Suétone.

12. Statue dont parle Pline, sur la foi d'Apion dit le Plistonice.
13. Hercule consacré dans le Capitole l'an de Rome 450 ?
14. Théophraste parle de cet obélisque fait de quatre blocs d'émeraude et haut de 40 coudées.
15. Macre flottante ou corniole, trapa natans, diminutif de calsa-trapa, chausse-trapes.
16. Alexicaco Hercule, d'Ἀλεξίκακος, tutélaire.
17. Berger de Cléoné. Il reçut Hercule qui, à sa prière, tua le lion de Némée.
18. Le même que Typhœus, fils du Tartare et de la Nuit, géant qui, ayant osé provoquer Jupiter, fut enseveli sous l'Etna.
19. Immense monument carré construit par Porsenna, roi d'Étrurie, à Clusium, pour en faire le lieu de sa sépulture, au centre duquel était un labyrinthe inextricable. (Pline, d'après Marcus Varron, XXXVI, 13.)
20. Polyphème.
21. Brigand du temple d'Évandre, tué par Hercule.
22. Personnage de l'Âne d'or d'Apulée, qui, s'étant revêtu d'une peau d'ours, fut tué sous ce déguisement.
23. Metamorphoseon d'Apulée.
24. Fille de Lycaon, changée en ourse par Jupiter.
25. Fille de Dædalion, fils de Lucifer, tuée par Diane à la chasse, et son père métamorphosé en épervier.
26. Allusion, probablement, aux chérubins qui garnissaient le tabernacle ?
27. Allusion aux figures de lions qui garnissaient l'escalier et les côtés du trône de Salomon.

Chapitre VII du Livre Premier

1. Σμῖλαξ, nom commun à différentes sortes de plantes. Il veut dire If ; mais, en Arcadie, on nommait ainsi une sorte de chêne-ilex. Suivant Pline, c'est une espèce de lierre. (De edera quæ vocatur smilax. (XVI, 35.) Notre ancien liseron épineux.
2. *Ilex aqui folium*, ilex commun, le corsier, ecouja, famille des nerpruns. Ilex acculeata baccifera.
3. Κυκλάμινος, vulgo, pain de pourceau, parce que cet animal mange sans danger ses racines. Dioscorides a signalé la propriété qu'a le cyclame de provoquer l'avortement.
4. Classe des cryptogames, famille des fougères.
5. Genre de la famille des fougères.
6. De ἄσπληνον, bon pour la rate.

Notes aux pages 86-95

7. L'ellébore noir et l'ellébore des anciens (orientalis). Ce dernier croissait en abondance aux îles Anticyres ; il passait pour guérir la folie. Navigare ad Anticyras, disait-on à ceux qui avaient perdu la raison.

8. Le berger Mélampus.

9. Allusion à la nue qui enveloppa Latone en mal d'enfant à Délos.

10. Dieu des forêts. (Virg.)

11. Devise, avec quelques variantes, d'Auguste, qui l'exprimait par un crabe joint à un papillon. Vespasien, qui l'eut après, symbolisa avec l'ancre et le dauphin : emblème adopté et illustré par Alde l'Ancien qui en fit la marque de ses livres.

12. De la famille des fougères.

13. *Ibid.*

14. *Linaria cymbalaria*, muflier commun.

15. Parce qu'ils dorment tout l'hiver.

16. *Tussilago farfara*, vulgo âne.

17. Dont la découverte est attribuée à Lysimaque, roi de Thrace Lysimachie vulgaire, vulgo chasse-botte. Lysimachie nummulaire, vulgo herbe aux écus.

18. Pline rapporte, au contraire, que Nicomède, roi de Bithynie, voulut acheter ce chef-d'œuvre aux Cnidiens, à condition de payer leur dette nationale qui était immense, mais qu'ils refusèrent. (XXXVI, 5.)

19. Valère Maxime. (VIII, 11.) On cite encore, parmi les hommes amoureux de statues, le tout jeune homme épris de celle de la Bonne Fortune, à Athènes, et qui se tua de désespoir de n'avoir pu l'acquérir (Élien, Hist. div., IX) ; Alchidas le Rhodien, qui souilla le Cupidon nu de Praxitèle (Pline, XXXVI, 5), et, au dire de Varron, le Chevalier Romain Junius Pisciculus, qui aima une des Thespiades au temple de la Fortune, à Rome.

20. Bananier commun. Musa paradisiaca.

21. À cause de la propriété aphrodisiaque de l'artichaut.

22. Genre de la famille des Aroïdées.

23. Βούφθαλμον. Œil-de-bœuf. (Pline, XXV, 8.)

24. Vulgo Pentecôtes.

25. Vulgo Casse-lunettes. On croyait qu'elle rendait la vue, même aux aveugles.

26. Scandix. Peigne de Vénus. Vulgo aiguille de berger, cerfeuil à aiguillettes.

27. Chicorée scarolle. Vulgo escarolle.

28. Achillée millefeuilles. Vulgo saigne-nez, herbe aux charpentiers, employée par Achille dans le pansement des blessures. Nos paysans continuent à retarder la guérison de leurs plaies par l'application de cette plante.

29. *Oxalis acetosella*. Vulgo Alleluia, surelle ou pain de coucou.

30. Devise utilisée tant par l'empereur Auguste, que les Médicis et l'éditeur du Songe de Poliphile, Alde Manuce.

31. Dieu du sommet des montagnes.
32. Ou Collina. Déesse romaine des collines.
33. Ou Vallona. Déesse des vallons.
34. Île Cyclade. Homère la nomme Κράπαθος.
35. Vieille femme d'Épidaure, dont Junon prit l'aspect pour tromper Semelé.
36. ris dans Strabon, presque mot pour mot (XI, 7); sauf que Strabon dit 60 médimnes. Or le médimne Grec contenait six fois environ le modius, la plus grande mesure sèche des Romains, tiers de l'amphora et équivalant à 8,67 litres.
37. L'île fabuleuse ainsi nommée ne pouvait pas être située dans l'Océan Indien. On la plaçait dans l'Océan au-delà de la Celtique. Son sol donnait deux récoltes par an. Apollon passait pour y descendre tous les dix-neuf ans. Les Boréades, successeurs de Borée, en étaient rois. (Diod. de Sic., II, 47.)
38. Il y a Tapé, capitale de l'Hyrcanie, dont il est ici question; c'est sans doute ainsi qu'il faut lire. (Strabon, XI.) À moins qu'il ne s'agisse de Talca, dans la mer Caspienne. (Pomp. Mela, 3.6.10. Talge. Ptolémée, 6.9.8.)
39. Ἐλεύθερα, libre, libérale.

Chapitre VIII du Livre Premier

1. Cela rappelle la tour d'Andronicus Cyrrhestes avec le triton en girouette, à Athènes. (Vitruve, 1.6.4.)
2. Géant, fils de la Terre, foudroyé par Jupiter.
3. Ἀρμενιακόν, Dioscoride, L. 5, ch. 101. — Ἀρμένιον, Aëtius, L. 2. — Armenia mittit quod ejus nomine appellatur communicato colore cum cœruleo. (Pline, XXXV, 6.)
4. Boules odorantes en forme d'oiseaux et peut-être recouvertes de plumes, qu on crevait pour en répandre l'odeur. (Marquis de la Borde.)
5. Pierre de lait. Galaxie.
6. Poissons acanthoptériens. Trigla lineata, le rouget commun.
7. Mustellus, émissole, genre des chondoptérygiens.
8. Nom des différentes coquilles bivalves chez les anciens.
9. L'auteur la décrit plus loin.
10. Ἀποδυτήριον. apodyterium, le vestiaire des bains.
11. [L'édition originale a bien « un main ».]
12. Lixabondo, de Lixa, primitivement valet d'armée chargé d'aller chercher l'eau.
13. Les Métamorphoses ou l'Ane d'or de Lucius Apuleius.
14. Dracunculus (Pline). Aroïdée détachée du genre Gouet. Les anciens donnaient à l'Aron toutes sortes de propriétés; mais c'est une plante d'Égypte appelée

d'un nom mixte Aris-Aron qui corrompait, par son contact, la partie sexuelle de tout animal femelle. (Dioscoride, II, 198. Oribasius, II.)

15. En Italien moderne ; Amello. — Amellus, plante qui tirerait son nom du fleuve Mella, en Lombardie ? — Anthyllis vulneraria ; vulgo, triolet jaune.

16. Allusion au cratère d'airain, premièrement consacré aux Dieux, et que Pausanias, roi de Sparte, pendant son séjour à Byzance, eut l'audace de reconsacrer à Hercule son aïeul. (Athénée, Déipnosophistes, lib. XII.)

17. Fleuve de Scythie. (Hérodote, lib. IV, Strabon.) C'est à présent le Bog, fort éloigné d'ailleurs de Byzance.

18. De τορευτική, sous-entendu τέκνη, art de la ciselure.

19. La villa des Gordiens, élevée sur la voie Prænestine, avait un péristyle de deux cents colonnes. Capitolin en donne une description détaillée dans son Histoire Auguste (Gordianus tertius, 32).

20. L'explication probable de ce terme se trouve dans Pline : Cœpimus et lapidem pingere : hoc Claudii principatu inventum. (XXXV, 1.)

21. Blanc tacheté de rouge, de la Phrygia Synnas. La légende voulait que les taches rouges provinssent du sacrifice qu'Atys avait fait à Cybèle de sa virilité. (Stace, Sylves, I, 5, v. 35 ; II, 2, v. 85.)

22. Vert qui s'extrayait des carrières du port de Marmarion, dans le voisinage de Caryste, au pied du mont Oché, en Eubée. … Undosa Carystos. (Stace, Sylves, I, 5, v. 34.) Gaudens fluctus œquare Carystos. (Stace, S., II, 2, v. 93.)

23. Le Luculleum, marbre noir ainsi nommé de ce que Lucullus l'employait de préférence dans ses constructions. (Pline, XXXVI, 6.)

24. Le Colysée.

25. Les marches des temples antiques étaient de nombre impair, afin que, posant le pied droit sur la première marche, on parvînt avec le même pied sur la dernière.

26. Radical, κύων, chien. Gardienne vigilante.

27. Ἰδαλομάι, ressembler à, être pareille.

Chapitre IX du Livre Premier

1. Pterocarpus santalinus, de l'Inde.

2. Le santal citrin, dont on extrait une huile volatile très-odorante.

3. Les Anciens n'ont pas connu la véritable émeraude qui vient d'Amérique, Parmi les douze sortes d'émeraudes qu'ils avaient, ils mettaient au premier rang les Scythiques : Nobilissimi Scythici Et quantum smaragdi a gemmis distant, tantum Scythici a cœteris smaragdis. (Pline, XXXVII, 9.)

4. Émeraude achetée à Chypre au prix de six deniers d'or par le musicien Isménias, et sur laquelle était figurée la tête d'Amymone, fille de Danaüs.

5. Εὐσεβής. Eusebes petra, religiosa gemma, pierre dont était fait, dans le temple d'Hercule, à Tyr, un certain siège sur lequel ou voyait les Dieux.

6. Probablement le cap Darame, à l'occident de Goa. Pline compte 750,000 pas de Perimulæ à l'embouchure du Gange.

7. Poliphile a oublié de nous dire que les trépieds d'ébène avaient reçu des ronds de table en ivoire.

8. Taffetas, ainsi nommé pour Ormoisin, selon Huet, parce qu'il serait venu de l'île d'Ormuz, à l'embouchure du golfe Persique.

9. La giroflée, Cheiranthus.

10. Petite fille de Marcus Lollius, femme de Caligula. Pline raconte l'avoir vue paraître à un festin portant sur elle la valeur de 40 millions de sesterces. Voyez, sur Lollia Paulina, Tacite, Annal. XII.

11. La table de la Reine ?

12. Voyez Hérodote (II, 183) et Diodore de Sicile (II, 9).

13. Peisaios le Tyrrhénien, inventeur de la trompette, qu'il ne faut pas confondre avec Pisos le Méssénien, fils d'Aphareus, roi de Messène, fondateur de Pise en Élide, ni avec Tyrrhénus, fils d'Atys, prince Lydien, qui inventa les piques courtes et colonisa la Toscane. Tyrrhenusque tubæ mugire per œthera clangor. (Virg., Énéide, VIII, 526).

14. Maleos, roi des Étrusques, fils d'Hercule et d'Omphale, donna son nom au cap Malée ; passe aussi pour avoir inventé la trompette. (Stace, Theb. IV, 224.)

15. Pline le nomme Dardanus ; il faudrait peut-être lire Ardalus, ainsi que l'indique Plutarque (De musica, 5) ; il donne son nom aux Muses Ardaliques dont Pausanias fait mention dans les Corinthiaques. (II, 31). Il imagina d'accompagner la voix avec le son des flûtes.

16. La Licorne.

17. Poudre de deux espèces de bois de santal, usitée en pharmacie. Poudre des trois santaux. (A. Paré.)

18. Amandes de pin. (Littré.)

19. C'était un vin sébennytique. Le sébennytique était fait de trois sortes de raisin : le Thasien, l'Athalien et le Peucé. Le vin Thasien était très-doux et laxatif. (Pline, XIV.) Il ne faut pas confondre ce vin Égyptien avec le vin de l'île de Thasos, dans la mer Égée, dont Athénée fait mention. (Deipnosophistes, I.) Et Virgile : Sunt Thasiæ vites, sunt et Mareotides albæ. Virg., Géorg., liv. II, 91).

20. De μνήστωρ, fiancé ; pain pour les fiançailles.

21. Convallaria, lis des vallées, c'est le muguet. Le Muguet de Mai était célèbre autrefois, surtout en Allemagne, pour une eau distillée dite Eau d'or, qui passait pour réparer les forces.

Notes aux pages 127-140

Notes aux pages 140-150

22. C'est la cannelle, écorce intérieure des jeunes pousses et des branches du Laurus-Cinnamomum.

23. Au XIVe siècle, on cultivait déjà la canne à sucre en Sicile, en Syrie et dans l'île de Chypre.

24. La fleur de l'origan est rosée, rarement blanche. Colonna ne veut point parler de l'origan dictame tant célébré par les anciens, mais, sans doute, de l'origan commun ou de la marjolaine.

25. Nom d'un lin, *Linum Byssinum*, qui ne croissait en Grèce qu'aux environs de la ville d'Elis en Achaïe, selon Pausanias. (Eliac., I.) Du temps de Pline, il se vendait quatre deniers le scrupule. (PLINE, XX, 1.) (ISID., *Orig.*, XIX, 27.) Probablement le Gossipium arboreum de Linnée.

26. Il y a plusieurs lois Licinia. Celle à laquelle il est fait allusion ici est la loi somptuaire proposée par P. Licinius Crassus le riche en 656. Elle portait qu'aux Kalendes, aux Noues et aux foires Romaines seulement, il serait permis de dépenser, par jour, la valeur de 30 as pour les repas.

27. Ici notre auteur confond le byssus avec l'amiante, que les anciens croyaient un végétal et qu'ils nommaient linum abestinum, de l'asbeste ou amiante dur ἄσβεστος, inconsumable); on croyait qu'il venait d'un plant dans le désert de l'Inde. (PLINE, XIX, 1.)

28. Les Saliens, douze prêtres de Mars Gradivus, dont la bonne chère était célèbre, Saliarem in modum epulari. (Cicéron.)

29. Groupe de trente îles au N.-E. de l'Écosse. Ὀρκάδες νῆσοι. Ptolémée en comptait quarante.

30. Antoine. Allusion à la potion dans laquelle Cléopâtre avait fait dissoudre une des fameuses perles qu'elle avait aux oreilles, et qui valaient 40,000,000 de sesterces. La seconde perle, coupée en deux, fut envoyée à Rome et mise aux oreilles de Vénus dans le Panthéon. (Pline, IX, 35, Macrobe, Saturn., II, 13.)

31. Chargées de servir les convives.

32. Il veut dire non taillées, cabochons.

33. On appelle les grosses perles uniones depuis la guerre de Jugurtha. *Unio* signifie unique. (PLINE, IX, 35, d'après L. Ælius Præconius Stilo.)

Chapitre X du Livre Premier

1. L'Éloquence de la Gens Æmilia descendue de Pythagore, (Plutarque, Vie de Paul-Émile) ou celle de Scipion, le second Africain.

2. Salauces, roi des Suans, en Colchide, prince tellement riche que les chambres de son palais étaient d'or, soutenues par des colonnes et des pilastres en argent. (Pline, XXXIII, 3.)

3. Jean Hircan Ier, fils de Simon Machabée, souverain pontife des Juifs. Hircan II, fils d'Alexandre Jannée, souverain pontife et roi des Juifs.

4. Clodius Æsopus, célèbre pour son plat d'oiseaux parleurs estimé à 100,000 sesterces. Il est le père de ce Clodius qui, avant Antoine et Cléopâtre, absorba des perles dans un festin et en fit absorber à ses convives. (Valère Maxime IX, 1.) Filius Æsopi detractam ex aure Metellæ. Scilicet ut decies solidum exsorberet, aceto Diluit insignem baccam. (Horace, Sat. II, 3, v. 239.)

5. On nommait Petauristæ ceux qui d'une fort prompte et viste course passoyent volants sur la fin par le milieu de quelques cercles élevés en l'air... (Les trois dialogues du Sr Arcangelo Tuccaro, dial. II.) Ce sont ceux que les Grecs, d'après l'autorité de Budé, nommaient κυβιστήροι.

6. Fils d'Œagros, inventa la flûte, fut écorché par Apollon. Plutarque (de Musica, 7) le dit fils d'Hyagnis qui inventa le premier l'art de jouer de la flûte.

7. Che Mymphurio tornatorio. Mymphur est un mot barbare que Forcellini rejette. Il signifie le morceau de bois cylindrique ou partie de l'arbre du tour sur laquelle s'enroule la courroie qui communique à l'appareil le mouvement de la roue. J. Martin, qui saute d'ordinaire les passages obscurs, prend ici le Pyrée pour un homme et traduit : « Memphurius le voltigeur. »

8. Fameux joueur de flûte Thébain qui florissait du temps d'Alexandre et qu'il ne faut pas confondre avec Timothée, fils de Thersandre, renommé joueur de flûte, de cythare et poète dithyrambique.

9. Nom que les anciens donnaient à une pierre de grand prix qu'on croit être le diamant et dont l'étymologie, mal connue, semble indiquer qu'elle chassait les craintes vaines et les visions en même temps qu'elle était un antidote contre les venins. (Pline, XXXVII, 4.)

10. De Λογιστική, habile à raisonner.

11. De Θελημός ou Θελημή, comme Θέλουσα, voulant, qui a de la volonté.

12. Les convolvulus des colonnes, et les fleurs bordant les caisses.

13. Ilot à 2 kilomètres de Venise, célèbre par ses fabriques de verrerie.

14. Θεσπιος, pour Θεσπέσιος, qui prophétise.

15. Melle, mot fait de τό μέλλον, l'avenir.

16. « Le loup des Dieux est insensible », je crois que c'est une allusion à la rencontre du loup dont la vue était fatale. (Virg., Églogue, IX, 54.)

17. Femme extraordinaire par son courage et son activité, à laquelle, après sa mort, ses peuples reconnaissants élevèrent le plus magnifique tombeau. Il consistait en une pyramide triangulaire dont chaque côté avait trois stades de long et un stade de haut (184 mètres environ). Au sommet terminé en pointe était placée une statue d'or colossale à laquelle on rendait les honneurs dus aux héros. (Diod. de Sic. II, 34)

18. Incompréhensible, ou plutôt difficile à comprendre.

Notes aux pages 164-174

19. Nom de bandelettes attachées aux mitres, couronnes et palmes.

20. Osiris consacra deux temples tout d'or; le plus grand à Jupiter Uranius, et le moindre à son père Ammon qui avait régné en Égypte. (Diodore de Sicile, I, 14.) Primus inter Græcos desiit nugari Diodorus. (Pline.)

21. Jaspe de quinze pouces de long, dont on fit une figure qui représentait l'empereur Néron revêtu d'une cuirasse et que Pline déclare avoir vue. (XXXVII, 9.)

22. Une topaze, découverte dans une île de la mer Rouge que Juba nomme Topazos, fut offerte à Bérénice, mère de Ptolémée Philadelphe. On en fit une statue d'Arsinoë, femme de ce Prince. Cette statue, haute de quatre coudées, fut consacrée dans un temple qu'on appelait le Temple d'or. (Pline XXXVII, 8.) — On croit que la topaze des anciens est la chrysolithe. (Du Tems, Traité des pierres précieuses, p. 33.)

23. Antoine le fit proscrire pour s'approprier une opale qu'il avait à un anneau. Nonius s'enfuit, n'emportant que cette pierre estimée 20,000 sesterces. (Pline, XXXVII, 5.) Il était fils de Struma Nonius que le poète Catulle s'indignait de voir assis dans une chaise curule : Quid est, Catulle, quid moraris emori ? Sella in curuli Struma Nonius sedet; (LIII.)

24. L'intaille est une pierre dure taillée en creux.

25. Vitruve (II, 9). Le larix en cet endroit n'est pas notre mélèze, très-combustible et dont le charbon est très-recherché des fondeurs : c'est un arbre propre à l'Italie, qui n'est pas sans rapport avec le πίτυς de Théophraste, dont une forêt dite Tyrrhée, à Lesbos, renaquit de ses cendres. (III, 10).

26. L'ophite blanc pourrait être la pierre néphrétique qui, portée en en amul, attachée au bras, passait pour calmer la frénésie. (Pline, XXXVI, 7).

27. [Popelin ne traduit pas la maxime dans ses notes; Jehan Martin traduit : « Ceux sont heureux qui ont tenu le moyen (prob. "le milieu"). » On lit dans Aristite (Éth. Nic. 2, 6, 14) : « L'excès et le défaut sont propres au vice, la juste moyenne est le propre de la vertu. »]

28. Cette montagne de l'Attique, célèbre par son miel, possédait les plus belles carrières de marbre, le marbre Hymettien et le marbre Pentélique, dans le voisinage même d'Athènes (Strabon, IX, 23). Le marbre de L'Hymette est le premier qui fit son apparition à Rome sous la forme de quatre colonnes (alias six) placées par Crassus l'orateur dans le vestibule de sa maison : luxe qui, alors, parut choquant. (Pline, XXXVI, 3.)

29. De θευδής pour θεουδής, pieuse.
30. De παρθένιος, virginal.
31. Εὐδοξία, bonne réputation.
32. De ὑποχωλεύω, je boîte, je cloche.
33. De πινωδία, saleté.
34. De ταπείνωσις, humilité.

35. De πτωχεία, pauvreté.
36. Chrysaora, de χρυσάορος, à l'épée, au sceptre, à la lance, à la lyre, à la faux d'or.
37. Εὐκλεία (Attique), gloire.
38. De μέριμνα, préoccupation, souci.
39. Ἐπιτήδεια, nécessaire, propre à.
40. De ἐργασία, travail.
41. Ἀνεκτέα, adj. verb., d'ἀνέχω, j'endure, je supporte.
42. De στάσις, stabilité, constance.
43. D'ὦλαξ, Dorique, pour αὖλαξ, sentier, sillon ?
44. De φίλτρον, moyen de faire aimer, philtre.
45. De ῥᾳστώνη, facilité, complaisance.
46. De χορτασία, nourriture.
47. De ἰδών, ἰδοῦσα, part. aor. 2 de l'inusité εἴδω, moyen εἴδομοι, je parais, je me fais voir, εἶδος, forme physique.
48. De τρυφάω, je mène une vie molle.
49. De ἔτης, compagnon, ami.
50. De ᾅδης, la mort, le tombeau.
51. Colchique d'Automne, vulgo Veilleuse, Tue-chien, Safran bâtard, dont les tubercules renferment un principe vénéneux qui n'est autre que de la veratrine et dont les feuilles, également toxiques, peuvent empoisonner les bestiaux.
52. Disciple de Platon. V. : Valère-Max, IV, 3. Diog. Laërce, IV, 2.

Chapitre XI du Livre Premier
1. Surnom de Vénus, d'Idaléon, ville de Chypre.
2. Μιμάλλονες, Bacchantes, ainsi nommées du mont Mimas, en Ionie, ou de μιμέοραι, j'imite, parce qu'elles imitaient Bacchus.
3. Notre auteur confond Cos avec Céos. Chez Aristote, il est vrai, l'on trouve ἐν Κῷ à propos de ce fait. (Hist. anim., V, 18.) Cela vient de ce que Céos était parfois nommée Cos abusivement. Cos est une île dans la mer Icarienne, aujourd'hui Co ou Stancho. Céos, aujourd'hui Zea, que les Grecs nommaient encore Ydrousa et les Latins Cea, est une des Cyclades, détachée de l'Eubée par une usurpation de la mer. C'est là que, sur la foi de Varron, Pline rapporte que furent inventés ces vêtements diaphanes dont Pétrone a dit : Æquum est induere nuptam venturn textilem ? Palam prostare nudam in nebula linea. (Pétrone, Satyricon, 55.)
4. Nom donné à la ceinture de Junon et de Vénus.
5. Ἀγελεία. La déesse du butin, Pallas.
6. La barque de Cynthie veut dire le croissant de la Lune. Il y a dans le texte une transposition qui n'a aucun sens.

Notes aux pages 185-188

7. Allusion probable à la légende des quatre oiseaux monstrueux, nommés Kerkès, avec lesquels Nemrod résolut de se faire porter au ciel, après l'éboulement des deux tours qu'il avait successivement fait bâtir dans ce but. (Bibliot. orient. d'Herbelot, Nemrod, d'après le livre intitulé Malêm.)

8. Une fable courait que le roi Charles VI avait pris, dans la forêt de Senlis, un cerf portant un collier d'or sur lequel était écrit : Cæsar hoc me donavit. Pline rapporte qu'on avait pris des cerfs portant des colliers d'or dont Alexandre le Grand les avait décorés.

9. Fille de Talaüs et de Lysimaché, découvrit à Polynice, pour prix du collier d'or que Minerve avait donné à Harmonie, lors de ses noces avec Cadmus, l'endroit où s'était caché son mari Amphiaraüs qui refusait de se rendre devant Thèbes, sachant qu'il y périrait.

10. Grecs dédiaient leurs cheveux aux divinités. Thésée, sorti de la classe des Éphèbes, dédia ses cheveux à Delphes. (Plut., in Theseo.) Pelée consacra sa chevelure au fleuve Sperchius pour obtenir le retour d'Achille.

11. Lorsque Bérénice eut fait le sacrifice de sa chevelure, Conon de Samos, pour plaire à Ptolémée, prétendit qu'elle avait donné naissance aux sept étoiles placées en un triangle à la queue du Lion. (Eratosthènes, 12.) Idem me ille Conon cœlesti lumine vidit E Bereniceo vertice cæsariem Fulgentem clare : (Catulle, LXVI.)

12. Les sourcils de Jupiter.

13. Coquille univalve dont les anciens retiraient la pourpre.

14. Fra Colonna ferait-il les Muses filles de Thespius ? Les Muses étaient nommées Thespiades à cause du culte particulier dont on les honorait à Thespie en Béotie. Il ne faut pas les confondre avec les filles de Thespius au nombre de cinquante, selon les uns, de douze suivant d'autres, qu'Hercule rendit mères et dont les fils portèrent également ce nom de Thespiades. Sans doute Colonna veut parler de Thespis, joueur de flûte de Ptolémée Lagide (Lucien, in Prometh., V, 4), et qui pourrait être le même que le citharède Thébain du même nom dont parle aussi Lucien (Adv. indoctum, 9).

15. Æsaque, fils de Priam et d'Alixothoé, épris de la nymphe Hespérie, quitta Troie pour la suivre, et lorsqu'elle mourut, mordue par un serpent, il se précipita dans la mer où Thétys le métamorphosa eu plongeon. (Apollodore, III, 12. Ovide, Met. XI, 762.)

16. Nécys, Nécon, Dieu de la guerre chez les anciens Espagnols.

17. Colonia Accitania, aujourd'hui Guadix au royaume de Grenade.

18. Amycos, fils de Poseïdon et de Bythinis ou de Mélie, roi des Bébryciens en Bythinie, à l'est du promontoire Posidium, fut tué dans le port qui porte son nom et où s'éleva son tombeau sur lequel on planta un laurier, surnommé le Laurier fou, parce que, si l'on en portait la plus petite branche sur un navire, l'équipage devenait

la proie de querelles qui ne cessaient que quand on avait jeté ce laurier par-dessus bord. (Pline, XVI, 44.)

Chapitre XII du Livre Premier

1. Dont cinq lui servirent de modèles pour peindre sa Junon Lacinienne (Pline, XXXV, 9). Il obtint la même faveur des Crotoniates pour l'Hélène (Cicéron, de Juvent.)

2. Tantale, commensal des dieux, leur servit son fils Pélops dans un festin. Cérès en mangea une épaule ; quand les dieux eurent rendu la vie au jeune homme, Jupiter lui donna une épaule d'ivoire.

3. C'est-à-dire : je la suivis.

4. Les vignes du mont Gaurus, en Campanie, furent apportées du pays de Falerne. Elles en conservèrent le nom. Les vins en étaient de trois sortes : un rude, un doux, un léger. On les appelait Gauranum, Faustianum, Falernum, selon que les vignes, qui les produisaient, croissaient au sommet, à mi-côte ou au pied des collines.

5. Le seul vin que but jamais l'impératrice Livie, femme d'Auguste, qui disait lui devoir ses quatre-vingt-deux ans d'existence. Il se récoltait sur le terroir voisin de Castellum Pucinum, en Istrie.

6. Herbam dare, céder la palme, expression proverbiale, venue, selon le grammairien Festus (de verb. signif.) de l'usage des bergers, lorsqu'ils luttaient dans les prés, d'offrir au vainqueur une touffe d'herbe arrachée du sol. Servius la rattache à l'olivier qui valut à Minerve sa victoire sur Neptune. Varron y voit une allusion à la palme offerte à l'adversaire avec lequel on se sent indigne de se mesurer. Pline (XXII, 4) y voit le symbole de la cession du sol au vainqueur. Il parle de cet usage comme étant en vigueur de son temps chez les Germains. C'est d'ailleurs une des formes de l'hommage aux temps féodaux.

7. Pilote des Argonautes.

8. Pendant une tempête, les Argonautes virent voltiger au-dessus de la tête des Tyndarides, deux flammes dites Feux de Castor et de Pollux. Lorsque ces feux se montraient réunis c'était signe de beau temps, et, séparés, signe de tempête. Après leur mort, les Dioscures tonnèrent dans le ciel le signe des Gémeaux, composé de deux étoiles qui ne se laissent jamais voir ensemble. Les marins les invoquaient par les gros temps.

9. La Vénus des Assyriens selon Hérodote (I. 131, 199)

10. Métamorphosée en colombe (περιστερά) par Cupidon, pour lui avoir fait perdre sa gageure avec Vénus en aidant celle-ci à cueillir plus de fleurs que lui.

11. L'origan dictame, appelé dictame de Crète, vulnéraire dont toute l'antiquité a célébré les vertus.

12. Dionea, nom de Vénus, fille de Dioné et de Jupiter, mère d'Énée, en bonne mère, va cueillir sur l'Ida de Crète une tige de dictame. (Virg. Énéide, XII, v. 412.)

13. Xanthium. Du grec ξανθός, jaune, à cause de sa propriété de teindre les cheveux en jaune. Son fruit est enfermé dans l'enveloppe florale et hérissée de pointes raides.

14. Attaché dans le Tartare à une roue tournant perpétuellement, pour avoir désiré Junon au banquet des Dieux dans l'Olympe, et avoir eu commerce avec une nuée faite à son image et dont il eut un monstre appelé Centaure.

15. Il s'agit du vin Biœon, mêlé à l'eau de mer et nommé Leucocoum dans l'île de Cos, Tethalassomenon dans les autres pays. Cette invention est due à la friponnerie d'un esclave qui, dérobant le vin de son maître, dissimulait son larcin en y ajoutant de l'eau de mer. Neptune nous a entonné son eau comme dans des barils de vin de Grèce. (Plaute, Rudens 2, 8 v. 30).

16. Ou Galinthias, de γαλῆ, belette. Métamorphosée en belette par Junon, pour avoir, à l'aide d'un mensonge, empêché les Mæræ et les Hithyiæ de s'opposer à l'accouchement d'Alcmène. On croyait que la belette mettait bas par la bouche.

17. Pilote des Argonautes, célèbre par sa vue perçante.

Chapitre XIII du Livre Premier

1. [Original : confulation.]

2. Sans doute Hippodamia, fille de Brisès, nommée aussi Briséis, captive d'Achille, plutôt que la fille d'Œnomaus.

3. Sacrima, vin offert à Bacchus selon Festus.

4. Fêtes de Cerès, instituées par Triptolème, qu'on célébrait dans le mois Pyanepsion qui correspondait en partie au mois d'octobre.

5. Nom Grec de Cerès.

6. Graines de vermeil, graines d'écarlate, ou cochenille du chêne, que les Grecs nommaient et les Latins *vermiculus*. C'est le kermès, extrait des gales de la feuille de l'*Ilex cocciglandifera* : on en faisait le *purpurissimum* de Laconie.

7. Nœud que fit Hercule quand il lia Cerbère.

8. Voir Valère Maxime, I, 1 ; Silius, VI ; Cicer., Off. III.

9. Paguro, de πάγουρος, Pagurus, genre de Crustacés de l'ordre des Décapodes macroures. Vulgo : Bernard l'Hermite, Pagurus Streblonyx.

10. Papilionacée. Le mélilot à fleurs jaunes ou blanches croît dans le midi de l'Europe. Le mélilot bleu (trèfle musqué, lotier odorant) vient principalement en Bohème.

11. La laine la plus estimée des anciens, avec celle de Galatie, de Tarente et de l'Attique. (Pline, XXIX, 2.)

12. Gros taffetas qui a passé sous la calandre, moire.

13. Loi du tribun Oppius en 540, restreignant la parure des femmes.

14. Nom d'une ville et d'une montagne en Cilicie, d'où venait le safran le plus estimé. (Ptol., 5, 8, 4 ; Strab. XIV.)

15. Ville de Sicile au pied de l'Etna, célèbre par son safran de qualité supérieure. (Dioscoride, I, 25 ; Pline XXI, 6 ; Solin., 38.)

16. Du Grec σφιγκτὴρ, bracelet que les femmes portaient en haut du bras gauche. (Festus, Plaute, Men., III 3.)

17. Caïus Cæsar ne fit pas usage le premier de la Caliga ; mais il lui dut d'être surnommé Caligula pour avoir porté dans son enfance cette chaussure militaire.

18. Sicyonia, sorte d'élégants souliers. (Lucilius, d'après Festus.) Les chaussures toujours viennent de Sicyone et semblent rire aux pieds. (Lucrèce, De Nat. Rer. 4, 1157-1158.)

19. L'Italie ainsi nommée par Auson, fils d'Ulysse et de Circé.

Chapitre XIV du Livre Premier

1. De, fer, nom donné à un diamant inférieur parce qu'il est de la couleur du fer poli. (Pline, XXXVII, 4.)

2. Les anciens croyaient que le diamant ne pouvait être brisé par le marteau sur l'enclume, qu'il faisait même voler en éclats, et que le sang d'un bouc pouvait seul en avoir raison, à la condition qu'il fût frais et chaud. (Pline, XX, in proœmio.)

3. Europe.

4. Du diamant.

5. Voir Chapitre XII, note 14.

6. Érichtonius ou Érectheus I, roi d'Athènes, avait des jambes de serpent. Il inventa les chars à roues et le premier y attela quatre chevaux.

7. Voir Isidore de Séville, Marbodéus, Solin, Albert le Grand, sur les vertus des pierres.

8. C'est la grande trompe faite primitivement de corne, puis de bronze, nommée par les Grecs σάλπυγξ στογγύλα. (Varron, LV.) L'airain courbé du clairon. (Ovide, Met., I, 98.)

9. Ausone (Idyl. 20). V. Pline (XXXVII, 1). C'était une de ces agatearborescentes, dites dendrachates, ou dendites sur lesquels l'imagination des curieux voyait tout ce qu'elle voulait.

10. Allusion à la flamme des Dioscures et aux deux étoiles dites Castor et Pollux.

11. Nella agesinua patria. Mot sans doute forgé du Grec ἀιγες, de σίνομαι, chèvres, et, endommager. La vallée de Cachemire ?

Notes aux pages 199-212

Notes aux pages 212-226

12. Liber Pater, nom donné par les poètes Latins au Dionysos Grec. Le Dieu Liber est une ancienne divinité Italique. Avec la déesse Libéra, il présidait à la culture de la vigne et à celle des champs.

13. Aujourd'hui, Mont-Saint-Ange occupe une grande partie de la Capitanate.

14. Ranunculus acris, bouton d'or, clair bassin.

15. Léda, fille, non de Thésée, mais de Thestius roi d'Étolie, et de Laophonte ou Leucippe fille de Tyndare.

16. L'héliotrope, surtout celui d'Éthiopie, passait pour montrer le soleil, et, en temps d'éclipse, le passage de la Lune. On croyait que mis dans l'eau, exposé aux rayons solaires, il communiquait une teinte de sang au liquide. (Pline, XXXVII, 10.) Ex re nomen habens est Heliotropia gemma, Quæ solis radiis in aqua subjecta batillo, Sanguineum reddit mutato lumine solem, Eclipsimque novam terris effundere cogit. (Marbodeus. De lapidibus pretiosis. XXXIV.)

17. Acrisius, père de Danaë.

18. Danaë.

19. Persée et Méduse une des Gorgones.

20. Le cheval Pégase.

21. La source d'Hippocrène, consacrée à Apollon et aux Muses, à quelque distance de l'Hélicon, un des sommets du Parnasse.

22. C'est par métonymie qu'on a appelé asbeste l'amiante que les anciens croyaient un lin. L'asbeste est réellement un amiante dur et pesant, de couleur de fer ; il venait des montagnes de l'Arcadie. (Pline, XXXVII, 10.)

23. Des cavernes.

24. Dans l'antre de Nisa.

25. De Ἀετὸς, Aigle, parce qu'elle était de la même couleur blanchâtre que la queue de l'aigle. (Pline XXXVII, 11.) C'est sans doute de l'aigle pygargue qu'il s'agit. Les anciens croyaient qu'on trouvait l'ætite dans le nid des aigles.

26. Île de la mer Rouge, passé le golfe Acathartos, ainsi nommée à cause des serpents qui l'infestaient avant que Ptolémée II ne l'en eût purgée. Très-riche en topazes, la même sans doute que Juba nomme Topazon. Ne pas la confondre avec Ὀφιοῦσσα, ancien nom de Rhodes à cause de l'abondance des serpents. (Strab. XIV, Heracl. Pont., 33.) On donnait ce nom, pour la même raison à Cythnos (Thermia), à Ténos, deux Cyclades, à Colubaria (Formentura), une des Baléares, à une île au nord de la Crète. Ovide le donne à Chypre : Vénus la Bienfaisante s'apprêtait à quitter ses villes aimées et les champs d'Ophiuse : (Met. X, v. 229-230a).

27. Cité par Virgile dont notre auteur s'est inspiré : Ce sont deux coupes de hêtre que sculpta la main divine d'Alcimédon. Une vigne ciselée à l'entour y revêt gracieusement de ses souples rameaux les raisins épandus du pâle lierre. Dans le fond d'une de ces coupes est la figure de Conon : et quelle est donc l'autre ? ... Dis-moi le

nom de cet homme qui, par des lignes tracées, a décrit tout le globe de la terre habitée, a marqué le temps de la moisson, le temps propre à la charrue recourbée. Je n'ai pas encore approché ces vases de mes lèvres ; je les garde précieusement enfermés — J'ai, comme toi, du même Alcimédon, deux coupes, où il a fait s'entrelacer aux deux anses la molle acanthe : au fond, il a gravé l'image d'Orphée, que suivent les forêts émues : mes lèvres non plus n'en ont pas touché le bord ; et je les garde soigneusement. Mais, auprès de ma génisse, ces coupes ne valent pas qu'on les vante. (Buc. Egl. III, v. 36-48.)

28. Ciseleur renommé pour ses vases à boire. (Athénée, Deïpnosophistes, XI.)

29. Les Héliades : Mérope, Hélie, Æglé, Phœbé, Lampétie, Æthérie et Dioxippe. Changées en peupliers ou en aûnes.

30. De Σελήνη, Lune. Pierre dans laquelle on croyait voir l'image de la Lune suivant qu'elle était dans son croissant ou dans son déclin. (Pline, XXXVII, 10.) Au lieu de lire : pierre qui n'est pas sujette..., il faudrait lire au contraire : pierre sujette aux mouvements de la Lune.

31. Nuages condensés qui tombent comme des géants sur les vaisseaux pour les engloutir.

32. Près de Carteïa, nommée Tartessos par les Grecs, sur le détroit de Gibraltar.

33. Arabicus sinus, Ἀράβιος κόλπος ; . (Hérodote, II, 11 ; IV, 39.) Mer Rouge. Le nom d'Erythræum mare se donnait aussi à tout l'Océan Indien, y compris la mer Rouge, le golfe Arabique et le golfe Persique.

34. Il y a Drepanum, cap au S.-O. de l'île de Chypre (Ptol. V, 14 ; I, 2), auj. capo Bianco ; Drepanum en Sicile (Diod. de Sic. 23, 14) ; Drepanum promontorium Indorum, d'après le roi Juba qui traite d'Indiens les Éthiopiens Troglodytes ; nommé aussi Leptè Acron par Pline ; sur la côte O. du golfe Arabique, inconnu aux modernes.

35. De Κεραυνός, foudre. C'est en général une pierre blanche qui tire sur l'azur. On croyait qu'elle recevait l'éclat des astres. Sotacus, cité par Pline, en admettait une noire et une rouge. Une quatrième espèce, très rare, ne se trouvait que dans les endroits frappés par la foudre. (Isidore, XVI, 13.) Nubibus illisis cœlo cadit iste lapillus, Cujus apud Græcos extat de fulmine nomen. (Marbodeus, XXII.)

36. Pierre de Bacchus. Réduite en poudre et mêlée avec l'eau, elle lui donnait le goût du vin.

37. Pierre qui rend un suc couleur de safran, trouvée dit-on par Médée.

38. De νεβρίς, peau de faon, dont Bacchus, à qui la nébrite était consacrée, était, dit-on, vêtu. Il y avait des nébrites noires.

39. Prêtresses de Bacchus et de Cybèle, de μαίνεσθαι, être en fureur.

40. Mystères de Bacchus, de Ὀργὴ colère.

Notes aux pages 233-235

41. Ou Triétérèdes, fêtes que les Thébains célébraient sur le mont Cithæron en l'honneur de Bacchus, vainqueur des Indes et surnommé Triétérix, parce qu'il avait mis trois ans à accomplir cette conquête.

42. En souvenir du van qui servit de berceau à Bacchus.

43. Λῆναι, de Ληνὸς, pressoir, nom de Bacchantes.

44. Le tityre est, à proprement parler, le fruit d'une brebis et d'un bouc. Ce mot veut dire aussi berger, chalumeau et satyre.

45. Virgile, Énéide 7, 389. [Son sens est probablement: Salut au nom de Bacchus.]

Chapitre XV du Livre Premier

1. Fille d'Hespérus, femme d'Atlas; le Couchant.

2. Dans le texte il y a paralisis, fautif pour paralius ou paralios, nom que Pline donne à la première et à la troisième espèce de pavots, parce que l'une et l'autre viennent dans les lieux maritimes.

3. *Gith Nigella sativa*, Melanthion (Cels., II, 33), Melanspermion (Colum, VI, 34).

4. Stachys, de στάχυς, épi, vulgo Étiaire.

5. Nardus Stricta et Saliunca. Colonna se sert du mot Spiconardo, ce serait alors le Spica-Nard ou Nard Indien, substance végétale qui ne nous vient de Ceylan que coupée et en petits paquets. — Le Nard celtique (Saliunca) ou N. de Crète se nomme aussi Valériane celtique.

6. Xanthum, Lampourde.

7. Idiosmo, fait du Grec ἡδύοσμον, menthe, c'est-à-dire qui sent bon.

8. Aimée par Jupiter qui prit, pour l'approcher, la forme d un satyre.

9. Fille de Macharée, héros Lesbien, aimée d'Apollon qui prit la forme d'un berger.

10. Figliola di Acco. Ἀχώ, Dorique pour Ἠχώ. Pan aima la nymphe Écho: on prétend qu'il en eut une fille nommée Jynx.

11. Ce serait Hellé, mais comme il la cite plus bas, peut-être a-t-il voulu parler d'Ino, femme d'Athamase.

12. Fille de Céus et de Phœbé, mère d'Hécate, poursuivie par Jupiter et changée en caille, donne son nom à l'île d'Ortygie (ὄρτυξ, caille).

13. Jupiter sous les traits d'Amphitrion.

14. Fille du fleuve Asope, enlevée par Jupiter qui l'approcha sous la forme d'une flamme.

15. Il veut parler de Hirié dont le fils fut changé en cygne au moment ou il se jetait du haut d une montagne, désespéré de ce que Phyllius lui refusait le don d'un taureau. (Ovide, Mét. VII, v. 380.)

16. Entretint avec sa mère Billas un commerce incestueux.
17. La Dryade Eurydice.
18. Io, métamorphosée en vache.
19. Il y a plusieurs Astyochée, c'est sans doute celle qui était fille de Priam.
20. Changée en cigogne.
21. Curitis, de curis, vieux mot Sabin qui veut dire lance, épithète de Junon. Mis ici sans doute pour Coria, nom donné par les Arcadiens à la Minerve, fille de Jupiter et de Coriphe, une des Océanides et qu'ils regardaient comme l'inventrice des quadriges. (Cicéron, Nat. Deorum, III, 23.)
22. Fille du roi des Garamantes, peuple de Mauritanie, enlevée par Jupiter Ammon dont elle eut Jarbas.
23. Fleuve du territoire de Carthage qui prend sa source dans le mont Mampsarus en Numidie.
24. C'est encore Astérie, poursuivie par Jupiter.
25. Fille d'Icarion, aimée de Bacchus qui, pour la séduire, se changea en grappe de raisin.
26. Évidemment Europe, fille d'Agénor, roi de Phénicie, que l'auteur fait roi de Cholon (Χωλὸν τεῖχος), ville de Carie, citée par Apollonius.
27. Tyro, femme d'Enipée, fleuve de Thessalie, dont Neptune prit la forme pour la séduire.
28. Encore Hellé, fille d'Athamase en compagnie du Chrysomallus ou bélier à la toison d'or, sur lequel passant l'Hellespont elle se noya et dont elle eut un fils nommé Almops que Colonna appelle Alpe et qu'il fait son père.
29. Nymphe, aimée de Neptune qui se métamorphosa en dauphin pour la séduire.
30. Saturne.
31. Allusion à un des dragons attelés au char qu'elle donna à Triptolème.
32. Fille d'Alemon, que Mercure aima après lui avoir coupé la langue par ordre de Jupiter. C'est une nymphe des eaux, mère des Lares.
33. Surnom de Mercure pour avoir tué Argus.
34. Ancienne divinité du Latium, que Virgile fait sœur de Turnus.
35. Sans doute les trois Grâces.
36. Apollon Musagète.
37. De λείριον, lys, fleur de lys. Il s'agit de la poésie de Virgile enseveli à Parthénope (Naples): Mantoue m'a donné la vie, la Calabre me l'a ôtée, et maintenant Naples garde mon corps. J'ai chanté les pâturages, les campagnes, les héros. (Épitaphe apocryphe de Virg.).
38. Nom formé sans doute de μέλος, mélodie, chant lyrique, et de ἄνθος, fleur.
39. Homère

Notes aux pages 235-237

Notes aux pages 237-238

40. C'est l'Iliade, dont Alexandre le Grand faisait son livre de chevet. On doit à ce prince la fameuse diorthose, dite de la cassette. Il lut de suite les livres d'Homère en compagnie de Callisthène et d'Anaxarque. Après avoir consigné par écrit certaines remarques, il mit le tout dans une cassette d'un grand prix provenant des dépouilles des Perses. (Strabon, XIII. 1. 27.)

41. Ancien nom d'Iphigénie. (Sophocle, Électre, 157.)

42. Asopus, père de trois filles changées en îles.

43. Maîtresse du poète Gallus, fils d'Asinius Pollion, qu'elle quitta pour suivre Antoine dans les Gaules. (Virg. Egl. X, 2. — Properce, I, 25, 91. — Martial, 8, 73, 6.)

44. La Thébaïde de Stace et les Silves.

45. Il entend par là, sans doute, la poésie satirique.

46. Corinne n'était pas Lesbienne. La rivale de Pindare était de Tanagra, ou de Thèbes en Béotie. On connaît encore deux Corinne une de Thespie, et l'autre aimée d'Ovide.

47. Et tu pourrais, Délie, immoler ta victime. (Tibulle, I, 6, 55.)

48. Horace (Od. III, 14, 21).

49. Instrument formé de deux pièces de bois, réunies par une poignée droite, que l'on faisait claquer l'une contre l'autre, et spécialement employé dans le culte de Cybèle.

50. Maîtresse de Calvus, orateur célèbre, qui pleura son trépas ; cité par Properce, Élégies 2, 34, 90.

51. Maîtresse de Properce. Nombreuses élégies en son honneur.

52. Stella Violantilla, chantée par Stace. (Les Sylves II)

53. Lesbie, aimée de Catulle qui chanta la mort de son passereau.

54. Aimée d'Antimaque, poète de Claros ou de Colophon, qui écrivit une élégie sur sa mort. (Plutarque, Cons. Apoll., 9 ; Athénée, XIII.)

55. Maintenant Chloé de Thrace règne sur moi ; habile aux doux chants et à jouer de la cithare. (Horace, Odes 3, 9, 9-10.)

56. Fille de Lycante, qu'Archiloque contraignit à se pendre.

57. Fille de Lycurgue, roi de Thrace ; qui se pendit désespérée de n'avoir pu obtenir Démophon, et métamorphosée en amandier.

58. Les dieux ont entendu mes vœux, Lycé, les dieux me les ont entendus. (Horace, Od., IV, 13, 1.)

59. Sil, Italicus (II, 554).

60. Femme de Deucalion. (Ovide, Met., I, 350.)

61. Sapho, amoureuse de Phaon, jeune homme de Lesbos.

Chapitre XVI du Livre Premier

1. C'est le narcisse. Narcisse était fils de la nymphe Liriopé et du fleuve Céphise.

2. La balsamine sauvage ou impatiente n'y touchez pas, qui vient dans les lieux frais et couverts.

3. C'est l'iris : Εἶρις, αγρία des Grecs.

4. Cette labiée est le Teucrium, ainsi nommé de Teucer, frère d'Ajax, qui est prétendu avoir découvert ses propriétés médicinales. Il s'agit ici, sans doute, de la germandrée scordium qui passait pour un remède souverain contre la goutte et dont Charles-Quint, qui en prit pendant 60 jours, put constater l'inefficacité.

5. Fleuve et canton de la Macédoine.

6. Plante à tige filiforme, cuscute à grandes fleurs, vulgo : cheveux du diable ; cuscute à petites fleurs, vulgo : teigne.

7. Fille de Phorcus et de la nymphe Crateidos ; changée par Circé, sa rivale, en chien aboyant, elle se jeta de désespoir dans la mer et devint un écueil redoutable aux navigateurs. (Hyginus, fab. 189.)

8. Les sœurs de Phaëton, pleurant sa catastrophe, furent changées en peupliers et leurs larmes en ambre. (Ovid., Met. II et III.)

9. Le laurier.

10. Le mûrier. Voyez la fable de Pyrame et Thisbé. (Ovid. IV, 55 à 166.)

11. Ἑλίκη. C'est la grande Ourse, que l'on confond avec Callisto.

12. Pamphylien, fils d'Armenios, que Platon appelle Her (Ἤρ) et qu'il représente comme un messager apportant des nouvelles de l'autre monde. (Platon, Rep. X. — Plutarque, Sympos. IX, quœst. V. 2.)

13. Mercure, fils de Maïa, et par conséquent petit-fils d'Atlas.

14. Hercule, entre le vice et la vertu.

15. La Sicile.

16. Jacob chez Laban, amoureux de Rachel.

17. Comme Androclès, esclave fugitif qui, ayant pansé un lion blessé, fut, plus tard, épargné dans le cirque par ce fauve. Apion le Plistonice affirmait avoir été témoin du fait.

18. La mort était la peine que devaient subir ses prétendants quand ils ne pouvaient la vaincre à la course.

19. Fils de l'Océan et de la Terre ; épris de Déjanire, vaincu par Hercule, il alla se cacher dans le fleuve Thoas auquel il donna son nom.

20. Femme de Cephéus et mère d'Andromède.

21. Femme aimée de Priam dont elle eut un fils nommé Gorgythion (Iliade 8, 302.)

22. Ile de la mer inférieure où Jupiter relégua le géant Typhon.

23. Fils d'Aristée et d'Autonoé, fille de Cadmus. Ayant surpris Diane au bain, il fut métamorphosé en cerf par la déesse et dévoré par ses chiens, au nombre de cinquante, dont Hyginus donne les noms. (Hygin. Fab. 181.)

24. Ou rat de Pharaon. Petit carnassier du genre mangouste, auquel les anciens Égyptiens rendaient un culte comme destructeur des œufs du crocodile.

25. Acroceraunia monts qui séparent l'Épire de la Macédoine.

26. Milon de Crotone, fameux athlète, six fois vainqueur aux jeux Olympiques et autant de fois aux jeux Pythiens. Dans sa vieillesse, ayant voulu achever de fendre avec les mains un tronc d'arbre abandonné par des bûcherons, il demeura saisi et fut dévoré par des loups.

27. Voyez Hérodote, I, 183 — Diod. de Sic. II, 7. — Arrien, VII, 20.

28. Aidé par Minerve, Prométhée déroba le feu du chariot même du Soleil et le porta sur la terre dans la tige d'une férule. (Hygin, Fabul. 54 et 144.)

29. Allusion au secret de Midas.

30. Nymphe, fille du fleuve Ladon en Arcadie, aimée de Pan, métamorphosée en roseau.

31. Filles du Soleil, voy. Homère, Odyssée 12, 132 ; 375 ; Ovide, Met. 2, 346-349.

32. C'est une des versions de la mort d'Orion, que Diane le tua parce qu'il avait tenté de lui faire violence ou à sa suivante Opis.

33. De γλυκύς doux et grenade, c'est la pivoine ou herbe Pæonia. Homère veut que Pæon, son inventeur en ait guéri Pluton blessé par Hercule (Odyssée 5, 401). Ce mot est pris là dans l'acception de récolte.

Chapitre XVII du Livre Premier

1. Il veut dire de la Pouille. Æcæ, Αἶκαι, ville d'Apulie, plus tard Troja, mentionnée par Polybe (III, 88), et par Tite-Live (XXIV, 20).

2. Sans doute les pins parasols.

3. Nymphes des montagnes.

4. Divinité Étrusque, présidait aux bois. On lui connaissait trois bois sacrés ; le premier en Étrurie entre Veïes et le Tibre, au champ de Capena sur le mont Soracte ; (Tite-Live, XXVII, 4). Le second également en Étrurie entre Luna et Pises, sur le fleuve Vesidius ; le troisième à Terracine ou Anxur au Latium. (Virgile, Énéide 8, 364.)

5. Voyez Tite-Live I, 30 ; Horace, Satir., I, 5, 24 ; Virgile, Énéide 7, 800 ; Pline, II, 55, 56, etc.

6. Églantier (κυνάκανθα, épine de chien), plante qui, selon Pline, engendrait les cantharides.

7. Ou Dabula, sorte de palmier dont Juba déclare les dattes d'une saveur bien au-dessus de celles de toutes les autres espèces.

8. De σκηνῆται, Arabes scenitæ, ainsi nommés de leurs tentes, dresser sa tente). (Pline, V. 24.)

9. Espèce d'Arum, d'Égypte, Cyamus. (Pline, XI, 15.) Mixtaque ridenti colocasia fundet acantho. (Virg. Églogues 4, 20.)

10. De ἅμα, ensemble et δρῦς chêne, arbre; nymphes des bois naissant et mourant avec l'arbre même qu'elles habitent.

11. Dieu Romain qui préside au changement des saisons, à vertere.

12. La première des douze maisons du Soleil qui, entrant dans ce signe du Zodiaque, chasse l'hiver et ramène le printemps.

13. Divinité Romaine des fruits.

14. De χυτρόπους, vase ayant des pieds, sorte de marmite. (Vulgate, Lv. 11, 35.)

15. Priape, fils de la nymphe Chioné, ou, suivant d'autres, de Vénus et de Bacchus revenant vainqueur de l'Inde.

16. On immolait un âne à Priape en souvenir de ce que ce dieu avait mis à mort l'âne de Silène qui, par son braiement intempestif, le troubla dans son aventure avec la nymphe Lotis. (Ovide, Fast. 1, 439.)

17. Dieu de la Paix que les Romains disaient fils de Cælus et d'Hécate.

18. Le Talasio, talassio, talasius ou talassius était un mot que les Romains criaient lorsque l'épouse entrait dans la maison de l'époux; il correspondait au cri Hymen, hymenæ; suivant Servius (Ad Æneid., I, 655), il viendrait du nom d'un des acteurs du rapt des Sabines nommé Talassius et dont se serait réclamée une d'elles pour échapper au simple soldat qui l'avait ravie. Suivant Plutarque (Romul. quæstio. Rom.) il viendrait de τοὺς ταλάρους, déformé en τοὺς ταλάσους, signifiant corbeille à mettre la laine, symbole du travail intérieur. Suivant d'autres, enfin, de, la mer, parce que le sel stimule Vénus.

19. Chant nuptial. Hymen, ô Hyménée; viens Hymen, ô Hyménée! (Catulle 62, 5.)

20. Suivant Servius, de Fescennia, ville d'Étrurie, où naquit un genre de poésie barbare, obscène et gai qu'on chantait en de certaines fêtes et surtout aux noces. Festus fait dériver ce nom à fascino. On l'appelait aussi vers Saturnien. Ennius le remplaça par l'hexamètre. Le pied fescennien se nomme amphimacrus et se compose d'une longue, d'une brève et d'une longue.

21. De νάπος et νάπη, bois, forêt, nymphes bocagères.

22. Drymode, de Δρυμώδης, silvosa; c'était l'ancien nom de l'Arcadie. (Pline, IV, 6.)

23. De Χλωρός, vert. Épouse de Zéphyr, un des quatre vents cardinaux. Déesse dont les Romains ont fait Flora. Celle que vous appelez Flore était autrefois Chloris; une lettre de mon nom a été altérée en passant des Grecs chez les Latins.

Notes aux pages 257-266

J'étais Chloris, nymphe de ces régions fortunées où tu sais qu'autrefois les hommes voyaient s'écouler leur vie au sein de la félicité. (Ovide, Fast., 5, 195-199).

24. C'est-à-dire faites d'une bande d'écorce roulée en spirale. La scytale (σκυτάλη, bâton) était un instrument cryptographique en usage chez les Lacédémoniens. C'était un bâton cylindrique sur lequel on enroulait en spirale une bande de cuir. On écrivait sur cet appareil ainsi disposé ; après qu'on avait déroulé cette bande, on n'avait plus qu'une série de lettres sans suite dont on rétablissait l'ordre en l'enroulant nouveau sur un cylindre de même calibre. (Aul. Gell. XVII, 9, 3.)

25. Il veut dire un rayon du cercle inscrit, ou plutôt une demi-diagonale du carré le contenant.

26. Ce cercle circonscrit le premier, ayant avec lui un centre commun.

27. Les Grecs nommaient Ἔντασις, le renflement du milieu des colonnes.

28. C'est-à-dire une demi-fois plus haut que large. Voici une note de l'architecte Vénitien Tommaso Temanza en ses Vite de piu celebri architetti et scultori Veneziani, 1778, page 20, vita di Polifilo. « Supposons le diamètre de la colonne de trois pieds, donc celle du piédestal sera de six pieds. De là, la plinthe de la base de la colonne devra mesurer de front quatre pieds. (Attendu que ses deux saillies doivent mesurer chacune un sixième de diamètre, c'est-à-dire six onces.) Quatre pieds, ce sera même gros pour le tronc du piédestal ; quatre en largeur et six en hauteur, pour ce dernier, est en raison sesquialtère. De cette seule observation on comprend à quel point Poliphile a été exact dans ses descriptions. »

29. Archivoltes.

30. Celle qui courait au-dessus des chapiteaux des pilastres adossés à la dernière cloison circulaire.

31. Pierre spéculaire dont la meilleure venait de Cappadoce et de Ségobrica (Ségovie) dans l'Espagne citérieure. Pline vante la blanche : mira... perpetiendi soles rigoresque : nec senescit... C'est du mica dont étaient faites encore au XVIIIe siècle les vitres des vaisseaux. Sénèque parle de la pierre spéculaire (Ep. 60.) Hibernis objecta notis specularia puros Admittunt soles et sine fœce dies. (Martial, VIII. 14.)

32. De πρὸ avant, et ναὸς, temple (Pronaum), portique antérieur.

33. Temanza, dans une note (vita di Polifilo), fait remarquer, à propos de ce passage, cité tout entier, qu'il a suivi lui-même cette règle dans la construction de l'église de Sainte-Marie-Madeleine à Venise.

34. Cela ne faisait donc que neuf arcs.

35. Je crois qu'il faut entendre la Gaule Cisalpine. Pline cite le territoire de Bologne comme recélant de la pierre spéculaire. (XXXVI, 3). La pierre tendre qu'on extrayait de la Gaule Belgique était de l'ardoise (ibid.).

36. Petosiris, mathématicien qui vivait sous le règne de Necepsos. ... Pour l'heure qui convient aux aliments prescrits, elle n'ajoute foi qu'à son Pétosiris. (Juvénal, Sat. 6, 378.)

37. Roi d'Égypte et célèbre astrologue (Jul. Firmicus, IV, 16.) Quique Magos docuit mysteria vana Necepsos. (Ausone.)

38. Espèce de pierre dont parle Caton au cinquième livre des Origines : *Lapis candidior, quam Pilates*. (Festus.)

39. Nombril de Vénus.

40. Il veut dire la clef de l'arc ou de l'archivolte.

41. C'est-à-dire que les piliers étaient continués au-dessus de la corniche circulaire et de la corniche des pilastres.

42. C. Lutacius Catulus, qui fut blâmé de tout son siècle pour avoir fait dorer les tuiles d'airain du Capitole. (Pline, XXXIII, 3.) Ce fut Constance II qui fit enlever cette toiture dorée du Panthéon.

43. La corniche qui soutenait le dôme, au-dessus des fenêtres.

44. Il veut dire les arcs.

45. Entre la surélévation du second mur du temple et le derrière du pilier extérieur prolongé.

46. Pilastres situés au-dessus des colonnes Corinthiennes en porphyre et soutenant la seconde corniche intérieure sur lesquels reposait la coupole.

47. Le grand pilastre extérieur partant de la dernière marche jusqu'à la grande corniche extérieure de la première enceinte.

48. La clef des arcs extérieurs allant d'un pilastre à l'autre.

49. Le dôme.

50. Le demi-pilastre sur lequel portait l'arc-boutant dont l'autre extrémité reposait sur un semblable établi derrière le pilier exhaussé de l'extérieur.

51. Sur un même diamètre.

52. C'est-à-dire de l'anse d'un candélabre à celle de l'autre.

53. Le péristyle circulaire recouvert du toit en forme d'appentis garni d'écailles dorées.

54. La seconde corniche intérieure sur laquelle repose la coupole.

55. Mélange qui, à la fonte, donne l'émail blanc.

56. Il veut parler de la lanterne affectant la forme d'un vase à gargoule renversé.

57. Variété de corindon, en Latin balacius, venant de Balaschan près Samarcande.

58. Marbre trouvé à fleur de terre, pour la première fois sous le règne d'Auguste. (Pline, XXXVI, 7.)

59. Alabastrite, sorte de marbre onyx. (Pline, XXXVI, 8.)

Notes aux pages 274-281

60. Psamétik. Il éleva le portique du temple de Vulcain à Memphis et construisit la tour d'Apis, dans laquelle on nourrissait le Dieu dès qu'il s'était manifesté. (Herodote, II, 153.

61. C'est probablement à l'extrémité de chaque diamètre.

62. Il confond Zénodore avec Sosus qui fit, à Pergame, le carrelage nommé ἀσάρωτος οἶκος, ou maison non balayée, parce qu'il avait représenté en mosaïque des débris de mets tels que ceux qu'on balaye après un festin. (Pline, XXXVI, 25.)

63. Λιθόστρωτος, pavé en mosaïque. Scylla fit faire celui du temple de la Fortune à Præneste.

64. L'épaisseur du mur, plus celle de la colonnade.

65. Κύλλον πήρα. Éminence avec une fontaine et un temple d'Aphrodite, sur l'Hymette, en Attique. (Aristote, selon le grammairien Hesychius.)

66. Le territoire de Padoue, aux pieds des collines Euganéennes. (Lucain, VII, 92.)

67. Ou Foriculus, Dieu qui présidait aux portes.

68. Dieu qui présidait aux seuils.

69. Déesse qui présidait aux gonds.

70. Simpulum et non simpula, comme l'écrit Colonna, sorte de calice (κύαθος) dans lequel s'offrait le vin des sacrifices. (Festus). (Varron, De Lingua Latina, IV, 26.)

71. C'est ce que nous nommons battant à double feuillure.

72. Prise ici pour le Nord, parce qu'elle forme dans le ciel la constellation de la Grande Ourse.

73. Pline, XXXVI, 16.

74. Ou scordetis, découverte, dit-on, par Mithridate qui, selon Lenæus, l'aurait décrite. Le père Hardouin décide que c'est la stachys de Dioscoride (III, 120.)

75. Buc. 2, 65 : Chacun suit le penchant qui l'entraîne.

76. Colonna qualifie de Latin la langue Italienne.

77. Ou gossympinos et gossampinos, arbre cotonnier que Pline rapporte venir abondamment dans la grande et la petite Tylos, îles du golfe Persique (Pline, XII. 10, 11). Il y a dans notre texte cette transcription fautive gosapine, peut-être est-ce pour Gossipion qui diffère du gossimpinos en ce que la graine est beaucoup moins grosse, c'est le coton d'Égypte. (Pline, XIX, 1.)

78. Tunique de dessous. (Varron, apud Non. XIV, 36.)

79. Bonnet des flamines. (Varron, de Ling. Lat. VI.)

80. Sel consacré dont se servaient les Vestales. (Festus.)

81. Couteau des prêtres flamines dont notre auteur emprunte exactement la description à Festus.

82. Vase sans anses servant aux sacrifices faits à Ops consivia ou la Terre. (Festus in Opima.)

83. Vase aplati comme une conque, en terre ou en airain. (Varron apud Non. XV, 35.)

84. Muriés.

85. Cramoisi voulait dire, autrefois, teint deux fois; pourtant le Dictionnaire de Nicot lui donne déjà le sens de rouge.

86. Epilesia, mot que Colonna forme d'ἐπίλησις, oubli.

87. Pierre trouvée du temps de Néron, en Cappadoce, fort blanche et dure, veinée de roux, transparente, dont ce prince fit reconstruire le temple de la Fortune Seja. (Suétone, Vit. Domit. XIV.)

88. Ou Chembis, île située dans un lac, près de Buto sur la bouche Sebennytique du Nil, portant un temple d'Apollon avec des jardins, et que les Égyptiens affirmaient être flottante. (Hérodote, II, 156. Mela, II, 10.)

89. De φέγγος, splendeur.

90. Gartallo dans le texte, pour Cartallo, de Cartallus, expression qui se trouve dans la Vulgate (Jérémie.)

91. Table destinée au ministère divin, mot que Festus, verb. Escariæ, dérive de Anclare, exhaurire, ministrari.

92. Colonna joue sur les mots, soit de myropola, marchand de parfums, soit de myropolium, officine ou boutique de parfums, soit de myrobolan, de μύρον, parfum et βάλανος, gland. Fruit parfumé d'un arbre d'Égypte dont on faisait un onguent recherché pour la chevelure à cause de son odeur. Le populaire en a fait une expression superlative. Martial 14, 57 écrit sur le Myrobalan que Ce nom, que l'on ne trouve ni dans Homère ni dans Virgile, est composé des mots PARFUM (mæron) et GLAND. (balano).

93. Syphus, coupe propre à Hercule. La coupe d'Hercule contenait trois lagynes; c'est après l'avoir vidée qu'Alexandre tua Clitus. (Sénèque, Epist. 83). On faisait en Béotie des syphes en argent qu'on nommait héracléotiques. (Athénée, Deipnos. XI.)

94. Coupe propre à Bacchus qui, de sa main, en avait usé l'anse, pendait encore un vase pesant. (Virgile, Buc. 6, 17.)

95. Ainsi nommé par analogie avec la hune d'un mât: vase allongé un peu resserré dans son milieu, avec des anses qui s'étendaient jusqu'à son fond. Phérécide, liv. II, et Hérodore d'Héraclée, rapportent, au dire d'Athénée, que Jupiter, ayant joui d'Alcmène, lui donna un carchèse pour prix de cette jouissance. (Deipnos. XI.)

96. L'auteur confond Jupiter avec Vénus, à laquelle Octave donna pour être placée à ses oreilles, dans le Panthéon, la perle de Cléopâtre sciée en deux. (Macrobe, Saturn. II, 13). Jules César dédia à Vénus Génitrix, dans son temple, une cuirasse couverte de perles pêchées sur les côtes de l'île de Bretagne (Pline, IX, 35), où les

huîtres perlières étaient, paraît-il, abondantes, témoin ce vers de Marbodeus : Gignit et insignes antiqua Britannia baccas. (De lapid. pret. 61.)

97. Fille de l'Océan et de Téthys, mère des Grâces : Aglaé, d'ἀγλαΐζω, je réjouis, j'orne ; Thalie, de θάλλω, je verdoie, je fleuris ; Euphrosine, d'εύφρωσύνος, gaie.

98. Source consacrée à Aphrodite et bain des Grâces. Se souvenant de sa mère l'Acidalienne. (Virgil., Énéide, I, 726.)

Chapitre XVIII du Livre Premier

1. Forme vulgaire de Cœre (Καῖρε de Ptolémée, Καιρέα de Strabon, Καιρήτα de Denys d'Hal., nommée Ἄγυλλα par les Grecs, aujourd'hui Cervetri), petite ville très-ancienne de l'Étrurie méridionale, à quelques milles de la mer Tyrrhénienne. Ce serait du nom de Cœre que viendrait le mot cœremonia, cérémonie. (Val. Max., I, 1.)

2. Moïse.

3. Rhamnus n'est pas en Eubée ; c'est un nôme de l'Attique, de la tribu Æantide, à 60 stades de Marathon ; célèbre par son temple de Némésis.

4. Les poètes Latins désignaient Némésis par le nom de Virgo ou Dea Rhamnusia. Elle avait à Rhamnus une statue colossale faite d'un seul bloc de marbre et haute de dix coudées. On l'attribue généralement à Phidias ; pourtant on en fait aussi honneur à son élève favori, Agoracritus de Paros. (Tzetzès, Chiliad., 960.)

5. Nom Volsque de Tarracina (Terracine), célèbre par son temple de Jupiter. Virgile rapporte (Énéide 7, 799-800) : Sur ces champs règnent Jupiter Anxurus et Féronia, qui se complaît dans un bois verdoyant.

6. Strabon, V, 2.

7. Κλώδονες, les criardes, de κλώζω, je siffle, je hue, je glousse, nom Macédonien des Bacchantes.

8. Les Edoni, dont les femmes célébraient avec une grande passion les orgies de Bacchus, surnommé aussi Edonus (Valer. Flac., VI, 340), étaient un peuple établi primitivement en Thrace, entre le Strymon et l'Axus, et plus tard fixé en Macédoine dans la région de Daton jusqu'au Strymon. (Strabon. VII.)

9. Le plus célèbre des ciseleurs Grecs, florissait vers 356 av. J.-C. Ses œuvres étaient devenues fort rares ; aussi ne faut-il pas prendre à la lettre le mot de Juvénal (Satires 8, 104) : Peu de tables sans une parure de Mentor. Lucius Crassus, l'orateur, paya 100 000 sesterces deux coupes de Mentor. Lucien s'étend sur la μεντορουργῆ ποτήρια (in Lexicophan.)

10. Fille d'Énée et de Lavinie. (Plutarque, Romul.)

11. L'ambre gris, produit par le phisiter trumpo ou macrocephalus du genre cachalot ; paraît être une concrétion formée dans les intestins ou l'estomac de ce cétacé. Tenu pour un aphrodisiaque.

12. Gomme du Ciste (κίσθος), arbrisseau dont une espèce nommée Lada était commune en Crète.

13. De θυμιάω, je brûle des parfums. C'est le nom d'une fumigation obtenue en brûlant un composé d'aromates : myrrhe, galbanum et surtout encens.

14. Résine extraite par incision du lentisque. Celui de Chio était le plus célèbre ; on en mettait dans les vins. (Pline, XII, 17 ; XXI, 16 ; XIV, 20.)

15. Ou storax officinal, substance balsamique fournie par le styrax ou aliboufier officinal. Il y a le storax blanc et le storax rouge. Le meilleur venait de Syrie ou de Cilicie. On croit que c'est le Thus Judæorum présenté au Christ par les Mages.

16. L'espèce la plus estimée de cette résine tirée du styrax benjoin, ainsi nommée parce qu'elle est en larmes blanches qui ressemblent à des amandes rompues agglomérées dans une pâte brune.

17. L'aloès d'Arabie et de l'Inde, dont le suc bien connu est rouge comme le liquide qu'émet l'insecte nommé blatte quand on le saisit. Ce mot de blatte, chez les auteurs anciens, est souvent pris pour désigner la couleur rouge.

18. Allusion à la biche substituée à Iphigénie.

19. Genre *carex*, de la famille des cypéracées.

20. Ruta, de la famille des oxalidées. Quelques auteurs ont créé pour la rue la famille spéciale des rutacées. Les Anciens lui accordaient bon nombre de propriétés, entre autres celles de guérir les épanchements sanguins des yeux et de refréner Vénus. (Pline, XX, 13 ; Hippocrate, II, de Morb. mulier ; Dioscoride, III, 52 ; Apulée, LXXXIX, tit. 12, etc.) Ovide écrit (Remède d'amour 801) : Vous emploierez avec avantage la rue qui donne aux yeux de l'éclat et qui éteint en nous le feu des désirs.

21. Ou hysope ; servait, chez les Hébreux, dans les ablutions et les purifications.

22. Pièce de bois carrée sur laquelle on immolait les victimes.

23. Surnom de Vulcain, de mulcere, amollir, parce qu'il amollissait tout, même le fer.

24. Homère, Odyss. 8, 266-366 ; Ovide, Ars amatoria 2, 561.

25. Ce ne fut pas Vénus, mais Jupiter qui exauça les vœux d'Æaque, en envoyant une pluie abondante qui mit fin à une famine terrible, et en métamorphosant toute une fourmilière en hommes qui formèrent le peuple des Myrmidons.

26. Roi de Chypre qui devint amoureux d'une statue d'ivoire qu'il avait faite. Vénus l'anima. Il en eut un fils nommé Paphus.

27. Qui vainquit Atalante à la course.

28. Adonis, tué par Mars métamorphosé en sanglier. Son sang fut changé par Vénus en anémones. D'autres prétendent que ce furent les larmes de Vénus qui se changèrent en anémones et que le sang d'Adonis empourpra les roses.

29. Les pommes du jardin des Hespérides, dont l'enlèvement constitue le onzième des douze travaux imposés à Hercule par Eurysthée, roi de Mycènes.

Notes aux pages 308-311

30. Crête-de-coq, l'amarante sauvage. C'est l'ἀλεκτορόλοφος des Grecs. (Pline, XXVII, 5.)

31. La même herbe que le bupthalmos. (Pline, XXV, 8.)

32. Variété de l'euphorbe, plante qui doit son nom à Euphorbus, médecin du roi Juba, qui employa le premier son suc. Le frère d'Euphorbus, Antonius Musa, médecin de l'empereur Auguste, le guérit avec cette plante. (Dion Cass., LIII, 30.)

33. *Eruca*, famille des Crucifères, passait pour un aphrodisiaque. Martial écrivait (3, 75) : Depuis longtemps, Lupercus, ta mentule est sans force ; cependant, insensé, tu mets tout en œuvre pour lui rendre sa vigueur ; mais les roquettes (erucæ), les bulbes aphrodisiaques, la stimulante sariette ne te sont d'aucun secours.

34. C'est l'euphorbia cyparissias de Linnée, vulgo : petite ésule.

35. Sorte d'euphorbe à feuilles de myrte. (Pline, XXVI, 8.)

36. Marbre Phrygien, le même que le marbre synnadique ; c'est le pavonezetto des Italiens. Ovide écrit (Héroïdes 15, 141) : Je vois la grotte tapissée du tuf mousseux, qui était pour moi comme le marbre de Mygdonie.

37. Il y avait à Gadès un temple élevé à Hercule par les Phéniciens (Diod. de Sic., V, 20) ; Colonna fait allusion, ici, aux colonnes d'airain hautes de huit coudées qui ornaient l'Heracleum de Gadira. (Strabon, III, 5.)

38. Sépulcre commun à plusieurs. (Arnob., VI, 194.)

39. Πανήγθρις, réunion publique. Dans le territoire de Stratonicée, en Carie, à Lagina, était un temple consacré à Hécate, et très-célèbre par les panégyries qui s'y tenaient chaque année (Strabon, XIV, II, 25.)

40. Repas faits dans les temples en l'honneur des dieux et où leurs images étaient couchées sur des coussins. (Tit. Liv., XXII, 10.)

41. De συνέχω, je contiens. Pierre avec laquelle les magiciens contenaient les ombres évoquées. (Pline, XXXVII, 11.)

42. Flûte aux sons très-aigus. (Festus, Solin, V.)

43. C'est une cène funèbre.

44. Colonna se sert sans doute de ce mot de Saliens, parce qu'il fait danser les prêtres. Les Saliens (a saliendo, saltando, Festus) sont des prêtres de Mars, à la rigueur d'Hercule. (Virg., Énéide 8, 285 ; Macrob. Saturn., III, 12.) Or, nous sommes chez Pluton. Les Arvales, prêtres de la vieille déesse Dia, dansaient aussi la robe retroussée, dans les bois ; mais Colonna ne pouvait connaître cette confrérie, dont l'histoire est une conquête de l'épigraphie moderne.

45. Aul. Gell., III, 16.

46. Maximus Curio était le premier des trente curions et le chef de toutes les curies, il n'a que faire dans ce temple de Pluton. Colonna entend par ce mot le grand-prêtre.

47. Le Pénée et la vallée de Tempé.

48. L'Engonasin, groupe de dix-neuf étoiles, qui semblent représenter Hercule combattant le dragon du jardin des Hespérides. De ἐν, dans, et γόνυ, genou, parce que ce dieu semble tenir le dragon entre ses genoux.

49. Constellation coupée par le cercle équinoxial, située près de celle du Taureau. (Hygin, Pœt. ast., III, 33.)

50. Lorsque les dieux, terrifiés par Typhon, se métamorphosèrent en différents animaux, Pan échappa sous la forme d'un bouc dont la partie inférieure était terminée en queue de poisson. Jupiter le mit ainsi parmi les astres. C'est le Capricorne, qui préside à la maison du Soleil dans laquelle celui-ci pénètre au solstice d'hiver. (Hygin, Pœt. ast., II, 28.)

51. Soit parce qu'il était le dieu des voleurs, soit parce qu'il jouit de Vénus, dont il eut Hermaphrodite.

52. Hercule tua le centaure Nessus enlevant Déjanire, et la mort de Lucrèce fut cause de la perte des Tarquins.

53. Pline, XI, 30.

54. Le tripolion ou polion (Pline, XI, 7), dont la fleur est blanche au matin, rouge au couchant et bleue le soir. (Dioscoride, IV, 135.) C'est peut-être l'espargoute de mer.

55. Colonna fait confusion et l'écrit teucrion. Teuthrion est le nom que Dioscoride donne au polion de montagne (III, 124.) Polion viendrait à poliendo.

Chapitre XIX du Livre Premier

1. Χαμαισύχη, plante rampante décrite par Dioscoride, IV, 170 ; citée par Pline (XXIV, 15). Sorte d'euphorbe, d'ésule, noix terrestre.

2. Auguste fit placer dans le grand cirque le premier obélisque qu'on ait vu à Rome ; il fut taillé sous le roi Semneserteus et mesurait 125 pieds 9 pouces de hauteur. (Pline, XXVI, 9.)

3. On appelait κιβώριον, le globe formé par les capsules du fruit du κύαμος αἰγυπτιακός, lotus aquatique qui croît dans les lacs et les marais de l'Égypte et dont on faisait les vases appelés ciboires. (Meyer Botan. Erlaüter zu Strabons Geogr., p. 151 à 154). Nymphæa Nelumbo de Linnée. Les feuilles de cyamus présentent une concavité naturelle qui les rend très-propres à être employées en guise de coupes ; le menu peuple d'Alexandrie n'avait guère d'autres vases. (Strabon, XVII, I, 15.)

4. Voir note 15, du chapitre V.

5. Ville de Calabre, que Pline écrit Balesium (III, 1) ; aujourd'hui Palesano. On y découvrit un grand nombre d'objets antiques (Galateus, de Situ Iapygiæ, p. 73).

6. En général, tout marais dont les exhalaisons putrides tuent les oiseaux qui le traversent. De ἀ privatif et de ὄρνις, oiseau. Nom d'un lac en Campanie. (Pline,

III, 5.) Les poëtes en faisaient l'entrée des Enfers (Cicéron, Tusc., I, 16), aujourd'hui Lago d'Averno ou di Tripergola.

7. C'est un promontoire de Laconie sur lequel était un temple de Neptune en forme de grotte. Les poëtes, d'après Pline (IV, 5), en ont fait un soupirail des Enfers. (Virgile, Georg. 4, 467 ; Ovide, Met. 10, 13.)

8. C'est Eschyle qui le premier nous peint les Furies avec des serpents dans la chevelure. (Pausanias, Attic., XXVIII.)

9. Les trois Furies, selon Hésiode, sont conçues par la Terre du sang de Neptune. Apollodore les dit formées dans la mer du sang de Cœlus versé par Saturne. C'est Lycophron et Eschyle qui les disent filles de l'Achéron et de la Nuit. Épiménide prétend qu'elles sont filles de Saturne et d'Evonyme et sœurs des Parques.

10. Précipice très-profond dans lequel on jetait les criminels. Il y en avait un aux environs d'Athènes (Suidas). Se prend pour l'Enfer au général, Valerius Flaccus écrit (Argonautiques 2, 85-86) que Jupiter « commença par se saisir de Junon ; et, la tenant suspendue du haut de l'Olympe, lui montra de là l'horrible Chaos et les supplices du Tartare. »

11. Fils d'Événor et rival heureux de Zeuxis. [Ce dernier avait peint des raisins avec tant de réalisme que des oiseaux tentèrent de les picorer ; la peinture de Parrhasius était encore cachée derrière une tenture. Zeuxis croyant avoir triomphé quand il demanda qu'on enlève la tenture du tableau, mais il n'y avait pas de tenture, c'était la peinture qui représentait une tenture et qui avait trompé Zeuxis qui s'avoua alors vaincu.]

12. Partie profonde du Tartare où règne une nuit éternelle. (Festus, Servius ; Virg., Georg 4, 471.)

13. [La condamnation de la chasteté semble assez évidente.]

14. Âme condamnée à errer dans le monde et tourmentant les humains.

15. Colonna se réfère probablement à la forme virgilienne de la légende dans laquelle Didon s'est suicidée car Énée l'avait abandonnée ; quand Énée ira aux enfers, son fantôme lui reprochera son suicide.

16. Ἰβηρὶς. Herbe découverte au temps de Pline par un des premiers médecins de Rome. Servilius Democratès, qui l'a célébrée dans un poème Grec que nous a conservé Galien (κατὰ τόπους). Elle passait pour guérir les rhumatismes. (Pline. XXV, 8.)

17. [Le sens paraît évident, il s'agit de nécromancie : réanimer l'âme endormie de l'être aimé trop tôt disparu à l'aide de sacrifices sanglants. Texte latin étendu : GLADIATORI MEO AMORE CUIS EXTREME PERUSTA IN MORTEM LAGUOREMQUE DECUBUI AT EIUS CRUORE HEU ME MISERAM IMPIATA CONVALVI DIVA FAUSTINA AUGUSTA PIE MONUMENTUM RELINQUENS UT Q ANNIUS SANGUINE TURTURUM INTER SACRIFICANDUM ARCAM RELIGIOSAM HANC INTINGERET

XLIX D. ACCENSIS FACULIS ET COLLACHRYMULANTES PUELLAE SOLVERENTUR LUCTUMQUE FUNERALEM OB TANTI INDICIUM DOLORIS PERFERRENT, CRINIBUS PROMISSIS RUFFARENT PECTORA FACIEMQUE DIEM INTEGRUM PROPITIATIS MANIBUS CIRCA SEPULCHRUM SATAGERENT ANNUATIM PERPETUA REPERENDO EX TABULIS FIERI IUSSI.]

Notes aux pages 335-368

18. *Vitis nigra* ou couleuvrée noire. *Bryonia nigra* de la pharmacie. (Pline, XXI, 15 ; Deville, Hist. plant., II, p. 558.)

19. [Martine Furno signale une Leria aimée par Virgile. Jehan Martin lit différemment le texte ; au lieu de Have Leria, il lit Ha Veleria (pour Have Veleria), « Salut Valeria ».]

20. [Martine Furno signale que Martial raille l'amant trop amoureux d'une Nevia inconstante.

21. Ni Jehan Martin ni Martine Furno ne traduisent les fragments grecs sur l'urne. Un seul mot émerge clairement : σπόδος, « cendre ». Les autres sont peu ou pas compréhensible, je lis : (Π/Ρ)ΑΛΛΙΑ(Ν/Μ)ΕΙΡΑ (?) ΝΙΚΟΣ (victoire) (Σ)ΤΡΑΤΟΣ (armée) ΤΙΜΑΧΙΔΑ (?) ΤΙΝΝΙΑ (?), en transcription : (p/r)allia(n/m)eira nikos tratos timakhida tinnia.

22. Dans le bas, on lit ... λον χο.

23. De σάρξ, chair, et de φάγω, infinitif aoriste 2e d'un verbe inusité, synonyme d'ἐσθίω, je mange. La pierre sarcophage d'Assos, ville de Troade, consumait les corps en l'espace de quarante jours. Mucianus, au dire de Pline (XXXVI, 17), rapporte que cette pierre avait la propriété de pétrifier les miroirs, brosses, strigiles, habits et chaussures.

24. Colonna fait ici une confusion. Le corps de Darius fut mis, au dire de Pline (XXXVI, 17), dans un sépulcre en pierre chernytès, dont il est question plus bas.

25. La pierre chernytès (chemites dans notre texte) avait la propriété de conserver les corps ; elle était, en effet, pareille à de l'ivoire. (Pline, XXXVI, 17. — Dioscoride, περί λίθων)

26. Uno lingello, de Ligula, pris comme mesure, la 4ᵉ partie du cyathe, 1 décil. 14 centil. (Pline, XXVI, 11.)

27. Cette bande ne se lit pas sur les gravures de cette représentation.

28. Diodore de Sicile (XVI, 36, 45). On sait qu'Artémise fit élever le tombeau de Mausole à Rhodes, pour rappeler les succès qui avaient fait ce prince maître de l'île. Les Rhodiens, ayant recouvré leur liberté, rendirent ce monument inabordable. On le nomma ἄβατον (Vitruve, II, 8). Il n'en est pas question ici, mais bien du tombeau imaginaire d'Artémise.

29. Voir note 13 du chapitre V.

30. Nymphe de Syracuse, aimée du fleuve Anapis, changée en fontaine par Pluton (Ovide, Met., V.). Voyez aussi le poëme de Claudien, De raptu Proserpinæ.

Notes aux pages 368-373

31. Colonna fait deux plantes d'une seule. L'ἀστερίσκος des Grecs est l'*urceolaris* des Latins qui donnèrent ce nom à cette variété de pariétaires à cause qu'elle était bonne à nettoyer certains vases en verre nommés *urcei*. (Pline, XXII, 17.) Aussi l'appelait-on aussi *vitraria*. Les Italiens disent encore *vitrinola*.

32. Fils et élève d'Aristodème. Ce tableau était dans l'ædicule ou chapelle de la jeunesse. (Pline, XXXV, 10.)

33. Méduse, la seule des trois Gorgones qui fût mortelle, fut enlevée par Neptune changé en oiseau, et transportée par ce dieu dans un temple de Minerve qu'ils profanèrent.

34. Familles des composées (Lappa). En outre de la bardane commune dont les têtes florales s'attachent aux habits, il y a encore la bardane cotonneuse, à enveloppe florale velue.

35. Composée (sonchus). Il s'agit ici du sonchus asper ou laiteron épineux.

36. Borraginée. Vulgo : langue de chien. Les fruits en sont hérissés d'aiguillons crochus.

37. Ce sont les mêmes que les pommes Appiennes obtenues par Appius qui, le premier, enta un cognassier sur le pommier Scandien. Cet Appius était de la Gens Claudia (Pline, XV, 14).

38. L'hexérès, dont Pline attribue l'invention à Xenagoras, était un navire à six rangs de rameurs (Pline, VII, 56), et non point une barque à six paires de rames, encore moins à six rames. Il y avait des navires à sept, à huit, à neuf rangs de rameurs ; il y en avait à dix (decemremis) dont Mnésigiton serait l'inventeur. Il est même question de undecimaremis. On a beaucoup discuté là-dessus sans pouvoir s'en faire une idée exacte.

39. Sutile. On appelait *cymba sutilis*, *navis sutile*, une embarcation garnie ou assemblée avec de la sparterie ou des joncs (*vilile navis*). (Pline, XXIV, 9.) Virgile écrit (Énéide 6, 414) : Sous le poids, la barque toute rapiécée gémit.
Γόμφος δ'οὐκ ἔτι χαλκὸς ἐν ὅλκασιν οὐδέ σίδηρος
    Ἀλλὰ λίνῳ τοίχων ἁρμονίη δέδεται. (*Anthologie grecques*, 57).

40. Palimpissa et Zopissa. (Pline, XVI, 11, XXIV, 7.)

41. Colonna écrit *zilibeth* probablement pour *zibetum*, substance excrémentielle fournie par les testicules d'un chat exotique.

42. Scalmini, de σκαλμός. Chevilles après lesquelles s'attachaient les rames.

43. Strophii, de στρώφος, Vita (Isidore). Liens qui attachaient les rames aux chevilles.

44. Mère de Brutus, à laquelle Jules César donna, pendant son premier consulat, une perle qui lui avait coûté six millions de sesterces. (Suétone, Vit., J. Cæs., L.)

45. De ἀσέλγεια, dérèglement.

46. De νεολαία, troupe de jeunes gens, jeune compagnie.

47. On appelait Attalicæ vestes (Properce, II, 23, 46 ; III, 16, 19) des vêtements dans lesquels étaient insérés des fils d'or de l'invention d'Attale, troisième du nom, roi de Pergame. (Pline, VIII, 48, XXXIII, 3.)

48. Panno chamochaino, mot forgé par Colonna, de chamæ, sortes de coquillages ainsi nommés de ce qu'ils ont toujours la bouche ouverte, de χήμη, ouverture, qui vient de χαίνω, je bâille, je suis ouvert. De χαίνω vient également le nom d'un poisson, chenne, qui, suivant l'auteur de l'Halieuticon, attribué à Ovide, s'enfante sans le concours des deux sexes.

Et ex se
Concipiens channe gemino fraudata parente (Halieuticon, v. 108).

49. De χλιδανή, molle, délicate.

50. De ὄλβιος, riche.

51. C'est à Babylone qu'on brodait le mieux en couleurs variées. Martial écrit (Épigrammes 8, 28) : « Je ne lui préférerais pas ces brillantes étoffes tissées à Babylone, et que l'aiguille de Sémiramis a semées de broderies. »

52. De ἄδεια, liberté, sécurité.

53. De κύπρις, Cypris, ou de κθπρίξω, je suis en fleur.

54. Reine des Amazones. (Justin, II, 4, 17.)

55. Dieu marin, plus ancien que Neptune, fils de l'Océan et de Téthys.

56. Fille du fleuve Arcture, enlevée par Borée.

57. Fille de Cadmus et d'Harmonie, devenue une divinité de la mer sous le nom de Leucothoé pour les Grecs et de Matuta pour les Romains.

58. Fils d'Ino et d'Athamas. Fuyant la fureur de son père, il se jeta dans les flots avec sa mère. Tous deux furent mis par Neptune au nombre des dieux marins.

59. Nymphe aimée de Neptune, qui l'enleva en prenant la forme d'un dauphin.

60. Changée en poisson pour avoir osé comparer sa beauté à celle de Pallas.

61. Poète et musicien de Méthymne dans l'île de Lesbos. Inventeur du dithyrambe. Sauvé par un dauphin qui fut mis au rang des constellations. (Hyginus, Fab. 164.)

62. Père de Diogénée, femme d'Érecthée. Changé en monstre marin tandis qu'il pleurait son petit-fils.

63. L'Océan. C'était l'opinion de certains philosophes, Thalès en tête, que tout devait naissance à l'eau. Virgile écrit (Géorgiques 4, 381-382) : « En même temps, elle prie l'Océan, père des choses »

64. Érate n'est point une Océanide, c'est une Néréide. (Apollodore.)

65. Océanide. (Virgile, Géorgiques 4, 342.)

66. Océanide aimée de Kronos et mère de Chiron.

67. Océanide citée par Hésiode. (Théog., 351.)

68. Océanide. (Hésiode, Théog., 350.)

69. Dieu marin plus ancien que Neptune. (Hésiode, *Théogonie* 240.) Fils de l'Océan et de Téthys, avait épousé sa sœur Doris dont il eut les Néréides au nombre de cinquante, suivant Hésiode (*Théogonie* 240), de trente-quatre suivant Homère (*Iliade* 18, 39), de quarante-cinq suivant Apollodore.

70. Les plumes du plongeon, type de la famille des colymbidés, sont blanches et noires. Colonna entend, sans doute, désigner le goéland à manteau noir (Larus marinus et Larus nævius). Æsaque est fils de Priam selon Apollodore (III, 12, 5), et son père, selon Minutianus Apuleius (Orthograph. fragm., 31).

71. Voir la note 15 du chapitre XI.

72. Fille d'Éole, inconsolable de la mort de son mari Ceyx, qui avait fait naufrage, et fut, ainsi que lui, changée en l'oiseau qui porte son nom. (Ovide, Met. 11, 710-748.)

73. Gardien des troupeaux de son père Neptune.

74. L'hippocampe (ὑπποκάμπτη), de cheval ἵππος, et de κάμπτω, je fléchis, je tourne, est un monstre marin ainsi nommé, selon Festus, à cause de la flexibilité de sa queue.

75. Pêcheur changé en dieu marin que Scylla disputa à Circé. (Voir note, p. mnq.)

76. De ἵππος, cheval et de σαύρα, lézard.

77. De ἄνθρωπος, homme et de σαύρα, lézard.

78. Tyran de Samos, au temps de Pythagore et d'Anacréon, célèbre par ses richesses et le bonheur de sa vie. (Cicer. De finibus 5, 30 ; Val. Max. 6, 9, 2, 5.)

79. Hélène.

80. Ariadne.

81. Cléopâtre.

82. Les sept filles d'Atlas et de Pléioné : Maïa, Electre, Taygète, Astérope, Mérope, Alcyone et Céléno.

83. En cédant Campaspe qui était sa concubine au peintre.

84. Mercure, comme on peut le déduire de Virgile, Énéide 4, 252.

85. Arrachés au laurier en lequel fut changée Daphné, fille du fleuve Pénée (Ovide, *Métamorphoses* 1, 452-567).

86. Ayant jeté son anneau dans la mer pour rompre la continuité inquiétante de son bonheur, il le retrouva dans un poisson qu'on lui servit. (Valer. Max., VI, 9.) Les Romains croyaient posséder l'anneau de Polycrate qui fut taillé et monté en or par Théodore l'ancien. C'était une émeraude sur laquelle était gravée une lyre.

87. Solstice d'hiver.

88. *Spirabile Euro*. Eurus, vent de l'Est, pris quelquefois par synecdoche pour n'importe quel vent ; témoin Virgile (Géorgiques 3, 381-382) : « Ainsi vit, sous la

constellation des sept Bœufs hyperboréens, une race d'hommes effrénée, toujours battue de l'Eurus du Riphée. »

89. Tyran d'Agrigente, fils d'Ænesydème. Polyænus qui, avec Arrien et Diodore de Sicile, eſt le seul historien qui ait parlé de ce personnage chanté par Pindare, consigne le fait tout autrement. Pendant un combat avec les Chalcidoniens, l'ennemi ayant pris la fuite, les Siciliens se ruèrent dans son camp. Ils achevaient de piller les tentes lorsque les Ibériens survenant les massacrèrent. Théron, apercevant le carnage, envoya des troupes cerner les Ibériens, recommandant de mettre le feu aux tentes, sur leurs derrières. Voyant des flammes s'élever, ceux-ci, qui n'avaient point de camp, s'enfuirent vers leurs navires, où les Siciliens les poursuivirent et en tuèrent un grand nombre. (Stratagemata, I, 28.)

90. Un des trois Cyclopes qui forgeaient, dans l'Etna, les foudres de Jupiter.

91. APULÉE. *Metamorph.*, VI.

Chapitre XX du Livre Premier

1. Pièce du vaisseau placée en haut de la poupe et garnie de banderoles qui indiquaient, par leur direction, l'endroit d'où soufflait le vent quand les voiles étaient repliées.

2. De ἱστός, mât, et de πέδη, entrave, chaîne pour les pieds. Cavité dans laquelle s'emboîtait le mât du navire.

3. Πρωρητής, forme Ionique de πρωράτης, en observation sur la proue.

4. Picus, roi des Latins aborigènes, fut aimé de Canens, fille de Janus et de Venilia, chanteuse admirable. Ayant offensé Circé, Picus fut métamorphosé par elle en pivert, et la belle Canens, sous le poids de sa douleur, s'évapora dans l'air.

5. Or pur. (Mis de Laborde.)

6. Le prisme.

7. La musique d'Orphée.

8. Le char de Pluton.

9. Argus aux cent yeux.

10. Fille d'Hypérion et de Théia, se précipita du haut de son palais en apprenant que son frère Hélios avait été noyé dans l'Eridan.

11. Colli Ogigii. Ogygia eſt la vieille Thèbes d'avant Cadmus ; d'Ogygès son fondateur. Elle n'a rien de commun avec l'île d'Ogygia, où Homère place la demeure de Calypso. (Odyss. 12, 448.) Bacchus eſt surnommé Ogygius pour être né en Béotie. (Ovid., Heroid. 10, 48 ; Lucan. 1, 675 ; Stace, Theb. 5, 518.)

12. Il y a Élæa, cité Éolienne de la côte d'Asie. (Hérodote, 1, 149.) Élæa, île de la Propontide. (Pline, V, 32.) Élæa, promontoire de la côte N.-E. de Crète. (Ptol., V, 14, 3.)

Notes aux pages 383-385

13. Il y a dans le texte Nixo. que je suppose une mauvaise transcription de Naxo. Naxos (Nicsia), île de la mer Egée, renommée pour son vin (Pline, IV, 12), où Bacchus épousa Ariadne. À moins que ce soit pour Nysa, qui en Grec se dit aussi Νύσσα. Les mythologues ne s'accordent pas sur la position de cette ville dans une grotte voisine de laquelle fut déposé Bacchus enfant. Les uns la placent dans l'Inde, d'autres en Arabie, d'autres en Béotie.

14. Aujourd'hui Monte-Masso, en Campanie, célèbre pour ses vins. (Pline, XIV, 27.)

15. Région de la Lybie confinant à l'Egypte, produisant un vin renommé. (Pline, XIV, 3. — Colum., III, 2.)

16. Ganymède.

17. Sirène, qui donna son nom à Naples, fondée par une colonie de Chalcidiens.

18. C'est Lysia qu'il faut lire. On a fait deux groupes des Sirènes. Le premier de trois : Parthenopé, Pisno et Lysia ; le second de quatre : Aglaosis ou Aglaopis, Théliciopé, Pisno et Ilygé ou Lygia.

19. D'autres les disent filles du fleuve Acheloüs et de Terpsichore ou de Melpomène.

20. Le cap Pelorus (capo del Faro) forme l'extrémité N.-E. de la Sicile, faisant face au cap Cyænis (Punta del Pezzo). Par les îles des Chèvres, il ne faut pas entendre les îles Ægates, sur la côte O. de la Sicile, mais les Sirenusœ insulæ, situées fort loin du cap Pélore, dans la mer Tyrrhénienne, au S. du Minervæ-Promontorium (Capo della Minerva), proche Capri. Ce sont des roches désertes où l'on veut que les Sirènes se soient réfugiées en quittant leur retraite du mont Pélore. (Virg., Én. 5, 864 ; Pline. III, 5 ; Homère, Odyss. 12, 44.)

21. Des trois Sirènes, l'une chantait, l'autre jouait de la lyre ou de la cithare, la troisième de la flûte.

22. Contemporain d'Apelle, né à Thèbes. (Pline, XXXV, 10.) Il ne faut pas le confondre avec Aristide, de l'école d'Euxénidas.

23. [Certainement l'Aster amellus qu'on appelle l'Aster amelle ou Marguerite de la Saint-Michel.]

24. Antipater l'Iduméen, père d'Hérode le Grand, tint d'abord le parti de Pompée, puis se donna tout entier à César et lui montra tant de zèle dans la guerre d'Alexandrie, qu'il fut nommé par celui-ci procurateur de toute la Judée.

25. C'est-à-dire dont la source est inconnue.

26. Le vin.

27. Lac, au territoire d'Argos, dans lequel les Danaïdes jetèrent les têtes sanglantes de leurs maris, séjour de l'hydre aux cent têtes que tua Hercule.

28. Toiture en bois de cèdre.

29. Fleuves de la Troade, avec le Scamandre. Suivant Aristote, Élien et Pline, le Scamandre et le Xanthe sont tout un, et ce dernier nom aurait été donné au fleuve, par Homère, parce que ses eaux teignaient en roux la laine des brebis qui s'y baignaient.

30. Ovide, *Metam.*, VIII.

31. Le carchèse. V. la note du t. I, p. 369. Mnq

32. Apulée. *Metam.*, IV, V, VII.

33. Le temps fort s'appelait autrefois basis et thésis, le temps faible *arsis*. Plus tard, les grammairiens intervertirent maladroitement le sens de ces termes, *arsis et thesis est vocis elevatio et positio*. (Isid., Orig., I, 16.)

34. Vénus Érycine, ainsi nommée du mont Eryx, en Sicile, où elle avait un temple.

35. Chantre d'Alcynoüs, roi des Phéaciens. (Homère, *Odyss.*, VIII.)

Chapitre XXI du Livre Premier

1. Homère, Odyss., X.

2. Père des vents et des astres. *Seu genus Astrei fueris, quem fama parentem Tradidit astrorum...* (Cæsar Germanicus, Arat. Phœnom., 105).

3. Le dauphin, emblème de célérité chez les anciens, surmontait des colonnes en évidence dans le cirque (Juven., VI, 586). Pline donne le nom de dauphins à certains ornements de meubles et de vases (XXXIII, 11.)

4. La cuirasse nommée par les Grecs θώραξ στάδιος est la lorica même. Colonna fait allusion ici à la cuirasse formée de plaques de métal et de bandes d'acier, dont le nom particulier ne nous est pas parvenu.

5. Arabesques.

6. Amphithéâtre.

7. Ville de la Cappadoce maritime, ancienne demeure des Amazones, située dans une plaine du même nom. Cette plaine, baignée par la mer Pontique, arrosée par les fleuves Thermodon (Thermeh) et Iris (Kasalmak), était fertile en fruits, riche en bestiaux et très-giboyeuse. (Strabon, XII, 15. — Diod. de Sic., II, 45.)

8. Changée en rocher. Niobé fut transportée par un tourbillon sur le mont Sipyle, branche du mont Tmolus, en Lydie, continuant de répandre des larmes qu'on voyait couler du marbre. Les poètes Grecs ont, sur le nombre de ses enfants, une diversité d'opinion qu'Aulu-Gelle qualifie de ridicule. Homère lui en donne douze, fils et filles, Euripide quatorze, Sapho dix-huit, Bacchylide et Pindare vingt, quelques autres trois seulement. (Nuits Attiques, XX, 7.) Ils demeurèrent neuf jours sans sépulture, les Dieux ayant changé tous les Thébains en pierres. C'est pourquoi l'on fait des roches des fils de Niobé.

Notes aux pages 385-392

Notes aux pages 392-394

9. Le stade Attique égalait 184,75 m ; 8 stades faisaient un mille Romain, lequel égalait 1 475 m.

10. Forêt célèbre par sa fontaine et son oracle de Jupiter, près la ville du même nom, en Épire. Il en est question dès Homère. (Iliad., II, 748 ; XVI, 233 ; Odys., XIV, 327 ; XIX, 296.)

11. Se coupant à angles droits.

12. Ou Clymène, qui doit son nom au fils de Nelée et frère de Nestor, l'un des Argonautes. Les anciens connaissaient deux Clymenus. Ce serait l'un d'eux dont parle Dioscoride (IV, 14) sous la dénomination de περικλύμενον et que le père Hardouin décide être le chèvrefeuille.

13. C'est la fleur que les Grecs ont nommée φλόγιον (Théophr., VI, 6), c'est-à-dire la viola flammea, pensée. Il ne faut pas la confondre avec la fleur de Jupiter, qui est la coquelourde ou pulsatile, herbe du vent, passe-fleur de Pâques.

14. C'est le liseron. Crocus et Smilax furent deux époux qui s'aimèrent avec tant de constance, que les dieux les changèrent, le mari en crocus, la femme en liseron. Ovide écrit (Métamorphoses 4, 283) : et vous, devenus petites fleurs, Crocos et Smilax, je vous passe sous silence.

15. Théophraste, Hist. plant., III, 18.

16. Le liseron était réputé plante de mauvais augure. On ne s'en servait ni pour les sacrifices ni pour les couronnes. Le menu peuple, qui ignorait cette circonstance, l'employait en guise de lierre, ce que Pline regarde comme une profanation. (XVI, 35.)

17. Il s'agit de la clématite des haies. Colonna l'appelle vitiliga, lépreuse, parce que les pauvres s'en servaient pour imiter des plaies. D'où son nom d'herbe aux gueux.

18. Daphné est le nom Grec, Laurus le nom Latin, lequel viendrait, selon Théis (Glossaire de Botanique, 1810), du Germanique blaur, vert ; selon Duhamel (Traité des arbres et arbustes, 1755), du Latin laus, louange, honneur.

19. Ainsi nommé parce qu'on mettait des feuilles de ce laurier dans un gâteau connu sous le nom de mustaceum. (Caton, CXI.)

20. Il y a dans le texte Cimo, qui n'a aucun sens. Je suppose que c'est pour Cimolis ou Cinolis, ville située sur la côte de Paphlagonie. Colonna, sans doute, veut désigner le laurier d'Alexandrie de Troade ou du mont Ida. (Pline. XV, 30.)

21. Le laurus bacchalia, ainsi nommé à cause du grand nombre de ses baies, n'est pas le laurier royal, laurus augusta, dont les baies n'ont aucun goût et qui est fort grand.

22. Ou laurier-if, parce qu'il est, ainsi que les ifs, très-propre à être taillé en diverses configurations.

23. De σπάδων, castrat, parce qu'il est stérile. Laurier qui se complaît à l'ombre.

24. Lucius Brutus, dans un voyage qu'il fit à Delphes, baisa le premier la terre, ce qui lui rendit l'oracle favorable. (Pline, XV, 30 ; Tit.-Liv.)

25. Tibère craignait beaucoup la foudre, et, quand il tonnait, ce prince se couronnait de lauriers afin d'en être préservé. (Suétone, Tib., LXVI.)

26. Livia Drusilia, mère de Tibère et veuve d'Auguste, vit un aigle qui laissa tomber dans son giron une poule blanche tenant en son bec une branche de laurier garnie de baies. Les devins consultés ordonnèrent de conserver la poule pour en avoir de la race et de planter le laurier. La race de la poule peupla une villa des Césars, à neuf milles de Rome, nommée Adgallinas ; le laurier donna naissance à tout un bois qui, depuis Auguste, fournit le laurier triomphal des Césars. (Pline, XV, 30. — Dion XLVIII. — Suétone, Galba, I.)

27. Ovide écrit (Met 1, 562) que les rameaux du laurier « unis à ceux du chêne, protégeront l'entrée du palais des Césars »

28. Arbrisseau dont parle Dioscoride (IV, 184). On le nommait Pélagien parce que les Grecs s'en couronnaient, et Eupétale à cause de la largeur de ses feuilles. Quelques-uns le désignaient par le nom de couronne d'Alexandre, c'est-à-dire de Pâris, fils de Priam. (Pline, XV, 30.)

29. Céphale, qu'Hygin fait fils de Mercure et d'Hersé, chasseur passionné. (Fab., CLX.)

30. C'est le πλατύφυλλος des Grecs. (Théophraste, Hist. Plant., III, 9.)

31. Quercus, qui est le grand chêne des Latins, comme l'Ægilops est le grand chêne des Grecs.

32. Le petit chêne des Grecs (ἡμέρις, douce, et δρῦς, chêne) à glands comestibles. Celui qui, suivant Pline (XVI, 6), donnait la meilleure noix de galle.

33. L'héméris ne donne pas de cachrys, c'est le rouvre. (Pline, XVI, 8.) Ce mot vient de κάχρυς, bourgeon. Il désigne une sorte de petite baie qui pousse auprès du gland et qui possède une propriété caustique, selon Pline, qui semble, à cet égard, faire une confusion avec la baie du romarin. (Théophraste, Hist. Plant.)

34. De ἅλις, assez, beaucoup, et φλοιός, écorce. Chêne à l'écorce épaisse. Fréquemment atteint par la foudre et donnant un charbon sujet à s'éteindre, le bois de cet arbre ne pouvait être employé dans les sacrifices. (Pline, XVI, 6.)

35. Quelques botanistes croient que l'Esculus est le petit chêne d'Italie. Virgile en parle comme d'un très-grand arbre (Géorg. 2, 290-291) : « l'arbre plus élevé est profondément enfoncé dans la terre, le chêne vert surtout, dont la tête s'élève autant vers les brises éthérées que sa racine s'enfonce vers le Tartare. » L'Esculus de Pline ne semble pas être celui de Virgile, qui serait le φηγός (à φάγω), notre Quercus Esculus (ab esca). Quelques critiques ont vu dans l'Esculus de Virgile le marronnier, ce qui n'est pas probable. Il dit encore (Géorg. 2, 14-16) : « Mais d'autres naissent d'une semence qui s'est posée à terre, comme les hauts châtaigniers, comme le rouvre,

Notes à la page 394

Notes aux pages 394-395

géant des forêts, qui offre ses frondaisons à Jupiter, et comme les chênes qui, au dire des Grecs, rendent des oracles. »

36. Colonna, qui suit Pline, sans beaucoup de critique, met le hêtre parmi les chênes ; soit parce que l'auteur Latin traduit par fagus, le φηγός des Grecs, soit parce qu'il l'énumère avec les chênes comme glandifère.

37. Gilibano, dans le texte. C'est sans doute le Λιβανωτίς, de Dioscoride (III, 87) ou romarin qui produit le cachrys. À moins que Colonna ait voulu désigner le Λίβανος, rendu par notre vieux mot français oliban, l'encens mâle, Thus.

38. Vulcain, c'est-à-dire le feu.

39. Il n'est pas prouvé que cette statue de Diane fût en cèdre. On la disait aussi d'ébène, et le consul Mucianus, qui la vit, a écrit qu'elle était de bois de vigne et que le sculpteur Pandémius en était l'auteur. (Pline, XVI, 40.)

40. Les portes du temple d'Éphèse étaient en cyprès, selon Mucianus, la toiture était en cèdre, ainsi que les poutres du temple d'Apollon, à Utique. Celles d'un temple de Diane, près de Sagonte, étaient en genévrier.

41. Colonna donne toujours à la Crète l'épithète de magna. Virgile écrit (Énéide 3, 106) : « Des gens y habitent cent villes immenses, royaume très prospère. » (Homère, Iliad. 2, 649 ; Horace, Carm., 3, 27, 34 ; Epod., LX, 29.)

42. Pour Syrie. Ce passage, tiré de Pline (XVI, 39), est confirmé par Vitruve (II, 9). Virgile écrit (Énéide 7, 13) : « elle brûle du cèdre odorant pour éclairer la nuit. »

43. Βράθυ est le nom Grec de la sabine.

44. Juniperus Sabina, on la nomme également cyprès de Crète. Appliquée sur le ventre, ou par sa seule vapeur, elle fait, dit Pline (XXIV, 11), sur la foi de Dioscoride (I, 104) et de Galien (VI, de fac. simp. med.), sortir le fœtus mort. On en extrait encore une huile qui est un dangereux emménagogue.

45. Le pin sauvage est le pinaster. On croyait, au temps de Pline, que les pins nombreux répandus sur la côte méridionale d'Italie étaient des pinastres. Ce sont sans doute ceux-là que Colonna qualifie de Tarentins.

46. Pline dit expressément qu'il n'y avait pas de pins dans le territoire voisin de Rome (XVI, 10).

47. Il y a dans le texte : pintaprica, sans doute une mauvaise transcription de pitus agria, pin sauvage. C'est une répétition.

48. Le mont Cytorus n'est pas en Macédoine, mais en Paphlagonie, à 63 milles de Tium. Il était renommé pour ses buis à ce point que les peignes faits de ce bois se nommaient Cytoriens. Sæpe Cytoriano diducit pectine crines. (Ovide, Met., IV.)

49. Cet art de tailler les arbres, sur lequel Colonna s'étendra plus loin, paraît être fort ancien. Caïus Matius, chevalier Romain, que Tacite (Annal., XII) représente comme un favori d'Auguste, et qui, selon Columelle (XII, 44), composa trois livres : Cocus, Salgamarius et Cetarius, le même, peut-être, que Suétone (Vit. Cæsari, LII)

met au nombre des amis de J. César, passe pour avoir inventé l'art de tondre les bosquets. (Pline, XII, 2.) Il est question dans Aulugelle (Nuits Attiques, XX, 9) d'un Cn. Matius dont il cite des vers et qu'il traite de savant homme.

50. Cornus, cornouiller mâle, dont le nom viendrait de la dureté de son bois, comparable à de la corne. On en faisait des bois de lances et de javelots, comme le rappelle Virgile (Énéide 9, 698-699) que Turnus abattit Antiphatès « d'un coup de javelot : le trait en cornouiller d'Italie vole à travers l'air léger et s'enfonce dans le haut de la poitrine ».

51. On attribuait à la feuille de l'if des propriétés vénéneuses. J. César raconte (de Bello Gall. VI) que le roi Cativulcus s'en donna la mort. Il en faut beaucoup rabattre. Le vrai, c'est qu'on extrait du feuillage de l'if la taxine, substance qui agit comme les poisons narcotico-âcres.

52. C'est une mince pellicule entre l'écorce et le bois du tilleul. Les anciens s'en servaient pour faire les bandelettes de leurs couronnes. (Pline, XVI, 14.) Ovide écrit (Fastes 5, 337) que des convivent dansent « les cheveux ceints de guirlandes que retiennent les filaments du tilleul ».

53. Sans doute pour l'Afrique.

54. C'est le frêne fleuri (Fraxinus Ornus).

55. V. la note 25 du chapitre X.

56. L'agaric est un genre de champignons de la famille des Funginées. Celui qui croît sur le mélèze est employé en médecine. Son nom viendrait du fleuve Agarus, qui se jette dans le Bosphore Cimmérien, dans le voisinage duquel il était abondant et estimé.

57. Ce nom, suivant Macrobe (Satur., II, 14) vient de Jovis glans ; il cite l'autorité de Cloatius Verus, qui prétend qu'on disait autrefois Diuglans. Étymologie adoptée par Varron. (Ling. Lat., IV, 21.)

58. Pline veut que ces noms de Persique et Royale aient été donnés aux noix à la suite de leur importation en Europe par des rois de Perse (XV, 22.) Macrobe rapporte des vers du poète Latin Suevius, qui feraient croire qu'elles auraient été naturalisées en Grèce par des officiers de l'armée d'Alexandre. (Saturn., II, 14.)

59. C'est une espèce dont la coque est plus molle. Pline applique ce nom à une variété de la noix de Tarente.

60. Avellanum, ville de Campanie, aurait donné son nom aux avelines (Pline, XV, 22), qui sont les grosses noisettes.

61. Ces noix sont célèbres pour avoir servi de nourriture aux habitants de Capoue assiégés dans Præneste par les Carthaginois (Tit. Liv., 23.)

62. Les noisettes auraient été apportées de la province du Pont en Grèce. (Pline, XV, 22.)

63. En Grec, feuille se dit φύλλον et πέταλον.

Notes aux pages 395-396

Notes à la page 396

64. Fils de Thésée. Revenant du siège de Troie, il se fit aimer de Phyllis, fille de Lycurgue, roi des Dauniens, ou de Siton, roi de Thrace. Il la quitta, lui promettant de revenir à jour fixe. Phyllis, ne le voyant pas arriver, courut neuf fois au rivage, et, désespérée, se pendit. Les Dieux la changèrent en amandier, qui se prit à fleurir quand Demophoon vint pour tenir sa promesse.

65. Cloatius, cité par Macrobe (Saturn., II, 14), entend désigner l'amande par le nom de noix Grecque.

66. Le texte dit nuce castanea, donnant le nom du fruit pour celui de l'arbre (castanea fagus, de Virgile). Cet arbre qui, en Grec, signifie noyer de Castana, avait été apporté de cette ville, située dans la province du Pont.

67. Glands Sardiens, c'est ainsi que les dénomme Dioscoride (I, 145) et Diphile dans Athénée (Deïpn., II).

68. On les appela Jovis balani, glands de Jupiter. Ce sont nos marrons. Colonna, en citant là Tibère, reproduit une interpolation fautive des versions vulgaires de Pline.

69. Parthenia, dans le texte ; sans doute pour Parthenopea, châtaigne de Naples. « Et celles que la savante Naples a créées, Des châtaignes grillées lentement à la vapeur. » (Martial, Épigramme 5, 78).

70. Pline XV, 23.

71. Peut-être ainsi nommées de la voie Salaria.

72. Corellius, chevalier Romain, natif d'Este, enta, au territoire de Naples, un châtaignier avec une greffe prise d'un autre châtaignier. Les châtaignes obtenues portèrent son nom. (Pline, XVII, 17.)

73. Colonna se répète ; peut-être, au lieu de Tarentina, doit-on lire Etereina, châtaigne obtenue par Eterius, affranchi de Corelius, qui enta de nouveau le châtaignier de son maître et en obtint une récolte moins abondante, mais meilleure. (Pline, XVII, 17.)

74. Le coing (malum cotoneum, Κυδωνιόν μῆλον), appelé pomme de Cydon, ville de Crète, où il passe pour avoir été premièrement cultivé.

75. Ces feuilles sont textiles. On en faisait des cordages très-forts, des chapeaux, des liens pour les balais. (Pline, XIII, 4 ; XVI, 24.) Martial écrit (Épigrammes 14, 82) : « Les Balais. Le palmier, dont ces balais sont formés, prouve qu'ils eurent du prix : mais désormais les esclaves qui desservent les laisseront en repos. »

76. C'est pourquoi Théophraste appelle le palmier non seulement ἀκρόκομος, mais encore ἀκρόκαρπος. (Hist. Plant., I, 23.)

77. Nom d'une sorte de datte qui a beaucoup de suc, mais qui rend la tête lourde, d'où son nom de κάρη, tête, et de ὑωδια, stupidité.

78. Ici notre auteur suit Diodore de Sicile (II, 52) ; mais il perd Pline de vue. Celui-ci dit que les meilleures dattes sont celles de Judée et que celles d'Arabie sont

inférieures. Quant à la Babylonie, il affirme qu'on n'y voit de dattiers que dans un seul jardin, celui du Bagoas ou de l'Eunuque (XIII, 4).

79. Pris textuellement dans Pline (XIII, 19). Dioscoride (I, 151) ne cite que trois espèces: douce, acide, vineuse.

80. On appelle apyrènes les grenades sans noyau. Sénèque (Epist, , 85) nous avertit de ne pas prendre cette épithète à la lettre, mais que le noyau est fort petit.

81. Les grenades de Samos et celles d'Égypte sont de deux sortes: les unes, Erythrocomes, viennent sur des arbres à feuilles rouges; les autres, Leucocomes, sur des arbres à feuilles blanches. (Pline, XIII, 19.)

82. C'est le nom de la fleur du grenadier, dont les anciens extrayaient une couleur qu'ils nommaient Balaustinum.

83. Arbre de la famille des Rhamnoïdes, Λωτοφάγων δένδρον, Rhamnus lotus, de Linnée. Zizyphus lotus, de Wild. Jujubier.

84. On donne quelquefois au jujubier le nom d'épine du Christ, parce qu'on prétend que la couronne d'épines avait été faite de ses rameaux.

85. Est-ce la fève Égyptienne (κιβώριον), lotus aquatique, ou la fève Grecque mise par Pline parmi les lotus? Les uns prétendent qu'il faut entendre par ce dernier mot le Diospyros, non celui de Théophraste, mais le gaïac d'Italie ou plaqueminier; d'autres, que c'est un nom du Celtis. (L.-A. Fée, Flore de Virgile, p. 89.)

86. Dans le texte, Cicerasio pour Cerasio. Il s'agit du Celtis Australis dont le fruit naît cerasi modo.

87. Dans le texte, melli pour pomme? car il ne doit pas être question du melilotus, qui est un lotus herbacé.

88. Micocoulier ou lotus d'Italie.

89. Nom donné par les anciens à des golfes pleins de bas-fonds sur les côtes septentrionales de Lybie, de σύρω, je remue, j'agite.

90. Habitants de la côte N. de Lybie (Hérodote, II, 32; IV, 172), nommés aussi, par les Grecs, Mésammones, à cause de leur situation au milieu des sables. (Pline, V, 5.)

91. Rhamnus paliurus; vulgo: porte-chapeau. Les anciens ne s'accordent pas sur cet arbre. V. Théophraste, Hist. Plant. 3, 17; Dioscoride 1, 104; Pline 2, 3; Athenée, Deïpn., XV.

92. Allusion à la fable de Pyrame et Thisbé et aux vers à soie.

93. Arbre d'Afrique qui distille une liqueur résineuse, le métopion.

94. Fontaine près d'Halicarnasse, dans laquelle Hermaphrodite s'unit à la nymphe Salmacis, et qui avait la propriété d'amollir. (Vitruve 2, 8; Strabon, XIV; Ovide, Met. 4, 286.)

95. Le vent du nord appelé en grec ἄρκτος. « Qu'un roi soit redouté vers les bords glacés de l'Arctus » — Horace, Odes, I, 26 3b-4.

Notes aux pages 397-404

96. Maison du Soleil, où, en entrant, il détermine l'équinoxe d'automne, le 13e jour des calendes d'octobre.

97. Signe du zodiaque auquel, parvenu, le Soleil chasse l'hiver et ramène le printemps.

98. Galericola pour Galerita (avis). (Pline, X, 29 ; XI, 37.)

99. Colonna calcule le rapport du diamètre à la circonférence dans la proportion de 11 à 35.

100. La belette. V. la note du 16 du chapitre XII.

101. Τραγέλαφος, littéralement bouc-cerf. Pline (VIII 33) le décrit comme un cerf ayant le menton barbu et de longs poils aux épaules ; Il prétend qu'on n'en trouve que dans les régions arrosées par le Diodore de Sicile (II, 51) dit qu'on en rencontre en Arabie. Belon nomme ainsi le bouquetin. Linné y voit le renne et Buffon l'hippélaphe, communément cerf des Ardennes.

102. Quinte-Curce (V, 1) nous parle d'un roi de Syrie qui fit construire dans la citadelle de Babylone le fameux jardin suspendu. Bérose, cité par Josèphe (Antiq. Jud., X, 11), nous apprend que c'est Nabuchodonosor. (Didor. de Sic., II, 10.)

103. Ces près étaient des trapèzes.

104. La forme trapézoïdale.

105. On recommandait de semer le basilic en faisant des imprécations et des malédictions (Pline, XIX, 7). Théophraste recommande cette pratique à l'égard du cumin (Hist. Plant., VII, 3) et Palladius (in Martio, IV, tit. 9) à l'égard de la rue.

106. C'est la mélisse.

107. Gliciacomo dans le texte, mot mal formé ; peut-être de γλυκαίνω, j'édulcore, et de οἶνος, vin. En effet, l'herbe nectarée et l'aurone servaient à parfumer le vin. (Pline, XIV, 19.)

108. Nectar, dans le texte, pour herba nectarea, nom donné à l'hélénion d'Égypte, qui nous est inconnu et qu'il ne faut pas confondre avec l'hélénion proprement dit, enula campana, aulnée.

109. Abrotonum, aurone, auræsne, garde-robe, petit cyprès, selon l'espèce ; genre armoise. Les anciens estimaient particulièrement l'aurone de Sicile et en second lieu celle de Galatie.

110. Les Appiennes et les Claudiennes sont les mêmes.

111. Ce sont les pommes Pétisiennes, ainsi nommées de leur auteur Peticius. On les nomme vulgairement pommes d'Api.

112. Pomuli Decii pour Decimiani. Colonna fait erreur ici. Décimienne est le nom d'une espèce de poire. (Pline, XV, 15.) Macrobe la nomme Decimara (C.)

113. Il s'agit ici des pommes du jardin des Hespérides. Colonna qualifie Hercule de Gaditain à cause de la situation de ce jardin, dont il enleva les pommes d'or

confiées aux sept filles d'Hespérus. Les pommiers qui les produisaient poussèrent lors des noces de Junon et de Jupiter.

114. Îles placées par l'imagination des Grecs auprès des îles Absyrtes, dans l'Adriatique. (Pline, III, 26.

115. Charès de Mitylène, auteur d'une histoire d'Alexandre, cité par Plutarque (Vit. Alex., 46), par Athénée (I, 27), par Arrien (III, 2, 6), rapporte, au dire de Pline (XXXVII, 2), que Phaëton périt à l'endroit où fut élevé le temple de Jupiter Ammon et que l'ambre y vient.

116. La κασία des Grecs est un aromate de grand prix, écorce d'un arbrisseau, probablement le Laurus cassia de Linnée. « ni corrompue de cannelle l'huile limpide qu'ils emploient » (Virgile, Géorg., II, 465). Il ne peut être question, dans notre auteur, que d'une herbacée, la θυμελαία des Grecs, littéralement : olivier-thym, le coccum gnidion de Pline (XXVII, 9), notre garou-poivre de montagne. [La cannelle mélangée au narcisse et au soufre sert aux opérations d'envoûtement :] « Cependant la nourrice étendant sur un plat d'argile le narcisse et la cannelle mêlés de soufre, brûle ces herbes odorantes et lie par un triple noeud trois fois neuf fils tricolores. » (Virgile, Cir., 370.-371 Le populaire appelait cette herbe casia comme nous appelons baume une menthe cultivée. (L.-A. Fée, Flore de Virgile, p. 32.)

117. Fille du Cocyte, aimée de Pluton, changée en plante par Proserpine jalouse. (Ovide, Met. 10. 728.)

118. Personnage de la cour de Cynire, roi de Chypre, chargé du soin des parfums ; ayant brisé des vases qui en contenaient de précieux, il sécha de douleur, et les dieux le changèrent en marjolaine. (Pline, XXI, 11.)

119. Pyrum superbum, de Pline (XV, 16) et de Columelle (V, 10).

120. Crustumia (Virgile, Georg. 2, 87) tirent leur nom de Crustumium ou Crustumerium, ville du Latium dont il ne restait aucun vestige au temps de Pline. Macrobe les nomme Crustumina (Satum. 2, 15). Ce serait la poire perle.

121. Syrium pyrum. Columelle en fait un nom générique qui embrasse le crustumium et le tarentinum (V, 10), poire qu'on nous dépeint noire. (Pline, 15, 16 ; Servius, In Georg. 11, 87.)

122. Colonna entend sans doute par ce mot, fabriqué par lui, une espèce de poire qui sert à faire une cervoise, une poirée, du mot curmi, qu'on trouve dans Ulpien.

123. Sur la moins grosse des trois boules.

124. C'est l'ambre jaune. Pline cite une pierre de ce nom (XXXVII, 9).

125. Soit que l'auteur fasse allusion à l'or, soit qu'il veuille parler de l'ambre que Théophraste dit être jeté par l'océan sur les promontoires des Pyrénées. (Pline, XXXVII, 2.)

126. Colonna veut désigner, sans doute, l'île d'Abalus, sur la côte septentrionale de la Germanie, où Pythias, au dire de Pline (37, 2), prétend que la mer jette l'ambre

Notes aux pages 409-411

au printemps. À moins qu'il ne s'agisse de l'île Glessaria, ainsi nommée par les soldats de Germanicus César, parce qu'ils y trouvèrent en abondance l'ambre appelé par les barbares glessum. (Pline 37, 3.)

127. Les sœurs de Méléagre changées en pintades. Une fable que rapporte Sophocle, au dire de Pline (37, 2), veut que l'ambre vienne de l'Inde, formé des larmes de ces oiseaux pleurant leur frère.

128. Herbe du genre ciste, commune en Chypre. (Pline, XXVI, 8.)

129. Brotis artemisia, armoise.

130. Fruits du prunier mirobolan, prunes de couleur purpurine.

131. Pline 13, 5 ; 15, 13.

132. [Rosa damascena et non] la rose de Jéricho, citée par Salomon ?

133. La rose de Præneste était celle que les Romains estimaient le plus, avec celle de Campanie, moins persistante, mais plus précoce (Pline, XXI, 4.)

134. Rose pâle ou petite rose Grecque, à cinq pétales, la Lychnis des Grecs. (Ibid.)

135. Les roses de Milet étaient d'un rouge très-vif et n'avaient pas plus de douze pétales. (Ibid.)

136. Ville de Lucanie (Basilicate). Les roses de cette ville sont célébrées par Virgile (Georg. 4, 119), par Ovide (Met. 15, 708), par Properce (4, 5, 59). Colonna les dit rouges. C'est ce qu'on ne saurait affirmer. Bauhin (Πίναξ theatris botanici, 1671, in-4°) qualifie cette rose de Rosa alba vulgaris major.

137. De Τραχίν ou Τραχύν, en Thessalie, dans la Phtiotide. Son vrai nom est Héraclée, Τραχίν n'est qu'un surnom et veut dire âpre. Ces roses Héracléennes étaient moins rouges que celles de Milet (Pline 21, 4.)

138. Ville de Carie, probablement Arab Hissa, renommée pour le luxe de ses habitants.

139. Pline 36, 6.

140. Pierre de soixante couleurs, fort petite, et qui se trouvait au pays des Troglodytes. (Pline 37, 10 ; Solin, 31.)

141. De ἱέραξ, épervier. Pierre dont la couleur noirâtre alterne avec une nuance pâle, comme les plumes d'un épervier. (Pline 37, 10 ; Ætius, De re medica, II, 30.)

142. Démocrite, cité par Pline (37, 10), dit que cette pierre, d'un éclat argentin, d'une forme lenticulaire, d'une odeur agréable, et dont les Mages se servaient pour l'élection d'un roi, se trouve aux Indes, en Perse et sur le mont Ida.

143. V. la note 21 du Chap. III.

144. Ἕβρος, fleuve de Thrace qui prend sa source dans le mont Hémus et se jette dans la mer Égée (Pline 11, 18), aujourdhui Marizza. Sénèque dit qu'il roule de l'or. (Herc. 627.) ...nam rex ego divitis Hebri. (Valer. Flac., Argonaut., IV, 463.)

145. On a beaucoup disputé sur ce mot, qui désigne un alliage métallique. Pline prétend que c'est de l'or additionné d'un cinquième d'argent (31, 4). Isidore (Orig. 16, 24) veut que ce soit d'un quart. Homère (Odyss. 4, 71) dit que le palais de Ménélas resplendissait d'or, d'électre, d'argent et d'ivoire.

146. Colonna prend Lindos pour une île, mais c'est une ville de l'île de Rhodes.

147. Terre de Lernnos, d'un beau rouge, fort estimée des anciens, qui ne se vendait que sigillée, aussi la nommait-on sphragis (σφραγίς), sceau, cachet. Dioscoride (5, 13) nous apprend qu'elle était marquée d'une chèvre. Les Turcs ont sigillé également cette terre. (Belon, Observ., 1, 2.)

148. Ainsi nommée du fleuve Choaspe, en Perse, pierre verte ayant l'éclat de l'or. (Pline 37, 10.)

149. Sanctolina crispula, c'est l'aurone femelle ou petit cyprès.

150. Dans le texte, pollicarie pour pulicarie, le φύλλιον des Grecs, plantain des sables.

151. Sans doute sa bonne odeur.

152. Inula Helenium, Inule Aunée. La fable qui attribue la naissance de cette plante aux larmes d'Hélène a été recueillie par le médecin Cratevas, cité par Dioscoride (1, 28). Voyez Nicandre (in Theriac.); Elien (Hist. Animal, 9, 21). Les femmes Romaines se frottaient de son suc pour s'embellir la peau (Pline 21, 21).

153. Je crois qu'il s'agit ici de la Gaule Cisalpine.

154. C'est sa propre fille Chioné, que pleura Dédalion changé en épervier, et non Calisto, fille de Lycaon.

155. Il veut dire de Canens.

156. Idone, dans le texte, pour Ædon, fille de Pandareus et femme de Zethus, roi Thébain. Mère et non femme d'Itylus, qu'elle tua dans un accès de fureur. Changée par Jupiter en rossignol. (Homère, Odyss. 19, 518; Éschyle, Ag., 1109.)

157. La Caille.

158. La pie commune (corvus pica) et la pie-grièche (pica græca).

159. Antigone fut changée en cigogne par Junon. C'est Philomèle qui fut trop belle malgré que Térée lui eût coupé la langue, puisqu'il en abusa encore.

160. Les grues, parce qu'elles forment en volant la lettre Grecque Υ, inventée par Palamède, avec les lettres Φ et X (Philostrate). Pline ajoute le Θ et le Σ.

161. Dans le texte, Porphyrio. (Pline, X, 46.)

162. Ayant pris la forme d'un aigle, fut tué par la flèche d'Hercule.

163. Le pas vaut cinq pieds, le pied vaut quatre palmes.

164. Il s'agit de l'Acheloüs. Il y a dans le texte piu che agirondes in Etolia. Agirondes est un mot estropié pour ἀργυροδίνης aux flots argentés, ou ἀργυροειδής, semblable à de l'argent.

165. Marbre de Laconie.

166. Dans le texte : Thyberiana Augustea (Portus Augusti). Ensemble des travaux constituant le double port d'Ostie, œuvre de Claude et de Trajan.

167. Cabille n'existe pas ; c'est encore un mot estropié. Il y a Cabillis, à présent Cavaillon, dans le Vaucluse, Cabalia, région de Lycie, Cabalia ou Gabalia de Phamphylie, la Καβαλία de Ptolémée (V, 5), Cabylen, ville de Thrace, prise par Lucullus (Eutrope, VI). Je crois, qu'il s'agit de la fontaine Caballine, la même que celle d'Hippocrène, et que c'est une erreur typographique qui la place en Mésopotamie.

168. Fille d'Acheloüs, donne son nom à la fontaine au pied du mont Parnasse.

169. Quatre pieds.

170. Source d'eau potable dans l'Héracleum de Gadira. (Strab., III, 5.)

171. C'est le Κηπαία de Dioscoride (3, 168 ; Pline 26, 8), l'orpin à feuilles de pourpier, sedum reprise, qui croît en Europe et que Candolle dit être alimentaire dans quelques contrées. Colonna l'appelle bulbo nomico, pour nomicius, pris quelquefois pour minutius, qu'on peut moudre.

172. Caltha, de κάλαθος, corbeille. Populage des marais ou souci d'eau. Renonculacée.

173. Dans le texte, Hippotesi fautivement pour Hipposeti, mot hybride forgé par l'auteur pour rendre le Latin Equisetum, crin de cheval, prêle.

174. C'est notre queue de renard, un des noms de la prêle. La queue de lion, Leonurus ou agripaume, est une labiée.

175. Le texte ne donne que l'adjectif leonina, je suppose que le substantif omis est dente. Le liondent ou leotodon est un genre de synanthérées qui compte une trentaine d'espèces. En traduisant par dent de lion, ce serait le pissenlit.

176. Violettes jaunes. Ce sont des pensées, ainsi que les violettes de mer. (Pline 21, 6.)

177. Ou Calatines, selon une autre version de Pline adoptée par Pintianus et par Saumaize. Cette épithète désignerait une pensée provenant d'une des deux villes de Campanie qui portaient le nom de Calatia (Caiazzo et le Galazze).

178. Balsamite, Tanaretum vulgare, plante qui exhale une odeur forte. Herbe aux vers.

179. Trachiotis dans le texte. Écrit ainsi, c'est le surnom de Séleucie en Cilicie. L'auteur a voulu, sans doute, mettre trachys ou trachy, arbuste d'aspect rude, tordu, et odorant (Pline 12, 25), De, âpre.

180. Mot forgé de cimex, punaise.

181. Fleuve de Phrygie dont le cours, a-t-on prétendu, représente, par ses sinuosités, avant de se rendre dans l'Archipel, toutes les lettres de l'alphabet.

182. Le zéphyr.

183. Fille de Pandion, sœur de Procné, changée en rossignol. D'après Anacréon et Apollodore, ce fut Procné qui fut changée en rossignol et Philomèle en hirondelle ; Aristophane, dans Les Oiseaux, suit cette tradition.

184. Minerve.

185. Alphesivie dans le texte, mot formé de ἀλφεσίβοιος, littéralement qui procure beaucoup de bœufs ; surnom des belles filles qu'on n'épousait qu'au prix de présents considérables faits à leurs parents.

186. Triglitis de τρίγλα, mulet. Pierre qui ressemble à ce poisson.

187. Il est ici question de la Gaule Cisalpine.

188. Vitruve (III, 2, 1) cite cinq principaux modes d'entre-colonnement : le pycnostyle ou arœpycnostyle, ouvert d'un diamètre et demi de colonne, le systyle de deux diamètres, le diastyle de trois, l'arœostyle de quatre, et l'eustyle, ou le mieux ordonnancé, de deux diamètres et demi.

189. Attendu que les allées venaient en rétrécissant jusque sur cette colonnade circulaire et n'étaient pas plus larges là que l'entre-colonnement.

190. Ou théâtre au centre de l'île, dont il sera parlé plus loin. C'est la première fois que Colonna fait mention de cette voie maîtresse.

191. On voit que ce péristyle était à deux rangées de colonnes.

192. Spira, dans Festus, veut dire une base qui n'a qu'un tore. Pline l'emploie pour désigner la base du stylobate (36, 23).

193. C'est-à-dire non parallèle. Vu l'étroitesse de l'entre-colonnement, ces bases des doubles colonnes étaient fort rapprochées, et, convergeant vers le centre, elles se touchaient par leurs angles.

194. Entre les ouvertures faites pour la voie maîtresse.

195. Colonna entend peut-être désigner par paon rouge le tragopan, oiseau grand comme un aigle, aux tempes garnies de cornes de bouc, au corps couleur de rouille, à la tête rouge, et que Pline range parmi les oiseaux fabuleux (X, 49)

196. Dans le texte, Enyo, de ἐνύω, Bellone, métonymie pour guerre, combat. On voyait sa statue, faite par les fils de Praxitèle, dans un des deux temples de Mars, à Athènes. (Pausan. Att., VIII.) Martial écrit (Spect. 24) : « Ne laisse pas séduire par ce combat (enyo) naval ».

197. Dans le texte, Ocho pour ὠξος.

198. Émail blanc, obtenu par la calcination du plomb et de l'étain.

199. Urates dans le texte, mot formé bizarrement de uro, je brûle, parce que la sabine, qui est de deux sortes, l'une qui ressemble au tamaris et l'autre au cyprès, ce qui faisait qu'on l'appelait cyprès de Crète, était brûlée, dans les sacrifices, en guise d'encens. (Pline 24, 11.) Virgile écrit (Culex 403) : « L'herbe sabine que nos ancêtres employaient à la place des précieux encens »

200. Fable de Psyché.

201. Homère, Odyss. 6, 12.

202. De cyprès.

203. La forme de trapèze.

204. La plus rapprochée du bord. Il est très-difficile de comprendre les descriptions qui vont suivre si l'on ne s'aide pas des planches.

205. Germandrée, petit if, teucrium chamæpytis.

206. Voir la note 3 du chap. XV du Livre I.

207. Dans le texte, cynamino, sans doute pour cynomia, psyllium, plantain des sables, vulgo : herbe aux puces.

208. Malva hortensis multiplicoflore.

209. Euphorbe myrsinites ; euphorbe de Corse.

210. Morelle, solanum, du Latin solari, consoler ; en Italien solatro, Laurentiana, herba di S. Lorenzo.

211. Terrambula dans le texte, le même mot que l'Italien terragnola, mis probablement pour l'adjectif terralis, qui s'applique au sisymbrium désigné sous le nom d'Herba terralis.

212. Baccar et Baccaris, c'est la digitale ou gants de Notre-Dame. C'est un des noms de l'azarum. On en faisait des couronnes contre les enchantements. Virgile rapporte (Eglo. 7, 27) que Thyrsis a demandé aux bergers d'Arcdie de cindre sa « tête de baccar, de peur que sa langue envieuse ne porte malheur au poète futur ».

213. Genre de la famille des Mucinées.

214. Maiorana, marjolaine gentille, persa gentile.

215. Violette de Tusculum, pensée.

216. Il sous-entend deux et quatre, de la même fleur.

217. Trinita, triolet.

218. Armoise absinthe, vulgo Aluine. (Pline 27, 7.)

219. Il entend dire que les parties solides de ce treillis avaient deux pouces de largeur superficielle.

220. Pistacia Terebinthus (Linné), abondant à Oricium, ville d'Épire voisine des monts Cérauniens. (Pline 13, 6.) Virgile (Énéide 10, 135-136) rapporte qu'Énée était « lumineux comme l'ivoire artistement incrusté dans le buis ou le térébinthe d'Oricos ».

221. [Probablement la gomme résine tirée du Commiphora wightii qui vient d'Inde et pas d'Afrique.]

222. Malus Assyria ou Medica, citronnier d'Assyrie. (Pline 12, 3.)

223. Siphion dans le texte. On ne saurait lire Xyphion, qui veut dire Iris, glaïeul, mais bien Xylon, nom de l'arbuste qui donne le fameux Gossipion. (Pline, 19, 1.)

224. Meterear dans le texte, pour Methora, ville de l'Inde aujourd'hui Matra ou le Jumnah.

225. C'est la racine de l'Auklandia Costus, aphrodisiaque et vermifuge. Le blanc, au temps de Pline, se vendait 6 deniers la livre. Le noir était moins estimé (Pline 12, 12.)

226. Île à l'embouchure de l'Indus. (Pline, XII, 12.)

227. Le nard indien (Nardostachys grandiflora) est surtout réputé pour son rhizome.

228. On ne sait pas trop ce qu'était la stachys de Pline, qui n'est pas celle de Dioscoride. Pline la décrit comme une plante semblable au poireau, à feuilles nombreuses et assez larges, tirant sur le vert, d'une agréable odeur et propre à ramener les menstrues de femmes en couches (24, 15).

229. Ville de l'Arabie heureuse.

230. Asarum Europæum, cabaret, asaret d'Europe; c'est le nard sauvage de Dioscoride.

231. Cataclisti dans le texte, mot formé de κατάκλειστος, enfermé.

232. Olorini dans le texte, d', cygne, couleur de cygne.

233. Caltuli dans le texte, de calthula, caltha, souci. (Plaute, Epid. 234.)

234. Galbani dans le texte, pour galbinati. Jacet occupato galbinatus in lecto. (Martial, III, 82, 5.)

235. Almoïde dans le texte, sans doute d'almade ou almonde, mesure de liquide dans la péninsule Ibérique, de l'Arabe al monda, le même que modium. (Littré, Dictionnaire des mots d'origine orientale.)

Chapitre XXII du Livre Premier

1. De πύργος et de φορά, qui porte une tour. Dans les triomphes, on portait des tours qui symbolisaient les villes conquises.

2. Dans le texte thereutice, de θηρευτική, qui aime la chasse.

3. Dans le texte Pyrœnte, fait de pyrois ou pyrœis (πυρόεις), en feu, épithète de la planète Mars.

4. Soit qu'il entende le filet des rétiaires, soit qu'il fasse allusion au filet dans lequel Vulcain prit Mars et Vénus.

5. C'est-à-dire une boule entre deux balustres comme en témoigne la planche.

6. Le lin fait la communication réciproque des différentes parties du monde. V. Pline : Denique tam parvo semine nasci, quod orbem terrarum ultro citroque portet... (XIX, I.)

7. Dans le texte dialito, de διάλιθος.

8. L'hasta cælibaris était une petite lance avec laquelle on divisait les cheveux de la nouvelle mariée.

9. Le Thiase (θιάσος) est exclusivement une danse en l'honneur de Bacchus. Virgile écrit (*Buc* 5, 30) : *Daphnis qui nous apprit à conduire les thiases de Bacchus.*

10. De ὀρθὸς, droit, et de μαστὸς, mamelle, nom d'une espèce qui affectait la forme d'une ferme mamelle.

11. On appelait phrygio un brodeur, parce que les Phrygiens passaient pour avoir inventé la broderie à l'aiguille.

12. Phœniceo. Pourpre de Tyr.

13. De πράσον, porreau, vert porreau.

14. C'est une ville du Péloponèse, où se faisait une belle teinture rouge de la cochenille du chêne.

15. Ou Rocher, genre de mollusques gastéropodes, de l'ordre des Pectinibranches, type de la famille des Muricidées.

16. Les anciens confondaient la sandaraque, résine qui découle du Thuya articulata, avec le réalgar, sulfure d'arsenic rouge.

17. On en extrayait une couleur nommée balaustinum.

18. Damas.

19. Lampas brochés.

20. Bibaphe dans le texte pour Bibapha, de δις, deux fois, et βαπτώ, je teins. Purpura iterata.

21. Sans doute l'arbre à coton de Georgie ou d'Arménie.

22. Arsineo, du Latin arsineum. Certain ornement de tête pour les femmes. (Festus. — Caton, De orig.) Vient peut-être de αἴρω, j'élève, d'où arsis, élévation de voix.

23. C'est l'orpin (*auri pigmentum*), composé d'arsenic et de soufre, d'un jaune orangé.

24. Evandii dans le texte, d'Euan, un des surnoms de Bacchus, du cri Εὔαν, Εὐοῖ (Évohé), usité dans les fêtes de ce dieu, d'où notre auteur emploie ce mot comme synonyme de Bacchique.

25. Tori, de torus, muscle pris poétiquement.

26. Alabaster, alabastrum, sorte de vases en forme de poire, dans lesquels on enfermait des parfums, d'ἀ privatif, et λασή, anse. Ces vases, généralement en onyx, ont donné leur nom à la pierre alabastrite.

27. Elicopidi dans le texte, du Grec ἑλικῶπις, ιδος, aux yeux ronds, aux sourcils arqués.

28. Miltati, de miltos (μίλτος) minium.

29. Voir note 112 du Chapitre XXI.

30. Pris pour le Soleil ou Hypérion.

31. Dans le texte Achimentii, mot défiguré dans lequel on pourrait voir Achamenii, les Persans, ou Achisarmi, les Éthiopiens ; mais Titan étant pris pour Hypérion, c'est-à-dire le Soleil couchant, et les Titans vaincus étant allés se cacher

au fond de l'Espagne, on peut voir là les Accitani (habitants de Guadix la vieille), et par synecdoche les Ibères.

32. Sérapis pris pour le Soleil, il porte un boisseau ou panier (calathus), symbole d'abondance.

33. Sérapis étant apparu en songe à Ptolémée, fils de Lagus, lui ordonna de faire prendre sa statue à Sinope. L'image du dieu arrivée en Égypte, les prêtres remarquant qu'elle était accompagnée de Cerbère et d'un serpent, jugèrent que c'était la statue de Dis ou Pluton, et laissèrent croire à Ptolémée que c'était celle de Sérapis. (Tacite, Hist., IV, 83.)

34. Était représenté sous la forme d'un jeune homme immolant un taureau dans une grotte. Le culte solaire de Mithra fut répandu dans presque tout l'Orient. En Éthiopie (Favorin ap. Steph. Byz. v. Αἰθίοψ), en Égypte, en Grèce sous le nom de Persée (Hérodote II, 91 ; VI, 53 ; VII, 61. — Strab., XVI. — Porphyre, De Antr. Nymph., 16. — Hésiod., Théog., 377 ; Hygin, fab. CCXLIX. La grotte symbolise le monde ténébreux, Mithra est le génie du Soleil, immolant, à l'équinoxe du printemps, le taureau de l'année.

35. Allusion à la fameuse couronne d'or que Hiéron confia à Archimède pour qu'il déterminât la quantité d'alliage introduite par l'orfèvre.

36. De ἵμερος, le désir, la passion.

37. De Ἔρως, l'amour et de τιμωρέω, je venge ; vengeance d'amour.

38. Dans le texte ormomene, expression adverbiale formée de ὅρμος, rangée.

39. De τόξον, arc et de δῶρον, δῶρέα, don.

40. De ἔννια, pensée.

41. De φιλήια, amour du plaisir.

42. De βελοθήκη, carquois.

43. Partout ailleurs il l'a dit d'or.

44. De ὁμόνοια, conformité de sentiments.

45. De διάπραξις, achèvement.

46. De τυφλότης, cécité.

47. De ἀ, privatif, et de συνέχω, je contiens, incontinente.

48. Dans le texte ardelia, de αρδαλόω, je tache, je souille.

49. Dans le texte comagista, fait de χομάω, j'ai de longs cheveux.

50. Paysanne dont parle Juvénal (Sat. 6, 65-66) qui, venue naïve au théâtre, en sortit, fascinée par la danse lascive de Bathyle, fort experte dans cet art lubrique.

51. De ἀσχημοσύνη, inconvenante, indécente.

52. Les danseuses Gaditaines étaient renommées pour la lasciveté de leur danse. « Exécuter des mouvements lascifs avec les jambes à la façon de la Bétique, et habile à jouer selon les manières de Gadès. » (Martial, XIV, 203, Puella Gaditana.)

« Exécuter des mouvements lascifs avec les jambes à la façon de la Bétique, et habile à jouer selon les manières de Gadès. » (Id., VI, 71, de Thelethusa.)

53. Allusion à Néron, ou à Hostius dans Senèque.

54. De τελεστής, qui accomplit, qui termine. Hiérophante.

55. De βραχύβιος, de courte vie.

56. De καπνώδης, fameuse.

57. Nom d'un vase de terre, ainsi nommé peut-être parce qu'il avait la forme d'une tête de bouc. Il se pourrait qu'on le dût prononcer capunculus ou capedunculus, diminutif de capedo, vase sacré en terre (a capiendo).

58. De πλὴξ, aiguillon à bœufs.

59. De γάνωμα, éclat de joie.

60. De σύνεσις, union.

61. On lit son histoire dans les Métamorphoses d'Apulée.

62. Patagiata, de patagium, en Grec de παταγεῖον, de πατάσσω, je bats, parce que ces franges battaient les épaules.

63. Le texte porte Siliphonte pour Syloson, frère de Polycrate, tyran de Samos. Ayant, en Egypte, donné à Darius, alors simple garde de Cambyse, un manteau rouge qu'il convoitait, cela sans vouloir accepter aucune rétribution ; il obtint du fils d'Hystape, parvenu au trône, de succéder à son frère tué par Œrete. (Hérodote, Histoires 3, 139-140.)

64. La robe royale que prit Numa était la trabea. Elle était rouge ornée de bandes blanches. C'était un vêtement Étrusque. Le manteau royal se nommait læna ; le même que les Grecs, au dire de Juba, appelaient χλαῖνα. (Plutarque, in Num. IX.)

65. Gygès, affermi sur le trône de Candaule, envoya de riches présents à Delphes, tant d'argent que d'or, entre autres six cratères de ce dernier métal, d'une beauté extraordinaire, du poids de trente talents (presque 800 kg d'or.) (Hérodote, I, 14.) Le talent d'or pesait 26 kilos 175 grammes et valait 5 500 francs.

66. Graveur en pierres fines, seul autorisé par Alexandre à graver sa figure. (Pline, XXXVII, 1 ; VII, 37. – Plutarque, Bacch., prol. 58.)

67. Le scincos est une sorte de saurien regardé par les anciens comme alexipharmaque et aphrodisiaque.

68. On donnait le nom général de Phrygiennes aux joueuses de flûte. On disait buxum Phrygium pour la flûte. La flûte double consistait en deux flûtes assemblées, d'égale ou d'inégale grandeur, et avait quelque analogie avec notre cornemuse.

69. Λύρα, mot qu'on ne trouve pas dans Homère, mais dans l'Hymne à Mercure (423), était, primitivement, en écaille de tortue, munie de trois cordes en boyau. Le tétracorde est attribué à Méline, fille de l'Océan. L'heptacorde, dû à Terpandre, est mentionné dans l'Hymne à Mercure (51). Timothée de Milet mit onze cordes à la lyre, qui finit par en compter dix-huit.

70. La cithare était montée sur un pied d'airain et avait de l'analogie avec notre harpe.

71. De πλέσσω, je frappe. Sorte de bâton court en ivoire ou en bois, avec lequel on touchait la lyre ou la cithare. On se servait, en ce cas, de l'expression ἠρέκειν quand on employait les doigts, on disait ψάλλειν.

72. Sorte de crécelle formée d'une boucle en métal maintenue par un manche et traversée de tiges métalliques. Employée par les Égyptiens dans le culte d'Isis.

73. Dans le texte holocryse, du Grec ολόχρυσος, l'holochryson de Pline (XXI, 8), la verge d'or, solidage verge d'or, (composée) solidago de solidari, parce qu'on regardait cette plante comme favorable à la consolidation des chairs dans les plaies. Elle entre dans le vulnéraire Suisse.

74. Lorsqu'ils passaient devant les îles des Sirènes.

75. C'est le testiculus canis des herboristes, l'ὄχις de Dioscoride; aphrodisiaque.

76. De ἰθὺς, droit, et de φάλλος, phallus. L'ithyphalle était une amulette qu'on portait dans certaines fêtes de Bacchus.

77. Cette plante passait pour avoir été découverte par Mercure. En grec Ἑρμοῦ πόα. Les anciens la voyaient mâle et femelle; la première espèce aux feuillages plus foncés que ceux de la seconde. Ils croyaient que la femme, au moment de la conception, si elle buvait le suc de cette plante dans du vin fait avec des raisins cuits au soleil, ou si elle en mangeait des feuilles, soit cuites avec de l'huile et du sel, soit crues avec du vinaigre, obtenait des mâles si les feuilles étaient de la première espèce, des filles quand elles étaient de la seconde.

78. On appelait phratrie, à Athènes, une confrérie de citoyens qui prenaient part aux vieux sacrifices.

79. Dans le texte unicaule aristaltea. Colonna entend probablement désigner la guimauve rose, nommée aussi passe-rose ou rose trémière.

80. Avant scène.

81. Ville des Osques, où prirent, dit-on, naissance les Atellanes, petites pièces spirituelles et salées, mais sans licence. Le dialecte Osque, dans lequel elles étaient écrites, conserva longtemps leur pureté. Colonna suppose qu'il devait y avoir à Atella quelque superbe théâtre.

82. L'arcade dans laquelle était insérée la porte en lapis-lazuli.

83. Les colonnes situées au-dessus de celles qui flanquaient le premier arc du rez-de-chaussée.

84. Il n'est nulle part question de vases devant le temple de Jupiter à Athènes: c'est à celui de ce Dieu à Olympie qu'on voyait un vase doré sur chaque coin du toit.

85. Marcus Æmilius Scaurus fit élever un théâtre temporaire où se trouvaient 360 colonnes sur trois rangs, le premier en marbre blanc, le deuxième en verre, le troisième de colonnes dorées. Entre les colonnes, il y avait 300 statues d'airain. Ce

théâtre pouvait contenir 80 000 spectateurs. 150 panthères y furent exhibées, 5 crocodiles et un rhinocéros y parurent pour la première fois devant les Romains.

86. Il veut parler des deux rangs supérieurs d'arcades qui sont à jour, celles du rez-de-chaussée étant des arcades aveugles.

87. C'est-à-dire de plein-cintre surélevé d'un septième de rayon.

88. Les colonnes du temple d'Éphèse étaient sculptées, de même que les colonnes Trajane et Antonine.

89. La composition était répétée de l'autre côté.

90. Ici Colonna s'éloigne du principe de Vitruve.

91. On voit que Colonna est frappé de l'ordonnance du Colisée.

92. En tout 32 colonnes par étage.

93. L'amphithéâtre de Vérone est postérieur à Auguste, il est de forme elliptique.

94. Auguste dédia, au temple de la Concorde, des images de sa personne, en obsidienne, ainsi que quatre éléphants massifs de même.

95. Statue de Ménélas en pierre obsidienne que Tibère envoya aux Hiérapolitains.

96. Deux pieds.

97. Πολιός, en Grec, veut dire blanchâtre, d'où le nom de Polia donné à une pierre blanche; σπὰρτοπολιὸς devrait donc dire pierre ayant la blancheur du genêt; mais Pline dit positivement nigra Spartopolios. Il y a sans doute là quelque catachrèse.

98. De ἱέραξ, faucon, milan.

99. Les pierres céponides s'apportaient directement d'Atarne, ancienne ville d'Éolide. Celles qui sont d'un blanc sale sont, au dire de Pline, si luisantes, qu'on y voit les objets comme dans un miroir.

100. Jaspe dur et vert.

101. S'agit-il, ici, de ce Bassus Cesellius, chevalier Romain, qui paya de la vie la téméraire promesse faite à Néron de lui livrer le trésor de Didon à Carthage?

102. Messala, l'orateur, a laissé par écrit, au dire de Pline, que Marc-Antoine se servait de vases d'or pour les usages les plus honteux.

103. Il fit couvrir entièrement d'or le théâtre de Pompée pour montrer sa magnificence à Tiridate, roi d'Arménie.

104. Gorgias, orateur de Léontium, fut le premier homme assez osé pour s'élever une statue à lui-même. Elle était en or massif et dédiée dans le temple de Delphes.

105. Au pays des Dardæ, Indiens septentrionaux, des fourmis de la grosseur d'un loup d'Égypte, de la couleur d'un chat, plus rapides que les chameaux, extrayaient, en hiver, l'or des mines que les Indiens enlevaient l'été à leurs risques et périls. (XXI, 8) « De l'Inde, la fourmi envoie l'or des mines profondes. » (Properce, III, 13).

106. Mela (II, 1) parle de la jalousie avec laquelle les gryphons gardaient l'or extrait de terre.

107. Pour Sosus. Voir note 62 du Chapitre XVII (Livre I).

108. Colonna veut désigner ici, sans doute, des hautbois classés, autrefois, en hautbois dessus, hautbois ténor et hautbois basse. Le hautbois ténor est devenu chez les modernes le cor Anglais qui sonne une quinte au-dessous du hautbois commun. Epiphonii, de ἐπί, sur et de φωνή, voix, désignerait l'instrument donnant la plus aiguë des parties vocales, dite Dessus, celle des femmes et des enfants, Soprano. — Antiphonii, de ἀντί, opposé à, serait la Taille, que nous nommons présentement Ténor, opposée au Soprano, parce qu'elle est d'une octave au-dessous. — Mesophonii désignerait la Haute-contre, entre le Ténor et le Soprano. — Chamæphonii, de χαμαί, à terre, bas, serait la Basse-taille ou Ténor grave.

109. C'est-à-dire les marches évidées de l'amphithéâtre.

110. Il est très-difficile de savoir si le mot viola désigne notre violette ou bien la giroflée.

111. Il y a dans le texte cheropheli, transcription vicieuse qu'on retrouve plus bas, pour cærefolia, cerfeuils ; mais il faut ici, comme l'épithète l'indique, lire caryophylli, espèce d'œillet qui a donné son nom à la famille des caryophyllées.

112. Herbatora, nom spécifique et vulgaire d'une plante des Alpes, espèce de renoncule dont les Gaulois se servaient pour empoisonner leurs flèches.

113. Ou soleil d'or, genre voisin des gnaphaliées, vulgo immortelles, cultivé sous le nom d'immortelle jaune

114. On pourrait y voir ou la pensée ou la giroflée brune.

115. Cette graminée a les fleurs vertes ou rougeâtres ; mais le millet étalé, Milium effusum, a ses glumes parsemées d'aspérités fines verdâtres et mêlées de blanc ou de violet.

116. C'est le lilium purpureum de Dodonée, p. 198. V. Dioscoride, III, 160.

117. Région de Béotie, près d'Aulis, avec une ville et un lac de ce nom.

118. Le fameux lys hyacinthe des poètes serait notre lys Martagon.

119. L'iris des marais ou faux acore, qui n'est point une liliacée, mais qui portait le nom de lis au moyen âge.

120. C'est celui que les Grecs appelaient κρίνον.

121. Les fleurs de cette renonculacée, nommée aussi ancolie, sont bleues, violettes ou roses, rarement blanches.

Chapitre XXIII du Livre Premier

1. On verra, dans le cours du récit, que ce n'est pas trois, mais quatre.

2. C'est-à-dire renflées. Voir note 27 du Chapitre XVII.

Notes aux pages 476-478

3. Gouverneur de Chypre sur le tombeau duquel était un lion en marbre dont les yeux étaient deux émeraudes si resplendissantes que leur éclat, pénétrant au fond de la mer, chassait les thons de ces parages, au point que les pêcheurs durent les enlever et mettre d'autres yeux au lion. Cet Hermias donna son nom aux émeraudes dites Hermiennes. (Pline, Hist. nat. 37, 17, 2 et 18, 2).

4. Émeraude longue de quatre coudées et large de trois. (Théophraste, περιλιθον, Pline, Hist. nat. 37, 19, 1) Les anciens appelaient émeraude toute pierre d'un beau vert pré, telles que jaspes, péridot, spath fusible, prime d'émeraude. Pline dit que le jaspe de l'Inde ressemble à l'émeraude.

5. Voir la note 14 du chapitre VI.

6. Ce n'était pas une statue, mais une colonne.

7. Dans le texte, nous trouvons petra turchinia. Colonna ne se sert pas d'une expression Grecque ou Latine pour désigner la turquoise. Cette pierre serait-elle le Tanos des anciens, qui venait de Perse, ou cette pierre nommée par les Grecs ἀερίζουσα, couleur de l'air, ou la callaïs de Pline qu'Isidore et Solin appellent callaïca ? Le père Hardouin prétend que la turquoise était inconnue des anciens. On croyait encore, au XVIe siècle, que la turquoise portée en anneau préservait l'homme dans les chutes de cheval et qu'elle constituait un bon antidœ. (Les diversités naturelles de l'Univers, 1626, XCVII.)

8. Le Mélilot d'Italie a les fleurs d'un jaune pâle.

9. Vetrachia, dans le texte, pour Vatica ou Appolinaris, en Grec ὑοσκύαμος (fève de porc), Jusquiame dont la fleur est jaune, veinée de lignes violettes.

10. L'énoncé de ce problème est obscur. Il est évidemment tronqué. Peut-être faut-il moins en accuser l'auteur que l'éditeur. Il faudrait ajouter qu'en menant, du point de rencontre de la ligne sur la circonférence, une perpendiculaire sur le rayon, on obtiendra le côté de l'hexagone.

11. L'escape se dit du fût de la colonne, et, pins proprement, de sa partie inférieure.

12. Coter, pierre à aiguiser, dont la carrière se nommait cotaria ou cotoria. Cette pierre est un grès siliceux.

13. Du Grec σμόρις, variété de corydon qui, réduit en poudre tres-fine, sert à polir des cristaux, marbres et métaux.

14. Roche siliceuse qu'on tirait, autrefois, de la côte d'Afrique.

15. Que Vitruve appelle acrotère.

16. Pline raconte que Xénocrate d'Éphèse vit un vase de cristal de la capacité d'une amphore. L'amphore Romaine équivalait à 2 urnes, à 4 conges, à 48 hémines, à 288 cyathes (13 hectol. et 2 litres) ; l'amphore Grecque équivalait à 98 kotyles (8 litres, 8 décilitres). C'est de cette dernière qu'il s'agit.

17. Le même Xénocrate prétend que, dans l'île de Chypre, on trouve du cristal en labourant la terre.

18. Le cristal d'Asie, qui venait d'Alabande et d'Orthosie, était, comme celui de Chypre, peu estimé. Le plus précieux était celui de l'Inde.

19. Colonna entend, sans doute, par Germanie, la région des Alpes.

20. Ayant appris la nouvelle de la révolte qui le renversa, Néron brisa contre terre deux précieuses coupes en cristal. Suétone raconte qu'au reçu de lettres qu'on lui apporta pendant son dîner, il renversa la table et brisa contre terre deux vases qu'il appelait Homériques à cause des sujets qui y étaient ciselés.

21. C'est-à-dire, les neuf dixièmes.

22. La petite peau dont l'enfant est entortillé dedans le ventre de sa mère.

23. On ne trouve aucune mention de ce tapis ou rideau dans l'énumération des richesses du trésor de Delphes, par Pausanias, ni dans Hérodote, ni dans Diodore de Sicile. Par contre, Pausanias fait mention d'un rideau de laine pourpre enrichi de broderies Assyriennes offert à Olympie par Antiochus, rideau qui s'abaissait au lieu de s'élever comme celui de la Diane d'Éphèse.

24. Nom de la vallée située en Béotie, où Actéon, fils d'Aristée et d'Autonoë, fille de Cadmus, fut déchiré par ses chiens.

25. Nom ancien de Ceylan.

26. De θῆλυς, féminin, et de γόνος, génération. C'est un satyrion, une mercuriale, sans doute une euphorbiacée, qui, prise en boisson, faisait, selon la croyance des anciens, engendrer des femelles.

27. De ἄρσην, mâle. Genre voisin du thélygone, passait pour favoriser la génération des mâles.

28. Voir la note 9 du Chapitre XII.

29. Colonna semble vouloir désigner ici les Grâces telles que nous les représente un groupe antique interprété par Raphaël. Leurs noms et leur nombre varièrent singulièrement. Les Spartiates en admettaient deux ; Cléta et Phaëma ; les Athéniens deux également : Auxo et Hégémone, auxquelles Hermésianax adjoignit Peitho (Pausanias, IX, 35.) Sostrate (apud Eustath. ad Hom.) en nomme trois : Pasithea, Calé et Euphrosyne ; Hésiode (Théog., 907), trois avec les noms classiques d'Euphrosyne, Aglaë et Thalie : Homère une seule (Iliad., XIV, 267-269, 275-276). Le nom d'Eurynome est celui de leur mère (Orphée, Hymn., 60, 12), ainsi que ceux d'Eurydomène et d'Euryméduse chez quelques auteurs.

30. Dans le texte myctileo, mot mal formé du mot μυκτής, narines μυκτηρίζω, dont, je raille, je me moque.

31. On n'a pas de peine à reconnaître Bacchus et Cérès. Colonna les fait figurer à la cour de Vénus à cause du mot célèbre de Térence (L'Eunuque 4, 5, 6) : « Sans Cérès et Bacchus, Vénus est transie. »

Notes aux pages 481-486

32. Sans doute une outre.
33. Voir la note 6 du chapitre XIV.
34. Le dragon qui veillait jour et nuit, ainsi que les taureaux furieux aux pieds d'airain, préposés à la garde de la Toison-d'Or.
35. Sœur d'Hersé, de Pandrose et d'Erysichton (Pausanias, Attique, II), fut changée en pierre par Mercure.
36. Fils de Mercure, changé en rocher pour avoir été insensible à l'amour d'une bergère. Ovide le confond avec un autre Daphnis, berger de Sicile. (Met., IV.)
37. Cadmus, retiré en Ulyrie, fut métamorphosé en serpent, ainsi que sa femme, Hermione ou Harmonie, fille de, Vénus et de Mars, ou, selon Diodore de Sicile, de Jupiter et d'Electre. (Pausanias, IX, 16.)
38. De ἕνωσις, unification, action d'unir.
39. Dans le texte, Monori, faute d'impression, pour ἀμονήρης, non solitaire, qui ne va pas seule.
40. De φροντὶς, pensée, réflexion.
41. De κριτή, d'élite, mise à part, choisie,
42. Ou antéros, sorte d'améthyste d'un très-beau violet. (Pline, XXXVII, 9.) Antéros est le dieu vengeur des amours dédaignés.
43. De ἀδιαχώριστος, inséparable.
44. De πίστις, confiance, garantie, foi.
45. De σώφροσύνη, tempérance.
46. De αἰδώς, pudeur.
47. Ville de Crète dont les archers sont célèbres.
48. Le dictame.
49. Biblis, ayant conçu pour son frère Caunus une passion sans bornes, le chercha longtemps inutilement, et s'arrêta dans un bois où, à force de pleurer, elle fut changée en fontaine. Pausanias (VII, 5, 10) parle d'une fontaine près de Milet qu'on nommait encore de son temps les Pleurs de Biblis.
50. Eson, père de Jason, fut rajeuni par Médée à la prière de son fils. (Ovide, Met., VI. — Hygin., f. XII.)
51. Surnom d'Hippolyte du fleuve Virbius, aconie, où Esculape rendit la vie au fils de Thésée. (Ovide, Métamorphoses 15, 479-546).
52. Viriato, de viriatus, orné des viriæ, sorte de bracelets pour hommes.
53. Énée.
54. V. la note 96 du chapitre XVII.
55. Nom d'un ciseleur, dans Virgile (Énéide 5, 538-540) : « L'excellent Énée lui sourit, et fit apporter le bouclier, chef d'œuvre de Didymaon, que les Grecs avaient détaché du portail du sanctuaire de Neptune. »

56. Dans le texte acinace, d'acinaces, nom donné au glaive recourbé des Perses, Mèdes et Scythes que l'on portait à droite. (Valerius Flaccus, Argonauticon 6, 701).

57. Le loup était consacré à Mars. Virgile l'appelle Martius (Énéide 9, 565).

Chapitre XXIV du Livre Premier

1. C'est-à-dire qu'elle avait un pouvoir comparable à la dynastie Auguste.
2. Allusion à la dynastie des rois d'Albe descendants de Silvius. fils d'Enée. [Éventuellement Rhéa Silvia, vestale, mère de Romulus et de Rémus qu'elle eut du dieu Mars.]
3. Allusion à la dynastie des Ptolémée.
4. Allusion à la dynastie des Arsacides, successeur d'Arsace, fondateur de l'empire des Parthes.
5. Dans le texte Murana. Allusion possible à la Gens Licinia, célèbre pour avoir donné des réformateurs des mœurs, et surnommée Muræna à cause du goût de son premier membre pour les murènes. Il y a une Μίραινα qui est fille d'Ichtys, fils lui-même d'Atergatis, reine et déesse de Syrie. Cependant, il se pourrait que Colonna eût écrit Myrionima, épithète d'Isis, qui s'appelait Cérès, Vénus, Juno, Eleusina, Lucina, Proserpina, Diana, Luna, etc. La Déesse aux noms innombrables. (Apulée, Mét.)
6. Faustine, pour les prétendus déportements de laquelle l'indulgence de Marc-Aurèle est célèbre.
7. Fils d'Apollon et de Cyréné. (Virgile, Georg. IV.)
8. Cryptogame, genre de la famille des fougères, ἄσπληνον, des Grecs, l'asplenium ceterach de Linnée, hépatique dorée.
9. Colonna pourrait bien faire ici une confusion en attribuant le fameux marbre de Mygdonie à la Macédoine, où se trouvait, en effet, une province de ce nom ; mais le marbre Mygdonien était extrait dans la Mygdonie de Phrygie. (V. la note ci-dessus, p. 24.) mnq.
10. Dans le texte, il y a pedale, d'un pied ; mais plus loin, Colonna dit, en parlant d'un berceau, et levata altro tanto uno passo. On comprend qu'un treillage de cinq pieds de haut puisse être tapissé de rosiers comme il nous décrit celui-ci.
11. Voir la note 134 du chapitre XXI.
12. L'once est le douzième du pied, c'est-à-dire un pouce.
13. C'est-à-dire quatre pieds deux pouces.
14. La pierre gravée de l'anneau de Polycrate fut enfermée dans une corne d'or et offerte par Auguste au temple de la Concorde. Pline et Solin le disent une sardoine, Hérodote une émeraude.

Notes aux pages 486-494

Notes aux pages 499-502

Chapitre I du Livre II

1. L'oiseau dit plongeon. Voir la note 70 du chapitre XIX du Livre I.
2. Mio blacterare, proprement le bêlement du bélier. Festus désigne par blacterare le cri du chameau.
3. Deuxième femme de Lycus, roi de Thèbes. Ayant maltraité Antiope qu'elle croyait grosse de son mari, celle-ci fut délivrée par Jupiter et mit au monde, sur le mont Cithéron, deux jumeaux, Amphion et Zéthos, qui, devenus hommes, attachèrent Dircé à la queue d'un taureau furieux. Bacchus la changea en fleuve de ce nom. (Pausanias, Beot., 15.)
4. Amoureuse d'Acis, elle dédaigna le cyclope Polyphème, qui lança un rocher sur le jeune berger et l'écrasa. Galatée se précipita dans la mer et rejoignit les Néréides ses sœurs.
5. Changée par Diane en fontaine, pour la soustraire aux poursuites d'Alphée.
6. Après la mort de Numa, elle se retira dans la forêt d'Aricie, où Diane la changea en fontaine intarissable.
7. Ilia nommée aussi Rhéa ou Silvia, fut contrainte de se faire vestale par son oncle Amulius, qui fit périr son frère Aulus et détrôna son père Numitor, roi d'Albe. Elle devint mère, du fait de Mars, de Romulus et de Rémus, qui tuèrent plus tard Amulius et replacèrent leur aïeul sur le trône.
8. Popelin utilise la marche tarvisienne, pour la marche trévisane qu'on utilise habituellement ; il francise le latin de Pline (Hist. nat. 3, 22, 1).
9. Voir note précédente.
10. Ville située sur le rivage de la mer Adriatique, à l'embouchure du fleuve Silis. Ce sont les habitants d'Altino qui fondèrent Venise.
11. Nom Grec de Junon présidant aux accouchements, et dont Lucine est le nom Latin.
12. Hippomène, fils de Macarée et de Mérope, épousa Atalante après l'avoir vaincue à la course, sans rendre grâces à Vénus qui lui avait suggéré le stratagème des pommes d'or. La déesse lui inspira pour Atalante une passion si violente, qu'il la satisfit dans le temple de Cybèle. Celle-ci, indignée, changea la femme en lionne et le mari en lion.
13. C'est une des grandes fées de la Bretagne, une des neuf sœurs druidesses ou Senes du collège de l'île de Sena (aujourd'hui Sein), vis à vis de la côte de Quimper ; sœur d'Artus et élève de Merlin qui lui enseigna la magie, la fée Morgane joue un grand rôle dans les romans de chevalerie.
14. Voir la note 159 du chapitre XXI du Livre I.
15. Je crois qu'il y a là une erreur soit typographique, soit du fait de l'auteur. Eribœe, Ἐρίβοια, est le nom que l'on donne quelquefois à Junon, dont on ne sait aucun trait de vengeance envers Iris ni envers Isis. Il faudrait lire, selon moi : la

indignabonda Cybebe ad Atide. Cybèbe, Κυβέβη, Κυβέβα, est un nom de Cybèle qu'on trouve dans Anacréon, Hérodote et Strabon. Atys ayant rompu son vœu de chasteté en épousant là nymphe Sangaride, Cybèle lui suscita l'accès de frénésie dans lequel il se mutila, puis elle le changea en pin.

16. Sele, qui se jette dans les lagunes, à Altino.
17. Araignée d'eau.
18. Interamnates Prætutiani, mentionné par Frontin, omis par Pline, cité par Ptolémée, aujourd'hui chef-lieu de l'Abruzze ultérieure première, au confluent du Vezzola et du Trontino.
19. Fils de Glaucus. Son véritable nom était Hipponoüs. Ayant tué, à la chasse, son frère Bellérus, il fut surnommé Βελλεροφῶν ou Βελλεροφόντης, c'est-à-dire meurtrier de Belléros.
20. De καλός, beau, bon, honorable.
21. C'est le manteau Grec, attaché par une fibule sur l'épaule. Je crois que Colonna a voulu dire paludamentum, qui est le manteau militaire des généraux Romains ; être paludatus voulait dire être sous les drapeaux, à l'opposé de logatus.
22. Ou Fotis, servante de Milon, qui devint la maîtresse de Lucius.
23. Épris de sa propre image.

Chapitre II du Livre II
1. Voir la peste d'Égine suscitée par Junon, dans Ovide. (Mét, 7. 523.)
2. Il faut lire Éaque. Voyant son peuple anéanti, il implora Jupiter qui changea des fourmis en hommes. (Ovide, Mét, 7, 622.)
3. Voir Ovide. (Mét, 1, 388.)
4. Vitex, gattilier agneau-chaste, que les Grecs nommaient λύγος (osier), d'autres ἁγνός (chaste), et les Latins agnus-castus. Arbrisseau aromatique auquel les anciens attribuaient des propriétés anaphrodisiaques.
5. Les femmes d'Athènes gardaient, pendant les fêtes de Cérès, une étroite chasteté et dormaient sur les feuilles de l'agnus-castus.
6. Jeunes Argiens qui traînèrent eux-mêmes leur mère jusqu'au temple de Junon, dans un char dont l'attelage de bœufs tarda trop à venir, et firent ainsi 45 stades (8 kg 3 hect. environ). Leur mère ayant demandé pour eux le plus grand bonheur possible, à la déesse, celle-ci les fit mourir.
7. Noms des colonnes d'Hercule, Abila en Afrique et Calpé en Europe.
8. Divinité mystérieuse dont le nom, connu des femmes, demeurait secret pour les hommes. On croit que c'était Cybèle ou la Terre. On la confondait quelquefois avec Vénus, ou avec Maja. On célébrait sa fête tous les ans au 1er mai.
9. Dans les fables on fait de ce père du Léthé le fils du Cocyte.

10. Lorsque Moïse assiégeait Saba (Méroë), dans laquelle les Éthiopiens s'étaient réfugiés, Tharbis, fille du roi d'Éthiopie, l'ayant vu de dessus les murailles combattre vaillamment à la tête de l'armée Égyptienne, conçut pour lui un violent amour et lui proposa de l'épouser. Moïse consentit à condition qu'elle livrerait Saba; ce qui eut lieu, et Moïse épousa Tharbis. (Antiquités Juives 2, 251-253) Il n'est nullement question de cela dans l'Exode.

11. Stace, Thébaïde.

12. Il y a dans le texte Isiphyle, qui est le même nom qu'Iphiclès, père de Protésilas; mais je crois que c'est une mauvaise transcription et qu'on doit lire Hypsiphile, dont la fureur contre Jason qui avait abandonnée, a été chantée par Ovide (Héroïdes, Épître 6).

13. La Parque.

14. Fille de Cadmus et d'Hermione ou Harmonie, femme d'Echion, roi de Thèbes, dont elle eut Penthée.

15. Fils d'Agavé, mis en pièces, à la faveur des Orgies, par sa mère et ses tantes Ino et Autonoé, dont la fureur avait été inspirée par Bacchus que Penthée n'avait pas voulu reconnaître pour dieu.

16. Il y a dans le texte Arbonense laco, sans doute une faute de copie ou de typographie, pour Ammonense. Il s'agit certainement de l'étang d'Ammon dont les eaux, froides le jour, sont chaudes la nuit. Pline parle aussi de la fontaine du Soleil, chez les Troglodytes, très froide vers midi et bouillante à minuit, ainsi que de la fontaine Débris (inconnue aux modernes) ou Cyrénaïque, dont les eaux sont dans les conditions opposées.

17. Fils de Pœas. Ayant hérité des flèches d'Hercule, il se blessa au talon avec l'une d'elles. Il en résulta un ulcère si infect que les Grecs, à l'instigation d'Ulysse, l'abandonnèrent dans l'île de Lemnos, ou après dix ans, ce même Ulysse le fut chercher quand l'oracle eut déclaré qu'on ne prendrait pas Troie sans ses flèches.

18. L'olivier.

19. Dans le texte Tingris, aujourd'hui Tanger. Lixus est Laraïche ou Al-Haratche. Ampéluse est le cap Spartel, Ras-el-Sukkur, en Maurétanie.

20. Peuple de nains, dont le nom vient de πυγμή, mot qui signifie l'espace compris entre le coude et l'extrémité de la main fermée. Selon Pline, ces nains auraient trois spithames de haut (27 pouces). Chaque printemps ils descendaient sur le rivage, armés de flèches et montés sur des béliers ou des chèvres, pour détruire les œufs des grues. Homère parle de leurs combats avec ces dernières. (Iliade 3, 6.)

21. Maison du zodiaque dans laquelle le Soleil est dans sa plus grande ardeur.

22. La constellation du Chien compte vingt étoiles. Il y en a une sur la langue qu'on nomme Chien ou Canicule; une autre est dans la tête, c'est Sirius (Σέιριος).

Quand cette étoile entre en conjonction avec le Soleil, la chaleur de l'astre en est doublée. (Hyg., Astron. poet., XXXV.

23. Serpent monstrueux qu'Apollon tua. Homère dit (Hymne à Apollon) qu'il fut ainsi nommé parce que le Soleil le pourrit, de πύθω, je putréfie.

24. Nom Latin de Pluton, contraction de Ditis; a le même sens que le Grec πλούσιος, parce que toutes les richesses viennent du fond de la terre. (Cicéron, De Natur. Deor, 2, 26).

25. Anchise n'ayant pu faire son bonheur d'avoir épousé Vénus, Jupiter le frappa de la foudre, ce qui lui fit, selon les uns, une blessure qui ne put se cicatriser, et selon les autres, l'aveugla.

26. Roi de l'Élide, il voulut passer pour un dieu et fit faire un pont en fer sur lequel il roulait son char, jetant des torches allumées sur ses sujets. Jupiter le foudroya.

27. Pilla le temple de Delphes.

28. Enleva la barbe d'or d'Esculape, sous prétexte qu'il était indécent que le fils eût une barbe, quand le père n'en avait point.

29. Nymphe de Junon, elle la trompa en servant les amours de Jupiter.

30. Les Piérides, filles de Piérus et d'Evippé, au nombre de neuf, ayant osé défier les Muses, furent changées en pies.

31. Bacchus.

32. Qui fuit devant les recherches d'Écho.

33. Jeune fille de Salamine qui contraignit, par ses rigueurs, son amant à se pendre. Ovide prétend qu'elles pétrifiaient les entrailles de ceux qui en buvaient.

34. Dans le texte Cotoni, faute typographique. Colonna aura mis, sans doute, Ciconi pour Cicones, peuple d'une contrée de la Thrace où se trouve un fleuve dont les eaux pétrifient le bois qu'on y jette. Ovide écrit (Métamorphoses 15, 313-314) : « Les Cicones ont un fleuve dont l'eau pétrifie les entrailles de celui qui la boit, et change en rocher tout ce qu'elle touche. »

35. Fille du centaure Chiron. Violée sur le mont Pélius, et redoutant la colère de son père, elle implora les dieux qui la changèrent en cavale.

Chapitre III du Livre II

1. Fille d'Agénor, roi de Salmydesse (Ἀλμυδισσὸς ou Σαλμυδησσός, l'Halmydessos de Pline), ville de Thrace sur l'Euxin. Écoutant les suggestions d'Idea pour laquelle il avait répudié Cléobule, fille de Borée, Phinée fit crever les yeux à Plexippe et à Pandion qu'il avait eus de cette dernière. Borée le punit en l'aveuglant lui-même.

Notes aux pages 521-530

2. Fille de Clyménus, roi d'Argos. Aimée passionnément de son père, qui fit périr son mari ; elle en eut un fils qu'elle tua et lui fit manger. Les dieux la changèrent en oiseau.

3. Dans le texte gagite pour gagate, pris dans le sens d'ætite que Pline nomme aussi gagates, et qui entrait, selon lui, dans la construction même du nid des aigles. C'est l'ἐγγανὶδα πέτρα de Nicandre. Le feu n'avait aucune prise sur elle. Il ne faut peut-être pas la confondre avec la gagate dont parle aussi Pline, qui tire son nom de Gagé, ville de Lycie, et du fleuve qui y passe. On ramassait de cette pierre au promontoire de Leucollas. Elle est décrite comme noire, poreuse, brûlant dans l'eau et s'éteignant dans l'huile. Il brûle lorsqu'on le lave à l'eau et s'éteint avec de l'huile d'olive. (Marbode).

4. Dans le texte phano, formé de φάος (τό), forme poétique ancienne pour φῶς, lumière ; principalement lumière du jour. (Iliade, I, 605 VIII. 405.)

5. Dante Alighieri, qui mourut à Ravenne.

6. Ce Phinée, fils de Bélus et d'Anchinoé, surprit, à main armée, Persée qui célébrait ses noces avec Andromède. Persée le changea en pierre avec toute sa suite, en lui présentant la tête de Méduse.

7. Le roi d'Albanie (région Caspienne) offrit à Alexandre un molosse dont il vanta la force au roi de Macédoine qui, ayant fait lancer un sanglier, vit le chien demeurer couché. Alexandre le fit tuer. Il en reçut un second qu'il mit aux prises avec un lion, puis avec un éléphant. Le chien demeura vainqueur.

8. Dans le texte acrasie acrade, mots fabriqués de ἀκρασία, dérèglement et de ἄκρα, extrémité, pointe.

9. Un des géants fils de la Terre et du Tartare.

10. Il veut sans doute parler de la côte de Troade près de laquelle sont les îles Lamies (Λαμίαι).

11. Dans le texte Eumete, pour Eumeces (Εὐμήκης), pierre oblongue qui venait de la Bactriane. Posée sous la tête, pendant le sommeil, elle éclaircissait les songes à l'instar des oracles.

12. Βασιλίσκος. Selon Pline, un petit serpent de la Cyrénaïque, de douze doigts de longueur, dont la tête porte une tache blanche en forme de diadème, d'où son nom. Son sifflement met en fuite tous les autres serpents. Son contact, son haleine font mourir les arbres, brûlent les herbes, fendent les rochers. Selon Apulée, il y a trois espèces de basilics, le premier, couleur d'or, dont le souffle seul offense, le second, constellé, dont la vue amène la mort, le troisième, rouge vermillon à tête d'or, qui dissout tout ce qu'il voit ou qu'il touche. Si un animal subit son contact, ses chairs tombent aussitôt en dissolution et ses os seuls demeurent.

13. Dans le texte Vestiti di Cyniphia. Le fleuve Cinyps, qui sort des déserts Lybiens et se jette dans la Méditerranée entre les deux Syrtes, arrose des territoires où abonde une espèce caprine aux longs poils. On appelait les boucs Cinyphios.

14. Pélias était fils de la nymphe Tyro et de Neptune ; Æson, un de ses frères, lui confia, en mourant, son fils Jason. Pélias s'empara du trône. Ayant appris de l'oracle qu'un homme déchaussé serait cause de sa mort, il vit, pendant qu'il sacrifiait à Neptune, venu Jason dont une des chaussures était restée prise dans la terre mouillée. Pélias l'envoya en Colchide. C'est par erreur que Colonna fait Jason fils de Tyro : Jason était fils d'Alcimède.

15. C'est l'ombre de Polydore qui parle à Énée.

16. Il est question ici de l'Acarnanien Aristomène, ministre de Ptolémée V, roi d'Égypte, qui le fit jeter dans un cachot où il but la ciguë ; les raisons de sa disgrâce ne sont pas connues.

17. Dans le texte vedendo Panthia et Merœ testudinato, littéralement : « voyant, envoûté, des murs penchés (infléchis) ». Panthia est un mot mal orthographié fait de pandus, a, penché, incliné, et merce, mauvaise transcription du mot mœrus, ancienne orthographe de murus.

18. Ou d'Éacus, beau-frère de Télamon ; jetait dans la mer les voyageurs pour en engraisser les tortues dont il se nourrissait.

19. Roi de l'île de Sériphe, une des Cyclades, se montra cruel envers Persée qui le pétrifia, ainsi que tous les habitants de Sériphe, au moyen de la tête de Méduse.

20. Jupiter se changea en bélier lorsque les dieux furent terrifiés par Typhon.

Chapitre IV du Livre II

1. Sepia. Les seiches répandent à volonté, pour se protéger contre leurs ennemis, un liquide noirâtre contenu dans une poche spéciale qui s'ouvre près de l'anus, et qu'on emploie en peinture sous le nom de sépia.

2. Roi des Locriens d'Opunte. Minerve submergea sa flotte près des rochers de Capharée, pour le punir d'avoir arraché Cassandre à ses autels, et Neptune fendit avec son trident le rocher sur lequel il s'était réfugié pendant la tempête, en s'écriant qu'il en réchapperait malgré les dieux.

3. Jeunes filles d'Amathonte qui nièrent la divinité de Vénus. La déesse, pour les punir, les remplit d'impudicité. Elles furent les premières femmes qui se soient prostituées ; puis elles furent métamorphosées en rocher.

4. Arachné.

5. Voir la fable de Psyché, dans Apulée. (Métamorphoses.)

6. Bacchus mit au ciel une couronne de neuf pierres précieuses, donnée par Vénus à Ariadne. Cette constellation a, en effet, trois étoiles plus brillantes que les autres.

Notes aux pages 537-545

7. De Ἄρκτος, ourse, et φύλαξ, gardien. Le Gardien de l'Ourse, autrement dit la constellation du Bouvier.

8. La constellation d'Hercule.

9. En effet, la constellation de la Couronne d'Ariadne est située au-dessus du tropique du Cancer, ayant à sa gauche celle du Bouvier, à sa droite celle d'Hercule, toutes deux comprises dans l'espace du zodiaque entre le Lion et le Cancer d'une part, et le Scorpion de l'autre.

10. Homère (Odyss., K, 510) donne aux saules l'épithète de ὀλεσίκαρποι (frugiperdens), soit parce qu'ils perdent leurs fleurs, soit parce que, pris en boisson, ils causent la stérilité.

11. Dans le texte Didymes, qui est un oracle d'Apollon à Milet en Ionie. C'est sans doute une faute et l'on doit lire Dindyme, mont sacré de Cybèle, en Phrygie, d'où elle prenait le nom de Dindymène et où l'on célébrait ses mystères : Motis ululantia Dindyma sacris. (Valer. Flacc., III, 232.)

12. Stratonice, fille de Démétrius Poliorcètes.

13. Fils d'une sœur d'Aristote. Né à Samos, selon l'empereur Julien, à Julis, ville de l'île de Céa, selon Suidas. Strabon relate que c'est de son nom que fut nommée l'école de médecine fondée à Smyrne par Hicésius. (Pline, XXIX, 1. — Macrob., Saturn., VII, 15.)

14. Fils de l'Achéron et de la nymphe Orphné; un des ministres de Pluton, changé en hibou par Cérès.

15. Mari jaloux et trompé dont l'histoire est contée par Apulée (Met., IX.)

16. Victime des rigueurs d'Anaxarète. V. la note ci-dessus p. 310. mnq.

17. Ou Ostrya de Théophraste. (Hist. Plant., III, 10.) Son bois était appelé bois malheureux, parce qu'on croyait que sa présence dans une maison rendait l'accouchement des femmes difficile et causait des accidents mortels. (Pline, XII, 21.) Peut-être le Carpus Ostrys de Linné.

18. Âmes inquiètes et dégagées des liens du corps qui viennent tourmenter les vivants.

19. Nymphe aimée d'Apollon, qui la métamorphosa en fontaine dont les eaux avaient le pouvoir d'inspirer à ceux qui en buvaient le génie de la poésie.

Chapitre V du Livre II

1. Nommée aussi Anthée, femme de Prætus ou Proclus, roi d'Argos, fille de Jobate, roi de Lycie, accusa Bellérophon d'avoir voulu lui faire violence, du dépit qu'elle conçut de ce qu'il était insensible à ses avances.

2. Minos assiégeant Nisa, en Attique, s'étant fait aimer de Scylla, fille de Nisus, frère d'Egée et roi de la ville, reçut d'elle un cheveu pourpre qu'elle coupa sur la tête de son père endormi et dont dépendait le sort de ce dernier. Minos profita de la

trahison de Scylla, mais il l'eut en horreur et la chassa. Elle alla se jeter dans la mer. Les dieux la changèrent en alouette. (Pausanias, Attiq., 19.)

3. Il veut sans doute dire Babyloniens et désigner Pyrame et Thisbé.

4. Narcisse.

5. Changée en lotos.

6. Le roi d'Assyrie ou de Chypre, père d'Adonis, qu'il eut de sa propre fille Myrrha changée en arbre à myrrhe.

7. Fille d'Épopée, roi de Lesbos, selon d'autres de Nyctée, roi d'Éthiopie, fut changée en hibou.

8. Dans le texte, il y a patre pour matre. Selon Ovide (Mét., X, 728), ce fut Proserpine qui métamorphosa Menthe. Suivant Oppien (Halieutica, III, 486), Cérès la foula aux pieds et les Dieux la changèrent en la fleur qui porte son nom.

9. Acis.

10. Stace (Theb., IX, 340) qualifie le marais de Lerne de fecunda veneno. Les Grecs disaient λέρνη κακῶν pour désigner un grand nombre de maux réunis en un seul.

11. Il veut dire Hercule sur le bûcher ordonnant à Philoctète d'y mettre le feu, ne pouvant endurer la souffrance causée par la tunique sanglante du centaure Nessus que Déjanire lui avait envoyée.

12. C'est-à-dire de Lapithe. Les Lapithes sont nommés Pelethronii du mont Pelethronius en Thessalie.

13. Fille d'Adraste. (Stace, Theb. II, 266.)

14. Esculape, représenté tenant un bâton auquel était entortillé un serpent, soit parce que ce reptile était l'emblème de la prudence, soit parce qu'on disait que ce dieu était né d'un œuf de corneille sous la forme d'un serpent.

15. Filles de Prœtus. Ayant osé comparer leur beauté à celle de Junon, celle-ci leur inspira une folie consistant à se croire changées en vaches. Elles parcoururent les campagnes en gémissant. Mélampus les guérit avec de l'ellébore noir. Leurs noms sont : Lysippe, Hipponoë et Cyrianassa (Festus, ad Eglog., VI, 48) ; d'autres écrivent Iphinoë et Iphianassa (Apollod. II, 2, 2). Prœtides implerunt falsis mugitibus agros. (Virg., Ecl., VI, 48.)

16. D'ἀλγηρός, ά, (Poétique), douloureux ; d'ἀλγέω, je souffre, je suis affligé.

17. Hyperoria, du grec ὑπεροπία, pays situé au-delà des frontières.

18. Gattilier commun, emblème de chasteté.

19. Dans le texte : cesticella pour cisticella, couronne en cuir ou en étoffe sur laquelle reposent les fardeaux qu'on porte sur la tête.

20. V. Pline, XIV, 4.

Notes aux pages 557-570

21. Nymphe de l'île de Crète, qui, fuyant la poursuite de Minos, se précipita dans la mer du haut d'un rocher d'où elle tomba dans un filet de pêcheur ; d'où son nom, de δίκυον, filet.

22. Fils de Chrysaor et de Callirhoé, qu'Hésiode (Scut. Herc.) vante comme le plus fort des hommes, roi d'Erithye. On en a fait un géant à trois corps, dont un chien à deux têtes et un dragon à sept gardaient les troupeaux qu'enleva Hercule. (Ovide, Héroïd., IX, 91.)

Chapitre VI du Livre II

1. V. Hyginus, Pœticon astronomicon, XXI.
2. L'Ossa, montagne du nord de la Thessalie, se rattachait au mont Pélion et était séparée du mont Olympe par la vallée de Tempé.
3. Bellérophon, fils de Glaucus, roi d'Éphyse (ancien nom de Corinthe).

Chapitre VII du Livre II

1. Groupes d'étoiles placées par Jupiter sur le front du Taureau, où elles pleurent encore la mort de leur frère Hyas dévoré par un lion.
2. La bulle triomphale était une boule d'or que tenaient suspendue devant eux les triomphateurs, comme préservatif de l'envie. (Macrob., Saturn., I, 6.)
3. Rhodopeia, pour Thrace de nation ; Rhodopeius Orpheus.
4. V. Virg., Georg., IV.
5. Épris d'Aréthuse, nymphe de Diane, il fut changé en fleuve par cette déesse, qui métamorphosa Aréthuse en fontaine. Ils mêlèrent leurs eaux sous terre. On remarquait que si l'on jetait un objet dans le lit de l'Alphée, on le voyait réapparaître dans la fontaine Aréthuse en l'île d'Ortygie. (Pausan., V, 7, 2.)
6. L'Iturée est une province de la Cœlé-Syrie (En Syrie actuelle, à l'Est du Golan), dont les habitants étaient renommés pour leur habileté à se servir de l'arc. et bona bello Cornus ; Iturœos taxi torquentur in arcus. (Virg., Geurg., II, 447.)
7. Narcisse.
8. Changée en roseau dont Pan fit sa flûte.
9. Pantanosa terra, dans le texte, adjectif forgé du Grec παντάναξ, παντάνασσα, qui règne partout.
10. Atalenta, dans le texte, mot forgé d'ἀτάλλω, je caresse, je chéris.

Chapitre VIII du Livre II

1. Berger de Pylos en Arcadie, changé en pierre de touche par Mercure. (Ovide, Met., II, 688.)
2. Tribun du peuple sous le consulat de Sp. Tarpéius et de A. Haterius, surnommé l'Achille Romain. Se trouva à 120 batailles, fut 45 fois blessé par devant,

obtint 26 couronnes, 83 colliers, plus de 160 bracelets, 18 javelots, 25 phalères, et triompha 9 fois avec ses généraux. (Aul. Gell., II, 11.)

3. Hyginus, Fab., 183. — Ovide, Met., II, 153.

4. [Éos, déesse de l'aurore.]

5. Lactance, I, 22.

6. Pejore Annona. Annona est la récolte de céréales d'une année, comme Pomona est celle des fruits. Les Romains en ont fait la déesse Annona.

7. Jason s'obligea, pour obtenir d'Éétès la Toison d'or, à mettre sous le joug deux taureaux aux cornes et aux pieds d'airain, vomissant des flammes, à les atteler à une charrue au soc de diamant, à labourer un champ de quatre arpents appartenant à Mars, à y semer les dents d'un dragon d'où naîtraient des hommes armés qu'il devait exterminer.

8. Dans le texte, Phianor pour Euphranor, célèbre sculpteur et peintre, né dans l'isthme de Corinthe, mais qu'on peut dire Athénien. Dans son grand tableau des douze dieux, où l'on admirerait particulièrement la couleur des cheveux d'Héra (Lucien, Imag., VII), il avait revêtu Poséidon d'une majesté incroyable. (Valer. Max., VIII, 11.) C'est à quoi notre auteur fait allusion.

9. Myropolion, mot qu'on trouve employé pour la première fois dans l'Épidicus de Plaute. (II, 2, 5.) En grec μυροπωλεῖον, boutique de parfumerie.

10. Gratis, dans le texte, pour Crathis, fleuve du canton de Thurium dans la Grande-Grèce, avec la ville de ce nom sur le golfe de Tarente. Théophraste rapporte que l'eau du Crathis blanchit les troupeaux qui en boivent, tandis que celle du Sybaris les noircit. Ovide prétend que ces deux rivières rendent les cheveux des hommes pareils à l'ambre et à l'or : Crathis, et à celui-ci Sybaris, adjacent à nos champs, rendent les cheveux semblables à l'électrum et à l'or. (Met., XV, 315.)

11. Jeune homme de l'île de Céa, très-beau mais pauvre, s'éprit, dans le temple de Diane, à Délos, de Cydippe, jeune fille riche et de grande naissance. Il écrivit sur une pomme : Aconce, je jure par Diane de n'être jamais qu'à toi. Puis il fit rouler la pomme aux pieds de Cydippe qui, l'ayant prise et ayant lu tout haut la phrase tracée dessus, se trouva, par le fait, avoir prononcé un serment inviolable, ainsi que le voulait la loi pour toute promesse faite dans le temple de Diane. (Ovide, Héroïd., II.)

12. Présentement L'Aricia, dans la campagne de Rome. Ancienne ville qu'on prétend fondée par Hippolyte, qui lui aurait donné le nom de sa femme Aricie. (Virg., Æn., VII, 767.) La colline d'Aricia était un lieu de réunion pour les mendiants : Un invité devrait se reposer sur la pente d'Aricino, que ton dîner, Zoile, rend heureux.. (Mart., II, 19.) Silius Italicus donne l'épithète d'immitem à Aricia, à cause de l'ancien culte Scythique de Diane, à laquelle on sacrifiait des victimes humaines. (IV, 369.)

13. Manteau militaire des généraux Romains, de la forme de la chlamyde Grecque, mais plus grand, et retenu par une fibule.

14. Bonnet fait de la peau garnie de son poil d'une victime immolée à l'autel, et surmonté d'une pointe de bois d'olivier entourée d'une touffe de laine. Il était porté par les pontifes.

15. Bâton court, recourbé à une extrémité, dont les augures se servaient pour déterminer dans le ciel des divisions idéales.

16. Amour pur comme celui de Socrate.

17. Il veut dire sans rayons.

18. Nom donné quelquefois à l'île de Naxos. C'est aussi celui d'une île de la mer de Crète, aujourd'hui Standia. (Pline, IV, 12.)

19. Ou apalanche, genre de la famille des ilicinées, voisin du houx.

20. Éphésien qui brûla le temple d'Artémis.

21. [Ancien français : troublé, dérangé.]

Chapitre IX du Livre II

1. [Qui porte des taches étoilées ou des parties disposées en étoile.]

2. Dans le texte Corydus pour Corydon, pasteur qui retira une épine du pied de Battos. (Théocrite, Idyl. IV.)

3. Dans le texte : *ova hyponemia*, mot forgé, peut-être, de ὑπονέω, je nage entre deux eaux.

4. Source située en Béotie, en laquelle fut changée Dircé.

5. Dans le texte, Nome, pour Nomæ (Νομαί), ville du nord de la Sicile, qu'on lit ailleurs Menæ, auprès de laquelle se trouve la source Nomais ou Menais. (Diod. de Sic, XI, 91. — Vibius Sequester, *De flum. font, lac nem. palud.*, etc.)

6. Fils d'Arès et de Cyrène, nourrissait ses chevaux de chair humaine. Tué par Hercule.

Chapitre X du Livre II

1. Même nom que Périlus.

2. Mithridate ayant fait prisonnier Manius Aquilinus, lui fit couler de l'or fondu dans la bouche. (Appien, Mithridatica.)

3. Veut-il parler d'Alcamène, tyran d'Agrigente ? (Héracl. Pont, fr. 37), ou, plutôt, ne serait-ce pas un mot mal écrit, pour Alcméor, qui tua sa mère Priphile, par l'ordre d'Amphiaraüs son père ?

4. Fille du fleuve Cébrène en Phrygie. Eut de Pâris, réfugié sur le mont Ida, un fils nommé Corynthus. Paris l'abandonna lors de son voyage en Grèce, mais vint mourir près d'elle, blessé par la flèche de Philoctète.

5. Ou Tuccea, vestale accusée du crime d'inceste, prouva son innocence en puisant de l'eau avec un crible qui ne la laissa pas écouler. (Pline, XXVIII, 2. — Val. Max., VIII, 1.)

Notes aux pages 590-604

6. L'eau et le feu.
7. *Metamorphoseon* d'Apulée.
8. Tibérius Gracchus, mari de Cornélia, trouva deux serpents dans son lit : les devins lui ordonnèrent de tuer, à son choix, le mâle ou la femelle, le meurtre du mâle devant hâter sa propre mort, celui de la femelle celle de sa femme. Tibérius tua le mâle. (Plut. Tib. et C. Gracch. I.)
9. Fille de Pelias et d'Anaxalie, femme d'Admète. Accusée d'avoir trempé dans le meurtre de son père. Son frère Adraste déclara la guerre à son mari, et l'ayant pris, il allait le sacrifier, lorsque Alceste se livra pour sauver son mari. Elle fut délivrée par Hercule. (Paus., V, C. 17. — Hygin., Fab., 251.)
10. Argie, fille d'Adraste, femme de Polynice. (Stace, Théb.)
11. Mont de la Thrace.

Chapitre XI du Livre II

1. Fille du Titan Astræus et de l'Aurore, sœur des Vents (Servius, Æ., I, 136) ; prise pour le signe de là Vierge, ou fille de Jupiter et de Thémis, prise pour la Justice, descendit sur la terre, pendant l'âge d'or, et remonta au ciel où elle occupe le signe de la Balance dans le zodiaque. Équinoxe d'Automne.
2. Vindicatif parce que ce groupe d'étoiles est figuré par un homme qui, l'épée en main, menace constamment le Taureau.
3. *Arte ciniflonea*. (Ciniflo, Hor., Sat., I, 2, 98.)
4. Esclave de Barbarus, commis par celui-ci à la garde de sa maîtresse qu'il livra à Philésiétère au prix de dix pièces d'or. (Apul. Metamorph. IX.)
5. Fille de Tarpejus, livra la citadelle aux Sabius, pour un bracelet d'or. Fut écrasée sous des boucliers et donna son nom à la roche Tarpéïenne où on l'ensevelit.
6. Femme de Marc-Aurèle, but le sang d'un gladiateur pour se guérir de l'amour qu'elle avait conçu pour lui.
7. Apul. Metamorphos.
8. La plus belle des quatorze nymphes de Junon et que cette Déesse offrit à Éole pour l'engager à faire périr la flotte d'Énée.
9. Enyalio, du Grec Ἐνυάλιος, surnom de Mars, formé d'ἐνυώ, Enyo, Bellone.

Chapitre XIII du Livre II

1. Dans le texte, il y a Chebron. Il s'agit du térébinthe près duquel Abraham avait sa tente, dans les environs d'Hébron, quand les trois anges lui apparurent. (Genèse, XVIII. — Joseph, de Bello IV, 7. — Sosomen. Hist. II, 4.)

Notes aux pages 604-607

2. Dans le texte : Philoctetes, du Grec φιλοκτίστης pour φιλόκτιστος (poétique), qui aime à bâtir.

3. L'ami de Nisus. V. Virg., Æn., V, 295, et IX, 179 et seq.

Chapitre XIV & dernier du Livre II

1. Femme d'Amphitryon.
2. V. la fable de Psyché, Métamorph. d'Apulée.
3. [Texte latin : *Tarvisii, cvm decorissimis Poliæ amore lorvlis distineretvr misellvs Poliphilvs.* MCCCCLXVII *Kalendis Maii.* Les Kalendes de mai correspondent au premier jour de ce mois qui était consacré à Flora était la déesse des fleurs, des plantes et du printemps dans la religion romaine ancienne. C'était le festival de Floralia qui était joyeux, marqué par des jeux, des spectacles, et même des aspects licencieux, reflétant la nature luxuriante et fertile du printemps.]
4. [J'emprunte le néologisme à Gilles Polizzi. Fœlix Polia, « bienheureuse Polia ». Dans l'édition originale, ces trois initiales sont, comme dans la présente édition, séparées du mot par un espace ; il est donc possible que les lettres F C I étaient l'abréviation de quelque chose, peut-être Franciscus Columna inscripsit, soit François Colomna écrivit.]
5. [Latin :

    EPITAPHIVM POLIÆ
    F œlix Polia, quæ sepulta vivis,
    C laro Marte Poliphilus quiescens
    I am fecit vigilare te sospitam.

    EPITAPHIVM VBI POLIA LOQVITVR

    VIATOR FAC QVÆSO MORVLAM, POLIÆ NYMPHÆ HIC EST MYROPOLIVM. QVÆNAM INQVIES POLIA? FLOS ILLE OMNEM REDOLENS VIRTVTEM SPECTATISSIMVS. QVI OB LOCI ARITVDINEM, PLVSCVLIS POLIPHILI LACHRYMVLIS REPVLVSCERE NEQVIT. AT SI ME FLORERE VEDERES EXIMIA PICTVRA VNIVERSIS DECORITER PRÆSTARE CONSPICERES PHOEBE INQVIENS, QVEM INTACTVM VRORE RELIQVERAS, VMBRA CECIDIT. HEV POLIPHILE DESINE. FLOS SIC EXSICCATVS NVNQVAM REVIVISCIT. VALE.]

TABLE DES MATIÈRES

Introduction éditoriale .... VIJ
Hypnérotomachie ou Le Songe de Poliphile 1
Léonard Crasso à Guido illustrissime duc d'Urbin, S. P. D. 3
Vers de Jean-Baptiste Scytha 5
Élégie d'un anonyme au Lecteur 6
Hypnérotomachie de Poliphile où il est montré que toutes choses humaines ne sont qu'un rêve et qui évoque, en passant, bien des choses qui sont dignes d'être connues 9
    POLIPHILVS POLIÆ S.P.D. 10
P   *Poliphile commence le récit [du Premier Livre] de son Hypnérotomachie. Il décrit le temps & l'heure où, dans un songe, il lui sembla d'être sur une plage tranquille, silencieuse et inculte ; puis, de là, comment, sans y prendre garde, mais non sans une grande terreur, il se trouva dans une impénétrable et obscure forêt ❧ Chapitre Premier* 11
O   *Poliphile, redoutant le danger de ce bois sombre, invoqua l'aide de Diespiter. Il en sortit plein de crainte et accablé de soif. Voulant se restaurer avec de l'eau, il entendit un chant très-suave derrière lui et, en ayant oublié de boire, il retomba dans une angoisse plus grande ❧ Chapitre II* 17
L   *Poliphile raconte qu'il lui sembla de dormir encore et de rêver qu'il se trouvait dans une vallée fermée par une superbe clôture, portant une imposante pyramide sur laquelle était un obélisque élevé ; ce qu'il considéra soigneusement et en détail avec le plus grand plaisir ❧ Chapitre III* 23
I   *Poliphile, après avoir parlé d'une partie de l'immense construction avec la pyramide colossale et l'admirable obélisque, décrit, dans le chapitre suivant, des œuvres grandes et merveilleuses,*

	principalement un cheval, un colosse couché, un éléphant et surtout une porte très-élégante ❧ Chapitre IV 35
A	Poliphile, ayant mesuré suffisamment la grande porte et fait la démonstration de sa symétrie, poursuit, du mieux qu'il peut, la description du fini de son ornementation bien travaillée et dit comme quoi elle était admirablement composée ❧ Chapitre V 61
M	Poliphile s'étant engagé sous la porte ci-dessus décrite, considérait encore, avec un grand plaisir, l'admirable décor de son entrée, et, comme il s'en voulait retourner, il vit un dragon monstrueux. Épouvanté au-delà du croyable, il s'enfuit par un souterrain qui se trouvait là. Ayant enfin découvert une issue, fort souhaitée, il parvint en un lieu très-plaisant ❧ Chapitre VI 74
F	Poliphile décrit l'aménité de la région qu'il découvrit, dans laquelle il pénétra, et où, tout en errant, il rencontra une fontaine exquise de la plus grande beauté. Il dit comme quoi il vit venir à lui cinq gentilles demoiselles qui se montrèrent fort surprises de son arrivée en ces lieux, et qui, après l'avoir rassuré charitablement, le convièrent à partager leurs ébats ❧ Chapitre VII 86
R	Poliphile, captivé et rassuré par les cinq demoiselles, s'en vint, en leur compagnie, aux étuves où fut menée grande risée, tant pour la nouveauté de la fontaine que pour l'inondation qui s'en suivit. Mené, ensuite, par devers la Reine Éleuthérilide, il vit, le long du chemin comme au palais, des choses excellentes, ainsi qu'une autre fontaine d'un travail précieux ❧ Chapitre VIII 101
A	Poliphile raconte pour le mieux l'insigne Majesté de la Reine, la condition de sa résidence, sa pompe admirable. Il décrit quelque peu son bienveillant et affable accueil, la magnificence et la splendeur du festin qui dépassa l'humaine compréhension, ainsi que l'incomparable endroit où il fut dressé ❧ Chapitre IX 121
T	Poliphile poursuit le récit du ballet élégant donné après le grand festin et exécuté en manière de jeu. Il raconte comme quoi la Reine le confia à deux belles jeunes filles lui appartenant; lesquelles le menèrent admirer des choses délicieuses autant que grandes, et, lui parlant d'une façon intelligible, l'instruisirent libéralement sur le fait de quelques matières obscures. Enfin il raconte comment étant parvenu, avec les jeunes filles, aux trois portes, il demeura

en dedans de celle du milieu, parmi les nymphes amoureuses ❧ Chapitre X 149

E Une nymphe fort élégante vint au-devant de Poliphile laissé seul en cet endroit, abandonné par les demoiselles lascives. Poliphile décrit amoureusement sa beauté et ses atours ❧ Chapitre XI 182

R La très-belle nymphe étant parvenue jusqu'auprès de Poliphile, comme elle tenait une torche de la main gauche, le prit de sa main libre en l'invitant à venir avec elle. Là, Poliphile, de plus en plus échauffé par un doux amour pour cette élégante demoiselle, voit ses sentiments s'enflammer davantage ❧ Chapitre XII 189

F Encore inconnue à son amant, Polia, toute gracieuse, rassure Poliphile rempli d'amour pour ses admirables beautés. Tous deux se joignent à des triomphes où Poliphile voit, avec un extrême plaisir, d'innombrables adolescents et jeunes filles tout en fête ❧ Chapitre XIII 196

R Poliphile, à l'endroit ci-dessus décrit, voit les chars triomphaux aux attelages de six, entièrement faits de pierres variées et de précieux joyaux, mêlé qu'il est à la foule des heureux jeunes gens louant et vénérant le grand Jupiter ❧ Chapitre XIV 201

A La nymphe énumère à Poliphile la foule des amants juvéniles et des divines jeunes filles amoureuses ; elle lui dit celles qui furent aimées des Dieux et comment elles le furent ; elle lui montre les chœurs des vaticinateurs sacrés ❧ Chapitre XV 234

N La nymphe, ayant suffisamment décrit à Poliphile les mystères triomphaux et le divin amour, lui conseilla d'avancer toujours plus en des lieux où il pût voir encore d'autres nymphes innombrables en compagnie de leurs très-chers amants, se livrant à mille ébattements parmi les fleurs, sous les ombrages frais, au bord des clairs ruisseaux, auprès des fontaines très-limpides. On verra comme quoi Poliphile, exaspéré par son amour extrême, s'apaisa dans l'admiration que sa belle nymphe lui causa ❧ Chapitre XVI....239

C La nymphe conduit l'amoureux Poliphile en d'autres endroits fort beaux où il aperçoit d'innombrables jeunes filles célébrant et fêtant vivement le triomphe de Vertumne et de Pomone autour d'un autel sacré. Puis ils parviennent à un temple merveilleux dont Poliphile décrit en partie l'architecture. Il raconte comme quoi, sur un avis de la prêtresse, la nymphe éteignit sa torche, avec de nombreuses cérémonies, en lui déclarant qu'elle était sa Polia, et comme quoi, en compagnie de la présidente du sacrifice, elle invoqua les trois Grâces devant le divin autel ❧ Chapitre XVII 248

I Polia immole pieusement les tourterelles. On voit alors voltiger un petit Esprit. Après quoi la grande prêtresse dit l'oraison à la divine Vénus, puis elle épand les roses et, le sacrifice des cygnes étant accompli, il en résulte une germination miraculeuse d'un rosier chargé de fleurs et de fruits. Les deux amants goûtent de ces fruits ; ils parviennent joyeux à un temple en ruines dont Polia décrit le rite à Poliphile. Elle l'engage à contempler de nombreuses épitaphes. Il s'y rend. Épouvanté, il revient vers elle et, récréé, s'assied. Poliphile, admirant les immenses beautés de Polia, s'enflamme tout entier d'amour ❧ Chapitre XVIII 294

S Polia persuade à Poliphile d'aller examiner les épitaphes antiques dans le temple en ruines. Il vit là d'admirables choses, et lisant, en dernier lieu. le rapt de Proserpine, il se prit à redouter que sa Polia ne fût perdue pour lui de la même façon. Il revient à elle tout épouvanté. Puis le Dieu d'amour arrivant prie Polia d'entrer dans sa nacelle en compagnie de Poliphile. Le Dieu appelant Zéphyr, ils naviguent heureusement, et, passant à travers les divinités marines, celles-ci marquent à Cupidon les plus grands respects ❧ Chapitre XIX 316

C Poliphile raconte comme quoi les nymphes, arrêtant les rames, se prirent à chanter suavement, et comme quoi, Polia chantant d'accord, avec elles, il ressentit une grande douceur d'amour ❧ Chapitre XX 380

V Dès l'arrivée à l'endroit tant désiré, Poliphile nous édifie sur son aménité rare en nous décrivant, fort à propos, ses plantes, herbes et habitants. Mais, d'abord, il décrit la forme de la nef, et raconte comme quoi, au moment du débarquement du seigneur Cupidon, des nymphes, chargées de présents nombreux, vinrent, en grand nombre, au-devant de lui pour lui faire honneur ❧ Chapitre XXI 388

S Poliphile narre comme quoi, sortis à peine de la nacelle, ils virent s'avancer à leur rencontre un nombre infini de nymphes porteuses de trophées. Il parle de la mystérieuse couronne offerte par les *porteuses à Cupidon, ainsi que de la procession d'honneur dans laquelle le Dieu s'assit sur son char triomphal. Il conte comme quoi Polia et lui, liés ensemble derrière le char, parvinrent, en grande pompe, devant la porte de l'admirable amphithéâtre dont il décrit pleinement le dehors et le dedans* ❧ *Chapitre XXII* 433

C   *Poliphile décrit l'admirable artifice de la fontaine de Vénus installée au centre même de l'aire amphithéâtrale. Il dit comment fut déchirée la courtine, comment il vit la Mère divine en sa Majesté, comment celle-ci imposa silence aux nymphes qui chantaient, et comment elle en attribua trois à Polia et trois à lui. Après quoi Cupidon les frappa. La déesse, les ayant arrosés, Poliphile fut rendu à la vie ; puis, Mars arrivant, on leur donna congé et ils partirent de ce lieu* ❧ *Chapitre XXIII* 475

O   *Poliphile narre comme quoi, dès l'arrivée du guerrier, sortant du théâtre avec toute la compagnie et les autres nymphes, ils parvinrent à une fontaine sacrée ; comme quoi la déesse, au jour anniversaire, y venait accomplir les cérémonies saintes, puis, comme quoi les nymphes, cessant leurs danses et leurs chants, persuadèrent à Polia de raconter son origine et l'histoire de son amour* ❧ *Chapitre XXIV* 487

L   *Poliphile commence le second livre de son Hypnérotomachie, dans lequel Polia et lui, tout en dissertant, racontent comment, et par quelles aventures, ils se prirent d'amour l'un pour l'autre. La divine Polia déduit, là, son antique et noble origine. Elle narre comme quoi la ville de Trévise fut bâtie par ses ancêtres. Elle dit ce qu'était la famille Lolia dont elle est issue, et comment, sans y prendre garde, sans savoir pourquoi, inconsciemment, s'éprit d'elle son cher Poliphile* ❧ *Chapitre Premier* 499

V   *Polia, frappée de maladie pestilentielle, se voue à Diane. Poliphile, par aventure, la vit, au moment de sa consécration, dans le temple où, le jour d'après, il la trouva seule et priant. Comme il lui narrait son pénible ennui et le martyre qu'il endurait pour l'amour d'elle, la suppliant de vouloir l'adoucir, elle demeura sans pitié et le vit passer de vie à trépas. Après ce méfait elle prit rapidement la fuite* ❧ *Chapitre II* 507

M   *Polia s'étend quelque peu sur sa cruauté et raconte que, dans sa fuite, elle fut, sans savoir comment, enlevée par un tourbillon et transportée dans une forêt où elle vit massacrer deux demoiselles. Elle dit son épouvante, ainsi que la manière dont elle fut reportée au lieu d'où elle avait été enlevée. Puis elle conte comme quoi deux bourreaux lui apparurent pour la prendre. Dans sa terreur, l'agitation de son sommeil réveille, sa nourrice ; elle se réveille ellemême. Celle-ci lui donne, à propos, un utile conseil ❧ Chapitre III* .. 520

N   *Polia raconte que sa nourrice sagace l'avertit, par divers exemples et paradigmes, d'éviter la colère des dieux et de se soustraire à leurs menaces, lui citant le cas d'une dame qui se suicida par amour démesuré. Elle narre comme quoi sa nourrice lui conseilla d'aller, sans retard, trouver la prêtresse du temple saint de la Vénus suzeraine, afin de la consulter sur ce qu'elle devait faire en cette occurrence ; ce dont cette personne l'instruirait avec complaisance, lui donnant, à cet égard, un renseignement convenable et pratique ❧ Chapitre IV* 534

A   *Polia, épouvantée par les exemples de la vengeance divine cités par sa prudente nourrice, fit en sorte de se prendre d'amour ; puis elle se rendit au temple où Poliphile gisait mort. Là, pleurant, versant des larmes, elle le prit entre ses bras et le ressuscita. Elle conte que les nymphes de Diane les mirent en fuite, et narre les visions qu'elle eut dans sa chambre ; enfin elle dit comme quoi, étant allée au sanctuaire de Vénus, elle y trouva l'amoureux Poliphile ❧ Chapitre V* 544

P   *Polia s'accuse devant la prêtresse du temple de son impiété passée. Elle déclare, en montrant Poliphile présent, qu'elle est tout emplie d'un ardent amour. La religieuse matrone appelle ce même Poliphile, qui la supplie de les confirmer tous deux dans une sage résolution. Polia, dont l'amour impatient va sans cesse croissant, interrompt son discours ❧ Chapitre VI*.. 558

E   *Poliphile eut à peine terminé son récit, que Polia lui exprima le véhément amour dont elle était profondément atteinte, ainsi que l'avidité de son désir, appuyant son dire de différents exemples. Pour manifester sa passion brûlante, elle lui donne un persuasif baiser, gage de son amour extrême. Puis elle raconte ce que lui dit la vénérable prêtresse en lui répondant ❧ Chapitre VII* 564

TABLE DES MATIÈRES

R   *Poliphile fait l'éloge de la persévérance. Obéissant aux ordres de la prêtresse, il raconte, en supprimant ce qui a été déjà dit de ses amours, comme quoi il vit Polia pendant une fête qui eut lieu au temple, comme quoi il fut agité par un ardent amour pour elle. Il dit comment il se plaignit d'en avoir été éloigné et eut l'idée de lui manifester son supplice en lui envoyant une épître ❧ Chapitre VIII* 569

A   *Première lettre que Poliphile raconte avoir écrite à sa Polia. Comme elle ne s'en émut pas le moins du monde, il lui envoya la seconde ❧ Chapitre IX* 577

M   *Poursuivant sa douloureuse histoire, Poliphile raconte comme quoi, Polia ne se montrant pas touchée de ses deux épîtres, il lui en envoya une troisième, et comme quoi, celle-ci persévérant davantage encore dans sa cruauté, il la retrouva priant seule dans le temple de Diane où il mourut. Puis il dit comment il ressuscita au milieu des doux embrassements de Polia ❧ Chapitre X* 583

A   *Poliphile poursuit son narré. Il conte comme quoi son esprit, revenant, lui apparut, parlant joyeusement, lui disant avoir été en la présence de la divine Paphienne apaisée, rendue bienveillante, et être de retour pour le revivifier gaiement, après avoir obtenu sa grâce ❧ Chapitre XI* 592

V   *Poliphile raconte que son âme n'eut pas plutôt fait silence, qu'il se retrouva vivant dans les bras de Polia. Il prie ensuite la prêtresse de les enchaîner dans un amour perpétuel, puis il met fin à son discours. Polia termine sa narration aux nymphes, en leur disant comme quoi elle s'éprit de Poliphile et lui d'elle ❧ Chapitre XII* 600

I   *Poliphile raconte que Polia se tut précisément comme elle terminait la couronne de fleurs, et qu'elle la lui posa sur la tête en le baisant tendrement. Quant aux nymphes qui s'étaient arrêtées quelque peu à écouter l'amoureuse histoire, elles prirent congé, retournant à leurs distractions. Polia et Poliphile restèrent seuls, devisant d'amour entre eux. Polia embrassa très-étroitement Poliphile, et le songe disparut avec elle ❧ Chapitre XIII* 602

T   *Poliphile termine ici son Hypnérotomachie, se plaignant de ce que son sommeil n'ait pas été plus long, et de ce que le Soleil envieux ait fait le jour ❧ Chapitre XIV* 605

    Épitaphes 607

NE ME PRAETERI.

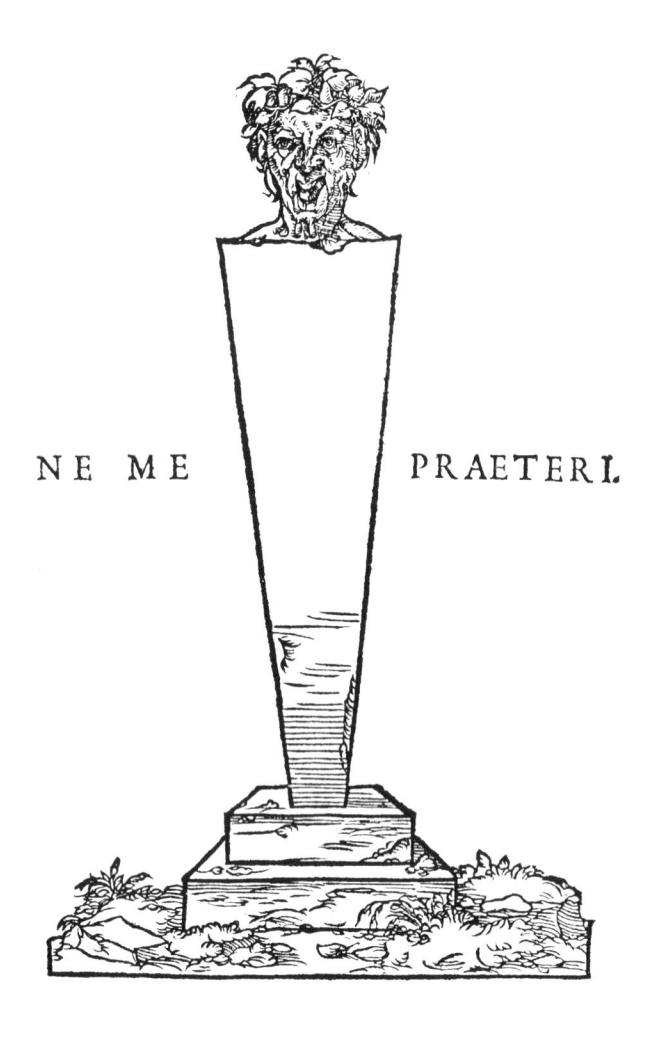

Marque de l'imprimeur Jacques Kerver pour l'édition
du *Songe de Poliphile* en 1546.

¶ DILECTVS QVEMADMO-
DVM FILIVS VNI-
CORNIVM.
PSALMO XXVIII.

Marque de l'imprimeur Jacques Kerver pour l'édition
du *Songe de Poliphile* en 1561.

LE TABLEAV DES RICHES INVENTIONS

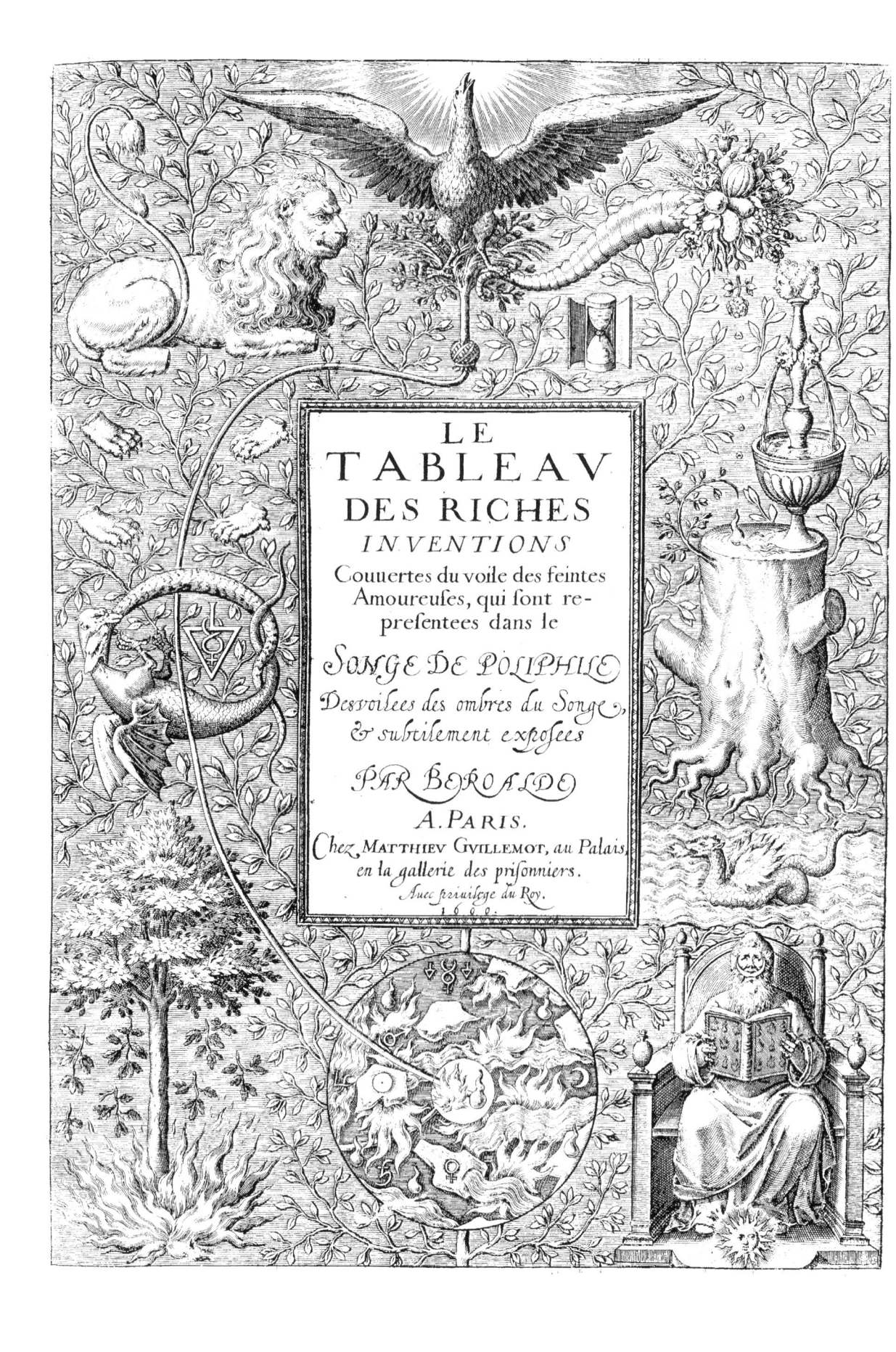

Couuertes du voile des feintes Amoureuses, qui sont representees dans le

SONGE DE POLIPHILE

Desvoilees des ombres du Songe, & subtilement exposees

PAR BEROALDE

A. PARIS.

Chez MATTHIEV GVILLEMOT, au Palais, en la gallerie des prisonniers.

Auec priuilege du Roy.
1600.

AMICI LIBRORUM
— Les Amis des Livres —

Aujourd'hui, ce n'est plus que les nouveaux livres qui ont les honneurs d'avoir une publication papier, ou les très grands succès. Qui veut des anciens livres doit fouiner les libraires spécialisés et souvent débourser un prix excessif quoique normal par rapport à la rareté des livres. Il peut encore télécharger des pdf gratuits disponibles sur Internet, mais risque de passer plus de temps en téléchargement qu'en lecture. Enfin, depuis quelques années, on assiste à l'émergence du livre unique, on récupère un document pdf dans une des grandes bibliothèques numériques (Gallica et Google) et il est printé sans traitement préalable, ce qui entraîne fréquemment des salissures sur les pages autant que des pages décentrées et des textes partiellement ou complètement illisibles. Amici Librorum n'a pas l'ambition de publier la totalité des livres ayant existé, *mais de sélectionner les plus intéressants et les plus importants pour les chercheurs en tous sujets confondus*, de traiter les fichiers images et de faire des véritables mises en page qui seront ensuite imprimées avec qualité par Amazon, tout en ajoutant de courtes présentations biobibliographiques des auteurs. Il s'agit de prendre la meilleure part de chaque chose, tout en maintenant des prix accessibles à toutes les bourses.

Livres disponibles (À commander via Amazon)

Alchimie-Hermétisme-Théosophie

Blaise de Vigenère. *Traité du Feu et du Sel*. Réimpression de l'édition de 1618. (16).

Jehan de La Fontaine. *La Fontaine des Amoureux de Science*. Réimpression de l'édition de 1861, avec les illustrations en provenance des éditions de 1527 et de 1547. (19).

Jacob Boehme. *De la Signature des Choses*. Traduit par Sédir. Réimpression de l'édition de 1908. (35).

Paracelse. *Les Sept livres de l'Archidoxe magique*, introduits, traduits et annotés par Marc Haven. Réimpression de l'édition bilingue de 1909. (61).

Johann-Georg Gichtel. *Theosophia Practica*, suivi de *Choix de Pensées* et précédés de *La Vie miraculeuse de Johann Georg Gichtel d'après J. W. Uberfeld son disciple*, le tout traduit par Paul Sédir. Avec cinq figures en couleurs hors textes. Translittération des éditions de 1898 et de 1903. (62).

Anciens Traités d'Alchimie des plus grands Philosophes introduits et traduits par Albert Poisson. [Marcus Græcus : *Le Livre des feux* ; *La Table d'Émeraude* ; Arnaud de Villeneuve : *Le Chemin du Chemin* ; Raymond Lulle : *La Clavicule* ; Paracelse : *Le Trésor des Trésors* ; Albert le Grand : *Le Composé des Composés* ; Roger Bacon : *Le Miroir d'Alchimie* et la *Lettre sur les prodiges de la nature et de l'art.*] (63).

Marc Haven. *La vie et les œuvres de Maître Arnaud de Villeneuve*. Réimpression de l'édition de 1896. (75).

Antiquité

Jamblique *Sur les Mystères (Le Livre de)*. Tr. par Pierre Quillard. Réimpression de l'édition de 1895. (8)

Thomas-Pascal Boulage. *Les Mystères d'Isis & d'Osiris — Initiation égyptienne*. Réimpression de l'édition de 1912. (25).

Pierre Toscane. *Études sur le Serpent — Figure et symbole dans l'Antiquité élamite*. Réimpression de l'édition de 1911. (27).

Gustave Jéquier. *Le Livre de ce qu'il y a dans l'Hadès*. Réimpression de l'édition de 1894. (32)

Joseph Bidez. *Éos ou Platon et l'Orient*. Suivi de *Les Couleurs des Planètes dans le Mythe d'Er*, *L'Atlantide*, *La Cité du Monde et la Cité du Soleil chez les Stoïciens*, *Les Écoles chaldéennes sous Alexandre et les Séleucides* et *Plantes et Pierres magiques d'après le Ps. Plutarque*. (43).

Art

Ferdinand DENIS. *Histoire de l'Ornementation des Manuscrits*. Réimpression de l'édition de 1880. (6).

Léon-Battista ALBERTI. *De la Statue et de la Peinture*. Traités traduits du latin en français par Claudius POPELIN. Réimpression de l'édition de 1868. (17).

Christianisme

[CLÉMENT de Rome.] Auguste SIOUVILLE (Intro., trad. et notes par). *Les Homélies clémentines*. Réimpression de l'édition de 1933. (22).

Aimé PUECH. *Recherches sur le Discours aux Grecs de Tatien suivies d'une traduction française*. Réimpression de l'édition de 1903. (39).

François de SALIGNAC de LA MOTHE-FÉNELON, dit FÉNELON. *Le Gnostique de Saint Clément d'Alexandrie — Opuscule inédit de Fénélon*. Publié avec une introduction par le Père Paul DUDON. Réimpression de l'édition de 1930. (53).

La Didascalie des Douze Apôtres. Traduite du syriaque par François NAU. Réimpression de la Deuxième édition revue et augmentée de 1912. (84).

Curiosa

Richard PAYNE KNIGHT. *Le Culte de Priape*. Suivi de [Thomas WRIGHT]. *Le Culte des Pouvoirs générateurs durant le Moyen-Âge*. Réimpression de l'édition de 1883. (26).

Folklore

Guillaume PARADIN. *Chronique de Savoie*. Réimpres-sion de l'éd. de 1874 d'après l'édition de 1552. (12).

Les Faits merveilleux de Virgile. Reprint de l'édition Techner de 1831 et de l'édition de Pierre-Gustave BRUNET de 1867. Suivi de deux études de Max CULLINAN : *Virgile magicien & Virgile au Moyen-Âge*. (13).

Alexander HAGGERTY-KRAPPE. *Études de mythologie et de folklore germaniques*. Réimpression de l'éd. de 1928. (33).

Comte Eugène GOBLET D'ALVIELLA. *Histoire religieuse du Feu* (1886). (67).

Franc-maçonnerie et Martinisme

TEDER [Charles DETRÉ.] *Rituel de l'Ordre Martiniste*. Réimpression de l'édition de 1913. (9).

Franz von BAADER. *Les Enseignements secrets de Martinès de Pasqually*. Précécés [sic Suivis] *d'une Notice sur le Martinézisme & le Martinisme*. Réimpression de l'édition de 1900. (11).

Joanny BRICAUD. *Les Illuminés d'Avignon — Étude sur Dom Pernety & son groupe*. Réimpression de l'éd. de 1927. (14).

[Charles-Adolphe Teissier]. *Manuel Général de la Franc-maçonnerie*. Réimpression de l'édition de 1888. (21).

Louis-Claude de Saint-Martin. *Des Nombres*. Réimpression de l'édition de 1913, suivie de la reproduction du Manuscrit des *Nombres* copié par Léonard Prunelle de Lière. (40).

Paul Vulliaud. *Les Rose-Croix lyonnais au XVIIIe siècle d'après leurs archives originales. Précédé d'une introduction sur les origines des Rose-Croix*. Réimpression de l'édition de 1929. (46).

Constant Chevillon. *La Tradition universelle*. Réimpression de l'édition de 1946. (48).

Papus. *Martinésisme, Willermosisme, Martinisme et Franc-Maçonnerie*. Réimpression de l'édition de 1899. (68).

Papus. *L'Illuminisme en France (1767-1774) — Martinès de Pasqually*. Suivi des *Catéchismes des Élus Coëns*. Réimpression de l'édition de 1895. (69).

Gnosticisme

[Émile Amélineau, Notice, texte copte et trad. d'] *Les Livres de Iéou*. Réimpression de l'éd. de 1891. (1).

[Émile Amélineau, Introduction et traduction d'] *Pistis Sophia — Ouvrage gnostique de Valentin*. Réimpression de l'éd. de 1895. (3).

William Groff. *Étude sur la sorcellerie ou le rôle que la Bible a joué chez les Sorciers*. Réimpression de l'édition de 1897, avec deux suppléments sur le même sujet tirés de ses *Œuvres Égyptologiques* publiées à titre posthume en 1908. (5).

Eugène de Faye. *Gnostiques et Gnosticisme — Étude critique des documents du Gnosticisme chrétien aux IIe et IIIe siècle*. Réimpression de l'édition de 1925. (45).

Adolphe Hebbelynck. *Les Mystères des Lettres grecques*. Réimpression de l'édition de 1902. (49).

Jacques Matter. *Histoire critique du Gnosticisme — Les Planches* (1828). Suivi de *Une excursion gnostique en Italie* (1852). (65).

Mgr. Léon Gry. *Les Paraboles d'Hénoch et leur messianisme* (1910). Suivi de *Mystique Gnostique (juive et chrétienne) en finale des Paraboles d'Hénoch* (1939). (76).

Islam, soufisme et domaine arabo-musulman

Charles Doughty. *Documents épigraphiques recueillis dans le Nord de l'Arabie*. Ouvrage orné de LVII planches. Réimpression de l'édition de 1891. (7).

Athanase Kircher. *De la Cabale saracénique et ismaélite*. Traduit par Jean Tabris (pseudonyme de René Philipon). Réimpression de l'édition de 1895 publiée à 100 ex. (15).

Al-Djami. *Salaman & Absal — Poème mystique d'amour*. Traduit du persan par Auguste Bricteux. Réimpression de l'éd. de 1911. (31).

Edmond DOUTTÉ. *Magie et Religion en Afrique du Nord*. Réimpression de l'édition de 1908. (36)

A.R. de LENS. *Pratique des Harems marocains*. Réimpression de l'édition posthume de 1925. (41).

M. A. F. MEHREN. *Correspondance du philosophes soufi Ibn Sab'in Abd Oul-Haqq avec l'empereur Frédéric II de Hohenstaufen*. Extrait du Journal Asiatique, Réimpression de l'édition de 1880. (81).

Judaïsme/Cabale

Moïse SCHWAB. *Vocabulaire de l'Angélologie d'après les manuscrits hébreux de la Bibliothèque Nationale* (1897). Suivi de *Le Ms. n° 1980 du Fonds Hébreu* (1897) et de *Une Amulette judéo-araméenne* (1906). Réimpression des différentes études sur l'angélologie hébraïque (2).

Salomon KARPPE. *Étude sur les origines et la nature du Zohar. Précédée d'une étude sur l'histoire de la kabbale*. Réimpression de l'édition de 1901. (4).

Léopold von SACHER-MASOCH. *Contes Juifs — Récits de Famille*. Réimpression de l'édition illustrée de 1888, suivie d'une conférence sur les *Sectes juives de Galicie* donnée à la REJ en 1887. (42)

Paul VULLIAUD. *La Kabbale juive — Deux volumes*. Réimpression de l'édition de 1923. (73 et 74).

Littérature

H.G. WELLS. *La Guerre des Mondes*. Réimpression de l'édition illustrée par Henrique ALVIM CORRÊA publiée en 1906. Broché (28).

Jean LORRAIN. *La Mandragore*. Réimpression de l'édition illustrée de 1899 à 153 exemplaires. (29).

J.K. HUYSMANS. *À rebours*. Deux-cent-vingt gravures sur bois de Auguste LEPÈRE. Réimpression en couleurs du chef-d'œuvre de la littérature décadente d'après la seconde édition de 1903 faite pour cent bibliophiles. (37).

Edgard Allan POE. *The Raven*. Illustrated by Gustave DORÉ. Réimpression de l'édition anglaise de 1875, suivie de la traduction française de Stephane MALLARMÉ. (38).

Gaston de PAWLOWSKI. *Voyage au pays de la quatrième dimension*. Réimpression de l'édition de 1923. (47).

Louis DENISE. *La merveilleuse doxologie du Lapidaire*. Réimpression de l'édition originale de 1894. (50).

Victor-Émile MICHELET. *Figures d'Évocateurs : Baudelaire ou le divinateur douloureux — Alfred de Vigny ou le désespérant — Barbey d'Aurevilly ou le croyant — Villiers de l'Isle-Adam ou l'initié*. Réimpression de l'édition de 1913. (54).

Rémy de GOURMONT. *Lilith*. Réimpression de l'édition originale de 1893. (55).

Rémy de GOURMONT. *Proses Moroses*. Réimpression de l'édition de 1894. (56).

Rémy de GOURMONT. *Le Vieux Roi*. Réimpression de l'éd. de 1897. (57).

Rémy de GOURMONT. *Histoires magiques*. Réimpression de l'édition de 1894. (58).

Edgard Allan POE. *Dix Contes d'Edgar Poë*. Traduits par Charles BAUDELAIRE et illustrés de 95 compositions originales de Martin VAN MAËLE, gravées sur bois par Eugène DÉTÉ. Réimpression de l'édition de 1913. (60).

Louis MÉNARD. *Lettres d'un mort — Opinions d'un païen sur la société moderne*. Réimpression de l'éd. de 1895. (71).

OCCULTISME

Pierre PIOBB. *Les Mystères des Dieux — Vénus, la Déesse magique de la chair*. Réimpression de l'éd. de 1909. (10).

John DEE. *La Monade Hiéroglyphique*. Réimpression de la traduction française de GRILLOT de GIVRY de 1925, accompagnée des planches de l'édition originale latine de 1564. (18).

F.-Ch. BARLET. *Les Génies planétaires (Abrégé)*. Réimpression de l'édition de 1921. (20).

Antoine DIM DELOBSOM. *Les secrets des sorciers noirs*. Réimpression de l'édition de 1934. (23).

Charles LANCELIN. *Histoire mythique de Shatan. De la Légende au Dogme*. Suivi de *Le Ternaire magique de Shatan : Envoûtement — Incubat — Vampirisme*. Réimpression des éditions de 1903 et de 1905. (24).

ÉLIPHAS LÉVI. *Les Mystères de la Kabbale ou L'Harmonie occulte des Deux Testaments*. Réimpression de l'édition de 1920. (30).

Désiré BOURNEVILLE, Edmond TEINTURIER & Paul-Louis LADAME. *Le Sabbat des Sorciers (1882)*. Suivi de *La Possession de Jeanne Fery — Religieuse professe du Couvent des Sœurs noires de la ville de Mons (1886)* et du *Procès criminel de la dernière sorcière brûlée à Genève le 6 avril 1652 (1888)*. (34).

P. V. PIOBB. *Formulaire de haute magie*. Réimpression de la Seconde édition de 1937, avec les variantes de l'édition originale de 1907. (44)

Victor-Émile MICHELET. *Les Compagnons de la Hiérophanie — Souvenir du mouvement hermétiste à la fin du XIXe siècle*. Réimpression de l'édition de 1937. (51).

Quatre études sur J.-K. Huysmans et l'Occultisme. Joanny BRICAUD. *J.-K. Huysmans et le satanisme d'après des documents inédits* (1913). *Huysmans occultiste et magicien Avec une Notice sur les Hosties magiques qui servirent à Huysmans pour combattre les envoûtements* (1913). *L'abbé Boullan (Docteur Johannès de Là-Bas) Sa Vie, sa doctrine et ses pratiques magiques* (1927). Gustave BOUCHER. *Une séance de spiritisme chez J.-K. Huysmans.* (1908). (52)

Des Incantations aux Astres. Edmond BAILLY. *Le Chant des voyelles comme invocation aux Dieux planétaires* (1912). Edmond BAILLY. *Le Phénomène sonore ou le Son dans la Nature* (1900). Charles-Émile RUELLE. *Le Chant gnostico-magique des sept voyelles grecques* (1900). Élie POIRÉE. *Formules musicales des Papyrus magiques* (1900). Théodore REINACH. *L'Harmonie des Sphères* (1900). Nicomaque de Gérase, traduit par Charles-Émile RUELLE. *Manuel d'Harmonique et autres textes relatifs à la Musique* (1881). J.-J. BARTHÉLÉMY. *Remarques sur quelques médailles de l'empereur Antonin* (1780). (59).

ÉLIPHAS LÉVI. *Clés majeures et Clavicules de Salomon* — Introduites et commentées par Stephan HOEBEECK. (64).

Paul SÉDIR. *Les Plantes magiques*. Réimpression de l'édition de 1902. (66).

PAPUS. *Le Livre de la Chance bonne ou mauvaise*. Réimpression de l'édition originale. (70)

Sar Joséphin PÉLADAN. *L'Art idéaliste & mystique* — *Doctrine de l'Ordre et du Salon annuel des Rose✠Croix*. Réimpression de l'édition de 1894. (72).

Robert KIRK. *La République mystérieuse des Elfes, faunes, fées et autres semblables*. Traduit de l'anglais par Rémy SALVATOR. Réimpression de l'édition de 1896. (80).

Karl GRÜN. *Les Esprits élémentaires*. Réimpression de l'édition de 1891. (77).

Thomas STANLEY. *L'Histoire de la Philosophie chaldaïque* (1662) Suvi de *Les Oracles chaldaïques de Zoroastre et de ses disciples Avec les Commentaires de Georges Gémiste Pléthon et de Michel Psellos* (1661). (78)

Francis BARRETT. *Le Mage, ou comment s'informer auprès des Sphères célestes qui est un système complet d'occulte philosophie en trois livres*.
Version en couleurs
Version en noir et blanc

Joanny BRICAUD. *Premiers Éléments d'Occultisme*, Suivi de *Éléments d'Astrologie*. Réimpression des éditions sans date des deux plaquettes. (81).

Joanny BRICAUD. *Le mysticisme à la cour de Russie, de Mme de Krudener à Raspoutine* . Réimpression de l'édition de 1921. (82).

Joanny BRICAUD et Louis-Sophrone FUGAIRON. *Exposition de la religion chrétienne moderne*. Réimpression de la Seconde Édition revue et corrigée de 1909. (83).

PRIMO MOBILE XXXXVIIII 49

Printed in France by Amazon
Brétigny-sur-Orge, FR